이을호 선생 탄신 100주년 기념

玄庵 李乙浩 研究

-한국사상 연구의 현대적 기반-

한국공자학회 본 공자학회는 1980년 유학정신을 계승하고 공자사상을 연구·발전시키고자 성낙서·송지영·이을호·정종·유정동 등 여러 학자 및 교수들이 창립하여, 지금까지 학술논문집 『孔子學』(제1호~제18호)을 발간하고 또한 『孔子思想과 現代 (1)』, 『孔子思想과 現代 (2)』, 『孔子思想의 發見』, 『三峯鄭道傳 思想研究』, 『現代社會와 韓國儒學의 新實學的 課題』, 『현대사상가 이상은 선생과 신유학』, 『김경탁 선생의 생성철학』 등의 학술서적을 간행하여 한국 유교문화의 창달에 이바지하여 온 학회다.

이을호 선생 탄신 100주년 기념
玄庵 李乙浩 研究 - 한국사상 연구의 현대적 기반 -

초판 1쇄 발행 2010년 11월 20일

엮은이 | 한국공자학회
펴낸이 | 최원필
펴낸곳 | 심산출판사
주　소 | 서울시 은평구 불광동 219-7 예은 101
전　화 | 02-357-0633
팩시밀리 | 02-357-0631
E-mail | simsan@korea.com
등　록 | 제1-2114호(1996년 11월 28일)
ISBN | 978-89-89721-99-4 93150

이을호 선생 탄신 100주년 기념

玄庵 李乙浩 研究

-한국사상 연구의 현대적 기반-

한국공자학회 편

심산

◁ 현암(玄庵) 이을호(李乙浩: 1910~1998)

현암 이을호 선생은 전남 영광에서 태어나 고향에서 중등 과정을 마친 후, 서울 중앙고등보통학교를 졸업, 동무(東武) 이제마(李濟馬)의 문인 최승달(崔承達)에게 사상의학(四象醫學)을 전수받고 그 영향으로 경성 약학전문학교에 입학하였다.

졸업 후, 고향에서 호연당약국(浩然堂藥局)을 경영하면서 『조선일보』 등에 여러 편의 논설을 발표하는 한편 몰래 임시정부를 지원하기도 하였다. 자강의식(自彊意識)을 일깨우며 주민을 계몽하고 항일운동을 일으키다가 형무소에 수감되면서 우리의 사상에 담긴 지혜로써 민족의 독립을 이루고자 경전을 공부하고 『여유당전서(與猶堂全書)』를 탐독하면서 자주의식을 길렀다.

『이을호전서』 24권 9책

광복과 더불어 영광 민립남녀중학교를 설립하여 초대 교장으로 재직하다가 광주 의과대학 약국장에 취임하고 수은(睡隱) 강항(姜沆)의 『간양록(看羊錄)』을 번역하면서, 유교경전의 한글화에 힘썼다.
전남대학교 철학과 교수가 되고, '다산경학(茶山經學)'에 대한 연구업적으로 서울대학교에서 박사학위를 받은 후, 실학사상에서 우리 민족의 고유한 사고를 발견하고 한민족의 자주의식으로 한국사상을 재구성하는 업적을 남겼다. 퇴임 후, 국립광주박물관장에 취임하고 사회정화운동에 힘쓰다가 88세로 타계하였는데, 『이을호전서』 24권 9책이 있다.

책머리에

'이을호 선생 탄신 100주년 기념' 논문집을 간행하면서

금년은 현암(玄庵, 李乙浩) 선생의 탄신 100주년이 되는 해다. 90이 임박하던 89세에 타계한 선생은 우리 학계의 거목으로 기대를 받아왔지만, 후학들에게는 학자 이상의 '온유하고 다정한 인품'을 지닌 그의 인간상이 깊이 각인되었다. 그 인품은 곧 그 분의 '학덕(學德)'과 맥을 같이하였음은 더 말할 나위 없다. 성실하고 겸손하게 살던 분의 친절을 다해 주던 학덕은 항상 후학들의 존모를 받아왔고, 그 일상적 존모의 감회는 이렇게 특별한 '추모(追慕)의 정'을 담은 글 모음을 만들게 하였다.

돌아보면, 선생은 우리 역사의 암흑기가 본격화된 시기에 태어나 이 민족이 혹독한 질곡에서 만부득이하게 당하던 온갖 고초를 함께 나누었다. 일제의 강점이라는 민족 환란의 상황에서, 일찍이 '민족의식'에 눈을 떴던 선생은 '독립을 갈구'하던 고향 영광의 일단의 청년들과 의기투합한 기백으로 인해, 1년 반 동안 몸소 '영어(囹圄)의 고통'을 감수해야 했다. 참으로 그분의 외유내강의 면모를 엿보게 하는 이 대목에서, 그분의 선각적 통찰력과 의협에 찬 강인한 혼백이 확인된다.

한평생을 국학 연구에 바치면서, 노숙할수록 한국철학의 독자적 특수성의 발굴에 침잠하던 그분의 학문 성향은 결코 우연이 아니었음을 알 수 있다. 그러한 성향은 바로 그가 지향한 '민족주의(民族主義) 사상'의 반영에 다름 아니다. 그것도 남들이 돌보지 않던 '다산(茶山)의 철학 탐구'에서 세계에 자랑할 만한 다산 정약용 철학의 진가를 누구보다 앞서 발견해 낸 사실은 그분의 학문 업적 중에서도 백미를 장식하는 대목이다. 노년에 '한'사상의 연구에 탐닉했던 것은 선생의 이념이 민족주의였음을 더욱 확실히 확인케 하는 증거다.

일찍이 선생은 인술(仁術)로 제생(濟生)에 종사하려던 꿈을 접고, 교편을 잡고 교직에 충실한 것이 수십 성상이다. 화려한 생활과는 거리가 먼 교직(敎職)을 천직으로 알던 선생은 '교육의 가치', 그 혼자만이 조용히 느끼게 되는 '보람'을 찾아 맹자와 더불어 뜻을 같이한 분이기도 하다. 교단에서 길러낸 영재가 헤아릴 수 없이 많겠지만, 그 영재들보다 값진 '고양된 인격'의 소유자가 아마도 더 나오지 않았을까 싶다. 선생의 감화 어린 훈도가 맺은 결실을 가상하면서, 아마도 이런 추측이 빗나가지 않으리라 여겨진다. 이것은 인간다운 인간이 아쉬운 시대를 사는 사람의 소망 어린 교육관에 지나지 않을지도 모를 일이다.

한평생 그분의 활동을 가능케 한 곳이 호남이었음은 다 아는 사실이다. 그는 등신대의 엄청난 저술을 남겼지만, 그 대부분은 호남과 관련된 성격의 저술이다. 선생은 호남을 사랑하면서 '호남의 의리관'과 '호남의 충렬 정신'을 계발하고 계승하는 데 누구 못지않게 진력했다. 호남의 정신을 자신의 것으로 삼고, 그 정신에 의지해 살아온 분이 선생이라 하여 지나침이 없을 것이다. 아마 호남이 그를 버린다고 해도 그는 '호남인(湖南人)'임을 자랑스럽게 생각할 분이라고 여겨진다. 육체와 정신, 양면으로 호남이 그의 고향일 수밖에 없던 그분의 '자리'가 앞으로 호남인의 조건으로 해서 더욱 빛을 볼 것이다.

여기에 엮어 놓은 글들에서 이 같은 점들이 구체적으로 확인될 것을 믿으면서, 이 글모음을 계기로 하여 선생의 높은 뜻과 지혜가 앞으로 더욱 계승발전되길 이 후학은 바라 마지않는다.

2010년 10월 20일

윤사순 삼가 적음

서 문

금년 11월 20일(음력 10월 15일)은 한국이 낳은, 동양철학의 선구이며 한국문화 발전에 큰 업적을 남긴 현암 이을호 선생의 탄신 100주년이 되는 날이다.

한국공자학회에서는 선생 탄신 100주년을 기리고 그 학문세계를 조명하기 위하여 '현암 이을호의 학문과 사상'을 주제로 학술대회를 열고 『현암 이을호 선생 탄신 100주년 기념논문집』을 간행하기로 하여, 2년여의 각고 끝에 이 책이 나오게 되었다.

이 책은 우리나라에서 지금까지 간행되었던 어떤 다른 기념 논문집과는 다른 특징을 지닌다. 그것이 선생의 일생과 그 학문세계를 체계적으로 이해할 수 있도록 기획하고, 그 분야에 정진하고 있는 사계의 전문가들에게 집필을 위촉한 것이다.

이를 차례로 소개하면, 제1부는 '선생의 생애와 학문적 위상'으로서, 선생의 삶과 함께, 근대 동양철학 연구사(研究史)에서 선생이 남긴 학문적 공헌이 어떤 것인가 하는 것을 밝혔다. 제2부는 '시대적 인식과 의학연구'로서, 선생이 그 시대를 어떻게 인식하였으며 의학으로부터 철학적 사고(思考)로 전환하였던 동기와 그 당연성을 이해하고자 하였다. 제3부는 '자주성의 자각과 경전 연구'인데, 이는 선생이 우리의 자주적 사고로서 번역한 경전의 특징을 살핀 것이다. 제4부는 '다산학과 실학'으로서 선생의 학문적 핵심을 이루고 있는, 다산 연구와 실학 연구의 특징을 밝힌 것이다. 제5부는 '다산학을 넘어서 현대화로'라는 주제로, 선생이 이룩한 한국문화의 정통성과 한국사상의 현대적 전환을 이룩한 내용을 서술한 것이다.

이로써 이 책은 선생의 학문에 대한 이해뿐 아니라, 선생이 이룩한 한국사상의 새로운 정립을 통하여, 한국사상 연구의 미래적 기반을 구축한 것이니, 이는 실로 본 학회뿐 아니라 우리 학계가 거둔 커다란 성과이며 또한 한국문화에 대한 자부심이라 하지 않을 수 없다.

이로써 선생의 학문이 다시 인식되는 계기가 되기를 기대하며, 한국공자학회는 앞으로도 이와 같은 노력을 계속할 것을 약속한다. 이에 이 책이 나오기까지 힘써주신 윤사순·오종일 교수님을 비롯한 집필자 제위와 출판사에 진심으로 사의를 표한다.

2010년 10월 하한(下澣)

한국공자학회장 이희재 삼가 쓰다

권두수필

나의 할머니 나의 아버지

금년 11월 20일은 나의 아버님께서 태어나신 지 꼭 1백 년이 되는 날이다. 음력으로 10월 15일에 태어나셨으니 양력으로 환산하면 그 날이 된다.

아버님을 뵌 것이 엊그제 같은데 벌써 백 년이라니 지난 시간이 야속하기만 하다. 나는 아버님을 생각하면 나의 할머니를 잊을 수 없다.

시어머니께서는 가끔 나에게 "너의 친정 할머니는 근동에 소문난 현부인이었느니라."는 말씀을 하셨다. 시어머니가 태어나서 성장한 곳이 우리가 살았던 옛집과 이웃 마을이어서 그 옛날을 생각하시면 나를 대하시는 정이 남달랐던 모양이다.

일찍 홀로 되신 할머니는 백세 살까지 장수하신 증조할머니를 안방에 모시고 건너방에 거처하시면서 벅찬 살림을 도맡아 하셨다. 아무런 물정도 모르셨던 증조할머니는 한밤중에 "애기야"하고 부르시는 일이 허다하였다고 한다. 할머니는 곤히 잠들었다가도 벌떡 일어나 안방으로 달려가면, 하신다는 말씀이 "윗동네 아무개집 아들 이름이 무엇이냐" 하는 등의 자질구레한 것들이었고 대답이 끝나기도 전에 아무일도 없었던 것처럼 돌아누우셨다는 것이다. 할머니는 그런 시어머니를 한 번도 싫은 내색을 안 하시고 일일이 응대하여 주셨는데, 언제 또 부르실 줄을 몰라 조바심하는 날이 많았다는 것이다.

그 할머니는 증조할머니보다 앞서 돌아가셨는데, 어머니는 우리들에게 "평생 동안 시집살이 못 면하시다가 먼저 가셨으니 참 안됐다."라고 하셨다.

할머니께서는 양식이 없어 굶고 있는 친척이 있다는 말씀을 들으시면 가마니 쌀을 보내주셨고 곡식을 얻으러 오는 사람에게도 섭섭지 않게 대하셨으며, 장날이 되면 대문을 열고 마당에 멍석을 깔고 장사꾼들에게 국밥을 대접하였다는 이야기는 내가 훌쩍 자란 다음에야 알게 되었다.

어머니께서 시집오실 때는 신랑이 4대 독자에 청상의 아들이라 혹시 시집살이가 힘들지 않을까 걱정하셨는데 실상은 그렇지 않았다고 한다. 할머니는 어머니를 얼마나 아껴 주셨는지, 어머니 성격도 보통이 아니셨지만 그냥 할머니 편이 되어 버렸다고 하였다. 혹시 부부 사이에 큰소리라도 날라치면 먼저 아들부터 나무라셨고 며느리를 감싸셨다니 그럴 만도 하다.

할머니는 후손이 귀한 것을 걱정하여 딸이라도 좋으니 많이만 낳아달라고 하셨지만 넷째인 나까지 딸이자 어머니도 마음이 편치 않으셨다고 한다. 그런 며느리의 속마음을 알아차리고 건강이 회복되자마자 사람을 사서 갓난아기인 나를 등에 업혀 아버지와 함께 금강산 유람을 다녀오도록 하셨다. 내가 어렸을 적 우리 집에는 어떤 낯선 남자가 아기를 등에 업고 금강산 바위 위에 서 있는 사진이 한 장 있었는데 업혀 있던 아이가 바로 나였다. 나는 그래서 가끔 언니들에게, 등에 업혀서 금강산 구경한 사람은 나뿐이라며 자랑하였던 기억이 새롭다.

마을 사람들이 할머니에게 며느리가 그렇게도 좋으냐고 물을 때면, 할머니는 "내 아들이 소중한 만큼 며느리도 중한 게 아닌가? 내가 저 아이를 생각해 주어야 저 아이가 우리 아들을 위해 줄 것"이라고 하셨다는데, 그 당시는 여자들은 학교조차 변변히 다니기 어려웠던 시절이었는데 시골 아낙으로서 어쩌면 그런 생각까지 하실 수 있었는지 지금 생각해 보아도 감탄스러운 일이 아닐 수 없다.

어머니는 언제인가 나에게 "너의 아버지가 젊어서 친구들과 밤늦게까지 술집에서 놀자, 할머니는 날이 추웠는데도 그 집 문 앞에 서서 술자리가 끝날 때까지 기다리고 계시다가 앞장서서 데려오셨단다." 하셨다. 그 일이 있고 난 후 아버지는 술집 출입을 삼가시게 되었다니 여러 가지 말씀보다는 행동으로 보여주셨던 할머니의 가르침은 현부인이라 하지 않을 수 없다.

어머니께서는 내가 태어난 이후 5대 독자인 남동생을 낳고 여동생 하나를 더 낳으시고는 더 이상의 출산은 단념하신 듯하였다. 할머니 입장에서 보면 이제 또 5대 독자를 길러야 할 형편이어서 아들 하나만 더 낳아 달라고 간청하셨지만 아들딸을 마음대로 낳을 수도 없는 일이어서 뜻과 같이 될 수가 없었던 모양이다. 할머니는 네가 내 말을 이리도 안 들어 줄 줄 몰랐다고 섭섭해하시더니, 그 후에 그렇게 바라시던 둘째 손자가 태어났으나 안아 보지도 못하시고 저세상으로 가셨다.

어머니 나이 40을 넘기시던 해, 할머니의 생신날에 손자를 낳으셨지만 그해 정월 초사흗날 운명하셨기 때문이다. 할머니께서 돌아가시던 날은 마침 설을 막 지날 무렵이라 식구들이 모두 모여 있었는데, 그리도 소중하게 여기시던 4대 독자인 아들의 무릎에서 운명하신 것이다.

할머니가 돌아가시자 어머니는 얼마나 상심하셨던지 기진하도록 슬피 울었다. 그리고 이제 나는 어떻게 살아가야 할지 막막하다고 한탄하셨다.

사람은 누구나 나이 들게 마련이고 어느 시기인가 그 마지막을 맞이하게 된다. 그러나 한 집안을 이끌어갈 수 있었던 것은 우리 할머니와 같은 지혜가 있었기 때문이 아닐까?

아버지의 탄신 100년을 맞이한 지금, 나의 아버지가 부끄럽지 않게 살아오셨고 또한 우리들이 이렇게 성장할 수 있었던 것은 자식들을 위하여 그렇게 정성을 다 바치셨던 할머니의 은혜가 그 밑거름이 되었지 않았는가 생각하는 것이다.

넷째 딸 이 정 미

목 차

제2부 시대적 인식과 의학 연구

제3부 자주성의 자각과 경전 연구

제4부 다산학과 실학

第5부 다산학을 넘어서 현대화로

부록_ 현암 이을호 선생 연보

일러두기

1 각 논문 각주에서 언급되는 다산학연구원 편, 『李乙浩全書』 전 9책(예문서원, 2000)은 『전서』 ① ② ③ ④ ⑤ ⑥ ⑦ ⑧ ⑨로 줄여서 표기한다. 『李乙浩全書』 각 책의 제목은 다음과 같다. ① 다산의 경학과 역학, ② 다산학 총론, ③ 다산학과 목민심서, ④ 실학사상과 한사상, ⑤ 개신유학으로 본 한국철학사, ⑥ 국역 다산사서, ⑦ 사상의학과 생명의학론, ⑧ 한국문화의 인식 국역 간양록, ⑨ 잡록 수상록 부록.

2 각 논문의 참고문헌은 가나다순을 취하되 같은 저자의 글은 연도순으로 배열하는 것을 원칙으로 한다.

3 각 논문에서 인명은 직서(直書)로 하되, 처음 등장할 때는 호와 이름, 생몰연대를 기입하는 것을 원칙으로 한다. 단, 인용문에 나오는 '호'나 '자'는 그대로 둔다.

제1부

현암 선생의 생애와 학문적 위상

1. 현암 이을호의 삶과 학문

오 종 일 전주대학교 명예교수

1. 여는 글

현암(玄庵) 이을호(李乙浩: 1910~1998) 선생은 1910년에 태어나 1998년에 서세하였다. 이 시기는 조선조 멸망으로부터 일제를 거쳐서 광복이 되고 또한 현대사회에 이르는 기간이었다. 그 사이에 6·25전쟁이 있었고 군사쿠데타 등 많은 격변이 있었다. 따라서 이 글에서는 국가적으로나 사회적으로 그와 같은 격변의 시기를 거쳐 오는 동안 이을호는 어떤 의식과 정신으로 그 시대를 열고자 하였으며 그 지향하고자 하는 이상은 어디에 있었는가? 일생을 통하여 이을호가 추구하였던 학문적인 목표는 무엇인가? 그리고 그 업적과 성과는 어떤 의미와 가치가 있는가? 하는 것들을 밝히고자 한다.

지금까지 이을호는 한국학을 중심으로 많은 연구 업적을 남긴 학자로서 이해되고 있다. 그러나 이을호의 학문을 보다 깊이 살피면, 이을호는 국가의식과 민족의식에서 출발하여, 일제에 대한 저항과 새로운 미래를 지향하는 의지로써 독자적이고 자존한 우리의 사상을 밝혀 새로운 미래를 열고자 하였음을 알 수 있다.

이을호의 일생은 몇 차례 전환기를 거치면서 그 의식적 변화와 학문적 개척을 이루고 있다.

그 첫 번째가 청년기에 해당하는 시기로서, 이때 사상의학을 배우고 일제의 탄압에 저항하면서 민족운동에 투신하여 국권회복에 힘쓰다가 옥중에서 동양의 지혜를 배우고 다산(茶山) 정약용(丁若鏞: 1762~1836)의 학문을 접하는 과정에서 국가의 미래를 걱정하고 광복과 더불어 교육운동을 일으킨다. 이는 민족과 국가에 대한 걱정과 우환의 표현으로서 젊은 날의 시련기라 할 수 있다.

두 번째 시기는 『간양록(看羊錄)』을 국역하고 경전(經典)을 한글화 하면서 민족의식을 바탕으로 우리의 역사와 사상에 깃들인 내면적 지혜를 발굴하여 새로운 미래 문화에 대한 방향을 제시하고자 하였으니, 이는 동양의 지혜를 우리 민족의 정신으로 재창조하고 새로운 정신적 방향을 모색하였던 시기였다.

세 번째 시기는 정약용을 통하여 우리 민족의 고유한 정신을 깨닫고 우리 사상을 정립한 기간이었으니, 개신유학의 정신으로 한국사상을 재구성하고 '한'사상으로써 현대정신에 이르기까지 일관된 우리 민족의 정신을 재정립하여 독자적인 한국사상을 밝혀 새로운 미래의 정신적 좌표를 제시하였던 기간으로, 만년의 정론이라 할 것이다.

이을호는 이 같은 과정을 거쳐 마침내 한국사상을 새로이 정립하고 이로써 한국학 연구의 새로운 기반을 마련하였다.

이 글은 이와 같은 단계에 따라서 그 시대적 변화와 학문적 인식들이 어떻게 나타나고 있었으며 이을호가 추구하고자 하였던 학문적 이상은 무엇이었던가를 차례로 서술하고자 한다.

따라서 2장에서는 일제 시대부터 광복에 이르기까지의 민족운동과 교육운동의 실상과 그 의지의 정신적 연원을 서술하고, 3장에서는 이을호가 탐구한 민족의식의 실체가 무엇이고 이을호가 밝힌 민족의 정통성으로서 연면(連綿)하게 이어져 내려온 그 특징이 무엇인가? 이을호는 이를 현대적 지혜로써 어떻게 수용하고자 하였는가 하는 그 학문적 특질과 그 이상을 밝히기로 한다. 4장은 이을호가 이룩한 우리의 학문과 사상의 현대적 전환에 대한 관점이다. 이는 이을호의 학문을 과거의 탐구나 복고에 둔 것이 아니라, 어떻게 미래시대의 유용한 정신으로서 한국사상을 재정립할 것인가 하는 현대적 전환으로 나타난 미래적 가치와 그 특징을 살피고자 하는 것으로서, 이하에서는 이을호의 삶과 그 학문적 업적을 밝히고자 한다.

2. 시대 상황과 의식적 정초

1) 성장 과정과 시대의식

이을호는 영광읍 백학리에서 출생하였다. 영광은 일찍부터 개화를 이룬 곳이었다. 법성포는 삼국시대부터 당(唐)과의 무역항이었고, 조선시대에는 호남의 세곡을 한양으로 운반하는 조운창(漕運倉)이 있어 서울은 물론 외국과의 교류도 빈번하였다. 이러한 환경을 배경으로 일찍부터 새로운 문화를 접할 수 있었다.

근대화가 시작되는 1900년경부터 영광에도 변화가 오기 시작하였다. 1908년 영광향교에 처음으로 신학문을 가르치는 광흥학교가 세워졌는데 이을호의 부친(父親) 갑영(甲榮) 공(公)이 이 학교를 설립한 주역이었다. 1910년 한일합방 때에 이 학교의 학생들이 만세운동에 가담하면서 곧 폐교되고 그 자리에 영광보통학교가 설립되었으며, 이을호는 1923년에 이 학교를 수료하였다.

이을호가 영광보통학교 2학년에 재학하고 있던 1919년에 3·1운동이 일어났는데 그 학교의 훈도 조병모·위계후·이병영·박용하·김문규 등이 만세운동을 주도하였다. 운동에 가담하였던 이병영은 2년, 위계후는 6개월의 실형을 선고 받았다.

이을호는 이들의 영향을 받으면서 1923년에 5년 과정을 수료하고, 영광학원 중등과에 입학하였는데 당시 교사로 여류 소설가 박화성(朴花城: 1904~1988)과 시조시인 조운(曺雲: 1900~?)이 있었다.

조운과 이을호는 사제지간이었지만 그러나 사제지간이라기보다는 형제와도 같은 사이였다.

이을호는 조운을 가리켜 "조운 선생은 나보다 꼭 10년 수상으로서, 내가 스승으로 대하기에는 너무나 가까운 벗이었고 임의로운 벗으로 대하기에는 어렵게 모셔야 하는 스승이었다."고 회고한 바 있다.[1)]

이을호는 영광학원 중등과 2년을 수료하고 1925년 서울 중앙고보 2학년에 편입하였다. 이러한 환경 변화는 이을호에게 많은 자극이 되었다. 바로 우리의 사상에 대한 자각과 새로운 문화를 접하게 되면서 깨닫게 된 개화의식이었다.

이을호는 이때 기당(幾堂) 현상윤(玄相允: 1893~?)의 가르침을 받는다. 중앙학교는 민족의식이 강한 학교로서 3·1운동이 일어날 당시 학교장은 고하(古下) 송진우(宋鎭禹: 1890~1945)였는데, 현상윤은 그 한 해 전에 와세다 대학을 졸업하고 새로 부임한 상태였다.

3·1운동이 일어나자 현상윤은 운동을 주도한 혐의로 체포되었다가 1920년에 출옥하고 그 이듬해에 중앙학교 교장으로 취임한다. 이을호는 1925년에 중앙학교에 입학하여 학생으로서 현상윤의 가르침을 받게 된다. 이을호는 조선의 역사와 윤리를 직접 강의한 현상윤을 통해 조선의 사상과 문화에 대한 새로운 인식을 갖게 되고 또 새로 접하게 된 외래문화에도 관심을 가지게 되었다.

이을호는 20세가 되던 해에 중앙학교를 졸업하고 해초(海初) 최승달(崔承

1) 「『조운문학전집』 책머리에」, 『이을호전서』 9 잡록·수사록·부록(이하 '『전서』 9'로 약칭함), 159쪽.

達)의 문하에 들어가 동무(東武) 이제마(李濟馬: 1837~1900)의 의서(醫書) 『동의수세보원(東醫壽世保元)』을 배우게 된다. 이는 이을호가 처음으로 우리의 정신으로써 이루어진 동무의 저서를 접한 것으로, 이을호가 일생 동안 추구하게 될 학문적 방향을 정립하는 출발점이 되었다.

최승달은 함흥 출신으로 동무 이제마에게 사상의학을 전수받은 인물이었다. 이을호가 『동의수세보원』을 배우게 된 것은 중앙학교를 졸업할 즈음 나빠진 건강을 회복시켜 준 것과 관련 있는데, 이을호는 이 책에 심취하여 동무의 재전문인이 되어 사상의학을 공부하는 독서회를 조직하고 그 연구에 몰두하였다. 이을호는 이러한 인연으로 경성약학전문학교에 진학하게 된다.

이을호는 학교 생활에 정진하는 한편, 대외적인 활동에도 적극 참여 하였는데 이는 새로운 문물에 대한 관심에 의해서였다. 이러한 문화는 주로 Y·M·C·A 등과 같은 기독교 단체를 통하여 수입된 경우가 많았는데 그 당시 Y에서는 국민체조를 보급하였다.

그때 덴마크의 닐스북 등이 창안한 체조를 가르쳤는데 이을호는 이를 배우면서 민족계몽운동에 관심을 갖게 된다.

이을호는 24세가 되던 1933년에 학교를 졸업하고 영광으로 귀향하여 호연당(浩然堂)이라는 상호를 내걸고 약국을 개업하면서 점차 국가의 현실과 민족의 미래에 대한 관심을 나타내기 시작하였다.

2) 청년기의 학문활동과 민족운동

귀향 이후 이을호는 학문연구와 사회참여를 병행하였다. 그 동기는 이을호는 자신의 전공과 사회문제에 대한 관심에서 비롯되었고, 의학의 발전과 정부의 정책 문제에 대한 발언에서 시작되었다.

이을호는 1934년 3월 15일에 『조선일보』에 「종합의학 수립의 전제」라는 글을 발표한다. 당시의 한의학자(韓醫學者) 장기무와 양의학자(洋醫學者)

정근양이 서로 자기 분야인 양의학과 한의학을 발전시켜야 한다는 논쟁을 편 것이 그 동기가 되었다. 이 논쟁은 당시 조선의 의료 정책이 한의학과 양의학 두 가지 중에서 어느 것을 더 중시할 것인가를 둘러싸고 벌어진 것이었다. 이을호는 이 논쟁을 보면서 종합의학의 수립을 주장하는 글을 조선일보에 연재하였던 것이다. 이 글은 이을호는 24세에 발표한 국가의 정책과 의학의 발전에 대한 자신의 소신을 피력한 첫 번째 경륜이었다.

이 글에서 이을호는 "한방의학의 부흥이 고전적 의학의 복사라거나 모방이어서는 안 된다. 그 정신을 음미하는 데서 비로소 진실한 부흥이 있을 것이니 중세기 서양 사상의 문예부흥이 결코 희랍 문화의 복사사가 아니었던 것과 같다."[2]고 하여 우리 실정에 맞는 의학의 현대적이고 현실적인 연구와 발전이 이루어져야 한다고 하였다.

이 글은 우리나라의 근대화 과정에서 처음 나타난 학술논쟁으로서 중요한 의미를 지니며, 학계에서는 이를 한의학 부흥 논쟁이라고 부른다.

이러한 움직임을 계기로 하여 동서의학 연구회가 결성되고 의학 학술지인 『동양의약』이 창간되기에 이른다. 이는 이을호의 글에 영향을 받은 것으로서, 이을호가 이를 주도하였으며 또한 논문집 발간을 적극 후원하여 동양의학의 발전에 크게 기여하였다.

『동양의약』의 간행을 주간한 이는 조헌영으로 와세다 대학 영문과를 졸업하고 한의학계에 뛰어든 만학도(晩學徒)였다. 당시 25세의 이을호는 그와 함께 조선 의학의 발전에 새로운 기풍을 일으키고 또한 처음으로 동양의학에 대한 연구지를 창간하여 학회를 탄생시키게 되었다.

1935년 2월 이을호는 학술지 『동양의약』에 「이제마(李濟馬)의 사상의학론(四象醫學論)」을 발표하였다. 그리고 그 이듬해인 1936년 4월 26일부터 『조선일보』에 16회에 걸쳐 「사상의학설비판」이라는 논문을 실었다. 이 글은 이을

---

2) 「종합의학 수립의 전제」, 『전서』 7, 436쪽.

호가 이제마의 사상의학설(四象醫學說)을 종합적으로 소개하고 이론에 대한 문제점을 제시한 것이다.

이을호의 학문은 사상의학 연구에서 비롯된 것으로서, 이로부터 이을호의 철학적 탐구가 시작되었음을 알 수 있다. 사상의학 자체가 인간에 대한 철학적 이해를 전제로 하지 않으면 이해할 수 없는 것이기 때문이다.

이을호는 이에 대하여 "이제마의 사상철학은 철학적 인간학으로 다루어져야 하고"[3], "사상철학적 인간학은 진정한 의미에 있어서의 종합적 인간학으로 이해되어져야 하고"[4], "사상철학은 마땅히 한국 사상, 나아가서는 한국 철학사의 맥락 위에서 그 독자적 위치가 설정되어야 한다."[5]고 하였다. 이러한 지적에서 알 수 있듯이 사상의학으로서 입문한 이을호의 학문은 앞으로 그것이 인간 이해를 통하여 한국 사상의 본질을 밝히지 않으면 안 될 것임을 예견하게 된다.

이을호는 이 같은 활동을 통하여 점차 지역사회의 정신적 지도자의 위치에 오르게 된다. 이에 영광 지식인들의 중심으로서 사회활동에 참여하게 되었으니, 당시 환경으로서는 이는 당연히 일제에 대한 저항과 민족의 자강운동으로 이어질 수밖에 없었다. 그러하니 일경의 감시가 뒤따랐고, 따라서 그 출발은 쉽지 않았다.

이에 이을호는 체조의 보급이라는 명분을 내걸고 청년들을 규합하였다. 이을호가 배운 것은 닐스북 체조였다. 모임은 지식인들의 관심을 끌어 인원이 점차로 늘어나게 되어 새로운 단체를 탄생시켰으니, 갑술구락부가 그것이었다. 갑술구락부는 1934년 갑술년에 발족하였기 때문에 붙여진 이름으로 대표는 위계후였다. 위계후는 영광보통학교 훈도로서 3·1운동에 가담한

---

3) 「사상의학의 철학적 배경」, 『전서』 7, 552쪽.
4) 「사상의학의 철학적 배경」, 『전서』 7, 552쪽.
5) 「사상의학의 철학적 배경」, 『전서』 7, 552쪽.

우국 지사였다. 이 단체가 주민들의 호응을 얻게 되자 다시 체육단(體育團)을 결성하기에 이른다. 그리하여 영광 체육단은 구국운동을 펼치고 자강의식을 북돋우며 젊은이들의 구심체로 등장하게 된다.

활동으로는 체육 행사뿐 아니라 문학 강연회, 문학의 밤, 고전음악의 밤 등을 개최하여 민족문화 운동을 일으키는 한편, 체육 행사를 통하여 군민들을 결속시키고 남승룡을 초청하여 마라톤 대회를 여는 등 저항운동을 계속하였다. 이에 일제는 독립운동을 일으켰다는 죄목으로 이 지역의 지식인 모두를 검거하기에 이르렀으니 300명을 체포하고 41명을 목포 형무소로 송치하고 37명은 불기소로 감방에 수용하였다. 이때 위계후와 조운, 그리고 이을호 등이 모두 체포를 당하여 고초를 겪었다.

이을호는 이에 대하여 "체육 향상이라는 슬로건을 내걸고 영광을 중심으로 장성·정읍·고창 등 여러 군(郡)을 순회하면서 연합활동을 가졌는가 하면 베를린 올림픽에서 손기정 선수와 함께 동메달을 획득한 순천 출신 남승룡 선수를 초청하여 영광시민운동회를 여는 등 시민운동을 통한 민족 단합을 꾀하였다."[6]고 하였다.

당시 일경(日警)은 이을호 등을 주목하고 있으면서도 이를 감지하지 못하다가, 영관 읍내에 삐라가 살포되고 조선독립을 주장하는 벽보가 나붙자 검거에 나서게 된 것이다.

주모자로 지목당한 이을호는 목포형무소에 수감되어 1년 6개월의 징역살이를 시작하였다.

3) 학문적 전환과 다산과의 만남

이을호가 일경에 피체된 때가 1937년 9월이었다. 일제는 예비검속이라는

6) 이을호의 회고록에서 인용하였다.

이름을 붙여 영광 지역의 애국지사들을 모조리 연행하였다. 그들이 발행한 이른바 「조선폭도사」에는 "전라남도 영광군 내의 청소년들의 단체인 영광 갑술구락부 체육단 등의 단체들을 조직하여 소화 9년 8월 이후, 표면적으로는 체육 활동을 한다는 명목으로서 날마다 배일운동과 민족운동을 일으켰기 때문에 소화 12년 9부터 11월 사이에 이을호 등 47명을 체포하였다."고 기록하고 있다.

이을호는 이 사건으로 목포형무소에 수감되는데, 형무소에 복역하면서 새로운 전환점을 모색하게 된다. 바로 새로운 인생관을 정립하고 앞으로의 삶의 방향을 결정하는 중요한 갈림길에 들어서게 된 것이다.

이을호의 학문은 약학에서 출발하였기 때문에 그 기초는 사상의학이었다. 그러므로 이을호는 이제 사상의학을 올바로 알기 위해 역학(易學)과 인간학에 대한 탐구로 나아가야 할 시기였다. 이는 이을호가 의학에서 철학으로 진입한 것을 의미한다.

그 계기가 이루어진 곳이 목포형무소였다. 이을호는 어두운 감방 속에서 차입된 역학(易學) 관련 서적을 비롯한 경전(經典)을 탐독하기 시작하였다.

이을호의 이러한 공부를 도왔던 사람이 정종(鄭縱: 1915~)이다. 당시 정종은 일본 도요(東洋) 대학에서 철학을 공부하고 있었다. 정종이 철학과에 입학한 때가 1938년이니, 그는 이을호가 영어(囹圄)의 몸이 된 이듬해 봄에 대학생이 되었던 것이다. 정종은 1915년생이니 이을호보다 5년 연하다. 정종의 회고에 따르면, 그는 일본의 고서 가게를 뒤지고 또한 새로운 철학 이론서를 발견하면 닥치는 대로 이것들을 구입하여 목포형무소로 부쳤다. 그리고 이 책들은 바다를 건너서 감방으로 차입되었다.

이때 일제에 억눌렸던 우리들에게 조금씩 변화가 일기 시작하였다. 그것이 조선의 사상과 문화에 대한 반성과 우리의 사상과 문화로부터 지혜를 배우고자 하는 자강의식의 성장이었다. 당시의 선각자들은 조선이 오랜 역사를 가지고 있으면서도 왜 일제의 지배를 받게 되었는가 하는 반성과 함께 우리의 문화에 대한 새로운 인식이 이루어지면서 조선의 역사와 사상의 연구에 필요한 책들을 간행하기 시작하였다.[7] 이때부터 우리 것을 찾기 위한 노력이 시작되었으니 이른바 '조선학'에 대한 관심이 일기 시작하였고, 그 자각을 촉진시킨 것이 1935년에 개최된 '다산서세 100주년 기념행사'였다.

다산서세 100주년 행사는 여러 학자들의 논문과 『여우당전서』의 간행으로 이어진다. 이 『여유당전서』의 간행은 이을호의 학문적 방향을 새롭게 할 수 있는 중요한 계기가 되었다.

『여우당전서』를 접한 이을호는 마침내 조선의 학문과 그 정신적 독자성을 찾는 일에 일생을 걸게 되었으니, 실로 목포형무소에 복역하는 기간 동안 이을호는 새로운 학문적 전환을 이룬 것이다.

백낙준(白樂濬: 1895~1985)은 1935년에 이루어진 다산서세 100주년 기념행사의 배경과 『여유당전서』의 발간, 그리고 그 정신적 영향으로 이을호가 정약용의 학문 연구에 몰입하게 된 과정을 다음과 같이 설명하고 있다.

첫째 다산서세 100주년 기념행사가 이루어진 배경에 대하여 "민족정신의 소생을 위하여 조선 후기 우리 명현 중에서 경국제민(經國濟民)의 대(大) 경륜가(經綸家)이던 정약용의 학문과 인격을 국민에게 새로이 인식시키는 동시에, 국민으로 하여금 비참한 생활 환경에 맞서 있으면서도 위대한 선인들의 후광을 받아서 민족적 긍지와 자존심과 자신력을 얻어서 간직하게 하려 하였다. 국내 양대 민족 신문은 사회 유지들을 발기인으로 하고, 다산서세 100주년 기념행사를 개최하였다. …… 이 기념회의 주동 인물은 정인보(鄭寅普)・안재홍(安在鴻)・송진우(宋鎭禹) 등이었고, 그 밖에 윤치호(尹致昊)・유진태(兪鎭泰)・김성수(金性洙)・한용운(韓龍雲) 등 사회 중진과 교육계와 언

7) 그 대표적인 서적들이 1910년에 탄생한 조선광문회에서 간행한 책들로서 조선의 역사와 제도 그리고 언어, 문학, 전기류 등 수십 종이었다.

론계 인사 44인이 기념회를 발기하였다."[8]라고 하였다.

백낙준은 이와 같이 다산서세 100주년 행사는, 당시 일제의 지배로 소멸된 민족정신을 회복하기 위하여 정약용의 사상을 그 지혜로 삼아 자존심과 자신력을 얻고자 이 행사를 기획하고 발기하게 되었음을 지적하였다.

둘째 그 행사의 영향에 대하여 "다산서세 100주년 기념행사는 일대적(一代的) 의의(意義)만이 아니었다. 자주독립을 갈망하는 민족적 염원의 발로와 국학 소생(蘇生)의 향도력(嚮導力)이요 이민족(異民族)의 탄압 하에서 복류(伏流)하여 오던 민족적 민족주의의 성장을 의미하는 것이었다. 다산서세 100주년 기념행사가 있을 때, 『여유당전서』는 벌써 매월 2책 배본이 9회에 미쳐 있었다. 이처럼 배본된 전서를 받아 읽는 이들에게는 새로운 느낌이 없지 아니하였을 것이요, 기념사업에도 호흡할 심적 준비가 되어 있었을 것이다. 그러므로 우리는 1935년대의 『여유당전서』 출간과 서세 백주년 기념행사는 다산연구의 분수령이라 하는 것이다."[9]라고 하였다.

이러한 지적은 다산서세 100주년 기념행사를 통하여, 민족의식의 성장을 가져오게 되었음은 물론 새로운 국학 연구가 이루어지는 계기가 되었다는 사실과, 『여유당전서』의 출간이 민족의식을 성장시키는 밑거름이 되었고 또한 정약용을 새롭게 인식하고 우리 학문을 연구할 수 있는 분수령을 이루었음을 말하고 있다.

이을호는 이와 같은 시대에서 민족 계몽 운동을 주도하다가 영어(囹圄)의 몸이 되어 있었으니 이때 이을호와 정약용과의 만남은 정약용의 이상이 이을호에게는 새로운 등불로 다가왔을 것임을 알 수 있다.

이을호는 그와 같은 고난 속에서 학문을 철학으로 전환하는 과정에 『여유

8) 백낙준, 「다산학 연구의 분수령」, 다산학보간행위원회, 『다산학보』 제2집, 1979, 12쪽.

9) 백낙준, 「다산학 연구의 분수령」, 다산학보간행위원회, 『다산학보』 제2집 1979. 12.

당전서』를 접하고 정약용의 이상을 스스로의 사명으로 삼게 되었으니, 이는 이을호의 구국의 의지가 새로운 학문으로서 정립될 수 있는 구체적 계기가 되었으며 이를 통하여 마침내 동양의 지혜를 탐구하게 되었음을 알 수 있다.

이를 보면 이을호가 정약용의 학문에 전념하게 된 것은 다산서세 100주년 행사에 크게 자극받아서였음을 알 수 있고 그것이 1백주년 행사에 나타난 정신, 곧 이민족의 탄압으로부터 독립을 이룩하고 새로운 진로를 모색하여야 한다는 교훈에 영향 받아서 우리의 사상과 문화의 독자성을 찾게 되었음을 알 수 있다.

이러한 사실은 백낙준의 증언에 나타난다. 백낙준은, 『여유당전서』가 간행되자, 그 영향을 받아 다산경학 연구의 업적을 쌓은 이을호에 대하여,

> 40년대 전쟁기에 우회(迂回)하다가 민족해방을 맞이하여 다산연구의 본류를 이룩하였다. 민국정부의 수립에 제(際)하여 우리 학계에는 실학 논의가 성행하였다. 다산학에 체계를 세워 연구한 학자 중에는 …… 다산경학사상을 연구한 이을호가 있다.[10]

고 하여 그 영향으로 다산경학 연구의 본령을 이룩하고 그 중심에 이을호가 있었음을 밝혔다.

이를 보면 이을호의 학문은, 민족운동을 계기로 목포형무소에서 복역하던 시기에 조선의 사상과 역사를 다시 인식하는 새로운 사조가 일어나고 이와 함께 이루어진 정약용 서세 1백주년 행사와 함께 간행된 『여유당전서』가 이을호에게 많은 지극을 주었으며, 이러한 생각이 다산연구로 진전되었음을 알 수 있다.

---

10) 백낙준, 「다산학 연구의 분수령」, 다산학보간행위원회, 『다산학보』 제2집 1979. 12.

3. 교육의 실현과 다산 연구의 진입

1) 교육입국의 실현과 경전의 한글화

이을호는 출옥 후 독서로 소일하는 날이 많았다. 일제의 감시로 인하여 다른 활동을 할 수 없었기 때문이다. 그러나 이을호는 누구도 생각지 못하였던 새로운 뜻을 품고 있었다. 그것이 자신의 뜻을 계승할 후세들을 교육시켜야 한다는 의지였다. 그 같은 뜻은 학교를 세우는 일로 구체화되었다.

이을호가 학교를 세우고자 한 것은 영광의 지역 사정뿐 아니라 이을호 개인이 겪은 바 있는 아픔 때문이기도 했다.

영광에 처음 신학문을 가르치는 광흥학교를 세울 때, 부친 갑영(甲榮)공(公)이 협찬하였지만 경술국치 이후 일제는 이 학교를 폐교시키고 영광보통학교를 세웠다.

그 후 1921년에 위계후 등 선각자들이 중심이 되어 영광학원을 설립하여 조운·박화성 등이 교사로 있을 때 이을호는 이 학교 중등과 2년을 마쳤고 바로 그 1925년에 학교는 폐교되었다. 그런 까닭으로 이을호는 하는수없이 서울 중앙고보로 편입해야 했다.

이을호는 자신이 경험한 이러한 어려움을 후학들에게 물려주어서는 안 될 것이며 당시 같은 어려운 상황에서는 민족의식을 함양하는 교육이 절실히 필요하다는 사실을 깨달았다다.

이을호의 이러한 생각은 3·1운동과 갑술구락부 영광 체육단으로 이어지는 항일정신에서 나온 것이었다. 그와 같은 단체를 이끌고 민족정신을 고취하고 항일운동을 이끌었던 인물들이 위계후·조운 등 영광의 선각자들이었다.

민족시인 조운은 1921년에 매부인 위계후가 운영한 영광학원의 국어교사가 되었으나 1925년 학교가 폐교되어 버렸다. 그 후 1933년 이을호가 귀향하여 닐스북 체조를 가르치게 되자 청년들이 다시 결속하였으나 일경이 그 중심인

물을 모두 체포하면서 명맥이 끊어지려 할 때 일제의 감시를 피하여 숨어 지내야 했다. 그러다 마침내 1945년 일제의 패망과 더불어 찾아온 광복이 영광의 선각자들에게 학교를 세우고자 하는 희망을 안겨주었다.

이을호는 이에 영광에 민립남녀중학교를 세우기로 하고, 그 준비를 위한 모임체를 발족하였다. 그 모임체가 정주연학회(靜州硏學會)였다. 정주란 영광의 옛 이름으로서, 이 모임은 민족의식이 투철하고 학문과 교육에 관심이 많은 사람들로 구성되었는데 일제에 항거한 지식인들이 중심이 되었다.

여기에서 우리는 영광민립 남녀 중학교의 설립 의미를 돌아볼 필요가 있다. 정주연학회의 구성과 거기에 참여한 인물들을 보면, 먼저 영광학원의 설립자 위계후와 조운 등은 영광학원 중등과 교사 출신이었다. 따라서 영광민립중학은 영광학원을 계승했을 뿐 아니라 정신적으로는 3·1 독립운동과 민족운동을 계승하였기 때문에, 이는 새롭게 탄생한 나라에서 교육입국의 꿈을 안고 민족정신을 일깨우는 데 그 목적이 있었음을 알 수 있다.

이을호는 이 학교를 설립하는 데 필요한 모든 비용을 전담하였다. 그러나 개교에는 영광 군민의 의지를 모아야 한다는 생각을 갖고 있었다. 그가 군민들의 성의로 기금을 갹출하여야 한다는 명분을 세운 것은 이 때문이다.

당시 이을호는 학교부지로 사용할 논 4백 5십 두락(9만여 평)을 제공하고 운영기금으로 벼 1천 석을 희사하였다. 학교는 1945년 해방되던 그해 10월 15일에 개교하였다. 이는 광복 후 전국에서 가장 먼저 개교한 학교였다. 이을호는 초대 교장에 부임하고 교사의 초빙과 교과과정의 개편 등 밤낮을 가리지 않고 일하면서 학생들을 가르쳤다.

이을호가 이와 같은 뜻을 펴고 있을 때 영광 사회는 혼미를 거듭하고 있었다. 건국 준비를 한다는 건준(建準)이 탄생하고 좌·우익이 충돌하고 일제에 빌붙었던 무리들이 다시 일어나 날뛰면서 이을호에게 자기 편에 서라고 강요하였다.

이을호가 이러한 환경에서 벗어나고자 할 때 광주의과대학 병원 약국장에 초빙을 받았다. 이때가 1948년으로, 이을호가 교육입국의 뜻을 편 지 4년째 되던 해였다. 이을호는 곧 의과대학으로 자리를 옮기고 약제학을 강의하는 한편, 사상의학을 가르치고 의과 대학생들을 상대로 민족의식을 일깨울 수 있었다.

이을호는 그때 광복 이전에 얻은 중요한 자료의 번역에 착수하였다. 바로 수은(睡隱) 강항(姜沆: 1567~1618)이 쓴 『간양록』이다.

강항은 영광 출신이다. 『간양록』은 그가 정유재란 때 왜군의 포로로 잡혀 일본에 끌려간 과정과 일본에 머물면서 알게 된 왜국의 사정과 그들의 형편을 살펴 일기로 기록한 것이다. 그는 1600년에 귀국하면서 이 책을 가져왔고 책은 1882년 영광에서 간행되었다. 그러나 일제의 지배가 시작되자 왜경들이 이 책의 판각과 간행된 책까지 모조리 압수하여 불태워 버렸다. 이 책을 몰래 구하여 틈틈이 읽어 왔던 이을호는 이제 『간양록』을 국역하기로 결심한 것이다.

이을호는 이 『간양록』을 국역하여 널리 보급시킴으로써 우리 민족의 자존심을 북돋울 수 있다고 생각하였다. 무엇보다 당시가 일제 지배에서 풀려난 지 얼마 되지 않은 시기였기 때문에 우리가 진정 독립을 이루기 위해서는 일본에 대해 자존심을 회복시키는 것이 급무라고 여겼기 때문이다.

그러나 이 국역 작업은 곧 난관에 부딪히게 된다. 이을호가 학생들을 가르치면서 『간양록』을 읽어나가고 있을 때 6·25전쟁이 발발하였기 때문이다.

이때 이을호는 하는수없이 피난길에 오르게 되었는데 피난지가 목포였다. 목포에는 항도여자고등학교 교장으로 재직하고 있던 소청(少靑) 조희관(曺喜灌: 1905~1958)이 있었다.

조희관은 영광 출신의 문인이다. 일찍 배재학교를 졸업하고 연희대학과 북경 호스톤 대학을 다니다가 귀국해서 영광에서 조운·박화성 등과 함께 문학 활동을 하다가 목포로 내려와 목포 항도여고 교장을 역임하면서 유달중학교와 목포여고, 목포해양대학교 교가를 짓기도 하였다. 그는 재직중에 문학 활동을 위해 항도출판사를 경영하면서 『전우』, 『갈매기』 등의 문학잡지를 발간하여 목포 문학의 터전을 가꾸고 있었는데 6·25가 인연이 되어 목포로 피난간 이을호와 만나게 된 것이다.

조희관은 한글학자로 불릴 만큼 한글을 사랑하고 발전시킨 인물이기도 하다. 그는 목포 시내의 모든 간판을 한글로 바꾸는 운동을 일으키고 '한글'이라는 말을 사용하기를 좋아하여 어려운 글도 우리말로 쉽게 풀어서 쓰도록 하였다.

이을호가 뒷날 사서(四書) 등의 경전(經典)을 번역하면서 『한글 논어』, 『한글 맹자』 같은 말을 즐겨 쓰게 된 것도 소청으로부터 영향을 받은 바 큰 것으로 여겨진다. 이때 이을호는 또한 소청이 주간하던 문학잡지에 「유달산」, 「항도편신」 등의 글을 발표하며 문학활동에도 참여하고 『간양록』의 번역에도 박차를 가하게 된다.

이을호는 『간양록』의 번역과 함께 유학 경전의 국역에도 착수하였으니 그 첫 사업이 『한글 맹자』의 번역이었다. 이을호는 여기에 그치지 않고 『사서(四書)』의 한글화에도 진력한다.

2) 『간양록』의 출간과 『사서(四書)』의 번역

이을호는 『간양록』을 번역하던 중에 6·25전쟁을 만나게 되었지만, 번역 작업은 쉬지 않아 1952년 번역본이 간행되었다. 6·25전쟁이 1950년 6월 25일에 일어나 1953년 7월 27일 휴전협정이 체결되었으니 그야말로 전쟁중에 출간된 것이다.

이을호가 그토록 『간양록』에 애착을 갖게 된 데는 까닭이 있었다. 그 하나는 일제에 대한 자존심 때문이었고, 다른 하나는 『간양록』의 저자가 영광 출신이라는 사실이었다.

이을호는 우리 조상의 지혜에서 우리의 자존심을 찾고자 하였다. 그것은 일제에 대한 저항정신이었으니, 이는 이을호가 그들에게 당하였던 울분이었고 이를 극복하는 길은 『간양록』을 통해 우리의 자존심을 회복하는 것이었다.

이을호는 그 책의 「간행에 즈음하여」에서 이렇게 적고 있다.

> 본서를 간행함에 있어서 잊을 수 없는 사실이 하나 있다. 그것은 다름 아니라, 일본 제국주의자들의 강점기에 있었던 소위 분서(焚書)의 화(禍)인 것이다. 당시에 『간양록』은 일본 경찰에 의하여 모조리 불태워졌기 때문에, 8·15 해방과 더불어 씻은 듯 자취를 찾아볼 수 없게 되어 버린 것이다. 이 번역본의 저본이 된 원본은 그러한 환란을 어렵게 피해 낸 유일본이었다고 볼 수밖에 없다.[11]

이을호의 이러한 지적은 일제에 대한 적개심과 그들이 우리나라에서 행한 야만적인 탄압에 대한 울분을 그대로 담고 있음을 알 수 있다. 이을호는 이어서 우리 조상들의 국가와 민족에 대한 의무와 책임을 높이 사면서 지금 우리의 사명이 무엇인가를 일깨워 주고 있다. 이을호는

> 이 책을 번역 간행함으로써 수은 강항 선생의 애국충절과 학문적 업적을 국내외에 널리 선양하게 되었음은 물론, …… 선생의 유한을 달래는 사업이 속속 이루어짐과 동시에 선생에 의하여 당대의 한국 유학이 일본의 등원성와(藤原醒窩)에게 전달됨으로써 일본의 국학이 비로소 발흥하게 되었다는 사실은 비록 때늦은 감이 없지 않으나, …… 이제 구원을 씻고 새로움을 다져야 하는 일본을 위해서도 우리들은 『간양록』이 주는 교훈을 잊어서는 안 될 것이요

11) 『간양록』 역자 서문.

> 그러한 의미에서도 한·일 두 국민은 『간양록』을 들추어 보면서 언제나 경각심을 새롭게 다져 나가야 할 것이다.

라고 하였다. 이 글에는 이을호의 애국의식과 민족적 자존심, 그리고 앞으로의 젊은이들이 지녀야 할 일본에 대한 경각심을 구구절절이 일깨워 주고 있다. 즉 『간양록』의 번역은 강항의 충절 정신을 기리기 위한 것으로, 이 책으로 인하여 일본 유학이 우리의 선현에 의하여 발전되었다는 자부심과 강항의 충절 정신을 계승하여 일본의 만행에 경각심을 잃지 말자는 것이다.

이을호는 일본뿐 아니라 우리를 지배하고자 하는 어떤 외부 세력도 용납하지 않았다. 특히 우리의 정신과 문화에 대한 이해가 그러하였다. 조선조 오백 년을 지배하였던 주자학도 또한 중국의 지배 세력이었음은 물론이다. 따라서 이을호는 따라서 우리의 고유 의식과 사상으로써 저들의 문화를 이해하고 우리의 주체적인 사고로써 이룰 수용하여야 한다면서 그들의 정신에 지배 받아서는 인 된다는 사실을 분명히 하였다. 이러한 점에서 이을호가 추진한 유교 경전의 한글화는 중요한 의미를 지니고 있다.

이을호는 경전을 번역하면서 '한글'이라는 말을 즐겨 사용하였다. 한글로써 이루어진 우리의 정신으로 재해석되는 경전이어야 우리의 뜻으로써 저들의 문화를 이해할 수 있다는 생각에서였다. 그러므로 국역 사서의 이름은 모두 『한글 중용·대학』, 『한글 논어』, 『한글 맹자』라고 하였다.

이을호가 사서(四書) 가운데 가장 먼저 국역한 것은 『한글 맹자』였다. 이 책은 1958년 2월 15일에 간행되었다. 이때는 우리나라 학자들도 경전의 국역화에 대해 관심도 없었을 뿐 아니라 그 중요성도 인식하지 못하였던 때로, 일제가 번역한 것들을 그대로 베껴 쓰고 있었다. 따라서 국역 경전을 한글이란 말로 표현하는 것은 생각조차 못하였던 시절이었다. 이러한 때 이을호는 과감하게 한글이라는 말을 사용하여 우리의 정서로써 경전의 가르침을 재정립하고자 하였던 것이다.

『한글 맹자』가 간행되자 고려대학교 김경탁 교수는 고려대학 신문에 서평을 실었다. 그 서평에서 교수는 『한글 맹자』의 번역이 정약용 사상을 중심으로 이루어진 것이라는 사실과 한글이란 말을 사용할 필요가 있겠느냐는 두 가지 문제를 지적하였다. 이을호는 이에 대하여 「한글 맹자에 대한 서평을 읽고」라는 글을 통하여 "한문 고전의 한글화에 대한 시대적 의의를 밝혀 주심과 동시에, 졸저(拙著)의 특색이 우리나라 정다산 선생의 주석을 붙인 데 있었음을 지적하여 주셨음은 실로 필자의 의표를 찔러 주신 듯 경복하여 마지 않습니다."라고 전제한 다음 이을호가 굳이 한글이라는 말을 쓰게 된 까닭을 다음과 같이 설명하였다. "필자가 『맹자』를 역출(譯出)하면서 『맹자 주석』이라고 하지 않고 『한글 맹자』라고 한 것은 굳이 새로운 기이함을 따르려는 것이 아니라, 앞으로 우리는 고전(古典)을 한글만으로 읽을 수 있어야 하리라는 미의(微意)에서였기에 졸역 『한글 맹자』가 하나의 새로운 시도로서 비판을 받게 된 데 도리어 필자 스스로 영광을 느끼게 됩니다."라고 하였다.

여기에는 경전을 '한글로만 읽을 수 있는' 시기가 오기를 간절히 바라는 민족적 자긍심과 유교경전 또한 우리의 사상으로서 이해하여야 한다는 긍지를 읽을 수 있다. 이을호는 그러한 의미에서 우리의 정신으로 재해석한 다산사상을 중심으로 경전의 한글화에 힘썼던 것이다.

3) 다산경학의 연구와 민족의식의 계승

이을호는 6·25전쟁이 채 끝나기도 전에 『간양록』을 발간하고 경전을 한글화하면서 다산연구도 진행하였다. 그 첫 성과가 1959년에 나타났다. 그 것이 「유불상교(儒佛相交)의 면에서 본 정다산(丁茶山)」이라는 논문이었다. 이을호는 이를 1959년에 간행된 『백성욱박사 송수기념 논문집』에 발표하였다.

이을호는 이 논문에서 정약용이 강진으로 유배 오면서부터 선(禪)의 세계와도 가까웠다는 사실을 밝히고, 이는 혜장(惠藏: 1772~1811) 선사(禪師)와 초의(草衣: 1786~1866) 대사(大師), 그리고 혜장(惠藏)의 제자인 기어 자홍(騎魚 慈弘)과의 인간적 교연과 학문적 교유 등을 통해 이루어진 불교사상과 저술들로 나타났음을 밝혔다. 이을호는 구체적으로, 정약용은 그들과 교유하면서 『대동선교고』와 『대둔사지』를 직접 짓고 이를 완호(玩虎)·아암(兒庵)·수룡(袖龍)·초의(草衣)·기어(騎魚)·호의(縞衣) 등을 시켜 완성하였지만, 정약용 자신에 대한 기록은 밝히지 않았음을 지적하고 이 같은 정약용의 유·석(儒釋) 융화의 정신은, 그의 유교경전 주석에도 그대로 나타나고 있다는 사실을 적시하였다.

「유불상교의 면에서 본 정다산」은 이을호가 다산서세 100주년 행사에 영향을 받아 광복 후에 처음 저술한 정약용의 철학사상에 대한 논문이었다.

이 논문이 중요한 이미를 갖는 것은 논문이 발표되기 이전에도 정약용에 대한 연구가 있었지만 그것들은 거의 정약용의 정치·경제 등 정법에 대한 연구들이었고, 철학 분야에 대한 연구는 이 논문이 처음이기 때문이다.

이 논문의 커다란 의의에 주목한 이가 백낙준이었다. 그가 이 논문을 읽게 된 것은 『백성욱박사 송수기념 논문집』 간행위원장이었기 때문이다. 당시 백낙준은 연세대학교에서 진행하고 있던 국학 연구의 일환으로서 다산연구의 적임자를 찾고 있었다. 이러한 인연으로 이을호의 논문은 연세대학교의 실학 연구 계획과 일치하여, 연세대학교는 이을호에게 연구비를 지급하여 다산연구를 위촉하게 되었다.

이을호는 이로써 다산경학 연구에 착수하게 되었으니, 이는 마침내 다산철학의 중심 사상인 다산경학에 대한 연구를 체계적으로 정립할 수 있는 계기가 되었다.

이 연구의 배경에는 일제 치하에서 처음 다산사상에 관심을 가지고 일어났던 다산서세 100주년 행사가 있었다. 이 행사는 이을호의 다산경학사상 연구와 깊은 연관을 갖고 있었던 것이다.

그래서 백낙준은 "1935년 『여유당전서』 출간과 서세(逝世) 백주년 기념행사는 다산연구의 분수령이라 하는 것이다. 분수령의 이쪽에 민족해방을 맞이하여 다산연구의 본류를 이룩하였고, 다산학에 체계를 세워 연구한 학자 중에는 …… 경학(經學)의 이을호가 있다."[12]라고 한 것이다.

이을호가 『다산경학사상연구』를 완성한 것은 1965년 가을의 일이다. 이을호는 이 업적으로 1966년 서울대학교에서 박사학위를 받았다. 그리고 그 연구결과물은 을유문화사에서 간행되는 한국학 연구총서 19집으로 발간되었고 얼마 후 월간 『신동아』에서 선정한 광복후 인문학 분야의 우수논문 5편 가운데 한 편으로 선정되었다.

이 논문이 지닌 의미를 살펴보면 우선 이 연구는 우리나라에서 처음으로 정약용의 철학사상을 체계적으로 밝힌 것으로서 이를 기초로 하여 정약용의 정치·경제·문학 등 다방면에 걸친 연구가 이루어질 수 있었다는 점이다.

이을호는 이 논문에서 정약용을 '근세 수사학의 창시자'로 규정하였다. 수사학이란 공자학의 근원을 말한다. 따라서 이을호는 정약용이 공자의 정신을 근세 유학으로 재정립한 것으로 보았다.

이을호는 유학의 정신은 수기치인에 있으며 정약용은 그와 같은 수기치인의 정신을 재정립하여 근세의 새로운 유학으로 창시한 것이라 하였다. 즉 한·당(漢唐), 송·명(宋明) 시대에 이루어진 유학에 대한 그릇된 이해를 넘어 수사학의 세계를 근세의 새로운 유학으로 재창조하였다고 본 것이다. 그 중요한 관점이 천명과 인성을 재정립하고 이를 통하여 공자의 이상인 인(仁)을 실천유학으로 정립하고 인도(仁道)를 실현하는 치인지학(治人之學)

12) 이 글의 각주 8) 참조.

으로서 일표이서(一表二書)를 제시한 것이라고 했다.

이을호는 다산사상에 대하여, 공자의 수기(修己) 정신은 천(天)에 대한 입장을 재정립하는 데서부터 출발한다고 본다. 정약용은 천(天)을 자연(自然)의 천과 주재(主宰)의 천, 그리고 역리(易理)의 천으로 정의하고 자연천(自然天)에서 상제천(上帝天)과 역리천(易理天)으로 발전하며, 이 삼천(三天)은 천성(天性)·천명(天命)·천리(天理)의 근거가 되고, 이러한 천관(天觀)은 송학(宋學)의 이법천(理法天)과는 다른 것으로서 우주론과 인성론은 물론 그 실천론에 이르기까지 전개되는 과정이 다르다는 것이다.

정약용은 천(天)을 이(理)가 아닌 명(命)으로 재정립함으로써 송학의 출발이 되는 천리설(天理說)에서 벗어나 천명의 성을 기호(嗜好)라고 정의하였기 때문에 성리(性理)의 성과는 구별되고 또한 이로써 이학(理學)과는 다른 학문이 되었던 것이다.

이을호는 정약용의 성론(性論)에 대하여 말하기를, 성(性)이란 낙선이오악(樂善而惡惡)하고 호덕이치오(好德而恥惡)하는 것이니 그 자체가 성(性)이 지닌 기호(嗜好)로서 명(命)의 성(性) 자체가 본래 그러하다는 것이다. 성(性)이란 마음 그 자체를 말하기 때문에 선을 좋아하고 악을 미워하는 기호를 지니고 있다는 것이다. 따라서 성리학의 성(性)에 대한 정의는 형이상학적이며 정약용의 인성론은 실천적이다. 주자가 말하는 천리(天理)의 성(性)으로써 본연(本然)의 성(性)이니 기질(氣質)의 성(性)이니 하는 것은 모두가 불가(佛家)의 영향에서 온 것이기 때문에 유가에서 말하는 본래의 성과는 다른 것이다. 즉 성(性)이란 오로지 천명이 부여한 바의 인간의 도심에서 발현되는 것이라 하였다. 이는 성정(性情)의 중화(中和)로서 시중성(時中性)을 지닐 때, 인간으로서의 참다운 가치가 발현되며 이를 실현하는 것이 성인의 도(道)라고 하였다.

이을호가 밝힌 이 같은 정약용의 실천윤리적 입장은 공자의 인(仁)에 대한 재해석을 통하여 애민지도(愛民之道)로 나간다.

정약용이 정의하는 인(仁)이란, 본래 주자가 말하는 심(心)의 덕(德)이나 애(愛)의 이(理)와 같은 추상적인 것이 아니라 인륜의 성덕(成德)으로서 이루어진 실천윤리다. 이는 인간과 인간의 관계에서 성립되는 윤리적 실천이기 때문에 효제자(孝弟慈)의 삼덕(三德)으로 실현되는 것이다.

인(仁)은 향인(嚮人)의 사랑이며 목민자(牧民慈)의 실현이다. 이와 같은 사랑은 서(恕)를 통하여 이루어지며, 서(恕)는 또한 충(忠)을 떠나서는 이루어질 수 없다. 따라서 충서지도(忠恕之道)야말로 하늘의 뜻을 실현하는 인(仁)이라는 것이다. 그러므로 공자가 말하는 기소불욕(己所不欲) 물시어인(勿施於人)이란 기(己)와 인(人)의 관계로서 인인관계(人人關係)에서 최선을 다하는 것이 충서의 정신이며, 이를 미루어 인애(仁愛)의 덕이 이루어지는 것이다. 인간으로서 인(仁)을 실현하기 위해서는 충서의 도로써 실천해야 하며 그러한 실천이 이루어질 때, 덕이 되는 것이다. 그러므로 덕(德)은 행사 이후에 이루어진다는 것이 정약용의 생각이었다. 이러한 점에서 인(仁)의 재정립이야말로 근대 수사학의 새로운 출발점이 된다고 하겠다.

이와 같이 공자의 치인(治人) 정신은 인(仁)을 실현하는 데 있다. 그러나 그 인(仁)은 공자의 세계에 머물지 않고 새로운 치인의 모습으로 살아나야 한다. 그것이 목자(牧者)와 백성들 사이에서 이루어지는 실천윤리로서 이 목자는 근대의 백성을 다스리는 이상적인 인간이었다.

이을호는 이와 같이 천명을 실현하는 인의 정신을 다시 정의하고, 이를 근세의 치인지학으로 제시한 것이 '일표이서'라고 하였다. 그러므로 그가 "육경사서(六經四書)로써 수기하고 일표이서로써 천하 국가의 다스림에 대비하고자 한다."는 것이 수기치인의 방법이라 하였다.

이러한 점에서 이을호는 "다산경학의 중심이 육경사서에 있고 육경사서의 기본 정신이 수기에 있다고 하더라도 이는 치인으로 확충하여 목민사상으로 연결되지 않으면 안 된다. 그러므로 다산의 경학사상을 한 마디로 말한다면 목민의 윤리학인 것이다."[13]라고 하여 경학은 윤리적 기초 위에 성립한 것임을 지적하였다. 이을호는 따라서 다산경학을 공자의 정신에 머물지 아니하고 새로운 경학적 이해를 통하여 근세의 치인지학으로 재정립되었다고 보고 따라서 정약용을 근세 수사학의 창시자라고 하였던 것이다.

이을호는 이와 같이 다산경학의 실체를 밝힘으로써 중국의 성리학과 다른 조선조의 유학적 특징을 정립하는 길을 열게 하였고, 이을호 자신은 이로부터 한국사상의 특징을 새롭게 이해하여 한국적 사고에서 형성된 한국사상사를 다시 쓰게 되었던 것이다.

『다산경학사상연구』는 광복 후에 다산서세 100주년의 행사를 계승하여 이루어진 정약용 정신의 재정립이었다는 점에서 다산서세 100주년 행사에서 추구하고자 하였던 조선의 지혜를 다시 현대적 교훈으로 재해석한 것이다. 따라서 이는 조선조의 사상을 현대정신과 그 의식으로 새롭게 정립시킨 것으로서, 한국사상 연구의 현대적 정초를 이룩한 업적이라 할 수 있다.

4. 한국사상의 새로운 정립

1) 한국적 사유로서 유학의 재구성

이을호가 정약용의 사상으로써 고경(古經)을 번역한 것은 매우 의미가 깊다. 그 까닭은 우리의 주체적 의식으로써 유학의 근본정신을 올바로 이해하자는 것이며, 나아가 우리의 정신으로써 유학 정신을 수용하여야 한다는 의지에서였다.

조선조 5백년의 역사는 주자사상의 지배 하에 있었다. 주자는 비록 신유학

13) 『茶山經學思想研究』 二編 原理論에서 '禮樂의 本質' 節 참조.

을 정립한 공헌이 있다 하더라도 그것이 공자의 가르침을 올바로 계승한 것인가 하는 데 대해서는 회의적일 수밖에 없다. 조선조 후기에 이르러 유학을 자신의 신념으로 주자학과 달리 이해하는 학자들이 나오기도 하지만 그러나 그들은 모두 사문난적의 이름으로 화를 당하거나 벼슬길에서 물러나지 않으면 안 되었다. 그와 같은 풍토에서 주자의 지배는 조선조 말까지 이어졌고 지금까지 계속되는 것이 현실이다.

이을호는 주자의 학문보다 우리의 자존심을 더욱 소중하게 생각하였다. 이을호가 정약용을 가리켜 '근세 수사학의 창시자'라고 부른 것도 한・당(漢唐)과 송・명(宋明)의 유학은 공자 정신을 올바르게 계승하지 못한 것이며 요순과 주공의 가르침을 잇는 공자 정신을 올바로 이해하려고 했다고 보았기 때문이다.

정약용은 그의 논문 「오학론(五學論)」에서 "끝내 요순주공의 문하에 들어갈 수 없는 학문"[14]으로서 다섯 가지를 지적하였는데 첫째가 성리학(性理學), 둘째가 훈고학(訓詁學), 셋째가 문장학(文章學), 넷째가 과거학(科擧學), 다섯째가 술수학(術數學)이었다. 이들 오학(五學)은 공자의 정신을 계승한다고 하였지만 실상은 그와 다른 것으로 보았던 것이다.

이 오학(五學)이 유행하였던 시기가 한・당(漢唐), 송・명(宋明) 시대였으니, 정약용은 그 시대에 유행하던 학문은 모두 공자의 가르침과 다른 것이라고 여긴 것이다.

이을호는 이와 같은 정약용의 지적에 공감하고 공자에 대한 올바른 이해뿐 아니라 더 나아가 정약용의 사고(思考)를 통하여 한국적 의식으로서 형성된 우리의 정신이 무엇인가를 밝혀 우리의 의식과 사상에서 형성된 정신을 찾고자 하였다. 이러한 생각은 한국사상을 재구성하고자 하는 의지를 표명함

---

14) 『與猶堂全書』 第1集 詩文集, 第11卷, 「五學論」, 242쪽, "終不可以携手同歸於堯舜周孔之門者."

을 의미하지만 실제로는 한국의 철학과 사상에 대한 재창조를 말한다. 이을호는 그 실마리를 우리의 고유한 정신에서 찾고자 하였다. 그 출발은 실학에서 비롯되었다. 그러므로 실학적 사고가 한국사상을 발견하는 단서가 된다. 우리의 선현들이 서술한 한국사상은 모두 중국 중심의 사고로 이루어진 것들이었고 그 중심에는 주자학이 있었다. 정약용이 오학론(五學論)에서 지적한 것처럼 성리학은 공자의 학문과는 다른 것이다. 그럼에도 우리는 이를 금과옥조로 알고 주자학은 중국의 사상적 지배와 복속을 합리화시켜 주는 방편이었음을 알지 못하였던 것이다. 따라서 공자학의 회복은 주자학에서 벗어나는 것이었다.

이을호는 이에 개신유학으로 이루어진 우리의 사상을 찾고자 하였다. 개신유학이란 실학이며, 실학은 한국적 사유에서 이루어진 학문으로서 우리의 사고에서 형성된 유학정신을 말한다.

이을호는 이것을 『한국개신유학사시론』을 통해 밝혔다. 책의 제목에 시론(試論)을 붙인 것은 이을호의 겸양에서 온 것이다. 이을호는 이 책의 서문에서 “필자가 표제에서 쓰게 된 개신유학이란, 신유학 곧 성리학에 대한 또 한 번의 개신을 의미하기는 하지만 그 내실에 있어서는 한국적 사유, 그것은 어쩌면 한국사상의 본질적 기저를 이룬 자로서의 개신유학사상을 생각하면서 이 말을 쓰기로 한 것이다. 그러므로 엄밀히 말하여 조선 후기 실학의 테두리 안에서 이루어진 개신유학이 아니라 한국사상 안에서 이루어진 Anti-Neo-Confucianism으로서의 한국적인 유학이란 의미로 쓰게 된 개신유학이라 해야 할지 모른다.”[15]라고 하였다.

여기에서 우리는 ‘한국사상으로서’ 이루어진 한국적 유학을 찾고자 하는 이을호의 정신을 이해하지 않으면 안 된다. 이을호의 이와 같은 지적은 단순한 것 같지만 실로 조선조 5백년 이후 처음으로 시도하는 한국사상에

---

15) 『改新儒學史試論』「自序」참조.

대한 독립선언이 아닐 수 없다.

이을호는 이와 같이 중국뿐 아니라 어떤 외세에도 물들지 않는 한국적 사유로써 형성된 한국의 사상과 그 정신이 무엇인가를 밝혀 우리의 자존한 정신과 문화를 높이고자 한 것이다. 이을호는 이에 한국의 사상과 철학이야말로 서양 철학에 못지않은 훌륭한 정신과 가르침이 있음을 밝힌다. 그 근거가 『삼국사기』에 기록되어 있는 "국유현묘지도왈풍류…실내포함삼교(國有玄妙之道曰風流…實乃包含三敎)의 정신이었다. 여기에 기록된 풍류도는 우리 고유의 철학이며 삼교는 중국의 유・불・도로서, 이 양자는 이미 상고시대 이래 한국 철학의 모태로서 근간이 되고 있다."고 지적하였다.[16]

이을호는 현묘지도가 삼교를 포함한다는 것을 전제로 하여 우리의 사상과 문화가 중국적 사유 속에 있는 것이 아니라 우리의 정신이 유・불・도를 포함하고 있었음을 지적한다.

이을호는 중국적 사유의 특징을 그들의 신화와 역사적 사유에서 찾는다. 순(舜)의 설화에서 보여주는 것은 가족의 반목과 대립이며, 한(漢) 이후의 역사적 현상은 오행상극설로 이해한다. 또한 송유(宋儒)의 이기(理氣) 이원(二元)적 사유는 모두가 중국적 사유의 특징에서 나온 것으로 본다.

이에 비하여, 한국적 사고가 중국적 사유와 다른 점을 융화와 묘합(妙合)의 원리에 있는 것이라고 설명하였다. 이러한 점이 반목과 대립으로 이루어진 중국적 사유와는 다른 특징이다. 단군의 삼위(三位)가 하나[一]로 나타나는 것이나 이기지묘(理氣之妙) 그리고 신형묘합(神形妙合)과 같은 것이 한국적 사유에서 발생한 의식적 특징이다.

이을호는 한국적 사유의 근저에는 단군사상에 나타나는 '한'의 정신이 기저를 이룬다고 보았다. 단군신화는 중국의 삼강(三綱)처럼 지배적이거나 상하의 복종적 윤리가 아니라 부지자의(父知子意)의 인애와 융화이며 삼위일

16) 『改新儒學史試論』「韓國哲學의 傳統的 基調」 참조.

체가 하나 되는 '한'으로서 융화와 화합 정신을 나타내고 있는 것이다.[17]

이을호는 한국의 의식 속에서 형성된 이 같은 정신이 삼국의 건국 설화로 이어지고 화랑의 풍류도로 계승되어 현묘지도(玄妙之道)로 발전한 것이라고 하였다. 따라서 이러한 정신으로 형성된 사유는 중국사상과는 다른 것으로서, 반주자학적 사유를 형성하게 되었다고 본다.

이을호는, 주자학을 벗어나고자 하는 사유가 개신유학에 있었다면 이를 중심으로 한국사상을 이해할 경우 조선조 초기 유학은 당연히 자주적 사유가 형성되는 전기에 해당한다고 보았다. 이러한 관점에서 조선조 초기 유학은 오로지 도통 중심과 절의 정신만으로 이해할 수는 없으며 절의와 경세 정신의 조화를 함께 이해하여야 한다.[18]

한국의 주체적 사유는 윤휴(尹鑴)·정약용(丁若鏞)·이제마(李濟馬) 등에서 나타나는 것으로서, 이것이 주자학을 벗어나고자 하는 한국적 사유이며 한국 유학의 특징이다. 바로 반주자학 정신이 한국적 사유와 상통하며 그러한 정신에서 한국사상의 특징을 찾아야 한다는 것이 이을호의 생각이었다.

이을호가 이 같은 내용을 담은 『한국개신유학사시론』을 발표한 것은 1980년 1월이었다. 이을호는 이 책에서 자주적 사고의 연원은 단군신화에 기록된 '한'사상이며 이러한 '한'사상이 어떻게 우리의 정신으로 계승되어 왔는가를 지적하였다.

2) '한'사상과 한국사상의 새로운 전개

이을호는 『개신유학사시론』을 발표하고 7년이 흐른 1987년에 『한사상의 묘맥』을 저술하여 한국적 사유의 근원이 '한'사상에 말미암고 있음을 밝혔다.

즉 이을호는 다산경학 연구에서 출발하여 한국적 사유에서 이루어진

17) 「한국철학의 전통적 기조」(『전서』 5)에서 가려 뽑은 것이다.
18) 「한국철학의 전통적 기조」, 『전서』 5 참조.

개신유학정신을 찾았고, 나아가 그 정신적 연원이 '한'사상에 연원하고 있음을 말한 것이다. 이을호는 따라서 '한'사상은 한국사상의 정통성으로 계승되고 그 것이 실학적 사유를 이루는 근거로서 이 같은 정신이 한국의 근대화를 이룩하였다고 하였다.

단군신화의 특징은, 신과 인간이 공존하는 이상국가를 지향하는 것으로서 이는 중국의 삼황오제 신화와는 다른 것이다. 건국의 동기에서 볼 때, 중국의 건국신화로서 삼황오제 설화에서는 인신우수(人身牛首)를 말하고 사신인수(蛇身人首)라고 한 것은 인·수(人獸)의 미분화를 상징하고 있는데, 이는 우리나라의 고조선 건국설화에서 환웅이 삼천 무리를 거느리고 신시(神市)에 내려와 홍익인간의 정신을 베푸는 신인일치의 이상을 보여준 것과는 다르다. 윤리적으로 보더라도 복희씨, 수인씨, 여와, 신농씨가 목덕(木德)이나 화덕(火德)으로 왕이 되었다는 것은 오행설에 근본한 것이지만, 우리의 단군신화에서 환인이 아들 환웅의 뜻을 받아들인 것은 부자유친의 천륜을 실현하는 것이었고, 또한 환웅이 일백이사(一伯二師)를 거느리고 백성을 다스린 것은 군의(君義)·신충(臣忠)의 의리가 아닐 수 없다. 종교적으로 보더라도 웅(熊)의 인간화는 인간의 존엄성을 말하는 것으로서 환웅의 탐구인세(貪求人世) 정신과 재세이화(在世理化)·홍익인간(弘益人間)은 인간의 이상을 실현하는 것으로서 단군은 삼일(三一)사상의 근원이 된 것이다.

단군신화는 수리적 묘합(妙合)이 있다. 신과 인간이 둘로써 하나가 되는 이이일(二而一)의 철학과 환인·환웅·환검이 단군으로 이루어지는 삼이일(三而一)의 묘합(妙合)은 우리의 신화에서 이루어진 융화의 정신이 아닐 수 없다. 여기에서 삼환(三桓)뿐 아니라 삼위태백(三危太伯)이나 풍백(風伯)·운사(雲師)·우사(雨師)의 삼신(三神) 그리고 천부인(天符印) 세 개는 모두 인간의 길흉 3백 6십여 사에 들어 있는 것이다. 그러므로 이는 모두 융화하고 화합하는 묘유의 원리가 있다.

최치원은 "현묘지도는 유불선의 삼교를 포함하는 것으로서 이는 선사(仙史)에 갖추어져 있다."고 하였는데, 단군신화에서 셋이 하나 되는 '한'의 묘합지도(妙合之道)가 제시되어 있으며 그것이 풍류도(風流道)임을 알 수 있다.[19]

여기에서 "국유현묘지도(國有玄妙之道) 왈(曰) 풍류(風流)"라고 할 때의 '국(國)'이란 단군신화에서 말하는 "이에 이천년 이전에 단군왕검이 있어 아사달에 도읍을 정하고 나라를 세워 국호를 조선이라 하였다[乃往二千載有檀君王儉 立都阿斯達 開國號朝鮮]"고 했을 때의 단군왕검이 개국한 그 국(國)이었음은 너무도 자명하다.

이을호는 이와 같은 현묘지도로서의 풍류도가 화랑도로 이어지게 됨으로써 '한'사상은 한국사상의 특징으로서 그 모태를 이루게 되었다고 하였다. 이러한 정신에서 화랑 출신이었던 원효(元曉)는 '한'의 묘리로써 화엄종의 원융무애를 화쟁 논리로 전개하였다. 이는 이사이원(理事二元)적 요소를 이사무애(理事無碍)의 화쟁 논리로 정립한 것으로서, 이 같은 생각은 '한'의 정신에서 온 것으로 본다. 이러한 정신은 송유(宋儒)들이 이를 이기이원론(理氣二元論)으로 전개한 것과는 아주 다른 사고(思考)적 패턴이라고 하였다.[20] 여기에서 중국적 사유방식과 한국적 사고의 전개가 서로 다르다는 것이 분명해진다.

이을호는 '한'을 지향하는 사고(思考)는 고려조에 이르러 의천이나 지눌에게서도 나타나고 있으니. 그것이 선교일여(禪教一如) 정신을 보여주는 조계종의 형성이다.

이러한 한국사상의 맥은 고려조까지 끊임없이 이어졌지만 조선조에 이르러 주자학의 수용으로 그 흐름은 명맥을 상실하게 된다.

---

19) 「단군신화의 철학적 분석」, 『전서』 ④, 302쪽 참조.
20) 「단군신화의 철학적 분석」, 『전서』 ④, 303쪽 참조.

이을호는 이에 대하여 "송대 유학의 수입 이후 여말에서 조선조 말에 이르기까지 한(韓) 민족의 주체적 '한'사상은 그의 명맥의 단절이라는 위기를 맞고 주자학 일색이라는 외세에 밀려 …… 조선조 500년은 한국 사상사의 단절기라 이를 수밖에 없지 않나 싶다. 흔히 유교에 의한 한국불교의 전통이 단절된 것으로 운위되기도 하지만, 사실상 송학 일색의 조선조 유학은 그것이 중국적 유학이었다는 점에서 우리는 이에 대한 성찰이 요구된다고 하지 않을 수 없다."[21]고 지적하였다.

이을호는 중국적 사유와 한국적 사유를 구분하여 한국적 사유에서 이루어진 한국유학이 중국과 다른 점을 지적하고, 우리의 독자적 사유에서 형성된 유학의 특징으로서 우리의 정신 속에 깃든 한국사상의 고유성과 독자성으로 이루어진 정신적 맥락을 찾고자 하였음을 알 수 있다.

이을호는 이와 같은 '한'사상의 묘리는 주자학이 지배하는 시기에 들면서 한때 실체를 드러내지 못하다가 조선조 후기에 이르러 주자학에 대한 이해를 우리 사고로써 재해석하여 비로소 우리의 의식 속에 감추어진 '한'의 정신이 철학적으로 재정립하게 된 것으로 여겼다.

그렇게 해서 나타난 것이 기대승(奇大升)·이이(李珥)·윤휴·정약용·이제마의 사고에서 나온 철학적 이해였다.

이들의 철학적 인식의 근저에는 '한'의 정신을 기초로 하여 중국적 사유를 한국적 사유로 재해석하는 특징이 나타났으니, 그것이 이기(理氣)의 일원과 이기(理氣)의 묘합(妙合) 정신이었다.

이을호는 이를 율곡(栗谷) 이이(李珥: 1536~1584)의 이기론(理氣論)에 대한 철학적 명제에서 찾았다.

"무릇 이(理)는 기(氣)의 주재(主宰)이다. 기(氣)는 이(理)의 타는 바이다. 이(理)

---

21) 「단군신화의 철학적 분석」, 『전서』 ④, 303쪽.

> 가 아니면 기(氣)의 근저(根柢)가 없고 기(氣)가 아니면 이(理)의 의착(依着)할 바가 없다. 이미 두 개의 사물이 아니고 또한 하나의 사물이 아닌 까닭으로 하나이면서 둘이다. 두 개의 사물이 아닌 까닭으로 둘이면서 하나이다." 율곡의 이기론(理氣論)에서 그의 일이이(一而二) 또는 이이일적(二而一的) 자각은 한국적 사유인 '한'의 묘리에 대한 자각이 아닐 수 없다. 율곡의 그러한 자각은 이미 기고봉(奇高峰)에서 그 묘맥을 찾을 수 있고, 다산에 이르러 우주론·인성론·윤리설을 일관하여 그 주맥을 이루고 있다. 이는 유불(儒佛)을 초월하여 멀리 원효에 이어지는 것이요 또한 화랑도를 거쳐 단군신화까지 그 명맥(命脈)이 이어진다는 사실을 주의 깊게 관찰하지 않으면 안 될 것이다.[22]

이는 '한'사상으로부터 근대의 조선유학에 이르기까지 끊임없이 그 생명이 이어진 한국적 사고의 일관성을 인식하고 그 정신이 한국사상의 정통성을 형성하였음을 말한 것이다. 그러면 이러한 정신은 어떻게 한국적 사유로 나타나고 있는 것일까?

3) 한국적 사유로써 형성된 한국사상의 선언

이을호는 한국사상의 연원은 '한'사상에 근원하며 이는 현묘지도(玄妙之道)의 근원이 되어 원효에 이르고 의천과 지눌이 이를 계승함으로써 불교적 발전을 이루었고 이러한 정신이 다시 살아나 조선조에 풍미하였던 주자의 이기론을 '한'의 정신으로 재해석함으로써 마침내 한국적 정신을 회복하게 되었다고 여겼다.

이러한 관점에서 볼 때, 조선조의 실학사상은 중국적 사고와는 다른 것으로서 그 연원은 한국적 사고에 기인한 것이다. 나아가 한말에 이르러 국가가 위난을 당하였을 때, 새로운 이상을 제시하고자 나타난 민족종교도 이러한

22) 「단군신화의 철학적 분석」, 『전서』 ④, 304쪽.

정신에 바탕한 것이며 이는 마침내 동학으로서 우리의 주체적 정신이 현대화를 이룩하였다고 하였다. 따라서 한국사상에 대한 이을호의 관점은, 한국적 의식과 사상에서 형성되고 그 의식으로써 이루어진 사상이어야 한다는 것이다. 이것이 이을호에 이르기까지 이해되었던 한국사상에 대한 관점과는 다른, 오로지 이을호만의 독창적 견해다.

이제 이러한 관점에서 이해하게 되면, 조선조의 실학은 한국의 의식에서 형성된 한국의 유학 일 뿐 다른 어떤 것도 아님이 분명해진다. 따라서 한국사상은 오직 한국적 사유로써 이루어진 한국의 정신일 뿐이다.

이을호가 한국의 실학사상이 중국과 다른 한국적 사유로써 형성된 조선의 유학임을 밝힌 것은 이을호 서세(逝世) 3개월 전에 발표한 「한국실학 자생론」이었다.

이을호는 이 글을 마지막으로 필자에게 "이제 나의 인생에서 글은 다 썼다."고 유언처럼 말하고 절필(絕筆)을 선언하였으니 이 자생론(自生論)이 만년의 정론이라 할 수 있다.

이을호는 한국실학의 사상적 원류를 단군신화에 연유하는 '한'사상에서 찾는다. 그 전제는 정약용이 '근세 수사학의 창시자'라는 것이며 그 학문은 수기치인에 있었음을 전제로 한다. 이는 정약용이 스스로 말하기를 "군자의 학(學)은 수신이 그 반이요 나머지의 반은 목민이다."고 하였고 『목민심서서(牧民心書序)』에서 "육경사서(六經四書)로써 몸을 닦게 하고 일표이서(一表二書)로써 천하국가를 다스리게 하고자 한다."고 한 것을 보면, 수기치인의 전인상을 추구하는 다산실학의 면모가 약여함을 본다고 하여,[23] 정약용 정신이 수기치인에 있었음을 밝혔다. 그렇다면 정약용의 이와 같은 생각은 어디에서 연유한 것일까? 이을호는 정약용이 이와 같이 수기와 치인을 하나로 생각한 것은 '한'을 지향하는 묘합의 정신에서 온 것으로서 이는 정약용의

---

23) 「한국실학 자생론」, 『전서』 5 참조.

모든 사고(思考)의 원형이 여기에 말미암고 있다고 하였다. 즉 양자 묘합의 이이일(二而一)의 사고에서 나온 것이며 이러한 생각은 조선조 성리학에 나타난 이이의 견해지만 그 연원을 거슬러 올라가 보면 단군신화에서 말하는, 묘합을 지향하는 정신에서 시작된 것이라 하였다.

> 다산이 수기치인을 거론할 적에는 수기와 치인을 분리해서 생각한 적은 추호도 없다. 수기는 치인을 전제로 하고 치인은 수기를 밑받침하지 않고서는 전인적 인격이란 이루어지지 않기 때문이다. 이러한 수기치인의 전인적 인격을 공자는 군자라 하였고 맹자는 현인이라 하였고 다산은 새로운 이름으로 이를 목자(牧者)라 일렀던 것이다. 그러고 보면 어디 다산뿐인가. 주자도 수기치인의 원리를 신봉하지 않았던가를 반문할 독자도 없지 않을 것이다. 그러나 주자에 있어서는 말뿐 다산에게서처럼 철두철미 이이일적(二而一的) 묘합의 원리를 기초로 하고 이를 이해했다고 볼 수 없기 때문이다.[24]

이을호는 정약용의 이러한 인식은 성명일여(性命一如) 정신이나, 심신일여(心身一如)로서 신형묘합(神形妙合)의 정신, 나아가 성범일여(聖凡一如)의 지성지학(至誠之學)을 말하는 것들도 또한 이이일(二而一)을 지향하는 묘합의 정신에서 온 것으로 보았다.

이와 같은 정신은 한민족 고유의 단군설화에서 비롯된 것이니 그 사유의 핵심이 이이일(二而一)을 지향하는 묘합의 정신에 있으며, 조선조 성리학에서 이를 계승한 것이 고봉(高峯) 기대승(奇大升)과 이이의 이기설의 명제였고 다시 정약용에 이르러 그의 사상적 근간이 되어 한국의 실학적 사유로서 정립되었다는 것이다.

이을호는 이러한 점에서 한국실학의 발생 원인과 그 사유적 특징이 우리

---

24) 「한국실학 자생론」, 『전서』 5, 372쪽.

민족의 고유한 정신에서 온 것이니 이는 송학과 다른 이해를 통하여 나타난 것이라고 하였다. 그것이 바로 한국적 사유이며 '한'의 정신이다.

이을호는 이와 같은 '한'의 정신은 민족종교의 근간으로서 우리 민족이 고난을 당할 때 '한'을 지향하는 구원의식으로 나타나게 되는데 이는 멀리는 현묘지도의 풍류도였고 가까이는 한말의 대종교 또한 이러한 정신을 이었다고 보았다.

그것은 대종교의 신인일치의 묘합 정신이며 삼일원리의 교리였고, 천도교의 인내천(人乃天)의 가르침 또한 천인합일을 지향하면서도 인간 중심의 천인일여를 지향하는 것이다. 이러한 정신에 기초하여 민족혼을 자각하고 서학에 대한 동학이 일어나 보국안민·제세창생의 구호가 되었으며, 천주의 신격에 대해 천도의 인격을 확립하고자 하는 정신이 되었다. 이러한 생각에서 신이 아닌 인간 중심의 사고가 되었던바, 이는 이이일(二而一)의 묘합의 정신에서 온 것이라 하였다.

원불교 또한 모든 대립과 반목을 초월한 '한'의 정신을 원융무애의 가르침으로 정립한 것이고, 증산교의 증산도 한국적 의식에서 창조된 상제로서 이는 국선(國仙)인 동시에 한민족의 이상적 인격신이다.[25]

이을호는 이와 같이 한국의 사상과 정신으로서 계승된 사상적 근원을 '한'의 정신에 두고 이를 이어온 한국사상의 맥을 중심으로 우리의 정신을 찾고 그러한 정신이 근대화에 이르기까지 꾸준히 일관된 의식으로서 이어져 내려온 것이라 보았다. 그것은 중국의 사고와는 다른 한국사상의 특징으로서, 우리의 실학 또한 이러한 의식에서 나왔다는 것이다.

이을호의 이러한 견해는 한국사상에 대한 새로운 선언이며 조선조 5백년을 지배한 주자학으로부터의 사상적 독립을 의미하는 것으로서, 이로써 우리 정신으로써 우리만이 지닌 한국사상의 독자성을 밝혀 우리 민족의 사상적

25) 「II 한사상 총론」, 『전서』 [4] 참조.

독립을 이룩한 것이다.

이을호는 이러한 선언을 통해 우리 문화와 우리의 정신을 다시 구성하고 이로써 중국과 대등한 한국사상을 확립하고 명실공이 새로운 문화적 독립으로써 우리의 미래적 방향을 제시하고자 하였음을 알 수 있다.

5. 결 론

이을호의 삶은 일제치하로부터 한국의 현대화가 이루어지는 기간에 걸쳐 있다. 이을호는 이 시기에 일제에 대한 저항으로 조선의 독립을 실현하고자 하였다. 그 출발은 외세의 지배에서 벗어나는 것이었지만 이을호는 여기에 그치지 않고 우리의 정신적·문화적 독립을 이루고자 하였다.

이을호의 일생은 그러한 목표를 향하여 끊임없이 정진하여 마침내 한국사상의 독자성을 선언하고 우리 민족의 미래적 좌표로서 새로운 사상적 방향을 제시하기에 이르렀다.

그 성취 과정을 차례로 적시하면 동기는 일제치하라는 시대 상황에 있었다. 이을호가 일제에 저항한 민족운동은 이을호를 학문의 세계로 인도하였고 광복 후의 민립학교 설립은 교육입국의 의지를 실현한 것이었으며 정약용과의 만남은 이을호의 일생을 한국문화의 독자적 특징을 밝히는 데 바치게 하였다.

이을호의 학문이 사상의학에서 출발하였던 것은 우리 민족의 의식과 사상에서 형성된 참다운 한국 정신을 찾는 계기로 작용하였고, 또 옥중에서 정약용과 만나게 된 것은 한국사상의 실체적 근거를 인식하고 한국사상의 미래적 방향을 찾을 수 있는 출발점이 되었다.

정약용을 통하여 중국과 다른 한국의 유학을 인식하게 되고, 그것이 실학적 사유 속에서 형성된 우리 민족의 사고적(思考的) 독자성에 있었음을 발견한다. 그와 같은 정신이 '한'사상에 있음을 찾고 따라서 그 '한'의 정신이 한국적 사고의 중심이었음을 밝힌다.

'한'사상으로부터 맥맥히 이어져온 우리의 정신은 현묘(玄妙)의 도(道)로서 화랑으로 이어지고 원효의 가르침을 낳고 고려 불교의 특징이 되었으나 주자학의 지배로 말미암아 한때 물 밑으로 흐르다가 다시 한국 성리학의 사고적 특징을 형성하면서 실학사상을 낳고 나아가 근대의 민족종교에 이르기까지 이와 같은 정신의 계승이 아님이 없어서 한결같은 민족혼으로서 우리의 정신적 실체가 되었다는 것이 이을호가 밝힌 한국사상의 특징이었다.

이을호를 이와 같이 이해한다면 일제로부터 광복에 이르기까지 이을호의 일관된 삶은 오로지 우리 민족에게 자존심을 찾도록 한 것이었으며, 그 가르침은 한국사상의 새로운 정립을 통하여 우리 민족의 미래에 대한 등불을 켰다.

이을호는 이와 같이, 민족의 앞날을 걱정하고 한국사상의 고유성과 자주성을 밝혀 우리 민족의 문화적 독립을 선언하고 나아가 우리의 미래에 대한 새로운 정신적 좌표를 제시하여 우리에게 자존심을 다시 찾게 하여 새로운 희망을 안겨 주었다는 것을 알 수 있다.

참고문헌

다산학연구원 편, 『이을호전서』 전 9책, 다산학연구원, 2000.
『(이을호박사 정년기념) 실학논총』, 광주: 전남대학교 호남연구소, 1975.
한국공자학회 편, 『(현대적 학문체계의 정초) 기당 현상윤 연구』, 한울, 2009.
오종일, 『현암 이을호』, 한국문화원연합회 전라남도지회, 2007.

2. 현암의 다산사상 이해에 적용된 시각문제

윤 사 순 고려대학교 명예교수

1. 시작하면서

현대 한국유학계의 거목 가운데 하나였던 현암(玄庵) 이을호(李乙浩: 1910~1998)가 서세한 지도 12년을 헤아리게 되었다. 그의 학문세계를 차분히 돌아볼 시점이 되었다고 여겨진다. 그의 탄생 100주년은 그의 학문 전반을 두루 성찰할 계기로 이용될 만하다. 학문세계에 있어, 본격적 심층 연구에 앞서 일단 전체적으로 조망하고 개괄적으로 이해하는 작업을 선행하는 것은 필수요건에 해당하기 때문이다.

논자의 견문으로는 이을호의 저술이 종합 정리되어 나온 지도 이미 10여 년이 흘렀다. 그러나 그의 학문에 대한 학계의 관심을 모은 거대담론의 연구는 아직 행해지지 않은 줄 안다. 그 때문에 그의 제자들은 금년을 그의 학문에 대한 다수 학자들의 공동 섭렵의 계기로 삼은 줄 안다. 붓을 잡은 논자가 지금 이렇게 느슨한 언설을 여유롭게 나열하는 데는 다른 학자들과 다른 원인이 있다. 이을호의 학문의 구조와 내용과 성격을 파악하기 위한 용기를 논자가 당장 저돌적으로 내기에는 그와의 친밀성에서 야기되는 '인간관계'로 인한 학문 주변의 정감에서 아직 완전히 벗어나지 못하였기 때문이다.

근면 성실을 바탕으로 한 이을호의 탐학(探學) 자세가 큰 실타래처럼 끊임없이 쏟아내는 학구열에 논자가 감동한 적은 한두 번이 아니다. 외유내강(外柔內剛)의 성품이 조용히 내리는 함박눈처럼 쌓아올리던 그의 저술 활동은 지금도 너무 생생한 기억으로 논자의 붓끝을 사로잡는다. 큼직하되 온자(溫慈)한 눈길로 심각하게 학문을 논할 때마다, 불치하문(不恥下問)을 몸소 실천하던 겸허와 진지함은 후학들을 늘 감동시키기에 충분했다. 논자는 그의 학문의 세세한 측면의 넓이와 깊이를 들여다보기에 앞서, 이 같은 학인의 '값진 호학(好學)의 면모'를 굳이 접어두고 싶지 않다. 이 자리를 빌어 오히려 그가 실천하던 바람직한 '방법론적 면모'를 밝혀두고 싶다. 다산(茶山) 정약용(丁若鏞: 1762~1836)의 경학(經學)을 중심으로 한 한국유학의 바탕에 드리운 철학 자체를 스승과 제도적 장치의 이용 없이, '독학'과 다름없게 익혔던 그에게서, 그처럼 호한한 업적이 나온 이면을 밝히는 것이 논자의 임무처럼 여겨진다.

논자에게 주어진 주제인 '현암의 다산 연구'에 대한 접근을 시도하면서, 논자는 내 나름의 이런 임무의식 같은 사념에 충실히 따르려고 한다. 이 자리에서 기획하는 논자의 고찰 대상은 이을호의 정약용 연구 가운데 어떤 일부에 대한 심층 분석이 아니다. 그보다는 그가 정약용의 학문을 연구하게 된 배경과, 그 연구와 이해에 적용된 관점으로서의 시각을 주로 밝히고 싶다. 이런 고찰은 이을호가 이룩한 다산사상(茶山思想)의 연구성과가 있기까지의 '과정적 성격'을 밝히는 작업에 해당한다. 그런 점에서 논자의 이 성찰의 실질적 목적은 다산사상의 연구에 바친 그의 '방법론적 사유의 성격'을 해명하는 데 있다고 하겠다.

2. 다산 연구의 배경과 동기

이을호가 정약용의 사상에 대한 연구에 처음으로 손을 댄 시기는 '지천명(知

天命)'으로 표현되는 50세경이다. 그 시기까지 그의 학문은 '커다란 굴곡'을 겪었다. 일찍이 20세에 동양의학, 특히 사상의학(四象醫學)에 입문하였고 그러다가 서구식 약학(藥學)에 전념했다.[1] 20세로부터 40대 중반기까지 그의 전공분야는 사상의학과 약학인 '자연과학'이었다. 39세의 이을호는 광주의과대학 약국장으로 있었다.

46세에, 그의 전공이 자연과학에서 '인문학 분야'로 바뀌는 전환 현상이 일어났다. 광주의과대학 교수에서 전남대학교 인문대학 철학교수로 직함이 변한 것이다. 논자가 그(본인)에게 듣기로는, "전문교육을 습득하기 시작한 뒤로 40대 중반에 이르기까지, 그는 줄곧 철학 서적들을 탐독했다. 그 가운데에는 특히 향우(鄕友)로 절친했던 정종(鄭縱: 1915~)이 일본 동경에서 보내오던 철학서적 등도 적지 않았다. 그 철학 서적의 탐독이 마침내 과학의 흥미를 식게 한 반면, 인문 계통의 철학에 관심과 흥미를 더욱 높였다."는 것이다.

그 무렵 이을호는 수은(睡隱) 강항(姜沆: 1567~1618)의 일본기행록인 『간양록(看羊錄)』을 이미 번역한 터였고(43세), 철학 중에서도 동양의학과 관련이 깊은 동양철학을 담당한 교수로 되었다. 사상의학의 창시자인 동무(東武) 이제마(李濟馬: 1838~1900)의 유학을 이미 습득했던 그는 이제 강단 철학자의 입장에서 '유학(儒學)'을 그의 전공 대상으로 삼았다.

근면성에서 뛰어난 그는 무엇보다도 '본원유학(本源儒學)'의 연구부터 착수했다. 그의 첫 손길은 공자(孔子)·맹자(孟子)의 사상 및 『중용(中庸)』·『대학(大學)』 등으로 향했다. 그는 『한글 논어』와 『한글 맹자』를 번역 간행했고, 이어 『한글 중용·대학』을 번역 출간했다. 유학의 기본 경전인 '사서(四書)' 가운데 『맹자』와 『논어』의 한글본을 일찍이 펴냈으니,[2] 이것이 49~51세

1) 다산학연구원 편, 「玄庵 李乙浩 先生 年譜」, 『李乙浩選集』, 이을호전서간행위원회, 2000 참조.

2) 이 번역본들은 뒤에 그의 번역서에서 다시 밝히지만 주로 丁若鏞의 견해에 따른 번역이다.

무렵의 일이다.[3] 이 사서에서 『맹자』와 『논어』의 번역은 그의 유학에 대한 본격적인 탐구를 알리는 출발의 신호탄에 해당한다. 그 시기 한글 세대들이 읽고 학습할 유학 서적이나 동양철학서가 없던 상황을 감안하면, 이 번역서의 간행은 시의(時宜)에 부합한 작업으로서 학계·교육계에 공헌한 점 또한 매우 크다.

이을호가 유학 탐구의 신호를 올린 지 겨우 1년 만에, 그는 '다산 정약용의 사상'에 대한 첫 연구논문을 발표한다. 그것은 그의 50세 때(1959년)의 일로서,[4] 그의 생애의 후반기를 온통 할애한 사업처럼 되었던 '정약용과의 기연'은 바로 이때 시작되었다. 정약용에 대한 그의 '첫 논문'은 1958년에 쓴 「정다산(丁茶山)의 역리(易理)에 관하여」[5]이나, 이을호의 학계 데뷔작에 해당한 논문은 「유불상교(儒佛相交)의 면에서 본 정다산(丁茶山)」[6]이다.

후자의 논문은 1801년 신유교옥에 연루된 정약용이 강진으로 유배된 뒤, 그 지방의 고성사(高聲寺)·만덕사(萬德寺)·대흥사(大興寺) 등에서 불승 연파(蓮坡) 혜장(惠藏: 1772~1811)·초의(草衣) 의순(意恂: 1786~1866) 등과 교유하면서, 불교사상의 영향을 받은 사실을 밝힌 내용이다. 이 내용이 지닌 가치도 중요하지만, 이을호의 '학문 변천 과정'의 시각에서 찾아지는 의의도 간과할 수 없다. 그 점에서 그의 이 논문은 그의 유학 연구가 본원유학의 연구로부터 이제 '한국유학(韓國儒學)'에 대한 연구로, 그 한국유학에서도 '다산사상(茶山思想)'의 연구로 진행되었음을 드러내는 의의를 지닌다.

---

3) 「李乙浩 博士 略歷」 참조, 『(李乙浩博士 停年紀念) 實學論叢』. 『대학·중용』은 1978년 67세 때 한글화하였다.
『李乙浩全書』 ⑥에는 『대학·중용』, 『한글 논어』, 『한글 맹자』 등이 수록되어 참고가 된다.

4) 앞의 「玄庵 李乙浩 先生 年譜」 및 「李乙浩 博士 略歷」 참조.

5) 이 논문은 1958년에 발간한 『논문집』 제2집(광주: 전남대학교)에 수록되었다.

6) 이 논문은 1959년에 발간한 『(白性郁博士頌壽紀念) 佛教學論文集』(서울: 동국대학교)에 수록되었다.

이을호의 다산사상 연구가 그의 생애 최대의 과업처럼 된 '배경'은 실상 이를 단초로 하는 것이다. 논자가 듣기로, 이 논문을 계기로 그가 다산사상 연구에 더욱 골몰하게 되었음이 확실한데, 그 연구열과 연구의지의 고취는 이 논문에 대한 반응(反應) 또는 반향(反響)에 말미암는다. 그 반응이란 용재(庸齋) 백낙준(白樂濬: 1895~1985)이 이을호에게 보인 태도 표명을 지칭한다. 이을호가 다산사상 연구에 깊이 파고들어 '박사학위'를 취득하고, 나아가 계속된 연구로 다산사상 연구에서 '독보적 위치'를 점하게 된 동기는 이을호에 대한 백낙준의 적극적인 성원에 말미암는다. 그 내용은 다음과 같다.

생존시의 이을호에게 듣기로는, 위 논문이 수록된 책자가 간행된 뒤, 하루는 우연히 연세대학교 총장이 이을호를 꼭 만나려 한다는 기별이 왔다. 백낙준을 찾아간 이을호에게 그는 이을호의 다산사상 연구를 크게 치하하면서, 그 연구를 적극 지원할 뜻을 밝혔다. 물론 이을호는 연구를 계속 진척시킬 뜻을 분명히 했고, 그에 대한 지원[7]은 곧바로 그 자리에서 행동으로 옮겨졌다는 것이다.

광주가 지금은 광역시로 대도시화 되었고, 학문의 교류도 이제는 지방과 수도권 사이에 아무 차이가 없게 되었지만, 50여 년 전의 사정은 지금과 판이했다. 50세의 연령으로 학계에 진출한다는 것은 그때나 지금이나 매우 늦은 현상이다. 그런 이을호의 사정을 감안하면, 낯모르던 저명인사의 뜻하지 않은 호의는 그에게 하나의 '감흥(感興)'을 불러일으키기에 충분했을 것임은 짐작하기 어렵지 않다. 그것은 분명 단순한 학계에의 진입, 그 이상의 푸짐한 대우고, 경의에 찬 예우라는 의미에서 그렇다.

이 대목에서 잠시 짚고 넘어가야 할 한국학으로서의 학계의 이면상(裏面像)이 더 있다. 그것은 백낙준의 한국학, 특히 다산학(茶山學)과 관련된 사실이다.

---

7) 이는 연구비를 말하는데 그 액수를 논자는 알지 못한다. 다만 당시로는 그것이 적은 액수가 아니었다고 들었다.

일찍이 일제 강점기에 '한국학의 부흥'을 기하기 위한 국학운동이 '1930년대'에 일어났음은 다 아는 일이다. 문일평(文一平: 1888~1936) · 안재홍(安在鴻: 1891~1965) 등등이 주동한 그 국학부흥(國學復興)의 대상에는 다산사상이 들어 있었고, 그와 같은 맥락에서 당시 다산집(茶山集) 등의 재편집과 출간이 이루어졌다. 바로 이 운동을 일으킨 학자 가운데 가장 연소한 학자로 참여한 인물이 백낙준이었다. 그런 까닭에 그는 직접 학문 연구에 종사하지 못하던 처지에서, 정약용의 정치 · 경제사상에 대한 연구를 그 무렵 홍이섭(洪以燮: 1914~1974)에게 맡기고, 정약용의 '경학사상(經學思想)' 부분을 이을호에게 위촉하였던 것이다.

이러한 연관 관계를 고려하면, 이을호의 다산사상 연구는 일찍이 1930년대 민족주의적 선각자들의 국학운동과도 맥이 닿아 있는 셈이다. 이것은 이을호에게는 특별한 학문적 의미라고 할 수 있다. 그의 다산사상 연구의 배경은 실로 일반인들의 상상을 넘어서는 긴 연원의 역사를 지닌 것이다. 그것은 '민족주의적 국학부흥 운동'에까지 연결된 정신적 토양에서 그 뿌리가 찾아지는 성격을 띠었다고 할 수 있다.

3. 다산사상 연구의 지형

이을호의 다산 정약용 및 다산사상 연구의 업적을 확인하기로 한다. 이를 연대별로 제시하면 아래와 같다.[8] 논자의 편의에 따라 연구업적을 논문과 저서 및 번역 등 종류별로 분류하여 정리한다. 다산 정약용과 다산사상에 대한 그의 각종 업적을 논자 나름으로 한글화하지 않고, 원문 그대로 기재한다.

---

8) 이는 주로 앞의 「玄庵 李乙浩 先生 年譜」를 토대로 한 것임을 밝힌다.

〈논문〉

1. 「儒佛相交의 面에서 본 丁茶山」, 『白性郁博士頌壽紀念佛敎學論文集』, 1959. (50세)
2. 「丁茶山의 易理에 關하여」, 『전남대논문집』 2집, 1960. (51세)
3. 「丁茶山의 經學思想研究抄」, 『東方學志』 6집, 1963. (54세)
4. 「丁茶山의 洙泗學的 人間像의 問題」, 『金斗憲博士華甲紀念論文集』, 1964. (55세)
5. 「丁茶山의 洙泗學的 構造」, 『亞細亞研究』 8권 2호, 1965. (56세)
6. 「茶山經學의 陸王學的 斷面」, 『東方學志』 8집, 1967. (58세)
7. 「論語古今註의 洙泗學的 考察」, 『哲學』 3집, 1969. (60세)
8. 「茶山學 序說」, 『茶山學報』 1집, 1978. (69세)
9. 「茶山學의 內實과 外延」, 『茶山學報』 4집, 1982. (73세)
10. 「茶山學의 傳統性과 近代意識」, 『茶山學報』 5집, 1983. (74세)
11. 「丁茶山의 對日觀」, 『茶山學報』 7집, 1985. (76세)
12. 「茶山經學과 時代性」, 『嶺大文化』 18집, 1985. (76세)
13. 「茶山 康津 十八年」, 『다산학보』 8집, 1986. (77세)
14. 「茶山哲學의 現代的 意義」, 『철학』 25집, 1986. (77세)
15. 「茶山의 茶와 禪」, 『東洋學論叢』(次山安晉吾博士華甲紀念論文集), 1990. (81세)
16. 「茶山의 牧者像과 現代公職者像」, 『茶山學報』 15집, 1995. (86세)

〈저서〉

1. 『茶山經學思想研究』, 乙酉文化社, 1966. (57세)
2. 『茶山學의 理解』, 玄岩社, 1972. (63세)
3. 『丁茶山의 生涯와 思想』(문고판), 博英社, 1979. (70세)
4. 『茶山學 入門』(문고판), 중앙일보사, 1983. (74세)
5. 공저: 『丁茶山의 經學』, 民音社, 1989. (80세)

6. 『茶山의 易學』, 민음사, 1993. (84세)

〈번역〉

1. 『국역 다산사서(한글 논어, 한글 맹자, 한글 중용 대학)』, (49~51세)
2. 『목민심서』, 현암사 1972. (63세)
3. 해설: 『다산학 제요』, 대양서적, 1975. (66세)
4. 『논어고금주』, 민음사, 1989(공저, 『정다산의 경학』 수록). (80세)

〈교양물〉

1. 「茶山 丁若鏞」『韓國의 思想家 十二人』, 玄岩社, 1972. (66세)

기타 논자의 조사 미비로 누락된 것이 있으리라 짐작되나,[9] 이 자료만 보아도 가히 다산사상 연구의 지형을 해아릴 수 있을 것이다.

4. 다산사상 연구의 시각적 특징

앞 장에서 지적된 저술을 보면, 다산 정약용과 다산사상에 대한 '연구 논문' 16편, 정약용의 사상에 관한 '단독 저서' 4책, 정약용 저술의 '번역서' 5책, 기타 해설서 및 교양 차원의 글 등 25건이 넘는 분량이다. 이처럼 '방대한 분량'에 이르는 저술이 곧 이을호가 이룬 다산사상 관련 업적이다. 실로 유례가 흔치 않은 놀라운 성과임에 틀림없다.

50세 무렵부터 인생의 후반기, 그 연만한 시기에 남들 같으면 하던 일의 열정과 의욕이 식어갈 시기에 오히려 86세까지 다산사상 연구라는 한 가지

9) '이을호 선생 탄신 100주년 기념' 논문집 편집부에서 기존 「玄庵 李乙浩 先生 年譜」를 대폭 增補하여 부록으로 수록한다 하니, 이을호의 다산사상 연구의 지형을 엿보는 데 많은 참조가 될 것이다.

일에 지속적인 정력을 쏟은 것은 참으로 흔치 않은 현상이다. 그가 속도감 있는 필치로 연구에 쏟은 '각고'와 '면려'를 상상하면, 그의 학문 태도를 존숭하지 않을 수 없다.

이상의 업적을 검토하면, 그의 다산사상 연구의 특징이 잡힐 것이다. 그 특징의 파악을 논자는 다산사상의 구성 측면에서 일단 시도하겠다. 이을호는 기회 있는 대로 정약용의 학문을 먼저 '분류'하고 난 다음에, 다산의 한 분야나 또는 사상 전체를 논한 사례가 많다. 그 분류 항목의 하나는 유학경전에 대한 정약용의 연구, 이른바 '경학(經學)' 또는 '경설(經說)'이고, 또 하나는 정약용의 경세서(經世書)에 해당하는 『경세유표(經世遺表)』와 『목민심서(牧民心書)』 및 『흠흠신서(欽欽新書)』다. 이 경세서의 묶음을 그는 "일표이서(一表二書)"라고 이름했다. 이을호는 이 다산사상 전체를 흔히 공자가 제시한 "수기(修己)·안인(安人)" 형식으로도 대별한다. 그리고 그 분류가 적절치 않다고 여겨지면 '경설 또는 기본적 형이상학설'과 '수기설' 및 '안인설(=治人說)'로 삼분하였음을 본다.[10]

어떻게 분류하든지 이을호의 연구는 주로 '정약용의 경설(經說)에 집중'되었다. '안인' 부분의 연구로는 『목민심서』를 바탕으로 한 논문 「목자상(牧者像)에 비춘 현대공직자상(現代公職者像)」과, 그 책의 해설 및 번역이 있을 뿐이다.[11] 『경세유표』와 『흠흠신서』에는 그의 눈길과 손길이 닿지 않았음이 먼저 꼽히는 그의 다산사상 연구의 특징이다. 이는 이을호의 전공에 연결된 현상으로 관심과 선택으로 인한 특징이지만, 결과적으로는 다산사상의 한 축이 빠진 사실만은 부정할 수 없는 점이기도 하다.

다음 '다산경설'을 파악하는 이을호의 관점으로 이용된 방법론적 시각으로도, 다산경설을 이해하는 그 (이을호) 사유의 특징이 잡힐 것이다. 이 점에

---

10) 이을호, 『茶山經學思想研究』, 을유문화사, 1966 참조.
11) 앞의 장 「다산사상 연구의 지형」의 내용 참조.

주목하면, 이을호는 정약용이 지녔던 경설 파악의 시각을 육왕학(陸王學) 특히 양명학(陽明學)으로 이해한 적이 있다. 이을호의 정약용에 대한 '최초의 논문'[12]에서 그러한 이해가 나타난다. 육왕학은 참으로 정주학에 대한 반발로 이루어진 만큼, 피상적으로 생각할 때 그 시각의 이용은 있을 수 있는 일이다.

유학사의 맥락에서뿐만 아니라, 이을호는 그 시각의 적용에 심지어 선불교(禪佛敎)까지 동원하는 것이 발견된다. 정약용의 학문태도를 가리켜, 그가 '외왕내선(外王內禪)'이란 표현을 사용한 사실[13]이 바로 그 증거다. 이로부터 7년 뒤(1967년), 이을호가 「다산경학의 육왕학적 단면」을 발표한 데는 이 육왕학의 시각에 대한 증거를 보완한 의미가 없지 않다.

다산사상에 대한 연구가 본괘도에 오르면서, 이을호는 정약용의 경설 이해의 방법론적 시각을 주로 '수사학(洙泗學)'으로 바꾼다. 이제 공맹의 본원유학에로의 회복이라는 '수사학적(洙泗學的) 복원의 태도'가 곧 정약용의 정주성리학적(程朱性理學的) 경설 극복의 태도라는 것이다. 특히 이을호가 박사학위논문 『다산경학사상연구』를 준비하던 1964~1966년 무렵에 그런 시각의 변화된 적용이 확연해진다.[14]

본원유학(=수사학)의 회복은 정약용 자신이 실제로 표방한 방법론인 만큼, 이을호의 시각 적용 또한 일단 수긍되지 않을 수 없다. 그러나 정약용의 그 방법론적 표방은 정주학(程朱學)의 권위와 그 권위를 이용한 정약용 자신에 대한 박해를 회피하려는 '전략적 의도'를 다분히 담고 있었음도 간과해서는 안 된다. 정약용은 본원유학의 회복을 표방하면서 내용에서는 본원유학의 복원이 아닌 자신의 경설과 자신의 학문을 성립했기 때문이다.

이을호는 정약용의 경설 이해에 '수사학'의 시각만을 적용하지는 않았다.

---

12) 1959년에 발표한 논문 「儒佛相交의 面에서 본 丁茶山」을 말한다. 이 논문은 『전서』 ②에 수록되었는데, 그 제목은 '유불상교의 면'으로 축약되었다.

13) 위의 「儒佛相交의 面에서 본 丁茶山」을 말한다. 『전서』 ②, 547~552쪽 참조.

14) 앞의 장 「다산사상 연구의 지형」 참조.

1960년대 후반, 이미 역사학계에서 논의되던 조선후기 '실학(實學)'의 문제가 그에게도 담론의 대상이 되었다.[15] 이때 한국유학계의 일각에서도 소장학자에 의해 '반정주학(反程朱學)' 또는 '탈정주성리학(脫程朱性理學)'의 경학을 실학 범위에 넣어 적극 탐구하는 경향이 일었다. 그 탈정주성리학은 물론 정약용에서 극치에 이른 것이다. 이에 속도감에서 누구에게도 뒤지지 않으려 하던 이을호는 그즈음 '실학(實學)' 개념에 대한 확고한 규정을 유보한 상태에서 '개신유학(改新儒學)'의 명칭을 창안해 사용했다. 이를테면 정약용의 경학은 이을호에 의해 개신유학의 대표적 상징 사례로 지적되기에 이르렀다. 그의 「조선후기 개신유학(改新儒學)의 경학사상사적 연구」(『哲學』 8집, 1974)가 그 점을 입증하는 글이다.[16]

그런 이을호가 유학계의 신진 소장들의 연구업적에 영향을 받지 않을 수 없었다. 소장학자들은 탈성리학의 경설이 실학자들의 경세사상과 부합하는 점을 지적하며 정약용 등의 경설에 '실학'이라는 용어를 자연스레 적용함을 보면서, 이을호 또한 '개신유학'이라는 용어를 '실학' 용어와 동의어로 사용하게 되었다. 그러한 점이 그의 『한국개신유학사시론』(박영사, 1980)과 「한국의 실학사상」(『茶山學報』 제6집, 1984)에서 드러난다. 이을호의 마지막 절필을 장식한 글이 「한국실학 자생론(自生論)」(『茶山學報』 제16집, 1998)이었음은 그의 이러한 '방법론적 시각의 변천'을 분명히 확인하게 하는 좋은 증례다.

5. 매듭을 지으면서

이처럼 방법론적 시각의 변천은 그의 학구 자세가 치열했음을 증언하는

15) 1968년 이을호는 연세대학교의 『실학강좌』에 「실학개념 구성의 제요인」이라는 글을 발표한다.

16) 뒷날 이을호는 '改新儒學'이라는 명칭을 사용하여 기존의 발표 논문을 엮어 1980년 『韓國改新儒學史試論』을 출간하기도 하였다.

한 단면이다. 반평생을 다산사상을 탐색하는 길에 쏟은 이을호의 마지막 발언이 「한국실학 자생론」으로 귀착한 것을 보면서, 논자는 그 의미를 되새기지 않을 수 없다. 정약용이 소외당한 형극(荊棘)의 상황에서 외롭게 거닐던 그 사색의 자취를 따라, 이을호 또한 구도자적 자세로 치열하게 탐지한 사상적 귀결이 "실학(實學)에 대해 '한국인에 의한 자주적 발생'이라고 내려진 발언"임은 결국 '민족 주체적 신념'의 투영에 다름 아니다. 이 대목은 바로 1930년대의 '국학부흥 의식'과도 연계된 이을호의 '정신적 귀소(歸巢)'로 비유될 대목으로 읽혀질 만하다. 이 종언적 선언으로 그는 이 민족으로부터 받은 보은에 응분의 보답을 하였다고 할 수 있다.

정약용의 사상을 한국실학의 맥락에서 파악하기까지 시각의 변천 과정을 거쳤다고 해서, 다산사상을 이해하던 이을호가 오직 탈성리학적 실학에만 의지했다고 한정시킬 수는 없을 것 같다. 육왕(陸王)의 요소, 본원유학의 요소, 탈성리학적 실학의 요소, 이것들이 다 정약용의 사상에 들어 있다는 것이 확실하다면, 또 그렇게 판단한 이을호의 사유로는, 결코 그가 어느 한 입장의 시각으로 다산사상을 이해했다고 판단해선 안 된다. 그의 견해로는 아마도 이 요소들의 '종합적 시각'의 응용이 무엇보다도 정확하다고 할 것이다. 이것이 사실상 논자가 내리는 이 고찰의 결론인 셈이다.

다산사상의 이해로 동원된 시각의 문제가 이을호의 '방법론적 틀'인 만큼, 이것 또한 이을호가 구사한 '다산사상 이해의 배경'과 맞먹는 것이 아닐 수 없다. 따라서 논자의 이 고찰은 처음부터 끝까지 다산사상을 대하던 이을호의 연구배경에 초점이 맞추어진 형국이 되었다.

여기에서 부언하고 싶은 것이 있다. 그것은 바로 그가 남긴 정약용의 경세 측면의 두 저서인 『경세유표』와 『흠흠신서』를 정약용의 경설(經說)을 파헤치듯이 깊이 팠더라면 어떠했을까 하는 자문(自問)이다. 아마도 그랬더라면, 정약용의 탈성리학적 실학이 지닌 실제적 면모가 더 확연해졌을 개연성이 점쳐진다. 또 한 가지 더 하고 싶은 자문이 있다. 정약용이 벗어나려고 한 대상인 정주계 성리학을 이을호도 깊숙이 연구했더라면 어떠했을까 하는 가정(假定)이다. 만약 그랬더라면, 이을호가 다산사상을 보다 더 객관적으로 평가할 수 있었음직하다. 이는 정약용을 넘어설 만한 '현암 이을호의 사상'이 혹여 그런 데서 나올 수도 있었을 가능성을 고려한 가상적 자문이다.

그러나 어느 누구의 학문에나 한계는 있기 마련인데다, 자신이 빠져들고 싶은 분야야말로 그의 선택에 달린 것임을 다시 떠올려야겠다. 이을호가 다산사상 연구로 해서 만족하고 행복했으리라는 것만으로도 그는 값진 학구의 길을 걸었다고 해야 한다. 정약용 또한 '현암 이을호 같은 후학'이 자신의 학문을 알아줄 것을 기대하면서 학문 연구에 그토록 심혈을 다했을 것이다. 이을호는 정약용으로 해서 행복했고, 정약용은 이을호 같은 후학이 나올 것을 예측하면서 여한 없이 눈을 감았다고 짐작된다. 둘은 '하나의 학문'이라는 끈으로 해서 영원히 '함께 살아지지 않을 삶'을 살았다고 하겠다. 그들은 진정 학문하는 사람들만이 누릴 수 있는 '독특한 경지'를 밟고 간 인물들이다.

참고문헌

『與猶堂全書』, 서울: 민족문화추진회, 2002.
다산학연구원 편, 『李乙浩全書』 전 9책, 서울: 예문서원, 2000.
다산학연구원 편, 『李乙浩選集』, 광주: 이을호전서간행위원회, 2000.
『(李乙浩博士 停年紀念) 實學論叢』, 광주, 전남대 호남연구소, 1975.
오종일, 『현암 이을호』, 한국문화원연합회 전라남도지회, 서울: 문원각, 2007.

3. 한국철학 연구사에서 본 현암의 위상

-주체적 한국사상사관(韓國思想史觀)의 정립과 관련하여-

최 영 성 한국전통문화학교 교양학부 교수

1. 머리말

2010년은 한국철학 연구사에 큰 발자취를 남긴 현암(玄庵) 이을호(李乙浩: 1910~1998)의 탄생 100주년이 되는 해다. 이을호는 간난(艱難)과 격동의 시기에 생장하였고, 1960~80년대에 정열적으로 학술 활동을 하면서, 한국사상의 정체와 본질을 밝히고 이를 철학적으로 정립하는 데 앞장섰다. 중국적 사유방식이 만연하였던 한국사상사의 흐름 속에서 '한국적인 것', '주체적인 것'을 발굴하여 우리 민족의 자존심을 높이고 정신적·사상적으로 독립하자는 것이 이을호가 한평생 붙들고 놓치지 않았던 화두였다.

한의학으로 학문 세계에 발을 들여놓았던 이을호는 50세가 넘은 늦은 나이에 철학으로 방향을 바꾼 뒤 일로매진하였다. 그의 활동 반경은 매우 넓었다. 그는 우리나라 굴지의 사상의학(四象醫學) 연구자요 다산철학의 권위자, '한'사상 연구의 선구자였으며, 호남학 연구의 정신적 지주였다. 전남대학교 교수직에서 정년퇴임한 뒤에는 국립광주박물관장으로 신문화 운동에 몰두하였고, 광록회(光綠會)와 생명운동, 늘푸른 환경운동 등을 주도하면서 환경운동가로 활약하였다. 『사람과 자연은 하나다』라는 저술은 만년의 학문적 달관의 경지에서 새로운 우주관을 정립하여 이를 새 생명운동으로 승화시킨 것이라 할 수 있다.[1] 이런 다채로운 경력은 한 학자의 일생이 결코 단조롭지 않음을 실증한다고 하겠다.

현재 학계에서는 이을호에 대해 다산학의 선구자, 더 나아가 다산학의 체계를 세운 학자로 평가한다. 그의 활동과 업적에 비추어 볼 때 그런 평가가 당연하다고 할 수 있을 것이다. 그러나 필자는 관점을 달리하여 보고자 한다. 이을호의 학문 영역은 다산학에 머물지 않는다. 그가 다산학에 육칠분(六七分)이 넘는 정력을 기울였지만 다산학은 구경(究竟)의 귀결처나 종착점이 아니었다. 그가 끝까지 추구했던 것은 한국사상의 원형이요 본질이었으며 제대로 된 한국사상사의 집필이었다. 이을호의 학술사적 업적은 한결같이 '민족 주체의식', '강렬한 자의식'을 밑바탕에 깔고 있다. 이것은 그의 모든 논고에 일관되어 있다. 또한 올바른 한국사상사의 정립으로 귀결되고 있다. 한국사상의 정체성을 밝히려는 그의 고집스런 노력은 평생에 걸쳐 일관된 것으로, 그에 비교될 만한 학자를 쉽게 찾기 어려운 것이 사실이다. 이에 본고에서는 '주체의식'과 '한국사상사 정립'을 두 기둥으로 그의 학문과 사상을 탐구하여 보려고 한다.

이을호가 세상을 떠난 지 그리 오래 되지 않은 시점이라서 그런지 그에 대한 본격적인 연구는 아직 없는 듯하다. 근자에 그의 제자인 오종일(吳鍾逸) 교수에 의해 자그마한 책자로 평전(評傳)이 출판되어 나왔지만,[2] 굳이 사제(師弟) 관계라는 사실을 말하지 않더라도 객관적 서술에서는 다소 의문의 여지가 있어 보인다. 그런 점에서 후인들의 평가를 좀더 기다릴 필요가 있다고 본다. 이 글에서는 중립적 위치에서 객관성 확보를 위해 노력할 것이다. 내용에 따라서는 단순한 서술에 그치지 않고 필자 나름의 평가도

---

1) 「弔辭」, 『전서』 9, 582쪽.
2) 오종일, 『현암 이을호』, 한국문화원연합회 전라남도지회, 2007.

곁들임으로써 앞으로의 연구에 일정하게 길잡이 구실을 하려 한다.

저본은 『이을호전서』 전 9책으로 하고, 필요에 따라 원저(原著)를 참고하였음을 밝혀 둔다.

2. 사상의학, 다산학 입문과 자의식의 성장

전라남도 영광(靈光)의 부호(富豪) 집안에서 태어난 이을호는 세 살 때 부친을 여의었지만 그다지 큰 어려움 없이 성장하였던 것 같다. 영광에서 소학교를 마친 그는 이어 경성 중앙고등보통학교에 진학, 졸업하였다. 십대 중반에 폐렴으로 고생하다가 한의학에 관심을 갖게 되었고, 이를 계기로 중앙고보 시절 사상의학(四象醫學)의 대가인 해초(海初) 최승달(崔承達)을 만나 그의 문하에 입문, 한의학을 공부하기에 이르렀다. 당시 서울 내수동에서 수동약방을 경영하던 최승달은 사상의학의 창시자 동무(東武) 이제마(李濟馬: 1838~1900)의 제자였다. 이을호는 최승달의 문하에서 도제식 교육을 받았다. 사상의학은 인간을 중심으로 한 유가철학과 결합한 의학이다. 이제마의 『동의수세보원(東醫壽世保元)』에서는 장부론(臟腑論)·의원론(醫源論)과 같은 본격적인 의학 이론에 앞서 성명론(性命論)·사단론(四端論)·확충론(擴充論)을 선행시켰다. 도가사상을 배경으로 한 종래의 한의학 이론과는 갈래가 다르다. 이제마를 잘 알았던 이능화(李能和)에 의하면 "(동무) 선생은 경사(經史)와 자집(子集)에 모두 통달하였는데 그 중에 『주역』을 더욱 좋아하셔서 그 오의(奧義)를 연구하시기에 골몰하였다."[3]고 한다. 이제마의 사상의학의 원리는 『주역』에서 그 대강을 빌려 온 것이다. 한 마디로 사상의학은 인술(仁術)이면서도 유가에서 말하는 격물치지(格物致知) 공부였다고 할 수 있다.

---

3) 이능화, 「이제마」, 『조선명인전』 하권, 조선일보사, 1988, 401쪽.

이을호는 최승달의 권유로 경성약학전문학교(3년제)에 진학하여 한의학을 본격적으로 수학하였다. 이때 『동의수세보원』을 교수 받음으로써 사상의학에 심취할 수 있었다. 사상의학은 동아시아 의학에다 동양철학의 원리를 접목시켰다는 데서 일종의 의철학(醫哲學)이라고도 할 수 있다. 이을호는 사상의학과의 만남을 다음과 같이 술회하였다.

> 근자에 와서 나의 등 뒤에 '학문의 외도가'라는 레테르가 붙게 된 것은 1931년(21세)에 이제마의 『동의수세보원』을 손에 쥐면서부터라고 할 수 있다. …… 나는 『수세보원』을 읽기 시작하면서부터 정독에 정독을 거듭하였고, 내 생애와 더불어 존재하는 양 귀중하게 간직했던 것이다. 이는 마치 사람들이 『논어』나 바이블을 신주처럼 모시는 그런 심경과 조금도 다르지 않았던 것이다.[4]

이을호가 이 사상의학과 만나게 된 것은 그가 나중에 동양철학으로 학문을 전환할 수 있는 밑거름이 되었다. 특히 사상의학의 기초가 되는 유가 경전에 대한 공부는 경학으로 대성할 수 있는 기반이 되었다. 그는 「유의변(儒醫辯)」이라는 글에서, 히포크라테스의 명언 "의사이면서 동시에 철학자가 되는 자는 신과 같으리라."고 한 말을 즐겨 외우곤 했다.[5] 그가 사상의학을 하면서 아울러 동양철학의 세계에 침잠하게 되는 과정은 다음의 회고에서도 엿볼 수 있다.

> 『수세보원』이란 사상의학이면서 그의 책머리에 실린 성명론·사단론 등은 동양철학의 이해 없이는 결코 해석할 수가 없다. 게다가 구조철학의 이해도 곁들여야만 비로소 실마리가 풀리는 글이다.[6]

---

4) 「학문의 흰자위와 노른자위」, 『전서』 ⑨, 196쪽.
5) 「學窓餘墨 I」, 『전서』 ⑨, 333쪽.
6) 「학문의 흰자위와 노른자위」, 『전서』 ⑨, 200쪽.

> 길 없는 광야를 헤매는 듯한 이 시절에 일촉광처럼 나의 정신을 빼앗은 저술이 다름 아닌 동무 이제마의 『동의수세보원』이었으니, 이는 한 마디로 말하자면 '철학적 기반 위에 세워진 의학서'로서 우주의 철리와 인생의 현존(現存)을 다룬 책이기에……
> 그 뒤로 소위 동양 철학서를 차례차례 읽게 되고 나아가 다산의 경학에까지 기착하게 되고 보니 나의 독서 행각도……[7)]

이을호는 『동의수세보원』에 대해 의학과 유가의 경학이 서로 혼융일체가 되어 있다고 하면서 '경학적 기조'를 강조하였고, 또 이 책을 통해 이제마가 '윤리적 의학', '신인간학'을 주창하였다고 주장하였다.[8)] 최남선(崔南善: 1890~1957)은 이제마의 사상의학을 가리켜 "조선의학의 마지막 부분을 찬란하게 빛낸 불꽃"으로 표현했다. 근세 우리나라 의학의 새로운 희망으로 떠오른 이 사상의학은 중국의 한의학을 답습한 것이 아니라 종래 한의학의 경지를 깨뜨리고 새로운 경지를 개척한 것으로서 민족 주체성과 결부시키기에 적당한 것이기도 했다. 이을호의 학문 기조라 할 수 있는 '민족 주체성'은 사상의학과의 만남에서 비롯되었다고 할 만하다.

한편, 이을호는 영광구락부 체육회 사건으로 일경에 피체(被逮)되어 28세 때인 1937년 9월부터 1940년 2월까지 영어(囹圄)의 몸이 되었다. 그는 이를 천재일우의 기회로 여기고 옥중에서 많은 책을 구입하여 독서를 풍부하게 하였다. 동양고전, 특히 사서삼경을 통독할 기회를 얻었을 뿐만 아니라 동양사상에 관한 많은 서적에 접근할 수 있는 기회를 얻었다. 평생 지기인 정종(鄭瑽: 1915~), 처남 조옥현의 세심한 배려로, 당시 일본에서 동양학자로 이름을 날리던 우노(宇野)·쓰다(津田)·이케우치(武內) 등의 저술도 차입받아 읽을 수 있었다. 옥중에서의 독서는 그가 나중에 학자로 성장하는

---

7) 「나의 독서벽」, 『전서』 9, 255쪽.
8) 「'동무사상설'의 경학적 기초」, 『전서』 9, 648쪽.

데 큰 자양분이 되었다. 그는 영어 시절을 두고 "단속(斷俗)의 좌선경(坐禪境)은 고승의 그것과도 결국 백지 한 장 차이에 지나지 않는 것이다."[9]고 하면서, 하늘이 준 천혜의 기회에 오히려 감사하였다.

영어에 앞서 이을호는 사상의학에 이어 다산학과도 접할 수 있었다. 1935년 다산서세 100주년을 기념하여 성대한 기념 학술대회가 열리고, 이를 전후하여 신조선사(新朝鮮社)에서 정인보(鄭寅普)·안재홍(安在鴻) 두 학자의 교열로 『여유당전서』 76책이 간행된 것이 그 계기가 되었다. 그는 다산학에 접하게 된 것을 두고 "진정 내 일생의 공부의 씨앗이 이때 뿌려졌음에 새삼 감회가 없을 수 없다."[10]고 하였다. 또 "다산학의 당오(堂奧)를 엿보게 된 것은 실로 나의 인생에서 일대의 쾌사(快事)라 일러도 무방할 것이다."[11]고 회고하기도 하였다. 다산학에 대한 관심은 영어 시절까지 이어지고 1940년 출옥한 뒤 다산학에 본격적으로 입문하여 약학으로부터 철학으로의 전환의 기초를 마련하였다.

이을호가 보는 다산(茶山) 정약용(丁若鏞: 1762~1836)은 조선 후기 실학의 집대성자이자 개신유학(改新儒學)의 거봉이다. 정약용은 '원시유학으로의 회귀'를 외치며, 조선조 수백 년 동안 학술 사상의 주류를 이루어 왔던 주자학 체계의 근간을 뒤흔들어 놓은 장본인이다. 주체성에 목말라하던 이을호의 처지에서 보면 정약용은 실로 '주체성'의 표본이요 '조선적 학자'의 표상이라 할 만하다. 그러기에 정약용을 보는 이을호의 시각은 철저할 정도로 '자의식'에 바탕을 두고 있다.

> 다산학은 주자학에서 탈피하여 수사학적(洙泗學的) 원시유학에로 회귀하였다 하더라도 그것은 또다시 한국 역사 현실 속에서 다시금 재생되었음을 의미한다.

---

9) 「학문의 흰자위와 노른자위」, 『전서』 ⑨, 198쪽.
10) 「여유당전서와 더불어」, 『전서』 ⑨, 73쪽.
11) 「여유당전서와 더불어」, 『전서』 ⑨, 74쪽.

…… 우리들의 앞에 놓여진 하나의 과제가 있다면 그것은 다름이 아니라 '한국적 다산학'의 이해에 있다고 해야 할 것이다. 그것은 곧 한국사상의 일환으로 이해되는 다산학이어야 함을 의미하는 것이다.[12)]

이을호는 본래 민족의식이 강했던데다가 사상의학과 뒤이어 다산학에 입문하면서 주체에 대한 자각이 심화되었던 것 같다. 이러한 사상적 경향은 광복 뒤 다산학에 대한 지속적인 연찬(硏鑽), 조선 후기 실학, 개신유학으로의 확대, '한'사상으로의 귀결 등 일련의 학문 역정 속에서 줄곧 일관되었다. 만약 이을호가 사상의학이나 다산학이 아닌, 주자학으로부터 동양철학에 입문하였더라면 그의 의식 세계의 저변은 사뭇 달라졌을지 모를 일이다. 또 그가 국내의 경성제국대학이나 일본의 대학에 들어가 서양철학을 공부하였더라면 과연 저와 같이 '사상적 예속으로부터 벗어날 것'을 외치면서 주체성 있는 학문을 추구할 수 있었을지 의문이다. 학문하는 데 입수처(入手處)가 중요하다는 것은 이을호의 경우를 두고 한 말인 성 싶다.

3. 다산학의 연찬과 실학, 개신유학으로의 확대

이을호는 광복 뒤 사재를 털어 영광에 중학교를 세우고 교장으로 있다가 다른 사람에게 넘겨주고, 이어 광주의과대학 부속병원 약국장으로 옮겨 일하였다. 약국장 시절에 이미 『한글 맹자』[13)]의 초역을 끝냈고, 이어 영광이 낳은 대학자 수은(睡隱) 강항(姜沆: 1567~1618)의 『간양록(看羊錄)』을 출판[14)]

12) 「다산학의 새로운 면모」, 『전서』 [9], 32쪽.

13) 1958년에 전남대학교 출판부에서 펴냈다.

14) 1952년 당시 호남신문사 사장을 지낸 李殷相의 주선으로 출판하였다. "당시 굴지의 대가인 R씨의 擊節贊歎에 힘입어 출판의 행운을 갖고 보니"(『전서』 [8], 199쪽)라 하고, 또 "이은상의 지도로 『간양록』을 역술"(『전서』 [8], 132쪽) 운운하여 이은상의 주선이 있었음을 알게 한다.

하여 세상에 물을 정도로 이미 동양철학, 한학에 경도된 상태였다. 그러다가 46세 되던 1955년 11월, 마침내 전남대학교 철학과 전임강사로 전직하기에 이르렀다. 이런 이력 때문에 세인으로부터 '외도(外道)를 걷는 학자', '학문의 외도가'라는 평을 받았는데, 그는 이러한 평을 매우 듣기 거북스러워하였다. 그의 학문 역정을 잘 살펴보면 단순한 외도가 아님을 알 수 있다. 철저하게 준비된 외도(?), 아니 전업이라고 할 것이다.

이을호의 학문은 만학에다 정약용을 사숙한 독학이었다. 그는 이런 한계를 특유의 성실함으로 극복하여 갔다.

> 본시 나의 철학에의 학력은 만학에 독학을 곁들인 자인지라 정규적 코스를 밟지 않았기 때문에 강단 교육의 기회란 아예 생각조차 할 수 없는 처지였다. 그러한 불우(不遇, ?)를 나는 철학회에의 부지런한 참석으로 메우며 선배・동료들과 만나는 행운을 기대하였던 것이다.[15)]

1950년대 말부터 백낙준(白樂濬)・이병도(李丙燾)・박종홍(朴鍾鴻)과의 학문적 교류를 지속하였고, 이것이 인연이 되어 1967년 서울대학교 대학원에서 철학박사학위를 취득하기에 이르렀다.

이을호는 1958년 「정다산의 역리(易理)에 관하여」를 발표하고, 이듬해 「유불상교(儒佛相交)의 면에서 본 정다산」(『백성욱 박사 송수기념 불교학논총』)을 발표함으로써 다산학에 흠뻑 빠져들었다. 그는 이들 논문을 시발로 1966년 『다산경학사상연구』(을유문화사)를 출판하기까지 오직 다산학 연구에 몰두하였다. 1960년대 중반까지 다산학 관련 전문 저서는 역사학자 홍이섭(洪以燮: 1914~1974)의 『정약용의 정치경제사상 연구』(1959)가 있는 정도였고, 경세학 측면에서 다산실학을 연구한 논문이 몇 편 발표되었을 뿐이었다.

---

15) 「성실일관의 道-열암 박종홍 선생」, 『전서』 ⑨, 168쪽.

실로 황량하기 이를 데 없었다. 다산철학에 대한 최초의 본격적인 연구서인 『다산경학사상연구』는 '현대 한국의 명저 1백 권'에 선정[16]될 정도로 다산학 연구에서 빼놓을 수 없는 고전적 위치를 차지한다. 그는 이 책의 범위에 대해, 다산철학의 원리론만을 밝힌 제1부작이며 총론격이라고 언급하면서, 문제의 지나친 분석은 삼갔다고 밝힌 바 있다. 저자는 원래 제2부와 제3부를 기획하였고, 이를 통해 각론격인 다산철학의 구체적인 문제들을 분석, 논증하려 했던 것 같다. 후일 저자가 약속했던 후속편 저술이 육속 출판되면서 그 계획은 실행에 옮겨지기에 이르렀다.

일찍이 위당(爲堂) 정인보(鄭寅普: 1893~1950)는 다산학 연구의 중요성을 언급하면서 "선생 일인에 대한 고구(考究), 곧 조선사의 연구요 조선 근세사상의 연구요 조선심혼(朝鮮心魂)의 명예(明翳) 내지 전조선(全朝鮮) 성쇠존멸(盛衰存滅)에 대한 고구이다."[17]고 한 바 있듯이, 이을호의 다산연구는 정약용 한 사람에 대한 연구에 그친 것이 아니었다. 정약용이 조선 실학을 집대성한 만큼 정약용을 통해 조선 실학의 실체와 체계를 이해하고, 더 나아가 실학을 중심으로 한국사상을 연구하려 했던 것이다. 특히 주자학을 조선 정신의 일탈로 보는 이을호는 주자학의 존립 근거를 뿌리째 흔들어 놓은 정약용의 경학 체계야말로 조선 정신을 유감없이 발휘한 것으로 평가하였다. 이로써 본다면 다산학이야말로 '주체성의 총화(叢華)'라 할 수 있는 만큼 이를 통해 한국사상을 연구하는 것이 바람직한 방법이라는 것이 그의 생각이었다. 이것은 그의 연구에서 가장 중요한 사실 가운데 하나다.

이을호는 당시까지 돌보는 사람 없는 다산경학을 붙들고 다산실학의 철학적 기반을 탐구하는 데 일로매진하였다. 경학이 기초학이라면 경세학은

16) 『현대 한국의 명저 100권』(『신동아』 1985년 1월호 별책 부록), 동아일보사, 205~207쪽.
17) 정인보, 『담원 정인보 전집』 2, 연세대학교 출판부, 1983, 68쪽.

응용학인데 1960년대까지만 하더라도 응용학으로서의 경세학만을 문제 삼아 왔었다. 실로 선후가 전도된 것이요 기형적인 것이었다. 일찍이 정약용은 자신의 저술을 일러 "육경사서(六經四書)는 수기(修己)하자는 것이요, 일표이서(一表二書)는 치국평천하(治國平天下)하자는 것이다."고 하여, 육경사서로 대표되는 경학 체계가 체(體)라면 일표이서로 대표되는 경세학 체계는 용(用)이라는 점을 분명히 밝혔다. 다산학에서 경세학이 차지하는 비중이 크다고 할지라도, 기실 경학 없는 다산학이란 있을 수 없다는 것이 이을호의 평생에 걸친 주장이기도 하다. 실제로 정약용은 강진에서 18년간 적거(謫居) 생활을 하면서, 귀양에서 풀리기 전 17년 동안은 오로지 경학 연구와 그 저술에 정신을 집중하였다. 일표이서 가운데 미완으로 남겨진 『경세유표(經世遺表)』는 해배(解配) 1년 전인 1817년에 저술하였고, 『목민심서』는 구상은 오랫동안 하였지만 귀양에서 풀려나던 그해에 집필하였다. 이렇게 본다면 이을호가 다산경학 연구를 그토록 중시했던 이유를 짐작할 만하다.

실학은 크게 볼 때 사회사상, 정치사상의 측면에서는 상당히 높은 의식을 보여주었지만, 일정한 이론틀과 철학적 체계를 갖추는 데는 한계가 있었다. 이 때문에 철학적 발전을 동반하지 못하였고, 다음 시대를 이끌어 갈 사상적 유산을 풍부하게 남기지 못하였다. 이러한 실학의 한계를 생각한다면 철학 체계를 확고하게 갖춘 다산학의 존재란 실학의 학문 체계를 대변하는 바로 그것이라 하겠다. 이러한 실학의 이념적 사상적 기초를 이루는 다산경학이 이을호의 지속적인 연구에 의해 구명되었다는 사실은 이를 기점으로 실학 연구가 새로운 차원에서 연구될 것임을 예고한 것이라 하겠다. 실제로 이을호의 경학 연구를 통해 다산학의 체계와 면모가 일신되었음은 더 말할 나위 없다.

이을호는 다산학의 양대 기둥 가운데 하나인 경학 연구를 통해 '수사학적(洙泗學的) 수기치인(修己治人)의 실학'을 모색하는 데 전념하였다. 1958년 무렵부터 점화(點火)되었던 실학개념논쟁은 역사학적 관점과 철학적 관점으로 양분되어 있었는데, 이을호는 박종홍·이상은(李相殷)과 함께 철학적 관점을 대변하였다.[18] 그는 실학개념논쟁을 의식하면서 경세학적 측면에 경도된 다산실학의 연구 경향을 비판하였다.

> 뿌리 없는 열매란 있을 수 없는 것이다. 소위 '경세학'이라는 열매는 경학이라는 뿌리에서 맺어진 것에 지나지 않는다. 그러므로 정인보·천관우·홍이섭·한우근 등 역사학자들은 다같이 반계·성호·다산을 그들의 새로운 역사 현상 속에 나타난 열매만을 가지고 논하였음에 의심의 여지가 없다.[19]

이을호는 실학이란 개념을 뚜렷한 구분 없이 통시대적(通時代的)으로 이해하는 것을 반대하였다. 또 역사학적 관점에서 영·정조 시기의 학문사조로 국한시키는 것도 반대하였다. 그리고 실학을 수사학, 즉 원시유학의 수기치인의 이념으로 회귀한 것이라 주장하고, 이것은 정약용의 「오학론(五學論)」이 압축적으로 잘 보여준다고 하였다. 다시 말해서 유학의 본령이 수기치인이지만 시대의 변천에 따라 학문의 목적과 방법이 달라져 체용(體用), 본말(本末), 내외(內外)에 대한 치중점에 차이가 생김으로써 양자가 잘 조화를 이루지 못한 것을 반성하고 유학의 본령으로 돌아가자는 것이 실학의 표어라고 하였다. 이를 본다면 조선 후기 실학은 인륜 도덕과 내면적 수양에 치중하여 여러 가지 사회문제와 산업·경제에 소홀하였던 성리학 중심의 학문 풍토를 비판하고 나선 것이라 할 수 있다. 이와 같이 그는 실학의 철학적 성격을 연구하는 데 선도적 구실을 함으로써 조선 후기의 실학을 단순하게 역사적 현상적으로 이해하던 연구 풍토에 일대 반성을 촉구하였다.

---

18) 이을호 정년기념 『실학논총』(1975)에서는 실학 개념의 정립을 위한 좌담을 가졌는데, 사학계에서 천관우·이우성 철학계에서는 박종홍·이을호가 참여하였다.
19) 「다산학의 새로운 면모」, 『전서』 [9], 28쪽.

이러한 그의 공로는 실학 연구사에서 크게 기록되어야 할 것이다.

이을호가 조선 실학의 열쇠로 '수사학적 인간상'을 이끌어 낸 것은 실학 개념을 철저하게 유학의 권내(圈內)로 끌어들인 데서 특징을 찾을 수 있다.[20] 실학사상에 내포된 유학 이외의 사상적 요소들을 배제한 데서 철저함을 읽을 수 있다. 다만, 이남영(李楠永) 교수가 지적한 바와 같이 '수사학'이라는 개념의 외연이 정약용이 살던 시대의 현실성을 드러내는 데 적합하지 않고 비현실적 복고주의를 강조하는 듯한 인상이 짙다는 점은 되새겨볼 일이다.[21]

한편, 이을호는 실학사상에 나타난 한국적 특성을 구명하고 이것이 우리 고유사상과 어떠한 연계가 있는가를 찾아내는 데 심혈을 기울였다. 그 결과 한국실학 자생론을 주장, 세상을 떠날 때까지 일관되게 견지하였다.[22] 그는 조선 후기 실학이 평지에서 우연히 돌출한 것이 아니라 우리 민족의 고유한 정신에서 나온 것이라고 하였다. 즉, 실학이 일시적 흐름이나 현상이 아니라 모래 밑을 흐르는 지하수처럼, 또는 복류천(伏流川)처럼 수천 년래 이어져 내려오던 우리의 정신과 사상이 그 시대의 요구에 따라 대두하게 되었다는 것이다.[23] 이와 같이 실학이 우리 민족 고유의 '한'사상에서 자생하여 한국학의 모태가 되었다고 하는 견해는 실학 연구사에서 그 예를 찾아볼 수 없는 그만의 독특한 이론이었다.

'한'사상에 대해서는 뒤에서 다시 논할 터지만, '한'사상의 묘체는 둘이면서 하나인 묘합(妙合)의 원리에 있다. 한 마디로 양극적이고 대립적인 이원론을 초극하여 일원론적 묘합으로 파악하는 사유 양식을 '한'사상이라고 한다.[24]

---

20) 「개신유학의 특징과 발전」, 『전서』 5, 360쪽.
21) 『현대 한국의 명저 100권』, 207쪽.
22) 이을호의 필생의 마지막 논문이 「한국실학 자생론」이다. 이 글은 이을호가 세상을 떠난 뒤 영남대학교 민족문화연구소에서 펴낸 『한국민족문화사대계』(1998)에 실렸다. 이로 보아 한국실학 자생론은 그의 평생에 걸친 지론이었음을 알 수 있다.
23) 「한국실학 자생론」, 『전서』 5, 341~396쪽 참조.
24) 「남북통일의 사상적 기조」, 『전서』 9, 105쪽.

이을호에 의하면 단군신화에 나오는 일이이(一而二) 이이일(二而一)의 묘합의 원리는 원효의 원융화쟁(圓融和諍) 사상, 이이의 이기지묘(理氣之妙) 논리를 거쳐 정약용의 신형묘합(身形妙合), 심신일여(心身一如)의 묘합 원리에까지 연면히 이어진다. 또 정약용이 파악한 유가사상은 수기치인의 도로서, 수기와 치인은 결국 둘이면서도 하나이니 일이이 이이일의 구조적 성격과 통한다는 것이다. 그러므로 정약용에 의해 한국실학의 척도로 제시된 '수기치인의 인간상(人間像)'도 기실 한민족 고유의 것이라는 점이 이을호의 주장이다.

이을호는 한국실학 자생론에서 한 걸음 더 나아가 실학정신으로 조선조 사상사를 재구성, 재인식하고자 했다. 『개신유학사시론』이 바로 그것이다. 이 책에 대해 오종일 교수는 다음과 같이 평하였다.

> 이와 같은 노력은 조선조 5백 년 동안 아무도 돌아보지 않았던, 우리의 고유한 자주의식으로서 우리의 사상사를 다시 구성한 것이기 때문에, 이 책은 실로 조선조 이후 누구도 생각하지 못한 우리의 자주사상을 체계적으로 정리하였다는 선언적 의미가 있다.[25]

개신유학의 정점에 있는 실학사상에 대해 이을호는 그 누구보다도 많은 논문을 발표하면서 그 성격과 특징, 그리고 후세에 끼친 영향에 대해 탐구하였다. 그 결과 실학의 개념, 실학의 경학적 기반, 한국실학 자생론 등에서 탁월한 업적을 냈다. 이뿐만 아니라 정약용을 중심으로 한 개신유학의 외연을 넓혀 윤휴(尹鑴)·박세당(朴世堂)·이제마(李濟馬) 등의 인성론과 경학사상 등을 고찰, 그들이 일정하게 학문적 사상적 연결 고리를 지녔으며, 모두 개신유학적 성격을 지녔음을 밝혔다.

---

25) 오종일, 『현암 이을호』, 131쪽.

이을호의 학문 범위는 한국철학에서도 한국유학에 국한되어 있고, 그것도 경학을 배경으로 한 것이 특징이다. 한국철학을 전공한 학자들은 많이 있지만, 경학을 배경으로 경학에서 힘을 얻은 학자는 이을호 빼고는 손에 꼽을 만한 사람이 별로 없어 보인다. 다산경학으로 다산학의 신경지를 개척한 이을호는 경학 연구에 많은 힘을 쏟았다. 경학은 유학사상을 연구하는 데 기초가 되는 학문이다. 그런데, 20세기에 들어 경학사상에 대한 실증적인 연구가 경시되기 시작하여 유학사상 연구에 큰 장애가 되어 왔음이 사실이다. 일찍이 청나라 때 고증학의 비조인 고염무(顧炎武: 1613~1682)는 경학 밖에 이학(理學)이 따로 있을 수 없다고 하였다. 한때나마 경학사[經傳註釋史]가 곧 사상사요 철학사로 인식되던 시기가 있었던 것이다. 그러나 오늘날은 학문이 다양하게 세분화한 가운데 유학을 철학적으로 탐구하려는 연구 경향의 강세에 밀려 경학은 점차 그 설 땅을 빼앗겨 왔다. 이러한 현상은 우리나라는 말할 것도 없고 중국·일본 역시 예외가 아니다. 경학은 철학이나 한문학 양쪽으로부터 온전하게 대접을 받지 못하고 있다. 그러는 가운데서도 정약용의 육경사서(六經四書) 체계에 대한 연구를 계기로 경학에 대한 연구가 하나의 맥을 이루어 왔으니 이을호의 『다산경학사상연구』(1966)가 나온 이래, 다산의 경학이 가장 활발하게 연구되고 있다. 여기에 선편(先鞭)을 친 이을호의 위상은 실로 확고하다고 할 것이다.

이을호는 유교 경전을 한글로 번역하는 문제에 남다른 관심을 표명하였다. 정약용의 경전 주해를 성실하게 한글로 옮겨 1958년 『한글 맹자』를 펴낸 이래 1959년 『한글 논어』[26], 1976년 『중용·대학』을 번역, 간행함으로써 유교 경전의 현대적 해석에 모범을 보였다. 한국 경학사, 역경사(譯經史)에 이정표가 될 만한 일이라 하겠다. 그는 경전 번역에서 '한글'이란 말을 사용하

26) 번역한 『논어』가 1959년 서울 新楊社에서 教養新書 제47호로 출간되었다. 이 책은 뒤에 수정·증보되어 1974년 11월 서울 박영사에서 『한글 논어』(박영문고 제32호)로 다시 출간되었다.

여 고전 번역의 한글화와 그 시대적 의의를 강조하였다. 그가 번역의 대본으로 삼은 것이 '다산사서(茶山四書)'임에도 '한글 논어' 운운한 것은 역자의 민족 주체의식이 반영된 결과다. 그는 정약용의 경전 주석을 한국적 해석의 좋은 본보기로 삼았으며, 정약용의 주해를 주자의 주해보다 더 중시함으로써 고전의 주체적 번역을 소리 없이 외쳤다.

이을호가 번역한 『사서』는 교수신문사에서 엮은 '최고의 고전 번역을 찾아서'에서 우수한 번역으로 많은 추천을 받았다. 특히 『한글 논어』에 대한 추천이 많았다.

> 원문에 얽매이지 않고 과감하게 우리의 일상 언어로 바꾸어 번역했을 뿐만 아니라 자연스러운 대화체를 사용하여 마치 공자의 육성을 직접 듣는 것처럼 생동감 있게 번역했다. 문장 또한 간결하고 명료하여 원문과의 대칭적 구조까지 살렸다는 점에서 절묘한 번역이라 할 수 있다. 당시 65세의 노학자가 권위의 굴레를 벗고 일상 속으로 다가오는 공자의 모습을 제대로 그려냈다는 점에서, 앞으로 『논어』를 번역할 이들이 반드시 참고해야 할 탁월한 번역으로 추천한다.[27]

한자어 감각에 익숙한 구세대의 이미지를 깨끗이 떨쳐버리고, 과감할 정도로 우리 말 어휘를 골라 번역에 사용하고, 궁극적으로는 한글로 번역된 고전만 읽어도 연구에 전혀 지장이 없어야 한다는 주장[28]을 통해 그의 일생 화두인 '주체의식'의 일단을 엿볼 수 있게 된다.

그런데, 여기서 한 가지 생각해 볼 일이 있다. 정약용의 경전 주석을 과연 한국적 해석, 주체적 해석으로 이해할 수 있느냐 하는 점이다. 필자는 이렇게 보는 데 무리가 있다고 본다. 정약용이 주자학의 이론을 비판하고

---

27) 교수신문사 엮음, 『최고의 번역을 찾아서』, 생각의 나무, 2006, 24쪽.
28) 「김경탁 교수의 『한글 맹자』에 대한 서평을 읽고」, 『전서』 ⑨, 135쪽.

공격하였지만, 그것은 어디까지나 이경치경(以經治經)의 방법으로 철저한 근거에 의해서였다. 역대의 수많은 경전과 주소(注疏)에 입각한 것임은 더 말할 나위 없다. 다산경학의 특성이 원시유학[洙泗學]의 근본 정신에 기반을 두어 송유의 설을 비판한 것이라 할 때, 다산경학을 한국적 해석의 표본으로 삼는 데는 이의가 있을 수밖에 없다. 다시 말해서 정약용이 주자학의 체계를 정면으로 비판하였다 하여 그것이 곧 조선사상의 천명으로 연결되는 데는 일정한 한계가 있다고 보는 것이다.

4. '한'사상으로의 귀결

다산경학 연구로 학문을 시작한 이을호는 중간에 개신유학의 연구 영역을 확대하였고, 1970년대 이후로는 '한'사상에 대한 연구를 병행하여 자신의 연구를 마무리 지었다. 그 결정체가 바로 『다산경학사상연구』(1966), 『한국개신유학사 시론』(1980), 『한 사상의 묘맥(苗脈)』(1986)이다. 이 세 저서는 실로 삼부작이라 할 만하다. 중요한 것은 우연하게 결집(結集)된 것만은 아니라는 사실이다. 이 책에 실린 논문들의 면면을 살펴보면 이을호의 철학적 관심사가 어떠한 경로로 확대되고, 전이(轉移)되고, 결집되었는가를 짐작할 수 있다.

이을호의 탈주자학적·탈중국적 시각은 '한'사상 연구에서 절정에 달한다. 이것은 실학사상과 한국사상 사이의 연결 고리를 찾다가 발견한 한국사상의 대동맥(大動脈)이자 순혈맥(純血脈)이라 할 것이다. 이을호가 '한'사상 연구에 몰두하게 된 동기와 배경에 대해서는 다음의 증언이 이해에 도움이 될 듯하다.

> 사실상 나는 오래도록 다산학에 입문하여 그야말로 뒤도 돌아보지 않고 외길을 걸어오다가 우연한 기회에 단군론(檀君論)을 다루게 되었고 그러는 사이에 '한'사상의 맥(脈)에 대한 영감(?)을 얻어냈다고나 할까! 옳거니! 그것은 한낱

> 영감이지 아직 학문의 경지에까지 이르지 않았음이 분명하다. …… 이 맥을 따라 누군가가 한국사상사의 맥락을 간추려 내야 하며 천운(天運)이 내게 주어진다면 내 손으로라도 이 작업이 이루어졌으면 하는 소망을 나는 아직도 저버릴 수가 없다.[29]

> 나는 다산학에 입문한 후로 우연한 기회에 한국철학사에 관심을 갖게 된 바 있어, 줄곧 한 가지 소원이 있다면 내 손으로 한국사상사 한 권쯤 엮어보고 싶던 차……[30]

한국사상사(철학사) 집필에 대한 의지를 다져 가는 과정에서 우연한 기회에 단군론을 접하게 되었고, 단군 연구에서 '한'사상에 대한 영감을 얻게 되었다고 한다. 그는 '한'의 참모습은 조화와 균형이라고 하면서, 대립적인 차원보다는 대립적인 것을 하나로 보고, 하나 속에서 대립을 보는 '일이이 이이일'의 논리에 대해 극찬하면서, 서양의 변증법 논리를 극복한 사상이 바로 '한'사상이라고 하였다.[31]

이자묘합(二者妙合)의 원리, 즉 그가 말한 '한'사상을 가지고 한국사상사를 관통하려고 한 의욕적인 시도는 선구적이라 할 만하며, 이러한 착안은 여타의 학자들에게서 찾아보기 어렵다. 그는 한국사상사(철학사) 집필을 평생의 소원으로 삼고, 이를 위해 다년간 심혈을 기울였다. 그는 어느 글에서 자신의 이런 노력을 알아주는 이 없음을 퍽 안타까워하면서 "이렇듯 명약관화한 한국사상사의 뿌리를 보고도 못 본 체하는 것인지, 모르는 채 그저 넘겨 버리는 것인지 아직 챙기는 이 없으니 못내 안타까울 따름이다."[32]고 토로한 바 있다. 그러나 그는 사상사 집필의 소원을 성취하지 못하였다. 서술의

---

29) 이을호, 『한思想의 苗脈』, 도서출판 思社研, 1986, 4쪽.
30) 「한종만 박사 화갑기념 『한국철학사』 서문」, 『전서』 ⑨, 151쪽.
31) 「서양의 변증법 논리 극복할 '한'사상」, 『전서』 ⑧, 387쪽.
32) 「한종만 박사 화갑기념 『한국철학사』 서문」, 『전서』 ⑨, 151쪽.

기조를 선명하게 제시함으로써 후학들에게 길을 열어주는 데서 그쳤다. 그의 소원대로 수미일관된 관점과 논리를 가지고 한국사상통사 한 권쯤 남겼더라면 학계에 끼친 공헌이 적지 않았을 것이다. 후학들의 아쉬움도 이해될 만하다. 그가 제시한 묘합의 원리, 내지 '한'사상의 묘맥을 제대로 정리하여 서술한다면 지금까지 나온 어느 것보다도 진보된 형태의 한국사상사 서술이 될 것이라 믿는다.[33)]

'한'사상은 그 철학적 명칭만 가지고 보면 새삼스러울 것은 없다. 저간에 역사학자, 철학자, 종교학자들 사이에 '한'사상을 연구하거나 주장하는 사람들이 적지 않았기 때문이다. '한'이라는 발음과 그것이 갖는 다의성(多義性)에 착안, 각양각색의 주장을 펴는 사람들이 있고, 심지어 종교적인 경지까지 말하는 경우도 있다. 한 예로 세계 인류의 종교와 사상의 뿌리가 우리가 제사지내고 섬겼던 환국(桓國: 한국)에 있으므로 다시금 한국(한반도)에서 대통합하여 '환(한)' 사상으로 대통일될 것이라고 주장하는 사람들도 있다. '한'사상 연구자들은 한국사상의 원형과 원류에 대해 탐구하면서, 우리 고유사상을 '한'사상 또는 '한'철학으로 구체화시켰다. 1970년대부터 철학계 일부와 재야의 학자들 사이에서 일기 시작한 '한'철학 연구 움직임은 1980년대에 꽃을 피웠고, 1990년대에는 약간 시들기는 하였으나 연구 논저는 계속적으로 나왔다. '한' 철학 연구자들은 한국철학사에서의 여러 사상 조류들을 '한' 철학의 보편성과 연관지어 설명하는데, 이는 '한국철학사상의 체계화'라는 점에서는 의의가 적지 않다. 그러나 저들의 주장에는 논리적 정합성과 객관성의 확보에 문제가 적지 않고, 민족 주체적 성격에서 더 나아가 국수적(國粹的) 성향이 강한 나머지 일방적인 주장에 그치는 경우가 많다. 그래서 철학계에서는 대체로 저들의 연구 성과를 평가절하하거나 인정하지 않고 있는 실정이

33) 『전서』 5, 제Ⅰ부 '한국철학사 총설'에 실린 6편의 논문은 한국철학사의 대강을 서술한 것으로, 한 권의 단행본으로 독립되어도 좋을 것 같다.

다.[34)]

이을호의 '한'사상은 명칭은 같지만 내용은 저들과 크게 다르다. 철저하게 철학사상, 그것도 묘합과 귀일(歸一)의 이론을 가지고 추리, 설명하는 것이 특징이다. 그의 '한'사상의 대체를 요약하면 다음과 같다.

'한'은 다름 아닌 묘합과 귀일이다. 여기서의 '한'은 단수로서의 '하나'이기는 하지만, 적어도 둘 이상의 모든 수를 하나로 귀일시킨다는 점에서 이를 '한'이라고 한다. 즉, '1+1=1'이므로 묘합인 것이다. 이 '한'의 기능은 조화에서 찾을 수 있다. '한'의 대조화의 기능이야말로 우주 생성의 근원이요 생명의 원동력이다. 이 '한'사상은 우리 민족사상의 대주류로서 연면하게 이어져 내려왔을 뿐만 아니라, 우리 민족종교로서도 꽃을 피웠으니, 근세에 와서 인내천과 천인합일(天人合一)의 천도교(東學), 신인합일(神人合一)의 대종교, 원융무애한 일원상(一圓相)으로 대표되는 원불교 등이 바로 '한'사상의 맥락을 이어받았다는 것이다.[35)]

이을호는 한국사상사의 주맥을 묘합의 원리로 보고, 그 원리는 최치원(崔致遠)의 「난랑비서(鸞郎碑序)」에 이른바 "풍류도는 실로 삼교를 포함(包含)했다."고 하는 문구에서 여실히 증명된다고 하였다. 그는 '한'사상의 원천은 단군설화로부터 비롯된다고 보았고, 단군과 단군사상을 한민족의 마음의 고향이요 정신적 지주라고 하였다. 이어 화랑도(花郎徒)의 영육쌍전(靈肉雙全)의 정신, 원효의 원융화쟁의 논리, 불교의 선교일치(禪敎一致), 이이의 이기이원적 일원론, 정약용의 신형묘합론(神形妙合論) 등으로 한 사상의 맥락이 끊임없이 이어져 왔다고 주장하였다. 다산학 전공자인 그가 다산철학에서의 일이이 이이일의 이자묘합의 사유 구조가 한국사상의 주맥인 '한'사상의 체계와 맥락을 같이한다고 한 주장이 더욱 눈에 띈다. 이을호는 일이이

---

34) 졸고, 「동양철학 오십년사」, 『한국사상과 문화』 제10집, 2000, 201~202쪽.

35) 「'한'사상과 민족종교 학술회의 축사」, 『전서』 ⑨, 163~165쪽 참조.

이이일의 상보론적 묘합론에 대해서 유달리 의미 부여를 하였다. 여기서 '일'은 한국사상 속에 연면히 흐르고 있는 '하나'와도 서로 통하는 것이라고 하였다.[36)]

이을호는 서구사상과 중국사상-특히 성리학은 근본적으로 이원적 우주론에 기초한다고 보았다. 그는 서구사상의 기저를 이루는 변증법은 대립, 반목, 갈등의 철학이라고 누누이 강조하고, 이 변증법과 함께 동양의 음양론 역시 이원론의 테두리를 벗어나지 못하는 것이라고 하였다.[37)] 동서고금을 막론하고 이원론적 사유양식은 실로 절대적인 위상을 굳게 지키면서 오늘에 이르고 있는데, 이 이원론 극복을 위한 대안으로서 '한'사상이 가치가 있다는 것이다. 이을호에 의하면, 이원론을 극복할 만한 사상 체계로는 '한'사상만한 것이 없고, '한'사상에서처럼 완벽한 묘합귀일의 원리는 흔치 않다고 한다. 단적으로 말해서 단군→ 화랑→ 원효→ 정약용으로 이어지는 '한'사상의 맥락은 인류사상사에서도 일대 장관을 이루는 것으로 평가할 수 있다는 것이다.[38)]

'한'사상의 철학적 오의(奧義)를 밝히려는 이을호의 노력, '한'사상을 체계화 시키려는 노력은 참으로 끈질기고 열정적인 것이었다. 그러나 그의 연구는 철학적 추론과 직관에 의지할 수밖에 없는 태생적 한계가 있었고, 연구 방법론에 대한 진지한 성찰이 수반되지 못하였다. 또한 자신의 논지에 영합되는 역사적 사실, 사상(事象)만을 이끌어 전후로 연결시켰다는 비판에서 자유롭지 못한 것이 사실이다. 이러한 것들은 그 자신도 일정하게 인정하는 터였다.[39)] 그의 '한'사상 연구가 학계에서 인정을 받기 위해서는 역시 후속

---

36) 「일이이의 구조적 성격」, 『전서』 5, 531쪽.

37) 「남북통일의 사상적 기조」, 『전서』 9, 106쪽.

38) 「다산역학의 사상사적 위상」, 『전서』 1, 625쪽.

39) 「단재사학에 있어서의 단군의 문제」(『전서』 4, 353쪽)에서 "한사상의 연원이 단군설화 속에 함축되어 있다는 것은 결코 어떠한 문헌적 근거에서가 아니라 설화 자체의 구조적 實相에서 추리한 자아였던 것이다."

연구를 기대해야 하지 않을까 한다. 무엇보다도 '한'사상에 대한 관심이 고조되고 이에 대한 연구자가 늘어나는 것이, 시대를 앞서간 그의 연구에 대한 객관적이고 공정한 평가를 가능하게 하는 것이 아닐까 생각한다.

5. 맺음말

이을호는 작고하기 한 해 전 미수(米壽)를 맞아 연구 생활을 회고하면서 다음과 같이 말한 적이 있다.

> 개업 이후 오랜 장몽(長夢) 속에 묻어 두었던 『수세보원』을 우연한 기회를 만나 1970년 초에 책장을 넘겼더니 일자일구 막힘없이 길이 열렸다. 이 웬일일까? 그것은 지금까지 해온 개신유학 공부가 결코 헛되지 않고 길잡이가 되었음은 다시 말할 나위도 없다. 이 또한 정명신기(定命神技)의 장편구도(長篇構圖)의 일환이라 이르지 않을 수 없다. 그동안 열중했던 다산학, 개신유학, 양자묘합, 회삼귀일(會三歸一) 등이 하나가 되어 사상의학 속에서 융해되어 버림으로써 나의 장야몽(長夜夢)은 끝이 나고 만 셈이다.[40]

노학자의 일생의 학문 역정을 담은 이 함축적인 서술은, 수십 년간 간단(間斷) 없이 지속되어 온 그의 연구 주제가 시종 일관되었음을 알게 한다. 또 연구의 시발처와 귀착처가 어디인지, 그의 장야몽이 무엇인지를 짐작하게 한다.

이을호에게서 사상의학은 학문의 시배지요 온상이었다. 그의 한국철학 연구는 사상의학－동무 이제마－연구에서 출발하여 다산철학의 정립에 이르고 다산철학을 한 매듭지은 뒤에는 실학을 비롯한 조선 후기의 개신유학

40) 친필유고 「米壽後論」의 일부, 『전서』 ①.

전반으로 이어졌다. 더 나아가 한국사상사의 거봉들인 이제마→정약용→이이→원효의 순으로 거슬러 올라가 단군신화에 이르는 등 '한'사상으로 귀착하였다. 한국철학사의 줄기가 위로부터 아래를 조망(眺望)하는 모습으로 내려오는 것이 아니라 아래로부터 맥락을 따라 위로 거슬러 올라가는 모습이다. 이는 그의 연학(研學) 과정과 학문의 내원(來源)을 보여주는 것이라 하겠다. 그는 사상의학에서 주체의식을 탐색해 낸 이후, 비슷한 경향을 지닌 학문 또는 사상가들을 발굴하여 집중적으로 연구하였다. 그리고 이들의 사상적·철학적 맥락이 일관됨을 찾아 논증한 뒤 '한'사상이라 명명하고 이것을 한국사상사의 정맥이자 본류로 인식하였다.

이을호는 한민족 철학의 고유성과 독자성을 탐구하고 그 정통성을 확립하는 데 크게 기여한 학자로 평가 받는다. '주체의식' 넉 자는 이을호의 학문과 연구를 관통하는 핵심 주제어라고 할 수 있다. 이을호의 주체적 사상사 연구는 이전에 보기 어려운 것으로서, 주자학과 중화사상(中華思想)에 찌든 한국사상사·한국철학사를 우리 고유사상을 중심으로 한 주체적인 것으로 바꾸어 서술함으로써 생기와 활력을 불어넣으려 했다는 점에서 큰 의의를 부여할 수 있다. 대개 1960~80년대까지 학계에서 이러한 주체적 연구의 움직임이 적지 않은 반향을 일으켰다는 점에서 그의 사상사 연구는 역사적 의의가 적지 않다고 할 수 있다.

이을호의 자주적 사상사 연구는 본의든 본의가 아니든 일제 시기 신채호·박은식·문일평·정인보 등의 민족사학적 전통과 보조를 같이한다. 저들의 민족사학적 관점은 일제에 결코 동화될 수 없는 우리 고유의 문화와 사상이 우리에게 있고, 그것을 지키는 데서 민족의 내일을 기대할 수 있고, 독립을 찾을 수 있다는 믿음에서 출발하였다. 이을호에게서 '자주'의 의미는 비록 처한 시대가 달라 탈주자·탈중국에 국한되었지만 조선 역사의 저류에 흐르는 조선혼·조선얼 민족정신을 강조한 데서 민족사학자들의 영향을 적지 않게 받았던 듯하다. 이 가운데서도 특히 실학을 조선심(朝鮮心)의 재현으로 보았던 문일평과 견해를 같이한 것이 주목된다.

이을호의 주체적 한국철학 연구는 학술사적으로 그 의의가 크지만 그 한계와 약점도 없지 않다. 다시 말해서 개인의 연구로는 매우 특색이 있고 가치 있는 작업이지만, 연구에 주관[목적성]이 강하게 개입된 나머지 객관성을 확보하는 데 문제가 있다. 또 이제마로부터 단군까지의 사상적 맥락을 설정하는 데서도 작위적인 측면이 없지 않은 것 같다. 무엇보다도 한국사상사에서 고유사상을 대동맥이자 순혈맥으로 인식한 나머지 외래사상에 대한 이해에서 상당히 편협한 인식을 보여준 것이 사실이다. 불교나 도가사상 등에 대한 배려가 많지 않음은 물론, 조선조 사상계에서 주류를 이루었던 주자학-성리학에 대해 비호의적인 감정이 두드러졌다. 또 주자학 중심의 조선유학을 비판적으로 바라보았던 사실 역시 그의 전서에서 분명하게 드러나고 있다. 그의 연구에서 부조적(浮彫的)으로 드러나는 실학마저도 철저할 정도로 유교의 권역(圈域)에 국한시켜 논하였음도 주목된다.

탈주자학적·탈중국적 시각은 이을호의 한국철학 연구에서 드러나는 중요한 특징이다. 그렇지만 그의 지론처럼 과연 주자학이 조선유학의 주된 흐름을 이루었던 역사적 사실을, 한국사상사의 거대한 흐름에서의 '부분적인 일탈'이라고 간단히 말할 수 있을까. 그가 조선조 성리학을 '한국의 성리학'으로 살갑게 인식하지 못한 것이 아쉽다. 나아가 성리학과 한국성리학에 대한 제대로 된 연구가 사실상 없었음도 유감이라 하겠다. 이것은 그의 학문과 연구에서 두드러진 특징 가운데 하나인 '경학'에 대한 깊은 인식과 대비를 이룬다.

이을호의 한국실학론에는 근세 실학사상이 한국사상을 대표하고, 또 실학사상을 비롯한 개신유학이라야 한국사상을 발전시킬 수 있다는 확고한 믿음이 밑바탕에 깔려 있다. 또 그의 한국실학 자생론은 한국실학이 태동하게 된 원인을 한국사상에서 찾으려는 것으로, 이는 1980년대 한국사학계에서 최대 쟁점의 하나였던 '내재적 발전론'에서 직, 간접으로 영향을 받은 것 같다. 그러나 한국실학은 자생적 요인만으로 설명하기 어려운 부분이 있다. 한국사상 밖의 외적 요인을 철저하게 도외시하지 않고는 나오기 어려운 논리다. 또 역사적 배경을 소홀히 한 채 철학적 추론을 중심으로 논의를 편 까닭에, 관념론적 한계에서 탈피하지 못했다는 비판을 면하기 어렵게 되었다. 예를 들어 다산철학이 설령 '한'사상의 맥락을 계승하였고 정약용이 조선실학을 대표한다 하더라도 정약용의 이론을 가지고 한국실학의 자생론을 주장한다는 것은 무리다. 또 한국실학 자생론을 들면서 정약용의 반주자학적 경향을 말하지만, 사실 실학사를 통관하여 보면 실학과 주자학 사이에는 연속성과 불연속성이 동시에 존재한다. 실학사 후기에 활동하였던 정약용의 학문 경향만을 가지고 한국실학의 자생론을 주장하는 것은 논리의 비약에서 자유로울 수 없다고 하겠다.

이을호는 '일이이 이이일'의 논리가 한국사상의 뚜렷한 특징을 대변한다고 하면서 이를 '한'사상과 연결시켰다. 그러나 '일이이 이이일'은 성리학에서 이기심성(理氣心性)의 관계를 논할 때 나오는 것이다. 그가 비판적 시각으로 보는 성리학의 논리를 이끌어 이자묘합(二者妙合)의 원리를 상징하는 말로 삼은 것은 이해하기 어렵다. 오해의 소지는 없지 않을까? 또 이이나 기대승의 성리학에서 두드러지는 '일이이 이이일'의 논리에 주목하여 이를 '한'사상의 맥락에 연결시키는 것도 문제는 있어 보인다. 이이와 기대승이 말한 '일이이 이이일'은 『이정전서』, 『주자대전』, 『주자어류』에서 무수하게 언급된 내용을 강조한 것에 불과하고, '묘합'이란 말도 주염계(周濂溪)의 「태극도설(太極圖說)」에서 "무극지진(無極之眞) 이오지정(二五之精) 묘합이응(妙合而凝)"이라 한 바와 같이, 성리학에서 이기의 관계를 논할 때 등장하는 대전제 가운데 하나인 것이다. 이을호는 이원적 상대론을 중국적 사유형으로 보고 둘이면서 하나라는 묘합론를 한국적 사유형으로 보았다. 그가 성리학을 철저하게 이원론이라 하여 서양철학에서의 이분법과 같은 것으로 보면서도, 성리학에서의 논리인 '일이이 이이일'을 이끌어 '한'사상과 접맥시킨 것은 쉽게 이해하기 어렵다. 위 문제는 중국적 사유와 한국적 사유로 갈라 보는 것보다, 대립과 갈등이 아닌 중용과 조화를 추구하는 동아시아 사상의 보편적 특성에 연결시키는 것이 더 설득력이 있지 않을까 한다.

이을호의 연구는 대체로 1960년대부터 1980년대까지의 시대적 요구에 부응한 것으로 시대적 의의를 지닌다. 다만 철학계에서 그의 위치가 중차대하고 그에 대한 기대가 컸던 만큼 아쉬운 점도 없지는 않았다. 그는 오십대 이후로 세상을 떠날 때까지 다산철학과 개신유학 연구의 최고봉으로서 연구의 외연을 넓혀 한국사상사 전반을 연구하였다. 한국사상에 대한 그의 무한한 관심과 애착으로 미루어, 한국사상이 미래에 어떻게 기능할 것인가, 미래적 의의는 무엇인가에 대한 친절한 해답이 있어야 할 법도 하다. 그러나 그의 『전서』에서 이에 관한 언급을 찾아보기는 어렵다. '한'사상이 남북통일의 사상적 기조가 되어야 할 것이라는 소박한 희망을 피력한 것 정도에 그쳤다. 미처 생각을 가다듬지 못했기 때문이 아니라, 그의 관심이 오직 '제대로 된 한국사상사'에 있었기 때문은 아닐까.

이을호는 완정된 한국사상사 서술을 필생의 염원으로 삼았다. 그가 활동할 당시 학계에서 지명도가 높은 인사인지라 외부로부터 집필 의뢰가 많았을 것이고, 그 가운데는 한국사상사, 한국철학사에 관한 것이 적지 않았을 것이다. 이런 일련의 논문들은 비록 청탁을 받아 집필된 것이기는 하지만, 이를 하나로 연결하면, 아직 명실상부한 『한국사상사』가 없는 학계에서 일정하게 이를 대신할 수 있다고 생각한다. 필자는 본고를 통해 『이을호전서』에서 한국사상사 관련 논고들을 별도로 독립시켜 정교한 편집을 거친 뒤 다시 단행본으로 펴낼 것을 제안한다.

참고문헌

교수신문사, 『최고의 번역을 찾아서』, 생각의 나무, 2006.
다산학연구원 편, 『이을호전서』 전 9책, 다산학연구원, 2000.
동아일보사, 『현대 한국의 명저 100권』, 『신동아』 1985년 1월호 별책부록.
오종일, 『현암 이을호』, 한국문화원연합회 전라남도지회, 2007.
정인보, 『담원 정인보 전집』 2, 연세대학교 출판부, 1983,
최영성, 「졸고, 『동양철학 오십년사』」, 『한국사상과 문화』 제10집, 2000.

제2부

시대적 인식과 의학 연구

1. 일제하 동서의학논쟁과 이을호

정 근 식 서울대학교 사회학과 교수

1. 머리말 : 현암 선생과의 만남

내가 현암(玄庵) 이을호(李乙浩: 1910~1998) 선생(이하 이을호)에 대하여 관심을 갖기 시작한 것은 1989년경이었다. 당시 나는 광주의 한국현대사사료연구소에서 전남 지역의 현대사에 관한 조사를 하고 이 결과를 『광주일보』의 지면을 활용하여 발표하는 프로젝트를 준비하고 있었다. 그 일환으로 나는 여러 연구원들과 함께 영광을 방문하였고, 영광문화원에서 지역현대사에 관한 설명을 듣는 기회를 가졌다. 설명의 내용은 일제하의 영광청년단과 해방 직후의 민립중학, 그리고 한국전쟁기의 불갑산 유격대에 관한 것이 초점이었다. 이를 통해 1930년대 후반기와 해방 직후의 영광에서 큰 역할을 하였던 시인 조운과 영광 민립중학의 교장으로 활동했던 이을호에 관하여 알게 되었다. 그 후 영광 민립중학에 관해서는 이 학교의 교감으로 활동했던 정종으로부터 자세히 들을 수 있는 기회가 있었다. 이때의 지적 자극은 매우 컸다. 영광 조사에 참여하였던 최정기 군(현 전남대 사회학과 교수)이 해방 직후의 민족교육운동에 관심을 가지고 나주 민립중학에 관한 연구[1]를

1) 최정기, 「해방직후 민족교육의 문제」, 한국현대사사료연구소 편, 『전남사회운동사 연구』, 한울, 1992.

할 수 있었으며, 나는 지역사회에서 근대의 형성 과정을 연구할 수 있는 토대를 형성하였다.2)

이을호의 활동에 관하여 다시 관심을 갖게 된 것은 1993년 가을, 내가 하버드 대학 엔칭 연구소에서 연구할 때였다. 이 연구소의 도서관에서 박계조가 1942년에 엮은 『한의학의 비판과 해설』이라는 책을 보게 되었는데, 여기에 이을호의 글이 여러 편 실려 있었다. 식민지 하의 한의학과 서양의학 간의 논쟁에서 이을호가 중요한 역할을 하였다는 사실이 놀라웠다. 당시 나는 일제 지배하의 조선에서 활동한 선교사들의 '나구료사업'에 관심을 갖고 이에 관련된 선교사들의 가족을 찾아 인터뷰를 하고 있었는데, 서양 선교사들과 조선총독부에 대한 관계를 '헤게모니 경쟁'이라는 관점에서 바라보고 있었으므로, 이와 동일한 맥락에서 이 책은 무척 흥미를 끌었다.

미국에서 돌아온 후인 1994년 11월, 나는 광주 월산동에 있던 다산학연구원에서 이을호 선생을 뵐 기회를 갖게 되었다. 동서의학논쟁 당시의 상황을 보다 정확하게 알기 위해서였다. 이을호는 동서의학논쟁은 당신도 너무 오랫동안 잊고 있었던 옛날 이야기여서 이를 물어오는 사람이 있다는 것에 새삼스러워하였다. 그가 한의학에 관심을 갖게 된 계기는 젊었을 때의 질병 경험이었다. 서울에서 중앙학교를 다니고 있을 때 폐병에 걸려 고생을 하였는데 여러 서양식 병원을 찾아다니면서 치료를 하고자 했으나 낫지 않았다고 한다. 그때 결국 자신을 치료해준 사람은 수동약방을 운영하던 최승달(崔承達)이었다(선생은 나에게 최승돈이라고 말씀하셨다). 최승달은 함흥 출신으로 독립운동을 하다가 체포되어 해주에서 감옥 생활을 한 후 석방되어 광화문 밖에서 한약방을 차리고 있었다. 이를 계기로 이을호는 최승달을 선생으로 모시고 많은 조언과 가르침을 받았다. 특히 이을호는 고보 졸업 후의 진로에 관하여 최승달과 상의했는데, 그가 근대 서구 학문은 그렇게 신뢰할 만한

2) 정근식 외, 『근현대의 형성과 지역엘리트』, 새길, 1995.

것이 아니지만, 전통의학적 견지에서 볼 때 약학에서 취할 만한 것이 있다는 조언을 해주어 경성 약학전문학교로 진학하게 되었다고 증언하였다. 그는 약학전문학교에서 수학하던 시절에도 최승달로부터 이제마의 사상의학을 배우고 있었다. 최승달은 이제마의 제자였다고 한다. 이런 점에서 약전을 졸업한 지 얼마 되지 않은 시점에서 진행된 동서의학논쟁에서 그가 표명한 견해들은 자신의 견해일 뿐 아니라 최승달의 견해를 대변한 측면도 없지 않다고 생각된다.

이와 아울러 이을호는 동서의학논쟁 당시에는 자신의 학문이 그다지 깊지 못했으나, 이후 본격적으로 전통 유학을 연구하면서 '문리(文理)'가 트이는 경험을 했다고 증언하였다. 나는 그것이 1930년대 후반 옥중 경험을 의미하는지 아니면 1950년대 전남대학교 철학과에서의 연구를 의미하는지 정확히 알지 못했다. 다만 『동양의약』 발간 당시의 상황에 대해 질문했는데, 이 잡지의 편집과 관련한 조헌영의 활동과 당시 일본에서 발간되던 한의학 잡지를 구독하였던 상황 등을 알려주었고, 자신이 소장하고 있던 『동양의약』을 흔쾌히 보여주었다. 나는 이런 증언과 자료 제공에 힘입어 1996년 말에 『한국사회사연구회 논문집』 제50집(문학과지성사)에 작은 논문 「일제하 서양의료체계의 형성과 동서의학논쟁」을 발표할 수 있었다.

이을호 선생이 돌아가신 이듬해인 1999년 초, 나는 이을호가 초대 소장을 역임한 전남대학교 호남문화연구소의 운영책임을 맡게 되었다. 당시는 우둔하여 별로 깨닫지 못했는데, 지금 돌이켜 생각하니 선생과의 인연과 은혜가 작지 않다는 느낌을 갖는다.

이하에서는 동서의학논쟁과 당시 이을호의 생각들을 정리해 보려고 한다. 이를 위해 논쟁이 전개되기 전 조선 의료계의 일반적 상황을 검토해 보고, 1934년의 동서의학논쟁 및 1935년의 조선의약에서 표명된 그의 견해를 정리할 것이다. 당시의 논쟁 내용은 이전의 나의 졸고[3)]에 정리되어 있지만,

이 논문 발표 이후 한국 의사학계에서 일제하 한의학에 관한 연구에 상당한 진전이 있었으므로, 이 성과들을 감안하여 보완하되 이을호의 활동에 초점을 맞출 것이다. 사실 이 논쟁에서 이을호와 함께 한의학을 옹호하고 논쟁을 이끌어 간 조헌영에 관해서는 두 편의 훌륭한 연구 성과가 있는데,[4] 이을호에 관해서는 독립된 논문이 없는 실정이다.

2. 일제 지배 전반기의 한의학의 상황과 현안

한의학은 한말부터 침체 일로를 겪어 왔지만, 식민지화 이후 더욱 어려움을 겪게 되었다. 1930년대의 동서의학논쟁의 배경을 이해하려면 한편으로는 한말 전통의료의 쇠퇴/서구의학의 도입 과정과 함께 일제가 조선에 적용하려 했던 일본 의료의 서구화 경험, 그리고 식민지하라는 변화된 상황에서의 조선 한의학계의 적응과 저항의 측면을 동태적으로 포착할 필요가 있다. 이것은 한편으로는 일제하에서 강화된 서양의료체계의 헤게모니 형성, 다른 한편으로는 이에 적응하면서 '새롭게 정의된 전통'의 두 측면을 이해하는 것을 의미한다. 의료 영역에서 일본의 경우에는 근대화가 서구화를 의미했으나 조선이나 중국의 경우 어떤 요인에 의해서건 두 요소가 병존 또는 절충 방식으로 나아갔다면 전통이 어떻게 재구성되어 근대를 형성해 갔는지가 매우 중요한 문제가 된다.

일제하 한국의 의료 상황을 규정한 것은 1913년에 제정된 조선의사규칙과 의생규칙이었다. 이 규칙들은 조선총독부가 당시의 조선 상황을 감안하여

3) 정근식, 「일제하 서양의료체계의 헤게모니형성과 동서의학논쟁」, 『한국사회사학회 논문집』 제50집, 문학과지성사, 1996.

4) 신창건, 「조헌영의 정치적 의학사상 의학론」, 김성근 외, 『한국 근현대 과학기술사의 전개』 국사편찬위원회, 2005 ; 박윤재, 「1930~40년대 조헌영의 한의학인식과 동서 절충적 의학론」, 『한국근현대사연구』 40, 2007.

제정한 것이지만 동시에 일본에서 형성된 서양의학 중심의 의료체계를 변형하여 이식한 것이기도 하다.

일본에서는 1874년 메이지 정부가 의료 및 의학교육 전반을 통제하는 의제 76조를 제정하였다. 이 의제는 철저하게 서양의학 중심의 제도였고, 국가가 통제하는 방식이었다. 여기에는 '의술개업시험제도'가 포함되어 있었다. 이 시험에 응시하기 위해서는 의학교 졸업증서와 전문과목을 2년 이상 실험하였다는 증서가 필요했다. 이어 1876년, 감독관청이던 의무국이 문부성에서 내무성으로 이관되고, 교육행정과 위생행정이 분리되었다. 서양의학 중심의 의제에 대한 반발로 1875년 당시 일본의 한방을 이끌어 가던 한방의 6인의 회합이 이루어지고 이들이 한방의를 위한 의학교육체계를 만들면서 이른바 한양(漢洋) 투쟁시대가 시작되었다. 이들은 한방에 의한 임상 성과를 보여주는 것이 곧 대중적 지지를 얻는 길이라고 판단하고 이를 위한 실천에 매진하였다. 1880년 전국 한방의 단체 온지사(溫知社)가 결성되었다.

이런 가운데 1883년 의술개업시험규칙과 의사면허규칙이 제정되어 1884년부터 시행되면서 한방의를 위한 시험 개설의 길은 완전히 막히게 되었다. 온지사는 치료 투쟁으로 한방의의 힘을 과시하려고 노력했으나 주요 간부들이 사망하면서 힘이 약화되고 결국 1887년 해산하였다. 1890년 제국의회 개설 후 한방의를 지지하는 국회의원들이 의사면허규칙 개정안을 내는 운동을 전개하였다. 그러나 1895년 한방복권운동에 의한 의사면허개정법안이 의회에서 부결되면서 한방복권운동은 쇠퇴하기 시작하였다.[5)]

이렇게 서양의학 중심으로 재편되어 갔던 일본의 의료체계는 거의 동시적으로 그러나 간접적으로 조선의 갑오개혁이나 의학교설립 등에 영향을 미쳤고, 강제병탄 후 조선에 본격적으로 그리고 직접적으로 적용되기 시작했다. 조선의 경우 1884년 제중원 설립 이후 근대의학은 서구의 선교의들에 의해

---

5) 酒井, 『日本の醫療史』, 東京書籍, 1982, 420～424쪽.

주도되면서, 1899년 최초의 근대적 관립의학교가 설립됨으로써 변화가 본격화되었다. 이 관립의학교는 교육 과목 16개가 모두 서양의학 과목이었고 교재는 일본 의서를 번역한 것이었다. 교장은 지석영, 교관은 일본 유학을 한 김익남과 일본 의사들이었다. 1900년 반포된 의사규칙에 따라, 궁내부 내의원과 전의감에는 동의와 더불어 서의도 전의로 임용되었는데, 여전히 내부 위생국장이나 내부 병원장에는 전의 출신 한의가 임용되었다. 내부 병원에는 한약소와 양약소가 병설되어 있었고 일반 진료에서도 한의사가 주류를 이루고 있었다.[6)]

1905년 을사조약이 체결되면서 동서의가 병용되던 광제원이 폐쇄되고, 통감부가 대한의원을 설치하였는데 여기에서는 한의가 모두 축출되었다. 통감부 하에서 위생 업무는 일본인이 장악한 경찰국 소관으로 넘어갔다. 의료 행정은 서양의학으로 무장한 일본인이 장악하였다. 1907년에는 광제원과 관립의학교를 통합하여 대한의원을 발족하였는데, 이것은 의료 조직과 의학 교육을 통합한 중요한 사건이었다. 의원장을 내부대신이 겸했지만 이듬해부터 이것마저 일본인이 점유하였다.

조선병합을 전후하여 일제는 총독부 의원을 정점으로 각 도에 자혜의원을 설치하여 국가적 의료기구를 체계적으로 장악하였다. 이어 1913년 11월 15일 의사규칙, 치과의사규칙, 의생규칙을 조선총독부령으로 반포하였다. 이 규칙들은 조선의 의료 전문인력의 제도적 위상을 규정한 것이었다. 일본의 근대 의료체계가 서양의학 일원론에 기초하여 형성되었다면, 식민지 조선에 적용한 것은 서양의학을 상층에, 전통적인 한의학을 하층에 배치하는 이중적 제도였다.

이런 조치는 앞서 언급했듯이 일본의 경험과는 다른 것이었다. 당시 조선의

---

6) 정근식, 「일제하 서양의료체계의 헤게모니형성과 동서의학논쟁」, 『한국사회사학회논문집』 제50집, 문학과지성사, 1996.

의료 현실에서 조선총독부는 한의학계를 완전히 배제할 수 없었기 때문이다. 1914년 당시 조선의 서양의학을 배운 의사는 641명에 불과했고, 이들만으로는 조선의 의료 수요를 감당할 수 없었다. 따라서 한의학을 배운 전통의료 인력을 활용하지 않을 수 없었다. 그런 점에서 '의생규칙'은 일종의 타협책이었다.[7] 한편으로는 존재를 인정하면서, 다른 한편으로는 차별과 배제를 수행하고 있었다. 당시 총독 데라우치는 의생의 인정이 과도적 응급 수단임을 명확히 하고,[8] 의생들에게 신지식 즉 서구의학의 습득을 요구하였다. 이에 따라 전통적 의료계에서 상층 지위를 점하던 '유의(儒醫)'는 제도적으로 퇴장하고, 의사와 의생의 위계적 이중적 배치는 일제 식민지 시기 전체를 관통하는 원리가 되었다.

근대 의료체계의 형성에서 중요한 변수가 국가 권력에 의한 의료인의 신분 규정이다. 조선의 전통적인 의료인 자격의 핵심이었던 의과 고시제가 1891년 폐지된 후 1900년 1월 내부령으로 제정 공포된 의사규칙에는 동서의의 구별이 없었지만, 1913년의 총독부령은 서양의학에는 의사를, 한의학에는 의생을 대응시켰다. 의생규칙에 따르면 20세 이상으로 2년 이상 의업에 종사한 사람은 면허를 받을 수 있었는데, 이에 따라 면허를 받은 사람은 5,813명이었다.[9]

원래 이들은 한말의 전통 의료의 쇠퇴를 감지하고 이를 지키고자 노력한 경험을 갖고 있었다. 이 노력은 1904년 설립된 동제학교에서 1905년 40여 명의 학생으로 체계적인 교육을 시작하면서 표출되었다. 이 학교는 태의원 부속으로 담당 교수는 김영훈,[10] 전광옥 등이었다. 그러나 이 학교는 1907년

---

7) 신동원, 「1910년대 일제의 보건의료정책」, 『한국문화』 30, 2003 ; 박윤재, 「일제의 한의학정책」, 연세대학교 의학소연구소 편, 『한의학, 식민지를 앓다』, 아카넷, 2008.

8) 박윤재, 「일제의 한의학정책」, 연세대학교 의학소연구소 편, 『한의학, 식민지를 앓다』, 아카넷, 2008, 64쪽.

9) 정근식, 「일제하 서양의료체계의 헤게모니형성과 동서의학논쟁」, 『한국사회사학회 논문집』 제50집, 문학과지성사, 1996.

폐교되었다.[11] 동제학교를 계승하려는 움직임은 홍종철・이해성・조병근 등에 의해 이루어져 1908년 동의학강습소를 세웠고, 1909년 10월 이들이 다시 자신들의 조직화를 꾀하여 대한의사회를 조직하였다. 이와 동일한 조직인지 불분명하나 같은 시기에 조직된 대한의사총합소는 총재가 왕족인 이준용, 부총재는 이재곤이었다.

의생규칙 시행 이후 한의학을 입장을 드러낸 것이 1915년 10월의 전국 의생 대회였다. 이것은 총독부가 주최한 공진회를 이용한 것이었다. 여기에 전국의 의생 770여 명이 참가하였는데, 여기에서 전선의회(全鮮醫會)의 결성을 결의하였다.[12] 11월 창립된 전선의회의 회장은 지석영이었다. 이들은 의권의 확립과 학술 진흥을 목표로 내걸고, 학술지 『동의보감』을 창간하고 학술강좌를 개최하는 등 의욕적인 출발을 하였으나 내부 분열로 인하여 1916년 5월 해산하였다. 1년도 유지되지 못한 셈이다. 『동의보감』의 첫머리에는 총독의 기부와 경무총장의 창립회의에의 참여 사실이 기록되어 있다.

전선의회가 해체된 후 1917년 동서의학연구회가 결성되어 낙원동에 사무실을 두고 활동하였다. 1918년 이상화(李常和)가 『마진경험방(痲疹經驗方)』이라는 책을 출판하는 등의 활동을 하였고, 1921년 12월 총독부의 단체설립 승인을 받았다.[13] 홍종철과 조병근이 중심이 되어 출간한 『동서의학보』는 1919년 9월 폐간되었지만,[14] 1922년 9월 편집부장 오재영의 책임 하에 회보를

---

10) 김영훈은 1882년생으로 惠民院 主事, 同濟學校 教授를 거쳐 大韓醫士會 講習部長, 全鮮醫士會 評議員, 朝鮮醫學界社 顧問, 朝鮮病院難病研究會 委員長, 京城醫學講習院 院長, 東亞醫學研究會 編輯部長 兼 會長을 역임하였다.

11) 여인석은 『대한매일신보』의 기사(1906. 7. 1)에 근거하여 동제학교의 발기인으로 이응세・강필주・조동호를, 설립일을 1906년 5월 31일로 보고하였다. 여인석, 「개항이후 한의의 동태」, 연세대학교 의학소연구소 편, 『한의학, 식민지를 앓다』, 2008, 아카넷.

12) 정근식, 「일제하 서양의료체계의 헤게모니형성과 동서의학논쟁」, 『한국사회사학회논문집』 제50집, 문학과지성사, 1996.

13) 이에 관해서는 기창덕, 「개명기의 동의와 동의학강습소」, 『의사학』 2-2, 1993.

발행하기 시작했다(『동아일보』 1922. 7. 7, 8. 25.). 11월 12일에는 의생대회와 약종상대회를 경복궁에서 열었다(『동아일보』 1922. 11. 13). 이 단체는 이때부터 지방지회를 만들기 시작하여 1924년 50여 개의 지방지회를 둘 정도로 전국적 조직을 갖추었고, 동서의학회 월보를 발행하였다.[15] 아울러 이 단체는 자신의 통제기구인 조선총독부 위생과와 원만한 관계를 맺기 위하여 노력하였다.[16]

이후 모임에 분규가 일어났는데 1924년 12월 14일 임시총회를 열고 회장에 오태유를 선출했으나(『시대일보』 1924. 12. 22), 또다시 1925년 1월에 재정문제를 둘러싸고 분규가 발생하면서(『매일신보』 1925. 1. 5) 조직이 분열되었다가 1926년 1월 마무리되었다.[17] 이러한 분규는 사회에 대한 서비스를 통해 위기를 넘어서도록 자극하여, 1925년 7월 발생한 대홍수 때 수재민들에 대해 무료진료를 실시하기도 하였다.

1926년 5월, 전국의 의생 및 약종상 연합으로 '의약대회'를 개최하여(『시대일보』 1926. 5. 29 ; 『매일신보』 1926. 5. 30) 다시 활동을 하기 시작하고 월보도 속간하였다. 이때 회장은 지영석, 부회장은 이완규와 이희진이었고, 편집부장은 김영훈이었다. 1927년 7월에는 자선구호소를 설치하였다. 동서의학연구회는 1928년 4월, 매년 줄어드는 의생을 염려하여 한방의학 강습소를 설치하고, 본과 1년, 예과 2년의 과정을 두어 본과 졸업생은 한방의로 입신할 수 있도록 도와주는 것을 결정하였다. 강습소 소장은 김재순이었다 (『중외일보』 1928. 4. 29). 이 강습소는 관철동에 위치하였으며, 40여 명의 남녀 학생에게 매일 밤 4시간씩 강습을 하였다. 지방의 희망자들에게는 매월 강의록을

---

14) 이종형, 「동의학사」, 『한국 현대 문화사 대계』 4, 고려대 민족문화연구소, 1977.
15) 이 『월보』의 3-5호가 영남대학교 도서관에 소장되어 있다.
16) 그 한 예가 1923년 위생과장 교체 시에 명월관에서 송별연을 한 것이다. 이 자리에는 경무국국장, 총독부의원장 등이 참석하였다. 『동아일보』 1923. 3. 13.
17) 이때부터 동서의학연구회의 사무실은 자주 이전되었다.

발행하여 통신교습을 하고 약 3년간의 교육 후 의생 면허를 줄 정도의 교육제도를 만들었다(『동아일보』 1928. 6. 7). 1928년 11월에는 이완규 회장을 선임하고 의학강습소를 이전하였는데(『중외일보』 1928. 11. 10), 이 의학강습소에서 1929년 제1회 졸업식을 거행하였으며 이때 졸업한 의생은 16명이었다(『매일신보』 1929. 4. 1). 이는 동서의학연구회가 일정한 교육 과정을 통해 의료인력을 양성할 수 있는 통로를 만들었다는 의미를 갖는다. 그래서 1930년에는 좀더 공식적으로 '예과 30명, 본과 약간명'이라는 학생모집 공고를 낼 수 있게 되었다. 1930년 4월에는 정기총회를 열어 전 의전 교수였던 정민택을 상담역으로 선출하였다(『동아일보』 1930. 4. 10). 1931년 2월에는 한의강습원의 확충을 계획하였다.

한편, 의생규칙은 3·1운동 직후 무단통치의 폐지와 함께 개정되어 면허 신청대상이 경무총장에서 조선총독으로 바뀌고, 1921년에는 한지의생제도가 도입되어 농촌의 부족한 의사 인력을 메우는 기능을 수행하였다. 이 의생규칙은 1925년 2월 다시 개정되어 면허 신청대상이 도지사로 바뀌었다. 1928년 당시 총독부에 등록된 의생은 4,699명으로 1914년보다 약 1,000명이 줄어든 상태였다. 1930년에 이르면 한의사는 4,594명으로 좀더 줄었다.[18)]

그렇다면 이 시기에 이을호는 어떤 학창 시절을 보냈는가. 이을호는 강제병탄이 이루어진 1910년 10월, 전남 영광에서 출생하고 영광 공립보통학교를 졸업했다. 이을호의 젊은 시절에 관해서는 온버림 정종의 회고가 있다. 그의 회고에 따르면, 이을호는 1923년 영광중학원 2년을 끝내고 학교가 폐교되자 중앙고보에 편입하여 1927년경 졸업하고,[19)] 경성약전에 1930년에

18) 1940년에 오면 의사가 3,660명인 데 비해 한의사는 3,604명으로 수의 역전이 이루어졌다.

19) 오종일의 『현암전기』(2004)에는 중앙고보 편입이 1925년으로 되어 있고, 1929년 최승달 문하에서 『동의수세보원』을 수업했다고 기록되어 있다. 이는 정종의 회고와 다른 것이다.

입학하였다. 경성약전하기 전까지 약 3년간의 공백 기간이 있었음을 알 수 있다. 이을호는 중앙고보 재학 시부터 폐결핵을 앓아서 오랫동안 여러 병원을 전전하다 최승달을 만나 한방 치료를 통해 나았다. 중앙고보 졸업 후 1년여를 금강산에서 요양하였다고 하는데, 정종은 이때 이을호가 '사상의학적 자가 치료'를 행하였다고 표현하였다.[20] 그의 주치의라 할 해초 최승달은 사상의학의 대가였는데, 종로구 내수동에 그의 한약방이 있었다.[21]

최승달의 권유에 따라 이을호는 동양의학에 대한 약학적 재검토에 관심을 가지고 경성의전에 입학하였다. 그 자신의 회고에 의하면,[22] 경성약전 재학시 학교 과목보다 사상의학에 더 관심을 두고 공부했으며, 일본에서 발행된 한방의학 관련 서적들과 『한방과 한약』이라는 잡지를 탐독하였다. 이을호는 『동양의약』 2호에서 자신이 이제마와 최승돈의 제자임을 밝히고 있다. 그는 "사상의학설이 동양의학의 결정인 동시에 새로운 동양의학의 출발점이다." 라고 말하였다. 그는 사상의학을 한의학의 한 분파로 간주하는 것에 반대하고 "사상의학은 한의학의 전체를 포용하고 비판하여 새로운 의학적 입장을 제공하였다."라고 썼다.

이을호가 중앙고보를 졸업하고 얼마 동안의 심신의 방황과 공백 끝에 경성약학전문학교를 입학했을 때, 정종은 배재고보 3년생으로 종로구 낙원동에서 하숙을 같이하였다. 당시 이을호는 신문소설을 즐겨 읽었으며 또한 루소를 좋아했다. 특히 루소의 교육사상에 관심을 많이 가졌던 것으로 보인다. 훗날 이을호와 온버림 정종의 협력으로 영광 민립중학을 설립하게 된 것은 이들의 애향심과 함께 루소의 교육론에 영향을 받은 듯하다.

이을호는 약학전문학교 시절에 독일어를 공부하였고 토론을 즐겨하였다.

---

20) 정종(온버림), 「현암 이을호박사와 나를 말한다」, 『공자학』 9, 2002, 264쪽.
21) 오종일의 책에 따르면 약방 이름은 수동약국이었다.
22) 1994년 11월 필자와의 면담.

1931년 11월 18일 종로경찰서가 작성한 『사상에 관한 정보(1)』에 따르면(국사편찬위원회 한국사데이터베이스), 연희전문학교 기독청년회가 주최한 제1회 전문학생토론회가 동아일보의 후원으로 중앙기독교회관에서 열렸는데, 이 토론회에 이을호가 약학전문 소속 학생으로 참석하였다. 이 토론회의 의제는 조선의 현실에서 농업 발전이 우선인가 공업 발전이 우선인가였는데, 이을호는 공업우선론 측의 참여자로서 발표하였다. 위의 보고철에는 발표의 끝부분에 "조선인은 조선인의 힘으로 발전하려고 노력해야 한다."는 대목이 있고, '중지'라는 기록이 있는 것으로 보아 그 지점에서 발표를 중지 당한 듯하다.

그러나 약전 학생 시절에 그의 주요 관심은 사상의학에 있었다. 그는 한국 학생 중심으로 사상의학을 연구하기 위한 모임을 만들고 최승달을 초빙하여 연찬과 보급에 힘썼다. 최승달은 황해도 옹진 출신으로 1888년생이며 1921년 4월경 서울에서 독립운동을 하기로 맹서하고 일본의 사회주의자들과 연락하여 일본 주재 미국대사관을 폭파함으로써 일본과 미국 사이에 분쟁을 일으키려 하였다가 체포되어 10월 22일 해주지방법원에서 징역 1년을 선고 받았다. 이 사건 당시 최승달의 주소는 함경도 경흥으로 나타나 있다. 사건에 가담한 사람들은 경성의 남대관(南大觀: 당시 24세, 징역 1년 반), 재령의 최용환(崔容煥: 55세, 징역 1년), 그리고 평산의 최헌성(崔憲成: 23세, 징역 1년), 인건(印健: 24세, 징역 1년 반), 조조산(趙祚山: 27세, 징역 1년) 등이었다(『동아일보』 1921. 11. 10 ; 『독립신문』 115, 1921. 11. 19). 최승달은 출옥 후 다시 임시정부와 연락을 하면서 독립운동을 하다가 1925년 11월 또다시 체포되었으며,[23] 1931년 12월에도 제4차 조선공산당 만주총국 사건으로 치안유지법 위반으로 검거되었다. 그의 독립운동 공훈록에는 1942년경에

---

23) 『동아일보』 1925. 11. 9, "西署에 重大犯 한명을 검거, 新民府事件의 李京鎬 同志 崔承達 , 임정의 파견여부 조사."

도 투옥된 적이 있는 것으로 나타난다.

3. 동서의학논쟁과 현암의 개입

동서의학논쟁은 한말 관립의학교 출신의 의사였던 장기무가 1934년 2월 16일 『조선일보』에 「한방의학의 부흥책」을 기고하면서 시작되었다. 그는 「한방의학의 부흥운동의 제창」이라는 긴 논문을 모 잡지에 기고하였으나 모호한 이유로 발표가 중단되어 대신 이 글을 『조선일보』에 보내게 되었다고 밝히면서, 한의학 부흥을 위해 첫째, 학회 창설, 둘째, 한의학 용어의 현대화, 셋째, 연구소 및 의학 교육기관 설치, 넷째, 홍보 기능을 위한 잡지의 발간 등을 주장하였다.[24)]

첫째 문제와 연관하여 그는 이미 조선의사연찬회, 한방의생회, 동서의학연구회 등이 있으나 모두 학술적인 기여가 없었다고 보았다. 따라서 한의계의 각파를 망라하여 우선 학술연구기관을 창건하고 한의학 전반에 걸친 과학적 지도 원리를 확립하며 수시로 공개 발표회를 가질 것을 주장하였다. 둘째 문제와 연관하여, 그는 '술어심사위원회'를 학회에 구성하여 현대 의학 술어와 비교 검토하여 통일된 용어를 만들고 한의학 술어 사전을 편찬할 것을 제안하였다. 셋째 문제와 연관하여 그는 당시 경성제대 의학부의 한의 연구실에서 이루어지는 한약재 연구만으로는 부족하고, 전문학교에 한방과를 설치하는 것은 기대하기 어려우며, 경성부 순화원에서 한방 치료를 행하고 있으나 이는 충분하지 않다고 생각했다. 어떤 방식이든 서울에 연구소를 설치하고 부속의원을 두는 것이 좋다고 보았다. 그는 매우 구체적으로 의학교육기관의 설치 방안을 제안하였다. 당시 현실에서 그가 생각한 방안은 강습소를 부설하

24) 정근식, 「일제하 서양의료체계의 헤게모니형성과 동서의학논쟁」, 『한국사회사학회 논문집』 제50집, 문학과지성사, 1996.

여 매년 60명 정도를 교육시키는 것이었다. 강습생의 특과와 본과로 나누어 전자는 2년제로 하는데, 자격은 현재 의사로서 한방을 연구하려는 사람으로 하고, 후자는 4년제로 하여 고등보통학교 졸업자 중에서 선발하며, 나중에 강습소를 한의학 전문학교로 승격시키는 것이 좋다고 생각했다.

이에 대하여 경성제대 의학부를 졸업하고 개업하고 있던 정근양이 서양의 과학주의적 입장에서 이를 비판하는 글을 3월 9일부터 『조선일보』에 게재하였다. 그는 「한방의학 부흥 문제에 대한 제언 : 장기무씨의 소론을 읽고」라는 제목의 글에서, "자연과학은 시대를 초월하고 민족을 초월하는 보편타당한 진리를 추구하는 것"이며 "의학도 자연과학의 일부이며, 의학의 최종 목표는 질병의 완전한 예방과 치료이며, 여기에 한방이니 양방이니 하는 두 개의 의술이 존재할 수 없고 오직 '의술'만이 존재할 뿐이다."라고 주장하였다. 그는 첫째, 양방의학과 한방의학으로 구별하는 것 자체를 반대하고, 둘째, 과학적 이론적 근거, 실험적 근거, 지도적 학자의 측면에서 양방이 한방보다 우월하며, 셋째, 굳이 한방 부흥을 한다면, 양방을 주로 하고 양방의 한계는 명약을 과학적으로 연구하여 보충할 것을 주장했다. 그는 "한약 성분 분석 연구는 필요하다."고 보았다. 실험적 기초 확립이나 의학 용어 정리안에는 찬성하나 한방 의생을 양성하기 위한 강습소의 설치안에는 반대하였다. 또한 한방의 진단법과 치료법을 재검토하여 임상적 효과를 기준으로 우열을 비교하여 취사 선택할 것이며, 한방의학은 의학을 위하여만 부흥시키고 한방의학 자체를 위하여 부흥시켜서는 안 된다고 주장하였다. 그가 평가를 유보한 것은 한국인 체질론으로, "한방이 한국인 체질에 적합하다는 논리는 의학 연구자 모두가 연구해 봐야 할 과제"라고 말하였다. 다섯째 쟁점은, 약품 가격론으로, 양약이 고가이므로 저가인 한약을 보급하여야 한다는 논리에 대하여, 한방이 부흥하여 한방의의 사회적 지위가 올라가면 한약 가격이 등귀할 것이라고 예상하였다.

정근양의 글이 게재된 후 이을호는 3월 15일부터 두 사람의 견해를 비판하는 글을 실었다. 「종합의학수립의 전제—한방의학 부흥에 대하여」라는 제목에서, 이 문제는 "의학계의 근본적 개혁"에 관한 사안으로, 의료계뿐 아니라 사회적 관심을 가져야 할 문제라고 규정하였다. 그는 한방의학 부흥론은 한편으로는 서양의학의 불완전성에 기인하는 것이지만, "고전적 의학의 복사나 모방"이어서는 안 된다고 보았다. 두 의학이 분리되어 불균형적으로 공존하는 상황에서 새로운 모색이 필요하다고 본 것이다. 그는 동양의학은 종합으로부터, 서양의학은 분석으로부터 출발한다고 규정하였다. 그는 동양의학이 침체된 원인으로 첫째 "시대사조", 둘째 한의생들의 연구 부족에 의한 신용 저하, 은둔성, 약재의 불결과 복용 방법의 불편함 등을 들었다. 그에 따르면, 시대사조란 어느 정도 오류와 편견을 가지고 있으며 동양의학의 내재적 가치는 시대의 힘을 넘어선다. 동양의학 부흥운동의 목적과 의의는 "시대상에 가리워진 서양의학의 결함과 동양의학의 가치를 천명하는" 것이라고 생각했다.

그는 자연과학과 의학의 원리가 서로 다른 것이라고 보았다. 전자는 사물을 다루고 부분적 지식을 추구하나 후자는 생명을 다루고 종합적 지식을 추구하는 것이다. 서양의학은 자연과학의 연장선에 있는 반면, 동양의학은 이런 종합적 관찰과 지식에 기반하고 있다는 것이다. 따라서 종합의학은 분석의학과는 달리 전체를 생각하는 동양의학의 원리에 기반하여야 한다고 주장한다. 그는 한방의학 부흥운동이 서양의학을 배척하는 것이 아니라 그것을 재검토하자는 것이며, 현대 한방의학도 완전하거나 서양의학보다 우월하다고 볼 수 있다고 생각했다. 그는 현대의 종합의학은 과거와 같은 동서양 이분법을 넘어서야 한다고 생각했고, 프랑스나 일본의 동향을 언급하였다. 특히 '일본한방의학회'가 창립되고 그 기관지가 창간 발간된 것을 긍정적인 신호로 해석하였다. 그는 동양의학의 현대적 재구성을 주장한 셈이다.

이을호는 경성약전을 졸업하고 영광으로 내려와 호연당 약방을 차렸다. 그가 군민의 보건과 신체 단련을 목적으로 하여 조직한 갑술구락부가 1934년 즉 갑술년에 조직되었으므로 적어도 1934년 봄에는 영광에서 생활하고 있었음이 틀림없다. 이 최초의 글에서는 사상의학을 간단히만 언급하고 있으나 점차 자신의 입장이 사상의학의 세계관에 입각하고 있음을 드러내게 된다.

『조선일보』는 이을호의 글이 게재된 후인 4월 19일, 최초의 문제 제기자였던 장기무가 정근양의 글에 답하는 기사를 게재하였다. 그는 「한방의학 부흥 문제」에서 정근양의 의학 일원론은 현재 조선의 객관적 정세에 맞지 않는 이상론이라고 하였다. 그는 두 의학 체계의 출발점이 달라 융합이 어렵고, 당시 정세로는 더욱 어렵다고 보았다. 그는 한방의학이 "비록 시대적 변천과 인위적 압박"에 의해 침체되어 있지만 일대 체계를 이루고 있으며 동양의학의 "사상, 연원, 체계, 방법" 등을 무시하고 지엽말단의 치료술만 섭취할 수 없다고 생각했다. 그는 당시의 일반화된 한방의학 부정론은 실제 비교를 통해 얻은 결과가 아니고 "한방의학을 무조건 미개한 것으로 취급하는 차별관"의 소산이라고 주장했다. 그는 한방 부흥운동의 과제는 주관적인 한방의 진단 치료를 어느 정도까지 양방의 과학주의 형식으로 바꾸어 나갈 것인가, 즉 방법과 수단의 표준화 문제라고 생각했다.

『조선일보』는 5월 3일부터 「동서의학의 비교 비판의 필요」라는 조헌영의 글을 연재하였다. 이 글이 게재된 이후 이 동서의학논쟁은 두 번째 단계로 접어들었다. 조헌영은 이 글에서 두 의학의 패러다임을 아홉 가지 기준으로 분류하여 제시하였다. 종합치료와 국소처치, 자연치료와 인공치료, 현상의학과 조직의학, 치본의학과 치표의학, 양생의술과 방어의술, 내과의학과 외과의학, 응변주의와 획일주의, 평민의술과 귀족의술, 민용의술과 관용의술 등이었다. 그는 서로 다른 패러다임에 입각해 있으므로 이를 우월의 관점이 아닌 상호 공존과 보완의 관점에서 볼 것을 제안하였다. 그러자 정근양은

7월 13일부터 「조헌영씨의 한방의학론을 평함」이라는 글을 『조선일보』 지면에 실었다. 그는 의료전문주의를 옹호하면서 조헌영의 임상의학과 기초의학에 대한 이해 부족을 지적하였다. 그러자 조헌영은 또다시 10월 19일부터 정근양의 글에 답하는 기사를 게재하였다.[25]

1934년의 『조선일보』는 이른바 동서의학논쟁의 뜨거운 현장이었다. 다만 서양의학을 옹호하는 논자가 정근양 혼자였다면, 한의학을 옹호하는 논자는 장기무와 조헌영이었고, 이을호는 후자의 입장에 서면서도 장기무나 조헌영과는 약간 다른 입장을 보였다. 흥미로운 점은 논쟁 당사자들이 모두 근대교육의 세례를 받으면서 전통의학에 관심을 가졌던 의료인이자 지식인이었다는 사실이다. 한방의학 부흥론을 펼친 장기무는 1905년 한성의학강습소(관립의학교) 3회 졸업생이다. 졸업 후 관립의학교 교관, 1907년 3등 군의관, 1908년 최초의 의사 단체인 한국의사(醫事)연구회 창립회원이었다. 이 연구회는 당시 일본인 의사들의 단체인 계림의학회에 대한 대항의 성격을 띠고 있었다. 그는 『중외의약신보』에 많은 글을 발표하고, 1915년 한성의사회의 창립 때 발기인으로 활동했다.[26] 동서의학논쟁에서 서양 의료를 과학주의적 입장에서 대변한 정근양은 경성제대 의학부를 졸업한 개업의였다. 그는 해방 직후 결성된 건국의사회의 주요 성원으로, 경성제국대학 부속병원을 접수한 4인 중 1인이었다.

좀 늦게 논쟁에 뛰어든 조헌영은 1900년 경북 영양 출신으로, 어릴 때 의병대장이었던 할아버지 조승기와 아버지 조인석으로부터 사서삼경 등의 한학을 익히고, 대구고보를 졸업한 후 일본으로 건너가 와세다 대학(早稻田大學) 고사(高師) 영문학부를 졸업하였다. 그는 일본에서 재일조선인 학우회(學

25) 정근식, 「일제하 서양의료체계의 헤게모니형성과 동서의학논쟁」, 『한국사회사학회 논문집』 제50집, 문학과지성사, 1996.

26) 장기무에 관해서는 이흥기, 「장기무와 강병옥: 한국인 1세대 의사들의 진로선택」(서울대 병원역사문화센터 제2회 병원사 국제심포지움 발표논문), 2008 참조.

友會) 대표로 활약하였고, 와세다 대학에 재학중인 1927년 5월 7일 민족협동전선으로 결성된 신간회(新幹會)의 동경(東京) 지회를 조직하고, 스스로 지회장에 선임되어 활약하였다. 1927년 조선공산당 사건의 피고들이 고문을 당하는 등 파문이 일자, 1927년 11월 도쿄에 있는 4단체 대표의 일원으로, 조헌영은 김한경(재일본 조선노동총동맹 대표), 박락종(대중신문사 대표), 일본 변호사 후지(布施辰治: 東京自由法團) 등과 함께, 유아사(湯淺倉平) 정무총감을 만나 항의하였다(『중외일보』 1927. 11. 6). 1928년 7월에는 서울 경운동에서 열린 근우회 대회에 신간회 동경지회장 자격으로 참여하였다(『중외일보』 1928. 7. 16). 그 후 귀국하여 1929년 신간회 중앙검사위원회 상무위원을 맡았으며,[27] 1931년 신간회가 해체된 뒤에는 한의학 연구에 몰두하였다.[28]

그가 처음으로 언론에 발표한 한의학 관련 글은 1932년 5월 24일부터 28일까지 4회에 걸쳐 『동아일보』에 연재한 「봄을 타는 이는 이러케 하시오」라는 제목의 기사였다. 이때 조헌영은 자신의 소속을 조선이료회(朝鮮理療會)라고 밝혔다. 이 모임은 '민중의료연구기관'을 표방하였는데, 조헌영이 중심이 되고 권동진(權東鎭), 조만식, 이광수 등의 발기로 5월 20일에 창립되었으며, 사무소는 관훈동에 있었다(『동아일보』 1932. 5. 20). 이때부터 그는 자신의 지향을 '민중의료'라고 명확하게 밝혔다. 이 기사는 조헌영이 "일본과 조선에서 다년간 민중의료를 연구"했으며 "민중의료가 일본에서 유행"하고 있다고 밝히고 있는데, 이 지면을 잘 살펴보면 조헌영은 일본의 상황을 빌어 민중의료의 대중화를 꾀하는 한편 동시에 검열을 피하려는 생각을 갖고 있었던 듯하다. 그는 당시 신간회 활동으로 이미 경찰의 주목을 받고 있었다고 보아야 한다.

---

27) 다른 자료는 그의 귀국 시기를 1932년이라고 밝히고 있다. 1932년이라면 『동아일보』 기사로 볼 때 5월 이전일 것이다.

28) 그는 자신이 쓴 책에서 30세 이후에 한의학을 본격적으로 연구하기 시작하였다고 하는데, 이을호의 증언에 따르면 일본 체류 시기에 자신이 좋아하던 여성이 병에 걸려 고생을 하자 그녀를 치료하기 위하여 『동의보감』을 열심히 연구하였다고 한다.

4. 『동양의약』에서의 활동

1934년 2월부터 10월까지 진행된 동서의학논쟁은 논쟁이 이루어진 지면이 『조선일보』라는 점에서 사장 안재홍을 중심으로 한 조선학운동의 일부로 간주될 수 있을 뿐 아니라, 조선총독부의 서구의학 중심주의에 대한 비판, 그리고 전통의학의 근대적 재구성을 위한 노력으로 파악할 수 있을 것이다. 이 논쟁의 여파는 전통 의료 진영, 특히 1920년대부터 활동해 온 동서의학연구회와 서양 의사들 모두에게 미쳤다.

1934년 10월 15일 동서의학연구회는 전국적 의생대회를 소집하고 진흥대회를 개최하였다. 『동양의약』 창간호에 실려 있는 이 대회의 취지문에 따르면, "신문지상에 신진학자들이 한의학 진흥의 필요"를 역설하는 것에 자극을 받고, "연구회가 창립된 지 10여 년이 지났으나 실적이 없었다는 점을 반성하고, 안으로 한의학의 학술적 발전, 밖으로 한방의약 업자의 지위 보장과 향상을 꾀"하기 위하여 대회를 개최한다고 밝혔다. 여기에서 밝히고 있는 조선의 정세는 한의학 교육기관의 부재와 한방의생 시험제도 폐지설의 대두 등 "전 세계적 인증 추세와는 다른, 폐절의 위기" 상황이었다. 이 진흥대회에서 새로 임원을 선거하였는데 회장 김명여, 부회장 안효식, 이명선을 필두로, 서무(김동훈), 재무(김연환), 편집(김영훈, 조헌영), 선전(이원모)의 5명의 간사, 평의장 이을우와 27명의 평의원, 2명의 고문을 둔 조직이 출범하였다.[29)]

동서의학연구회는 이 시기에 식민지 당국이나 민간에서 자신들을 한의학 진영의 대표적 기구로 인정하는 움직임에 고무되었다. 예컨대, 경성부립 순화병원에 한방부를 설치하고 한의사 추천을 의뢰받았고, 함경북도 위생과에서 개최한 한의 강습회에 강사를 파견하면서 조직적인 움직임을 보이게 되었기 때문이다. 이들은 한편으로는 동양의약사를 창간하고 다른 한편으로

29) 정근식, 「일제하 서양의료체계의 헤게모니형성과 동서의학논쟁」, 『한국사회사학회 논문집』 제50집, 문학과지성사, 1996.

는 동양의약 강습회를 개최하여 실질적인 활동을 확대하려고 하였다. 동양의약사는 조헌영을 주간으로 하여 편집부와 영업부를 두었는데, 편집부는 부장 김영훈, 부원 이을호, 고문 장기무, 영업부는 부장 조헌영, 부원 김순학으로 구성되었다. 이런 구성은 『동양의약』이 기존의 동서의학연구회를 운영해 온 의생들과 동서의학논쟁에 참여했던 '논객'들의 결합에 의해 탄생하였음을 보여준다. 이을호가 동양의약사 편집부에 합류한 것은 동서의학논쟁에 참여한 것이 바탕이 되었는데, 조헌영이 그의 합류를 권유한 것으로 보인다.

『동양의약』의 창간에 필요한 재정은 동서의학연구회의 회장인 김명여가 부담하고, 사무소 건물(낙원동)은 김영훈이 제공하였다. 이 잡지의 원고는 조헌영, 이을호, 장기무, 김영훈 등이 주로 작성하였다. 『동양의약』지는 의생대회 후 곧바로 발간하려고 하였으나 약간 늦어져 1935년 1월 초에 창간호를 발간하였다. 창간사에서는 "동양의학을 재인식하고 동시에 서양의학을 재검토하여 종래의 한의학을 무조건 멸시하던 과오를 고치고 양의학을 무조건 숭배하던 미망을 깨트려서 엄정한 비판 하에 양자의 단처를 버리고, 장처를 취하여 의학의 새로운 경지를 개척하려는 것"이라고 선언하였다. 또한 "동양의학의 현대화, 민중화, 학술적 발전"을 위하여 노력한다고 약속하였다. 이런 방침은 의료 민주화를 역설하던 조헌영의 입장을 강하게 대변한 것이었다. 또한 김영훈이 「한방의학 부흥론에 대하여」라는 글로 창간의 뜻을 살리려고 하였다. 그는 여기에서 조선의 의사 1인당 주민 수를 미국이나 일본과 비교하면서, 전통의학을 교육하는 의료기관의 설립을 통해 문제를 해결하고, 농촌의 빈곤과 의생의 열악한 상태를 개선할 필요가 있다고 주장하였다. 그는 또한 "1937년에 한의사 영업 정지, 양의사 일원적 의료화를 내용으로 하는 정책이 실시된다는 소문"이 있다는 것을 언급하면서 우려를 표명하였다. 김영훈은 한방의학 부흥론이 제기되자마자 찬반 양론이 격렬하게 제기되는 것을 보고, 동서의학 양자를 발전적으로 보완하여 "조선에 특수한 새로운 의학"을 창립하자는 제안을 하였다. 이른바 의학 일원화 제안이었다.

이 잡지의 편집부원이 된 이을호는 창간호에 이을호라는 이름으로 「의학 개념에 대한 오인의 태도」, 「한방약을 원료로 한 신제제 일람」, 영광학인이라는 필명으로 「한방의학의 윤곽」 등 3개의 글을 실었다. 그는 첫 번째 글에서 동서의학은 근저에 흐르는 의학에 대한 기본 개념이 서로 다르며, 생명·질병·건강 등에 관한 개념을 비판한 후 현대적 의학 개념의 총괄적 기초를 세워야 한다고 주장하였다. 그는 생명에 관한 기계설과 생기설의 차이를 설명하면서, "치료는 병소의 제거와 세균의 박멸에 있는 것이 아니라 병적 상태를 원만히 해소시키는 것"이며, "생명 기능의 전체성을 존중하면서 생명체의 자율성과 자연적 기능을 활용하여 치료에 임할 것"을 주장하였다.

「한방의학의 윤곽」에서 이을호는 한방의학의 역사를 중국의 신농씨, 황제(黃帝) 시대, 장중경과 상한론, 금·원·명 시대, 그리고 이제마와 사상론으로 구성하였다. 이 글은 조선 한의학사에서 허준과 동의보감을 생략한 데에서도 알 수 있듯이 약간 거칠다.

「한방약을 원료로 한 신제제 일람」에서는 시중의 양약들 중에서 원료로 한약을 포함하고 있는 것을 조사하고 이들이 원래 어떤 효능을 가지고 있는가를 설명하였다. 이 글은 앞의 글과는 달리 그의 전공, 특히 약학전문학교에서 가졌던 그의 관심을 잘 보여준다. 이 글에서 그는 한약과 양약의 관계를 원료의 측면에서 검토하고 50여 종의 한약재가 70여 종의 양약 원료로 사용되고 있다는 사실을 밝혔다. 이러한 주장은 화학적 분석에 속하는 것으로, 양약의 과학적 근거를 보여줌과 동시에 한의학의 서양의학 의존성을 보여준다는 점에서 아이러니한 것이다.[30] 한약을 서양의학에 근거하여 정당화하는 논리로 해석될 수 있기 때문이다.

---

30) 전혜리, 「1934년 조선 한의학 부흥담론에서 나타난 한의학 정체성의 근대적 재구성」, 서울대 대학원 석사학위논문, 2010, 50쪽.

『동양의약』 창간호는 한의학 부흥론으로부터 임상적 지식까지 다양한 스펙트럼을 가진 글을 실었는데, 전반적으로 편집부원에 대한 원고의존도가 매우 컸다. 이 창간호에는 편집책임자 조헌영의 구상이 잘 반영되어 있다. 그는 동양의학의 현대화, 민중화, 학술적 발전을 지향하고, 일상 생활에서 활용할 수 있는 민간 요양법을 상담해 주는 지면을 마련하였다. 그는 창간호가 "동양의약의 서언에 해당하고 다음 호부터 의학 연구가와 일반 요양가에게 도움이 되는 연구논문, 고전해설, 치료실험례, 선철명의의 경험방을 많이 소개하고 취미 기사도 가미할 계획이며, 일반 투고를 많이 기대한다."고 밝혔다. 창간호에는 이을호의 글 이외에 조헌영의 글 두 편과 장기무의 글 세 편이 실려 있다. 조헌영은 한방진맥법과 본초약리학에 관한 글을 실었는데, 전자에서는 한방의학의 신비주의의 위험을 지적하였고, 후자에서는 한약과 한의학 이론의 불가분리성을 주장하였다. 장기무는 「한방의학 혁신론」과 「정신병과 한방요법」, 「한제성방(漢劑成方)의 연구」를 썼다. 그는 「한방의학 혁신론」에서 서양의학의 문제점을 일본적 상황을 들어 설명하고,[31] "서양의학의 치료적 결함은 한방의술로 보충해야 하고 보충할 수 있다. 동서의학이 일장일단이 있으므로 상호 연락 하에서만 치료의 완성을 기할 수 있다. 이런 노력을 하지 않으면 한방의학이 서양에서 검토되어 역수입될 것이다."고 말했다.

『동양의약』은 원래 월간 발행을 지향하였으나 실제로 제2호가 예정일보다 늦어진 2월 말에 발간되었고, 필자는 창간호와 마찬가지로 조헌영 · 장기무 ·

---

31) 그의 입장은 다음과 같은 언급에서 잘 드러난다. "서양 의학이 급속도로 발달하여 네덜란드나 독일보다 우월하다고 자랑하는 일본의학이 치료적 측면에서 왜 회의적인가. 중병 고질이 왜 매년 증가하고 치료 불안의 원성이 커지는가. 각종 非醫者輩가 많이 생겨나는데 민중이 이를 따르는가, 이런 현상들이 근대 신의학의 치료의 결함을 보여주는 것이 아닌가. 일본에서 한방의학 재검토와 부흥 운동이 일어나는데 이것이 중국과 한국에 영향을 줄 것이 틀림없다"(전혜리, 「1934년 조선 한의학 부흥담론에서 나타난 한의학 정체성의 근대적 재구성」 참조.).

이을호・김영훈 등이었다. 편집책임자 조헌영이 기대한 일반 투고는 거의 없었고, 강습회장에서 나온 질문과 답, 강연 내용을 담은 지상교실이 지면을 메웠다. 이번에는 조헌영이 3편, 이을호가 2편을 썼다. 이을호는 「현대 의학의 고민」을 썼는데, 그는 이 글에서 도쿄 제대 교수 아사비나(朝比奈泰彦)가 주장한 '일본의 한방의학 쇠퇴에 작용한 정치적 요인론'을 인용하면서, 이것이 조선에도 적용된다고 보았다. "한방의학 부흥 내지 혁신의 이면에 현대 의학의 고민"인 "임상적 비애"가 있다고 지적하였다. 그는 서양의학의 결점을 해부의 남용으로 보고, 이를 "무단적 수단"에 비유하고 있다. 또한 약물학적 견지에서의 순분단미주의(純分單味主義)와 의학의 영업화 현상도 비판하였다. 또 「이제마의 사상의학론」을 썼다. 여기에서 그는 사상의학에 흥미를 느낀 것은 6~7년 전으로 이제마의 동의수세보원을 소개하고 있는데 정확한 소개가 될지 두렵다면서 이를 가르쳐준 최승돈 선생에게 감사를 표하고 있다. 또한 이 글이 조헌영의 권유에 의해 쓰여진 글임을 밝히고 있다. 1935년 당시에 그는 한편으로는 한의학의 가치를 옹호하면서 다른 한편으로는 지속적으로 사상의학론을 소개하는 활동을 하였다고 할 수 있다. 그러나 한의학사나 전문적인 한의학적 치료법에는 밝지 않았다.

장기무는 일본의 유모토(湯本求眞)의 『황한의학』을 번역하여 실었다. 유모토는 두 의학의 비교를 통하여 양자의 융합 통일을 꾀하였던 점에서 양한의방 절충주의를 표방했다고 볼 수 있는데, 장기무도 그의 입장을 따른 것이다.

제2호에서는 잡지 창간 후의 한의학계의 동향을 실어 동서의학연구회의 기관지 역할을 하려고 노력하였고, 창간호에 대한 반응을 편집후기에 기록하기를 "기대 이상의 열렬한 지지와 찬사"를 받았다고 썼다. 그러나 발간일이 늦어진 것은 조헌영 자신이 전북 의학강습회와 충남 의약강습회에 다녀왔기 때문이라고 밝혔다. 이것으로 보면 이 잡지는 편집부원에 대한 의존도와 함께 조헌영 개인에 대한 의존도가 매우 높았다는 것을 알 수 있다.

제3호는 5월 초에 발행되었는데, 창간호나 제2호에 비해 분량과 필자수가 더 줄었다. 조헌영의 진맥학에 대한 연재와 함께 이을호의 사상의학에 대한 연재물, 그리고 짧은 글들과 지상 교실로 지면이 메워졌다. 대신 동양의약사가 연구와 진료를 결합시키고, 의료의 민주화를 실천하기 위하여 진료부를 설치할 계획을 세웠으며, 그에 따라 의사와 한방의를 초빙한다는 공고를 『동양의약』 3호에 냈다. 또한 동양의학의 발전을 도모하기 위하여 동양의약연구소의 설립을 정노식・강익수 등이 추진하고 있었으며 이것을 한의학 교육기관으로 발전시킬 계획을 가지고 있었다. 여기에는 "의사와 한의" 모두가 가능하다는 의미를 담았다. 이는 동서의학연구회의 지향을 보여준다.

앞에서도 지적했듯이 이 잡지는 원래 월간으로 계획했으나 격월간이 되었고, 게다가 제3호를 내고는 더 이상 내지 못했다. 그 원인은 알 수 없다. 신길구(1936)는 재정의 어려움 때문이라고 설명했으나, 원고 부족도 중요 요인이었을 가능성이 있다. 원래 창간 당시 기대했던 외부 원고가 거의 들어오지 않았고, 소수의 편집부원만으로는 지면을 모두 메우기 어려웠을 것이다. 그만큼 당시 한의학계나 전통의료 진영의 이론적 수준과 역량이 낮았을 가능성이 크다. 물론 이 잡지를 주도한 조헌영은 1935년에 창간된 『충남의약』이나 『동아일보』 지면에 지속적으로 글을 게재하고 있었다는 점을 감안한다면, 이 같은 요인 외에도 잡지 발간을 후원한 사람들과 편집자 간의 견해 차이도 상정해볼 수 있으나 이 가능성은 그리 크지 않다.

5. 논쟁 이후

이을호는 1934년 「종합의학 수립의 전제」(『조선일보』 1934. 3. 18)라는 글로 논쟁에 뛰어들고 이어 『동양의약』에 서너 편의 글을 실었지만, 잡지가 발간되지 않은 상황에서 더 이상 한의학과 관련된 논객으로서의 역할을 수행하기 어려웠다. 다만, 그는 1936년 4월 21일부터 『조선일보』에 「사상의학설 비판」이라는 글을 16회에 걸쳐 연재하였다. 이는 잡지의 마지막 발행일인 1935년 5월 이후 약 1년 동안 사상의학에 관한 연구를 더 진행하였음을 의미한다.

그렇다면 이 시기의 경험은 어떻게 이후의 실천 활동이나 연구에 영향을 미쳤는가? 이을호는 동양의약사에서 편집 활동을 할 때 서울에서 거주하였을 가능성이 크지만, 이후 다시 귀향하여 영광 읍내 청년들에게 자신이 서울에서 배운 덴마크 체조를 보급하는 일을 계속하였다.

영광에서 갑술구락부가 조직된 이후 모임에 참가하는 사람들이 점차 늘어나 이것은 영광체육단으로 발전하였다. 영광체육단은 점차 활동 범위를 넓혀 영광뿐 아니라 인근 군을 순회하며 활동을 벌였고, 이는 1936년 베를린 올림픽과 맞물려 지역의 민족주의적 분위기를 고양시키게 된다.

1936년 8월 베를린 올림픽에서의 손기정의 우승과 남승룡의 3위 입상은 조선에서 스포츠 민족주의를 크게 고무하였다. 조선인 민간신문, 특히 『동아일보』나 『조선중앙일보』, 『조선일보』는 보도와 지방조직을 통해 이런 분위기의 형성에 기여하였고, 각 지방 도시들은 경쟁적으로 올림픽 제패기념 마라톤 대회를 열었다. 조선총독부는 이러한 움직임에 대한 경계를 강화하고 각종 탄압을 시작하였다. 이른바 일장기 말소사건으로 『동아일보』는 8월 28일 정간 당했고, 『조선중앙일보』는 9월 4일 당국과 독자에 대하여 '순분단미주의(純分單味主義)'라는 사고를 내고 자진 정간에 들어갔다. 9월 초, 광주에서 손기정·남승룡의 마라톤 세계제패를 기념하는 체육회를 조직하려 했으나 경찰의 금지로 무산되었다. 영광에서도 이러한 움직임이 있었다. 날짜는 정확하지 않으나 영광의 갑술구락부는 베를린 올림픽에 참가한 순천 출신의 남승룡을 초청하여 영광시민운동회를 열었다. 영광경찰서는 이 대회에 많은 사람들이 호응하고 운동회가 끝나면서 전단이 뿌려지자 긴장하였다. 만세운동으로 발전할 가능성을 경계하여 이를 탄압하기로 하고, 1937년 7월 9일 영광체육단이 민족운동을 꾀했다는 혐의를 내세워 이을호와 정욱(鄭昱), 조운(曺雲), 위계후(魏啓厚) 등 수십 명을 체포하였다.[32] 영광청년단은 주요 인사들이 체포되자 1938년 5월 12일 회의를 열고 몇 가지 소유재산을 영광체육회에 기부하고 해산하였다(『동아일보』 1938. 5. 20).

이른바 영광체육단 사건으로 이을호가 목포형무소 13호 감방에 수감되어 있을 때, 그의 고향 후배인 정종은 이을호의 부인 조효순과의 협조 아래 자신이 다니던 도요(東洋) 대학 중국철학과의 커리큘럼에 나오는 도서를 구입하여 차입해 주었다. 이을호는 동양철학에 대한 소양 없이는 사상의학을 완전히 이해할 수 없다고 생각했다. 그래서 옥중에서 동양철학 공부에 진력하였다. 다산서세 100주년을 기념하여 안재홍과 정인보가 주도하여 출간한 『여유당전서』 일부도 감방에 차입되었다. 이을호는 1939년 2월 8일 출감하였다. 그는 출감 후 도쿄를 여행하며 정종의 하숙에도 들렀으며 간다의 헌책방에서 책을 구입하였다고 한다.

1930년대 후반기에 이을호는 영광에서 영광체육단 활동을 하고 그에 따른 투옥 생활을 경험하였지만, 그의 사상이나 학문 활동에 큰 전환을 가져온 사건은 1935년 7월에 이루어진 '다산서세 100주년 기념사업'이었다. 이 사업은 두 갈래로 진행되었다. 7월 16일 조선과학지식보급회와 발명학회는 이를 기념하는 강연회를 태서관에서 열었는데, 이때 연사가 안재홍·이윤재·황의돈이었고, 약 100명의 인사가 모여 이를 기념하였다.[33] 이 모임은 『조선일보』를 중심으로 한 조선학 연구의 흐름에 놓여 있었다. 이와는 달리 『동아일보』는 7월 16일 다산의 일생과 사상에 관한 정인보·백남운·현상윤의 글을

32) 정종은 자신이 도요 대학에 1938년 4월에 입학했는데, 이 해 가을에 검거사건이 발생했다고 뚜렷이 기억하므로 이 사건 발생일을 1938년 9월 7일이라고 추정하고 있으나 이는 오류다.

33) 『조선중앙일보』 1935. 7. 17 ; 『매일신보』 1935. 7. 17.

게재하고, 이어 7월 20일에는 학예부 주최로 동아일보사에서 정인보·백남운의 강연회를 개최하였는데, 여기에 200명의 인사들이 모였다(『동아일보』 1935. 7. 21). 『동아일보』는 이들 외에 조헌영이 쓴 「정다산 의학의 특색」이라는 글을 게재하였는데, 아마도 이을호는 이 글에 영향을 받지 않을 수 없었을 것이다. 조헌영은 이 기념회 이전인 1935년 1월 『신조선』 8호에 「의학상으로 본 다산선생」을 발표하였다.

조헌영의 한의학 관련 활동은 주요 무대가 『조선일보』에서 『동아일보』로 옮겨졌다. 1935년 3월부터 6회에 걸쳐 게재한 「음양오행설(陰陽五行說)에 대(對)하야 천태선인(天台山人)의 몽(蒙)을 계(啓)함」이라는 글로부터 시작하여 1939년 11월에 연재된 「환절기 위생론」까지 약 4년에 걸쳐 20여 개에 가까운 위생 및 보건 주제의 글을 계속 연재하였고 이 기간에 여러 저서를 출판하였다. 뿐만 아니라 조헌영은 1935년 조선어표준말사정위원회 위원으로 활약하였으며, 1936년 인사동에 일월서방(日月書房)을 설립하기도 하였다.

흥미로운 것은 동서의학논쟁이 『조선일보』 지면을 통해 이루어진 반면, 『동아일보』는 1935년부터 매우 빈번하게, 거의 고정란을 두고 한방의학 문제를 다루기 시작했다는 점이다. 여기에는 이 시기에 뜨거웠던 신문사간의 경쟁도 작용한 듯하다. 『동아일보』의 자매지인 『신동아』는 1935년 10월호에 조헌영의 유명한 「한방의학의 위기를 앞두고」라는 글을 실었고, 명민이라는 필명으로 쓴 사상의학에 관한 글을 게재하였다. 그리고 당시 동서의학연구회의 주요 간부들을 초청하여 '한방의좌담회'를 열었는데, 이 좌담회에는 이을우·조헌영·김명여·김영훈·안효식·김동훈·이세림·신길구·박인서·김봉익·김관오 등이 참여하였다. 논쟁 당시의 핵심 인물인 장기무와 이을호는 여기에 참석하지 않았다. 아마도 이을호의 경우 약관이었기 때문일 것이다. 이 좌담회는 동서의학논쟁 이후 담론의 중심이 근대

지식인들로부터 동서의학연구회의 의생들에게 넘어가고 있으며, 논의의 주요 장도 『조선일보』에서 『동아일보』로 이전되고 있었음을 보여준다. 1936년에는 동서의학연구회의 대중강좌가 동아일보 학예부 후원으로 열렸는데, 여기에 조헌영은 김영훈·신길구 등과 함께 연사로 참여하였다.

1934년의 동서의학논쟁과 1935년의 『동양의약』 발행은 조선의 서구의학 진영에도 영향을 미쳤다. 정근양을 중심으로 경성제대 의학부 출신들이 낙산의학회를 조직하고, 1935년 9월 제1회 통속 의학 강연회를 중앙기독청년회관에서 개최하였다. 강연회에서 정근양은 「종합 의학에의 길」, 명주완은 「신경쇠약의 고금요법」, 이재규는 「현대의학적 견지로 본 구술과 침술」을 발표하였다. 이는 한의학과 서양의학을 비교하는 대중 강연이었다(『조선일보』 1935. 7. 16, 9. 19).[34] 이후 1937년 강필모가 「양의가 본 한의학」을 발표하였는데, 그는 양방과 한방의 차이를 복약 방법과 진단 적용법의 차이에서 찾고 양자의 목표와 연구 대상이 동일하며, 한방 치료가 내과 치료에서 우수하므로 동서의학이 잘 "연락 조화"한다면 치료 의학상 큰 소득이 있을 것이라는 입장을 피력하였다.[35]

신길구는 1936년 2월 말부터 『동아일보』에 9회에 걸쳐 연재한 「한의학계의 신기운」에서 비교적 자세한 국내외 동양의학의 동향을 밝혔다.[36] 이 내용은 당시뿐 아니라 오늘날의 관점에서 보아도 유용한 정보라고 할 수 있을 만큼 상세한데, 일본의 경우 이른바 황한의학이 부흥하여 일본한의학회가 결성되고 기관지를 내는 등 활성화되었는데, 신길구는 이러한 흐름을 '양의적 한의학'이라고 규정하였다. 한방의학 부흥론을 이끌어 낸 내적 요인이 한의들의 위기감이었다면, 그 외적 요인은 해외의 동양의약 부흥론이나 서구의 동양의

34) 전혜리, 앞의 논문, 2010, 45쪽 참조.

35) 그는 경성의전을 졸업한 서양의로, 동방의원을 운영하였다.

36) 그는 본초학자로 보성중학을 졸업하고 보성법률상업학교 상업과에서 수학하였다. 경기도 의생강습소 강사를 역임하였고, 인제당약방을 운영하였다.

학에 대한 관심 표명이었다고 할 수 있다. 그 중에서 가장 중요한 것은 일본 한방의학계의 동향이었다. 당시 일본에서는 유모토(湯本求眞)·오쓰카(大塚敬節)·시미즈(淸水藤太郎) 등이 일본한방의학회를 창립하고 『한방과 한약』이라는 기관지를 발행하기 시작했고, 1935년에는 다나카(田中吉在衛門), 모리타(森田幸門), 바바(馬場和光) 등이 일본의학연구회를 조직하고 동서의학을 집대성하여 일본 의학을 건설하려는 움직임이 있었다. 이러한 움직임이 조선 의료인들을 자극한 것이 분명하다.

그러나 일본의 전통의학 경향은 조선에 긍정적 영향만 준 것이 아니라 비판적 시각에 의해 정확히 평가되기도 하였다. 조헌영은 앞서 언급한 「한방의학의 위기를 앞두고」에서 1934년 결성된 일본한방의학회를 중심으로 한 일본의 한의학계 경향을 "공사약을 주로 쓰며", 이것을 서양의료에 영향을 받은 양의적 한방 요법으로 생각하였다. 신길구는 중국의 상황을 설명하면서 서양의였던 여운수(余雲岫)가 『사회의보』에서 중의(中醫) 폐지론을 제기한 후 오히려 중의학이 활성화되는 경향이 있으며, 대학(전문학교) 및 의학잡지가 크게 번창하여 학술적 업적이 생산되고 있음을 자세히 소개하였다.

여기에서 잠깐 김기욱 외의 연구[37]에 의거하여 중국에서의 전통의료의 변화를 살펴보자. 근대 중국의 경우, 서양의학과 중의학 간의 관계에 관한 담론은 중의폐지론, 중의개조론, 중서의 회통론(匯通論) 등으로 구분된다. 중국에서 서구화의 진행과 함께 등장한 중의폐지론은 1910년대 중국의 북양군벌정부가 집권하면서 강하게 제기되었다. 1914년 북경 중의들은 북양정부 교육부를 향해 북경 중의학회의 등록 인준을 요구했으나 북양정부의 교육총장은 중의학의 '과학성 결여'를 이유로 들어 이를 허용하지 않고 중의 폐지를 결정하였다.[38] 이러한 상황에서 북양정부가 1922년 의사관리법령을 발표하

37) 김기욱 외, 『강좌 중국의학사』, 대성의학사, 2006.
38) 김기욱 외, 『강좌 중국의학사』, 대성의학사, 2006, 376쪽.

였으나 중의와 서의 모두의 반대에 부딪혀 폐지가 무산되었다. 여운수와 왕기장(汪企張)은 1925년 '상해의사공회'를 창립하고 『의약평론』을 통해 중의학 폐지운동을 전개하였다.[39] 이에 대하여 이종옥(李鐘鈺)·정감인(丁甘仁) 등의 중화교육개진사는 교육부에 의학 과목의 개설, 의학교에 중의학과의 개설 또는 중의 전문학교의 개설 등을 요구했으나 받아들여지지 않았다.[40] 중의폐지론에 대한 대응의 하나가 '중의과학연구사'라는 단체의 중의개조론이다. 육연뢰(陸淵雷)와 담차중(譚次仲)은 『중의과학』이라는 잡지를 창간하고 중의학의 현대화와 과학화를 시도하였다.

1927년 국민당정부는 남경에 수도를 정한 후, 1928년 12월 「위생행정계통대강」을 공포하여 의료체계를 갖추려고 하였다. 1929년 남경정부는 제1차 중앙위생위원회를 소집하여 '중의폐지론'을 제기하여 거센 소용돌이를 불러일으켰다. 이를 뒷받침한 여운수는 당종해(唐宗海)나 오보당(吳輔堂)과 같은 회통파를 비판하고 중의폐지론을 주장했으며 왕기장도 중의를 없애자고 주장하였다. 여운수는 '폐의 존약(廢醫存藥)'으로 압축되는 입장, 즉 중의 폐지와 한약 존중을 위한 구체적인 방안을 제시하였다. 이에 중의계가 강력히 반발했으나 국민당정부는 1929년 중의학교를 중의전습소로 바꾸게 하고 각종 행정규제를 강화하였다. 이에 대해 중의학계는 1929년 3월, 전국대표대회를 소집하여 대대적인 항의를 조직하고, '민족문화 수호와 외세의 문화적 침략'에 저항하는 운동을 펼쳐 나갔다. 이를 기초로 중의학계는 '전국의약단체 연합회'를 출범시켰다. 이들은 국의의 필수과정을 제정하고 일본의 황한의학계와 학술적 교류를 추진하였다.[41]

국민당정부는 중의계의 불만을 무마하기 위해 1931년 "과학적 방법으로

39) 김기욱 외, 『강좌 중국의학사』, 대성의학사, 2006, 348쪽.
40) 김기욱 외, 『강좌 중국의학사』, 대성의학사, 2006, 377쪽.
41) 김기욱 외, 『강좌 중국의학사』, 대성의학사, 2006, 380쪽.

중의약을 정리하고 치료 및 제약법을 개선시키기 위한 취지"에서 중앙국의관을 설치하고 정부에서 경비를 지원했으나 이듬해에는 지원을 반감하여 중의 관련 단체에서 경비를 이 기관에 조달하여 유지하였다.[42] 중앙국의관은 1936년 9개 성과 북경, 상해 두 도시에 분관을 증설하였다. 중앙국의관은 중의의 합법적 지위를 확립하기 위하여 1932년부터 국의조례를 제정하는 활동을 시작하여 『국의공보(國醫公報)』를 발행하고, 「국의약학술표준대강초안」을 정하여 1933년 이를 통과시켰다. 이에 따라 1934년 11월 통일된 중의병명이 공포되었고 1936년 중의학 교재를 편찬하여 정규 교육과목으로 지정하였다.[43] 남경정부는 1930년 「서양의학조례」를 공포한 이후 1936년 「국의조례」를 공포하였다. 이는 중서의학 공존체제가 형성되고, 중의학도 합법적으로 교육될 수 있게 되었음을 의미한다. 그러나 남경정부는 사실상 평등원칙을 지키지 않고 중의학 말살정책을 지속하였다.[44] 이에 중의학계는 국민당정부에 강력히 요구하여 1937년 3월 위생서 산하에 중의위원회를 설치하였다. 이러한 상황을 보건대, 중국의 1930년대도 조선과 유사하게 의료체계를 둘러싸고 갈등과 논쟁이 치열하게 전개되었음을 알 수 있다.[45]

신길구는 일본과 중국의 흐름과 함께 조선의 한방의학계를 평가하면서, 동서의학논쟁과 직후의 움직임을 잘 제시하고 있다. 그는 『동양의약』이 더 이상 발행되지 않은 이유를 경제문제로 보았고, 조헌영의 활동과 낙산의학회의 움직임을 잘 요약하였다. 신길구는 낙산의학회에서의 정근양의 논문에

42) 김기욱 외, 『강좌 중국의학사』, 대성의학사, 2006, 345쪽.
43) 김기욱 외, 『강좌 중국의학사』, 대성의학사, 2006, 346쪽.
44) 김기욱 외, 『강좌 중국의학사』, 대성의학사, 2006, 347쪽.
45) 중국 국민당정부 하에 진행된 중의학의 쇠퇴나 위기는 1949년 공산당정권이 성립되면서 상황이 반전되었다. 공산당정부는 과거의 항일운동이나 국민당과의 투쟁과정에서 중의학을 적절히 활용했으며, 1949년 이후 중서의 결합제도를 발전시켰다. 1956년 모택동은 이런 방침을 확정하여 1960년대에 중서의 결합에 관련된 연구가 활발해지고 1980년대에는 이를 표방하는 병원과 연구소가 크게 증가하였다. 1981년 중국 중서의 결합학회가 창립되었다.

대하여, 장기무 및 조헌영과 논쟁할 때보다 한방의학에 대한 이해가 깊어졌다고 평하였으며, 경성제대 의학부 출신의 모임인 낙산의학회에서 한의학을 학술적으로 취급한 데 대해 큰 의의를 두었다. 흥미로운 점은 논쟁 이후 "장기무 씨와 이을호 씨가 작년 봄 이래로 침묵을 지키는 것은 연구에 골몰함인지 또는 다른 사정으로 분망하여 그러함인지 알 수 없으나 한의학의 발전을 위하여 평일 연구한 업적을 가끔 발표하여 주기를 바란다."라고 쓴 것이다. 그의 언급을 보면 동서의학논쟁 시의 참여자들에 대한 사회적 기대가 상당히 오랫동안 지속되었음을 알 수 있다.

『동양의약』은 더 이상 발행되지 않았지만, 동서의학연구회는 활동을 계속하였다. 이들은 한의가 절대적으로 감소되는 상황에서 '의생'의 재생산이 절대로 필요하다는 인식 하에 경기도의 허가를 얻어 1937년부터 경기도 의생강습소를 열었다. 의생강습소의 교육기간은 1년이었고, 학생은 매년 50명씩 6년간 선발하였다. 교사진은 한의 중심이었지만 서양의학도 일부 강의하였다. 충남에서도 이에 자극을 받아 1년간 의생강습소를 운영하였다. 동서의학연구회는 지속적으로 동아일보 학예부와 협조를 하면서 통속의학 강좌를 실시하였다. 1940년 3월 17일에는 정기총회를 열고 회장 이을우, 부회장 이명선, 김영훈, 간사에 김영환·김봉익·김동훈·조한영·조순승 등 5인을 선거하였다. 이들의 면모를 보면 1934년 임원진들이 거의 그대로 유지되고 있음을 알 수 있다. 이들은 의생이 매년 줄어드는 상황을 우려하면서 의생을 선발시험을 통해 보충해 달라는 진정을 하였다(『동아일보』 1940. 3. 19).

이런 동서의학연구회와는 다른 또 하나의 흐름이 조선에서 형성되었다. 1939년 일본 동양의도회 총재 미나미(南弄山)가 방한하였는데 이를 계기로 한의계와 한약계가 통합되어 1939년 4월 동양의약협회가 발족하였다. 동양의약협회에서는 동양의약전문학교의 설립과 학술지 발간을 주요 사업목표로 삼았는데, 전문학교의 설립에 총독부 학무국이 반대하여 결국 1940년 동양의약강습소의 개강으로 낙착되었다(대한한의사협회, 1989). 학술지 발간 사업은 이 해 7월 과거의 잡지명인 『동양의약』의 발간으로 나타났다. 그러나 이 잡지는 과거의 『동양의약』과는 달리 일본 고방파의 영향을 많이 받았고, 실제 의료에 종사하는 사람들이 주도하였다.[46] 동서의학연구회와는 달리 이 협회는 총독부와 긴밀한 관계를 맺고 있었다.

태평양전쟁이 시작되면서 1942년 3월에 이르러 일제는 「생약통제령」, 구체적으로 말하면 「의약품 및 위생 자료 생산 배급 통제 규칙」을 발표하여 약령시가 마비되었다. 이런 상황에서 1942년 전북한의약조합장이던 박계조가 동서의학논쟁의 성과들을 보존하려고 노력하여 『조선일보』에 게재된 논쟁의 내용과 이후 『동아일보』 및 여러 잡지에 실린 한의학 관련 기사들을 모아 책으로 출판하였다.

6. 맺음말

1910~20년대를 통하여 의료 시술조직과 의학 교육기구의 두 측면에서 기본적 틀이 갖추어지면서 서양 의료 체계의 헤게모니는 상당히 제도화되었다. 이런 변화의 핵심적 요인은 국가권력에 의한 재생산 기구의 의료인에 대한 자격 부여 능력의 독점이다. 그렇지만 이것이 지식적 헤게모니까지 갖춘 완전한 것은 아니었다. 동서의학논쟁이 보여주듯이 당시 서양의학 진영은 한의학 진영을 완전히 설득시키지는 못하였다. 그들의 헤게모니는 제도적 측면에서는 확실하였지만 지식의 측면에서는 불완전하였던 것이다.

이을호가 젊었을 때 참여했던 동서의학논쟁은 일제에 의한 서양의료중심

46) 전혜리, 「1934년 조선 한의학 부흥담론에서 나타난 한의학 정체성의 근대적 재구성」, 서울대 대학원 석사학위논문, 2010, 55쪽.

주의의 한계를 보여주면서 전통의학을 근대적 방식으로 재구성하는, 당시에는 별로 의식되지 않은 프로젝트였다. 이 논쟁은 한국뿐 아니라 동아시아에서 전통 의학과 의료체계가 현대로 이어지는 다양한 길의 하나를 보여주었고, 전통 의료인들을 자극하여 재활성화될 수 있는 가능성을 제시하였다.

이을호의 일생에서 가장 큰 영향을 미친 사람은 최승달과 조헌영인 것으로 보인다. 모두 민족주의적 사상과 활동의 영역 속에 있었고, 전통 의학을 매개로 동반자적인 길을 걸었다. 최승달은 그의 의료적 학문적 스승으로, 조헌영은 물론 10년 연상의 선배로 동서의학논쟁기에 유사한 입장에 섰고, 이를 인연으로 동양의약사에서 같이 활동하였다. 이을호는 필자와의 인터뷰에서나 자신의 회고에서 최승달에 관해서는 언급했으나 조헌영과의 관계에 대해서는 별달리 언급하지 않았다. 물론 해방 후에 이루어진 최승달과의 교류에 관해서도 별다른 언급이 없었지만, 조헌영에 관한 언급이 없었던 이유는 궁금하다. 이을호가 1935년 다산의 존재를 처음 접했을 때 그것은 조헌영의 글을 통해서였을 가능성이 있다. 1930년대 후반기에 이들은 서울과 영광이라는 서로 다른 지역에서 활동하였지만, 조헌영은 이을호에게 지속적으로 존재감을 제공했을 가능성이 크다. 조헌영은 전국에 유통되는 일간지 지면에 계속 글을 연재하고 있었기 때문이다.

해방 후 이을호는 영광에서 가장 시급한 일이 민족교육이라고 보고, 학교 설립에 나섰다. 영광군민들은 식민지 하에서 인근 고창에 고창고보가 설립된 것을 늘 부러워하였기 때문에 해방이 되자마자 영광의 오랜 숙원이던 중학을 세우는 데 합의하였다. 이들은 약간의 준비를 거쳐 10월 15일 영광 민립중학과 영광 민립여자중학을 세웠다. 이을호는 민립중학의 교장으로, 조의현은 여자중학의 교장으로 부임하고, 정종은 두 학교의 교감을 맡았다. 정종은 여기에서 보낸 3년이 생애의 황금기라고 회고하였다.[47]

---

47) 정종(온버림), 「현암 이을호박사와 나를 말한다」, 『공자학』 9, 2002, 274쪽.

이에 비해 조헌영은 해방 직후 서울에서 홍명회・원세훈 등이 이끌던 조선민족당 노선을 따라 한국민주당에 합류하였고, 자신의 고향인 경북 영양에서 제헌의원에 당선되었다. 그는 국회에서 반민족행위처벌법을 강력히 추진하였고, 이어 반민족행위 특별조사위원회 조사위원으로 활약하였다. 이 문제를 두고 의견을 달리한 그는 한민당을 탈당하였다. 1950년 5・30선거에서 무소속으로 당선되어 김동성과 함께 무소속 구락부를 이끌었으나 한국전쟁중에 납북되었다. 이후 조헌영은 북한에서 한의학과 관련된 활동을 하였고,[48] 이을호는 다산연구를 본격화하게 된다. 해방 직후의 이을호의 활동과 조헌영이 걸었던 길은 서로 달랐지만, 서로 공명하는 측면이 있었다. 그럼에도 불구하고 그에 관한 언급이 없었다는 것은 아마도 분단체제의 어두운 그림자를 보고 있었기 때문이라고 생각된다.

이을호의 일생에서 1934~35년은 매우 중요한 시기였다. 전국적으로 전개된 논쟁의 당사자였고, 또한 인생 후반기를 장식할 다산연구의 전기가 여기에서 구해졌다. 최승달의 영향 아래 배웠던 사상의학은 개인적 건강 문제와 함께 전통 의료에 대한 관심을 이끈 통로였으며, 약학과 의료에 대한 관심에서 다산과 경학에 대한 관심으로 넘어가게 하는 디딤돌이었다.

참고문헌

강필모, 「양의가 본 한의학」, 『동아일보』 1937 / 박계조 편, 『한의학의 비판과 해설』, 전북한의약조합, 1942.

기창덕, 「개명기의 동의와 동의학 강습소」, 『의사학』 2-2, 1993.

김명여, 「시기와 노력」, 『동양의약』 2, 1935.

김영훈, 「한방의학 부흥론에 대하여」, 『동양의약』 창간호, 1935.

---

48) 북한에서는 주로 한의학 연구에 심혈을 기울여 의학박사학위를 취득하는 등 많은 업적을 쌓았으며, 1956년 7월 재북평화통일촉진협의회 집행위원과 1980년 7월 서기장을 맡았다. 1988년 5월 23일 평양에서 사망하였다.

김영훈, 「한의학의 금석」, 『동양의약』 2, 1935.
대한한의사협회, 『대한한의사협회 40년사』, 대한한의사협회, 1989.
박계조 편, 『한의학의 비판과 해설』, 전북한의약조합, 1942.
신길구, 「한의학계의 신기운」, 『동아일보』, 1936 / 박계조 편, 『한의학의 비판과 해설』, 전북한의약조합, 1942.
연세의대 의학사연구소 편, 『한의학, 식민지를 앓다』, 아카넷, 2008.
이을호, 「의학 개념에 대한 오인의 태도」, 『동양의약』 창간호, 1935.
이을호, 「현대 의학의 고민」, 『동양의약』 2, 1935.
이을호, 「종합 의학 수립의 전체: 한방의학 부흥에 대하여」, 『조선일보』 1934 / 박계조 편, 『한의학의 비판과 해설』, 전북한의약조합, 1942.
장기무, 「한방의학 부흥 문제: 정근양씨 제언에 답함」, 『조선일보』 1934 / 박계조 편, 『한의학의 비판과 해설』, 전북한의약조합, 1942.
장기무, 「한방의학 부흥책」, 『조선일보』 1934 / 박계조 편, 『한의학의 비판과 해설』, 전북한의약조합, 1942.
장기무, 「한방의학 혁신론」, 『동양의약』 창간호, 1935.
정근양, 「조헌영씨의 한방의학론을 평함」, 『조선일보』 1934 / 박계조 편, 『한의학의 비판과 해설』, 전북한의약조합, 1942.
정근양, 「한방의학 부흥 문제에 대한 제언: 장기무씨의 소론을 읽고」, 『조선일보』 1934 / 박계조 편, 『한의학의 비판과 해설』, 전북한의약조합, 1942.
조동걸, 『한국 현대사의 시련과 반성』, 지식산업사, 1989.
조헌영, 「의학상으로 본 다산선생」, 『신조선』 제8호, 1935. 1.
조헌영, 「과학적으로 본 한방의학」(방송 강연), 1940 / 박계조 편, 『한의학의 비판과 해설』, 전북한의약조합, 1942.
조헌영, 「동서 의학의 비교 비판의 필요」, 『조선일보』 1934 / 박계조 편, 『한의학의 비판과 해설』, 전북한의약조합, 1942.
조헌영, 「신의학의 발전과 한의학의 금후」, 『중앙시보』 1937 / 박계조 편, 『한의학의 비판과 해설』, 전북한의약조합, 1942.
조헌영, 「음양오행설에 대하여: 천태산인에게 기함」, 『동아일보』 1934 / 박계조 편, 『한의학의 비판과 해설』, 전북한의약조합, 1942.
조헌영, 「한방의학의 위기를 앞두고」, 『신동아』 1935. 10 / 박계조 편, 『한의학의 비판과 해설』, 전북한의약조합, 1942.
조헌영, 「한의학론에 대하여: 정근양씨의 평을 읽고」, 『조선일보』 1934 / 박계조 편,『한의학의 비판과 해설』, 전북한의약조합, 1942.
기창덕,「개명기의 동의와 동의학강습소」,『의사학』 2-2, 1993.
김기욱 외,『강좌 중국의학사』, 대성의학사, 2006.
박윤재,『한국 근대의학의 기원』, 혜안, 2006.
박윤재,「1930~40년대 조헌영의 한의학인식과 동서절충적 의학론」,『한국근현대사연구』 40, 2007.
박윤재,「일제의 한의학정책」, 연세대학교 의학소연구소 편,『한의학, 식민지를 앓다』, 아카넷, 2008.
신규환,「병존과 절충의 이중주－일제하 한의학의 서양의학 인식과 수용－」,『역사교육』 101, 2007.
신동원,「1910년대 일제의 보건의료정책」,『한국문화』 30, 2003.
신창건,「조헌영의 정치적 의학사상: 식민지기 해방후 납북후를 통하여」, 김성근 외,『한국 근현대 과학기술사의 전개』, 국사편찬위원회, 2005.
여인석,「개항이후 한의의 동태」, 연세대학교 의학소연구소 편,『한의학, 식민지를 앓다』, 아카넷, 2008.
오종일,『현암 이을호』, 문원각, 2004.
이종형,「동의학사」,『한국 현대 문화사 대계』 4, 고려대 민족문화연구소, 1997.
이흥기,「장기무와 강병옥: 한국인 1세대 의사들의 진로선택」(서울대 병원역사문화센터 제2회 병원사 국제심포지움 발표논문), 2008.
전혜리,「1934년 조선 한의학 부흥담론에서 나타난 한의학 정체성의 근대적 재구성」, 서울대 대학원 석사학위논문, 2010.
정근식,「일제하 서양의료체계의 헤게모니형성과 동서의학논쟁」,『한국사회사학회논문집』 제50집, 문학과지성사, 1996.
정근식 외,『근현대의 형성과 지역엘리트』, 새길, 1995.
정종,『내가 사랑한 나의 삶 84(하)』, 동남풍, 1999.
정종(온버림),「현암 이을호박사와 나를 말한다」,『공자학』 9, 2002.
최정기,「해방직후 민족교육의 문제」, 한국현대사사료연구소 편,『전남사회운동사연구』, 한울, 1992.

酒井,『日本の醫療史』, 東京書籍, 1982.
愼蒼健,「覇道に抗する王道としての醫學: 1930年代朝鮮における東西醫學論爭から」,『思想』 905, 1999.

2. 현암의 사상의학 연구

최 대 우 전남대학교 철학과 교수

1. 서 언

'사상의학'은 이제 전통 의학사상의 하나로서 일반화된 개념이라고 할 수 있다. 그러나 사상의학이 치료의 일반화에 이르기까지는 아직 갈 길이 멀어 보인다. 사상의학은 아직 이론에 대한 탐색에서부터 만족할 만한 성과를 이루어내지 못하고 있다. 치료에 대한 과학적 검증도 중요하지만 이론에 대한 명확한 해명이 선행되지 않고는 사상의학의 발전을 기대할 수는 없을 것이다. 물론 『동의수세보원』 간행 이후부터 이론에 대한 탐색이 없었던 것은 아니다. 그렇지만 그 내용이나 방식에는 풀어야 할 여러 가지 의문이 아직 남아 있다. 사상의학 이론에 대한 다양한 방식의 탐색이 요청되는 이유가 여기에 있다.

이을호의 연구 이전까지 사상의학 이론은 음양오행론에 근거를 둔 한의학을 계승한 것이라는 시각에서 해명되었다. 한의학계 역시 '사상의학은 한의학의 범주를 벗어나지 않는 의학사상'으로 간주한다. 그들은 두 의학 이론의 차이를 인정하면서도 사상의학 이론의 철학적 근거나 한의학과의 이론적 차이 등을 명확히 제시하지 않는다. 한편 사상의학 이론에 대한 철학적 탐색을 시도한 연구서들은 『동의수세보원』을 포함한 이제마의 저술을 모두

『주역』에 근거한 것으로 보고, 이들을 모두 우주의 변화 원리로 해명했다.[1] 그러나 이을호는 음양오행이나 변화 원리에 근거한 해명을 일체 수용하지 않는다. 그는 이제마의 저술에 나타난 『주역』의 개념들은 의학이론을 전개하기 위해 차용한 개념으로 이해하고,[2] 사상의학을 새로운 유학사상의 체계 위에서 전개된 것으로 파악하기 때문이다.

사상의학 이론은 새로운 개념도 있지만 주로 '사상(四象)' 개념을 포함한 역(易)의 개념들, 그리고 유학의 개념들을 사용하여 설명한다. 개념 사용으로 미루어 보면 사상의학은 역(易)을 토대로 전개했다는 것을 의심할 수 없다. 그러나 개념의 사용을 곧 계승으로 해석해야 할 것인가는 고민하지 않을 수 없다. 왜냐하면 사상의학 이론 연구자들은 지금까지 '사상' 개념과 역의 개념에 주목하고 역의 원리에 근거해서 사상의학 이론이 형성되었을 것이라는 가정 하에 사상의학 이론을 계승의 관점에서 해명하고 있기 때문이다. 또한 극히 일부 연구자들 중에는 이제마의 저술에 나타난 이기(理氣), 성정(性情), 이발(已發)·기발(旣發) 등의 개념을 근거로 주자학의 계승이라는 관점에서 해명하기도 한다.

이을호는 사상의학의 이론을 유학사상의 직접적인 계승이 아니라 이제마의 관점에서 새롭게 재구성한 것으로 보고, 유학적 관점과도 구별되는 새로운 해석을 시도한다. 새로운 관점은 크게 두 가지다. 하나는 사상설은 『주역』이나 주자학의 형이상학적 논의에서 벗어나 이제마의 독창적인 관점에서 재구성되었다는 것이다. 재구성의 관점은 유학의 도덕이론을 구조화한 것이다. 그는 이 구조를 '사원구조(四元構造)'라고 부르고, 사상설을 구조적 이해를 통해 해명하려고 한다. 이제마는 인간의 지각과 행위를 우주의 보편 원리가

1) 최대우, 『이제마의 철학』, 서울: 경인문화사, 2009, 17쪽 참조.

2) 이제마는 『格致藁』, 「반성잠」 서문에서 자신이 사용한 개념들은 卦象에 의거해서 모방한 것일 뿐이며, 『주역』의 내용과는 무관하다는 것을 밝히고 있다.

아닌 선천적으로 주어진 혜각과 자업 능력으로 해명한다. 이을호는 이제마가 이 능력의 발휘를 사원(四元)으로 구조화하여 해명한 것으로 해석한다. 이 때문에 본고는 형이상학적 관점의 굴레를 벗어나려는 이을호의 연구에 초점을 맞출 것이다. 다른 하나는 사상설이 독창적이기는 하지만 그것은 철저히 유학사상에 근거한 이론이라는 것이다. 한의학은 유학을 비롯해서 도가, 음양론, 오행론 심지어는 참위설까지 수용함으로써 정형화된 이론으로 체계화한다.[3] 그러나 사상설은 오직 유학사상을 토대로 형성된 것으로서 유학의 경전을 이론의 근거로 삼았다는 주장이다.

이 글은 이러한 이을호의 사상의학 연구 성과를 분석함으로써 연구 성과가 갖는 의미, 그리고 그의 연구 성과가 앞으로 사상의학 이론 탐구에 어떤 기여를 할 수 있는지를 조망해 보는 데 목적이 있다. 이를 위해 필자는 먼저 그가 사상의학을 연구하게 된 배경과 그의 저술을 고찰할 것이다. 연구 배경은 그의 사상의학을 이해하는 과정은 물론이요, 학문적 관점까지 파악할 수 있는 주요한 단서가 되기 때문이다. 그러나 주된 작업은 사상설에 대한 그의 연구논문을 분석하여 그 성과를 정리하는 데 할애할 것이다. 그는 사상설을 이해하는 고전적 방식을 벗어나 새로운 관점을 제시하고 있기 때문이다. 새로운 관점을 분석하여 고전적 해석과 다른 그의 관점을 부각시키는 것은 앞으로 사상의학 이론 탐구에 나침반이 되고 있음을 드러내기 위한 것이다.

2. 연구 배경과 저술

이을호의 사상의학과의 인연은 학창 시절부터 시작된다. 그는 중앙고보 시절 앓고 있던 폐질환을 사상의학자 최승달의 처방으로 쉽게 치료 받은

3) 林殷, 문재곤 역, 『한의학과 유교문화의 만남』, 서울: 예문서원, 1999, 42쪽 참조.

경험이 있다. 그는 이를 계기로 사상의학을 배우기로 결심했지만 최승달의 권유로 약학을 전공하게 된다. 그러나 사상의학의 매력에 빠진 그는 『동의수세보원』[4]의 강독[5]에 참여함으로써 사상의학 이론과 인연을 이어 간다. 그런데 사상의학은 이론의 근거가 유학에 있다는 것을 알게 된 후, 그는 다시 유학 공부에 뜻을 두게 된다.[6] 그의 정약용의 경학사상 연구는 이렇게 시작되었다고 술회한다. 그러나 그는 정약용 연구와 실학 연구로 일가를 이룬 이후에도 사상의학 이론에 대한 의문을 멈추지 않는다.

사실 이을호는 20대 중반부터 이미 한·양의학논쟁에 뛰어들었고, 의학에 대한 몇 편의 글과 「이제마의 사상의학 개념」, 그리고 「이제마의 사상의학설 비판」이라는 글을 통해 자신의 견해를 개진했다.[7] 그러나 사상의학에 대한 본격적인 탐구는 1970년대 초에 이루어진다. 그의 술회에 따르면 정약용 연구 이후에 그동안 이해할 수 없었던 『동의수세보원』의 내용이 이해되기 시작했다고 한다. 주자학을 극복한 정약용 사상에 대한 그의 연구 성과는 사상의학 이론도 함께 볼 수 있는 안목까지 넓혀 주게 된 것이다.

앞서 언급했듯이 이을호는 20대에 이미 사상의학에 대해 글을 쓰기 시작했지만 사상의학 이론의 전모를 밝혀내지는 못했다. 사상의학 이론에 대한 본격적인 탐색은 『다산경학사상 연구』 발표 이후에 이루어지는데, 그의 사상의학에 대한 연구 성과는 두 편의 논문과 한 권의 주해서에 담겨 있다. 1972년에 발표한 「이동무 사상설 논고」,[8] 다음해 출판한 『사상의학원론』,[9]

---

4) 『동의수세보원』은 이하 『보원』으로 표기함.
5) 오종일, 『현암 이을호 선생』(영광문화 시리즈 1), 영광문화원, 2004. 24쪽. 경성약학전문대학 재학 시절 독서회를 조직한 이을호는 해초 최승달을 초빙하여 『동의수세보원』을 강독하게 된다.
6) 「현암 이을호선생 추모 좌담 특집, 현암 이을호 선생의 면모」, 『다산학보』 16집, 69~70쪽 참조.
7) 『전서』 [7], 425~89쪽 참조.
8) 이을호, 「李東武 四象說 論攷」, 『철학연구』 제7집, 1972.
9) 이제마, 홍순용·이을호 역술, 『사상의학원론』, 서울: 수문사, 1973.

그리고 1977년에 발표한 「동무사상설의 경학적 기조」가 그것이다.[10] 「사상설 논고」는 사상의학의 구조적 이해를 도모한 것으로서 사상의학 이해의 분수령을 이룬 글이다. 구조적 이해는 인간과 세계를 이해하는 새로운 방식으로서 한의학 이론은 물론이요, 유학사상과의 차이도 밝히는 관건이 되기 때문이다. 『사상의학원론』은 이러한 구조적 이해를 토대로 이루어진 『동의수세보원』의 주해서다. 그의 주해는 사상의학 이론을 역(易)의 변화 원리로 해명하려는 이제까지의 입장과 대비된다는 점에서 주목된다. 『사상의학원론』은 한동안 사상의학과 학생들의 교재로 사용되었는데, 이것은 그의 관점이 어느 정도 설득력을 얻고 있음을 입증한 것이라고 할 수 있다. 끝으로 「사상설의 경학적 기조」는 사상의학이 유학 경전에 근거를 두고 성립된 이론이라는 것을 탐색한 글이다. 그는 이 글에서 사상의학은 단순히 과거의 유학에 기초한 것이 아니라 경학을 새롭게 재구성하여 이론화한 것임을 밝힌다. 따라서 이 글은 사상의학은 역(易)의 변화 원리나 유학사상을 계승했을 것이라는 선입견을 제거시키는 성과를 이룬 것으로 평가할 수 있다.

이상에서 살펴본 이을호의 연구 관점은 크게 다음과 같은 두 갈래로 정리할 수 있다.

첫째, 사상의학 이론은 한의학을 계승했지만 그것은 사원구조를 토대로 정립한 새로운 의학이론이다.

둘째, 사상의학 이론은 유학사상을 토대로 한 것이지만 그것은 계승이 아니라 재구성한 새로운 한의학 이론이다. 이러한 관점은 유학과 한의학 이론을 수용하여 사상의학 이론을 정립했을 것이라는 선입견을 벗어남으로써 형성된 것이다. 특히 이러한 관점이 정약용 연구 이후에 형성되었다는 것은 주목할 만하다. 정약용 연구는 선입견의 구속에서 벗어나 학문의 차이를

10) 이을호, 「東武四象說의 經學的 基調」, 『한국학보』 제6집, 서울: 일지사, 1977. 이 논문은 『한국개신유학사시론』(서울: 박영사, 1980)에 재수록되어 있다.

분별하는 이을호 자신만의 안목을 갖게 해 주었기 때문이다.

3. 사상설의 구조적 이해

이제마는 새로운 의학이론을 내놓았지만, 그 이론적 근거에 대해서는 직접적인 해명이 없다. 그리고 후학들에게 이론적 근거를 정확하게 전수했는지의 여부는 아직까지 밝혀지지 않고 있다. 물론 『동의수세보원』에는 새로운 이론을 창안하게 된 이유를 유추해 낼 수 있는 간단한 언급이 있다.[11] 그러나 한의학 이론과의 차이나 철학적 근거 등 사상의학의 성격을 밝힐 수 있는 주요한 문제에 대해서는 언급이 없다. 따라서 이론의 근거에 대한 단서는 그가 전개한 이론 속에서 직접 찾을 수밖에 없다.

이러한 상황은 이론적 근거에 대해 다양한 추론을 가능하게 한다. 『동의수세보원』 간행 이후 사상의학은 대체로 『주역』을 토대로 형성된 의학이론이라는 시각이 일반적으로 받아들여졌다. 해명의 핵심은 역(易)의 변화 원리다.[12] 사상 개념, 그리고 이제마 초기 저술인 『격치고』에 등장하는 주요 개념들은 '사상의학 이론은 역을 토대로 형성되었다'고 쉽게 추론할 수 있게 한다. 따라서 이을호의 「이동무 사상설 논고」 발표 이전까지 역을 토대로 한 논의는 당연한 것으로 받아들이는 추세였고, 지금도 이러한 추세는 계속되는 분위기다. 이러한 관점에서 보면 이을호의 주장은 매우 색다르고 도발적인 것으로 보인다. 사상의학 이론의 기초를 정리한 『격치고』는 『주역』의 주요 개념들을 사용하여 설명한다. 따라서 주요 개념만 보면 사상의학 이론은 역의 원리를 빼고 해명하기 어려울 것처럼 보인다.

그러나 유감스럽게도 역(易)의 변화 원리에 근거한 논의는 "왜 사상인가?"

---

11) 『보원』, 「의원론」, 5절.
12) 최대우, 『이제마의 철학』, 17쪽 참조.

라는 근본적 물음에 답을 주지 못한다. 이제마는 「반성잠(反誠箴)」 서론에서 잠의 이름과 뜻[名義]은 역상(易象)을 모방(依倣)한 것으로서 복희(伏羲)가 말한 역상(易象)과 다르다고 해명한다.[13] 이 해명은 이 책의 이름과 뜻이 역의 원리로 해석될 수 있는 오해를 미리 차단하기 위한 것이다. 역의 원리를 수용했다면 '역상의 모방'을 언급할 수 없었을 것이다. 변화 원리에 근거한 이제까지의 논의는 이 점을 해명하지 않는다. 오행의 도식이 변형되어 장부와 대응한다는 그들의 논거도 설득력이 부족하기는 마찬가지다.[14] 이제마는 오행의 개념 또는 오행의 변형과 관련된 논의를 단 한 줄도 언급하지 않기 때문이다.

이을호의 사상의학 이론 연구는 『주역』의 개념을 사용하되 역의 변화 원리와는 무관한 새로운 이론이라는 가정에서 출발한다. 이 가정은 관념론적 장막을 걷어버리고 실증적 방식으로 구명할 수 있다는 것을 전제로 한다.[15] 이것은 역의 원리에 근거한 과거의 연구 관점을 관념적 논의로 규정하고 자신의 실증적 연구 방식과 대비시키기 위한 것이다. 그는 사상설에 대한 논의를 철학적 입장, 실증적 근거, 사상인의 본질이라는 세 측면에서 접근한다.

1) 철학적 입장

철학적 입장은 관념적 논의와 대비시키기 위한 것인데, 이을호는 사상의학을 '사상설적 인간학'으로 규정한다. 사상의학은 신체적 조직과 생리적 기능에 따른 심성적 정의와 정신적 욕구를 문제 삼고, 나아가 윤리적 생활의 근원으로서 우주론적 원리까지 문제 삼으면서 한 인간을 전체적 구조의 통일체로 간주한다고 보기 때문이다. 말하자면 사상설은 하나의 의학설이기

---

13) 이제마, 『격치고』, 「반성잠」, 서론.
14) 이제마, 이창일 역주, 『동무 유고』, 서울: 청계, 1999, 49~51쪽 참조.
15) 이을호, 「이동무 사상설 논고」, 『철학연구』 제7집, 1972, 2쪽.

보다는 철학적 인간학에 가깝다고 판단한 것이다.

이을호는 이에 대한 논거로 구조적 원리, 음양의 대대원리, 천·인·성·명의 구조적 통일이라는 세 측면을 제시한다. 먼저 사상설은 인간 존재를 구조적 원리로 해명한다. 그는 사상(四象)은 역리(易理)로 보면 양의(兩儀)에서 팔괘(八卦)로 넘어가는 중간 개념이지만 사상의학의 근원적 요소를 이루고 있다는 점에 주목한다. 특히 그는 사상의학 이론의 근간이 사상(四象)이지만 이제마가 역리의 원용에 대해서 관심을 두지 않은 점, 그리고 태극과 음양 개념은 수용하되 팔괘 이하는 채택하지 않은 점에 주목한다. 여기에서 그가 발견한 사상설의 일관된 원칙은 두 가지다. 첫째, 사상설이 지닌 사원의 원리는 복합 사원구조를 형성하여 정전황극형(井田皇極形)의 구조를 이룬다. 그는 이 구조를 다음과 같이 도식화한다.

耳 — 肺 — 頷 — 頭
| | | |
目 — 脾 — 臆 — 肩
| | | |
鼻 — 肝 — 臍 — 腰
| | | |
口 — 腎 — 腹 — 臀

이 도식은 몸을 인식 기관과 장부 기관, 그리고 전면과 후면을 사상으로 구조화한 것이며, 구조화의 기준은 몸의 기능이다. 이을호는 이 몸의 복합 구조를 폐·비·간·신·심이라는 태극(太極) 사유설(四維說)의 기틀로 이해함으로써 사상설은 전통적인 역리와 무관한 것임을 주장한다.[16] 이것은 사상설의 독자적인 측면을 구조화로 해석하여 역리와 다른 관점에서 이해하

16) 『보원』, 「사단론」, 3절(이하 『동의수세보원』의 인용은 이을호가 『사상의학원론』에서 분절하여 표기한 것을 따랐다).

려는 것이다. 둘째, 복합사원 구조 안에는 사차원적 세계관이 함축되어 있다. 그는 천기(천시 · 세회 · 인륜 · 지방)를 탕(蕩) · 대(大) · 광(廣) · 막(邈)으로 설명한 것을 시간 · 입체 · 평면 · 선의 개념으로 해석하여 사차원적 세계관으로 이해하고, 또한 이를 진화론적 측면에서 해석하기도 한다. 사차원이나 진화론적 해석은 더 많은 검증이 요구되는 측면이 있다. 그러나 복합사원 구조는 인간을 천기와 구조적 관계 속에서 이해하려는 것이기 때문에 사상설의 근간을 해석하는 중요한 단서일 수 있다. 복합적 사상구조의 인간 해명은 유학의 관점과 근본적으로 다르기 때문이다.

다음으로 사상구조는 음양 대대의 상관관계를 맺는다. 사상은 태극 음양이 분화된 개념이므로 이을호는 음양 대대관계를 사상의 속성으로 간주한다. 음양이 상징적인 대대 개념이듯이 천기와 인사, 성과 명, 지와 행, 호선과 오악, 상승과 하강, 애로와 희락 등 사상설의 주요 개념들 역시 상징적 대대 개념이다. 대대 개념은 서로 상응하는 관계를 가리킨다. 그런데 이제마는 사상의 대대관계를 엮어 주는 통일체는 인간이라고 주장한다. 이 주장은 인간이 주체라는 점에서 천 중심의 천인합일을 지향하는 전통적인 유학의 관점과 다르다. 천인합일은 천 중심의 인간 해명이지만, 대대관계는 인간이 주체가 된다. 이것은 이제마가 몸을 주재하는 심을 상징적 중심인 태극심으로 이해하고 있다는 데에 근거한 해석이다. 대대관계를 근간으로 전개한다는 점에서 사상설은 순환원리를 근간으로 하는 오행설과 구분된다. 따라서 이을호는 사상설을 오행의 변형으로 해명하는 해석도 경계한다.[17]

마지막으로 천 · 인 · 성 · 명은 사원구조의 근간이다. 이을호는 천기(天機)와 인사(人事), 성(性)과 명(命)이 대대관계를 이룬다는 점, 그리고 천기와 성(性), 인사와 명(命)이 서로 상응하여 천성과 인명이 대응관계에 있다는

---

17) 이을호가 『조선일보』에 발표했던 자신의 「사상의학설비판」 가운데 오행설의 항목은 정정되어야 한다고 주장한 것은 사상의학을 공부하기 시작한 초기에 그 역시 사상을 오행의 변형 원리로 이해했음을 인정한 것이다.

점에 주목한다. 그는 먼저 이제마가 언급한 천을 두 가지로 분석한다. 하나는 '천(天)은 만민(萬民)을 낳는다'는 천으로서 성명의 근원이다. 이것은 물론 유가의 도덕 근원인 '천생증민(天生蒸民)'의 천과 같은 의미다. 다른 하나는 천기의 천인데, 이 천은 이제마의 독창적 개념이다. 천기의 천은 지방・인륜・세회・천시의 사원(四元)을 가리키는데, 인사의 사원과 대대관계를 이루는 개념이다. 이 천기는 무한성[18]과 총괄성[19]의 속성을 갖는 구체적 개념이라는 점에서 상제천(上帝天)이나 이법천(理法天)과 같은 초월적 개념과 구별된다. 인사(人事) 역시 극수(克修)・극성(克成)・극정(克整)・극치(克治)의 극기 능력[20]을 지닌 주체적 존재다. 따라서 그는 천기와 인사의 관계를 합일이 아니라 상응의 관계로 해석한다.

초월적 해석을 벗어난 천(天) 해석은 성(性)・명(命)에서도 계속된다. 유학에서 성(性)은 본디 '천부인성(天賦人性)'을 의미한다. 그러나 이을호는 이제마의 성명을 대등한 개념으로 해석한다. 이제마가 성을 박통자(博通者)요 명을 독행자(獨行者)라고 한 박통과 독행은 각기 인간의 보편과 독자적 능력을 가리키는 개념이기 때문이다. 따라서 그는 이제마가 성과 명을 혜각과 자업이라고 하고, 또 혜각과 자업은 덕과 도를 낳는다고 해명한 것에 대해 윤리적 실천과 생산적 실용으로 해석하고 더 이상 초월적 의미를 부여하지 않는다. 지성(至性)의 덕(德)과 정명(正命)의 도(道)가 쌓여 인성(仁聖)이 되므로[21] 인성은 윤리적 실천과 생산적 실용을 겸한 도덕인에 지나지 않는다고 보기 때문이다. 이제마에 따르면 지성의 덕과 정명의 도는 천기를 지각하는 이목비구와 폐비간신이 호선 오악하는 과정에서 생겨난다. 물론 호선 오악의 행위

---

18) 이을호는 극(『보원』, 「성명론」, 4절, "極蕩 極大 極廣 極邈")을 무한성을 가리키는 것으로 해석한다.

19) 이을호는 대동(『보원』, 「성명론」, 14절, "大同者 天也")을 총괄성을 가리키는 것으로 해석한다.

20) 『보원』, 「성명론」, 6절.

21) 『보원』, 「성명론」, 34절.

능력은 천부적으로 주어지지만 도덕은 인간에게 주어진 혜각과 자업의 지행 능력으로 이루어진다. 따라서 도덕은 인간의 독자적인 판단에 따라 이루어지며 천명이나 천리와는 무관하다는 결론에 이른다. 이을호가 이제마의 성명을 천성과 인명으로 재구성한 것은 곧 도덕은 천명이나 천리가 아니라 천기와 인사를 지각하고 행하는 인간의 지행 능력이 결정한다는 것을 주장하기 위한 것이다. 이러한 주장은 천인관계를 근본적으로 '합일'이 아니라 '상응의 관계'로 이해한 데 근거한다. 이을호가 천(天)·인(人)·성(性)·명(命)을 사원구조의 근간이라고 주장하는 이유가 여기에 있다.

2) 실증적 근거

이제마의 사상설이 철학적이라는 주장은 몇 가지 실증적 논거에 근거한 것이다. 여기서 실증은 사상설이 역리(易理)에서 나온 것이지만 관념이 아닌 경험과 과학적 근거에 의해 설명할 수 있음을 의미한다. 사상설은 물론 인체구조와 천·인·성·명의 사원구조가 근간이기 때문에 실증적 구명은 용이한 작업이 아니지만 이을호는 세 가지 논거로 이를 검증한다.

첫째, 이제마는 인간을 진화론적 존재로 파악한다. 이을호는 인간이란 생물학적 존재이면서 문화적 존재라고 할 수 있는데, 이제마는 인간의 생물학적 진화 과정과 문화적 진화 과정에는 긴밀한 관계에 있음을 인식하고 있다고 주장한다. 직접적인 언급은 없지만 이목비구가 천기를 지각하고 폐비간신이 인사를 행한다고 한 것을 지각 능력에 대한 이제마의 진화론적 해명의 실증적 증거로 제시한다. 이을호는 이목비구와 폐비간신의 발달 과정을 각기 '입→코→ 눈→ 귀'의 순서와 '신장→ 간→ 비장→ 폐'의 순서로 진화한 것으로 해명한다. 이 해명은 인간의 지각 기능의 발달 과정, 그리고 하등 동물과 고등 동물의 장부기능 발달 과정을 비교하여 진화론적 과정이라고 추론한 것이다. 그러나 이을호 스스로 지적했듯이 이 가설이 사실로서 입증될 수 있을지는 더 많은 연구가 필요할 것으로 보인다. 그의 가설을 입증하기 위해서는 의학적 또는 과학적 검증이 뒷받침되어야 하기 때문이다.

둘째, 이제마는 직립보행을 지행(知行) 발달에 결정적 구실을 한 것으로 인식한다. 인간과 동물의 외적 구분은 직립과 포복의 차이인데, 직립과 포복은 음양론적 입장에서 보면 음양이 서로 바뀐 것이다. 즉 이목비구와 폐비간신은 내외의 대립이지만 직립으로 인해 함억제복과 두견요둔은 전후의 대립이 되기 때문이다. 따라서 폐비간신을 비롯한 이들 부위는 동물과 다르게 모두 상하(上下) 대립의 관계가 된다. 그런데 특히 이을호는 주책 경륜 행검 도량의 지적 능력을 직립의 결과로 해석한다. 이제마는 함억제복과 두견요둔에 주책 경륜 행검 도량과 식견 위의 재간 방략의 지(知)·행(行) 능력이 있다고 주장한다.[22] 또한 이을호는 함억제복의 지(知)를 순수 인간적인 지(知)로, 두견요둔의 행(行)을 동물 행(行)의 인간화로 간주한다. 식견 위의 재간 방략의 행(行)은 인간의 행동이면서 동시에 동물적 행(行)일 수 있지만, 주책 경륜 행검 도량의 지(知)에는 동물적 지(知)가 존재할 수 없기 때문이다.

셋째, 이제마는 호선오악의 성(性)을 생리적 기능에 근거하여 해명한다. 이을호는 이목비구와 폐비간신에 호선[23] 오악[24]하는 생리적 기능이 있고, 함억제복과 두견요둔에는 양지(良知) 양능(良能)[25]과 사심(邪心) 태행(怠行)이 함께 있다는 이제마의 설명에 주목한다.[26] 이것은 성선(性善)의 개념을 관념적인 성(性) 한 글자가 아니라 인간의 전체적인 측면에서 해석하기 위한 것이다. 이제마가 인간을 요(堯)·순(舜) 또는 걸(桀)·주(紂)처럼 될

22) 『보원』, 「성명론」, 7절, 9절, 11절.
23) 『보원』, 「성명론」, 15절.
24) 『보원』, 「성명론」, 17절
25) 『보원』, 「성명론」, 21절, 23절.
26) 『보원』, 「성명론」, 19절, 23절.

수 있는 가능적 존재로 파악하고,[27] 선악을 선택하는 주체가 인간 자신이라고 한 것[28]은 호선오악은 보편적 기능이지만 사심 태행은 개인의 책임이라고 판단하기 때문이다. 다시 말하면 선악 행위의 주체는 자신[我]이라는 것이다. 이 때문에 이제마의 성(性)은 전통적인 성(性) 개념과 구별해야 한다. 이제마가 말하는 성은 박통자로서 성[독행자로서의 명(命)과 대(對)가 됨]일 따름이며 선악 주체의 성이 아니기 때문이다. 요컨대 성은 선악의 주체가 아니기 때문에, 이제마는 선악을 생리적 기능으로 해명한다는 것이다.

3) 사상인의 본질

이을호는 인간이란 천(天)을 희구하는 존재이기도 하지만[29] 생리적 조직과 권능을 함께 갖추고 있기 때문에 이제마는 인간을 생물학적 측면부터 해명한 것으로 파악한다. 그러나 이제마는 생물학적 인간을 넘어 윤리적[30] 또는 영명예지(靈明叡智)의 정신적 존재로 해명하기도 한다.[31] 이 때문에 이을호는 사상인은 본질적으로 어느 일면이 아니라 생물, 의학, 윤리, 사회, 철학, 종교 등 인간의 다면성을 종합하여 인간의 전체적인 측면을 체계적으로 해명해야 한다고 주장한다. 이러한 측면을 고려하여 그는 사상인을 세 가지 측면에서 해명한다.

첫째, 성정론적(性情論的) 장부유형(臟腑類型)

이제마는 희로애락(喜怒哀樂)의 성정(性情)을 사상인의 장부(臟腑)를 형성하는 요소라고 본다. 희로애락은 몸에 충만한 기(氣)이기 때문에 그것은

27) 『보원』, 「성명론」, 26절.
28) 『보원』, 「성명론」, 29절.
29) 『보원』, 「사단론」, 5절.
30) 『보원』, 「사단론」, 5절.
31) 『보원』, 「장부론」, 13절.

인체에 가득한 생명력으로서 무형 무질한 음양설적 기라고 할 수 있다. 이제마가 말한 애로희락의 상승과 하강의 운동[32]은 곧 폐비간신의 기의 작용을 의미한다. 따라서 기의 상승 하강 운동은 곧 폐비간신이 애로희락하는 것을 가리킨다. 그런데 이들 기는 모두 다 호연지기의 떳떳한 사장(四臟: 폐비간신)의 기이지만,[33] 과다한 기의 운동은 장부(폐비간신)에 손상을 입히게 된다.[34] 이제마는 떳떳한 사장의 기의 운동과 과다한 기의 운동을 기의 순동(順動)과 역동(逆動)으로 구분하고, 순동의 기는 성(性)이 되고 역동의 기는 정(情)이 된다고 주장한다. 즉 애로희락의 성은 장부의 기능을 더욱 왕성하게[益] 하고, 애로희락의 정은 장부의 기능을 더욱 해치게[削] 하여 사상인의 장부(臟局)가 형성된다는 것이다.[35] 이을호는 이제마의 성정론에서 두 가지 사실을 발견한다. 첫째, 이제마의 성정은 애로희락의 기의 두 가지 형태다. 따라서 과거에는 '정(情)을 성(性)의 동(動)'으로 해석했지만, 이제마는 성을 순동의 기, 정을 역동의 기라 하여 다 같이 동적 상태에서 파악한다. 둘째, 성과 정은 다 같이 장부(폐비간신)에 익삭(益削)의 영향을 준다. 애로희락의 순동은 폐비간신의 기능을 왕성하게 하지만 역동은 이들 장기를 상하게 한다.[36] 이것이 이제마가 애로희락의 폭동낭동(暴動浪動)을 경계한 이유다.[37]

둘째, 희로애락의 대개념

이제마는 애로희락의 성정, 즉 순동과 역동이 장국 형성의 원인이지만

---

32) 『보원』, 「사단론」, 14절.
33) 『보원』, 「사단론」, 8절.
34) 『보원』, 「사단론」, 16절.
35) 『보원』, 「사단론」, 10절.
36) 이을호, 「이동무 사상설 논고」, 『철학연구』 제7집, 1972, 18쪽. 이을호는 역동에 따라 손상 받는 장기의 부위를 거리의 비례로 설명한다.
37) 『보원』, 「사단론」, 17절.

순동과 역동은 천기와 인사를 살피는 과정에서 생기는 것으로 해명한다. 성(性)은 사상인의 이목비구가 천기를 살필 때 사람들이 서로 기(欺) 모(侮) 조(助) 보(保)함을 애로희락하는 것이고, 정(情)은 사상인의 폐비간신이 인사를 행할 때, 다른 사람이 자기를 기 모 조 보함을 애로희락하는 것이다. 따라서 성은 천기를 살피는 지(知)요, 정은 인사를 행하는 행(行)이다. 또한 성은 사람들이 서로 기 모 조 보하는 것이므로 박통자(博通者: 보편성)요, 정은 다른 사람이 자기를 기 모 조 보하는 것이므로 독행자(獨行者: 독자성)라는 차이가 있다. 이와 같이 애로희락의 성정은 몸(이목비구와 폐비간신)의 기능과 행실에서 생긴 명칭이다. 따라서 이제마가 말하는 애로희락의 성정 개념은 장부론적 기능의 명칭이기 때문에 이기론적 성정 개념과 구별해야 한다.

셋째, 사원구조적 기능의 통일체

이제마는 몸은 생리적 기능에 의해 생명력이 유지된다고 생각한다. 즉 폐비간신의 기능은 기액(氣液)의 호흡과 수곡(收穀)의 출납에 의해 영위되고,[38] 수곡의 출납은 생기(生氣) 형성에 근원적 역할을 한다는 것이다.[39] 출납은 수곡이 위(胃)에서 대장(大腸)에 이르는 과정을 가리키는데, 이 과정에서 온(溫) 열(熱) 냉(冷) 한(寒)의 사기(四氣)가 생성되어 상승 하강 정축(停畜) 소도(消導)의 운동을 하게 된다.[40] 이때 수곡의 온 열 냉 한의 기가 운동하는 과정에서 진(津) 고(膏) 유(油) 액(液)과 이(膩) 막(膜) 혈(血) 정(精)의 내외 사해(四海)가 형성된다고 한다.[41] 구체적으로 말하면 내사해(內四海)의 청기(淸氣)는 이목비구의 광박천기(廣博天機)하는 청시후미(聽視嗅味)의 힘으로

38) 『보원』, 「사단론」, 12절.
39) 『보원』, 「장부론」, 2절.
40) 『보원』, 「장부론」, 3절.
41) 『보원』, 「장부론」, 4~7절

이막혈정(膩膜血精)의 외사해(外四海)가 되게 하고, 외사해의 청즙(淸汁)은 폐비간신의 연달인사(鍊達人事)하는 애로희락의 힘으로 진고유액(津膏油液)의 내사해를 응취하게 한다.[42] 반면에 진고유액의 탁재(濁滓)는 함억제복의 상승(上昇) 정축(停畜) 소도(消導) 하강(下降)하는 힘으로 진고유액의 탁재를 취하여 위완 위 소장 대장을 보익하고, 이막혈정의 탁재는 두견요둔의 직신(直伸) 능수(能收) 관방(寬放) 굴강(屈强)하는 힘으로 연달(鍊達)하여 피모(皮毛) 근(筋) 육(肉) 골(骨)을 생성한다.[43] 그런데 이목비구가 청시후미(聽視嗅味)하는 힘은 성(性)이고 폐비간신이 애로희락하는 힘은 정(情)이므로[44] 이을호는 진고유액과 이막혈정의 내외 사해는 곧 성정의 교호 작용이라고 해석한다. 이처럼 이목비구 등 몸의 사원구조는 각각 힘[力]을 소유하여 생명력의 원천을 이루고 있다. 그러므로 그는 몸의 기능을 모두 힘의 활동과 능력으로 해석한다.

그러나 이을호는 이들 힘의 균형과 통일을 주재하는 자는 심(心)이라고 한다.[45] 심(심장)은 형식상 중앙의 태극이요,[46] 동시에 호연지리(浩然之理)의 원천이기도 하다. 이 호연지리는 명변(明辨)의 능력을 갖추고 있기 때문에[47] 그는 심을 이성을 지닌 주재자로 이해한다. 왜냐하면 사상구조의 장부는 심원광대(深遠廣大)한 정신기혈(精神氣血)이 생성되고 정직중화(正直中和)의 대도(大道)를 잃게 되면 진액고유가 불타는 곳이기도 하기 때문이다. 따라서 그는 주재자로서의 심을 형태심에서 형이상학적 기능을 지닌 상징적 심으로 간주한다.

---

42) 『보원』, 「장부론」, 8~9절.
43) 『보원』, 「장부론」, 10~11절.
44) 『보원』, 「장부론」, 1절.
45) 『보원』, 「장부론」, 17절.
46) 『보원』, 「사단론」, 3절.
47) 『보원』, 「사단론」, 8절.

이상의 논의를 근거로 이을호는 인간을 사원구조적 실체로 이해한다. 사상은 허상이 아닌 실상으로 존재하기 때문이다. 그가 파악한 천인성명의 철학적 구조 역시 신체적 구조와 그에 따른 심(心) 성(性) 정(情)의 구체적 실상이다. 따라서 그는 인간을 관념이 아닌 혜각의 지와 자업의 행을 지닌 지행인으로 파악한다. 사상인은 이처럼 사원구조적 실체로서의 인간을 의미한다. 그러므로 이을호는 이제마의 사상설을 유학의 추상적 논의에서 벗어나 '실사구시의 학'을 추구한 것으로 결론짓는다.

4. 사상설의 경학적 근거

이제마의 사상설은 흔히 사상의학설에 지나지 않다고 말하기 때문에 경학과 분리시켜 이해하려는 경향이 있다. 이을호 역시 사상의학이 독창적인 학설임을 인정하지만 그들과는 다른 입장에서 해석한다. 사상의학은 오히려 경학에 근거를 둔 이론으로 해석해야 한다는 것이 그의 생각이다. 앞장에서 본 바와 같이 이을호는 인간 이해의 방식을 추상에서 형태학적으로 바꾸어 놓았다. 그러나 이 방법만으로는 사상의학의 근원적 요소를 이해하는 데에는 이를 수 없다고 한다. 사원구조는 철저하게 경학에 근거한 것으로 파악하기 때문이다.

이을호는 지금까지의 경학 연구를 한유(漢儒)의 훈고위주(訓詁爲主)의 방법과 송유(宋儒)의 궁리위주(窮理爲主)의 방법으로 구분한다. 그러나 넓게 보면 이들 연구는 축조(逐條) 위주의 주석 태도를 보인다는 점에서 다르지 않다. 한유가 오경의 원전에 충실했다는 사실과 송·명유(宋明儒)들이 『대학』의 착간설(錯簡說)로 시비를 논하고, 송유들이 사서(四書)를 표장(表章)한 사실 등은 이러한 주장을 입증한다. 그러나 이을호는 이제마가 경학 연구 방법에서 이들과는 전혀 다른 방법을 받아들인 것으로 간주한다. 이제마는 단순히 축조위주의 주석에 그치는 것이 아니라 사서를 사상유형(四象類型)이라는 형태로 재구성한 것으로 보기 때문이다. 이을호는 이제마가 경전을 사상구조로 재구성했지만 결코 그 의미가 감소하거나 변색되지 않아 원의(原義)에 충실하다고 주장한다. 이제마가 경전을 재구성한 사상구조는 공자학의 근본정신을 되살려냈다고 판단하기 때문이다. 이을호는 사상유형 속에 묻혀 있는 경의(經義)를 통해 이를 입증한다.

1) 사상구조 속에 묻힌 경학

이제마가 전개한 사상의학 이론은 사서와 역학의 내용을 담고 있을 뿐, 한유의 해석 또는 송유의 해석이나 사상을 일체 수용하지 않는다. 이을호는 그 이유에 대해 이제마가 경학의 근원을 한·송 시대를 뛰어 넘어 공·맹에서 찾은 때문이라고 한다. 따라서 그는 경전을 중심으로 사상구조 속에 묻힌 경학의 근원적 의미를 추출한다.

이을호는 먼저 이제마가 『격치고』의 반성잠(反誠箴)에서 『대학』과 『중용』을 팔괘로 재구성하여 설명한 점에 주목한다. 이제마는 이 책 서문에서 반성잠의 명의(名義)는 역상(易象)에 의거해서 모방한 것인데, 건잠(乾箴)과 태잠(兌箴)에서는 중용의 도(道)를 존숭하고, 곤잠(坤箴)과 간잠(艮箴)에서는 대학의 덕(德)을 흠숭했음을 밝힌다.[48] 그리고 팔괘잠총설(八卦箴總說)에서 건태 괘와 곤간 괘를 각기 위와 아래에 배치한 것은 중용의 도는 하늘 아래에서 행해지고, 대학의 덕은 땅 위에서 행해지기 때문이라고 해명한다.[49] 또한 팔조목도 치평(治平) 격치(格致) 성정(誠正) 수제(修齊)를 각기 대(大) 소(小) 근(近) 원(遠)으로 재구성한다.[50] 여기서 대소근원(大小近遠)은 각기

48) 이제마, 『격치고』, 「반성잠」, 서문(이하 『격치고』의 인용은 지규용이 『격치고 역해』에서 분절하여 표기한 것을 따랐다).

49) 『격치고』 손잠, 9~34(팔괘잠 총설).

만사(萬事) 일심(一心) 일신(一身) 만물(萬物)을 가리킨다.[51] 또한 이제마는 심(心)을 태극(太極), 심신(心身)을 양의(兩儀), 사상(四象)을 사심신물(事心身物)이라 하여,[52] 사상을 상수역이나 의리역과는 다르게 해석한다. 뿐만 아니라 『격치고』 서두에서는 '물(物)은 신(身)이 사는 집이고, 신(身)은 심(心)이 사는 집이며, 심(心)은 사(事)가 사는 집'이라고 하여 사상의 내용 역시 과거와 다르게 해명한다.[53] 이을호는 이들 내용을 종합하여 사상은 단지 주역의 개념을 차용한 것일 뿐, 사상의학 이론의 근간은 대학을 비롯한 경전에 의거해 새롭게 해석한 것으로 해석한다. 사심신물의 사상은 과거 정주학적(程朱學的) 사물 해석이나 박세당 또는 정약용의 사물 해석과도 다르기 때문이다.[54]

이제마에 따르면 팔조목의 실현은 인간에게 사심(邪心: 嗇侈懶詐)과 인욕(人欲: 私放逸慾)을 억제할 수 있는 수양 능력[誠勤慧能]이 있기 때문에 가능하다. 이 수양 능력은 물론 학문사변(學問思辨)의 과정을 거치게 된다.[55] 이을호는 이들 개념이 대칭과 사상으로 구조화했다는 점,[56] 그리고 성의(誠意) 정심(正心) 수신(修身)에 일력(一力)을 더하여 사원구조를 설정했다는 점에 주목한다.[57] 이것은 대학경설에 대한 또 다른 전이(轉移)의 시도이기 때문이다. 사심신물 사단(四端) 가운데 물사단(物四端)인 지담려의(志膽慮意)[58]는

---

50) 『격치고』 「儒略」, 사물, 1~8.
51) 『격치고』, 「儒略」, 1~7.
52) 『격치고』 「반성잠」, 손잠, 9~37.
53) 『격치고』, 「儒略」, 사물, 1~1.
54) 이을호, 「東武四象說의 經學的 基調」, 『한국개신유학사시론』, 서울: 박영사, 1980, 365쪽.
55) 이제마, 『격치고』, 「儒略」, 사물, 5~2.
56) 이을호, 「東武四象說의 經學的 基調」, 『한국개신유학사시론』, 서울: 박영사, 1980, 365쪽 주) 21의 표 참조.
57) 이제마, 『격치고』, 「儒略」, 천시, 5~1.
58) 『격치고』, 「儒略」, 사물, 1~9.

의지의 사상인데, 여의(慮意)는 심에서, 지담(志膽)은 신에서 나누어진 것이다. 그러므로 그는 사심신물 사단은 결국 심신의 사상이라고 해석한다.

이제마는 명덕(明德)과 신민(新民)에 대해서도 성리학적 해석을 탈피하여 '알기 쉬운 마음을 아는 것과 알기 어려운 마음을 아는 것'이라고 해석한다.[59] 이것은 군자와 소인의 마음을 가리키는 다른 개념으로서 마음의 이중성을 가리킨다.[60] 이제마는 소인의 마음을 비박탐나(鄙薄貪懦)의 사상으로 분류하고 대학의 분치(忿懥) 공구(恐懼) 호요(好樂) 우환(憂患)을 배분한다. 이을호는 비박탐나의 소인의 심은 맹자에서 연유한 것이지만[61] 호덕(好德) 근후(謹厚) 주밀(周密) 유치(有耻)의 군자의 심 역시 『논어』에 근거해서 전개한 것임을 확인한다. 따라서 그는 대학 경설의 사상설적 전이는 『대학』만이 아니라 공자의 군자소인론과 맹자의 사단론과도 깊은 관련을 맺으면서 이제마의 독자적인 관점에서 전개된 것이라고 주장한다.

다음으로 확인해야 할 것은 『중용』 경설(經說)의 전화다. 앞서 본 바와 같이 이제마는 팔괘잠 총설에서 건태괘를 태극 위에 배치했는데, 이것은 중용의 도가 넓은 하늘(昊天) 아래에서 행해진다고 보기 때문이다.[62] 이을호는 이를 근거로 중용의 도는 원리[道]로서의 철학이요, 대학의 덕은 인격[德]으로서의 윤리라고 말하고, 이제마의 중용지도를 세 각도에서 해석한다.

첫째, 이제마가 이해한 천명의 도와 인성의 덕은 대대관계에 있다. 이제마는 천명을 '천부철명(天賦哲命)'으로 해명하기 때문에[63] 상제천의 명령으로 이해되는 일면이 있다. 그러나 사상설의 천(天)은 대동자로서 각립자로서의 인(人)과 대를 이루는 천이다. 따라서 그는 천을 초월자가 아니라 중용의

59) 『격치고』, 「반성잠」, 태잠, 3~32.
60) 『격치고』, 「반성잠」, 3~29.
61) 『맹자』, 「진심」 下.
62) 『격치고』, 「반성잠」, 손잠, 9~35.
63) 『격치고』, 「반성잠」, 간잠, 5~17.

도와 대학의 덕이 태극의 상하에 배치되어 대를 이루는 것과 같은 맥락에서 이해한다.[64] 이제마의 천은 이목비구에 의해 기능적으로 인간과 밀착된 천이기 때문이다.

둘째, 이제마가 이해한 성(性)은 희로애락의 인성이다. 이제마는 명과 성을 대대관계로 이해하면서도 천명은 인성을 수여하고 인성은 천명에 순응해야 하는 자로 설명한다.[65] 따라서 그는 인간을 회로애락의 미발(未發)과 이발시(已發時)에 중절해야 하는 신독의 존재로 설명한다. 그러나 이제마의 성론(性論)은 전통적인 이발미발의 경지에 머물러 있지 않는다. 앞장에서 본 바와 같이 이제마의 성은 순동(順動)의 기(氣)요, 정(情)은 역동(逆動)의 기로서 다같이 동적인 기의 양면상에 지나지 않는다. 즉 성정은 단지 회로애락의 순역(順逆)에 따라 나누어진 기를 가리키는 개념일 뿐이다. 이제마는 이 순・역의 기를 인품장리(人稟臟理) 형성의 요인으로 해명한다. 이것은 윤리적 영역에 머물렀던 인성을 생리적 영역으로까지 확충시킨 것이다. 이을호는 성을 순・역의 기로 이해함으로써 추상적 논의를 벗어난 이제마의 관점에 주목한다.

셋째, 이제마는 중용을 성(誠)의 학(學)으로 파악한다. 이제마는 「반성잠」과 「독행편」의 서두에서 성(誠)을 『중용』에서처럼 성인(聖人)의 표상으로 삼고, 또 경각심을 일깨우는 동력으로 삼는다. 성(誠)의 학이 『중용』의 본모습이기는 하지만 사상설(四象說)의 관점에서 성(誠)의 학을 적출해 낸 것은 성리학의 주경설(主敬說)과 대비된다는 점에서 의미를 부여할 수 있다.

다음으로 살펴야 할 것은 맹자설의 원용이다. 맹자의 사단론과 성선설은 사상의학 이론 형성에 있어서 큰 비중을 차지한다. 이제마는 『격치고』 서두에서 사심신물(事心身物)에 인의예지(仁義禮智)를 접목하여 윤리적 의미를 부

64) 『격치고』, 「반성잠」, 건잠, 2~31.
65) 『격치고』, 「반성잠」, 건잠, 2~33.

여하고,[66] 인의예지를 정심(正心)의 근거로 제시함으로써[67] 사심신물 사단의 윤리화를 시도한다. 또한 그는 사단심은 곧 성인(聖人)의 성품으로서[68] 성성락천(成性樂天)의 경지요[69] 주공(周公)·공자(孔子)의 표상이 된다고 주장한다.[70] 이 주장은 물론 모든 인간은 성인이 될 수 있다는 맹자의 입장을 수용한 것이다. 이제마는 성인과 범인의 차이는 이목비구와 폐비간신에 갖추어진 생리적 윤리적 기능의 차이가 아니라 사욕(私慾)에 가려 학(學)·문(問)·사(思)·변(辨)하지 못한 데에 있다고 한다.[71] 이에 대해 이을호는 이목비구 등 몸이 천(天)·인(人)·지(知)·행(行)의 윤리적 재능을 담당한다고 설파한 맹자의 설을 사상설적으로 재구성하여 수용한 것으로 받아들인다.

맹자설의 재구성은 특히 생리적 성(性)과 윤리적 성을 구분하지 않고 같은 자로 파악한 데서 잘 드러난다. 이제마는 선(善: 好善惡惡)과 악(惡: 邪心怠行)을 음양설적 대대관계로 보아[72] 성과 욕을 인성의 양면으로 파악한다.[73] 그는 이러한 선악의 대대관계를 사상설 전개의 기조로 삼는데, 그 대표적 예를 자포자기(自暴自棄)의 해석에서 찾을 수 있다. 맹자의 자포자기는 '말할 때에 예의를 비방하고, 인의(仁義)를 따르지 않는 것'을 가리킨다. 그러나 이제마는 세상에는 의리를 따르고 스스로를 포기하는 자[自棄: 陽]와 욕리(慾利)에 빠져 함부로 하는 자[自暴: 陰]가 반반이라고 해석한다. 따라서 요·순이 세상을 다스리면 자기자(自棄者)들이 그를 도와 선을 좇고, 자포자(自暴者)들 또한 정의를 두려워하여 선을 좇지 않을 수 없게 된다. 그러나

66) 『격치고』, 「유략」, 사물, 1~4, 1~5.
67) 『격치고』, 「유략」, 사물, 3~4.
68) 『격치고』「유략」, 천세, 7~1.
69) 『격치고』「유략」, 천세, 7~2.
70) 『격치고』「유략」, 천세, 7~3.
71) 『격치고』, 「독행편」, 4~61.
72) 『보원』, 「성명론」, 23절.
73) 『격치고』, 「독행편」, 4~61.

걸·주가 세상을 다스리면 자포자들이 그를 도와 악을 좇고, 자기자들 또한 이익을 계산하여 악을 좇게 된다고 한다.[74] 이것은 물론『대학』에 근거한 재해석이지만 이을호는 맹자설의 원용이라고 주장한다. 이 해석에는 맹자의 제왕학적 왕도론이 사상설의 기조로 스며 있기 때문이다.

사상의학은 유학을 근간으로 하지만『논어』의 원용은 사서 가운데 비교적 단편적이라고 할 수 있다. 그러나 이을호는『논어』의 사상적 영향은 결코 작지 않다고 주장한다. 이제마의 실천적 해석에는 공맹사상의 영향이 깊숙이 스며 있다고 판단하기 때문이다. 번지(樊遲)의 인(仁)에 대한 물음에 공자는 '애인(愛人)'이라 답했는데, 이제마는 애인을 인간에 대한 차별 없는 사랑과 적극적 사랑으로 해석한다. 인애(仁愛)는 자강불식(自彊不息)하는 천하지성(天下至誠)의 노력으로만 도달할 수 있는 경지로 간주하기 때문이다. 이러한 점에서 이을호는 이제마의 인애를 정약용의 향인지애(嚮人之愛)에 가깝지만 그보다 더 적극적인 해석으로 평가한다.

이제마는 '이직보원(以直報怨)'에 대해서도 공자의 생각을 수용한다. 그는 덕은 덕으로 갚고 원한은 원한으로 갚아야할 이유에 대해 원한을 갚지 않으면 악인이 횡행하고 덕을 갚지 않으면 선인이 없어지게 될 것이기 때문이라고 생각한다.[75] 또한 그는 덕과 원한을 갚는 길은 악을 멀리하고 선을 닦는 것이라고 한다. 선이 원한을 이기고 악이 덕을 어지럽히지 못하게 할 것이기 때문이다.[76] 이처럼 보덕보원(報德報怨)은 호선오악의 다른 일면이기 때문에 이을호는 공자사상이면서 맹자의 인의사상과 이어진 것이라고 주장한다.

『주역』의 원용에 대해 이을호는 철저히 음양설에 그 한계를 둔다. 사상의학 이론이 비록 사상이나 팔괘로 표상되더라도 그것은 곧 음양의 사상이요

---

74)『격치고』,「독행편」, 4~60.
75)『격치고』,「반성잠」, 손잠, 9~25, 9~26.
76)『격치고』,「반성잠」, 손잠, 9~29.

음양의 팔괘일 따름이기 때문이다. 앞서 본 바와 같이 이제마의 사상설은 사심신물의 사상을 근간으로 한다. 물론 이것은 『주역』의 계사(繫辭)와 팔괘를 차용하여 사심신물의 사상으로 재구성한 것이다. 이 때문에 이을호는 심신을 이해하는 이제마의 관점에 주목할 따름이다. 『대학』의 '수신위본(修身爲本)' '신유소분치(身有所忿懥)', 『논어』의 '수기이안백성(修己以安百姓)' '극기복례(克己復禮)' 등과 같이 전통적으로 경학은 일신(一身)을 위주로 한다. 그러나 이제마의 심신 관계는 신(身)이 심(心)으로 전도된 것이다. 그에 따르면 오장의 심은 오장의 태극이면서 폐비간신을 통괄하는 중심이다.[77] 심은 오장의 심으로 구체화했지만 그것은 중앙의 태극으로서 상징화된 것이다. 이 때문에 그는 심을 일신(一身)의 주재자로 설명한다.[78]

이렇게 보면 이제마의 심은 태극으로서의 심, 심신 양의의 심, 사심신물의 심 등 다양하게 표현하고 있음을 알 수 있다. 이것은 양의의 건곤이나 팔괘의 건곤이 다 같은 건곤이듯이 하나의 심을 다르게 표현한 것이다.[79] 다르게 표현한 이유에 대해 이을호는 이제마의 태극은 일자(一者)로 상징화한 때문이라고 해석한다. 즉 일자상(一者象)으로서의 태극지심(太極之心)은 만상지심(萬象之心)으로 만상 가운데 존재하더라도 그것은 분화 과정에서 양의의 심, 사상의 심 또는 팔괘의 심으로 현상된다는 것이다.

이을호는 특히 이제마가 심을 양의의 심으로 이해한 데 주목한다. 정약용은 심과 신을 묘합(妙合)으로 설명했지만 이제마는 심은 오히려 성(誠)·경(敬)의 양신(兩身)과 이(理)·이(利)의 양심(兩心)으로 사분화하여 체계화되었기 때문이다.[80] 또한 이제마는 성과 심을 이(理)와 욕(欲)으로 설명하되 성(性)·이(理), 심(心)·경(欲)의 대칭으로 이해한다.[81] 물론 여기서 이(理) 개념은

77) 『보원』, 「사단론」, 3절.
78) 『보원』, 「장부론」, 17장.
79) 『격치고』, 「반성잠」, 손잠, 9~38.
80) 『격치고』, 「반성잠」, 손잠, 9~36.

이(理)·이(利) 또는 성(性)·이(理) 심(心)·욕(欲)으로서 음양설적 대칭의 범위를 벗어나지 않기 때문에 성리학의 천리(天理) 개념과는 다르다. 이와 같이 이제마의 역리(易理)는 복서(卜筮)의 한계를 넘어서지 않고 오직 음양설에 머무르고 있다. 이 때문에 이을호는 이제마의 학문을 역리의 계승이 아니라 원용으로 해석한다.

이상과 같이 이을호는 이제마가 한·송 대를 뛰어 넘어 공·맹에서 그 근원적 의미를 추출한 것을 확인하고, 경학을 근거로 하여 이론을 전개하면서도 공·맹에서 경학의 근원을 찾을 뿐 한유나 송유의 사상을 일체 수용하지 않는다는 사실을 확인한다. 그의 결론은 공·맹의 단순한 계승이 아니라 사상구조로의 재구성이었다. 이을호는 사상의학을 『주역』이나 성리학의 초월적 관점에서 벗어나 사상구조라는 시각에서 새롭게 이해해야 할 이유를 여기에서 찾는다.

2) 경학사적 위치

경학사상을 원용하여 재구성한 사상의학의 경학사적 위치는 어디에 있는가. 이제마의 사상의학은 경학에 근거하고 있지만 유학자보다는 사상의학자로 평가받는 것이 현실이다. 유학사의 어느 한 사상을 추종하지 않는 이유도 있지만, 사상의학이 의학이라는 과학의 한 분야이기 때문일 것이다. 그러나 이을호는 사상의학은 경학을 기초로 성립된 응용 학문이기 때문에 기초학적 관점의 재검토가 요청된다고 주장한다. 사상의학은 경학을 원용하여 재구성한 이론이기 때문에 철학과 의학은 나누어질 수 없다. 철학과 의학은 본디 인간학의 양면이 때문이다.

본디 공자의 인(仁)에서 연유한 유학은 윤리적 인간학에 지나지 않는다.

---

81) 『격치고』, 「반성잠」, 태잠, 3~30.

그러나 이제마는 생리적 기호와 윤리적 호오(好惡)가 겸전한 전인적 인간상을 추구한다. 그는 『동의수세보원』 말미에서 세상의 모든 병은 투현질능(妬賢嫉能)에서 나오고, 모든 질병의 치료방법은 호현낙선(好賢樂善)에서 나온다고 결론짓는다.[82] 이을호는 호현낙선을 『논어』의 '인자(仁者) 능호인(能好人)'과 같은 개념으로 이해한다. 호인(好人)은 곧 선인(善人) 또는 현인(賢人)을 좋아하는 것이므로 호현락선은 유가의 기본 정신을 드러낸 것이기 때문이다. 따라서 그는 사상의학을 '유학적 의학' 또는 '윤리적 의학'으로 이해한다.

이을호는 사상의학은 이처럼 공맹에 근거한 유학적 의학이기 때문에 경학사에서 배제되어서는 안 된다고 주장한다. 조선조에서 '비정주학(非程朱學)' 또는 '실학'은 전통 유학에서 철저히 소외되어 왔으므로 사상의학은 전통적인 정주학에서 다룰 수 없다. 그러나 사상의학 이론은 유학에 기초한 이상 경학사에서 배제할 수는 없다. 이을호는 '윤리적 의학'이라는 새로운 장을 개설하여 조선 유학사의 마지막 장으로 삼을 것을 제안한다.

5. 결 어

이 글에서는 이을호의 사상의학 이론의 연구 성과를 분석하여 연구 성과가 갖는 의미, 그리고 그의 연구 성과가 앞으로 사상의학 이론 탐구에 어떤 기여를 할 수 있는지를 조망해 보려고 했다. 이을호의 연구 성과는 사상의학의 구조적 이해와 경학적 근거를 중심으로 검토했다.

지금까지 사상의학은 한의학을 계승하면서 주로 『주역』의 변화 원리를 수용하여 성립된 변형된 의학이론이라는 관점에서 해명되어 왔다. 그러나 이을호는 사상의학을 사원구조를 토대로 정립된 새로운 의학이론으로 파악했다. 그는 역의 원리에 근거한 과거의 연구 체계를 관념적 논의로 규정하고

82) 『보원』, 「廣濟說」, 25절.

자신의 실증적 연구 방식과 대비시켰다. 그는 사상의학을 신체적 조직과 생리적 기능에 따른 심성적 정의와 정신적 욕구를 문제 삼고, 나아가 윤리적 생활의 근원으로서 우주론적 원리까지 문제 삼으면서 한 인간을 전체적 구조의 통일체로 간주한 것으로 이해했다. 이러한 실증적 관점에서 그는 이제마가 파악한 인간을 사원구조적 실체로 이해하고, 혜각의 지각 능력과 자업의 행위 능력을 지닌 지행인(知行人)으로 해명했다. 따라서 그는 이제마가 파악한 천인관계를 합일이 아닌 상응의 관계로 규정하고, 천명(天命)과 인성(人性)을 천성(天性)과 인명(人命)으로 재해석했다. 그는 이러한 해석을 근거로 이제마가 파악한 성(性)은 생리적 기능을 가리키는 개념일 뿐, 선악의 주체가 아님을 드러내어 전통적인 성(性) 개념과 구별했다.

이을호는 이러한 실증적 해석의 근거를 유학의 경전에서 찾았다. 그는 이제마가 원용한 내용을 분석하여 사상구조에 한·송(漢宋) 대의 해석이나 사상이 일체 수용되지 않았음을 확인했다. 그리고 그는 경전의 원용이 공·맹의 단순한 계승이 아니라 이제마의 관점에서 사상구조로 재구성한 것임을 검증했으며, 이를 근거로 그는 사상의학 이론은 유학의 경전을 사상구조로 재구성함으로써 공자학의 근본 정신을 되살려낸 것이라고 주장했다. 그리고 유학은 본디 인간학이기 때문에 생리적 기호와 윤리적 호오(好惡)가 겸전한 전인적(全人的) 인간상을 추구한 사상의학을 경학적 측면에서도 평가해야 한다고 주장했다. 이제마가 '호현낙선(好賢樂善)을 질병치료의 방법'으로 제시한 것은 유가의 근본 정신을 드러낸 것이기 때문이다. 따라서 그는 사상의학을 '윤리적 의학'으로 규정하고 조선 유학사의 마지막 장으로 삼을 것을 제안한다.

이상과 같은 이을호의 연구는 사상의학에 대한 지금까지의 관념적 해석을 근원적으로 바꾸어 놓은 성과로 받아들여야 한다. 실증적 해석으로의 전환은 사상의학 이론의 본질에 접근하는 새로운 방식이기 때문이다. 이 접근 방식은 단순히 과거의 연구 방식에 대한 반성적 성찰에 그치는 것이 아니라 사상의학의 발전에도 기여할 수 있다는 점에서 가치를 부여할 수 있다. 실증적 연구는 적어도 검증 가능한 치료 방식의 모색에 기여할 수 있을 것이기 때문이다. 또한 경학의 원용에 대한 그의 분석과 해석은 유교경전의 현대적 가치를 찾는 데 있어서도 기여한 것으로 평가할 수 있을 것이다. 사상의학의 성격을 '윤리적 의학'으로 규정한 것은 경학을 계승의 차원을 넘어 새롭게 해석될 수 있는 가능성을 열어 놓았기 때문이다. 따라서 이을호의 사상의학 연구는 질병 치료의 실증적 연구는 물론이요 유학의 현대적 가치를 찾는 방식에 있어서도 기여한 것으로 평가할 수 있을 것이다.

참고문헌

오종일, 『현암 이을호 선생』(영광문화시리즈 1), 영광문화원, 2004.

이을호, 「李東武 四象說 論考」, 『철학연구』 제7집, 1972.

이을호, 「東武 四象說의 經學的 基調」, 『한국개신유학사시론』, 서울: 박영사, 1980.

이을호, 『이을호전서』 권7, 서울: 예문서원, 2000.

李濟馬, 金容俊 編輯, 『東醫壽世保元』, 서울: 박문서관, 1921.

李濟馬, 『格致藁』(영인본), 함흥: 韓國弘, 1940.

李濟馬, 洪淳用・李乙浩 譯述, 『四象醫學原論』, 서울: 수문사, 1973.

李濟馬, 이창일 역주, 『동무 유고』, 서울: 청계, 1999.

李濟馬, 朴性植 譯解, 『東醫壽世保元』(四象草本卷), 서울: 집문당, 2003.

林殷, 문재곤 역, 『한의학과 유교문화의 만남』, 서울: 예문서원, 1999.

『周易』, 서울: 세창서관, 1968.

朱熹, 『孟子集註』, 北京: 中華書局, 1986.

朱熹, 『中庸章句』, 北京: 中華書局, 1986.

池圭鎔 역해, 『東武 格致藁 譯解』, 서울: 영림사, 2001.

최대우, 『이제마의 철학』, 서울: 경인문화사, 2009.

현암 이을호선생 추모 좌담 특집, 「현암 이을호 선생의 면모」, 『다산학보』 16집, 다산학연구원, 1998.

3. 현암의 민족운동과 교육정신

한 정 훈 전남대학교
호남학연구원 HK연구원

1. 서 론

현암(玄庵) 이을호(李乙浩: 1910～1998)는 1910년 영광에서 출생하였다. 경성으로 유학을 가서 중앙고등보통학교를 거쳐서 경성약학전문학교를 졸업하고, 24세 때 귀향하여 '호연당약국(浩然堂藥局)'을 경영하였다.

이을호는 '약국'을 운영하면서, 1934년 영광에 거주하는 지도층 인사들과 '갑술구락부'와 '영광체육단'을 설립하게 된다. '갑술구락부'와 '영광체육단'은 외형상 친목활동과 체육활동을 전개한다고 하였지만, 내부적으로는 영광 지역에 거주하는 젊은이들을 대상으로 심신을 단련시키고 민족의식을 고취시키는 것을 목적으로 하였다.

이 단체는 처음에는 조기회로부터 시작되었다. 조기회는 일찍 일어나서 체력을 단련한다는 명분을 내세웠는데 점차로 인원이 불어나자 갑술년에 이르러 '갑술구락부'로 발전하고 이 구락부가 점점 더 커지자 '영광체육단'을 발족하기에 이른다. 이 단체에 참여하여 함께 활동한 인사들을 살펴보면 이을호를 비롯한 위계후(魏啓厚: 1884～1944), 조운(曺雲: 1900～?), 정욱(鄭昱: 1909～2002) 등이 주축이었다.

당시 이을호는 경성 유학 시절에 배웠던, 덴마크 출신의 체육인 '닐스-북'이

창안한 체조를 보급시킨다는 명분을 내세웠다. 이을호는 조기회를 통해서 영광의 젊은이들을 모아 닐스-북 체조를 가르쳤다. 그리고 그 세력이 점점 확대되자 영광, 장성, 고창, 정읍 등 4개 군 순회연합운동회를 개최하였다. 1937년 순천 출신의 남승룡(1912~2001) 선수가 베를린 올림픽 마라톤에 출전해서 동메달을 획득하게 되자 주민의 사기를 진작시키기 위하여 그를 초청하여 '영광시민운동회'를 개최한다. 이에 많은 군민들이 호응하였다.

당시 일제 경찰은 영광시민운동회에서 보여준 군민들의 호응이 일제에 저항하는 운동으로 발전할 것을 두려워하여 일명 '영광체육단 사건'을 조작한다. 이는 실제로 체육단 세력이 민족자강운동을 일으키는 등 여러 가지 징후가 독립운동으로 나타나는 것을 보고 미리 예비 검속을 실시한 것이다.

경찰은 이 사건을 빌미로 위계후, 조운, 정욱, 이을호 등을 포함해서 영광지역 젊은이 231여 명을 체포한다. 이을호는 '영광체육단 사건'의 주모자로 1년 6개월 동안 영광경찰서와 목포형무소에서 옥고를 치른다.

이 사건을 송치받은 검찰은 구체적 물증을 확보하지 못해 면소처분을 내리게 되고 그와 연관된 사람들은 모두 풀려났지만 그 형무소에 갇혀 있었던 기간은 모두 달랐다.

'영광체육단 사건'은 영광 지역에서 1919년 3·1운동 이후 일어난 가장 큰 옥사 사건이었다. '영광체육단 사건'은 일제 경찰에 의해 검속된 사건이지만, 당시 이을호를 비롯하여 영광체육단 주최로 행해진 남승룡 선수 초청 영광시민운동회는 영광 군민들에게 배일 감정을 싹트게 하고, 민족정신을 고취시키는 데 크게 기여하였다 이을호 개인에게는 1년 6개월 동안의 감옥생활 이후 다산학과 동양철학을 공부하게 하는 초석을 다지는 계기가 되었다.

이을호는 출소 후, 일제 경찰의 감시로 인해서 활발한 사회활동의 전개에는 여러 가지 제약을 받게 된다. 그러다가 1945년 8월 15일 해방을 맞이하자 그동안 간직해 온 꿈을 실현하기 위해 활동을 전개한다. 그것은 다름 아닌 영광에 중학교를 설립하는 것이었다. 위계후의 아들인 위증의 증언에 따르면 1922년에 위계후를 중심으로 영광에서 영광학원・영광중학교 설립운동[1]이 전개되었지만 곧 실패하였다고 한다. 이러한 영광중학교의 설립 실패에 이을호는 큰 아쉬움을 가졌다고 한다.

이에 이을호는 '정주연학회'를 조직하고 중학교 설립의 꿈을 실현시켜 나갔다. 정주연학회 회장은 조운이었고, 회원으로는 조정현・정종・조영은・조영규・조윤현・문효종・조응환 등이 활동하였다. '정주연학회'가 주관이 되어 1945년 9월 5일 영광중학교 설립추진위원회를 발족하고, 회장에 정인수를 추대하여 설립기금을 모금하였다.

이을호는 영광민립중학교의 설립을 위해서 학교부지로 논 4백 50두락(9만여 평)과 나락 1천 석을 기부하였다. 이러한 이을호와 '정주연학회'의 활동은 1945년 10월 15일 영광민립중학교와 영광민립여자중학교의 설립으로 결실을 맺게 된다.[2]

학교가 개교되자 이을호는 영광민립중학교 초대 교장으로, 조의현은 영광민립여자중학교 초대 교장으로 부임하고, 정종은 두 학교의 교감이 되었다.

이 글은 이와 같은 사회적 배경을 통하여 이을호가 경성 유학을 마치고

---

1) "영광학원은 1922년 2월 위계후 선생을 주축으로 영광청년회 임원 10여 명이 중심이 되어 영광읍 교촌리 소재 명륜당에 설립하여 보통반(4년제) 남녀 각 60명과 속성반(1년제) 30명 등 150명을 모집・운영되었다. 초대 교장에 조병모, 2대 교장에 위계후, 교사로는 조주현(조운: 국어, 국사), 김형모(수학), 주융현(한문), 박화성(여자반) 등을 초빙하여 학생들의 교육을 실시하였다. 그러다가 영광 군민들은 5년제 정규중학교(고등보통학교) 설립의 필요성을 인식하고 '영광중학교 기성회'를 창립한다. 영광중학교 설립과 관련해서 모든 일이 순조롭게 진행되었으나, 영광 지주층의 참여가 저조한 관계로 결국 영광중학교 설립이 무산된다"(영광군, 『옥당골의 전통문화』, 영광군, 1983 미발간, 159~161쪽).

2) "1945년 10월 15일 영광민립중학교, 영광여자민립중학교는 영광읍 무령리 지선(현 교육청)에 남녀 각 1학급씩으로 개교하였다. 이후 1946년 9월 영광읍 단주리(현 영광종합고등학교)에 영광민립중학교를 이설하게 된다. 영광읍 단주리 영광민립중학교는 현암 이을호 선생이 기부한 부지를 이용해서 세웠다"(영광군, 『옥당골의 전통문화』, 영광군, 1983 미발간, 170쪽).

영광으로 내려와서 조직하고 활동한 '갑술구락부'와 '영광체육단', 그리고 해방공간에서 설립한 영광민립중학교와 영광민립여자중학교에 대한 내용을 당시 같이 활동했던 선생 및 그 후손들의 증언을 통해 살펴보고자 한다. 또한 당시 발간된 신문이나 사료 등을 통해 그에 연관된 사실들도 함께 보충할 것이다.

이러한 사실들을 구체적으로 확인하기 위하여 먼저 이을호와 함께 경성에서 공부하고 영광민립중학교 설립운동을 함께한 정종(1915~)의 증언을 통해 당시의 상황을 살펴보도록 하겠다. 더불어 위계후의 아들 위증(1933~, 영광민립중학교 2회)과 영광의 향토사학자인 서단(1929~, 서면영)의 증언을 통해서 '갑술구락부'와 '영광체육단 사건', 영광민립중학교 생활 등을 알아보도록 한다.[3)]

2. 이을호의 민족의식과 독립운동

1) 경성 유학과 민족의식의 각성

이을호는 세 살 때 아버지를 여의고 홀어머니 밑에서 성장하였다. 그의 아버지는 일찍이 영광에서 선각자로 이름이 높았고, 영광 광우학교 교사로 활동하였다. 집안의 윗대 어른들이 모두 영광의 지도자였는데 이러한 가풍은 이을호가 성장하는 데 큰 영향을 주었다.

이을호는 어린 시절부터 향리에서 서당을 다니다가, 9세 때(1918년)에 영광공립보통학교에 입학하여 신학문을 배우게 된다. 그리고 보통학교 5년

3) 증언문은 제보자들이 증언한 내용을 필자의 수정 없이 원문 그대로 싣는 것을 원칙으로 한다. 증언문에 제보자 및 이을호 선생 외에 언급되는 제3자가 있을 경우, 본명을 그대로 표기하고자 한다. 단 제보자에 의해 언급된 인물의 명예훼손이 발생할 소지가 있을 경우, 성은 그대로 표기하지만 이름은 'ㅇㅇ'식으로 대체 표기한다.

을 수료하고 14세 때(1923년)에 영광학원 중등과에 입학한다. 이 당시 영광학원에서 독립된 영광중학교를 설립하려 하였던 주민들의 운동은 지역 유지들의 비협조로 인해 실패하게 된다. 이에 영광학원 관계자들과 지역 유지들은 영광학원 수료생들을 경성에 있는 정식학교에 편입시켜 학업을 계속해 나갈 수 있게 했다.

이러한 사실은 이을호와 유학생활을 같이했던 정종의 인터뷰를 통하여 확인할 수 있다. 정종은 말한다.

> 현암이 중앙고보 나왔지 않아? 왜 거기로 갔느냐 하면, 여기에 중학교가 없어지니까 어떻게 할 것이여? 그래서 영광의 유지들이 전부 들고일어나서, 이 졸업생들을 어떻게 해주어야 한다는 생각으로, 졸업생하고 1학년, 2학년하고. 2학년 졸업생, 2학년 수료생들을 모두 서울에 있는 고등학교에다가 맞춰 준 거야. 그때는 너는 중앙고보, 나는 배재, 너는 양정, 너는 보성 이렇게 맡아 가지고 뜯어서 나눈 것이지. 그래서 모두 지정하여 준 그 학교에 입학했는데 중앙고보는 인촌, 인촌이 있었는데 그가 이쪽 사람이어서 중앙을 많이 갔어요. 배재도 가고, 휘문도 가고, 보성도 가고, 그런 가운데 영광중학, 영광중학원이 문을 닫았거든.[4)]

이을호는 영광학원 중등과 2년을 수료하고 16세(1925년)에 경성 중앙고등보통학교 2학년으로 편입하여 학업을 이어 나간다. 이을호가 중앙고등보통학교를 선택한 것은 주위의 추천과 민족교육을 선호하였던 가정의 정서 때문이었을 것으로 보인다. 중앙고보의 설립자 김성수, 송진우 등 선각자들이 영광과 가까운 고창, 순창 출신이었다. 또한 이들과 이을호의 집안이 깊은 인연을 맺고 있었던 것도 중앙고등보통학교에 입학한 이유가 되지 않았나 생각된다.[5)]

---

4) 정종의 증언 내용(2010. 3. 2).

이을호는 경성 유학 시절에 취미 생활로 다양한 문화 활동을 했다. 영화를 즐겨보았으며, 철학 서적이나 소설 등 새로운 정보는 누구보다 먼저 탐독하였다. 심지어 소설책을 읽고 어휘집을 만들어 정리하기도 하였다. 경성 유학 시절에 경험한 이러한 문화 활동은 후에 시를 쓰거나, 광주국립박물관 초대 관장으로 활동하면서 문예적 감각을 발휘하는 데 큰 도움이 되었다. 이어진 정종의 증언은 이러하다.

> 현암은 그때 독서가였어. 그래서 나하고 같이 한 하숙에 있었는데, 나한테 장 자크 루소도 알려주어서 그때부터 내가 장 자크 루소는 전문가가 되었거든. 그때 고등보통학교 다닐 때, 장 자크 루소는 모두 다 읽었어요. 나는 그냥 2학년 때부터 독서를 시작했으니까 현암하고 이야기가 되지. 또 현암은 내가 딱 1학년 때, 고등보통학교는 5년이었는데 고등 보통학교는 5년제 아니요? 내가 1학년 때 열심히 그냥 영화, 활동사진을 많이 봤거든. 내가 채플린을 알게 된 것은, 그때 현암이 나한테 챠플린 이야기를 했어요. "챠플린 영화, 챠플린이란 사람이 좋다." 그러니까 그걸 생각하면 현암이 참 그런 교양이 있는 사람이에요. 챠플린도 좋아하고, 루소도 뭐 책 하나, 한두 번 읽었겠지만 그래서. 내가 챠플린하고 루소의 영향을 받았다는 것, 현암이 그런 점에서 우리 영광에서, 나에게 두 가지 점에서 영향을 주었다고 봐요.[6]

이을호는 중앙고보를 졸업하고 건강상의 이유로 상급학교에 진학하지 못한다. 당시 폐렴을 앓아서 금강산 등지로 요양을 다니면서 건강을 돌보는 데 여념이 없었기 때문이다. 그러다가 광화문에서 '수동약국'이라는 한약방을 경영하는 해초 최승달(海初 崔承達)을 만나 건강을 회복하고 한의학에 관심을 갖게 되는데, 이것이 인연이 되어 경성약학전문학교에 입학한다. 하지만

---

5) 오종일, 『우리고장을 빛낸 인물, 현암 이을호 선생』, 영광문화원, 2004, 20쪽.
6) 정종의 증언 내용(2010. 3. 2).

경성약학전문학교를 다니면서 단순히 약학과 관련된 기술적 학문 습득에만 관심을 가졌던 것은 아니었던 듯하다.

이을호는 약학을 공부하면서도 당시의 조선 사회상에 끊임없이 관심을 가졌던 것으로 보인다. 한의학과 약학에 대한 관심은 이을호에게 우리의 문화와 사상을 이해하게 하는 단초가 되었으며, 이러한 사상의 단초가 조선의 독립문제에 대한 인식으로 확대되었다는 것을 알 수 있다.

당시 이을호는 경성의 이름 있는 학생들과 함께 독서회를 조직하고 토론을 통하여 조선의 현실 문제에 대한 울분을 토한다. 그리고 학생 대표로서 전국대회에 참가하고 조선의 앞날을 발전시키기 위한 방안을 주제로 발표한다.

> 농업·공업으로 보는 조선을 고찰하기에 앞서 조선의 지리 및 세계적 대세의 여하를 연구해야만 한다. 18세기 영국 산업혁명이 일어난 이래 세계는 농업에서 공업 시대로 변천했다. 즉 비화학적 시대에서 화학적·물리학적·기계학적 공업 세계가 되었다. 1927년 신러시아는 종래의 농노에서 탈피하여 신공업을 일으키기 위한 5개년 계획을 세웠고 세계는 그 성공 여하를 주시했다. 그런데 러시아는 위대한 실력으로 세계 공업시장에 위세를 드러내면서 오늘날(현재)의 러시아는 실로 행복하다. … 결론에 앞서 우리 조선인에게는 실행해야만 하는 많은 점이 있지만 우리는 입이 있어도 말하지 못하고, 코가 있어도 냄새를 맡지 못하는 피[血] 없는 해골이다. 그러나 우리들 해골도 응당 해야 할 점은 있어야 할 것이다. 이는 즉 조선인은 조선인의 힘으로 어떠한 것을 만들고, 그 어떠한 것을 육성하기 위해 노력해야만 한다. 그렇게 한 후가 아니면 역사적 관계에서 농업국이 된 조선을 공업국으로 만드는 일은 불가능하다. 우리가 미곡을 먹게 된 것은 원시적 농업의 원료를 다른 사람에게 공급하여 외부인(외국인)에게 미곡을 먹게 하기 위함이다.[7]

---

7) 경성종로경찰서장, 「延禧專門學校學生基督靑年會, 集會取締 狀況報告」, 『思想에

이는 1931년 11월 연희전문학교에서 열린 학생기독청년회 집회에서 이을호가 경성약전 대표로서 제2의 발표자로 참가하여 발표한 내용이다.

여기서 이을호는 조선의 현실을 일본과 중국, 러시아와 비교하여 검토하고 있다. 발표의 핵심적 요지는 조선이 농업사회에서 탈피해 공업사회로 나아가는 것만이 민족자립의 토대를 마련하는 길이라는 것이다. 이 기록은 일제 경찰의 치안 보고 형태로 요약된 내용이기 때문에 전체적인 내용은 파악할 수 없다. 하지만 위의 일경 보고 내용으로도 분명하게 알 수 있는 것은 이을호가 "우리는 입이 있어도 말하지 못하고, 코가 있어도 냄새를 맡지 못하는 피[血] 없는 해골이다."라고 한 절규는 당시 조선의 현실에 대하여 얼마나 분노하고 있었는가를 을 보여준다. 그러므로 이러한 현실을 탈피하기 위해 조선인의 힘으로 공업국을 건설해야 한다고 주장한다.

2) 귀향과 독립운동 전개

이을호는 경성약전을 졸업하고 영광으로 돌아온다. 그리고 전공인 약학을 살려서 영광읍에 '호연당약국'을 개업한다. 하지만 '호연당약국'은 단순히 약만 파는 곳이 아니었다. 그리고 일제의 탄압에 신음하고 있는 민족과 국가를 위해서 자신이 할 수 있는 일이 무엇일까 고민한 끝에 그 시작의 일환으로 '약국'을 개업한 것이다. 이는 다음 증언에서 확인할 수 있다.

> 일제시대, 해방되기까지, 영광에 정신적인 지도자가 두 분이 계셨어. 한 분은 위계후 씨고, 한 분은 고경진 씨라고, 고경진 씨는 중앙고보 교사로 있다가 법성포에 와서 거기서 학교 교사를 했어. 이 두 분이 그 당시에 청년들, 말하자면 나의 아버지 또래였지. 그분들이 정신적 지주였단 말이여, 두 분이. 그러다 보니까, 영광이라는 데서 아까 위계후 씨나 고경진 씨는 어떤 분이냐 하면,

---

關한 情報(1)』, 경성종로경찰서, 1931.

> 계속 상해임시정부에 성금을 보낸 것이라고, 위계후 씨하고 두 분이 인제 성금을 만들어서 보내. 그 당시에 이을호 씨가 가지고 있던, 허가증을 가지고, 왜정 때부터서 '호연당'이라는 약국을 했어. 그 '호연당'이 합자회사야. 법으로는. 합자회사인데, 내 선친도 인제 그 중에 한 분이지. 합자회사야. 거기서 모은 돈을, 아까 그 고경진 씨가 직접 상해임시정부까지 돈을 갖다가, 성금을 나르는 분이고. 위계후 씨는 여기서 모금하는 분이고. 또 하나 박정한이라고 있어. 박정한 선생이라고. 그분은 월곡에서 부호였제. 그분도 아까 성금을 약간 기여한 분들이여. … 주로 가는 것이 '호연당'의 합자회사여. 그러니까 '호연당'에 참여했던 분들이, 아까 푼푼이 모아 가지고 갖다 투자를 하면은 그놈이 몰래 빠져나가. 그 총책임자가 누구냐 하면은 위계후 선생이여. 현금을 갖다가 나르는 분은 아까 고경진 씨고, 상해까지.[8)]

당시 영광의 정신적 지주라 할 수 있는 위계후[9)] 선생은 일단의 사람들과 비밀리에 독립운동을 전개한다. 영광 지역 독립운동가들은 상해임시정부에 독립운동 자금을 송부하였는데, 그 중심에 '호연당약국'이 있었다. '호연당약국'이 이을호의 개인 약국이었는지 합자회사였는지는 좀더 많은 자료를 통해 확인해 보아야 할 듯하다. 하지만 평소 남다른 민족의식과 조선독립에 대한 열망을 지니고 있었던 이을호의 '호연당약국'을 통해 독립자금이 모이고 그 자금이 상해임시정부로 보내졌다는 사실은 분명하다.

이을호는 영광에서 '호연당약국'을 경영하면서, 군민의 계몽의식화 사업에

---

8) 서단의 증언 내용(2010. 3. 25).

9) "영광 3·1운동의 정신적 지주였으며 영광학원교장으로서 영광중학교 설립운동을 주도하면서 고하 宋鎭禹와 인촌 金性洙의 도움으로 이 운동이 대일본교육항쟁으로 발전되는 계기를 마련하였다. 영광 민족운동의 구심체인 영광청년회 회장으로서 군민 계몽운동과 왜화배척, 문맹퇴치, 자립경제 등의 3대 운동을 주도했으며 4개 군의 연합운동회의 순회 개최 등으로 민족의 자존과 단결심을 고취하였다. 3·1운동 이후의 영광 최대 옥사인 영광체육단 사건으로 광주지방법원 목포지청에서 치안유지법으로 옥고를 치르고 예심면소를 받았다"(국가보훈처, 『국가보훈처 공훈전자사료관』, 국가보훈처, 1990).

동참하게 된다. 그것이 '갑술구락부'와 '영광체육단' 활동이다. '갑술구락부'는 조운[10)]을 회장으로 1934년 2월 비밀결사단체로서 유사시(독립운동)에 운동의 핵심이 되어야 한다는 묵계 아래 발족한 영광 유일의 독서회였다.[11)] 정동석, 조희태, 이숙, 정욱,[12)] 박연근, 조장현 등이 '갑술구락부'의 회원으로 참여한다. 당시 '갑술구락부'가 어떠한 활동을 했는가는 1934년 10월 11일자 『조선중앙일보』 기사를 통해 확인할 수 있다.[13)] 이 단체는 표면적으로는 문예 활동과 독서회 활동을 표방하였지만 그 이면의 목적은 조선 독립을 위한 활동이었다. 이을호 또한 '갑술구락부'의 회원으로 활동에 동참한다.[14)]

---

10) "본명은 조주현이다. 1900년에 전라남도 영광군 영광면 도동리에서 출생하여, 18세가 되던 해에 뒤늦게 영광보통학교를 졸업하고 공립 목포상업학교 (지금의 목포상업고등학교)에 입학하여 20세에 졸업했다. 1922년에는 중등학교 과정인 사립 영광학원에서 박화성과 함께 미술·작문 교사로 재직했다. 시조창작에 정진하는 한편 『自由藝苑』이라는 향토문예지를 발행했고, 시조 동우회인 '추인회'를 결성하여 매월 시조짓기 대회를 가졌으며, 이병기를 초대하여 강연회를 열기도 하는 등 다양한 활동을 했다. 1922년 『동아일보』 독자란에 시 「불살라주오」를 처음 발표했으며, 1924년 11월 『조선문단』(제2호)에 「초승이 재 넘을 때」 등 자유시 3편을 발표함으로써 공식 등단했다. 1930년대 중엽에는 영광 금융조합에 근무하면서 민족자각운동의 일환으로 '갑술독서회'를 조직하여 이른바 영광체육단 사건으로 1년 반 정도 옥고를 치르기도 했다. 해방이 되자 영광 건국준비위원회 부위원장직을 맡았고, 조선문학가동맹에 가담하여 활동했다. 1949년 가족과 함께 월북하여 황해도 대표위원과 최고인민회의 상임위원을 지냈다"(조운기념사업회, 『조운시조집』, 작가, 2000, 224~229쪽).

11) 영광군, 『옥당골의 전통문화』, 영광군, 1983 미발간, 149쪽.

12) "정욱 선생은 1909년 출생하였다. 1929년 광주농업학교 독서회 사건으로 구속되었다. 1935년 소인극회 회장을 지냈으며, 1935년 '영광체육단'에 참여해서 1927년 체육단 사건으로 옥고 생활을 한다. 해방 후에는 영광의 건국준비위원회의 적산관리부장을 맡았다"(박찬승, 「일제하 영광지방의 민족운동과 사회운동」, 『한국민족운동사연구』 30, 한국민족운동사학회, 2002, 414쪽).

13) 「고서화전람회, 갑술구락부주최」, 『조선중앙일보』 1934. 10. 11.

14) "스물일곱. 경성약학전문학교를 나온 나는 고향인 영광 중심가에서 호연당약국을 경영하여 비교적 평온한 생활을 유지하고 있었다. 그러면서 영광 지역 젊은이들의 친목단체인 체육단과 갑술구락부에서 활동했다. 당시 혈기왕성한 우리 민족의 젊은이들이 서너 명만 모이면 늘상 민족독립에 관한 화제가 오르내렸듯 이 단체들도 원래 친목과 교양을 쌓기 위해 출발했으나 그 밑바닥에는 강한 배일감정을 깔고

이처럼 '갑술구락부'가 영광의 인텔리들을 주축으로 하여 활동한 모임이라면, '영광체육단'은 일반 군민을 대상으로 한 계몽운동단체였다.

'영광체육단'은 1834년 4월 영광읍 교촌리 소재 명륜당에서 조직되었다. 위계후가 '영광체육단' 단장을 맡았고 부단장은 조규원이었다. 그 밖에 조운, 서순채, 정진삼, 박연근, 조장현, 김맹규, 정욱, 이을호, 허감 등이 '영광체육단'에 참여하였다.[15] '영광체육단' 또한 '갑술구락부'와 마찬가지로 외형상으로는 체육회 활동을 목적으로 하였지만, 그 이면에는 일반 군민들을 대상으로 자강 의식과 독립 의식을 고취시키는 것을 목적으로 하였다.

'영광체육단' 활동을 중심적으로 수행한 이을호는 자신이 경성 유학 시절에 덴마크 출신 닐스-북에게서 배운 맨손체조를 조기회 형태로 영광 군민에게 보급하였다. '영광체육단' 활동에 대한 증언은 다음과 같다.

> 1934년도 맞구나. 34년도 4월에 현암이 서울에서 닐스-북이라는 도시체조를 배워가지고 와 가지고, '진명사' 앞마당에서. '진명사'는 뭐냐 하면 정태희 씨 농장에 소위 그 '진명사'라는 데가 있었어. 왜 '진명사'라고 하냐. 아까 말한 허진경 씨라고 하는 이름에서 진자를 따고, 명자는 정동명 씨의 명자를 기져다가서 진명사라고 있었는데. 그 앞, 그 마당에서 닐스-북 도시체조를 이을호 씨가 가르쳐. 그때가 언제냐 하면 한참 왜놈들이 눈을 벌겋게 뜨고, 지금 영광의 소위 독립운동 했던 분들, 행동을 감시하고 있을 때니까. 뭐 집회도 못하고 그럴 때 아닌가. 자연스럽게 새벽이면은 아까 닐스-북이라는 도시체조를 이을호 씨가 서울에서 배워가지고 와서, 거기서 가르친단 말이야. 그러니까 자연스럽게 모아질 것 아니냐고. 자연스럽게 모아진 것이 계기가 되어서, 영광의 당시에 항일운동을 했던 분들, 지성인들이 향교 명륜당으로 자리를 옮겨 가지고 영광체육단을 결성을 해. 그래가지고 영광, 장성, 고창, 정읍

있었다"(「이 지역 원로들의 회고록」, 『전남일보』 1989. 12. 6.).

15) 영광군, 『옥당골의 전통문화』, 영광군, 1983 미발간, 151쪽.

4개 군 다 참여를 하게 했지.[16]

1934년에 설립된 '영광체육단'은 활동 범위를 영광으로만 한정하지 않고 주변 지역으로 확장한다. 이에 영광, 장성, 고창, 정읍의 4개 군이 참여한 연합운동회가 개최되기에 이른다. 4군 연합운동회는 1935년 4월 제1회를 시작으로 연차적으로 지역을 순회하면서 개최되었다. 그러다가 1937년 4월 영광에서 시민운동회가 개최되는데, 이때에 '영광체육단'이 주도하여 남승룡 선수 초청 단축마라톤 대회가 열리게 된다.

남승룡 선수는 전남 순천에서 태어났다. 1832년 전일본마라톤 선수권과 1933년 극동선수권에서 잇달아 우승하고, 일본 건국기념 국제마라톤에서는 1934년과 1935년에 1위를 차지했다. 남승룡 선수는 그 후 올림픽 대표 선발전에서 손기정 선수를 제치고 1위로 뽑혀 베를린 올림픽에 참가하여 2시간 31분 42초의 기록으로 1등을 차지한 손기정 선수의 금메달에 이어 동메달을 획득하였다. 나중에 남승룡 선수는 손기정 선수가 월계수로 일장기를 가릴 수 있었다는 것이 그가 금메달을 목에 건 것보다 더욱 부러웠다고 말했다.

당시 손기정과 남승룡 선수의 메달 획득 소식은 일제의 억압과 핍박 속에서 하루하루를 살아가던 조선 민중에게 크나큰 민족적 자부심을 깨우치게 하는 계기가 되었다. 항상 일제에 의해 조선인은 열등한 국민, 이등국민으로 취급받아 오다가, 손기정과 남승룡 두 선수를 통해 조선 민중은 세계에서 우수한 민족이라는 것을 알게 되었던 것이다. 이에 '영광체육단'은 순천 출신의 남승룡 선수를 초청하는 단축마라톤대회를 계획하고, 이를 통해 영광 군민들의 민족의식과 독립의식을 고취시키고자 하였다.

그래서 이제, 그니까 체육부, 체육단에서 영광체육단이 움직이고 있는데. 물론

---

16) 서단의 증언 내용(2010. 3. 25).

> 현암이 아, 아이디어를 냈을 거에요. "우리 체육단 주최로 단축 마라톤 대회라는 것을 합시다. 마침 순천에 남승룡이가 있으니까, 그분을 모셔다가 명예회장을 만들어 가지고 합시다." 이렇게 통과되었거든. 그런데 경찰서에서, 체육단을 허락한 이상 이런 인정을 안할 수가 없거든. 그래서 마라톤 대회를 열었잖아. 그러니까 경찰도 어쩔 수가 없었제. 체육단하고 체육 행사를 연 거니까. 허락을 했어요. 그런데 그냥 20리 길을 그냥, 양쪽에 그냥, 군민들이 다 모였어요. 도열을 했어. 막 박수를 치고, 선수들 박수를 치고, 막 환영을 해. 응원들 한다고. 이러면서 이게 큰일이 났다. 저 사람들이 만세를 어쩌고 그렇게 될까. 독립만세를 부르면 큰일나잖아요. 야 안 되겠다, 체육단 이대로 두어서는 안 되겠다. 왜냐면은 체육단이 마라톤을 함으로써 군민들을 불러내 가지고, 박수를 치고, 환영을 하고, 아주 응원을 하게 하는 것이 이 사람들에게는 무서웠어. 응. 20리 길을 전부 도열은 못 했어도 마을, 마을마다 사람들이 와서, 그것을 봤을 것 아니에요? 처음, 영광서 처음이니까, 마라톤이라는 것은 처음이니까. 허니. 이것 안 되겠다. 이 사람들이 마라톤이라는 것을 빙자해 가지고, 군민들에게 말이야, 민족의식을 앙양시키고, 우리 이 손기정의 마라톤 우승은 2시간 31분인가, 이것은 전 세계에 흩어진 우리 독립운동가에게 눈물을 준 거였어. 그것을 알아야 해. 독립이나 다름이 없거든. '야 우리 한민족도 이렇게 세계 1등을 할 수가 있다. 나라가 없어서 그렇지, 나라만 있으면 우리는 우수한 민족이다. 늘 일등할 수 있다.'[17]

이을호가 중심이 된 '영광체육단'이 주체가 되어 개최한 남승룡 선수 초청 영광 단축마라톤 대회는 군민들의 적극적인 참여로 큰 성공을 거둔다. 이 성공은 단순히 많은 군민들이 참여하였다는 것만을 가리키지는 않는다. 남승룡 선수 초청 영광 단축마라톤 대회를 통해 많은 사람들이 민족의식을 고양시키고 조선 독립의 필연성을 강하게 인지할 수 있게 하였다는 데 더

---

17) 정종의 증언 내용(2010. 3. 2).

큰 성공의 의미를 부여할 수 있을 것이다.

3) '영광체육단 사건'과 옥중 생활

예전부터 '갑술구락부'와 '영광체육단' 활동에 부정적이었던 일제 경찰은 남승룡 선수 초청 영광 단축마라톤 대회를 계기로 '영광체육단 사건'[18]을 조작하게 된다. 이 사건은 일제 경찰이 영광의 독립운동 세력을 일거에 제거하기 위해 일으킨 것이었다. 일제 경찰은 1937년 9월 16일 밤 "동방약소민족 옹호", "대한독립 만세"라 쓰인 벽보를 영광읍 곳곳에 붙여 놓는다. 그리고 이를 이유로 영광의 지도층 인사 231명[19]을 1937년 9월 19일 일제히 검거하여 영광경찰서 유치장과 공회당, 그리고 각 면지서 유치장 등에 분리 수감한다.[20] 그리고 전남도경찰부 고등계 노주봉 경부의 지휘 아래 1938년 4월 12일까지 무려 7개월 동안 혹독한 고문을 가하여 허위자백을 받아 낸다.[21]

그땐 난 어렸어요. 34년도니까 내가 1929년생이거든. 그때 내중에, 내중에사

---

18) "전남 영광의 조주현 외 130명이 민족운동을 전개하였다 하여 경찰에 검거되다. 동 사건의 내용을 보면 조주현이 한국의 독립을 목적으로 갑술구락부와 영광체육회를 조직하고, 황판환은 같은 목적으로 오·오계와 법성체육회를, 신명철은 독서회를, 로순영 등은 군서친목계를 조직하였다는 혐의이다"(朝鮮總督府警務局 編, 『最近に於ける朝鮮治安狀況』, 朝鮮總督府警務局, 1937, 332쪽).

19) 박찬승, 「일제하 영광지방의 민족운동과 사회운동」, 『한국민족운동사연구』 30, 한국민족운동사학회, 2002, 405쪽.

20) "『잠깐 조사할 것이 있으니 얼른 옷 갈아 입으시오』. 37년 9월 중순 어느 날 새벽, 일경 서너 명이 들이닥쳤다. 몹시 당황했다. 죄 지은 것은 없지만 치안유지법이라 해서 직접 항일운동에 가담하지 않았어도 조금이라도 항일 색채가 그들의 눈에 띄게 되면 어떤 구실이라도 붙여 무조건 잡아가두던 시절이었기 때문이었다. 영광경찰서와 공회당에는 후일 월북한 시조시인 조운씨(흔히 조주현으로 기록됨)를 비롯해 정욱, 위계후, 조장현, 조규원 씨 등 몇몇 눈에 익은 얼굴들이 얼른 띄었다. 그들 역시 나처럼 아무 영문도 모르고 잡혀온 것이다"(「이 지역 원로들의 회고록」, 『전남일보』 1989. 12. 6.).

21) 영광군, 『옥당골의 전통문화』, 영광군, 1983 미발간, 151쪽.

들었지. 갔다 나와서 고문에 시달려 가지고 돌아가신 분도 몇 분 계셨다고 그래. 자세한 내용은 모르지만은. 그런데 내 아버지 같은 분도, 말하자면 목포형무소에서 나와 가지고 얼마나 시달렸으면, 그때 제중병원이라고 있었어. 지금 수피아 여중 있는데. …… 체육단 사건 당시에 내가 들은 이야기에 의하면 영광경찰서 자리가, 뒤에가 바로 영광 읍사무소거든. 그 사꾸라 나무 밑에다가, 나무에다가 달아매 가지고, 거기서 몽둥이로 두들기고. 뒤에서 다 보인다여, 난, 난 어렸으니까 못 봤지만은. 그 후에 인자 회담을 들으면, 분들에 의하면. 사쿠라 나무에다가 이렇게 줄, 넉 줄을 매놓고. 달아매 놓고 두들기고 그랬다여. 그것이 체육단 사건 때의 광경이여. 그렇게 악랄하게 고문을 했어. 노주봉이가 그랬는데. 나머지 이야기는 상상에 맡기네. 자세한 이야기는, 그때 아까 얼핏 들은 이야기가 그런 정도니까. 그때 벚꽃나무 그 왜놈들 저. 얼마나 노주봉이가 지독한 고문을 했겠는가, 생각해 보소.[22]

'영광체육단 사건'은 영광에서 3·1운동에 이은 두 번째로 큰 옥사 사건으로 기록된다. '영광체육단 사건'으로 체포되어 광주에서 조사를 받은 인물 131명의 명단이 실린 『형사사건부』를 보면 위계후, 조운, 조장현, 이을호, 정진삼, 정욱, 김동설, 조희관, 남궁현, 한의석, 편진옥, 정헌모, 서순채, 김은환, 정인영, 조희돈 등 1919년 이후 영광의 민족운동과 사회운동을 주도해 온 인물들과 신진 청년들이 총 망라되어 있다. 경찰은 7개월에 걸친 조사 끝에 1938년 4월 5일 위계후, 조운, 이을호, 정진삼, 정욱, 정동석, 조규원, 신명철, 김용태, 나환문, 조장현 등 24명을 치안보안법 위반죄, 내란죄, 폭력행위 등 취체에 관한 법률위반, 보안법 위반, 육군형법위반 등 죄명으로 목포지청 검사분국으로 넘겼다.[23] 이을호도 '영광체육단 사건'에 연루되어 조사를 받고, 1939년

22) 서단의 증언 내용(2010. 3. 25).
23) 박찬승, 「일제하 영광지방의 민족운동과 사회운동」, 『한국민족운동사연구』 30, 한국민족운동사학회, 2002, 405쪽.

2월 8일 예심면소처분을 받고 석방된다.

'체육단'은 이 사건으로 해산하게 된다. '영광체육단'의 해산 시기는 1938년 5월 20일자 『동아일보』에 「영광체육단 재산을 영광체협에 기부, 영광체육단 해산」이라는 기사를 통해 추정할 수 있다.[24] 기사에서는 '영광체육단' 해산에 대한 직접적인 이유를 밝히지 않고 있다. 그러나 1938년 4월 '영광체육단 사건'이 마무리된 것으로 보아 '영광체육단 사건'이 '영광체육단' 해산의 직접적 원인이 되었던 것으로 추정된다. '영광체육단 사건'은 영광 지역의 독립운동세력에 심각한 타격을 주었다. 그 대표적인 예가 위계후다. 영광 지역의 정신적 지주였던 위계후는 약 2년간의 수형 생활로 위암이 심각해져 수술을 받았다. 그리고 5년 후 1944년에 타계한다. 위계후는 병이 심각해지면서 대외활동을 거의 할 수 없었으며, '영광체육단 사건'으로 인해 이을호를 비롯한 많은 영광지역 선각자들도 일제 경찰의 삼엄한 감시를 받게 된다.

이을호는 비록 약 1년 6개월에 걸쳐 수형 생활을 하였지만, 이 기간 동안 감옥에서 동양철학에 대한 공부에 심취한다. 이을호는 의학자였지만 사상의학이 동양철학의 원리를 밑바탕으로 하고 있었기 때문에, 동양철학에 대한 깊이 있는 이해를 바탕에 두지 않으면 사상의학을 이해할 수 없다는 사실을 인지한다. 그래서 옥중에서 사서삼경을 읽고, 동양철학에 관한 일본서적 등을 집중 탐독하게 된다.[25]

> 내가 그때 동양대학 철학과 학생이었으니까. 인자 나한테 '나 지금 다산 공부를 한다' 다산, 다산의 전집이 1935년에 간행되었거든. 참 큰일이지, 잘한 일이제. 35년에 『여유당전서』라고 해서, 그때에 안 했드라면, 참 아무것도 못할 것인데.

---

24) "영광체육단 관계자들은 지난 12일에 협의하여 가지고 영광체육단을 해산하는 동시에 그 소유재산 오천 삼백 원을 영광체육회에 기부한다고 한다"(「영광체육단 재산을 영광체협에 기부, 영광체육단 해산」, 『동아일보』 1938. 5. 20).

25) 「이 지역 원로들의 회고록」, 『전남일보』 1989. 12. 9.

> 그래서 다산 공부를 한다. 동양철학을 알아야 하니까, 특히 그때는 그랬어요. 이제마를 알겠다. 이제마의 『수세보원』의 서문을 읽으면 그 책이 순전히 동양, 동양철학을 바탕으로 하고 있거든. 그런데 그것이 무슨 소리인지 모르겠다. 동양철학을 몰라 가지고는 『수세보원』도 서문도 못 읽겠다. 동양철학에 대한 체계적인 도서를 구입해 주라. 이래 가지고 내가 이제, 부인이 돈을 보내주면 받아가지고 인자 책을. 동양철학과의 커리큘럼에 있는 대로 책을 보냈다니까. 그러니까 형무소에서 다산 『여유당전서』도 읽고, 또 내가 보내준 일본 말로 쓴 동양철학을 체계적으로 읽고 그랬지.[26)]

형무소에 있었던 이을호는 당시 일본 도요(東洋) 대학에서 유학하고 있던 정종에게 동양철학에 관련된 도서를 구입하여 보내줄 것을 청했다. 정종은 이을호의 부인과 연락하여 자기가 다니던 일본 도요 대학의 중국철학과 커리큘럼에 따라서 도서를 구입하여 순차적으로 감옥으로 보냈다. 이 덕분에 이을호의 감옥은 연구실로 탈바꿈하게 되었다. 이을호는 일제 경찰의 혹독한 고문을 받았지만 굽히지 않고 1년 6개월의 감옥 생활을 이겨내고 훗날 다산학의 기초를 다지는 중요한 시간으로 삼았다. 이을호의 회고록에 따르면 이때 감옥에서의 공부가 밑바탕이 되어 국내 유일의 사상의학 해설책인 『사상의학원론』을 집필할 수 있었다라고 하였다.

3. 민족독립과 교육운동

1) 1922년 영광중학교 설립운동과 실패

이을호는 '체육단 사건'으로 1년 6개월의 수형 생활을 마치고 나왔지만 출소 후에도 일제 경찰의 삼엄한 감시로 인해 활발한 대외활동을 할 수

26) 정종의 증언 내용(2010. 3. 2).

없었다. 그런 과정에서 1948년 8월 15일 해방을 맞이한다. 이을호가 해방과 동시에 주변 사람들과 가장 먼저 계획한 것이 영광에 중학교를 설립하는 일이었다. 그러한 계획은 결실을 맺어서 1945년 10월 15일 '영광민립중학교'가 개교된다.

영광의 중학교 설립은 군민들의 오랜 숙원 사업이었다. 영광중학교 설립운동은 1922년 전국적으로 관심을 받으며 진행되었으나 실패로 돌아간 적이 있었다. 당시 위계후를 주축으로 영광의 선각자들은 일제에 의해 진행된 교육정책에 반하여 민족의식에 기반한 인재를 양성하는 것에 관심을 갖고 중학교 설립운동을 추진하였다. 이는 단순히 학교 설립운동이 아니라 민족정신을 함양하는 민족교육운동의 일환이었다.

> 영광에 1922년도에 영광중학교 기성회가 발족이 되었단 말이여. 발족을 했는데, 이 그때 사십만 엔이여, 그러면 그때 나락 한 섬에 일 원이었으니까 40만 석이 돼. 그러니까 목표가 영광 군민대회를 열면 되지 않을까 하는 것이었지, 지금 여기 교육청 앞마당 자리가 영광군민회관이여. 거기서 군민대회를 열었는데. 군민대회에서 결의사항이 자기 재산의 십일조를 내놓기로 결의를 했어. 영광중학교를 만드는데, 거기 위원장이 조 씨라고 조 박사여. 이야기 들어봤어 조 박사? 그 밑에 아들이 총무고 정씨라는 분이 두 분이 총무였단 말이야. 일반 나머지 군민들이 17만 석을 내놨어. 그러면 40만 석이 필요하니까, 나머지 이삼만 석이 필요할 것 아니라고? 삼만 엔이. 그 돈은 인제 누구 몫이냐 하면, 아까 부자들 몫이란 말이여. 그러니까 1922년, 23년, 24년, 25년 학생모집을 해서 놨는데, 25년도에 학교 문을 닫을 수밖에 없었어. 부자들이 안 내놔. 결과적으로 영광민립중학교라는 것이, 영광중학교가 문을 닫게 되니까. 거기서 울분을 해서 터진 동요가 '직사 박사 조박사, 영광으로 조박사여'. 지금 생각해 보자면, 조 박사 그때 자기 혼자라도 출현해서 영광민립중학교를 내세웠으면, 그때 조 박사 재산이 만 석, 만 석도 넘는다고 했거든. 심지어 영광서 서울까지

남의 땅 안 밟고 갈 수 있는 사람이 조 박사라고 그랬어. 안 내놓으니까 25년에 문을 닫게 되었을 것 아니라고.[27]

영광중학교의 설립은 군민 전체의 염원이었다. 군민들은 자신들 재산의 10분의 1에 해당되는 돈을 영광중학교의 설립기금으로 기부하였다. 그 결과 학교 설립에 필요한 40만 석 중 약 절반에 해당하는 17만 석을 영광 군민들의 모금으로 조성할 수 있었다. 당시 영광중학교 설립운동은 지역적 차원의 관심을 넘어서 전국적으로 관심의 대상이 되었는데, 이는 1923년부터 1925년까지 『동아일보』에 다섯 차례에 걸쳐서 실린 '영광중학교' 설립에 관한 기사와 논설을 통해 확인할 수 있다.[28] 하지만 영광중학교 설립에 영광 군민들의 참여는 대단했던 반면, 영광지역 유지들의 참여는 미진했다. 이에 『동아일보』는 논단을 통해서 영광 지역 유지들의 참여를 독려하기도 했다.[29]

그때는 영광에서, 서울에서 유성준 씨라고, 아마 유길준 씨하고 뭔가 같은 가닥일 겁니다. 유길준 박사하고 같은 가닥인데. 그 사람이 조선교육학회 회장이에요. 그 사람이 영광중학원 설립 추진 후원회를 만들어요. 후원회를 만들었는디, 유성준 그 양반이 회장이 됐어요. 거기에는 인자 인촌 김성수, 고하 송진우 그렇게 해서, 그 민족지도자들 열다섯 명이 그 후원회를 결성을 해요. 그러니까 우리 아버지로서는 고하라는 큰 틀, 빽이 있으니까 그런 것이

---

27) 서단의 증언 내용(2010. 3. 25).

28) 「靈光中學校 期成會 盛況－地方人士의 一考를 促함」, 『동아일보』 1923. 3. 11. 사설.
「靈光中學期成會 後援會를 組織」, 『동아일보』 1923. 12. 8. 기사.
「靈光中學校 期成會의 盛況－富豪階級의 覺醒을 促함」, 『동아일보』 1923. 12. 9. 사설.
「영광군민대회」, 『동아일보』 1923. 12. 13. 기사.
「靈光中學 期成會 幹部에게」, 『동아일보』 1925. 12. 27. 지방논단.

29) 「靈光中學校 期成會의 盛況－富豪階級의 覺醒을 促함」, 『동아일보』 1923. 12. 9. 사설.

가능했겠지. 그러다 보니까 영광 교육운동이라는 것이 인제 전국적인 이목을 집중시키는. 그러니까 결정적으로 설립 인가를 받는 것으로 작정을 하고 본과 60명을 모집을 해요. 중학 과정 1학년을, 그래 가지고 개교를 해요. 개교를 해서 쭉, 나가는데. 그 후원회에서, 서울에 있는 후원회에서, 동경유학파들 모두, 그때 돌아온 우리나라 지식인, 지식사회의 그 참 대표적으로 회자가 되는 사람들, 유종렬이라던가 그런 교사들 다섯 명을 뽑아 가지고, 영광중학교 60명을 뽑은 그 시기에 내려보내요. 아니, 유종열이는 일본 사람 그 무네요시, 야나기 무네요시라는 그 유종렬이 아니고. 우리나라 유종렬이라는 사람인데. 그렇게 내려보내고. 그래서 학교가 다 되는 것으로 알았지. 그런 후원을 받고 있고. 민족지도자들이 영광중학원 설립후원회를 만들고 그랬으니까. 그런데 결정적인 순간에 모두 돌아가지 않게 되어 버린 거야. 그래 가지고 결국 영광중학교는 실패로 돌아갑니다.[30]

1923년 2월 25일에 영광중학교(5년제)는 1학년 학생 60명을 모집하는 공고를 낸다. 한편 위계후가 서울로 올라가 송진우의 추천을 받아서 유종열, 양주훈(평양 숭실대), 조종환(수원고등농림), 송재철(수원고등농림), 조진구(서울연희전문) 등 우수한 교수진을 초빙하여 1923년 4월 1일 영광중학교가 문을 연다. 그리고 1923년 12월 6일 서울에서 영광중학교 설립후원위원회가 조직된다. 영광중학교 설립후원회 회장은 유성준이 맡았으며, 위원은 엄주익, 장두현, 김성수, 허헌, 정대현, 이종린, 현상윤, 최규동, 김철수, 강매, 임성재, 남궁훈 이광종, 송진우 등이었다.[31] 영광중학교 설립운동은 민족자본에 의한 학교 설립을 통해서 민족의 백년대계를 위한 민족세력의 증대와 팽창을 이루어 조국의 독립을 쟁취하기 위한 민족운동의 일환이었다. 하지만 착수한 지 겨우 3년 만인 1925년 3월에 이르러 일부 지주층의 비협조와

---

30) 위증의 증언 내용(2010. 3. 18).

31) 영광군, 『옥당골의 전통문화』, 영광군, 1983 미발간, 160쪽.

불화로 영광중학교의 설립은 실패하게 된다.

2) '정주연학회' 활동과 영광민립중학교 설립

이을호는 어느 누구보다도 1925년 문을 닫은 영광중학교에 대한 아쉬움이 컸다. 이을호는 1923년에 개교한 영광중학교에 입학하여 2년을 다녔다. 그리고 영광중학교의 폐교와 더불어 경성에 있는 중앙고등보통학교 2학년에 편입한다. 다행히 경성으로 유학을 가서 학업을 마치기는 했지만, 당시 영광중학교의 폐교를 눈 앞에서 목격한 경험은 잊을 수 없었다. 1925년 영광중학교 폐교는 이을호뿐 아니라 영광 군민 전체에게 아쉬움을 남긴 사건이었다.

> 해방이 막되었는데, 해방한다고……, 8월 15일 정오에 소화 천황이 중대 방송한다는 것을 그 전에 알렸거든. 전날 그 라디오 방송 듣고 이제 기다렸거든. 우리가 인쇄업을 했기 때문에 점방에서 라디오 그게 형편이 없지. 내가 거기서 청취를 했어요. 정오 되니까. 전쟁 끝났다. 인제 그만둔다. 원자폭탄 떨어진 후에 일주일인가, 열흘 했거든. 내가 그날인가, 그날 다음날인가 바로 현암을 만났어요. 찾아갔지. 그래 갖고, "우리 헐 일 있어, 중학교 만듭시다." "좋다." 그러면 어떻게 하느냐. 나는 길거리에서 말이야, 통행인들에게 기부금도 좀 얻고 그럽시다, 그러니까 현암은 그런 것은 소용 없는 거야. 기성회를 만들어 가지고, 전 군적으로 모금을 해야 한다. 그런 안을 내놓습디다. 하. 그래 나는 그런 것 모르니까, 그렇게 합시다. 그래 가지고 그때부터 기성회가 형성이 되거든. 기성회장은 정인수 씨라고, 우리 정씨, 제일 큰 아버지에요. 그분이 이제 회장이 되어 가지고, 기성회를 만들었어요. 그래 가지고 인제, 초정에 저 현암이 남자중학교를 맡고, 여자중학교는 영광 아까 말한 조 박사의 후손들, 거기에 초정이라고 대학 졸업이니까. 후손 조, 시인인데 조의현이가 여자중학교 맡고. 나는 양쪽에 교감 맡고. 이렇게 해서 운영해 갔죠. 처음엔 잘해

나갔습니다. 아주 참, 우리 뜻대로 했는데. 45년, 46년, 47년, 48년 3년이 지나니까.[32)]

해방과 더불어 이을호는 정종과 영광에 중학교를 설립하는 일을 논의한다. 그리고 그 자리에서 구체적으로 영광중학교 설립기금을 조성하는 방안까지 논의한다. 정종은 군민을 대상으로 모금운동을 전개하여 기금을 조성하자는 방안을 내놓는다. 하지만 이을호는 군민을 대상으로 한 모금보다는 기성회를 조직하여 기금을 조성하자는 방안을 내놓는다. 여기서 기성회는 '정주연학회'를 일컫는 듯하다.

1945년 9월 1일 영광 출신으로서 전문학교 이상 대학 졸업자들을 규합해서 '정주연학회'를 발족한다. 정주란 영광의 옛 이름이다. '정주연학회'는 영광 출신 지식인들이 지역의 발전을 위해 만든 단체였다. 이 '정주연학회'가 중심이 되어 민립중학교를 세우는 일을 구체화시키게 된다.[33)] '정주연학회' 회장에 조운이 취임하고, 회원에는 조의현, 정종, 조영은, 조영규, 조명현, 문효종, 조응환 등이 참여한다. 그리고 '정주연학회'의 뒷받침을 받아 1945년 9월 5일에 '영광중학교 설립추진위원회'가 발족하는데, 회장에는 정인수가 추대되어 설립기금 모금운동을 전개한다. 해방과 더불어 영광에 중학교를 설립하기 위해 조직되었던 이 '정주연학회'는 영광민립중학교가 개교한 뒤에도 존속한다. '정주연학회'의 성격은 다음 증언에서 유추할 수 있다.

우리 민립학교, 남녀 민립학교 선생들이 모여 가지고 문학활동을 한 것 아요? 그것이 정주연학회에요. 그것은 꼭 들어가야 해. 연(硏) 자(字)는 연구고, 학(學)은 학회거든. 정주연학회. 교사들이 거기에 취미가 있는 사람들이 7~8인이 모였어요. 한 분씩 앞으로 이 학교가 계속되고 우리가 있는 동안에는 여러

32) 정종의 증언 내용(2010. 3. 2).

33) 오종일, 『우리고장을 빛낸 인물, 현암 이을호 선생』, 영광문화원, 2004, 52쪽.

> 가지 학회를 하려고 했어요. 학문 활동을, 이 정주연학회를 만든 사람이 누구냐 하면, 현암, 현암하고, 여자민립중학교 그 시인이에요, 조의현 선생이에요, 초정. …… 그래서, 그래서 정주는 영광의 옛날에 이름인데 이는 고요한 마을이라는 뜻이지. 고요한 주(州)인데. 정주연학회를 만들어 가지고 7~8인이 한 달에 한 번씩 모여요. 일주일에 한 번씩인가, 한 달에 한 번씩 모여 가지고 돌아가면서 제목을 내요. 그 제목 중에 하나가, 이를테면은 '허수아비' 내면은 거기에 대해서 시조를 즉석에서 지어요. 그러면 이제 7~8명이 시조를 짓잖아요. 시조를 내면은 거기서 두세 사람 심사위원이 나와 가지고, 그날 장원을 뽑아요. 그렇게 해서 계속해 갔어요. 그래서 그때의 장원의 시조집 몇 사람 것이 남았거든 그래서 그 시를 내가 시비로 만들었어요. 지금 조운 생가에 있거든, 시비 열한 개가 있는데 현암하고 나하고 떠남으로써 그 뒤로 계속 못했을 거요. 그래서 시조 끝나면 또 다른 학문도 하고, 그러려고 했는데, 정주연학회는 참 귀중한, 우리들의 대한민국에서 그런 교사들이 그런 학회를 만들었다는 것도 드문 일이고. 그게 인자 조운, 조의현이라는 시인이 있었기 때문에 가능했을 거예요.[34]

이 같은 정종의 증언에서도 알 수 있듯이, '정주연학회'는 이을호의 주도하에 결성되었다. 해방과 더불어 조직된 이 '정주연학회'가 처음으로 벌인 사업이 영광중학교의 설립이었지만, 이 학회는 단순히 학교 설립만을 목적으로 만들어진 조직은 아닌 듯하다. 다른 증언에 의하면, 학교가 설립된 후에도 민립학교 안에 '정주연학회'의 간판이 걸려 있었다고 한다. '정주연학회'는 민립중학교의 개교 후에도 활발한 활동을 전개해 간다.

'정주연학회'는 주로 민립중학교 선생들이 중심이 되어 일주일 내지는 한 달에 한 번 정도 모임을 가졌다. 모임은 문예 활동을 중심으로 했지만 단순히 문예 활동만 전개한 것이 아니라, 민립중학교를 운영하는 방안을

---

34) 정종의 증언 내용(2010. 3. 2).

토의하는 연구모임의 성격도 띠고 있었다. '정주연학회'는 민립중학교의 교육을 담당하는 교사들의 문예적 소양을 신장시키고 동시에 올바른 교육 방법에 대해 끊임없이 고민하는 연구모임이었다. 당시로서는 파격적이고 획기적인 활동이었다고 할 수 있다. 여기에서 '정주연학회'는 1934년 영광의 선각자들이 독서회를 표방하며 독립운동을 전개한 '갑술구락부'의 모습을 떠올리게 한다.

'정주연학회'와 '영광중학교설립추진위원회'의 활발한 활동으로 학교 설립을 위한 기금 조성운동은 성공하게 된다. 이때 이을호는 학교부지로 자기 소유의 농지 450두락(9만여 평)과 나락 1천 석을 헌납하고,[35] 더불어 영광의 많은 사람들이 모금운동에 동참하여 학교 설립에 필요한 기금을 마련할 수 있었다. 드디어 영광 군민과 이을호가 염원하던 '영광민립중학교'가 1945년 10월 15일 개교하게 된다. 전국 최초의 민(民)이 주도한 사립학교의 탄생이었다.

> 영광민립여자중학교는 당초에는 아까 남녀 모두, 학생을 영광교육청 자리에다가, 교육청 자리가 무엇이었는가 하면 영광 남소학교였거든. 왜놈들 학교였지. 거기에다 수용했다가, 현암이 아까 그 돈을 내 가지고, 저쪽 지금 현재 영광종합고등학교 자리가 있어. 종고. 거가 매정이라고. 매정이라고 오메다. 오메다. 일본 놈이여. 오메다라고 매실매자에다가, 밭전자. 매정이네 집이여, 거가. 농장, 말하자면 사무실 있고. 그 적산을 인수해 가지고, 남자학교를 그곳으로 옮겼지. 지금 그것이 영광종고여.[36]
>
> 개교하고 교사들이 혼연일체가 되어서 잘 해 갔어요. 교사가 한 15명, 20명쯤 되었지. 학생은 학년에 남자반, 두 반인가 되었을 거요. 여자반, 여자 두 반, 남자 두 반. 그런데 해방 직후니까. 중학교 학생들이 스물 대여섯 살 먹은

35) 「이 지역 원로들의 회고록」, 『전남일보』 1989. 12. 13.
36) 서단의 증언 내용(2010. 3. 25).

> 놈도 있어요. 이태까지 공부 못하고 밀려 가지고 있다가 오는 사람들. 처녀들도 스무 살, 스물두 살, 스물세 살짜리도 있고 했어요. 그래서 인자 여기서 삼 년 허고, 그리고 인자 고등학교는 저리 옮겼지.[37]

영광민립중학교는 영광읍 무령리 지선[舊倭人尋常小學校]에 남녀 각 1학급씩 수용하여 개교하였다. 영광민립중학교의 정확한 교명은 '영광민립중학교'와 '영광민립여자중학교'였다.[38] 영광민립중학교의 학급 구성에 관해서는 기록과 정종의 증언에 약간 차이를 보인다. 이 부분에 대해서는 추후 자세한 조사가 필요할 듯하다. 그리고 '정주연학회'에 참여한 영광 지역 선각자들이 영광민립중학교 교사진으로 참여하여 무보수로 봉직한다. 영광민립중학교 초대 교장에는 이을호가, 영광민립여자중학교 초대 교장에는 조의현이 취임하고, 양교 교감은 정종이 맡는다. 이렇게 운영된 영광민립중학교는 1946년 9월에 영광읍 단주리[舊梅田農場]로 남자중학교가 옮겨가게 된다.

3) 해방 공간에서의 이념 갈등과 교육정신

영광에 중학교를 설립하고자 한 군민들의 숙원 사업을 이을호를 중심으로 한 정주연학회가 이루어 냈다. 민립중학교가 개교되자 교사들은 혼연일체가 되어 잘 운영하였다. 하지만 당시 한국의 해방공간에서 있었던 좌·우익 대립은 영광, 그것도 영광민립중학교에서도 일어난다.

> 그때에 영광, 우리 중학, 민립중학교에 강당이 하나 있었어요. 그 자리가 일본 소학교였어요. 소학교 자리에요. 교수, 교사가. 거기에 강당이 하나 있었는데, 거기서 한민당 창립 총회를 했거든. 인자 한민당이 영광 들어온 거야. 영광은

---

37) 정종의 증언 내용(2010. 3. 2).

38) 영광군, 『옥당골의 전통문화』, 영광군, 1983 미발간, 170쪽.

그때에, 영광은 뭐냐면, 인민위원회인가. 저 처음에는 여운형 씨가 한 건국준비위원회 아니요? 건국준비위원회가 비토 되니까, 이승만이가 와서 비토 되니까, 인민위원회가 되었거든. 인민위원회가 우리 조운 선생이 이제 실력자로서 실무자로서 일을 하고 있는데. 아 이 한민당이 들어와서 결성을 했어요. 그러니까 거기서 우리 교사들도 우익으로 거기에 가담한 사람도 있고, 학생들도 분열이 되고. 내가 전부, 내가 참 학생들 다 사랑했는데. 그냥 우익학생들이 튀어나와 가지고 막 그냥 학교를 요란스럽게 하거든. 말하자면 인민위원회 계통이니까. 영광은 인민위원회 일색으로 있다가, 한민당이 들어오니까 좌·우가 생기지 않아요. 우리들은 좌가 되는 거야. 한민당이 들어오니까, 우가 들어오니까. 이래서 인제 좌·우 적들이 생기지. 그때에 삼상 뭐요? 삼상회담에서 나온 인민통치, 뭐, 신탁통치 문제가 나왔는데 처음에는 그냥 신탁통치 반대운동을 했지. 우리도 우리 학생들 전부 데리고 시내에도 누비고 다녔거든. 헌데 2~3일 있으니까, 그냥 또 박헌영 일파에서는 신탁, 찬탁. 반탁이 찬탁으로 넘어가지 않았어요. 그러니까 찬탁, 반탁으로 대한민국 국민들이 나눠졌잖에요. 그래 가지고 이제 반탁운동을 했는데, 이제는 찬탁운동 할 수밖에 없게 되어 버렸거든. 그러니까, 한민당이 들어오고 이래서 좌·우 대립이 시작되었어. 영광에 처음에 바람이 불었지. 이제 학생들까지 이렇게 되니까. 저 한민당 측에서 이을호 바꿔야 한다. 그동안에 이제 말하자면 인민위원회의 영광 줄로 그렇게 내려왔는데, 반탁이 들어왔거든. 그래서 그때에 일본서 대학 출신으로, 우리 집안 어른인데, 그분이 현암하고 친구에요. 그분이 면장을 했는데, 일제 때 왜놈들이 면장을 시켰거든, 그것을 제2대 영광민립중학교 교장을 시켰거든.[39)]

해방과 동시에 남한 대부분의 지역에서는 일제의 통치기관을 대신해서 민중들의 자치기구인 '건국준비위원회'가 설립된다. 해방 공간에서 영광

39) 정종의 증언 내용(2010. 3. 2).

또한 조운을 중심으로 건국준비위원회가 설치되어 지역의 자치기구 역할을 수행하였다. 당시 진보적 지식인들은 건국준비위원회의 활동을 지지하면서 여기에 참여하였다. 하지만 후에 미군정에 의해 건국준비위원회의 활동이 불법화되는 비운을 맞이한다. 많은 사람들은 당시 건국준비위원회에서 활동한 사람들을 좌익 계열이나 공산주의자로 생각하는 경우가 많다. 하지만 건준에서 활동한 사람들을 모두 좌익 계열이나 공산주의자로 분류하는 것은 무리다. 당시 일제의 통치기구를 대신하여 사회의 제반 질서를 잡아갈 수 있는 기구는 건국준비위원회가 유일하였기 때문이다. 그리고 진보적 지식인들이 민족을 위해 활동할 수 있는 기구는 이 건국준비위원회뿐이었다.

조운과 특별한 인연을 맺고 있던 이을호도 해방과 더불어 건국준비위원회에 참여한다. 당시 조운은 건국준비위원회 선전부장을, 이을호는 문화부장을 맡았다.[40] 이후 조운은 인민위원회에서 총무부장을 하다가 공산주의자로 지목되어 월북한다. 이을호는 조운을 공산주의자가 아닌 민족주의자로 평한다. 당시 민족주의자와 공산주의자가 엄격하게 구별되지 않던 상황에서 조운은 경찰에 의해 좌익으로 지목받게 되었다는 것이다. 이을호는 건국준비위원회 활동으로 인해 영광민립중학교를 운영하는 데 고초를 겪게 된다.

민립중학교가 개교되고 이을호가 초대 교장으로 취임한 후, 이승만을 지지한 세력을 중심으로 한 한민당이 영광 지역에서 창립총회를 개최한다. 이때부터 영광 지역에서 좌·우익간의 갈등이 시작된다. 이로 인하여 민립중학교 내에서도 학생 및 교사들 사이에 좌·우익의 이념적 갈등이 생긴다. 당시 이념적 갈등을 직접 당하고 또 이를 지켜봐야 하였으며 결국, 이로 인해 학교를 떠나야 했던 이을호는 자신의 회고록에서 당시 느꼈던 참담함을 짤막하게 술회하기도 하였다.[41] 당시 영광 지역의 좌·우익 갈등은 매우

40) 「이 지역 원로들의 회고록」, 『전남일보』 1989. 12. 16.
41) "「교육은 중립을 지켜야 한다」는 신념으로 교내에서의 어떤 운동도 결코 허용치

심각했던 것으로 추정된다. 그리고 이 여파로 이을호는 영광을 떠나게 된다.

> 느닷없이 서북청년단이 들어오더라고, 영광에도. 그래서 서북청년단들이, 그 때 영광 읍장으로 있던, 면장으로 있던 사람이 허 모씨라는 분이 영광 면장이었는디. 이을호 씨 집, 대문 바로 앞집이 허씨 집이여. 사랑채에다가 서북청년단들, 허씨가 데리고 앉아서. 저녁이면 그 서북청년단들이 습격을 해. 집집마다. 그야말로 테러지. 그래서 완전히 공포 분위기지. 심지어 우리 집까지 습격해 오려고 그래. 우리 집까지. 그러니까 우리 집에서는 우리 집안 젊은 애들이 밤이면, 봉투에다가 고춧가루, 모래하고 섞어서 가지고 대문 뒤에 숨어 있다가 오면 뿌리고 모두 그러고. 조운 씨 집으로. 명색이 영광의 소위 명색이 지성의, 지성을 가진 유지층은 거의 서북청년단들이 습격을 해. 이을호 씨는 바로 허씨 집 앞이니까, 말할 것도 없잖아. 거기서 뒤에, 뒤에서 조종한 사람이 그 당시 제헌국회의원 조○○ 씨여. 거가 한민당 영광의 책임자제. …… 그렇지. 비단 영광중학교뿐만 아니여. 해방 직후에는 찬·반탁 학생들이 서로 대치되어 가지고, 반탁 학생들이 그 학교 선생들을 함부로 두들기고, 테러하고 그런 판이거든. 잡아 가두고. 인제 그런 아픔을 현암이 받았제. 그런데다가 서북청년단까지 몰려와 가지고 밤이면 집을 습격하고 나가, 그런 아픔. 참 당하지 못할 일을 당하고, 겪고 그랬겠지. 우리가 지금 말이니까 그렇지, 얼마나 가슴이 아팠것어. 거의 전 재산을 다 내놓고 학교를 지었는디.[42]

조운과 특별한 관계에 있으면서, 해방 공간에서 건국준비위원회 문화부장으로 일하고 민립중학교 교장으로서 교내에서 한글쓰기 운동[43]을 전개했던

않았던 나는 좌우협공을 받았으며, 끝내 지배권력에 협조하지 않는다는 어처구니 없는 이유로 등을 떠밀리다시피 교단을 떠나야 했다. 중립을 지킨다는 것이 얼마나 어려운 일인지 실감하던 때였다. 47년 가을이었다"(「이 지역 원로들의 회고록」, 『전남일보』 1989. 12. 13).

42) 서단의 증언 내용(2010. 3. 25).

43) 「이 지역 원로들의 회고록」, 『전남일보』 1989. 12. 13.

이을호는 당시 우익집단에 의해 좌익세력으로 지목되어 심각한 견제를 받게 된다. 위의 서단의 증언에서도 알 수 있듯이, 이을호는 좌・우익 학생들의 분열을 목격하고 서북청년단으로부터는 테러에 가까운 위협을 받았던 것이다. 이러한 참담한 상황에서 이을호는 고향인 영광을 떠나게 된다.

이을호는 자신의 전 재산을 기부하여 설립한 영광민립중학교를 이념의 대립으로 인해 떠날 수밖에 없었다. 이후 1948년에 광주의과대학 부속병원 약국장에 취임하고, 1955년 전남대학교 인문대학 교수가 된다. 영광민립중학교의 경험은 이을호가 교육자로서 평생 가야 할 길, 즉 "교육은 중립을 지켜야 한다", "학교가 결코 정치의 장으로 이용되어서는 안 된다"라는 경계적 지표를 세우는 계기가 되었다.

4. 결 론

이상으로 이을호가 일제시대 때 '갑술구락부'와 '영광체육단'을 중심으로 전개한 독립운동, 그리고 해방과 더불어 전개한 '정주연학회' 활동 및 영광민립중학교 설립과 관련한 내용을 여러 사람들의 증언과 사료를 통해 살펴보았다. 이을호는 어린 시절부터 집안의 가풍과 주변사람들의 영향을 받아 조선에 대한 현실과 민족독립의 필요성을 자연스레 인식하였다. 그리고 경성 유학 시절에 경험하였던 다양한 독서 활동과 문화 활동은 훗날 학자로서의 길을 걷는 초석이 되었다. 이을호는 청년 시절에 폐렴으로 인해 요양 차원에서 2년이라는 짧은 공백기를 가지기는 하였다. 하지만 이 짧은 공백기는 이을호가 사상의학에 관심을 갖는 시간이 되었고, 경성약학전문학교에 입학하는 동기가 되었다. 이을호는 경성약학전문학교에 입학한 후 단순히 기술적 학문 습득에만 매진하지는 않았다. 당시 일제 경찰의 치안 상황 보고 문건을 보더라도, 조선과 민족의 현실에 끊임없이 관심을 가지고 있었으며, 조선

독립에 대한 열망을 지니고 있었음을 확인할 수 있었다.

이을호는 '호연당약국'을 개업하였는데, 본문의 증언에서도 알 수 있듯이 이 약국은 단순히 약만 파는 곳이 아니라 약국을 통해 벌어들인 돈을 독립운동 자금으로 사용하였다. 그리고 그와 같은 독립운동의 일환으로 지역의 선각자들과 '갑술구락부'를 조직한다. '갑술구락부'는 외형상 독서회를 중심으로 활동하는 문예단체였지만, 본래부터 조선의 독립을 목적으로 활동한 단체였다. 이 '갑술구락부'가 소수의 선각자들이 모여 민족의식을 다지는 활동을 하였다면, 일반 사람들을 대상으로 활동한 단체는 '영광체육단'이었다. '영광체육단'은 조기회 형식을 빌어서 군민들을 대상으로 체력 단련을 실시하였다.

그 중심에 이을호가 있었다. 이을호는 경성 유학 시절에 자신이 배운 닐스-북 체조를 군민들에게 보급하였던 것이다. 물론 '영광체육단'은 체력 단련만을 목적으로 한 것이 아니라, 이 체력 단련을 통해서 일반 군민들에게 민족의식을 깨우치게 하고, 조선독립을 위한 활동의 기초를 다지는 데 목적을 두었다.

한편 이 즈음 이을호가 개최한 남승룡 선수 초청 체육대회에 불안을 느낀 일경은 많은 인물들을 구속하였고 이을호도 이와 관련하여 1년 6개월의 옥고를 치른다. 이 수형 생활 중에 이을호는 동양철학 연구에 몰두하였고, 출옥 후에도 그의 마음에는 민족과 독립이라는 화두가 자리잡고 있었다. 이러한 열망은 1945년 8월 15일 해방과 더불어 민립 중학교의 설립으로 표출된다.

이을호는 해방과 동시에 '정주연학회'를 설립하고, 이 '정주연학회'를 기초로 1945년 9월 5일 '영광중학교설립추진위원회'를 발족한다. 그리고 전 재산을 털어서 1945년 10월 15일 전국 최초의 민(民) 주관 중학교를 개교한다. 그러나 광복 후의 어지러운 시대 상황으로 인해 이 학교마저 포기해야 했지만 끝내 현대의 동양철학자, 사상가로서 우뚝 설 수 있었다.

참고문헌

1. 증언자료

서단의 증언(2010. 3. 25).

위증의 증언(2010. 3. 18).

정종의 증언(2010. 3. 2).

2. 신문자료 및 논저

『동아일보』. 『전남일보』. 『조선중앙일보』.

경성종로경찰서장,「延禧專門學校學生基督靑年會, 集會取締 狀況報告」,『思想에 關한 情報(1)』, 경성종로경찰서, 1931.

국가보훈처,『국가보훈처 공훈전자사료관』, 국가보훈처, 1990.

박찬승,「일제하 영광지방의 민족운동과 사회운동」,『한국민족운동사연구』 30, 한국민족운동사학회, 2002.

영광군,『옥당골의 전통문화』, 영광군, 1983.

영광향토문화연구회,『향맥』 제10호, 영광향토문화연구회, 1997.

영광향토문화연구회,『향맥』 제15호, 영광향토문화연구회, 2004.

오종일,『우리고장을 빛낸 인물, 현암 이을호 선생』, 영광문화원, 2004.

오종일,『현암 이을호』, 문원각, 2009.

정종,「현암 이을호 박사와 나를 말한다」,『공자학』 제9호, 한국공자학회, 2002.

조선총독부경무국 편,『最近に於ける朝鮮治安狀況』, 조선총독부경무국, 1937.

조운기념사업회,『조운시조집』(작가), 2000.

제3부

자주성의 자각과 경전 연구

1. 국역『사서(四書)』의 특징

노 평 규 전북대학교 외래교수

1. 서 언

현암(玄庵) 이을호(李乙浩: 1910~1998)는 광복 이후 우리나라 철학계에서 동양철학, 특히 한국철학을 이끌어 온 저명한 학자들 중의 한 사람이다. 특히 그의 다산(茶山) 정약용(丁若鏞: 1762~1836)에 대한 연구는 매우 유명하다. 2005년『교수신문』은「다산학연구의 현황과 문제점」에서 다산학 연구자를 해방 이전의 안재홍과 정인보 2인을 제외한 해방 이후의 정약용 연구자들을 5개 세대로 나누어 1세대에 이을호·홍이섭·한우근 3인, 2세대에 천관우 외 9명, 2.5세대에 한영우 외 8명, 3세대에 금장태 외 10명, 4세대에 성태용 외 19명을 들고 1세대 가운데 "이을호 교수가 다산경학에 관한 저술을 펴내며 학회를 이끈 대표적 선구자다."라고 하였다.[1] 이것은 이을호가 우리나라 다산학 연구에서 차지하는 비중이 어떤 것인지를 잘 보여준 것이라 할 수 있다.

이같이 다산학 연구자로 알려진 이을호를 근래에 또 다른 면에서 세인들에게까지 다시 유명하게 만든 사건이 있으니 2006년 교수신문이 펴낸『최고의 고전번역을 찾아서』에서 우리나라 역대『논어』번역서 160여 종 중 최고의

1)『교수신문』2005년 8월 10일자.

번역서는 이을호의 『한글논어』라고 한 것이 그것이다. 30종의 고전에 대한 번역을 다루는 중 맨 처음 『논어』편에서 "최남선 이후 지금까지의 『논어』 번역사에서 단연 돋보이는 『논어』 번역서로는 1974년 박영사에서 문고판으로 간행한 이을호 역 『한글논어』를 들 수 있다."고 하고 있다.[2)]

이것 하나만으로도 이을호의 성가를 높이기에 충분한 것이지만 이 책은 바로 이어 『맹자』편에서 '최고의 번역본' 부분엔 넣지 않았으나 '그 외의 추천번역본' 3책 중 하나로 이을호가 1958년 전남대출판부에서 펴낸 『한글맹자』를 넣고 "다산의 주석을 반영한 점이 강점이다. 주희 해석과 함께 반드시 참조해야 할 번역으로 추천된다."고 하였다.[3)]

이 같은 사실은 이을호가 훌륭한 유교경전 번역가의 반열에도 들어 있음을 단적으로 보여주는 것이다. 이을호는 『한글논어』, 『한글맹자』 외에도 1976년에 『대학』, 『중용』도 번역하여 유교경전 『사서』를 다 국역하였다. 그것들은 박영사의 문고판으로 『중용 · 대학』 한 책, 『논어』 한 책, 『맹자』 한 책 모두 3책으로 간행되었다.

이 3책은 이을호 사후 2년 뒤인 2000년에 이을호의 문집을 간행하는 중 통일된 편집체제로 『국역다산사서』라는 이름으로 일종의 단권본(單卷本)으로 간행되었다. 이 책의 「일러두기」에서 "편집의 과정에서 약간의 변동은 있었지만 내용은 그대로 실었다."고 밝혔는데 내용상에서는 한두 가지 예외가 있지만 실제로 박영문고의 3책과 일치하여 양자는 동일한 책이라 해도 과언이 아니다.[4)] 그렇다면 이을호의 국역 『사서』는 박영문고 3책에서 이미 완성된

2) 교수신문, 『최고의 고전번역을 찾아서』, (주)생각의 나무, 2006. 14쪽. 이 부분의 저자는 전호근이다.

3) 교수신문, 『최고의 고전번역을 찾아서』, 40쪽. 이 부분의 저자는 최영성이다.

4) 『이을호전서』 전 9책 중 ⑥권의 태반을 구성하고 있는 것이 곧 『국역다산사서』다. 이 책이 박영문고 3책을 그대로 전재하지 않은 것은 서로 다른 3책의 편집체제를 통일하려 한 때문이며 또 3책이 모두 1970년대의 양식으로서 2000년대의 입장에서 보면 낯선 양식이 되어 버린 때문이 아닌가 한다. 이 책은 박영문고 3책을 어떤

것으로 볼 것이다.

이제 위에서 본 바와 같이 학자들에 의해 최고 수준으로까지 평가되는 이을호의 국역 『사서』가 어떠한 과정을 거쳐 어떤 식의 구성으로 이루어지고 이을호의 어떠한 사상이 여기에 반영되어 있는지를 살펴보는 일은 유교경전 번역자로서의 이을호를 넘어 궁극적으로 저명한 한 한국철학자로서의 이을호의 전모를 이해하는 데 적지 않은 의의가 있다고 여겨진다.

2. 현암 국역 『사서』의 성립 과정과 특징

1) 『한글맹자』의 성립 과정과 특징

(1) 전남대출판부 『한글맹자』

가. 저술 기간과 저술 동기

이을호의 국역 『사서』 중 가장 먼저 세상에 선을 보인 것은 『한글맹자』다. 이 책은 1958년 2월 15일에 전남대출판부에서 간행되었다. 그가 약국장

것을 어떻게 바꿨는지 언급한 것이 없어 양자를 대조해서 자세히 살피지 않으면 알 수 없는데 그 차이점의 대강만을 말해 보면 다음과 같다.

3책의 서문이나 해제는 모두 대폭적으로 한자를 한글로 바꿨다. 모든 번역문에서 홑낫표(「 」)는 모두 겹따옴표(" ")로 바꾸고 겹낫표(『 』)는 홑따옴표(' ')로 바꿨다. 『논어』, 『맹자』의 번역문은 편명 앞에만 아라비아 숫자를 붙이고 장에서는 일체의 장수 표시를 없앴다. 모든 원문에서 홑낫표(「 」), 겹낫표(『 』)를 모두 없애고 구두점이나 토를 다 없애고 한 칸씩 띄웠다. 『맹자』의 원문은 앞에 붙였던 [原文] 표시를 없앴다. 주해 중 단어의 설명은 모두 각주로 처리하여 앞에 붙였던 동그라미(◯)나 별표(*)를 없애고 콜론(:)을 쓰던 것을 두 점(. .)으로 바꿨으며, 구절 해설도 모두 각주로 처리하되 앞에 붙였던 동그라미(◯)나 까만 동그라미(●) 대신 [평설] 표기를 하였다.

이상이 형식상의 차이라면 다음 한두 가지는 내용상의 차이점이라고 할 수 있다. 첫째는 『중용·대학』의 책명을 『한글중용·대학』으로 바꾼 것이고 다음으로 『중용·대학』의 해제 끝에는 작은 글자로 "이 解題는……다시 싣는다(필자 이을호 記)"라고 첨기되어 있는데 이것을 뺀 것이고 끝으로 『맹자』의 편명 공손축을 공손추로 고친 것이다.

시절에 이미 『한글맹자』의 초역을 끝냈다고 하였으니[5] 적어도 1955년 이전에 이미 초역이 끝났음을 알 수 있다. 그는 「서문」에서 "고전 한글화에 뜻을 둔 지 몇 해 만에 이 책을 내었다."고 하였으니 적어도 『한글맹자』를 내기까지 몇 년의 준비를 거쳐 결실을 맺은 것임을 또한 알 수 있다. 한편 이 책 「일러두기」에서 『한글맹자』가 주로 정약용의 『맹자요의』를 참고하였다고 하였는데 그에게 있어 이것은 『맹자』를 번역할 때 비로소 『맹자요의』를 보았다는 것이 아니고 『맹자요의』는 물론 정약용의 다른 저술들도 일찍부터 공부해 오다가 『맹자』를 번역할 때 『맹자요의』를 자기 번역의 가장 중심되는 책으로 삼았다는 의미다. 그가 정약용의 『여유당전서』를 본격적으로 보기 시작한 것이 1947년 이후라고 하는데[6] 이로 보면 그가 『한글맹자』를 쓰는 데 길게는 약 10년의 준비 기간이 있었다고도 말할 수 있다.

이을호는 고전 한글화에 뜻을 두었는데 그가 많은 동양고전 중에서도 『맹자』를 맨 먼저 선택한 것은 무슨 이유인가? 그가 「서문」에서 『맹자』의 특징을 들어 "맹자는 동양사상의 주류를 이루는 유교의 경전 『사서』 중 하나이다.", "『맹자』의 문장은 『논어』처럼 깊은 맛은 적으나 일반인이 알기 쉽다.", "『맹자』는 동양에서의 민주주의 창시자로 현대의 각광을 받을 수 있다." 등 세 가지 점을 지적하였는데 이것이 그 이유를 간접적으로 설명해 준다고 할 수 있다. 세 가지 중 두 번째 것이 가장 결정적인 것으로 보이는데, 뒤에 장을 달리하여 자세히 언급하겠지만 그가 생각한 고전 한글화의 핵심은 대상이 일반 대중이라는 점이니, 그는 『사서』 중 『맹자』를 일반인이 가장 쉽게 이해할 것으로 여겼기 때문이다.[7]

---

5) 「역정 50년」, 『전서』 9, 360쪽. 이 글은 원래 정종의 『60인사의 인생역정』(중앙출판공사, 1965년) 중에 실린 것이다. 이을호가 약국장으로 있었던 기간은 1948년부터 1955년 철학과로 오기 전까지다. 오종일, 『玄庵 李乙浩』, 문원각, 2007. 176쪽.

6) 「여유당전서와 더불어」, 『전서』 9, 74쪽.

7) 이을호는 일반 대중뿐 아니라 대학생의 우선적 필독 고전으로서 『맹자』를 꼽기도 했다(「맹자와 플라톤」, 『전서』 9, 266쪽).

이을호가 『맹자』 번역을 우선한 이유를 한 가지 덧붙이자면 그가 『맹자』라는 책에 매우 일찍부터 관심을 가졌다는 점이다. 그는 이제마(李濟馬)의 사상(四象)철학을 계기로 동양철학에 입문하게 되는데, 그는 이제마의 사상의학의 기본철학이 맹자사상에 기반을 두었다고 보았다.[8] 이제마의 사상철학에 접한 것이 그의 나이 20세 되던 1929년이었으니 그가 『맹자』에 주목한 것은 매우 오래된 일임을 알 수 있다.

나. 저술의 형식적 개요

이을호는 번역한 책에 '국역' 내지 '역주'라고 한다거나 또는 아무 수식어 없이 그냥 『맹자』라고 하지 않고 '한글'을 앞에 붙였다. 아마도 국역서에 '한글'이란 이름을 붙이는 경우는 전례가 없었던 것으로 여겨진다. '한글'이라는 말에서는 한문(漢文) 내지 한자(漢字)와 상대하여 '우리나라 글'이라는 이미지가 강하게 묻어난다. 이것은 뒤에 장을 달리하여 자세히 언급하겠지만 그의 한국문화에 대한 자긍심의 발로이자 자주성의 강조에 기인한 것이다.

『한글맹자』의 구성 형식을 보면 우선 주자의 『맹자집주』에 따라 편(篇)·장(章)을 나누고 있다. 『한글맹자』 이후 이을호가 국역한 『논어』나 『대학』, 『중용』이 편·장이나 또는 장·절을 나누는 데서부터 부득이 한 경우가 아니면 주자의 것을 쓰지 않고 모두 정약용의 것을 쓴 것과 비교한다면 특이하게 여겨진다. 그러나 정약용이 편·장의 구분에서는 주자와 이견이 없었기에, 정약용의 『맹자요의』는 다른 『사서』에 대한 저술과 달리 문제가 되는 장, 그 중에서도 문제가 되는 절(節)·구(句)·단어(單語)를 중심으로 서술한 것이다. 그러므로 편·장의 구분에 『맹자요의』를 쓸 수도 없고 쓸 필요성도 없었음을 감안하면 그리 이상할 것이 없다.

---

8) 「맹자의 민주정신과 현대지성」, 『전서』 9, 192쪽 ; 「사상의학의 철학적 배경」, 『전서』 7, 551쪽. 『사상의학원론』의 제2, 3장 「사단론」, 「확충론」의 역주에서 사단과 확충 모두 그 어원이 『맹자』에 있다고 주하였다(『전서』 7, 54·81쪽).

매 장마다 번역문은 한글로 쓰고 맨 위에 놓았으며, 주해는 국한문체로 써서 그 다음에 배치하고, 참고는 한문체로 쓰고 다시 그 다음에 배치하고, 원문은 당연히 한문이지만 특별히 현토하고 맨 아래에 두었다. 이 같은 체제는 그가 심사숙고해서 만든 흔적이 보인다. 그가 「서문」에서 맨 처음 거론한 것이 우리말 표기에 관한 것인데, 우리 한글 족속은 한글의 맛을 알아야 하고 한글을 써야 한다고 하고, 국한문은 술에 물 탄 것과 같지만 현실상 부득이한 것으로 보았고, 한문은 일반 대중에겐 선택 사항이며 전공자들에게 필요한 것으로 보았다. 이로 보면 독자들에게 가장 강조하는 부분이 번역문이라는 것과 주해나 참고는 대개 전공자를 위한 것임을 알 수 있다.

번역문이 한글이라 하여 예외 없이 모두 순한글로 되었다는 것은 아니고 한자 괄호 쓰기를 한 것이 대부분의 번역문에 1장당 1개 이상은 있다. 편명에 아라비아 숫자를 붙이지 않고 별도로 편명위에 권수를 표시하고 있다. 이것은 이을호가 당시 민간에 통행되던 현토의 『맹자집주』를 저본으로 사용한 까닭으로 여겨진다. 또 장(章)을 가르기는 하였으나 편 내의 장수를 표기하지 않고 오직 전체의 장수만을 각 장의 번역문 위에 아라비아 숫자로 표시하고 있다.

번역문에는 몇 가지 표기원칙이 적용되고 있다. 인명·지명·국명엔 밑줄을 쳤다. '曰……'은 '말하기를 「……」'으로, '問曰……'은 '묻기를 「……」'으로, '對曰……'은 '대답하기를 「……」'으로 번역하였다. 홑낫표(「 」) 안에서 다시 인용문이 있을 때는 겹따옴표(" ")로 표기하였다.

주해는 맨 앞에 【注解】 표기를 붙이고 각 항 앞에는 별표(★)를 붙이며 그 다음에 설명할 단어나 구절을 다시 써주고 그 다음 점 세 개(...)를 찍고 설명을 붙였다. 주해는 전체 260장 중 159장에 붙였고 각 장마다 붙은 주해의 숫자도 결코 많다고 할 수 없다. 그만큼 이을호는 번역문에 중점을 두었던 것이다. 주해에는 자전적(字典的), 사전적(事典的) 지식에 속하는 것 외에 단어나 구절을 설명할 때도 다른 사람의 주석이나 번역에서 인용한 것임에도 일체 출처를 밝히지 않고 언뜻 보기에 이을호 자신의 견해처럼 서술하였는데,[9] 이것은 주해까지는 일반 독자를 고려하여 간이하게 하기 위해 출처를 밝히지 않은 것으로 생각된다.

참고는 맨 앞에 【參考】 표기를 붙이고 각 항 앞에는 두겹 동그라미(◎) 표기를 붙이고 그 다음에 설명할 단어나 구절을 다시 써주고 그 다음 점 세 개(...)를 찍고 한문으로 된 내용을 실었다. 참고는 전문연구가를 위한 것으로 주해의 보다 심도 있는 이해를 위해, 또는 번역문과 원문의 전문적 이해를 위해 붙여졌다. 『맹자』 총 260장 중 22장에만 붙어 있는데 여기에 인용된 설들을 조금 구체적으로 살펴보면 다산 33개, 주자 23개가 대부분을 차지하며, 그 외 조기(趙岐) 5개, 동중서(董仲舒) 1개, 정자(程子) 1개, 김인산(金仁山) 1개, 김중식(金中植) 2개, 기타무라 가이쓰(北村佳逸) 4개, 오카무라 쇼조(岡田正三) 3개다.

원문의 저본이 주자의 『맹자집주』지만 정확히 말하면 토가 달린 『맹자집주』로서 다시 말해 우리나라 언해본(諺解本) 『맹자집주』인 것이다.[10] 다만 토의 경우 ᄒᆞ, ᄯᆞ를 하, 따라는 식으로 바꾸고, 하지만 'ㅣ'는 '이'로 고치지 않고 사용하였다. 이을호는 이후의 다른 『사서』를 번역할 때처럼 주자의 『맹자집주』에 구두점만을 찍어 원문으로 사용해도 되었을 것을 왜 굳이 토가 달린 언해본 『맹자집주』를 원문으로 사용했을까? 더욱이 왜 이것을

---

9) 「공손추」 제2장의 註 중 "宋人 … 송나라 사람은 우직하다[馮友蘭氏說]."만은 예외다.

10) 이 토를 보면 오늘날 흔히 볼 수 있는 明文堂의 『原本孟子集註』의 토와 일치하고 있다. 『원본맹자집주』는 日帝 때부터 간행되어 온 『正本孟子集註』와 같은데 이 책은 『孟子諺解』와 『맹자집주』를 섞은 것으로 『맹자』 원문은 현토하고 그 언해를 실었으며 주자의 集註는 원문만 싣고 일체의 해석을 가하지 않았다. 『정본맹자집주』가 어떤 언해본을 저본으로 했다고 밝힌 것이 없으나 선조 23년(1590)에 간행된 『맹자언해』와 일치하고 있다. 이 『맹자언해』는 이후 철종대까지 간행된 조선시대의 표준 『맹자언해』였으니 이을호가 『맹자집주』의 토를 원용했다는 것은 조선시대의 표준 토를 사용했다는 것으로, 현토에 대해서 적절한 판단이었다고 생각된다.

1974년 신판에서도 바꾸지 않고 고집했을까? 독자들에게 언해본의 존재를 기어코 알리고 싶었던 것으로 '한글'이란 이름을 고집한 것과 같은 맥락으로 보인다.

다. 저술의 내용적 특징

이을호는 『한글맹자』를 저술하며 정약용의 『맹자요의』, 주희의 『맹자집주』, 김중식의 『맹자주석』, 오카무라 쇼조(岡田正三)의 『맹자강의』, 기타무라 가이쓰(北村佳逸)의 『맹자해설』 등을 참고했는데 주로 정약용의 『맹자요의』를 참고하였다고 하였다. 이을호는 당시 사람의 역주(譯註)로 일인(日人)의 것 2개 외에 우리나라의 것으로는 유일하게 김중식의 『맹자주석』을 들고 있으나 이 책은 사실상 조선 말의 한문주석서다.[11] 이것은 이을호가 『한글맹자』를 쓸 당시 국역된 『맹자』가 없었음을 보여준다. 어쩌면 이을호의 『한글맹자』가 우리나라 광복 후 최초의 국역 『맹자』가 아닌가 한다. 그러므로 기존의 다른 사람의 번역에 영향을 받은 것이 거의 전무하여 번역문은 물론 주해 등의 모든 면에서 『맹자』에 대한 이을호의 자기 색채가 그만큼 잘 드러나 있다고 할 수 있다.

이을호의 「서문」 어디에도 정약용의 말이 없으나 「일러두기」에서 밝힌 것처럼 『한글맹자』의 내용상 큰 특징은 다산설을 따른다는 것이다. 이것은 번역문에서는 잘 나타나지 않고 역시 주해나 참고에서 잘 드러나는데 주해에서는 다산설을 쓰면서도 정약용이라고 밝히지 않았기에 참고에서 분명하게 나타난다. 정약용의 경전에 대한 해석의 특징은 경문(經文)으로 경문을 해석한다는 것이다. 이같이 정약용은 기준을 경전(經傳)에 두므로 경전의 뜻에 맞는 주는 그것이 한・당(漢唐)의 고주(古註)던 송・명(宋明)의 신주(新註)던

---

11) 이 책은 1954년 한국인쇄주식회사에서 간행되었지만 김중식은 조선 말의 인물로 보인다.

다 긍정하고 반대로 경전의 뜻에 맞지 않는 것은 고주던 신주던 다 부정한다.[12] 이을호는 이러한 정약용의 입장을 충분히 이해하고 그것에 동의함으로써 다산설을 충실하게 따랐다. 그는 다산설을 따름으로써『맹자』에 있어서는 인(仁), 의(義), 성(性), 정(情), 사단(四端), 양묵(楊墨) 등에 대한 이해가 주자설과 다르게 된다.

이을호의 이『한글맹자』에는 특별히 서평이 남아 있다. 우암(愚庵) 김경탁(金敬琢: 1906~1970)이 1958년 3월 31일자『고대신보』168호 2면에「이을호역 맹자(孟子)」라는 제목으로 쓴 간략한 서평이 그것이다. 요지는 다음과 같다. 이을호 교수는 본래 한글과 동양철학에 소양이 있는 분인데 이번 그의『한글맹자』는 한글엔 소양이 있으나 한문에 소양이 없는 30대와 한문엔 소양이 있으나 한글엔 소양이 적은 60대 간의 문화적 공간을 메우는 데 큰 도움이 될 것으로 축하해 마지않는다. 정약용의 주석을 붙인 것은 이 책의 특색이다. 제1편 양혜왕상(梁惠王上)만 평하자면 다섯 가지를 지적할 수 있다. 첫째 "有以利吾國乎"에서 이(以)는 방법을 뜻하므로 방법이 있느냐는 식으로 번역해야 한다. 둘째 "亦有仁義而已矣"에서 인의는 맹자가 처음 사용한 술어로 오늘날 도의, 도덕이란 뜻이니 인과 의로 나누어서는 안 된다. 셋째 "不賢者雖有此不樂也"에서 현자는 여민해락(與民偕樂)할 줄 아는 현왕을 가리키는 것인데 현자라고 번역하면 마치 현자가 아닌 일반 백성은 즐길 수 없다는 뜻이 되므로 불가하다. 넷째 "始作俑者其無後乎"에서 무후(無後)는 후손이나 자손이 없다고 해야 하며 '뒷이 없다'는 식의 '뒷' 같은 우리말을 쓴 것은 '생물학사전'을 '살이믄갈말광'이라고 고쳐 부르는 것과 같은 사이비 국어 같아서 매우

12)『다산경학사상연구』,『전서』[1], 29쪽, "이렇듯 다산학은 한유니 송유니 청유니 할 것 없이 是를 취하고 非를 버림으로써 오직 본래적 유교의 眞源으로 직통하려는 것이었다.…… 그의 시비곡직은 경전의 본질에 의하여 결정하여야 하는 것이기 때문에 다산경학은 고금주를 통달한 선진적 고증학에 의하여 다루어진 것이라 해야 할 것이다."

삼가야 한다. 다섯째 "是以君子遠庖廚"에서 포주(庖廚)는 한 단어로 푸주깐[푸줏간]이므로 찬간과 부엌이라 번역하면 안 된다. 끝으로 제1편만 읽고 평한 것을 사과하며 학기 초의 바쁜 사정 때문이니 양해를 바란다고 하였다.

이을호는 한 달여 뒤에 김경탁의 서평에 대해 반은 감사의 표시, 반은 반론의 의미로 역시 5월 10일자 『고대신보』 174호 2면에 「한글맹자에 대하여 －김경탁교수의 서평을 중심으로－」라는 제목으로 글을 실었다. 요지는 다음과 같다. 다섯 가지 지적 중 첫째, 둘째, 셋째의 전반, 넷째에 반론을 제기하고 셋째의 후반과 다섯째는 승복한다. 첫째에 대한 반론은 이(以)는 방법이라는 무거운 의미보다는 의미가 가벼운 조사라는 것이다. 둘째의 반론은 풍우란(馮友蘭)처럼 인의를 하나의 술어로 봐야 한다고 하지만 그렇게 보면 맹자 정신이 희석되므로 다케우치 요시오(武內義雄)처럼 인과 의로 봐야 한다는 것이다. 셋째 중 현자(賢者)가 현왕(賢王)이라 한 것에 대해서는 이을호 자신도 주해에서 그 점을 밝혔는데 이를 간과했다고 하였다. 넷째의 반론은 무후(無後)는 자손이 없는 것이 아니라 패가망신하여 걸주(桀紂)처럼 비참한 말로를 맞게 된다는 것이다. 셋째 중 "이런 풍경을 보고도 좋은 줄을 모를 것입니다."는 "이런 풍경이 있더라도 즐거워하지 못합니다."로 번역해야 한다는 것에 승복하며, 다섯째 포주(庖廚)는 한 단어로 푸줏간이라 한 것에 승복한다고 하였다.

이을호와 김경탁의 주장 중 이을호가 셋째의 현자가 현왕이라는 것도 자신도 주해에서 밝혔다는 것은 분명한 객관적 사실이므로 김경탁이 간과한 것이 맞다. 그러나 이을호가 김경탁에게 끝내 승복하지 않은 나머지 세 가지는 양쪽 다 자기 논리가 있어 간단히 해결할 수 있는 것이 아니다. 이것은 결국 시비의 문제가 아니라 이해의 문제일 것 같다.[13)]

---

13) 첫째 '以'의 해석은 김경탁은 以吾國하는 방법이 되고 이을호의 以는 윗 구절을 원인으로 결과인 아랫구절로 연결하는 경우에 가깝다. 둘째 仁義의 해석은 김경탁은 馮友蘭의 독자적이자 현대적인 철학상의 해석을 논거로 하고 이을호는 武內義雄의

이『한글맹자』는 전남대출판부에서 발행된데다가 1958년 당시 우리나라의 도서유통체제가 열악했던 점을 감안하면 이 책이 전국적으로 보급되었을 가능성은 그리 높지 않다. 그러다 이 책은 오직 출판사만 바꿔서 1963년에 형설출판사[14]에 의해 발행된다. 아마도 이때부터『한글맹자』가 일반 독자들의 관심을 끌게 된 것으로 여겨진다. 그러던 중 모 출판사에서 자신들이 이미 발행했던 국역『맹자집주』를 책명은 그대로 두고 내용은 온통 이을호의『한글맹자』로 바꾼 일이 생겼다. 이 출판사는 자신들의 완전한 표절을 조금이라도 은폐해 보고자 얼마 뒤 몇 개의 자구만을 변개(變改)하여 다시 찍어냈다고 한다. 결국 이을호는 이 사실을 알게 되고 그 출판사에 항의하여 회수처분토록 하였다고 한다.[15] 이 같은 해프닝은 이을호의『한글맹자』가 일반 독자의 관심을 끌기에 충분한 여러 가지 요소를 가지고 있었음을 반증한다.

(2) 박영문고『한글맹자』

가. 저술 기간과 저술 동기

이을호는『한글맹자』라는 제목을 그대로 두고 박영사에서 1974년 11월 20일에 발행한 문고판『한글논어』에 이어 며칠 뒤인 11월 25일에 역시 박영사에서 이번에는 문고판으로 펴냈다.[16] 기존의『한글맹자』를 주로 주해 부분을

설을 논거로 하는데 실은 주자도 다산도 仁과 義로 나누어 말하고 있다. 셋째 無後는 김경탁은 古注의 공자가 俑을 만든 자를 미워하여 後嗣가 없으라고 했다는 설을 따르는 것이고 이을호는『書經』「立政」의 桀이 暴德으로 罔後했다는 것, 곧 걸주의 패가망신 같은 것으로 본 것이다.

김경탁은 1965년에 자신의 국역『맹자』를 펴내고(김경탁,『맹자』, 光文출판사, 1965) 이듬해 1966년에는『논어·중용·대학』을 역시 광문출판사에서 출판한다.

14) 1951년에 설립된 형설출판사는 당시 유명한 출판사 중의 하나였다.

15) 이을호,『한글맹자』, 박영사, 1974의「서」참조.

16) 서문을 보아도『한글논어』는 1974년 7월 20일이고『한글맹자』는 1974년 8월 25일이다. 이을호가 의도적으로『논어』를 먼저 내고 싶어했던 것으로 여겨지는데, 이것이 여러 모로 자연스러운 것으로 보인다.

수정·증보한 것이 박영문고본 『한글맹자』이므로 몇 년을 요하는 장기간의 작업은 아니었을 것으로 여겨진다. 주로 주해 부분의 수정·증보에만 그친 것은, 거의 동시에 1959년의 신양사 『논어』를 역시 주해 부분을 대폭 증보해서 『한글논어』를 만드는 작업을 하고 있었기에 많은 시간을 할애할 수 없었기 때문일 것이다.

박영문고 『한글맹자』를 낸 데에는 어떤 이유가 있는 것인가? 먼저 이 책을 『한글논어』와 거의 동시에 낸 것은 이때 이미 『사서』의 완역을 목표로 하고 있었음을 짐작케 한다. 이을호가 자신의 국역 『사서』를 직접적으로 거론한 것은 1976년의 『중용·대학』 「서문」에서 처음 보이는데 『중용·대학』을 낼 때에야 비로소 『사서』 국역을 생각한 것이 아니고 적어도 『한글논어』와 『한글맹자』를 낼 때 이미 국역 『사서』를 생각하고 있었음을 볼 수 있다. 이 『한글맹자』의 「서」에서 "역문에도 약간의 손질을 가하고 주해는 완전히 새로운 원고를 만들었다."고 한 것은 뒤에 보게 되듯이 『한글논어』와 편집체제를 가능한 한 통일시키려는 의도도 내포되어 있음을 볼 때 더욱 그렇다고 느껴진다. 이을호의 국역 『논어』는 신양사본부터 문고판이었지만 『맹자』는 이때 와서야 문고판으로 된 것, 신양사본의 책명이 단순히 『논어』였던 것을 『한글논어』라 한 것도 역시 『한글논어』와 『한글맹자』를 같은 한 묶음으로 엮으려는 의도로 보인다.

또 하나의 이유는 이을호가 「서」에서 "『한글맹자』의 거의 대부분의 장에 해설을 단 것은 지금까지의 주해자들이 구절풀이에 치우친 것을 보완하기 위해 장구의 전체적 이해에 중점을 두고자 한 때문이다."라고 한 데서 보듯이 그가 『한글맹자』를 다른 사람들의 국역 『맹자』와 보다 차별화하려 했다는 점이다. 그렇다고 그가 해설을 번역문과 같은 비중으로 생각한 것은 아니고 그의 번역문 최우선 원칙은 여전한 것이다.

나. 저술의 외형적 개요

이전본 『한글맹자』와 신판 『한글맹자』와는 앞서 언급했듯 주로 주해부분이 많이 달라졌을 뿐 전체 분량의 대부분을 차지하는 번역문 부분은 크게 달라진 것이 없다. 이전본과 같은 점은 되도록 언급을 생략하고 다른 점에 대해 주로 언급하기로 한다.

기본적 외형 체제 중 각 장 번역문에서 이전본에서는 번역문, 주해, 참고, 원문의 순이었는데 신판에서는 번역문, 원문, 주해의 순이 되었다.

각 장의 번역문에서 편 안의 장수를 표기하지 않고 오직 전체의 장수만을 아라비아 숫자로 표시하는 것은 같으나 신판에서는 번역문의 위에 놓지 않고 번역문의 맨 앞에 괄호 표기를 하고 그 안에 표시하고 있다. 번역문에서 이전본에서는 인명, 지명, 국명에 쳤던 밑줄을 신판에서는 다 없앴다. 원문의 '日……'은 번역문에서는 '－「……」'로, '對日……'은 '－「……」'로 '問日……'은 '묻기를－「……」'로 되어 이전본과 달라졌다. 맞춤법 표기에 맞춰 번역문 속의 몇 개의 글자가 바뀐 것이나, 원문의 '日'이 번역문에서 '－' 표시로 바뀌면서 표현을 매끄럽게 하기 위해 그 앞에 오는 단어의 조사가 몇 개 바뀐 정도가 있다.

원문에서는 이전본에는 아무 표기도 없었으나 신판에서는 [原文] 표기 안에 아라비아 숫자를 넣어 편 안의 장수를 표시하였다.

주해 부분은 일단 이전본에서는 주해 부분 맨 앞에 【注解】 표기를 붙였으나 신판에서는 모두 없앴다. 신판의 주해 부분은 단어 설명과 구절 해설의 두 부분으로 구분되는데 단어 설명은 별표(*)와 콜론(：)을 사용하고 구절 해설은 맨 앞에 까만 동그라미(●) 표기만을 사용하는데 이 두 부분이 이전본에서는 모두 별표(★)와 3점(…)을 사용했던 주해 속에 구별없이 있었던 것들이다. 이을호가 신판에서 가장 강조한 것이 까만 동그라미(●) 표기를 한 구절 해설 부분인데 이전본에서 참고에 있었던 내용이 우리말로 옮겨져

들어온 약간의 것을 제외하면 거의 대부분 이을호가 새로 지어넣은 것이다.

이전본의 참고는 사실상 신판에서 모두 없앤 것이지만 그 내용은 우리말로 옮겨져 단어 설명이나 구절 해설 속으로 들어갔다.

이전의 주해와 참고 부분과 신판의 주해 부분으로서 단순한 주에 해당하는 단어 설명 부분과 약간의 상세한 해설에 해당하는 구절 해설 부분을 비교하면 다음과 같다. 신판에서 222개의 해설이 생기고, 161개의 주가 늘어나고, 이전의 주가 해설로 바뀐 것이 2개, 이전 주의 내용을 일부 뺀 것이 1개, 이전의 주가 없어진 것이 1개, 참고가 이전의 주의 추가 내용으로 바뀐 것 2개, 참고가 새로운 주로 바뀐 것 3개, 참고가 해설로 바뀐 것 24개(이 경우는 참고와 해설의 내용이 달라진 것들도 있다.), 참고가 아예 없어진 것 1개다.[17] 이상과 같이 이전본의 참고가 모두 해체되면서 주석자의 실명(實名)을 밝히고 그 주장을 소개한 것은 다산설 5곳과 주자설 3곳 총 8곳만 남게 되었다.[18]

다. 저술의 내용적 특징

이전본의 주해와 참고를 거의 다 수용하면서 동시에 새로 많은 주와 해설을 추가한 것은 번역서의 질적 향상을 가져온 것은 분명하다. 그러나 참고는 해체시켜 이전본에서는 참고에서 주석자의 실명을 들고 그 주장의 원문을 소개했던 것이 신판에서는 실명도 대부분 사라지고 원문도 우리말로 해석되어 주나 해설 속으로 들어가 버리게 되었으니 이것은 일반 독자의

---

17) 이전 주의 일부를 뺀 것은 1개는 「公孫丑上」제2장에서의 "馮友蘭氏說"이고, 이전의 주가 없어진 것 1개는 「告子下」 제4장에서의 "石丘...地名"이고, 참고가 아예 없어진 것 1개는 「梁惠王上」제6장에서의 "殺人...余謂殺人者, …… 則嗜殺人也(茶山)" 경우다.

18) 다산설 5곳은 「양혜왕상」 제1장의 해설과 제2장의 주, 「양혜왕하」 제4장의 해설, 「공손추상」 제6장의 해설, 「盡心上」 제35장의 해설이고 주자설 3곳은 「양혜왕상」 제1장의 해설과 제2장의 주, 「공손추상」 제6장의 해설이다.

입장에서는 심도 있는 이해의 계기를 얻었다고 할 수 있으나 전공자의 입장에서 볼 때는 도리어 이전본보다 정약용의 색채도 엷어지고 전문성이 감퇴하였다. 이로 보면 앞서 언급한『교수신문』에서『맹자』번역과 관련하여 이을호의 1974년판『한글맹자』가 아니라 1958년판『한글맹자』를 추천한 이유를 이해할 수 있다.

2)『한글논어』의 성립 과정과 특징

(1) 신양사 교양문고『논어』

가. 저술 기간과 저술 동기

이을호는『한글맹자』를 처음 낸 이듬해인 1959년 5월에 신양사에서 문고판으로『논어』번역을 출간했다.[19] 이렇게 불과 1년여 만에 양이 상당한『논어』를 역주하여 출간할 수 있었던 것은 사전에 이미 준비가 되어 있었다고 봐야 할 것이다. 그가 역주한『논어』는 뒤에 밝히겠지만 특히 다산적인 것인데 정약용의『논어고금주(論語古今註)』에 대한 충분한 연구 없이는 이런 작업이 불가능하다고 볼 때, 앞서『한글맹자』에서 언급했듯 1947년 이후 약 10년의 준비가 있었다고 말할 수 있을 것이다. 한 가지 덧붙일 것은 그가 이 책의「역자후기」에서 이 책이 나오기 불과 세 달 전인 1959년 2월 중순에 당시 전남대에 강의 나오던 신진 영문학자인 이가형(李佳炯)이 자신에게 좀더 새로운 입장에서 논어를 번역할 것을 권했다고 한 것이다.[20] 세

---

19) 新楊社가 이후 몇 쇄를 더 찍었는지는 알 수 없으나 1969년 인쇄본엔 1959년본「역자후기」의 맨 끝의 "四二九二년 五월 二0일"이 없어지고 색인이 6~1쪽이었던 것이 1~6쪽 순으로 바뀌었다.

20) 이을호,『논어』, 신양사, 1959, 257쪽.
이가형(1922~2001)은 木浦 사람으로 1944년 東京帝大 불문과 재학중 징집되었다가 1945년 포로로 싱가포르에 있다가 1946년 귀국했다. 이후 영문학으로 전공을 바꾸었고 1957년 미국 윌리엄스 대학을 수료하였다. 1953년 전남대학교 강사를 시작으로 이후 중앙대학교·국민대학교에서 교수·대학원장 등을 지냈다. 저서에

달 만에 원고 한 장 없이 있다가 책을 낸다는 것은 거의 불가능하다고 볼 때, 이가형의 권고가 있기 이전에 이미 번역 『논어』의 원고가 있었고 이를 본 이가형이 좀더 새로운 입장의 번역—곧 대중을 대상으로 하며 서술적이기보다는 직감적인 번역을 권하자 그 입장을 따라 기존의 원고를 수정하는 데 세 달이 걸렸다고 보는 것이 좋을 것이다. 바로 최종 세 달 간의 작업이 훗날 『한글논어』를 최고의 『논어』 번역으로 만들어 준 밑거름이 된 것이다.

이을호가 『논어』를 번역하게 된 동기는 무엇인가? 먼저 그가 『한글맹자』를 낸 동기가 고전 한글화의 일환이었는데 원래 그가 한글화하려고 마음먹었던 고전들 속에 『논어』가 포함되는 것이 필연적이라고 한다면, 『논어』를 번역하게 된 동기 역시 무엇보다도 고전 한글화를 위한 것이다.

또 다른 동기로 「역자후기」 서두에서 "『한글맹자』(전남대학교출판부 발행)을 낸 후 『논어』에도 뜻을 두기는 하였으나…… 그런 태도로 한 번 다뤄보고 싶은 충동에서 이번 이 『한글논어』의 번역에 갑자기 손을 대게 된 것이다."라고 한 것이 주목된다. 이로 보면 『한글맹자』를 내고 곧바로 『논어』도 번역하여 책으로 펴낼 생각을 했었다는 것과 지금 이 『논어』의 번역은 갑자기 이루어졌다는 것을 알 수 있다. 이을호가 자신이 번역한 『논어』 간행에 뜻을 두었음에도 지연시킨 사정엔 『맹자』 번역 때와는 달리 『논어』는 이미 다른 사람들의 번역이 있었던 때문이라고 생각된다. 그들의 『논어』와 자신의 것을 차별화하는 데 자신이 없었기에 이 문제에 대해 고심하던 차 그 돌파구를 이가형이 마련해 주자[21] 자신감을 얻어 그때부터는 일사천리로 『한글논어』의 번역이 이루어졌던 것으로 생각된다. 이로 보면 『논어』를 번역하게 된 두 번째 동기는 기존의 『논어』와는 다른 보다 대중적이고 직감적인 번역의 『논어』를

『미국문학사』, 『분노의 강, 나의 미얀마전쟁』 등과 여러 번역서가 있다.

21) 이때 이가형은 이을호에게 James. R. Ware의 *The sayings of Confucius*(1955. 11)와 魚返善雄의 『論語新釋』(1957. 5)을 주어 참고하게 했다고 한다.

펴내려 한 것이라 할 수 있다.

나. 저술의 외형적 개요

이 책의 이름은「역자후기」에서『한글논어』라고 하고 있는 것을 보면 원래 이을호는 책명을 '한글논어'로 붙였지만 당시 이 책의 출판사인 신양사의 편집방식에 따라 부득이하게 바뀐 것으로 보인다. 이 책을 내기 전부터 이가형과 의논을 하면서 신양사 문고판으로 낼 것을 미리 결정해 두고 있었다고 하니[22] 출판사의 의견을 존중하지 않을 수도 없었을 것이다.

『한글맹자』보다 뒤에 나온 책이지만 가로쓰기가 아니라 세로쓰기로 되어 있고 고서(古書)처럼 오른쪽으로 책을 넘기도록 되어 있는데 이것 역시 이을호에게 특별한 의도가 있었던 것이 아니고 당시 신양사의 출판방식이 그렇게 되어 있었던 것이라고 할 것이다.

편·장을 편명 위에는 한자 숫자를 붙이고 각 장의 위엔 맨 위에 아라비아 숫자로 전체 기준 장수를 붙이고 그 아래에는 꺾쇠([ ]) 안에 한자 숫자로 편·장 안의 장수를 붙였다. 편·장을 나누는 것은 모두 정약용의『논어고금주』에 따랐는데 주자의『논어집주』가 총 499장이라면 이을호의『논어』는 22장 많은 521장이다.[23]

번역문을 맨 앞에 놓고 다음으로 주해를 놓고 끝으로 원문을 실었다.

---

22) 신양사 문고판을 고집한 것은 이 당시 우리나라 출판계에 일반 대중 독자를 고려한 문고판이 처음 등장하여 유행하였는데 신양사는 이 점에서 선구적 위치에 있었던 때문으로 여겨진다.

23)「雍也」제3장,「述而」제9장과 제25장,「子罕」제6장,「鄕黨」제10장과 제15장,「先進」제2장,「衛靈公」제1장 총8장은 모두 1장씩이 더 늘었으며「향당」제6장은 6장을 더 分章하였고「향당」제8장은 4장을 더,「향당」제13장은 2장을 더,「향당」제16장은 2장을 더,「堯日」제1장은 3장을 더 분장하여 이들 총5장은 모두 17장이 늘었으며「선진」제17장과 제18장은 合章되고,「季氏」제11장과 제12장은 합장되고,「陽貨」제2장과 제3장은 합장되어 모두 3장이 줄었다.
주자는「향당」편을 17절로 나누어 "入太廟每事問"을 "重出"로 빼므로 499장으로 계산하였다.

번역문에서 원문의 '曰'은 '－'로 표시하고 이어지는 인용문은 홑낫표(「 」) 안에 넣었다. 홑낫표(「 」) 안에서 다시 인용문이 있을 경우는 겹낫표(『 』)를 사용하였다. 번역문은 오직 32장의 40개 단어를 한자 괄호쓰기를 한 것을 제외하고는[24] 다 순한글쓰기를 하였다.

주해는 별표(*) 표시를 하고 달았는데 주해의 종류는 우선 크게 두 가지로 나눌 수 있다. 단어를 설명하는 부분으로 별표(*) 다음에 단어를 앞에 다시 써주고 점선(…)을 친 다음 설명을 가한 것과 참고나 이해를 돕기 위한 서술 부분으로 별표(*) 다음에 바로 내용을 서술한 것이 있다. 주해가 있는 장은 전체 521장 중 231장으로 반이 되지 않고 주해는 모두 324개 항목인데 주로 인명이 많으며 그것도 겹치는 인물이 많으며, 의미가 서로 통하는 장(章)을 소개하는 주기(註記)가 51개 항목이나 되며 거의 모든 주해의 내용이 간단하다. 이것은 이을호가 주해를 최대한 간단히 하고 번역문을 부각시키고자 한 의도 때문이라 여겨진다. 의미가 서로 통하는 장을 소개하는 주기를 많이 둔 것은 이채롭다고 할 수 있는데 기독교의 『성경』 주기를 연상시킨다. 특히 『논어』의 주석가나 주석서를 언급한 주해는 모두 5개에 불과하니[25] 이 책이 완전히 일반 독자를 상대를 한 것이고 전공자를 상대로 한 것이 아님을 확실히 보여준다.

원문은 앞에 '[原文]' 표기를 하고 싣고 빗점(、)과 빈마침표(。)로 구두를

---

24) 『논어』 번역에서 100% 순한글쓰기는 애초 어려우니 예컨대 「안연」 제17장에서 원문 "政者正也"를 이을호는 "정치의 정(政)은 바를 정의 정(正)이니"로 번역하였는데 괄호에 한자를 넣어주지 않으면 공자가 말하려는 정(政)자와 정(正) 사이의 어문학적 뉘앙스를 살릴 수 없을 것이다.

25) 「學而」 제10장에서 정약용은 溫良恭儉 4덕으로 해석했다는 것, 「공야장」 제10장에서 鄭玄은 申棖이 공자의 제자라고 하였다는 것, 「술이」 제32장 司敗를 주자 『集註』는 官名으로 보았다는 것, 「계씨」 제11장 『集解』본과 『集註』본에서는 齊景公 이하를 나누어 2장으로 하였고, 齊景公 위에 孔子曰이 있고, 「안연」 제10장의 "誠不以富, 亦祗以異"를 이 장의 위에 놓여야 한다는 것, 「양화」 제2장에서 "子曰性相近習相遠, 子曰惟上智與下愚不移"를 『집주』본은 2장으로 하고 다산본은 1장으로 했다고 한 것 등이다.

찍었고 日 다음에 오는 인용문은 홑낫표(「 」) 안에 넣고 홑낫표(「 」) 안에 다시 인용문이 올 때는 겹낫표(『 』) 안에 넣었다.

다. 저술의 내용적 특징

이을호는 「역자후기」에서 『논어』를 번역하는데 정약용의 『논어고금주』, 주자의 『논어집주』, 신현중(愼弦重)의 『국문판(國文版) 논어』(1955), 이가원(李家源)의 『논어신석(論語新釋)』(1956), 오카무라 쇼조(岡田正三)의 『논어강의(論語講義)』, 다케우치 요시오(武內義雄)의 『논어(論語)』[고주(古註)], Legg의 *Confucian Analects*와 Linyutang의 *The Wisdom of Confucius*를 참고하였고 여러 가지 해석이 있을 경우 정약용의 『논어고금주』를 따랐다고 하였다. 『논어』는 원래 대부분이 단편적 기록으로 이루어진 것이라 해석이 구구한 곳이 태반이고 또 앞서 보았듯 이미 이을호의 『논어』 분장 자체가 『논어고금주』를 따르고 있음을 보면 대체로 전편에 걸쳐 정약용의 『논어고금주』를 주로 참고한 것이다.

이을호는 「역자후기」에서 "왜 『논어』를 읽어야 하는가? 공자를 알기 위해서다. 왜 공자를 알아야 하는가? 공자는 성인이라서가 아니라 참된 인간이기 때문이다.…… 그는 평생 사람 구실하는 참된 인간이 되려고 노력한 사람이다."라고 하였는데[26] 그는 『논어』를 사람 구실하는 참된 인간이 되고자 노력했던 우리와 별다를 바 없는 인간 공자를 보여주는 책으로 여겼음을 알 수 있다. 「역자후기」에서 또 그는 성리학이 웃고 우는 다정한 공자의 모습을 지웠다고 비판하였는데, 그가 본 공자는 주자의 성리적 공자가 아니라 정약용의 인륜을 실천하기 위해 힘쓰는 다정다감한 공자였다고 할 수 있다.

---

26) 이을호, 『논어』, 신양사, 1959, 258~261쪽.

(2) 박영문고 『한글논어』

가. 저술 기간과 저술 동기

이을호는 1974년 11월에 박영사를 통해 문고판 『한글논어』를 펴냈다. 이 『한글논어』는 1959년의 신양사 『논어』를 주로 주해 부분을 수정·증보한 것이기에 탈고까지 그리 오랜 시간이 걸린 것으로 보이지 않는다.

이을호는 「서」에서 신양사가 폐업한 관계로 저절로 신양사 문고판 『논어』는 절판이 되었는데 "이제 다행히 재판의 기회를 갖게 되었다."고 수동적 표현을 하였는데 이것은 다른 누군가가 재판을 시도했음을 시사하므로 아마도 박영사에서 재판을 요청한 것은 아닌가 한다. 이 『한글논어』를 낼 때 주목되는 점은 역시 박영사를 통해 『한글맹자』를 동시에 낸다는 것이다. 『한글맹자』에서 이미 언급했듯이 이을호는 「서」에서는 밝히지 않았지만 이때 이미 『사서』의 번역을 염두에 두고 우선 자신이 번역한 『논어』와 『맹자』의 편집체제를 가능한 한 하나의 통일된 체제 속에 넣기 위해 『한글맹자』를 처음 수정·증보했듯이 『논어』도 처음 수정·증보를 가한 『한글논어』를 구상하기에 이른 것으로 여겨진다.

나. 저술의 외형적 개요

이전의 『논어』는 후미에 「역자후기」가 있었는데 이번엔 없애고 대신 「서」를 두었는데 이것은 역시 『한글맹자』가 이전에 있던 「일러두기」를 이번엔 없애고 「서문」만 둔 것과 체제가 같다.

이을호가 「서」에서 "번역문은 그대로 두고 지나치게 간략한 주석은 전반적인 개고를 시도했다."고 한 것처럼 주로 주해 부분이 많이 달라졌을 뿐 전체 분량의 대부분을 차지하는 번역문과 원문은 거의 달라진 것이 없다. 이전본과 신판을 비교하여 살펴보되 번역문과 원문에서는 극히 소수의 달라진 점만을 언급하고 주해 부분에서는 여러 가지 사항에 대해 언급할 것이다.

이전본은 편명 앞에 한자 숫자를 표기했는데 신판은 큰 아라비아 숫자로 바뀌었다. 이전본은 각 장에서 번역문 다음에 주해를 놓고 주해 다음에 원문을 놓았는데 신판은 주해가 원문의 뒤에 놓였다. 주해와 원문의 순서가 바뀐 데 큰 의미가 있다고는 생각되지 않는데 주해가 원문의 뒤로 감으로써 번역문과 원문 둘다를 주해에서 다루기 편한 이점이 있다.

번역문의 경우 「서」에서 이을호가 번역문은 그대로 두었다고 하였지만 「옹야」 제5장과 제27장 2장만은 예외로 다산설을 따르면서 번역문의 내용도 일부 바뀌었다. 「옹야」 제5장은 이전본에는 "얼룩소 새끼일망정"이었는데 신판에서는 "검은 소 새끼일망정"으로, 제27장은 이전본의 "내가 만일 잘못이 있다면"을 "내가 만일 만나지 않는다면"으로 고쳤다.

원문은 위치가 주해 앞으로 간 것과 구두에서 빗점(、)과 빈마침표(。)를 썼던 것이 신판에서는 쉼표(,)와 마침표(.)로 바뀐 것 외에는 달라진 것이 없다. 이을호가 『한글맹자』에서 현토를 고집한 데 반해 『한글논어』의 원문은 쉼표와 마침표 두 가지를 사용하여 구두를 찍어 훗날 『중용·대학』을 펴낼 때 원문 체제의 본보기가 되었다.

주해 부분은 이전본에서는 모든 주해 앞에 별표(*)를 하였을 뿐이지만 신판에서는 단어의 설명은 별표(*)를 하고 원문의 단어를 다시 앞에 적고 콜론(:) 표시를 한 뒤 설명을 실으며 이전본에서 참고나 이해를 돕기 위한 설명에 해당하는 구절의 해설은 별표(*) 대신에 까만 동그라미(●) 를 사용하였다.

이전본에서는 231장에 324개 항목이었던 주해가 신판에서는 521장 전체에 다 붙어 있다. 다만 신판에서는 별표(*)로 표시된 단어 설명 부분과 까만 동그라미(●)로 표시된 구절 해설 부분으로 나누어 있어 단어 설명이 없는 장은 18장, 구절 해설이 없는 장은 6장이다. 단어 설명은 1,647개 항목으로 대폭 늘었는데 이 속엔 이전판의 단어 설명 부분 전부와 1,200여 개의 새로

단 주해들이 있다.

구절 해설은 515곳이 되었다. 이전본의 주해 중 다른 장을 참고하라는 51개는 물론이고 이해를 돕기 위한 서술 총 약 40개는 신판의 구절 해설로 이동하였다.

또한 이전본의 주해는 신판으로 옮겨오면서 표현은 물론, 의미상 약간의 차이를 보이는 것이 8항목이 있고, 주해 전체를 삭제한 것이 12항목, 부분을 삭제한 것이 4항목이 있다. 한편 이전본의 바로 된 주해가 신판으로 오면서 오기(誤記)된 것 3항목, 이전본 주해가 신판에서 다른 장으로 잘못 간 것 1항목, 이전본에서 오기된 주해가 신판에서 바로잡힌 것 2항목이 있다.[27)]

다. 저술의 내용적 특징

위에서 보았듯 번역문에서도 두 군데를 다산설에 의해 수정하였다는 것은 1959년 신양사 『논어』를 낼 때에 이을호가 이 같은 다산설이 있었음을 몰랐던 것이 아니라 아무리 정약용의 설이라 할지라도 선뜻 동의하지 않았던 때문이라고 한다면 1974년 『한글논어』에 이르러서는 그 자신이 먼저 정약용의 『논어』 속으로 온전히 들어왔다고 할 수 있다. 그러나 100%는 아니니 일례(一例)로 여전히 「향당」의 마지막 34장 "色斯擧矣"장은 정약용의 해석과 다르다.[28)]

---

27) '오기'는 「공야장」 제1장, 이전판의 "一一・六을 보라"가 신판에서 "二・五(先進)을 보라"로 오기되고 「헌문」 제30장, "九・二九를 보라"가 "九・二八(子罕)을 보라"로 오기되고 「요왈」 제4장, "一七・五를 보라"가 "十七・六(陽貨)에 거듭 나온다."로 오기된 것들이다. 다른 장으로 잘못 간 것은 「술이」 제34장, 이전판의 "七・二를 보라"가 신판에서는 "七・二(述而)를 보라"로 되었는데 『술이』 제35장에 잘못 놓여 있는 것이다. '바로잡힘'은 「헌문」 제18장, 이전판의 "三・二一을 보라"가 신판에서 "三・二二(八佾)을 보라"로 바로잡히고 「위영공」 제19장 "九一・一六…를 보라"가 "一・十六(學而)…를 보라"로 바로잡힌 것들이다.

28) 정약용의 『논어고금주』로 번역하면 "꿩들이 놀라서 날아올랐다가 한동안 맴돈 뒤 다시 모였다. 공자가 말하길 '산골짝 다리의 암꿩들아, 피할 때로다. 피할 때로다.' 하였다. 자로가 그 꿩을 요리하여 공자에게 바치니 공자는 세 번 냄새만 맡고

이전판에서는 주해에서 『논어』 주석가나 주석서와 관련하여 언급한 것이 5장에 불과했지만 신판에서는 39장으로 상당히 늘었고 39장 중 대부분에 다산설을 언급하였는데 정약용을 언급하지 않은 곳도 사실은 거의 다 『논어고금주』에 있는 다산설임을 볼 때 『한글논어』는 다산적 색채를 노골적으로 드러내어 전공자는 물론 일반 독자들에게도 정약용을 부각시키려고 한 것이다.

이을호의 이 『한글논어』는 바로 서언에서 말했듯이 2006년 전문가들에 의해 우리나라 역대 『논어』 번역서 중 최고로 평가받았다. 『최고의 고전번역을 찾아서』 중 『논어』편에 실린 이을호의 『한글논어』에 대한 평가의 구체적 내용으로는 "간결하고 명료한 문장과 원문과의 대칭적 구도를 잘 살린 절묘한 번역이다. 과감한 현대어 번역과 자연스러운 대화체로 생동감을 더했다. 노학자가 그려낸 권위의 굴레를 벗고 일상 속으로 다가온 공자의 모습을 엿볼 수 있다."는 점을 들고 있다.[29] 이 글의 집필자는 전호근인데 일찍이 그는 2005년 「광복이후 최근까지의 유가철학 원전번역－논어를 중심으로」라는 제목의 자신의 논문에서 우리나라 역대 『논어』 번역서들을 분석하고 이을호의 『한글논어』를 "광복 이후 간행된 최고의 논어 번역서"라고 하고 있다. 이 논문에는 비교적 상세한 『한글논어』에 대한 분석이 실려 있다.[30] 그는 『한글논어』를 최고로 평가한 근거를 다섯 가지로 들었는데[31] 뒤의

자리에서 일어났다."는 식이지만 이을호는 "그림자만 보고는 날아가더니 맴돌다가 다시 모여들도다. 선생－「산에 놓인 다리 위의 암꿩은 때로구나! 때로구나!」 자로가 이를 잡아서 바치려고 한즉, 세 번 냄새 맡더니 날아가 버렸다."고 하였다.

29) 교수신문 엮음, 『최고의 고전번역을 찾아서』, (주)생각의 나무, 2006. 14쪽.

30) 전호근, 「광복이후 최근까지의 유가철학 원전번역－논어를 중심으로」, 『시대와 철학』 16권, 한국철학사상연구회, 2005, 147～152쪽.

31) 다섯 가지 중 앞의 세 가지는 첫째 원문의 뜻을 살리면서도 우리 일상 언어로 바꾸어 번역한 것, 둘째 자연스런 대화체로 마치 공자의 육성을 듣는 듯한 것, 셋째 원문을 제대로 이해하여 원문과 대칭되는 간결 명료하면서도 절묘한 번역이라는 것이다.

두 가지가 내용에 관한 것으로 한당, 송대, 우리나라 주석을 망라하여 번역, 주석, 평설에 반영하여 학술적 가치가 높다는 것과 난해하거나 모호한 부분을 명쾌하게 번역하였다는 것이다. 전체적으로 다 수긍하는 것이지만 다만 두 가지 중 앞의 것에 대해서는 약간의 이의가 있으니 정약용에 대한 언급이 없기 때문이다. 그도 세론하는 중에서 "이을호가 정약용의 주석만을 고집하지 않았다."고 하였으니 이을호가 정약용의 설을 주로 삼는 것을 알고도 이렇게 말한 것인데, 학술적 가치가 높다는 말에는 이의가 없지만 아무래도 이을호에게는 반드시 정약용을 중심에 놓고 언급해야 하지 않을까 한다.

3) 『중용·대학』의 성립 과정과 특징

(1) 저술 기간과 저술 동기

박영문고 『중용·대학』은 3책 중 가장 늦은 1976년에 간행되었다. 이을호 자신이 쓴 이 책의 「서문」에서 그가 자신이 번역한 "한 묶음의 『사서』"를 갖고자 했다는 것과 보직 때문에 그 소원을 이루지 못하다가 보직을 놓자마자 이 일에 착수하여 석 달 만에 완성했다고 밝혀 이 책의 집필 동기와 기간을 알게 해주고 있다. 석 달 만에 완성했다는 것은 이미 그 이전부터 이 책에 대한 준비가 많이 되어 있었다는 것을 말한다. 그는 이미 정약용의 『대학공의(大學公義)』를 번역하여 1974년 3월에 『정다산의 대학공의』라는 책명으로 출판했기에 『대학』 번역은 이미 다 되어 있었던 것이나 다를 바 없었다. 이을호는 1955년부터 『대학공의』와 『중용자잠(中庸自箴)』을 강의하였으며 이때 특히 『중용자잠』으로부터 정약용에게서 많은 감명을 받았다고 한다.[32] 이로 보면 『대학』과 『중용』에 대한 번역은 이때부터 이미 시작된 것으로 볼 수 있으니 간행까지 약 20년의 준비가 있었다고도 할 수 있다.

---

32) 「11. 여유당전서와 더불어」, 『전서』 ⑨, 74쪽 ; 「현암 이을호선생의 학문과 사상」, 『전서』 ⑨, 587쪽.

왜 그가 『사서』 중 『대학』과 『중용』을 가장 늦게 번역했는가? 이에 대해 그가 직접 밝힌 것이 없으므로 추측컨대 『논어』, 『맹자』보다 『대학』, 『중용』이 철학적이어서 일반인이 이해하기 쉽지 않기에 일반인들에게는 읽는 순서가 당연히 뒤로 가며, 또 한편 『사서』 중 『대학』과 『중용』이 정약용과 주자가 가장 큰 이견을 보이는 곳이었기에 다산학을 계승하는 그의 입장에서는 『논어』나 『맹자』보다 더 신중을 기해야 했기 때문이 아닌가 한다.

(2) 저술의 외형적 개요

책명 『중용 · 대학』은 앞의 『한글논어』나 『한글맹자』가 모두 '한글'이라는 이름을 달았던 것과 비교하면 의외라고 생각된다. 앞의 두 책과 달리 이 책은 「서문」에서 밝혔듯이 독자들에게 주자설과 다산설의 비교를 보여주는 것이 주목적이어서 『한글맹자』나 『한글논어』가 비록 다산설을 주로 한 것이지만 그 자신의 해석이 분명히 드러나는 것과 다른 점이 있기에 책명에 '한글'이라는 이름을 붙이기를 꺼려한 것은 아닌가 한다.

그런데 그가 속 제목에서는 '해설 중용(中庸)', '해설 대학(大學)'이라고 하였는데 이는 그가 얼마나 해설에 역점을 두었는지를 보여준다 할 것이지만 그러나 이 해설의 핵심은 역시 다산설과 주자설의 비교다.

이 『중용 · 대학』은 『대학』과 『중용』을 같이 한 책으로 하였음에도 『대학』을 앞에 놓지 않고 『중용』을 앞에 놓았다. 이에 대해 그는 「해제」에서 어느 정도 그 이유를 밝혀 놓고 있다. 『중용』이 수기(修己)의 책이라면 『대학』은 치인(治人)의 책으로서 두 책이 동시에 있을 때 서로의 의미가 온전히 살아나며 또한 수기의 책인 『중용』이 앞에 있어야만 한다는 것이다.[33]

---

33) 이을호, 『중용 · 대학』, 박영사, 1976, 14쪽. 특히 9쪽에서 이을호는 자신의 「中庸思想의 展開」(『전남대학교 논문집』 제5집, 1960)에서 『중용』을 먼저 읽고 『대학』을 나중에 읽을 것을 주장하였다고 하였는데 이것도 『중용』을 앞에 둔 이유가 될 것이다.

『중용』에서는 주자의 「중용장구서」를 「주자서문」이라 하고 18절로 분절(分節)하여 그 맨 앞에 싣고 『대학』에서는 주자의 「대학장구서」를 「주자서문」이라 하고 21절로 분절하여 그 맨 앞에 실었다. 18절이나 21절로 분절한 데는 특별한 이유 없이 이을호가 『주자』의 『중용장구』나 『대학장구』를 참고하되 임의로 편의에 따라 분절한 것으로 여겨진다. 그런데 다산설을 따르는 그가 굳이 주자의 이 두 가지 「서」를 실은 이유는 무엇인가? 이것은 주자를 현창(顯彰)하려는 것은 아니고 역시 다산설과의 확실한 대비를 위해 주자의 성리학적 입장이 잘 드러나 있는 이 두 가지 「서」를 실을 필요성을 느낀 때문으로 여겨진다.

주자가 『중용』은 33장으로 나누고 『대학』은 경(經) 1장과 전(傳) 10장으로 나누었는데 이을호는 『해설 중용』은 분장(分章) 없이 128절로 분절하여 싣고, 『해설 대학』은 정약용의 『대학공의』처럼 고본(古本) 『대학』을 그대로 저본으로 하고 역시 『대학공의』와 똑같이 27개의 분절 분구를 두었다. 다만 『해설 중용』의 128절은 제15절까지는 정약용의 『중용자잠』과 분절이 같은데 제16절부터는 주자의 『중용장구』의 분절과 같다. 정약용은 분장이 없이 분절만을 하였는데 제16절 이후부터는 1절이 양이 상당히 많기 때문에 번역의 실제상 여러 가지 불편한 문제가 생겨 부득이 주자 『중용장구』의 분절을 취한 것이 아닌가 한다. 이을호가 『중용』에 있어 주자가 나눈 33장의 표시는 주해에서 보이고 있지만 『대학』에 관한 주자의 분장은 어디에서도 언급하지 않았다.

『중용』과 『대학』의 본문에서 이을호는 번역문을 맨 위에 놓고 원문을 다음에 놓고 주해를 그 밑에 놓았다. 모든 번역문은 예외 없이 전부 한글로 표기하였다. 어떤 사람의 말을 인용하는 경우 홑낫표(「 」)를 사용하고 있다. 원문은 쉼표(,)와 마침표(.) 두 가지를 사용하여 구두점을 찍었다.

주해 부분은 모두 국한문 혼용이다. 주해로 단어의 설명과 구절의 해설을 실었는데 동그라미(◯) 표시를 하고 단어의 경우 원문의 단어를 다시 앞에 적고 콜론(:) 표시를 한 뒤 설명을 실었으며 구절의 해설은 동그라미(◯) 표시만 하고 해설을 바로 실었다.『중용』의 주해는 철저히『중용자잠』과『중용강의보(中庸講義補)』의 다산설을 소개하는 것으로 일관하였는데 약 50개의 다산설이 실려 있고『대학』의 주해는『대학공의』의 번역본이라고 해도 좋을 정도로 해설은 완전히『대학공의』의 다산설로 채워져 있는데 약 20개의 다산설이 실려 있다.

(3) 저술의 내용적 특징

이을호의『중용·대학』의 내용상의 특징은 한 마디로 그 스스로「서문」에서 밝혔듯 주자의 설을 따르지 않고 정약용의 설로 해석한다는 것인데 이 특징은 번역문에서는 잘 드러나지 않으며 주해에서 확실한 모습을 드러낸다. 요컨대 그의『중용』은 주자의 성즉리(性卽理)로 시작되는 것이 아니고 정약용의 상제천(上帝天)으로 시작한다는 것이며 그의『대학』은 주자의 보망본(補亡本)『대학』이 아니라 정약용의 고본(古本)『대학』으로 되어 있다고 할 수 있을 것이다.

한 가지 덧붙일 것은 이 책에서 그가『중용』의 구성에 대해 새로운 주장을 소개하고 있는 것이다. 주자의 분장으로 제1장 마지막 절에서 "근래에 많은 학자들이 이 장(章)의 저작연대(著作年代)를 늦추어 맹자이후(孟子以後)로 보고 있다. 이 장은 제16장으로 이어졌다가 다시 제21장 이하로 이어져서 소위 중용설(中庸說)의 부분이라 이른다. 그러므로 자사시대(子思時代)의 원형(原型)은 제2장에서 제20장(16장 제외)이라 할 것이다."라고 하였다.[34]

---

34) 이을호,『중용·대학』, 박영사, 1976, 45쪽. 이 밖에도 제17장 첫 절 "子曰舜其大孝也與"절에서 "中庸說의 저술은 秦漢時代로 넘어오기 때문에...以天下養의 大孝槪念이 抽出되었다고 보아야 할 것이다."(73쪽)라고 하고 제20장 "仁者人也"절에서 "흔히 中庸의 저술이 孟子後學의 손에서...이 절에서 (이 절뿐이 아니지만) 연유한 것이다."(82쪽)라고 한 것이 있는데 제1장에서의 新說과 같은 맥락에서의 주장들이다.

"근래에 많은 학자들이"라고 한 것이 구체적으로 '근래'가 언제고 '많은 학자들'이 누구인지 알 수 없으나 두 사람은 분명하게 말할 수 있으니 다케우치 요시오(武內義雄)와 풍우란(馮友蘭)이다. 전자는 주자가 나눈 33장 가운데 2장부터 19장까지는 자사의 작, 1장과 20장 이하의 부분은 자사학파의 작품으로 보며, 또한 16장은 23장 다음으로 가야 한다고 주장한다.[35] 후자는 제1장과 제20장 "재하위불획호상(在下位不獲乎上)" 이후는 자사학파의 저술로 『한서』 「예문지」의 『중용설』 2편이며 제2장에서 제20장 "재하위불획호상(在下位不獲乎上)" 이전은 자사의 저술로 『한서』 「예문지」의 『자사』 23편인데 다만 제2장~제20장 사이에는 후인(後人)이 부가한 부분이 섞여 있다고 한다.[36] 오늘날 곽점 초간이 발굴되면서 이상과 같은 주장들은 더욱 설득력을 갖게 되었다.[37]

『중용』에 대한 이런 주장과 같은 것은 정약용에게서 볼 수 없기에 더욱 주목된다. 정약용은 『중용자잠』에서 『중용』에 대한 주석서의 효시로 『한서』 「예문지」의 『중용설』 2편을 들었고 『중용강의보』에 의하면 정조(正祖)가 『중용』의 분절에 대해 "주자는 「독법(讀法)」에서는 6대절(大節)로 나누고 「장구(章句)」에서는 4대절로 나누었는데 요씨(饒氏)는 「독법」을 따르고 왕씨(王氏)는 「장구」를 따른다. 이후에 5대절로 나누는 설이 있으니 제12장 이후는 「장구」와 같으며, 또 1장을 1대절, 2장부터 11장까지를 1대절로 하는 것은 「독법」과 같다. 어느 것이 맞는가?" 하였을 때 정약용은 "몇 절로 나누어야

---

35) 武內義雄 저, 李東熙 역, 『중국사상사』, 여강출판사, 1987, 34쪽 참조. 이 책은 武內義雄의 『支那思想史』(岩波全書, 1936)를 번역한 것인데 이 책의 註에 여기 설은 이미 자신의 저술 『老子原始』 중 「子思子」편에 있음을 밝혔다. 『노자원시』는 『老子原始付諸子考略』(弘文堂, 1926)을 가리킨다.

36) 馮友蘭, 『중국철학사』(영인판), 半島文化社, 1976년 중 上冊 446~448쪽 참조. 원래 이 上冊은 1931년에 출판되었고 1934년엔 상책과 하책 합본이 출판되었다.

37) 중국학자 郭沂 등의 『곽점초간』에 관한 연구 결과를 수용하여 우리나라에서 양방웅은 2007년 출판사 예경에서 『중용・천명-곽점초간 연구서』를 펴냈다.

할지 모르겠으나 다만 대나무에 마디가 많으나 대나무 전체를 보는 것이 중요한 것처럼『중용』을 전체로 보는 것이 좋습니다."라고 하였다.[38] 이 같은 정약용의『중용』관엔 적어도『중용』에서는 문헌비판에 허점이 있다고 할 수 있다. 이을호가 말하고자 했던 것도 이 점이었는지 모르겠다.

3. 현암 사상에 있어서의 국역『사서』의 의의

1) 독자적 한국문화와 한글 번역

이상에서 이을호의 국역『사서』가 어떠한 과정을 거쳐 어떤 식의 구성으로 이루어지고 내용상 대강의 특징이 무엇인지 등을 살펴보았다. 이을호가 이 같은 자신의 국역『사서』를 통해 유교경전『사서』의 내용을 우리가 알기 쉽게 이해할 수 있도록 해주는 것 외에 우리에게 궁극적으로 전하려는 메시지는 무엇인가? 이와 관련하여 가장 먼저 그의 국역『사서』는 모두 다른 여타 번역본들보다 현대 한국 사람의 일상 언어에 최대한 가까운 표현으로 최대한 순한글쓰기에 가깝게 번역되었다는 점을 떠올리게 된다. 정말 그의 번역은 책명에 남은 잘 사용하지도 않았고 지금도 잘 사용하지 않는 '한글'이라는 말을 붙이기에 조금도 손색이 없다.

1894년 조선 조정에서 정식으로 우리나라 글자를 '국문(國文)'이라 불렀는데 1913년 주시경(周時經: 1876~1914)은 우리나라 글자를 처음으로 '한글'이라고 칭하였으니 크다, 바르다, 하나를 뜻하는 우리말 '한'을 취하여 이름하였

38)「讀中庸法」의 6대절이란 제1장, 제2장~제11장, 제12장~제19장, 제20장~제26장, 제27장~제32장, 제33장으로 6분하는 것을 말하고「章句」의 4대절이란 제1장~제11장(제20장), 제12장~제19장, 제21장~제32장, 제33장으로 4분하는 것을 말한다. 5대절은 원대 史伯璿의『四書管窺』가 제1장, 제2장~제11장, 제12장~제20장, 제21장~제32장, 제33장으로 나눈 것을 말하는 것으로 보인다.『與猶堂全書』第2集 經集, 第4卷,『中庸講義補』卷1「篇題」, 95쪽.

다고 한다. 얼마 뒤 최남선(崔南善: 1890~1957)도 이 말을 썼고 1928년 조선어 연구회에 의해 한글날이 제정되면서 '한글'이란 말이 일반화되었다고 한다. 그가 '한글'이란 말을 애용하는 데에는 반드시 그보다 한 세대 앞섰던 이들의 영향이 클 것으로 생각되지만 실증을 찾기 어렵다.

그러나 이들보다도 그의 한글 사랑에 지대한 영향을 끼친 이가 있으니 바로 세종이다. 그는 세종이 훈민정음을 반포함으로써 우리나라는 비로소 중화에 대한 문자적 예속에서 벗어나 자주권을 탈취하였다고 하였다.[39] 세종이 창제한 훈민정음, 곧 오늘의 한글이야말로 우리나라의 문자적 자주권을 지켜준다고 본 것이다.

문자가 문화를 구성하는 핵심 요소 중의 하나라고 할 수 있다면 문자의 자주는 곧 문화의 자주와 매우 밀접한 관계에 있다고 말할 수 있을 것이다. 그에게 문화는 보편적 인류에게 있어서도 아니면 민족에게 있어서도 가장 중요한 구성요소가 된다. 그는 민족에게는 종족적 유사성보다도 동질문화가 더 중요하다고 보고 인류가 동물과 다른 것은 종교, 예술, 언어, 일반적인 의식주 생활을 총칭하는 문화라는 것이 있기에 가능하다고 하고 있다.[40] 민족과 인류에게 있어서 문화란 개인에 있어 정신에 해당하는 역할을 한다고 보는 것이다.

그는 그동안의 우리나라 정신사에서 가장 폐악이 컸던 것은 사대주의라고 하였다. 여기에서의 사대주의는 국제정치 상의 방편적 사대주의를 말하는 것이 아닌 문화적 사대주의다. 문화에서의 사대란 독자적인 훌륭한 자기 문화가 있어도 무시하거나 하시(下視)하고 도리어 남의 문화를 따르는 것이다. 그는 포은(圃隱) 정몽주(鄭夢周: 1337~1392)에 대해서 명나라 옷을 입고

---

39) 「경전의 대중화」, 『전서』 ⑨, 226쪽.

40) 「民族中興論」, 『전서』 ⑨, 90쪽 ; 「대담 1. 지성탐방－이을호 박사」, 『전서』 ⑨, 500쪽.

명나라 말을 쓰자고 주장한 그가 과연 민족혼이 있었는지 의심이 갈 뿐 아니라 그에 대해 분노를 느낀다고 하였으며 명나라 연호를 쓴 것은 우리 겨레의 주체성의 공백 상태를 상징한다고 하였다.[41)]

그는 한국은 독자적 문화를 가지고 있음을 강조한다.[42)] 그의 이러한 주장 뒤에는 신채호(申采浩)의 영향이 있지만 단군설화나 국선도는 모두 그 실증이라고 한다.[43)] 한국문화의 본질은 중국문화와 상대적으로 동등한 것인데 동방에 있어서 한국과 중국의 두 문화는 본질적으로 대조적인 양상을 띠고 있기 때문이라고 한다. 한국문화가 산악(山岳)의 문화요, 종교적, 서민적, 예술적, 상징적 무한수(無限數)의 문화라면 중국문화는 강하(江河)의 문화요, 윤리적, 정치경제적, 논리적, 구도적(構圖的) 유한수(有限數)의 문화라고 한다.[44)]

한국 신화는 삼신설(三神說)인데 신인일체설(神人一體說)로 귀일적(歸一的)·탈속적(脫俗的)이라면 중국 신화는 삼황오제설(三皇五帝說)이라는 반인반수설(半人半獸說)로 분수적(分殊的)·현세적(現世的)이라 한다.[45)] 이을호는 한국신화 속의 신인(神人)관계가 양극적 이원론을 초극하고 일원론적 묘합(妙合)으로 이루어지는 귀일적 성격에 착안하여 독특한 하나를 뜻하는 '한'의 의미의 '한'사상이란 용어를 사용하여 한국문화 속에 시대를 초월하여 존재하는 것은 이 '한'사상이라고 하였다.[46)] 그러기에 이을호는 한국유학이

---

41) 「대담 1. 지성탐방－이을호 박사」, 『전서』 9, 503쪽.

42) 「2. 현실과 이상의 相距에서 고민하는 지성」, 『전서』 9, 278쪽 ; 「대담 1. 지성탐방－이을호 박사」, 『전서』 9, 504쪽.

43) 「대담 1. 지성탐방－이을호 박사」, 『전서』 9, 510～511쪽. 신채호에 관한 것은 514～517쪽 참조.

44) 「대담 1. 지성탐방－이을호 박사」, 『전서』 9, 506～511쪽.

45) 「대담 1. 지성탐방－이을호 박사」, 『전서』 9, 511～512쪽.

46) 「4. 남북통일의 사상적 기초」, 『전서』 9, 104～105·108쪽 ; 「제1장 한국철학의 특징과 과제」, 『전서』 5, 30쪽. 이을호는 1986년 思社研을 통해 출판한 『한思想의 苗脈』에서 한사상이 잘 드러난 다섯 가지, 곧 단군, 화랑도, 개신유학, 동학과

중국유학이라는 외래요소에만 의지한 것으로만 해석하는 기존의 입장을 거부하고 한국유학은 한국의 사고에서 형성된 것이라 한다.[47)]

오늘날의 민족중흥이라는 것도 요점은 자주정신에 있다고 하고 그 역사적 실례로 세종의 한글 제작과 실학을 들고 있다.[48)] 자주정신의 강조를 달리 표현하여 외세를 제거하기 위한 최선의 방법은 우리의 자생력을 갖는 것이라고도 하였다.[49)] 이 말은 또 달리 말하면 문화 사대주의에서 벗어나는 지름길은 문화적 자주 역량을 기르라는 것이 될 것이다. 그가 오늘의 한국기독교는 서구로부터 벗어나야 한다고 말한 것[50)]은 이 경우의 한 실례에 해당할 것이다.

그는 "그러기에 남대문 앞에 수문장을 세우고 고전의 국역을 서두르고 전물관을 세워 문화재를 전시보존하고 있는 것으로 알고 있으나 보다 더 중요한 것은 국민 전체가 밝은 우리의 앞날을 위하여 전통문화의 터전 위에서 외래문화를 수용하도록 의연한 자세를 가져야 한다는 것을 강조하고 싶은 것이다."라고 하였으니[51)] 그가 국역 『사서』를 펴낸 궁극적 의의도 이 말 속에 있을 것이다.

2) 민주사상과 대중적 번역

두 번째로 이을호의 국역 『사서』는 모두 대중들이 싼 값에 구입해 볼 수 있고 가지고 다니기에 편하도록 문고판으로 되어 있으며 대중들은 주해를 읽지 않고도 내용을 십분 파악할 수 있도록 가능한 한 일상언어로 번역된

실학, 정약용을 언급하고 있다.

47) 「현암 이을호선생의 학문과 사상」, 『전서』 9, 600쪽.

48) 「民族中興論」, 『전서』 9, 95~96쪽.

49) 「대담 1. 지성탐방-이을호 박사」, 『전서』 9, 507쪽.

50) 「대담 1. 지성탐방-이을호 박사」, 『전서』 9, 488쪽.

51) 「현실과 이상의 相距에서 고민하는 지성」, 『전서』 9, 281쪽.

번역문 중심이라는 점이다.

사실 전공자에게 번역은 필요 없을지도 모른다. 동양고전 내지 유교경전으로 말하면 한자나 한문에 능통한 전공자들은 굳이 번역의 필요를 느끼지 못할 수도 있다. 그런 점에서 번역은 일반대중을 위한 성격이 강하다. 그가 제 아무리 심오한 학문이나 철리라 할지라도 전문적 탐색이 아닌 대중화를 하기 위해서는 번역 혹은 번안 외에 다른 길이 없다고 한 것은 이러한 의미로 여겨진다.[52] 그는 왜 이같이 대중, 대중화를 강조하는 것인가? 이것은 기본적으로 그의 유교사상에 기인한다. 그는 누가 뭐래도 유학자로서 자신도 수기치인하는 것이 평생의 목표였다. 자신의 교육자와 학자로서의 고유 업무를 수행하는 중에도 항상 국민 대중을 의식하는 일을 잊지 않았다는 말이다. 그는 유학에서 맹자를 동양 민주사상의 창시자라 하고 맹자의 치국평천하를 위한 왕도정치 사상을 민본주의라고도 하지만 민주주의로 본다.[53] 왕도정치의 핵심은 국민을 사랑하는 것이고 사랑하는 마음으로 정치를 행하는 것이다. 나라에서 가장 귀한 것은 국민이고 군왕은 가장 낮다. 군왕은 일반 관료와 마찬가지로 정치를 제대로 펴지 못하면 물러나야 한다. 물러나기를 거부하면 강제로 물러나게 해도 되는데 이것이 맹자가 말하는 혁명이다. 그는 맹자의 혁명은 공산주의식 혁명도 아니고 쿠데타식 혁명도 아니라고 한다.[54] 그는 정약용의 목민(牧民)사상으로 맹자의 민주사상의 외연을 넓힌다. 정약용은 군왕이나 관리가 국민을 위해 존재하는 것이지 국민이 군왕이나 관리를 위해 존재하는 것이 아니라고 한다고 하였다. 그는 이것을 동양

---

52) 「경전의 대중화」, 『전서』 9, 227쪽.

53) 이을호, 『한글맹자』, 전남대출판부, 1958, 「서문」 6쪽. 이을호, 『한글맹자』(전남대출판부본, 1958) 59쪽과 박영사본(1974) 65쪽의 「공손축상」 제3장의 주 "王: 民本主義". 「맹자의 민주정신과 현대지성」, 『전서』 9, 184쪽 참조.

54) 「맹자의 민주정신과 현대지성」, 『전서』 9, 185쪽, "그러므로 맹자의 혁명사상은 전에 日人들이 싫어하던 그런 易世의 反民的 革命이 아니요, 弑逆을 도모하는 야심가들의 구실이 되는 그런 혁명은 더욱 아니다."

내지 한국의 전통적 민주사상으로 보았다.

그는 이에 그치지 않고 현대의 서구 민주사상도 수용하여 자신의 민주사상을 구축하였다. 특히 평등한 인간관계, 횡적 윤리의 요소를 여기서 수용하였다. 이 같은 서구 민주주의의 입장에서 유교의 충효만을 강조하는 일방적 종적 윤리를 비판한다.[55] 나아가 이 같은 민주사상의 입장에서 실학자들, 심지어 정약용조차도 시대적 한계가 있음을 지적하였다. 실학자들이 비록 소외받은 계층의 사람들로 백성들의 삶을 걱정했지만 근본적으로 양반 의식에서 벗어나지 못했으며 정약용의 경우도 같아서 노비법 철폐를 반대하고 교육제도에서는 귀족과 서민의 이중구조를 주장했음을 지적하였다.[56]

그러나 동양의 긍정적인 가족적 혈연관계를 중시하는 전통을 가지고 서구가 국민 전체의 인권을 강조한 나머지 가족관계를 등한시하는 점을 비판한다. 그는 원시유교 안에 횡적 윤리들이 있으며 인(仁)이라는 것도 본래 서로 상대하는 두 사람의 관계 속에서 한 사람의 사람 구실을 뜻한다고 하여 동양의 유교가 본래 가지고 있는 민주적 요소들을 되살릴 것을 주장한다. 그가 서구 민주주의는 개신교 신앙의 정치적 실현이라고 한다면 한국에서의 민주주의는 신유교적 청교도들의 혁신 없이는 안 된다고 하고 그러나 만약 이 같은 혁신이 이루어진다면 기독교의 토양에서 장미꽃의 민주주의가 피었다면, 유교의 토양에서는 모란꽃의 민주주의가 필 것이라고 하였다.[57]

그는 문화도 민주적이어야 한다고 생각한다. 문화도 국민 대중의 문화이어

---

55) 「민주주의의 토착화」, 『전서』 ⑨, 85쪽.

56) 「대담 1. 지성탐방－이을호박사」, 『전서』 ⑨, 528쪽 참조. 「다산의 생애와 사상」(『전서』 ②)에서 이을호는 정약용의 사회사상에서 귀족주의, 노비법 철폐 반대를 비판하고(131~134쪽), 교육사상에서는 귀족주의로 귀족과 서민의 이중구조적 교육제도를 주장한 것을 비판하고(139·142쪽), 과학사상에서는 홍대용 이하 많은 실학자들이 주장했음에도 지구의 공전과 자전을 불신하고 조수를 신비주의로 설명하는 것을 비판하였다(161~164쪽).

57) 「민주주의의 토착화」, 『전서』 ⑨, 84~85쪽.

야 함을 말하는 것이다. 그가 광주박물관장 때 벌인 신문화운동은 바로 그것이다. "문화를 철학이나 문학이나 예술 등 차원 높은 개념으로만 생각해서는 안 된다. 문화는 민중의 생활에서부터 더듬어 올라가서 예술의 경지로 올라가야 하므로 생활문화와 서민문화의 기반위에서 이루어져야 한다. 실례로 고려청자를 만든 이는 도공이다. 도공의 차원 높은 예술은 서민들이 가지고 있던 감흥과 소질과 전통이 바탕이 된 것이다. 판소리는 재인(才人), 상놈들의 애환 속에서 이루어진 것이다."라고 한다. 한 마디로 대중이 소외된 문화란 애초 무의미한 것이며 대중의 삶 속에서 기층문화가 싹트고 그것이 성장하여 수준 높은 문화로 된다고 보는 것이다. 그는 이것을 영·정조의 신학풍(新學風) 운동이나 서구의 문예부흥과 같은 뜻으로 보고 신문화운동이라 이름한 것이다.[58)]

그는 조선시대 유교는 상위계층인 사대부의 유교였지 대중의 유교가 아니었다고 하고 그러므로 뒤에 기독교가 들어와 소외된 대중을 흡수했다고 한다.[59)] 그러므로 위대한 문화유산의 하나인 고전도 전공자의 것으로만 남아서는 고전의 본래 의미가 살아나지 않는 것으로 고전이 대중의 것이 되는 것이 중요하다고 본다. 그리고 고전을 대중의 것으로 되게 하는 유일한 방법이 곧 역경(譯經) 사업이라고 한다.[60)]

그의 국역『사서』는 모든 국민 대중들 각자가『사서』라는 고전을 향유할 수 있게 하려는 그의 민주사상에 기반한 애민(愛民) 정신의 표출이라고 할 것이다. 그가 세종의 한글 창제를 통해 문화적 자주성과 대중성을 동시에 보았다면,[61)] 국역『사서』를 통해 이을호의 문화적 자주성과 대중성을 볼 수 있다.

---

58)「대담 2. 광주신문화운동의 기수, 이을호」,『전서』 9, 561~562쪽.
59)「대담 1. 지성탐방-이을호 박사」,『전서』 9, 487쪽.
60)「경전의 대중화」,『전서』 9, 229쪽.
61)「民族中興論」,『전서』 9, 95쪽.

3) 개신유학과 다산식 번역

이을호의 국역 『사서』는 거의 모두 다산주를 따랐다. 정약용의 경전 주석은 내용상으로는 무엇보다도 천(天)을 상제천(上帝天)으로 보는 것으로, 이전의 주자 주가 천을 이(理)로 보는 것과 매우 다르다. 또한 정약용은 경전 주석에 있어 방법상 경문(經文)으로 경문을 해석한다는 것이다. 이 역시 주자의 집주(集註), 곧 여러 주석을 모아서 경전을 해석하는 방법과는 크게 다르다. 오로지 경전 중심인 정약용에겐 누구보다도 우선 경전의 진위 문제가 중요했으므로 고증, 곧 문헌비평을 결코 등한히 하지 않았다. 『맹자』에서 3장을 맹자의 친필로 보지 않는 것은 그 실례다.[62] 그러나 믿을 만한 경전을 의심하는 것도 경계하였다. 『대학』의 고본(古本)을 따르는 것이 그것이다. 정약용은 이같이 경문으로 경문을 해석한 뒤 다시 역대의 모든 주석들—시간적으로는 바로 정약용 자신의 시대까지, 공간적으로는 일본까지—나아가 선입관 없이 공평무사하게 취사선택한다.

이을호는 자신이 다산학을 계승하려 하였을 뿐 아니라 지금 시대 모든 사람들, 아니면 적어도 유학자들이 다산학을 받아들이기를 희망하였다. 그는 바로 앞의 지나간 시대의 주류였던 유학을 신유학이라 칭한 것을 염두에 두고 그 뒤에 왔거나 오고 있는 한국유학을 개신유학이라고 부르기도 하였는데[63] 개신유학이란 다시 말해 다산학에 기반하여 발전해 나가는 유학이고[64]

---

62) 『與猶堂全書』第2集 經集, 第4卷, 『中庸講義補』卷1 「篇題」, 130~131쪽. 『맹자집주』로 말하자면 「萬章上」 제2장, 제5장, 제6장을 정약용은 맹자의 親筆로 보지 않는다.

63) 이을호는 개신유학이란 말을 처음엔 천관우가 실학을 정의하며 사용한 의미로 받아들여 신유학을 개혁하여 일어난 경세사상만을 지칭하는 것으로 썼다. 그러므로 이을호는 실학을 정의할 때 수사학적 진유의 학이라는 다른 정의를 내세웠고 따라서 개신유학이란 처음엔 그에게 부정적 이미지였다(「제4장 조선조전기유학사상과 개신유학의 맹아」, 『전서』 5, 293~294쪽). 이후 이을호는 개신유학이란 용어 자체에는 호감을 가지고 진정한 개신유학을 말하려면 수사학적인 철학적 실학 개념을 더해야 한다는 것을 주장하였다(「개신유학의 특징과 발전」, 『전서』 5, 296~319쪽). 그러다가 마침내 이을호는 1980년 『한국개신유학사시론』(박영사)

또 달리 표현하면 현대적 실학을 말하는 것이다.[65] 현대 속의 실학은 경세유학뿐 아니라 본래의 유교정신을 철학으로 담고 있는 실학이어야 한다고 하였다.[66]

그는 다산주 중심의 국역 『사서』를 통해 우리에게 『사서』에 관한 한 적어도 정약용이 살았던 근세까지의 매우 다양한 주석을 소개하는 한편 경문에 대해서도 깊이 고증을 가한 가장 권위 있고 올바른 해석을 보여주려고 노력했다고 말할 수 있다. 1976년의 마지막 『중용·대학』으로 끝난 그의 국역 『사서』는 21세기 오늘의 입장에서 보자면 연대로만 보아도 최신본 역서가 아니며, 근래 유교의 발생지인 중국에서 이루어진 유교경전 해석에 영향을 줄 수 있는 중요한 고고학적 발굴 성과를 떠올리면[67] 이미 구역서(舊譯書)의 하나가 되었는지도 모를 일이다. 그러나 그가 정약용은 전혀 관심을 보이지 않았던 『중용』의 분장과 관련하여 당시로서 최근의 이설(異說)을 소개하고 있는 것은 그가 늘 그 같은 새로운 주장에 무관심하지 않았음을 보여준다. 누군가가 그의 국역 『사서』를 기반으로 삼고 고고학적 성과를 반영하여 수정·증보한다면 가장 올바르고 권위 있는 최신본 국역 『사서』를 만들기 쉬워질 것이다.

을 통해 천관우의 경세사상 중심의 개념에 철학적 성격을 가미하여 자신만의 개신유학이란 용어를 사용하기에 이른 것으로 보인다(이 책의 「서문」에서 개신유학이란 천관우가 송명학을 가리키는 신유학을 의식하여 실학의 별칭으로 쓴 것인데 이것이 Neo neo-confucianism이라면 자신의 개신유학은 여기에 한국사상의 본질적 기조를 이룬 유학사상을 가미한 Anti neo-confucianism이라고 하였다).

64) 「평전: 한국학의 현대적 창시자, 현암 이을호 선생」, 『전서』 9, 577쪽.

65) 「대담 1. 지성탐방-이을호 박사」, 『전서』 9, 524~525쪽.

66) 「대담 1. 지성탐방-이을호 박사」, 『전서』 9, 527쪽 ; 「제5장 개신유학의 특징과 발전」, 『전서』 5, 298쪽.

67) 1973년 하북성 定縣의 漢墓에서 발굴된 『논어』, 1993년 호북성 郭店村에서 발굴된 전국시대 초나라 죽간들, 1994년 상해박물관이 구입한 전국시대 초나라 죽간들 같은 것이다.

4) 윤리적 종교와 사서 번역

이을호의 국역 『사서』는 유교경전 『사서』를 번역한 것이다. 유교경전은 『사서』와 『오경』으로 기독교로 말하면 『구약』과 『신약』이 있는 것과 같은데, 유교경전에서 시기적으로 대개 공자 이전에 해당하는 『오경』의 역할이 기독교의 예수 이전의 『구약』과 비슷하다면 공자 이후에 해당하는 『사서』는 예수 이후의 『신약』과 비슷하다. 기독교에서 『구약』보다 『신약』이 더 중요하듯이 유교에서 『사서』가 『오경』보다 중요함은 물론이다. 그런데 기독교가 종교임은 모두 수긍하나 유교가 종교냐에 대해서는 설이 많다. 유교라는 용어를 쓰면서도 단순히 윤리나 철학 차원으로만 해석하는 경우가 많은 것이다.

이을호가 말하는 유교는 어떤 유교인가? 그는 "한대의 훈고나 송대의 성리는 학이지 교는 아니다. 한국유교의 재생의 길은 학보다 교에 있으며 교란 다름 아닌 공맹의 원시유교 속에 있다. 자사가 말하는 '천명지위성, 솔성지위도, 수도지위교(天命之謂性, 率性之謂道, 修道之謂教)'의 교가 그런 교이다."라고 한다.[68] 자사가 말한 '교'라고 할 때 다산식으로 해석하면 천명은 상제천의 명령으로 종교적 성격이 강한 것이지만 다만 이을호가 『유림월보』에 실은 이 글 속에서 유교를 말하면서도 '종교'라는 단어를 사용하지 않았기에 여기에서 그가 사용하고 있는 유교가 종교적 성격을 띤 유교인지는 불명확하다.

그렇다면 그가 말한 공맹의 원시유교란 무엇인가? 그는 공자에 대해 말하면서 공자는 무속적 신은 부정하였지만 상제천을 인정하고 공자의 하늘에 대한 기도는 심도(心禱)요 묵도(默禱)였지만 언제 어느 곳에서든지 기도하였다고 보았다. 그는 맹자에 대해서는 상제천을 부정하여 맹자 이후 종교적 색채가 희석되어 마침내 현대의 유교는 종교가 아닌 윤리학·철학이 되었다

---

68) 「한국유도의 새로운 방향」, 『전서』 ⑨, 224쪽.

고 한다.[69] 다시 말해 유교가 시작할 때 공자의 유교는 종교적이었던 것인데 비해 맹자 이후로는 점차 종교적 성격이 사라져 오늘에 이르렀다는 것이다.

그러기에 그는 "다산은 그의 『중용자잠』에서 전통적인 천리설을 부정하고 상제설로 대체하여 종교적 신앙의 대상이 되는 유가적 상제를 복위시켰는데 이 다산의 공적은 유학사에서 코페르니쿠스적 전기를 가져왔다."고 하였다.[70]

그의 유교는 확실한 종교적 유교다. 그는 종교로서의 유교를 불교, 기독교와 비교하여 다른 종교와의 차이점을 밝힌다. "유교는 윤리적 종교이고 불교는 유심론적 종교이고 기독교는 유신론적 종교이다. 신의 입장에서 보는 기독교가 상위의 종교처럼 보이지만 실은 유신론적 기독교와 무신론적 불교는 양 극단을 대표하고 인간적인 유교가 그 중간에 서 있다. 우리가 지향해야 할 새로운 종교체계는 유교적인 인간적이며 윤리적인 종교이다."라고 한다.[71] 마지막 구절의 말로 보면 그가 말하는 윤리적 종교는 아직 도래하지 않았는지도 모르는 것이며, 그러나 분명한 것은 여기에 가장 근접한 것은 유교라는 것이다.

그는 정약용이 "하늘이 사람들의 선악을 살피되 항상 인륜관계에서 살핀다. 그러므로 사람들이 수신(修身)하며 하늘을 섬기되 또한 인륜관계에 치력(致力)해야 한다."고 한 말을 종교적 신앙과 실천윤리의 일체를 지향한 것으로 보고 정약용이 지향하는 개신유교는 윤리적 종교라고 하였는데[72] 이것은 윤리적 종교의 보다 구체적인 내용이 무엇인지를 보여준다. 그가 말하는 윤리적 종교가 신앙대상인 신과 윤리주체로서의 인간이 하나의 구조를 이루는 것이라면 당연히 이러한 윤리적 종교는 유교에만 국한되지 않는다. 이을호

---

69) 「젊은이여 인생을 이야기하자」, 『전서』 9, 300~305쪽.
70) 「젊은이여 인생을 이야기하자」, 『전서』 9, 307쪽.
71) 「대담 1. 지성탐방-이을호박사」, 『전서』 9, 490~491쪽.
72) 「젊은이여 인생을 이야기하자」, 『전서』 9, 307~308쪽.

는 우리 민족의 시원과 관련한 단군신화의 특징을 신인미분화(神人未分化)로 파악하였다. 신인미분화란 인간이 신의 종속적 피조물도 아니요, 신도 또한 인간에 의존하지 않고서는 그 존립 의의를 찾을 수 없다는 것으로 윤리와 종교가 이이일(二而一)의 일체를 이루고 있는 것, 곧 윤리적 종교라고 한다.

그는 이 윤리적 종교야말로 오늘날 우리 시대의 신인소외(神人疎外) 현상을 극복할 수 있다고 보았다. '신인소외'는 유물론자들은 인간을 경제적 동물로만 취급하고 기독교인들은 인간을 신의 예속물로만 여기는 데 기인한다고 보았다. 이를 극복하기 위해서는 신인을 미분하여 보는 윤리적 종교가 이들 사이에서 작용하여 유물론자는 윤리적 종교를 수용해야 하고 기독교인들은 신계(神界)에서 하강하여 재세이화(在世理化)의 인간도(人間道)를 수용해야 한다고 보았다. 그는 우리나라 남북분단의 문제도 세계의 혼란상 문제도 여기서 벗어나지 않는 것으로 보았기에 위와 같이 하여 윤리적 종교는 남북통일의 사상적 기조가 될 뿐 아니라 인류평화의 기조가 될 수 있다고 하였다.[73] 이렇게 볼 때 그가 국역 『사서』를 편찬한 것은 장차 우리나라와 세계를 바람직한 방향으로 이끌고 나아갈 윤리적 종교로서의 유교사상을 현창하려는 의도가 있다고 할 것이다.

4. 결 어

이을호의 국역 『사서』는 일단 번역 형식에서 유교경전, 나아가 동양고전 일체의 한글번역의 모범을 보여주었다. 직역과 의역이 절묘하게 결합하여 원문인 한문도 살고 번역문인 한글도 같이 사는 방식이다.

이을호의 국역 『사서』는 내용에서 우리 모두에게 정약용이 말하는 본래의 공자에서 맹자에 이르는 근본유학의 모습, 유교의 모습을 전해주었다. 정약용

73) 「남북통일의 사상적 기조」, 『전서』 ⑨, 108쪽.

은 그 일가와 친척들이 한국 천주교가 시작할 때 그 중심에 같이 서 있었던 사람이다. 그러나 그는 자신의 조카사위인 황사영(黃嗣永)이 백서 사건을 일으켰을 때 황사영을 역수(逆豎)라 하면서[74] 끝내 천주교 신자로 남지 않고 평생 유자(儒者)로 삶을 마쳤다. 그러나 정약용이 허심(虛心)으로 진리를 추구하는 입장에서 천주교의 영향을 받은 것은 사실이다.

『사서』는 유교의 경전 중의 경전이기에 이 같은 정약용 유학을 따르는 이을호의 국역 『사서』가 오늘의 한국유교에 던지는 메시지는 강렬하다. 그 중 핵심적인 것은 한국유교는 정약용이 이미 그 기본 요소를 다 제시해 놓은 윤리적 종교를 향하여 나아가야 한다는 것이다. 이을호는 이것이야말로 미래의 유교를 위한 것일 뿐만 아니라 우리나라 남북통일의 기조도 될 수 있는 것이며 세계평화의 관건이 될 수도 있는 것이라고 보고 있다.

현재 세계에서 유교가 살아 있는 곳은 오직 이 동아시아뿐이며 그것도 사실상 스스로 유교의 최후의 보루라고 여기는 한국과 유교의 발원지인 중국뿐이라 할 수 있다. 중국은 근세에 철저히 유교를 파괴하였으며 1949년 이래 사회주의 국가가 되어 문화대혁명 기간에는 그 파괴가 극에 이르렀다. 그러던 그들이 오늘에 와서는 자신들의 전통으로서의 유교를 다시 현창하려는 움직임을 보이고 있다고 한다. 오늘의 중국 어린아이들이 학교에서 『논어』를 암송한다고 한다. 이것으로 중국에서 유교가 살아났다고 볼 수 있을까? 우리나라의 경우 아이들이 『논어』를 암송할 것까지는 기대하지 않는다. 그러나 한국유교가 존속하기 위해서는 최소한 어떤 희망적 조짐은 보여야 할 것이 아닌가? 이을호는 여기에 이미 답을 던져놓았다고 생각한다.

---

74) 『다산경학사상연구』, 『전서』 ⑨, 31쪽.

참고문헌

史伯璿, 『四書管窺』(『四庫全書』本).
『與猶堂全書』(『韓國文集叢刊』 281~286, 서울: 민족문화추진회, 2002.
『經書』, 成均館大學校大東文化硏究院, 1972.
『三經』, 成均館大學校大東文化硏究院, 1973.
『十三經注疏』, 藝文印書館, 1982.
다산학연구원, 『李乙浩全書』 전 9책, 예문서원, 2000.

金中植, 『孟子註釋』, 한국인쇄주식회사, 1954.
교수신문 엮음, 『최고의 고전번역을 찾아서』, (주)생각의 나무, 2006.
武內義雄 저, 李東熙 역, 『중국사상사』, 驪江출판사, 1987.
오종일, 『玄庵 李乙浩』, 문원각, 2007.
이을호, 『한글맹자』, 전남대출판부, 1958.
이을호, 『論語』, 新楊社, 1959 / 1969.
이을호, 「中庸思想의 展開」, 『전남대학논문집』 제5집, 1960.
이을호, 『한글孟子』, 형설출판사, 1963.
이을호, 『한글論語』, 박영사. 1974.
이을호, 『한글孟子』, 박영사, 1974.
이을호, 『中庸・大學』, 박영사, 1976.
이을호, 『韓國改新儒學史試論』, 박영사, 1980.
이을호, 『한思想의 苗脈』, 思社硏, 1986.
전호근, 「광복이후 최근까지의 유가철학 원전번역－논어를 중심으로－」, 『시대와 철학』 16권, 한국철학사상연구회, 2005.
馮友蘭, 『中國哲學史』(영인판), 半島文化社, 1976.

2. 다산(茶山) 용학(庸學)·맹자(孟子)에 대한 수사학적(洙泗學的) 연구

이 형 성 전주대학교 외래교수

1. 들어가는 말

현암(玄庵) 이을호(李乙浩: 1910~1998) 하면 다산학(茶山學) 연구에 타의추종을 불허하는 인물이다. 그는 전남 영광군 영광읍 백학리에서 출생하여, 일찍이 향리에서 한문을 배우고, 신학문을 접하다가, 1925년 서울 중앙고등보통학교로 진학하였다. 당시 교장은 현상윤(玄相允: 1893~?)이었으니, 이을호는 1년 반 정도 그의 민족의식과 올곧은 훈도에 적지 않은 감명을 받았을 것이다.[1] 중앙고보 시절, 당시 불치병이던 결핵을 앓던 그는 동무(東武) 이제마(李濟馬: 1837~1900)의 제자 최승달(崔承達)의 한의약 처방으로 완치되자, 이제마의 사상의학(四象醫學) 관심, 그리고 최승달에게 1년여 동안 『동의수세보원(東醫壽世保元)』을 배웠고, 그 영향으로 서울 약학전문학교에 들어갔다.

이을호는 전문학교 졸업 이후, 한의학에 관계된 몇 편의 글을 발표하여 한의학 부흥에 노력하였다. 또한 『동의수세보원』에서 성명론(性命論)과 사단

1) 현상윤은 1923년 영광중학교 설립 후원회의 위원으로도 활동한 바 있다. 때문에 이을호는 현상윤을 바라보는 시각이 남달랐을 것이다.

론(四端論) 등을 접한 이래 동양철학 연구에도 갈구하였다. 이렇게 한의학 부흥에 힘쓰고 동양철학 연구에 갈구하면서도 한편으로는 불운의 역사를 타개하기 위해 민족운동을 전개하였다. 민족운동의 일환으로 약학전문학교 시절 집회에 참여하여 항일운동을 전개하고, 향리 영광 갑술구락부 및 체육단(민족운동청년단체)을 조직하여 민족의식을 고취시킨 것이 그 예라 하겠다. 그는 민족의식 고취로 인해 일본 경찰에 피체되어 1년 반 동안 영어(囹圄)의 몸이 되자, 과거 자신이 갈구한 것을 이루고자 동양철학을 탐구하기 시작하였다. 그는 이때 『여유당전서(與猶堂全書)』를 접하고서 이를 탐독하였다.[2)]

출옥과 해방 이후, 39세 때(1948년) 광주의과대학 약국장으로 부임하고 학생들을 가르쳤다. 특히 학생들에게도 이제마의 사상의학을 가르치면서 동양사상에 심취하였다. 43세 때 강항(姜沆: 1567~1618)이 지은 『간양록(看羊錄)』을 국역하였다. 강항은 영광 출신으로서 정유난(丁酉亂) 때 일본에 잡혀갔으나 그곳에서 후지와라(藤原醒窩)·아카마쓰(赤松廣通) 등과 교유하며 그들에게 주자학(朱子學)을 전수하였다. 이들의 귀환 노력으로 강항은 본국으로 돌아와 향리에서 후학을 양성하였다. 이을호가 『간양록』을 번역한 것은 자신도 영광 출신이라는 점도 있었겠지만, 그 이면에는 강항의 절의정신을 통해 나라의 부국을 도모한 면도 있었을 것이다.

이을호는 46세 때 전남대학교 인문과학대학 전임강사로 취임하면서 동양철학 및 다산학 강의를 담당하며 다산학에 몰두하게 된다. 이에 1958년 다산(茶山) 정약용(丁若鏞: 1762~1836)의 논지에 힘입어 『맹자』를 번역하여 『한글 맹자』를 발간하는가 하면, 정약용의 『주역』을 연구하여 「정다산(丁茶

---

2) 『與猶堂全書』는 1934~38년에 걸쳐 新朝鮮社에서 발행되었는바, 교열은 鄭寅普와 安在鴻 두 학자가 하였다. 특히, 1935년에는 '茶山逝世百年'을 기념하는 학술대회도 열렸고 『동아일보』 1935년 7월 16일자에는 정약용에 대한 학문적 내용이 수록되었다. 당시 이을호는 26세의 나이로 한의학 부흥에 관한 글을 발표하는 시기였지만, 간접적으로 정약용의 실천유학의 정신을 접하였을 것이다.

山)의 역리(易理)에 관하여」를 발표하였으며 『중용』이란 서책을 탐구하여 「중용사상 전개의 방향」을 발표하였다.[3] 다음해에는 『논어』도 한글로 번역하여 출간하였다. 이러한 사례를 보면 그는 유학에서 경학에 많은 관심을 가지고 있었음을 알 수 있다. 그가 『맹자』와 『논어』 등을 한글로 번역하고 『중용』을 탐구한 것 역시 정약용의 논지가 적지 않았다.

이을호는 정약용의 경학에 철저하게 몰입하여 1963년 「정다산(丁茶山)의 경학사상(經學思想) 연구」, 1964년 「정다산의 수사학적(洙泗學的) 인간상(人間像)의 문제」, 1965년 「다산실학(茶山實學)의 수사학적(洙泗學的) 구조」를 발표하였다. 그는 이전에 발표한 몇 편의 논문을 수정·보완하여 1966년 『다산경학사상연구(茶山經學思想研究)』를 출간하였고, 이듬해 이 책으로 서울대학교에서 박사학위를 받았다. 이러한 연구를 배경으로 그는 당시 타의추종을 불허할 정도로 다산경학 연구에서 선두의 위치에 서게 되었다. 그는 다산경학사상에 대한 최초의 논문에서 정약용을 일러 이조 실학의 집대성자인 동시에 근세 수사학파(洙泗學派)의 창시자라는 새로운 이름으로 부르고 싶다면서 다음과 같이 말하였다.

> 청조(淸朝)의 중농학파(重農學派)들이 열심히 받아들인 자연과학사조에 자극을 받은 우리나라 북학파(北學派)들은 국가제도의 개혁까지도 모색한 점에서 성호파(星湖派)의 경세학파(經世學派)와도 밀접한 관계를 맺고 있음을 물론이다. 이들은 과학적인 실리·실증주의를 밑받침으로 하고 경세적인 실용주의의 면에서는 실로 정체된 주자학적(朱子學的) 공리공론의 관념주의와 대결하여 그들에게 청신(淸新)한 기풍을 불어넣어 주었다. 그러므로 다산은 이러한

---

3) 「小論」 발표. 본 글은 '中庸書'만을 다룬 것으로, 1958년 한국철학회 모임에서 발표한 것이다. 글은 미게재되어 파악할 수 없다. 다만, 1960년 6월 1일에 발표한 「中庸思想 展開의 方向」을 보면 그 내용을 가늠할 수 있다. 본 논문은 『전서』 ②, 415~437쪽에 「중용사상」이라는 제목으로 수록되었고, 서문의 내용은 약간 삭제되었다.

> 시대에 처하여 그의 수사학적(洙泗學的) 경세사상(經世思想)을 해명하고 체계화함에 있어서 비록 그의 이념적 근거를 고대의 요(堯)·순(舜)·주공(周公)·공자(孔子)에 두었다손 치더라도 그의 방법에 있어서는 새로운 과학적 실리·실증에 엇나감이 없었고, 경세적 실용주의를 간과하지 않았음은 물론 도덕적인 면에서는 실천윤리학적 행동주의에 철저했던 것이다. 이 점이 바로 다산의 수사학적 실학의 구체적인 내용이요 특색이기도 한 것이다.[4]

이을호의 이러한 수사학 정의는 정약용이 성리학의 지나친 형이상학화의 경향 및 그 형이상학적 분파에 대한 불만을 토로한 것[5]을 정약용이 자주 말한 '수사'에서 찾은 것으로 볼 수 있다. 이을호는 정약용의 수사학적 유학을 기초로 그의 경학사상을 연구하였는바, 그것은 후학들이 연구하는 하나의 길잡이가 되었다. 그는 경학 연구에 대한 토대가 마련되자, 과거 익힌 『동의수세보원』을 번역하여 1973년 『사상의학원론(四象醫學原論)』으로 출간하기도 하고 또한 사상의학을 강의하면서도 다산경학을 더 깊이 연구하였다. 이러한 그의 학문적 자세에서 경학(經學)과 의학(醫學)이 겸전(兼全)하였음을 엿볼 수 있을 것이다.

본 글은 정약용이 지은 『대학』·『중용』·『맹자』에 대하여 이을호의 수학적 연구를 살펴볼 것이다. 주지하다시피, 정약용은 일찍이 부친에게 유학 경전을 배우다가 1783년 진사시(進士試)에 합격한 이후, 본격적으로 경전을 탐구하여 20대 초반에 『중용』과 『대학』에 대한 저술을 남겼고, 50대 초반에 『맹자』에 대한 저술을 남겼다. 특히 그의 경학에 대한 지대한 관심은 경전의 진위를 명확히 하는 것이 경(經)을 존중하는 존경(尊經)이라 생각했기 때문일

---

4) 이을호, 「丁茶山의 經學思想 硏究」, 『東方學志』 6집, 연세대학교 국학연구원, 1960, 230쪽.

5) 윤사순, 「實學的 經學觀의 特色」, 『(이을호박사 정년기념) 실학논총』, 광주: 전남대학교 호남문화연구소, 1975, 75쪽.

것이다.[6] 그가 20대 초반에 『대학』과 『중용』을 집중적으로 연구하고 저술한 것은 벼슬 초년기 유학의 근본 이념을 실현하고자 하는 의지의 발로였을 것이다. 그리고 그가 유배지에서 지천명(知天命)의 나이로 『맹자』에 대한 저술을 남긴 것은 위정자가 여민동락(與民同樂)할 수 있는 실천윤리를 강조하고자 한 의미가 담겨 있었을 것이다. 따라서 본 글은 이을호가 정약용의 경학사상 가운데 『대학』·『중용』·『맹자』를 어떻게 연구하고 그 관점이 무엇인지를 살펴볼 것이다.

2. 『중용』 연구의 관점

『중용』은 『예기』 제31의 편명이었다. 『예기』의 「중용」은 33장으로 되었으나 중국 송나라의 정이(程頤: 1033~1107)는 37장으로 분장하여 『중용해』를 지었다. 정이가 별도로 독립시킨 이후, 주희(朱熹: 1130~1200)는 다시 『예기』의 33장에 의거하여 『중용장구』를 지었는바, 그 구성체계를 크게 제1장, 제2장~제11장, 제12장~제20장, 제21장~제26장, 제27장~제33장 등으로 분류하였다. 주희의 이러한 장구 분류를 계기로 하여 『중용』은 유교의 근본 경전이 되었고, 학자라면 반드시 읽어야 하는 책이 되었다.

성리학이 조선에 전래되면서 조선의 학자들은 『중용장구』를 심히 애독하였다. 권근의 「중용수장분석지도(中庸首章分釋之圖)」, 이언적(李彦迪)의 『중용구경연의(中庸九經衍義)』, 이익(李瀷)의 『중용질서(中庸疾書)』 등 많은 연구서가 이를 증명하는 바다.[7]

정약용은 『중용』에 대한 연구로 『중용자잠(中庸自箴)』 3권 1책과 『중용강

---

6) 김문식, 『朝鮮後期 經學思想硏究－正祖와 京畿學人을 중심으로』, 일조각, 1996, 196~197쪽 참조.

7) 이지형 편, 『한국경학자료집성』 중용(1~9), 성균관대학교 대동문화연구원, 1989 참조.

의(中庸講義)』·『중용강의보(中庸講義補)』 6권을 남겼다. 기타로 「중용책(中庸策)」이 있다. 정약용의 이러한 연구서는 정주학설(程朱學說)을 벗어나 선진시대 유학의 중용사상을 지향하면서 자신의 경학적 입장을 더욱 체계적이고 일관되게 개진하고 있는 것으로 보인다.[8)]

이을호는 20세 무렵부터 『동의수세보원』을 배울 적에 『중용』에서 말하는 '천(天)'·'성(性)'·'명(命)'에 대한 개념 등을 어느 정도 접하였을 것이다. 왜냐하면 그 『동의수세보원』 제1편 제1장 성명론(性命論)에서 이러한 말이 보이기 때문이다. 이와 같이 일찍 『중용』을 접하였기는 했지만, 그 내용적 이해를 보인 것은 1958년 7월 한국철학회에서 『중용』에 대한 「소론(小論)」을 발표하면서다. 그리고 그 발표문을 1960년 성문화(成文化)할 적 논문 첫 줄에서 "중(中)의 사상은 중국에서뿐만 아니라 희랍이나 인도에도 있었지만, 그들의 내용은 비슷하면서도 동일한 것은 아니다."라고 한 다음, 그 세 나라의 사상적 특색을 검토해 볼 필요가 있지 않을까 한다는 의미에서 중국의 중용사상을 고찰하기 위해 「중용사상 전개의 방향」을 작성하였다.[9)] 이을호의 『중용』에 대한 이해는 '이경치경(以經治經)'의 논리와 정약용의 중용사상이 그 저변에 있었다. 그의 연구를 보건대 그는 '성중(誠中)'의 학(學)으로서 『중용』이란 책을 이해하고자 하였지 주희에 의한 관념화된 음양오행설적(陰陽五行說的) 성리설을 지향하지 않았던 것이다. 그가 이해한 『중용』의 참뜻은 인간 자신 속에서 '성중'을 찾아야 한다는 것이고, '성중'의 학으로서 『중용』을 읽어야 한다는 것이었다.

그 후 이을호는 "중용이란 천하의 제일등 의리로서 결코 평범한 덕이 아닌 것이다. 더욱이 중용이란 용언(庸言)·용행(庸行)에서 보는 바와 같이 언행일치의 실천윤리를 문제 삼는 군자의 덕행인데 어찌 평범한 평상지리(平

8) 정일균, 『茶山 四書經學 硏究』, 서울: 일지사, 2000, 221쪽.
9) 이을호, 「中庸思想 展開의 方向」, 『전남대학교논문집』 제5집, 1960 참조.

常之理)라 할 수 있겠는가? 용(庸)을 평상(平常)이라 함도 불가하거늘 행(行) 아닌 이(理)라고까지 할 수 있겠는가."라고 하여 주희의 중용관을 반추하면서 정약용의 중용관이야말로 고의(古義)에 부합하는 것으로 여겼다. 여기서는 정약용의 『중용』 제1장 "천명지위성(天命之謂性)"에 대한 이을호의 수사학적 관점과 신독군자(愼獨君子)로서의 지성(至誠)의 의미를 간략히 살펴볼 것이다.

이을호는 제1장의 "천명지위성(天命之謂性)"에서 '천(天)'을 고찰하면서 정약용의 천관(天觀)을 따르고 그의 관점을 밝히고자 심히 노력하였다.[10] 정약용은 '천'을 자연천(自然天)과 상제천(上帝天)으로 나누면서도 정주학파들이 언급한 천리(天理)로서의 역리천(易理天)도 다루었다. 이을호는 이에 대해 삼천(三天)이라는 용어를 자주 사용한바, 이는 풍우란(馮友蘭)이 '천'을 세분하여 다섯 가지로 정의한 것을 정약용의 천관에 입각하여 간추린 것이다.[11] 이을호는 정약용의 '삼천'에 대하여, 자연천은 형체적인 것이 정령사상(精靈思想)과 결부하여 범신론적 사상을 낳고 이것은 주재자로서의 유일신인 상제천으로 발전하였으며 역리천은 『주역』의 음양사상에 기초한 무신론적 천이라고 하였다. 이을호에 따르면, 역리천(A Reasonable Heaven)은 정주학파들이 우주론적 천리사상의 기틀을 마련하였으나, 이는 화엄철학(華嚴哲學)의 이사법계관(理事法界觀)과 결부되었다고 비판하면서, 그 역리천은 인간과는 아랑곳없이 이미 선험적 이법(A transcendental principle)이기에 자율적 변화법칙에 의한 불변의 원리로 존재한다고 하였다. 상제천(God in Heaven)은 하늘의 주재가 상제가 된다는 것이다. 이을호는 『시경』과 『서경』에서 언급되는 상제를 인용하여 설명하면서도 정약용이

---

10) 이을호는 「丁茶山의 經學思想 研究」 222쪽에서 三天을 매개로 하여 정약용의 실학의 윤락을 그리면서 최종적으로 洙泗學이라 명명하였다.

11) 『다산경학사상연구』, 『전서』 1, 55쪽. 이을호는 주) 7에서 이를 자세히 밝히고 있다.

> 하늘의 주재가 상제가 되는데 그 천이라고 하는 것은 마치 나라의 임금이 '나라'라고 호칭하여도 감히 배척하여 말하지 못하는 뜻과 같다.[12)]

라고 말한 것을 인용하였는바, 이것은 온 천하의 통치자요 주재자로서의 상제천을 말하는 것이라고 하였다. 정약용에 의하면 이러한 상제천은 항상 굽어보는 능력이 있다 하였다.[13)] 때문에 이을호는 정약용의 유일신으로서의 상제천은 신명(神明)한 영지(靈知)를 갖추고 있기 때문에 으슥한 곳이라도 굽어보지 않는 곳이 없으니 성실한 마음으로 하늘을 섬기고 신을 섬겨야 한다고 풀이하였다.[14)] 자연천(A Nartural Heavean)은 주희가 음양이기(陰陽理氣)로 신격화한 것과는 다른 자연현상에 불과하기에 일월성신이 거기서 빛나고 우레와 풍설이 그 안에서 조성되는 것이다.

이을호는 정약용의 '삼천'이 '명(命)'과 연관되는 것에 대해 "자연·상제·역리의 삼천은 그들이 각각 천성·천명·천리의 형태로 나타날 때 비로소 전자는 후자의 근거로서의 구실을 하게 됨을 알 수 있다."[15)]고 하였다. 즉 '삼천'과 연관된 천명사상을 전개하는 것이다. 그는 기존의 천명사상이 인격적 상제천에서 추론된 것이라고 말하면서 일본 학자 다카다(高田眞治)가 『지나사상전개(支那思想全開)』(2쪽)에서 말한 정치적 천명과 도덕적 천명을 언급하는가 하면, 또한 사명으로서의 천명 혹은 숙명론적 천명을 제시하였다. 정약용은 "천명에는 본성을 부여하는 '명(命)'이 있고 지위를 얻는 '명'이 있다."[16)]고 하였는바, 이을호는 일본인 학자의 설명을 원용하여 전자를 윤리

---

12) 『與猶堂全書』 第2集 經集 第6卷, 『孟子要義』 卷2, 「盡心第七」 145쪽, "鏞案: 天之主宰爲上帝, 其謂之天者, 猶國君之稱國, 不敢斥言之意也." 『여유당전서』는 '韓國文集叢刊'(281~286, 민족문화추진회, 2002년)에 수록된 것을 저본으로 하였다. 이하 동일.

13) 『與猶堂全書』 第1集 詩文集 第16卷, 「自撰墓誌銘」 339쪽, "知天之有降監, 誠之敬之, 勉勉焉孶孶焉, 不知老之將至者, 非天之所以錫鏞福者乎?" 참조.

14) 『다산경학사상연구』, 『전서』 1, 59쪽.

15) 『다산경학사상연구』, 『전서』 1, 63쪽.

적 천명이라 한다면 후자는 정치적 천명이라고 하였다. 정치적 천명관은 상제천이 선량한 한 사람 즉 천자를 선택하여 그에게 백성을 통치하고 교육하도록 하는 사명을 준 것을 말한다. 이을호에 의하면, 정약용의 정치적 천명은 민중과 더불어 존재하기에[17] 천자는 자신의 절대적 권위보다도 인심의 권위를 보다 더 우위에 놓아야 한다는 것이다. 더욱이 정약용은 인륜의 기강을 세우고 예악의 범절을 일으켜 인간의 문화적 수준을 향상시킬 수 있는 성인과 같은 천자를 중시하고 있기에, 이을호는 정약용의 정치적 천명관에는 이미 현인정치사상의 기틀이 이룩되어 있고 동시에 왕도정치의 기초를 마련함이 있다고 하였다.[18] 윤리적 천명관은 상제천이 각자의 인간에게 보편적으로 내재되어 존재하는 윤리적 사명감을 갖도록 하는 것을 말한다. 이러한 윤리적 천명관은 인성론적이다. 윤리적 천명은 사람의 본성에 깃들어 있어 어느 곳 또는 어느 때나 모든 사람 각자에게 존재한다. 이는 천부적 양심과도 상통하며 인간의 자기 내부의 존재로서의 신앙적 대상이 되기도 한다.[19] 때문에 모든 사람은 각자의 입장에서 누구나 단독자로서 상제천과 서로 감응할 수 있는 윤리적 능력뿐만 아니라 신앙적 능력도 갖게 되는 것이다. 여기서 상제천의 앞에 서 있는 단독자로서의 경건한 자신을 발견하게 되기에 윤리적 단계를 넘어 종교적 단계로까지 나아갔음을 엿볼 수 있을 것이다. 이을호는 인간의 행동 여하에 따라 복선화음에도 관계하고 있다고 종교적으로 믿을 때 이것은 윤리적 숙명이라고 하였다.[20] 그렇다면 상제천과 서로 감응할 수 있는 능력은 어디에서 오는 것일까? 이을호는 정약용이

---

16) 『與猶堂全書』 第2集 經集 第19卷, 『詩經講義』 卷3, 「大雅○文王之什」 〈文王〉 442쪽, "天命有賦性之命, 有得位之命."

17) 『與猶堂全書』 第1集 詩文集 第10卷, 「原政」 212쪽, "王政廢而百姓困, 百姓困而國貧, 國貧而賦斂煩, 賦斂煩而人心離, 人心離而天命去, 故所急在政也." 참조.

18) 『다산경학사상연구』, 『전서』 [1], 65쪽.

19) 이을호, 「丁茶山의 經學思想 硏究」 222쪽.

20) 『다산경학사상연구』, 전서』 [1], 65~72쪽 참조.

말하는 '성론(性論)'과 연관된다고 하였는바, 이를 살펴보자.

정약용의 성론은 성기호설(性嗜好說)이다. 정약용은

> 천명(天命)의 성(性)은 또한 기호(嗜好)로 말할 수 있다. 대개 사람의 배태(胚胎)가 이미 형성되자마자 하늘은 영명하되 무형의 본체를 부여하니 그것의 사물됨은 선을 좋아하고 악을 미워하며 덕을 좋아하고 더러움을 부끄럽게 여기는 것이니 이것을 성이라 하고 이것을 성선이라 말한다.[21]

라고 하여, 이는 성리학자들이 논하는 성이 아님을 힘주어 주장하였다.[22] 정약용의 기호에는 육체적·감각적 형구(形軀)로서의 기호가 있고 영성적·지성적 영지(靈知)로서의 기호가 있다. 이을호는 영지의 기호로서의 성을 상제천의 자기 형체가 사람 속에 깃들여 있는 것을 의미하며 이는 윤리적 천명의 별칭이라 하였다.[23] 즉 정약용이 말하는 성기호설은 사실적이요 감각적이라 할 수 있으나, 본심적 또는 양심적 측면에서 보면 선을 좋아하고 덕을 좋아하는 심의 자연스러운 속성이지[24] 성리학에서의 형이상학적 실체가 아니다. 선천적 감성의 능력 때문에 선을 좋아하고 악을 미워하며 덕을 좋아하고 더러움을 부끄럽게 여기는 것은 인간의 주체성과 연관되는 것이다. 이러한 인간의 주체성은 다른 사람에게 있는 것이 아니라 내 자신에 있기에 이을호는,

---

21) 『與猶堂全書』 第2集 經集 第3卷, 『中庸自箴』 卷1, 47쪽, "天命之性, 亦可以嗜好言. 蓋人之胚胎旣成. 天則賦之以靈明無形之體. 而其爲物也. 樂善而惡惡. 好德而恥汚. 斯之謂性也. 斯之謂性善也."

22) 『與猶堂全書』 第2集 經集 第4卷, 『中庸講義補』 63쪽, "蓋宋賢論性, …… 雖其本意亦出於樂善求道之苦心, 而其與洙泗之舊論, 或相牴牾者, 不敢盡從. 後之君子, 尙恕余哉!" 참조.

23) 『다산경학사상연구』, 『전서』 [1], 78쪽.

24) 『與猶堂全書』 第2集 經集 第3卷, 『中庸自箴』 卷1, 47쪽, "性者, 心之所嗜好也."

> 비로소 인간의 주체성이 크게 문제가 됨과 동시에 윤리적 선악과 자율성도 문제삼지 않을 수 없다. 그러나 자율적 주체성만으로는 인간의 윤리적 선행이 성취되는 것은 결코 아니다. 여기서는 향선(向善)의 목적의식이 뒤따라야 하며 윤리적 합목적성이 뚜렷이 나타나야 한다. 만일 윤리적 목적성이 결여될 때에는 도척(盜跖)도 그의 자율적이고 주체적인 입장에서 공자를 도유라고 비방할 수도 있기 때문이다.

고 하였다. 이는 '나'라는 주체성 속에서 항상 윤리적 목적에 의한 자율적 선택이 있어야 함을 주장하는 것이다. 그는 정약용의 '천론' · '천명론' · '성론' 등을 총괄하여 "'천명지위성(天命之謂性)'의 명제를 '명즉성(命卽性)'의 인성론적 천명으로 간주하느냐 그렇지 않으면 '성즉리(性卽理)'의 존재론적 천리로 풀이하느냐에 따라서 그의 학문적 입장이 아주 달라지는 것이다. 전자는 수사학적 입장이요 후자는 정주학적 입장임은 물론이다."[25]라고 하였으니, 이는 그가 정약용의 수사학적 경학을 추구하고자 한 것이다. 『중용』에 대한 수사학적 탐구는 곧바로 '지극히 성실함[至誠]'이라는 노력과 실천이 요구되는 것이다. 이을호의 '지성(至誠)'에 대한 견해를 살펴보자.

신독군자(愼獨君子)로서 무자기(毋自欺)의 '지성'만이 상제천과 감응할 수 있는바, 그 감응은 가만히 앉아서 얻어지는 것이 아니며 자강불식(自彊不息)의 노력이 요구되는 것이다. 이러한 '지성'의 노력에 의한 감응이 이루어질 때 비로소 시중지도(時中之道)의 '중(中)'이 성립된이다. 때문에 이을호는

> 자기를 속일 줄 모른다고 함은 곧 상제를 속여서는 안 된다는 말과 같다. 상제를 속이지 않는 그는 거짓 없는 진실한 인간일 수밖에 없다. 그러므로 그는 무슨 말이나 지성으로 다루고 누구에게나 지성으로 대꾸하는 지성군자

25) 『다산경학사상연구』, 『전서』 ①, 63쪽.

> 일 수밖에 없는 것이다. 그의 말과 행동에 억지가 없다. 나아가고 물러섬에 있어서도 사리에 엇나가는 일이 없다. 웃고 울고 하는 희로애락에도 쑥스러운 데가 없다. 공자의 일거수 일투족이 언제나 알맞은 까닭은 시중군자의 모든 행위를 지도하며, 신독군자는 지성으로써 천명을 받는다. 그리고 신독군자는 지성으로써 천명을 받들기 때문에 그의 앞에는 지선의 대도(大道)가 항상 활짝 열리는 것이다.[26)]

라고 하였다. 이것은 인간의 윤리적 행위의 당위성이 그대로 드러난 것이다. 다시 말하면 '지성'으로써 수기(修己)하고 '지성'으로써 치인(治人)하여 만물이 생성화육(生成化育)하도록 북돋아주는 실천적 세계관을 이을호는 주장한 것이다.[27)]

그는 정약용의 수하학적 경학에 대한 연구가 진척된 이후, 1973년에 『동의수세보원』을 번역할 당시 이제마의 '성명'에 대한 해설에서

> '성명(性命)'이란 단어는 본시 중용서의 "천명지위성(天命之謂性)"에서 연유하였다. 그러므로 비록 새로운 것은 아니라 하더라도 그것이 주자의 '성리설(性理說)'과 대조적으로 쓰여진다는 점에서 그가 지닌 철학적 의의는 적지 않다. 왜냐하면 주자의 성리설(性理說)에서의 천명(天命)은 천리(天理)로 바꾸어졌지만 성명론(性命論)에서는 천명(天命)과 인성(人性)의 대등한 그대로 존재하고 있기 때문이다. 이렇듯 천리를 전적으로 무시하고 성명을 대대적(對待的) 관계에서 파악한 동무(東武)의 사상설(四象說)은 이러한 점에서 이미 정주자학적 유학의 세계에서 벗어나 있음을 의미한다.[28)]

고 하였으니, 이는 정약용의 중용 이해를 통해 이제마의 천기(天機)와 인사(人

---

26) 『다산경학사상연구』, 『전서』 1, 150쪽.
27) 이을호, 「정다산의 경학사상 연구」, 『東方學志』 6집, 연세대학교 국학연구원, 227쪽.
28) 『사상의학원론』, 『전서』 7, 19쪽

事)의 유기적 관계에 따른 성명학적 인간상을 모색하면서 이해한 것이다.[29] 더욱이 그는 정약용의 논지를 활용하여 『중용』을 읽기 쉽게 번역·출간하기도 하였다.

3. 『대학』 연구의 관점

『대학』도 『중용』과 마찬가지로 『예기』 제42의 편명이었으나, 정자와 주희가 별권(別卷)으로 삼은 이후 유학의 근본 경전으로 승격되었고 유학자라면 반드시 읽어야 할 책이 되었다. 정자와 주희는 『예기』의 편명인 「대학」에 착간(錯簡)이 있다고 하여 장구(章句)를 뜯어고치는가 하면, 「경(經)」 1장의 '친(親)'을 '신(新)'으로, 「전(傳)」 7장의 '신(身)'을 '심(心)'으로, 「전」 10장의 '명(命)'을 '태(怠)'로 고쳐야 한다고 하였으며, 게다가 격물치지(格物致知)에 대한 '보망장(補亡章)'을 지어 『대학』을 성리학적으로 해석하였다. 이러한 주장은 명나라 왕수인(王守仁, 1472~1528)이 비판하면서 『예기』에 수록된 「대학」의 본래적 의미를 추구하게 되었으니, 이것이 『고본대학(古本大學)』이다.

『대학』이 조선에 전래된 이후, 학자들은 대체로 주희의 『대학장구』를 추존하였다. 조선 후기에 들어서 윤휴(尹鑴: 1617~1680), 박세당(朴世堂: 1629~1703), 정제두(鄭齊斗: 1649~1736) 등은 주희의 『대학장구』에서 벗어나 『고본대학』을 지향하였으나, 큰 학문적 세력을 크게 얻지 못하였다. 정약용 역시 주희의 장구와 해설에서 벗어나 『고본대학』을 주장하였다. 이을호에 의하면, 윤휴·박세당·정약용의 『고본대학』에 대한 존중은 겉으로는 왕수인의 설에 따른 것으로 되어 있으나 학리상으로는 독자적인 대학경설을 펴고 있다.[30]

---

29) 「사상의학의 전망」, 『전서』 ⑦, 496~499쪽 참조.

정약용은 『대학』에 대한 연구로 『대학강의(大學講義)』 1권과 『대학공의(大學公議)』 3권을 남겼다. 앞의 책은 정조가 1789년 희정당(熙政堂)에서 초계문신(抄啓文臣)을 모아놓고 경의진사(經義進士) 정약용에게 『대학』을 강록(講錄)하게 하면서, 정조의 질문에 대한 정약용의 답변, 초계문신의 질문에 대한 정약용의 답변, 과강(課講)에 참석한 모든 시관(試官)들과 의원(議員)들이 『대학』의 내용에 대해 서로 질의·토론한 사항을 정리·기록한 것이다.[31] 이 책은 희정당에서 강록하였다고 하여 『희정당대학강록(熙政堂大學講錄)』이라고 하기도 한다. 후자의 책은 정약용이 1814년 유배지인 강진 다산초당에서 고본(古本) 『대학』의 체재를 따라 자신의 설을 서술하면서 다른 경전 및 제유(諸儒)의 설을 인용하여 이를 자신의 설을 보완하거나 증명하고 있다.

이을호는 정약용이 지은 『대학강의』와 『대학공의』에서 언급한 내용을 충실히 드러내었는바, 본 절에서는 '대학지도(大學之道)'·'명덕(明德)'·'친민(親民)'·'격물치지(格物致知)'·'심신묘합(心身妙合)' 등을 중심으로 그의 관점을 살펴볼 것이다.

첫째, '대학지도'를 살펴보자. 이을호는 주희의 「대학장구서」의 앞부분을 인용하면서 정약용의 논지를 주장하였는바, 주희는 대학이 고대 학교로서의 태학(太學)으로 입학연령·신분의 귀천 없이 입학할 수 있다고 하였고,[32] 정약용은 대학을 특수교육기관으로 보았다는 것이다.[33] 즉 정약용은 대학을 태자를 가르치는 것으로 모든 사람을 가르치는 길일 수 없다고 이해하였다는 것이다. 이을호에 의하면, 정약용이 지향하는 대학의 도는 임하치민(臨下治

---

30) 『다산의 생애와 사상』, 『전서』 ②, 150쪽.

31) 정일균, 『茶山 四書經學 硏究』, 177~178쪽.

32) 『大學章句』 「大學章句序」 참조.

33) 이을호는 이에 대한 원문을 아래와 같이 인용하였다.
『與猶堂全書』 第2集 經集 第1卷 『大學公議(一)』 「大學之道」, 282쪽, "大學者, 國學也, 居胄子以敎之, 大學之道, 敎胄子之道也."

民)하는 지배자의 길, 즉 제왕학(帝王學)으로서의 길이다.

둘째, '명덕'을 살펴보자. 주희는 "명은 밝힘이다. 명덕은 사람이 하늘에서 얻어, 허령하고 어둡지 않아서 중리를 갖추어 있고 만사에 응하는 것이다."[34] 라고 한 반면에, 정약용은 『대학』의 '명명덕(明明德)'에 대해 "명(明)은 밝게 드러내는 것이고, 명덕(明德)은 효(孝) · 제(弟) · 자(慈)이다."[35]고 하였다. 이을호는 『논어고금주』의 원문을 인용하여 주희와 정약용의 '덕'의 의미적 차이에 대해, 주희는 심성론적 덕성의 입장에 있었고 정약용은 윤리적 덕행의 입장에 있었다고 하였다.[36] 사실 주희가 주석한 명덕은 선험적 존재자로서 항구불면의 덕성을 가리키는 면이 강하다. 반면에 정약용이 말하는 명덕은 '효' · '제' · '자'라는 세 가지 덕목을 행동으로 분명히 실현하는 것을 말하는 것이다. 명덕이라고 한 것은 세 가지 덕행이 신명(神明)과 통하기 때문이라는 것이다.[37] 즉 덕행의 지극한 효과로, 인간의 윤리적 덕행을 가리킨 것이라 하겠다.[38] 이을호는 '효' · '제' · '자'의 원형을 『서경(書經)』의 오전(五典) 또는 오교(五敎)라고 하는 부의(父義) · 모자(母慈) · 자효(子孝) · 형우(兄友) · 제공(弟恭)을 거론하면서, '부의' · '모자'를 '자'로, '형우' · '제공'을 '제'로, 그리고 나머지를 '효'로 하였다고 보았다. 이는 중국 고대 유교의 윤리적 강령을 재확인한 것이다. 이을호는 '효' · '제' · '자'의 세 가지 덕을 분석하여 다음과 같이 말하였다.

---

34) 『大學章句』「經」 1장, 11쪽, "明, 明之也. 明德者, 人之所得乎天, 而虛靈不昧, 以具衆理而應萬事者也."

35) 『與猶堂全書』 第2集 經集 第1卷 『大學公議(一)』 「大學之道」, 282쪽, "明者, 昭顯之也. 明德也, 孝弟慈."

36) 『다산학 입문』, 『전서』 2, 206쪽.

37) 『與猶堂全書』 第2集 經集 第1卷 『大學公議(一)』 「大學之道」, 282쪽, "凡德行之通乎神明者, 謂之明德."

38) 『다산학 입문』, 『전서』 1, 194쪽.

> '효'·'제'·'자' 삼덕을 분석하면, '효'만이 상향윤리일 뿐 '제'는 수평윤리인 동시에 '자'는 하향윤리인 것이다. 그리하여 '효'·'제'·'자' 삼덕은 상향·수평·하향의 삼륜이 다 함께 균형을 이룬 윤리사상으로서 이는 현대적 윤리사상에의 길을 터놓았다고 할 수도 있을 것이다.[39]

즉 명덕은 사람과 사람의 관계에서 악을 버리고 도덕적 진실한 선을 실현한 덕행을 말한다. 이와 같이 '효'·'제'·'자'는 윤리를 가리키는 것이자, 신명과 통하는 덕성 그 자체이기도 한 것이다. 때문에 이을호는 정약용이 선가(禪家)의 영향을 받은 주희의 형이상학적 명덕설을 비판한 측면을 밝히면서, 정약용이 지향한 고대 유가의 인간적 윤리성을 부각시켰다. 더욱이 그는 정약용의 명덕설에 대하여 인간의 도덕적 행위를 통하여 얻어진 정신적 소득을 덕이라고 한 듯하다고 하였다.[40] 특히 그에 의하면, 정약용이 자애로움인 '자'의 덕을 그대로 백성을 사랑하는 애민(愛民)의 덕으로 확충하여 목민윤리의 덕으로 확립한 것은 다산사상의 한 특징으로 보지 않을 수 없다고 주장하였다.[41] 백성을 사랑하는 '애민'은 '친민(親民)'의 범주 안에 포함되기도 한다 하니,[42] 이를 간략히 살펴보자.

셋째, '친민(親民)'의 '친(親)'에 대해 정약용은 "친(親)과 신(新) 두 글자는 형태가 비슷하고 의미도 서로 통한다"[43]는 친신상통설(親新相通說)을 주장하였다. 이을호는 정약용의 이러한 면이 정자의 체면도 깎이지 않도록 배려하면서도, "친민이란 백성들을 친애하는 것이다."라고 하는 정약용의 논지를 친애상친의 뜻으로 이해한 다음, 그가 '친'자를 되살려냄으로써 고본『대학』의

---

39)『다산학 입문』,『전서』 ②, 208쪽.

40)『다산경학사상연구』,『전서』 ①, 185쪽.

41) 이을호,「정다산의 경학사상 연구」,『東方學志』 6집, 연세대학교 국학연구원, 234쪽.

42) 이상은,『유학과 동양문화』, 범학, 1981, 163쪽 참조.

43)『與猶堂全書』第2集 經集 第1卷『大學公議(一)』「在親民」, 282쪽, "親新二字, 形旣相近, 義有相通, 親之者新之也."

면모를 제대로 바로잡았다고 하였다.[44]

넷째, '격물치지'를 살펴보자. 주희는 "물은 사와 같다(物猶事也)."고 주장하면서 「보망장」을 지어 그의 격물치지설을 밝혔다. 이을호는 주희의 격물치지는 자연과학적 방법론과 흡사한 과정이라고 할 수 있다고 하면서, 정약용은 이에 승복하지 않았다고 하였다. 정약용은 "'격물'이란 물유본말(物有本末)의 물(物)을 격(格)하는 것이고 '치지'란 지소선후(知所先後)의 지(知)를 치(致)하는 것이다."[45]라고 하여, 격물치지를 「대학」의 원문 자체에서 이해하고자 하였다. 더욱이 정약용은 주희의 "물은 사와 같다"는 설에서 벗어나 '물'은 '의(意)' · '심(心)' · '신(身)' · '가(家)' · '국(國)' · '천하(天下)'이고 '사'는 '성(誠)' · '정(正)' · '수(修)' · '제(齊)' · '치(治)' · '평(平)'이라고 하였다. 이을호는 정약용의 이러한 언급에 대하여 "물은 명사요 사는 동사이다."라고 하면서, 주희의 일반적 사물이 정약용에 의해 특수화된 것이라 하였다. 이러한 면에 대해 이을호는 박세당의 『대학경설』에서 찾아 비교하여 다른 점을 밝혔다. 즉 이을호는 정약용이 박세당의 팔조목(八條目) 사물론에 대하여, "글은 비록 팔전(八轉)하지만 사(事)는 오직 육조(六條)뿐으로서 격물 · 치지를 그들의 구에 끼어 팔(八)로 만드는 것은 부당한 것이다. 이름하여 격치육조(格致六條)라 하는 것이 아마도 명실(名實)이 서로 맞는 것이 될 것이다."라고 한 문장을 거론하면서, 정약용의 '격치육조설(格致六條說)'은 박세당의 '사물론'을 다시 정리한 것이라 하였다.[46]

다섯째, '심신묘합'을 살펴보자. "이른바 몸을 닦음이 그 마음을 올바르게 함에 있다는 것은 신(身)에 성내는 바가 있으면 그 바름을 얻지 못한다(所謂脩身在正其心者, 身有所忿懥, 則不得其正)."는 문장에 대해 정자는 "신유(身有)의

---

44) 『다산학 입문』, 『전서』 ②, 208~209쪽 참조.

45) 『與猶堂全書』 第1集 詩文集 第16卷 「自撰墓誌銘(集中本)」, 281쪽, "曰: 格物者, 格物有本末之物; 致知者, 致知所先後之知也."

46) 「박세당의 경학」, 『전서』 ⑤, 588쪽.

신(身)은 마땅히 심(心)이 되어야 한다."고 하였다. 그러나 정약용은 『고본대학』을 취하는 입장에서 '신'과 '심'이 묘합하여 구분하여 말할 수 없다는 것이다.47) 이을호는 정약용의 신심묘합을 이이일적(一而一的) 묘합(妙合)의 원리를 터득한 것으로 여겼고, 그러한 묘합의 원리가 이원론적 사유와 대조를 이루는 것으로서 우리의 주목을 끌게 하는 것이라고 하였다.48)

이을호는 『대학』의 '무자기(毋自欺)'·'서(恕)' 등도 정약용의 경학적 관점에서 밝히고 있기는 하나 소략하여 생략한다. 이을호는 정약용의 『고본대학』의 관점을 최대한 활용하여 『대학』을 번역하기도 하였다.

4. 『맹자』 연구의 관점

『맹자』는 논리의 전개가 전체적으로 일관되게 전개되고 있기에, 맹자의 학문적 이력을 잘 알 수 있는 유가의 경전이다. 맹자의 사상은 공자의 사상을 보완하여 확장하면서도 당시 양주(楊朱)와 묵적(墨翟)의 학설이 만연한 것을 양묵학파들과의 대립적 입장에서 자신의 논지를 확연하게 전개하였다. 맹자는 공자의 인(仁)에 의(義)를 덧붙여 인의를 강조하면서, 사람의 본성은 선하다는 성선설(性善說)을 주장하고 이에 의거하여 정치적으로 왕도정치(王道政治)를 전개하였다. 『맹자』 책은 「양혜왕(梁惠王)」, 「공손추(公孫丑)」, 「등문공(滕文公)」, 「이루(離婁)」, 「만장(萬章)」, 「고자(告子)」, 「진심(盡心)」 등의 편으로 구성되었는데, 중국 후한 시대의 조기(趙岐)가 이 편들을 상하로 나누어 14편으로 만든 이후 이 체재가 보편화되었다. 맹자의 성선설은 성리학에서의 심성론에 대한 근간이 되었을 뿐만 아니라 인간의 순수한 본성을

47) 『與猶堂全書』 第2集 經集 第1卷 『大學公議(一)』 「所謂脩身在正其心者……」, 282쪽, "○議曰: 身心妙合, 不可分言. 正心卽所以正身, 無二層工夫也."

48) 『다산학 입문』, 『전서』 [2], 212쪽.

길러야 한다는 도덕적 당위성의 핵심이 되기도 하였다.[49)]

유학사상이 동방에 전래되면서 학자들은 『맹자』를 읽기 시작하다가, 성리학이 수용되면서 주희의 『맹자집주』를 해석의 기준으로 필독하였다. 더욱이 사단칠정론(四端七情論)에 대한 학문적 논쟁에서도 맹자의 성선설이 입론(立論)의 근거가 되기도 하였으니 더할 나위가 없었을 것이다. 조선 학자들의 경우 『맹자』를 연구하여 남긴 저서에 더러 주희의 해석을 비판하는 경향도 있었다. 정약용이 그 대표적인 인물이다. 정약용의 『맹자』에 대한 연구는 『맹자강의(孟子講義)』와 『맹자요의(孟子要義)』 9권이 있고, 기타의 글로 「맹자책(孟子策)」도 있다. 『맹자강의』는 정조의 질문에 대한 정약용의 답변으로 구성되었으나 소략하고, 『맹자요의』는 자신의 논지를 개진하면서 보강을 하기도 하고 자신의 논지와 배치되는 것을 들어 역설적으로 자신의 입장을 강화하나 정조가 내린 질문에 자신의 답변 내용을 소개하기도 하였다.[50)]

이을호는 정약용의 맹자관을 연구하기 전에 이미 『맹자』를 번역하여 1958년 『한글 맹자』로 출간하였다. 이을호의 번역 출간은 일찍이 『동의수세보원(東醫壽世保元)』을 배우면서 성명론(性命論) · 사단론(四端論) · 확충론(擴充論)을 접하였기에 이루어졌을 것이다. 특히 그는 『맹자』를 번역할 때 정약용의 『맹자요의』를 많이 참고하고 그 논지를 따랐으니, 정약용의 심성론, 즉 인성론에 대한 관심도 지대하였을 것이다. 하지만 이을호는 같은 해 「맹자의 민주정신과 현대지성」이라는 논문에서 맹자의 사상을 짜임새 있게 발표하면서 후세에 끼친 영향에 대해 다음과 같이 말하였다.

> 그의 심성론적 성선론은 송명철학(宋明哲學)의 주류가 되었고, 우리나라 성리

---

49) 맹자가 與民同樂的 民本主義를 지향하다 보니 다분히 『맹자』에는 혁명적 사상이 많이 보여 중국에서는 『맹자』를 禁書로 지정하였으나, 학자들은 그 책을 은밀히 읽어오다가 송나라에 이르러 성대하였다.

50) 정일균, 『茶山 四書經學 硏究』, 156~158쪽.

> 학도 따라서 그의 성선론을 밑받침으로 하지 않을 수 없게 된 것은 새삼스럽게 이야기할 것도 없으리라. …… 맹자의 사단론(四端論)은 주자(朱子)의 이발설(理發說)로 말미암아 송대 철학의 중심 과제가 되었으며, 또한 맹자의 양지론(良知論)은 왕양명(王陽明)의 치양지설(致良知說)의 모체가 되어 명대철학(明代哲學)의 핵심을 이루고, 정주철학(程朱哲學)이 우리나라에 들어와서 이조유학(李朝儒學)의 주류를 형성하자 퇴고양현(退高兩賢)의 사칠논변(四七論辯)의 토론이 벌어졌는데 사칠(四七)의 사(四)는 다름 아닌 유자입정(孺子入井)의 설에서 발단한 사단설(四端說)의 사(四)임은 다시 말할 나위도 없다. 이렇듯 맹자를 모르고서는 송명철학이나 이조유학을 이해할 수 없음은 너무도 뻔한 노릇이다.[51)]

이을호는 위의 글에 이어 이제마의 사상철학도 『맹자』에게서 그 단수(端首)를 이끌어냈다고 볼 수 있다고 하였을 뿐, 정약용에 대해서는 언급하지 않았다. 이을호는 1963년 「정약용의 경학사상 연구」를 발표하면서 정약용의 맹자관을 논리정연하게 전개하였다. 아쉬운 점은 본 논문에는 주석이 전혀 없다는 것이다.

이을호는 맹자가 말한 '사단(四端)'의 '단(端)'에 대해, 주희와 정약용의 주석을 비교하였다. 주희는 '서야(緖也)'[52)], 정약용은 '시야(始也)'[53)]라고 한 것에 대해, 이을호는 '서(緖)'는 실 끝이 처음과 끝이 동일한 것을 의미하지만 '시'는 본말이 동일한 것을 의미하는 것이 아니라고 하면서,

> 단서(端緖)라고 하면 인·의·예·지(仁義禮智)의 사단(四端)이 이미 인간내

---

51) 이을호, 「孟子의 民主精神과 現代知性」, 『思潮』 1권 4호, 사조사, 1958. 9, 213쪽 ; 『전서』 9, 191~192쪽 참조.

52) 『孟子集註』 卷3, 「公孫丑章句」 〈第6章〉 516쪽, "端, 緖也."

53) 『與猶堂全書』 第2集 經集 第5卷, 『孟子要義』 「公孫丑第二」 〈人皆有不忍人之心章〉, 107쪽, "端也者, 始也."

> 존재로서 고정되어 있던 자가 측은·사양·수오·시비의 심에 의하여 밖으로 나타날 따름이지만, 단시(端始)라고 하면 인·의·예·지는 미성품(未成品)으로 측은 등의 사심(四心)에 의한 행위의 결과로서 얻어지는 덕일 따름이다.[54]

라고 풀이하였으니, 이는 분명 '단'과 '시'의 차이에 의해 사단설의 사상적 전개가 아주 다르게 전개되었다는 것을 말한다.[55] 즉 주희가 '단서'라고 할 때의 인·의·예·지는 심이 '아직 드러나지 않음[未發]'에서 이미 구존(具存)하고 있는 상태를 말하고, 정약용이 '단시'라고 할 때의 인·의·예·지는 심의 '이미 드러남[已發]'에서 행동과 실천에 의한 선의 상태를 이루고 있는 덕목에 불과한 것이다.[56] 그렇다면 실천적 행동이란 어떠한 마음씨가 있기에 가능한 것인가? 이을호는 맹자가 말한 "남에게 차마 못하는 마음"[57]을 거론하여 정약용의 '단시'의 의미를 증명하고 있다.[58] 이 마음씨가 어떤 객관적 행사에 응접하느냐에 따라 인·의·예·지의 사덕(四德)이 되는 것이다.[59] 때문에 이을호는 사덕내재설(四德內在說)은 유심론적 선가(禪家)의 설로서 다산은 주공·공자의 기상과는 아주 다른 것이라고 강조하고 있다는 것이다.[60] 이을호에 의하면, 정약용은 이와 같이 공맹의 원천적 의미로 나아가고

---

54) 이을호, 「정다산의 경학사상 연구」, 『東方學志』 6집, 연세대학교 국학연구원, 231쪽.

55) 『다산경학사상연구』, 『전서』 [1], 199쪽.

56) 사실 인의예지는 본성에 대한 여러 조목을 나열한 것이고, 인간이라면 누구나 본래 지니고 있는 고유한 것이어서 선험적 측면이 강하다. 朱伯崑, 『先秦倫理學概論』, 北京: 北京大學出版部, 1984, 58~60쪽 참조.

57) 『孟子』, 「公孫丑(上)」, 514쪽, "孟子曰: 人皆有不忍人之心."

58) 『다산경학사상연구』, 『전서』 [1], 200쪽.

59) 『與猶堂全書』 第2集 經集 第5卷, 『孟子要義』 卷1, 「公孫丑第二」 〈人皆有不忍人之心章〉, 107쪽, "鏞案: 仁義禮智之名, 成於行事之後. 故愛人而後謂之仁, 愛人之先, 仁之名未立也; 善我而後謂之義, 善我之先, 義之名未立也; 賓主拜揖而後, 禮之名立焉; 事物辨明而後, 智之名立焉. 豈有仁義禮智四顆, 磊磊落落, 如桃仁杏仁。伏於人心之中者乎!"

60) 『다산경학사상연구』, 『전서』 [1], 201쪽.

자 하였으니, 이러한 면은 수사학적 실천윤리학이라고 해야 한다는 것이다.

이을호는 맹자의 오륜사상에 대한 정약용의 관점을 밝혔다. 주지하다시피, 오륜이란 부자유친(父子有親), 군신유의(君臣有義), 부부유별(夫婦有別), 장유유서(長幼有序), 붕우유신(朋友有信)이다. 이것은 인간관계에서 실천해야 하는 다섯 가지 도덕규범이다. 이을호는, 맹자의 오륜사상은 공자의 '효·제·충·신(孝弟忠信)'이 '친·의·별·서·신(親義別序信)'의 평등적 윤리사상으로 발전한 것이라고 한다. 공자는 『논어』 곳곳에서 '효·제·충·신'의 도리를 언급한바, '효'는 수직적 관계이고 '제'는 수평적 관계로서 혈연적 덕목이고, '충신'은 혈연을 벗어나 수직·수평의 관계에서 자신의 본분을 실현하는 사회적 덕목이다. 이을호는 "국가적으로 존왕이요 가족적으로 존친이기에 공자는 오교 중에서도 하향적인 부의모자(父義母慈)의 덕은 적극적으로 강조하지 않는 것 같다."고 하면서, 『맹자유의』를 인용하여[61]

> 맹자의 전국시대로 말하면 인민들과 함께 즐기며 인민을 가장 존중한 민본주의적 평등사상이 나온 것은 맹자가 이미 공자의 준주(尊周) 사상에서 탈피하였기 때문이다.[62]

라고 하였다. 맹자는 존주적 질서를 벗어나 민본적 평등에서 사회적 질서를 모색하였다는 것이다. 이러한 모색은 정약용이 공자의 인(仁)에서 목민(牧民)의 자애로운[慈] 덕을 이끌어낸 후 이를 맹자의 왕도론(王道論)과 결부시킨 사상적 근거가 되었다고 이을호는 보았다.[63] 즉 맹자 당시에는 목민자의

---

61) 『與猶堂全書』 第2集 經集 第5卷, 『孟子要義』 「公孫丑第二」 〈沈同問燕可伐章〉, 110쪽, "○ 鏞案: 後儒皆謂孔子尊周, 孟子不尊周. 今觀此章, 孟子春秋之義, 嚴於斧鉞. 勸諸侯行王政, 罪諸侯違王命. 兩義雙行, 不相悖也. 故繼之曰爲天吏則可以伐之."
62) 『다산경학사상연구』, 『전서』 [1], 204쪽.
63) 『다산경학사상연구』, 『전서』 [1], 205쪽.

역할이 절실하였다는 것이다. 이을호는 목민의 자애로운 윤리성을『논어고금주』에서 역설한 정약용의 목민론을 찾아 일일이 증명하고 있다. 그러면서 이을호는『대학』에서 "사람의 부모가 되어서는 자애로움에 그친다"[64], "자애로움은 뭇 백성들을 부리는 것이다"[65]라고 하는 자(慈)의 사상은 봉건적 군부일체 사상에서 탈피한 것이라고 하면서, 또한 오륜 가운데 부자유친과 군신유의만 가지고는 목민자(牧民慈)의 새로운 치인(治人)의 도를 기대할 수 없다고 하였다. 그리하여 그는 "다산은 공자의 인과 맹자의 오륜과『대학』의 명덕을 한데 묶어서 군자시중(君子時中)의 윤리로서 '목민자'의 덕을 천명하기에 이르렀다고 보아야 하겠다."[66]라고 주장하였다. 즉 그는 정약용이 사람을 올바르게 다스려야 한다는 치인자의 자애로움을 주장하는 속에서 민본주의적 현대사상에 접근한 애민의 윤리사상을 주장하였음을 찾고자 하였다. 그 애민적 민본주의 사상이 바로 경세적 목민사상이라 할 수 있을 것이니, 백성을 사랑할 수 있는 애민적 인도(仁道)를 확충하지 않을 수 없을 것이다.

다음으로 인도의 확충으로서 예악론(禮樂論)을 살펴보자. 이을호에 의하면, 주공(周公)의 예(禮)가 공자에게서는 예악(禮樂)으로, 공자의 예악은 맹자에게서는 사단(=修己) · 왕도(=治人)로 계승되었는데, 정약용의 예악론은 주공의 예에 의한 국가론, 공자의 예악에 의한 예교주의, 맹자의 수기치인에 의한 현인정치론과 직결되고, 종국적으로는 이상세계를 추구한 것이었다고 한다. 그는 정약용의 이상세계가 요순의 덕화(德化), 주공의 경륜(經綸), 공자의 윤리(倫理) 등을 토대로 하였다고 보면서도 결코 회고적(懷古的) 이상론에 그치지 않고 우리의 현실을 파악한 기초 위에 수사학적 이상세계를 재현해

---

64)『大學』「傳三章」, 20쪽, "爲人父止於慈."
65)『大學』「傳九章」, 32쪽, "慈者, 所以使衆也."
66)『다산경학사상연구』,『전서』 1, 206쪽.

보고자 한 것이라 하였다.[67]

5. 나오는 말

정약용에 대한 연구로는 해방 이전에는 안재홍(安在鴻)·정인보(鄭寅普)·현상윤(玄相允) 등이 이끌었으며, 해방 이후에는 역사학계에서는 홍이섭(洪以燮)·천관우(千寬宇)·한우근(韓㳓劤) 등이, 철학계에서는 박종홍(朴鍾鴻)·이을호(李乙浩)·이상은(李相殷) 등이 연구에 참여하였다. 그 가운데 이을호는 유독 정약용의 경학사상을 통해 그의 실학사상의 전모를 살펴보고자 하였다.

이을호는 이러한 자신의 일념으로 결실을 맺은 연구를 통해 '수사학'이라는 용어를 처음 만든 다음, 그 수사학적 측면에서 정약용의 인간상을 엿보고,그의 실학사상의 단면을 심도 있게 고구(考究)하였다. 그가 말하는 '수사학(洙泗學)'은 정약용이 자주 언급한 '수사(洙泗)'를 원용하여 명명한 것이다. 그리고 정약용에게 있어 이 '수사학'이야말로 만학의 척도이자 경학의 기본이라고 하였다. 이를 보면 분명 정약용은 당시 주자학적 세계관에서 학문을 추구하고자 한 것이 아니고, 보다 더 유교의 본원적 세계관, 즉 공맹학을 갈구한 것이었다. 즉 불교의 영향으로 체계화된 주자학으로부터 본연의 유학을 복원하고자 하였던 것이다.[68] 그리고 그러한 유학을 추구하는 것이 바로 참다운 유교적 실천윤리관이 확립되는 길이라고 보았던 것이다. 정약용의 유교적 실천윤리란 '수기치인(修己治人)'이다. 따라서 이을호는 '수기치인'에서 벗어난 정약용의 경학은 생각할 수 없다고 하였다. 즉 이것은 '수기치인'의

---

67) 이을호, 「정다산의 경학사상 연구」, 『東方學志』 6집, 연세대학교 국학연구원, 234~235쪽.

68) 윤사순, 「實學的 經學觀의 特色」, 『(이을호박사 정년기념) 실학논총』, 광주: 전남대학교 호남문화연구소, 1975, 75쪽.

경학 공부를 통한 참다운 인간상, 즉 수사학적 인간상을 도모하려는 것이었다.[69] 이을호의 수사학적 관점에서 정약용의 용학(庸學)·맹자(孟子) 연구를 개술하면 다음과 같다.

첫째, 이을호는 『중용』에서의 '천(天)'을 '삼천(三天)', 즉 '자연천'·'상제천'·'역리천'으로 구분하여 그 개념을 설명하였다. 특히 그는 유일신으로서의 상제천은 신명한 영지를 갖추고 있기 때문에 으슥한 곳이라도 굽어보지 않는 곳이 없으니 성실한 마음으로 하늘을 섬기고 신을 섬겨야 한다고 풀이하였다. 이러한 '삼천'이 '명(命)'과 연관한 '천명(天命)'에는 본성을 부여하는 '명'이 있고 지위를 얻는 '명'이 있다는 측면에서 이을호는 윤리적 천명과 정치적 천명관으로 구분하여 그 의미를 자세히 밝혔다. 특히 그는 상제천과 감응할 수 있는 것은 성기호설(性嗜好說)에 입각하여 풀이하면서, 성기호설이란 선천적 감성의 능력 때문에 선을 좋아하고 악을 미워하며 덕을 좋아하고 더러움을 부끄럽게 여기기에 인간의 주체성과 연관된다고 하였다. 그리하여 상제천과의 감응은 신독군자(愼獨君子)의 무자기(毋自欺)의 '지성'만이 가능하다고 이을호는 해석하였다. 즉 '지성'의 노력에 의한 감응이 이루어질 때 비로소 시중지도(時中之道)의 '중(中)'이 성립되기 때문이다.

둘째, 이을호는 정약용이 『대학』을 『고본대학』에 입각하여 이해한 면을 따르면서 자신의 관점을 세웠다. 그는 정약용이 "명덕은 '효'·'제'·'자'이다."라고 하는 것을 사람과 사람의 관계에서 악을 버리고 도덕적 진실한 선을 실현한 덕행이라 풀이한바, 수사학적 윤리관을 드러내고자 하였다. 또한 '친민'에서는 친신상통설(親新相通說)에 입각하여 정주학의 면모도 지키려는

---

69) 「정다산의 수사학적 인간상의 문제」, 『전서』 ②, 570~590쪽 참조. 특히 이을호가 수사학적 인간상을 도표화한 것에서 잘 엿보인다. 『전서』에 있는 도표보다는 1964년에 발표한 논문에 더 확연하게 드러난다(이을호, 「丁茶山의 洙泗學的 人間像의 問題」, 汭東金斗憲博士華甲記念論文集刊行委員會 編, 『金斗憲博士華甲紀念論文集』, 서울: 語文閣).

자세를 보이고, '격물치지'는 『대학』의 원문 자체에서 이해하고자 하는 면을 분명하게 드러내, 주자학에서의 '물(物)'과 '사(事)'에 대한 일반적 측면에서 벗어나 특수화된 측면에서 이해하는 면을 보였다. 더욱이 "이른바 몸을 닦음이 그 마음을 올바르게 함에 있다는 것은 신(身)에 성내는 바가 있으면 그 바름을 얻지 못한다(所謂脩身在正其心者, 身有所忿懥, 則不得其正)."는 문장에 대해 정주와 같이 '신(身)'을 '심(心)'으로 여기지 않고 '신'과 '심'이 묘합하여 구분해서 말할 수 없다는 것을 밝혔다. 이을호는 신심묘합(身心妙合)을 이이일적(一而一的) 묘합의 원리에서 이해하였다.

특히, 그는 『중용』과 『대학』에서 '한'사상의 일면도 발견하는바, 『중용』에서 성명일여(性命一如)의 성명론이라거나, 『대학』에서 신형묘합내성위인(神形妙合乃成爲人)의 사상도 한결같이 이자묘합(二者妙合)으로 그 맥이 통하고 있다고 하는 것이 바로 그러한 예다.70)

셋째, 이을호는 『맹자』를 일찍이 번역하기 시작하여 『한글 맹자』로 출간하기도 하고 맹자의 민본정신에서의 현대 지성도 모색하였다. 그는 '사단(四端)'의 '단(端)'에 대해 주희와 정약용의 주석을 비교하였는데, 정약용이 '단시'라 할 때의 인·의·예·지는 심의 '이미 드러남[已發]'에서 행동과 실천에 의한 선의 상태를 이루고 있는 덕목에 불과한 것이라고 하였다. 이는 주희와 같이 사덕내재설(四德內在說)을 주장하는 것과 너무나 상이하다. 또 이을호는, 정약용이 맹자가 존주적(尊周的) 질서에서 벗어나 오륜주의에 의한 민본적 평등의 사회적 질서를 모색한 데서 논거를 이끌어 공자의 인(仁)에서 목민(牧民)의 자애로운[慈] 덕으로 나아갔다고 보았다. 정약용의 예악은 유가적 이상세계를 모색한 것으로서, 결코 회고적 이상론에 그치지 않고 우리의 현실 파악의 기초 위에서 수사학적 이상세계를 재현해 보고자 한 것이라 하였다.

---

70) 『다산역학연고』, 『전서』 1, 624쪽 참조.

결론적으로 말하면, 이을호는 정약용이 언급한 '수사'라는 단어에 주목하여 그의 경학사상을 고찰하면서도 자신의 연구 중심에는 항상 이경치경(以經治經) · 이경고경(以經考經)의 방식이 깔려 있었으니, 이러한 방식은 실증적 논거를 통해 정약용의 수사학적 경학사상을 밝혔다고 볼 수 있을 것이다. 정약용의 수사학적 경학사상은 그저 수사학의 진원을 거슬러 올라가는 복고적인 노력은 아니었다. 즉 이을호는

> 수사학이란 후세의 훈고주석학에 물들지 않은 순수한 공자학을 의미하며 따라서 이를 원시유학 또는 고학이라 이르기도 한다. 다산학을 일러 본래적인 공자학에로 회귀한 개신유학이라 함은 그 까닭이 여기에 있다. 동시에 다산학은 그가 비록 상고적인 수사학에로 회귀하였다 하더라도 참신한 현대사조와도 호흡을 서로 통할 수 있는 많은 측면을 갖추고 있음을 주목해야 할 것이다.[71]

라고 하였으니, 정약용의 수사학적 경학사상은 새로운 미래를 도모하는 것이라고 할 수 있을 것이다. 때문에 정약용의 수사학적 경학사상의 저변에는 '수기치인의 인간상'이 항상 내재하였다. 『중용』 · 『대학』 · 『맹자』 역시 '수기치인'을 위한 인간학적 윤리를 말하는 것이라는 정약용의 논지를 이을호는 충실히 드러냈다. 때문에 이을호가 자주 말하는 '수사학적 인간상'이란 경학의 핵심인 목민윤리의 기초가 되는 동시에 새 시대의 지도자의 상으로서도 요구되는 것이다. 즉 그가 말하는 수사학적 인간상은 '수기치인'에 의한 전인적 인격체를 도모하고 있기에 현대인에게도 공명(共鳴)하는 바가 적지 않을 것이다.

---

71) 『다산학 입문』, 『전서』 ②, 181~182쪽.

참고문헌

『與猶堂全書』, 서울: 민족문화추진회, 2002.
다산학연구원 편, 『李乙浩全書』 전 9책, 서울: 예문서원, 2000.

김문식, 『조선후기경학사상연구－정조와 경기학인을 중심으로』, 일조각, 1996.
오종일, 『현암 이을호』, 한국문화원연합회 전라남도지회, 서울: 문원각, 2007.
윤사순, 「실학적 경학관의 특색」, 『실학논총』, 광주: 전남대학교 호남연구소, 1975.
이상은, 『유학과 동양문화』, 범학, 1981.
이을호, 「정다산의 경학사상 연구」, 『東方學志』 6집, 연세대학교 국학연구원, 1960.
정일균, 『茶山 四書經學 硏究』, 서울: 일지사, 2000.
朱伯崑, 『先秦倫理學槪論』, 北京: 北京大學出版部, 1984.
최영성, 『한국유학통사』, 서울: 심산, 2006.
현상윤 저, 이형성 교주, 『(현상윤의) 조선유학사』, 서울: 심산, 2010.

3. 다산논어학(茶山論語學) 연구

이 영 호 성균관대학교
동아시아학술원 HK교수

1. 서 론

현암(玄庵) 이을호(李乙浩: 1910~1998)가 1959년부터 다산(茶山) 정약용(丁若鏞)의 경학 연구에 매진하여 그 성과를 세상에 발표하였을 때, 이는 단지 그 개인의 학술적 성취에 그치는 것이 아니었다.

정약용의 문집인 『여유당전서』가 일제시대 김성진(金誠鎭)·정인보(鄭寅普)·안재홍(安在鴻) 등에 의해 국학연구의 정리 차원에서 간행된 이후, 그 방대하고도 정심한 내용에 접근할 수 있는 학자들은 많지 않았다. 그 결과 최익한(崔益翰)의 『실학파와 정다산』을 위시한 몇몇 주목할 연구 성과들이 1960년대 이전까지 나오기는 하였지만, 정심한 연구가 부재하고 그 연구의 연속성이 확보되지 않음으로 인해 다산학 연구의 본격적 출발은 이루어지지 않았다. 이러한 상황에서 이을호의 다산경학에 대한 연구는 오늘날 다산경학 연구의 원두에 위치하면서, 많은 시사점을 남겨주었다. 특히 이을호의 『논어고금주』에 대한 연구는 그의 다산경학 연구에서 으뜸이라 할 수 있다.

이을호는 정약용의 『논어고금주(論語古今註)』를 정밀하게 분석·연구하여 그 내용을 정리하였으며, 또한 『논어고금주』를 바탕으로 『논어』를 새롭게 번역하고 주석을 달았다. 이을호의 이 같은 다산논어학에 대한 연구와 정리

그리고 번역과 주석은 주로 다음과 같은 글들을 통해 이루어졌다.

- 이을호의 『논어고금주』 연구 : 『다산경학사상연구』(을유문화사, 1966), 「『논어고금주』의 수사학적 고찰」(『철학』 3집, 1969)
- 이을호의 『논어고금주』 정리 : 『다산학 제요(『논어』 부분)』(대양서적, 1975), 『정다산의 경학(『논어고금주』 부분)』(민음사, 1989)
- 이을호의 『논어고금주』 번역과 주석 : 『한글 논어』(박영사, 1974)[1)]

이에 이을호의 『논어고금주』에 대한 연구, 정리, 번역, 주석의 제 양상을 차례대로 살펴보기로 하겠다.

2. 『논어고금주』의 연구

이을호가 그의 나이 57세인 1966년에 출간한 『다산경학사상연구』(을유문화사)는 해방 이후 우리나라 다산경학 연구를 주도한 저술[2)]일 뿐 아니라, 다산학 연구사에서 중요한 의미를 지니고 있다. 1960~70년대 이 분야 연구를 선도한 서적이 바로 이 저술이었으며, 또한 북한의 다산학 연구에서 남한의 다산학 연구로 그 연구축이 바뀔 때 시발점에 위치한 서적이 바로 이 책이었기 때문이다.[3)]

『다산경학사상연구』에서 이을호는 다산경학의 특징을, "한대의 훈고학은

1) 현재 이 저술들은 모두 다산학연구원 편의 『이을호전서』(예문서원, 2000)에 수록되어 있으며, 인용 쪽수는 이 전서를 기준으로 하였다.

2) 제1회 다산학술상 수상 내역에서 다산경학의 연구사적 의의를 거론하였는데, 여기서 "이을호 교수의 『다산경학사상연구』는 해방 이후 다산경학 연구를 주도해 왔다."고 평가하였다. 『다산학』 제2호, 다산학술문화재단, 2001, 276쪽 참조.

3) 이봉규, 「다산학 연구의 최근 동향과 전망—근대론의 시각을 중심으로—」, 『다산학』 제6호, 다산학술문화재단, 2005.

물론이거니와 송명 이학도 고구하면서 청조 고증학을 받아들여 그의 경전 이해의 발판으로 삼았던 것이다. 그러나 청조 고증학은 실사구시의 실증주의에 입각하여 경전의 오의를 재검토하자는 데 목적이 있기 때문에 그들은 저절로 관념론적 송명 이학과는 대척적 입장에 서지 않을 수 없었다. 이에 다산은 성호의 경세실용의 학을 경(經)으로 하여 그의 학적 세계를 넓혔고, 실사구시의 고증학을 위(緯)로 하여 그의 학적 태도를 바르게 다듬었다. … 다산경학은 지나친 고고벽(한유)과 지나친 궁리벽(송명유)을 경계하면서 선진공자교(先秦孔子敎)에로 직결하려는 노력의 성과로 이루어진 것이다."[4] 라고 정리하였다. 이을호에 의하면, 정약용의 경학은 한대 훈고학, 송명 이학, 청조 고증학의 일면을 수용하고 있다. 그러나 정약용의 경학은 이익의 경세실용의 학과 실사구시의 고증학을 두 축으로 삼고 있으며, 궁극적으로는 공자의 본의에 직결하려는 태도를 지향한다고 이을호는 이해하였다. 다산경학의 이러한 특징을 이을호는 또 이렇게 부연 설명하기도 하였다.

> 다산학은 한유니 송유니 할 것 없이 시(是)를 취하고 비(非)를 버림으로써 오직 본래적 유교의 진원으로 직통하려는 것이었다. 따라서 청조 고증학이 지나치게 한학적인 데 비하여 다산의 고증학은 그의 본질적인 면에서 볼 때 선진적 고증학이라고나 할까 그는 비록 한주(漢註)에서 고훈을 찾고 주전(朱傳)에서 의리를 구한다 하더라도 그의 시비곡직은 경전의 본질에 의하여 결정하여야 하는 것이기 때문에 다산경학은 고금주를 통달한 선진적 고증학에 의하여 다루어진 것이라 해야 할 것이다. 그러므로 종한적 청조 고증학과는 그의 질적 내용이 판이한 것이다. 그런 의미에서 다산경학은 성호의 존신주자의 세계에서도 선탈(蟬脫)한 경학인 동시에 청유의 종한적 태도에서도 해탈한, 실로 진실한 의미로서의 요순주공의 학이라는 성격을 뚜렷이 하고 있는 자로서 이해하여야 할 것이다.[5]

4) 『다산경학사상연구』, 『전서』 1, 25~27쪽.

결국 이을호는 정약용의 경학이 이전 시대 사상의 여러 조류를 종합한 것이지만, 비판적 종합의 바탕 위에서 요순주공의 학, 즉 유교 본원의 학을 지향하였다고 규정하였다. 이에 이을호는 정약용의 경학을 유교 본원의 학이라고 규정하고서, 정약용을 가리켜 '근세 수사학파(洙泗學派)의 창시자'[6] 라고 명명하였다.

이처럼 정약용을 '근세 수사학파의 창시자'라고 명명한 것은 당시로서는 정약용에 대한 매우 독창적 독법이다. 왜냐하면 이을호 이전에는 정약용의 학문을 주로 조선의 주자학에 대항하는 반주자학적 측면을 부각시켜 이를 실학으로 정초하려는 경향이 주류를 이루고 있었는데, 이에 대하여 이을호는 과감하게 다산학은 근세수사학이라는 자신의 신설을 내세운 것이다. 사정이 이러하였기에 이을호는 자신의 신설에 대한 증거를 정약용의 경학 전적을 통해 광범위하게 수집하여 제시하였다. 특히 이을호는 정약용의 『논어고금주』에 대한 연구를 통해 그 증거를 찾아 제시하면서 정약용의 수사학적 경학의 특징을 명료하게 드러내 주었다. 그러면 『논어고금주』에서 이을호가 찾아낸 근세수사학의 특징이 무엇인지에 대하여, 천론(天論), 성론(性論), 인론(仁論), 성인론(聖人論)으로 항목화하여 살펴보기로 하자.

1) 천론(天論)

『논어』「계씨」 8장의 "孔子曰: '君子有三畏, 畏天命, 畏大人, 畏聖人之言. 小人不知天命而不畏也, 狎大人, 侮聖人之言.'"에 대하여 정약용은 "심성(心性)에 부여하여 사람으로 하여금 선으로 향하고 악에서 떠나게 하는 것은 진실로 천명(天命)이며, 나날이 굽어살펴 착한 사람에게 복을 주고 나쁜 자에게는 화를 내리는 것도 또한 천명이다."[7]라고 주석을 달았다.[8] 그리고 『논어』

5) 『다산경학사상연구』, 『전서』 1, 29쪽.
6) 『다산경학사상연구』, 『전서』 1, 42쪽.

「양화」 19장의 "子曰: '予欲無言.' 子貢曰: '子如不言, 則小子何述焉.' 子曰: '天何言哉! 四時行焉, 百物生焉, 天何言哉!'"에 대하여 정약용은 "언어로써 백성을 교화하는 것은 말(末)에 해당하는 것이다. 가르치고 깨우치는 데에 입술이 헤어지고 혀가 닳도록 말해도 백성은 오히려 따르지 않는 자가 있고, 묵묵히 몸소 실천하여 행사에 나타내 보이면 백성이 오히려 보고 감동하는 자도 있다. 그런데 여기 다만 천도(天道)로써 징험해 보면 천도는 일월(日月)과 성신(星辰)이 운행하여 사시(四時)가 어긋나지 않고 풍뢰(風雷)와 우로(雨露)가 베풀어져 백물이 번성해 나가는 것을 또한 묵묵히 스스로 주재하고 있을 뿐이다."9)라고 해석하였다.

정약용의 이러한 해석에 대하여 이을호는 "하늘은 주자학에서 말하는 이법천이 아니라 복선화음을 할 수 있는 의지를 지닌 윤리적 의지를 지닌 천이다."10)라고 하였으며, 또한 정약용이 주석한 천의 속성에 대하여 "이러한 천은 상제천으로서 자연현상을 자율적으로 지배하고 있는 주재자가 있음을 암시하고 있다."11)라고 하였다. 이처럼 이을호가 파악한 정약용의 천에 대한 관념은 다분히 종교적 성향을 지니고 있는데, 이는 주자학의 이법천에 대해 상대적 위상을 지닌다. 정약용과 주자의 천론의 상이점은 성론과 인론에서도 서로 구별되는 지점을 낳았다.

---

7) 이하 『논어고금주』의 번역은 이지형 역주, 『논어고금주』(사암, 2010)에서 인용하였다.

8) 『與猶堂全書』 第2集 經集, 第14卷, 『論語古今註』 卷8, 「季氏」, 335쪽, "雖然賦於心性, 使之向善違惡, 固天命也. 日監在玆, 以之福善禍淫, 亦天命也."

9) 『與猶堂全書』 第2集 經集, 第15卷, 『論語古今註』 卷9, 「陽貨」, 352쪽, "言語之於化民, 末也. 敎之誨之, 勞脣敝舌, 而民猶有不從者, 默然躬行, 見諸行事, 而民猶有觀感者. 但以天道驗之, 日月星辰之運而四時不錯, 風雷雨露之施而百物以蕃, 亦默自主宰而已."

10) 『다산경학사상연구』, 『전서』 1, 69쪽.

11) 『다산경학사상연구』, 『전서』 1, 71쪽.

2) 성론(性論)

『논어』「양화」 2장의 “子曰: ‘性相近也, 習相遠也.’ 子曰: ‘唯上知與下愚, 不移.’”에 대하여 정약용은 “‘성(性)’이라는 것은 본심의 좋아하고 미워하는 것[好惡]이며, ‘습(習)’이라는 것은 보고 듣는 데서 버릇으로 익혀진 것[慣熟]이다.”[12]라고 주석을 달았다. 정약용의 이러한 주석에 대하여 이을호는 “성이란 본심의 호오이다. 정약용의 이러한 성에 대한 정의는 천리로서의 성(The principal nature)이 아니라 호오의 인성(The human nature)이란 점에서 성리학과는 구별되는 것이다. 정약용이 말하는 수사학적 인성은 천리로서의 선험적 원리도 아니요, 그렇다고 신성이나 동물성에 가까운 그 어떤 것도 아니다. 이는 인의 전제로서 이른바 호시의덕(好是懿德)하는 윤리적 인성이다.”[13]라고 하였다. 이을호의 분석에 의하면 정약용이 말하는 인성은 주자학의 천리로서의 성이 아닌 윤리적 인성이다. 이는 윤리적 의지를 지닌 주재천과 연관된 지점에서 설정된 윤리적 인성으로서의 성론이라 할 것이다. 주자학의 이법천과 이것의 정확한 복사체인 천리로서의 성은 등가적임에 비하여, 정약용의 주재천과 윤리적 인성은 종속적 관계다. 즉 주자학에서는 인간의 천리적 본성을 밝히면 그대로 하늘과 동등한 존재가 됨에 비하여, 다산학에서는 인간은 윤리적 삶을 통해 하늘의 의지에 부합하고자 노력해야만 하는 존재인 것이다. 한편 의지를 지닌 주재천과 윤리적 인성으로서의 본성을 바라보는 정약용의 관점은 유학의 가장 중요한 개념인 인(仁)도 다르게 파악하게끔 하였다.

3) 인론(仁論)

---

12) 『與猶堂全書』第2集 經集, 第15卷, 『論語古今註』卷9, 「陽貨」, 339쪽, “性者, 本心之好惡也. 習者, 聞見之慣熟也.”

13) 『다산경학사상연구』, 『전서』 1, 77쪽.

『논어』「팔일(八佾)」 3장의 "子曰: '人而不仁, 如禮何. 人而不仁, 如樂何.'"에 정약용은 주석을 달면서, '인(仁)'을 "인이란, 인륜의 완성된 덕목이다."[14]라고 정의하였다. 또한 『논어고금주(論語古今註)』의 다른 장에서는 '인이란 사람을 향한 사랑'[15], '사람과 사람 사이에서 그 본분을 다한 것이 인'[16], '효제(孝弟)가 바로 인'[17]이라고 하기도 하였다. 한편 정약용은 『논어』「이인(里仁)」 5장의 "子曰: '富與貴, 是人之所欲也, 不以其道得之, 不處也. 貧與賤, 是人之所惡也, 不以其道得之, 不去也. 君子去仁, 惡乎成名. 君子無終食之間違仁, 造次必於是, 顚沛必於是."에 대하여, "'인(仁)'이라는 것은 사람과 사람 사이에서 그 도를 다하는 것이다. 자식이 어버이를 섬기고 난 뒤에 효(孝)라는 그 이름을 얻게 되고, 젊은이가 어른을 섬기고 난 뒤에 제(弟)라는 그 이름을 얻게 되고, 신하가 임금을 섬기고 난 뒤에 충(忠)이라는 그 이름을 얻게 되고, 목민관이 백성을 잘 살게 하고 난 뒤에 자(慈)라는 그 이름을 얻게 되니, 인(仁)을 버리고 어떻게 이름을 이룰 수 있겠는가?"[18]라고 '인'에 대하여 보다 상세하게 주석을 달았다.

정약용의 이러한 인의 개념 규정에 대하여, 이을호는 "주자의 심지덕(心之德)이 정약용에 의하여 인륜지성덕(人倫之成德)이 되었고, 주자의 애지리(愛之理)는 정약용에 의하여 향인지애(嚮人之愛)가 되었다. 효제(孝弟)란 인간도의 대표적인 실천 규범인 인의 근본이 된다.…… 인은 결코 어진 사람의

14) 『與猶堂全書』 第2集 經集, 第7卷, 『論語古今註』 卷1, 「八佾(中)」, 176쪽, "仁者, 人倫之成德."

15) 『與猶堂全書』 第2集 經集, 第9卷, 『論語古今註』 卷3, 「雍也(中)」, 206쪽, "仁者, 嚮人之愛."

16) 『與猶堂全書』 第2集 經集, 第14卷, 『論語古今註』 卷8, 「衛靈公」, 325쪽, "凡人與人之間, 盡其本分, 然後名之曰仁."

17) 『與猶堂全書』 第1集 詩文集, 第14卷, 「自撰墓誌銘(集中本)」, 346쪽, "孝弟卽仁."

18) 『與猶堂全書』 第2集 經集, 第8卷, 『論語古今註』 卷2, 「里仁」, 206쪽, "仁者, 人與人之盡其道也. 子事親然後有孝之名, 少事長然後有弟之名, 臣事君然後有忠之名, 牧養民然後有慈之名, 去仁, 何以成名."

마음씨가 아니라 사람다운 사람이 실천한 사람 구실의 결과를 총칭한 것이다. 여기에 인의 새로운 수사학적 의의가 있는 것이다.[19] 그러므로 공자의 인은 결국 효제의 실천에 의하여 이루어지는 사람의 덕이 아닐 수 없다. 다시 말하면 인이란 사변적인 어떠한 원리가 아니라 윤리적 실천을 통하여 얻어지는 성과이기 때문에 이를 인륜의 성덕이라 하는 것이다. 그러므로 윤리적 실천이 아니고서는 인이란 이름을 생각할 수조차 없다는 것이다.[20]"라고 해설하였다. 이을호의 설명에 의하면 정약용의 인에 대한 정의는 다분히 후천적 노력에 의해 성립되는 개념이다. 즉 주자의 선천적 인에 비해 인간과 인간 사이에서 마땅히 해야 될 윤리적 행위－예컨대 충, 효, 제－를 할 때, 인이라는 이름이 성립되는 것이다. 이을호는 인에 대한 이러한 관념이 바로 다산경학의 수사학적 의미를 충실하게 드러내어 주는 것이라고 하였다.

이을호가 『논어고금주』를 통해 파악한 정약용의 천・성・인에 대한 관념의 주된 특징은 주자학의 그것과 대척적 지점에 서 있다는 것이 그 첫 번째이며, 윤리적 실천을 근간으로 한다는 것이 그 두 번째 특징이다. 그리고 이러한 특징을 아우르는 다산경학의 지점을 가리켜 이을호는 '수사학적(洙泗學的) 경학(經學)'이라 명명하였다. 이처럼 유학의 핵심 개념에 대한 정약용의 생각이 주자의 그것과 뚜렷이 차별되는 것이기에, 유학의 최고 인격인 성인에 관한 정의도 양자가 상당히 다르다고 이을호는 파악하였다.

4) 성인론(聖人論)

『논어』「위정」 4장의 "子曰: '吾十有五而志于學, 三十而立, 四十而不惑, 五十而知天命, 六十而耳順, 七十而從心所欲不踰矩.'"에 대하여, 정약용은 "후세에 성인을 말하는 사람들은 모두 그를 추존해서 신이(神異)하고 황홀한 사람으로

---

19) 「『논어고금주』의 수사학적 고찰」, 『전서』 ②, 404~406쪽.
20) 『정약용경학사상연구』, 『전서』 ①, 167쪽.

여기기만 하고 그가 성취한 것이 어떤 일이 되는지는 까마득하게 알아보지를 못한다. 그리고 성인은 본래 높고 신성한 존재라서 나에게는 그렇게 될 분수가 아예 없으니 성인을 흠모한들 무엇하겠는가고 여긴다. 이것이 성인이 나오지 아니하는 원인이며 도(道)가 마침내 어두워지게 된 까닭이니, 아! 슬픈 일이다."[21]라고 하였다. 이을호는 정약용의 이 같은 주석에 대하여, "성인은 인륜 중의 지극한 자로서 전인적 최고의 인격이다. 그러나 성인도 신독군자처럼 천명을 두려워하는 한 인간으로서 '하고픈 대로 해도 엇나가는 일이 없는' 시중군자일 따름이다. 그럼에도 불구하고 성인이라고 하면 마치 초인간적 신처럼 떠들기에 이르렀으니 그렇다면 성인이란 본래 존귀한 자이기는 하지만 우리들과 아무런 관련이 없는 존재가 되고 마는 것이다."[22]라고 해설하였다. 한나라 때 유교가 국교가 되고 당나라에 이르러 공자가 소왕(素王)의 지위에 오른 이래, 송대에 이르러서 공자는 성인이 되었고 아울러 초월적 인격이 부여되었다. 그런데 이을호는 정약용의 주석에 근거하여 성인이라 하더라도 결코 우리와 동떨어진 초월적 인격이 될 수 없으며, 오직 인륜의 지극한 경지를 체현한 자라고 하였다. 그러면 이렇게 인륜의 극진한 체현자인 성인의 삶의 형상은 어떠한가?

정약용은 『논어』「양화」 2장의 "子曰: '性相近也, 習相遠也.' 子曰: '唯上知與下愚, 不移.'"에 대하여, "이는 분명히 생지(生知)의 성인도 일찍이 조심스레 공경하고 삼가며, 두려워하고 살피서 몸을 닦지 아니함이 없었던 것이다. 그런데 여기 〈「진어(晉語)」의 말처럼〉 이미 태어나서는 전육(傅育)하는 이에게 수고롭게도 하지 않았으며, 이미 학업 과정에 있을 때는 스승을 번거롭게도 하지 않았다는 것으로써 문왕은 마치 초목이 성하게 자라는 것처럼 저절로

21) 『與猶堂全書』 第2集 經集, 第7卷, 『論語古今註』 卷1, 「爲政」,166쪽, "後世言聖人者, 皆推而尊之, 爲神異恍忽之人, 邈然不可見其所成者爲何事. 聖人則固尊矣神矣, 於我了無分矣, 慕聖何爲. 此聖人之所以不作, 而道之所以終晦也, 噫."

22) 『정약용경학사상연구』, 『전서』 ①, 152쪽.

성인이 된 것으로 말을 하고 있으니, 이야말로 성인을 안다고 할 수 있겠는가? 만약 분명히 이와 같다면 후직과 문왕은 인류 중에 상류로서 따로 한 유(類)를 형성하고 있는 것이 되니, 이렇게 되면 이는 우리들이 의당 흠모해야 할 바가 아닌 것이다. 성(性)에 대한 상, 중, 하 삼품설(三品說)이 겉으로는 공평하게 정돈된 것 같으나 실은 사람에게 선(善)으로 향하는 문을 막아버리고 자포자기하는 길을 열어 놓은 것이니, 이 삼품설은 천리(天理)를 손상하고 인도(人道)를 해치는 것이다. 지극히 독설적이며 비참해서 그 화는 홍수와 맹수보다도 심하니, 이는 논변하지 않을 수 없다."[23]라고 주석을 달았다. 정약용의 이 주석에 대하여 이을호는, "성인이라고 해서 마치 초목이 우로를 받아 저절로 자라듯 하는 것이 아니라 생지지성이라 할지라도 미상불 소심익익(小心翼翼), 공구수성(恐懼修省)의 지성된 노력을 쌓지 않고서는 안 된다는 이야기다."[24]라고 하였다. 이을호가 파악한 정약용의 성인상은 초월적 인격이 아닐뿐더러, 더 나아가 윤리적 행위를 지극하게 실천하기 위하여 소심하게 자신을 끊임없이 닦는 노력형 인간인 것이다. 이을호가 파악한 정약용의 이러한 성인관은 종래 유학, 특히 주자학에서 극고의 신성한 위치에 자리한 존재로 파악된 초월적 인격에 대비되는 측면이 강하다. 그러나 이것은 다산논어학의 성론(性論)과 인론(仁論)에서 강조된 윤리적 존재로서의 인간 형상에 비추어 본다면 자연스러운 결론이라 할 것이다. 즉 이을호가 보기에 정약용의 논어학은 천론·성론·인론·성인론을 일관하는 주제가 있는데, 그 핵심은 바로 인간 윤리의 구체적 실천이며, 이것이 바로 정약용이 이룩한 근세수사학의 본령인 것이다.

---

23) 『與猶堂全書』 第2集 經集, 第15卷, 『論語古今註』 卷9, 「陽貨」, 344쪽, "明生知之聖, 未嘗不小心翼翼, 恐懼修省. 今乃以傅不勤師不煩, 謂文王自然成聖, 如艸木之滋長然者, 其可曰知聖人乎? 審如是也, 稷與文王, 是於人類之上, 別爲一類, 非吾人之所當欣慕者也. 上中下三品之說, 外若勻停, 而塞人向善之門, 啓人自暴之路, 其傷天理而害人道也. 至毒至憯, 其禍有浮於洪水猛獸, 斯不可以不辨."

24) 『다산경학사상연구』, 『전서』 [1], 153쪽.

3. 『논어고금주』의 정리

이을호의 다산논어학 연구에서 두 번째 업적으로 꼽을 만한 것은 바로 『논어고금주』를 정리한 부분이라 할 수 있다. 이을호는 『다산학 제요(『논어』 부분)』(대양서적, 1975)와 『정정약용의 경학(『논어고금주』 부분)』(민음사, 1989)[25]에서 정약용의 『논어고금주』를 정리하였는데, 전자가 일반적 독자를 위한 것이라면 후자는 전문연구자를 위한 것이다.

이을호는 『다산학제요』에서 다산논어학의 중심 개념을 인, 인륜지성덕, 진기분, 남에게 주는 사랑, 총명, 충서, 의, 도, 덕, 윤리, 성인, 군자 등 12개 개념으로 나누어서 설명하였다. 이 중 앞의 다섯 가지가 모두 인의 의미에 대한 설명이니, 이을호는 다산논어학의 핵심을 인으로 파악한 것이다. 때문에 이을호는 뒤를 이어 인을 설명하면서 『논어고금주』 전편과 『여유당전서』, 『맹자요의』 등에서 정약용이 해설한 인의 의미를 찾아 정리하고 이를 평이하게 번역하여 실어 놓았다.[26]

한편 이을호는 『정다산의 경학』(『논어고금주』 부분)에서, 세 부분으로 나누어 정약용의 논어학을 정리하였다. 첫째는 정약용이 『논어고금주』를 저술한 이유와 이 주석서의 특징을 해명하였으며, 둘째는 『논어고금주』의 핵심이라 할 수 있는 원의총괄에 대한 정리이며, 셋째는 정약용이 『논어고금주』를 저술하는 과정에서 인용한 신구주(新舊註: 漢宋兩註와 補註)의 수용 양상을 분석 정리한 것이다.

먼저 이을호는 정약용이 『논어고금주』를 저술한 이유에 대하여, "한유의 주경은 고고를 법으로 삼고 있기 때문에 명변이 부족하다. 그러므로 참위사설이 함께 수록되지 않을 수 없었으니 이는 학이불사한 폐단이 아닐 수 없다.

---

25) 이 책은 『전서』 6에 『논어고금주』라는 이름으로 실려 있다.
26) 『전서』 3, 『정약용학제요』, 「논어경의」를 참조하여 정리하였다.

후유(송유)의 설경은 궁리를 주로 삼고 있기 때문에 고거가 소홀하다. 그러므로 제도 문물이 때로는 엇나가지 않을 수 없으니 이는 사이불학한 허물이 아닐 수 없다."[27]라는 정약용의 말을 인용하면서, 고주로서의 한주와 신주로서의 송주의 장단점을 하나로 묶어서 이를 절장보단하고자 정약용이 『논어고금주』를 저술하였다고 하였다.[28] 또한 정약용은 『논어고금주』의 저술 과정에서 한・위(漢魏) 이래 명・청(明淸)에 이르기까지의 모든 자료를 적년수집하였는데, 여기에는 정약용의 유배시 그의 제자들인 이강회와 윤동의 도움이 컸다고 한다. 여기까지만 보면 정약용의 『논어고금주』는 기존 주석의 집대성으로 보일 만하다.

그러나 『논어고금주』는 양적으로만 방대하게 자료를 수집한 것이 아니라, 스스로 독자적 이의를 제시한 것이 175항에 이르고 있다. 이는 『논어』 총 521절 중 1/3이 넘는 숫자다. 이에 이을호는 정약용의 『논어고금주』는 한주에 의거한 것도 아니요, 송주에 의거하지도 않고 그야말로 새로운 입장에서 수사학적 고의를 천명한 것이라고 평가하였다.[29] 이을호의 이러한 언급은 어떻게 보면 앞뒤가 상반된 진술이라고 할 수 있다. 앞에서는 정약용의 논어학이 기존 주석의 집대성인 것처럼 표현하였다가 뒤에서는 독자적 주석 체계로 이루어진 것이라고 하였기 때문이다. 그러나 이는 이을호가 다산논어학의 위대성을 표현하는 데 있어서 지나친 지점이 있었다고 지적할 수 있겠지만, 사실에서 벗어난 언급이라고 비판할 수는 없다. 실제 정약용의 『논어고금주』는 조선의 어느 『논어』 주석서에서도 볼 수 없는 독창적 해석과 전대 주석의 집적으로 구성되어 있기 때문이다. 결국 이을호가 파악한 정약용의

---

27) 『與猶堂全書』 第2集 經集, 第7卷, 『論語古今註』 卷1, 「爲政」,169쪽, "漢儒注經, 以考古爲法, 而明辨不足. 故讖緯邪說, 未免俱收, 此學而不思之弊也. 後儒說經, 以窮理爲主, 而考據或疎. 故制度名物, 有時違舛, 此思而不學之咎也."
28) 『논어고금주』, 『정다산의 경학』, 민음사, 1989 ; 『전서』 ⑥, 589~590쪽 참조.
29) 『논어고금주』, 『정다산의 경학』, 민음사, 1989 ; 『전서』 ⑥, 591쪽 참조.

논어학은 정약용의 독자적 해석과 기존 주석의 집대성—특히 한주 및 송주의 정리—으로 구성되었다고 할 수 있다. 이에 이을호는 정약용의 『논어고금주』를 그 원의총괄(독자적 해석)과 신구주의 수용(한주 및 송주의 정리)으로 나뉘어서 정리하였다.

먼저 이을호는 정약용의 원의총괄에 대하여, “여기서 원의란 수사적 원의로서 고금주 그 어느 것도 아님을 의미한다. 그러므로 우리는 이를 다산주라 일러도 좋을 것이다. 여기에 뽑아 놓은 175조목에 걸친 원의총괄은 다산신주를 대표하는 것으로 이해되어야 할 것이다.”[30]라고 하면서, 원의총괄 175조목[31]에 대하여 하나하나 정리하였다. 다소 장황하지만 그 실상을 『논어고금주』「학이」 2장에 대한 이을호의 정리를 살펴봄으로써 고찰해 보기로 하겠다.

■ 『논어고금주』「학이」 2장

【경문】

有子曰: “其爲人也孝弟, 而好犯上者, 鮮矣. 不好犯上, 而好作亂者, 未之有也. 君子務本, 本立而道生, 孝弟也者, 其爲仁之本與!”

【다산주】

何曰: “有子, 弟子有若.” 『史記』「弟子傳」云: “有若少孔子四十三歲.” 鄭玄曰: “魯人.” 朱子曰: “犯上, 謂干犯在上之人.” 又云: “只少有怫戾, 便是犯上.” 補曰,

30) 『논어고금주』, 『정다산의 경학』, 민음사, 1989 ; 『전서』 ⑥, 592쪽 참조.

31) 원의총괄 175조목의 편별 분포도는 다음과 같다(『논어고금주』, 『정다산의 경학』, 민음사, 1989 ; 『전서』 ⑥, 592쪽 참조).

<table>
<tr><th colspan="20">原義總括</th></tr>
<tr><th colspan="10">上篇</th><th colspan="10">下篇</th></tr>
<tr><td>學而</td><td>爲政</td><td>八佾</td><td>里仁</td><td>公冶長</td><td>雍也</td><td>述而</td><td>泰伯</td><td>子罕</td><td>鄉黨</td><td>先進</td><td>顔淵</td><td>子路</td><td>憲問</td><td>衛靈公</td><td>季氏</td><td>陽貨</td><td>微子</td><td>子張</td><td>堯曰</td></tr>
<tr><td>四</td><td>一0</td><td>一一</td><td>五</td><td>一三</td><td>一一</td><td>五</td><td>三</td><td>六</td><td>九</td><td>一四</td><td>一0</td><td>五</td><td>一0</td><td>一九</td><td>八</td><td>一四</td><td>六</td><td>五</td><td>六</td></tr>
</table>

作亂. 謂弑逆畔逆以起難也. 春秋之時, 作亂者多, 時君憂之, 而不知所以救藥之術, 故有子爲此言. 朱子曰: "務, 專力也. 本, 猶根也." 補曰, 道者, 人所由行也. 仁者, 二人相與也. 事親孝爲仁, 父與子二人也. 事兄悌爲仁, 兄與弟二人也. 事君忠爲仁, 君與臣二人也. 牧民慈爲仁, 牧與民二人也. 以至夫婦朋友, 凡二人之間, 盡其道者皆仁也. 然孝弟爲之根. 補曰, 與者疑辭. 其理無疑, 而謂之與者, 讖時人未之信也, 其辭若含諷然. 何曰: "本, 基也." 駁曰, 非也. 本末一體也, 而基猶是不相聯者. 故朱子改之. [質疑]孟子曰: "仁義禮智根於心." 仁義禮智, 譬則花實, 惟其根本在心也. 惻隱差惡之心發於內, 而仁義成於外. 辭讓是非之心發於內, 而禮智成於外. 今之儒者, 認之爲仁義禮智四顆, 在人腹中, 如五臟然, 而四端皆從此出, 此則誤矣. 然孝弟亦修德之名, 其成在外, 又豈有孝弟二顆在人腹中, 如肝肺然哉? 程子云: "人性中曷嘗有孝弟來?" 其意亦謂孝弟成於外而已. 非謂人性之中. 無可孝可弟之理也. 蕭山欲一反其說, 堅以孝弟作裏面物, 其說又偏矣. 孝弟亦仁, 仁亦孝弟. 但仁是總名. 事君牧民恤孤哀鰥, 無所不包. 孝弟是專稱, 惟事親敬兄, 乃爲其實. 故有子謂諸仁之中, 孝弟爲之本, 而程子謂行仁自孝弟始, 未嘗不通, 但程子曰: "孝弟謂之行仁之本則可, 謂是仁之本則不可." 此與有子語不合. 仁與爲仁, 不必猛下分別也. 總之, 古之聖王, 識務知要, 故率天下以孝弟. 三王異尙, 而尙齒則同. 大學養老, 天子袒而割牲, 執醬而饋, 以教諸侯之弟. 祭義文 民於是不好犯上, 而禍亂不作, 斯大智也. 時君不識務, 惟制堅甲利兵以禦難, 設深文重刑, 以遏犯上, 彼旣無本, 將何以事君盡忠, 以成仁哉? [引證]『管子』曰: "孝弟者, 仁之祖也." 房玄齡云: "仁從孝弟生, 故爲仁祖." 「祭義」曰: "衆之本教曰孝, 仁者仁此者也. 禮者履此者也. 義者宜此者也." 『孝經』曰: "夫孝, 德之本也, 教之所由生也." 教行而民焉有不歸仁者乎? 『呂覽』曰: "夫孝弟, 三王五帝之本務." 即君子務本 『後漢書』「杜篤傳」曰: "功雖顯外, 本之者心也. 末雖煩蔚, 致之者根也. 夫仁人之有孝, 猶四體之有心腹, 枝葉之有根本也. 故曰: '夫孝, 天之經也, 地之義也, 人之行也.' 孝弟也者, 其爲仁之本歟! 此乃仁孝先後論也. 此時已有仁先之說. 王應麟『困學紀聞』, 或問: "有子・曾子獨以子稱何也?" 曰: "程子謂此書成於有子・曾子之門人也." 曰: "柳子謂孔子之沒, 諸弟子以有子爲似夫子, 立而師之. 其後不能對諸子之問, 乃叱避而退. 則固有常師之號, 是以稱子. 其說非歟?" 曰: "非也. 此太史公采雜說之謬, 宋子京・蘇子由辨之矣. 孟子謂子夏・子張・子游以有若似聖人, 欲以所事孔子事之. 朱子云: '蓋其言行氣象有似之者'. 如檀弓所記子游謂有若之言似夫子之類是也, 豈謂貌之似哉? 宰我・子貢・有若智足以知聖人, 此孟子之言也. 蓋在言語之科, 宰我・子貢之流亞也. 盍徹之對, 出類拔萃之語, 見於『論』・『孟』. 而『論語』首篇所載凡三章, 曰孝悌, 曰禮, 曰信恭, 尤其精要之言也. 其論晏子焉知禮, 則「檀弓」述之矣. 『荀子』云: '有子惡臥而焠掌,' 可以見其苦學." 曰: "朱子謂, '有子重厚和易.' 其然與?" 曰: "吳伐魯, 微虎欲宵攻王舍, 有若與焉, 可謂勇於爲義, 非但重厚和易而已. 『家語』稱其彊識好古道, 其視以魯得之者有間矣." 曰: "「檀弓」記有子之言皆可信乎?" 曰: "王无咎嘗辨之矣. 若語子游欲去喪之踊, 孺子䵍之喪, 哀公欲設撥, 對以爲可, 皆非也, 唯『論語』所載爲是." 鏞案, 程子之言, 不可易也.

■ 『논어고금주』「학이」2장에 대한 이을호의 정리

1-2 仁義禮智之名成於行事, 非在心之理.[32)]

【原義】 宋註에 대한 반론이다. 논어의 송주에서 주자는 '仁者愛之理 心之德'이라 한 데 반하여 정약용은 '非在心之理'라 하였다. 또 『孟子』 註에서 주자는 "惻隱羞惡辭讓是非情也 仁義禮知性也 心統性情者也 因其情之發而性之本然 可得而見 猶有物在中而緖見於外也"라 하여 仁義禮智를 性之本然으로 간주한 데 반하여 정약용은 成於行事라 한 것이다. 그러므로 茶山은 그의 『孟子要義』에서도 "仁義禮智之名 成於行事之後 故愛人而後謂之仁 愛人先仁之名未立也……"(『맹자요의』 권1, 22쪽)라 하였다. 이는 주자의 先天說에 대한 실천윤리학적 결과론이라 이를 수 있다. 孟子曰"仁義禮智根於心 仁義禮智 譬則花實

32) 이 문장은 정약용이 『논어고금주』에서 제시한 원의총괄의 문장이다.

惟其根本在心也 惻隱羞惡之心發於內而仁義成於外 辭讓是非之心發於內而禮智成於外 今之儒者認之爲仁義禮智四顆 在人腹中如五臟然 而四端皆從此出此則誤矣 然孝弟亦修德之名 其成在外 又豈有孝弟二顆在人腹中 如肝肺然哉……"라 하였다.

『논어』의 「학이」 2장은 논어학사에서 매우 중요한 대목이다. 이 경문에서 처음으로 유가의 중요개념인 '인(仁)'이 등장하는데, 주자에 이르러 이 인을 획기적으로 재해석하였기 때문이다. 즉 주자 이전에는 인이란 일종의 사랑의 행위 그 자체를 가리키는 개념이었다면, 주자에 이르러 인은 사랑의 행위를 가능케 하는 근원적 이념을 가리키는 것으로 개념이 재정립되었다. 이는 단순하게 개념의 변환만을 의미하는 것이 아니다. 주자학이 유학에 불어넣은 형이상학적 이념이 경전 해석을 통해 실현된 사례이기 때문이다. 주자 이후 대부분의 『논어』 주석서에서 이 해석을 따르고 있기에, 주자의 이 해석을 벗어나고자 시도하는 경학자들은 매우 정밀한 논리와 증거를 제시하여야만 하였다. 위의 정약용의 이 경문에 대한 해석을 보면, 그 내용이 장황하다고 여겨질 정도지만 이러한 사정을 감안한다면 또한 이해할 법도 하다. 정약용은 먼저 인에 대한 새로운 정의를 내렸는데, 그 요지는 주자의 추상적 인의 개념에서 벗어나 구체적 실천으로서 인을 재정립하는 것이었다. 때문에 정약용은 자신의 이러한 논리를 뒷받침하기 위하여 『맹자』, 『관자(管子)』, 『예기(禮記)』, 『효경(孝經)』, 『여람(呂覽)』, 『후한서(後漢書)』, 『곤학기문(困學紀聞)』, 『순자(荀子)』 등의 기록을 인용하였다. 그리고 정약용은 자신의 이 인에 대한 새로운 개념의 재해석을 원의총괄에서 "인의예지(仁義禮智)의 명칭은 구체적 일을 행하는 데서 성립되는 것이지, 추상적 마음의 이치에 있는 것이 아니다[仁義禮智之名成於行事, 非在心之理]."라고 간결하게 정리해 내었다.

이 같은 정약용의 『논어고금주』와 원의총괄에 대한 이을호의 정리는 간결하면서도 핵심을 찌르고 있다. 먼저 정약용의 인에 대한 해석이 주자학과 대척점에 서 있음을 "송주(宋註)에 대한 반론이다."라고 지적한 다음, 인에 대한 주자의 주석을 거론하고서, 이를 반박하는 정약용의 해석을 제시하였다. 그리고 정약용의 이러한 인에 대한 해석을 두고서, '실천윤리학적 결과론'이라고 결론지었다. 이처럼 이을호의 정약용 논어주에 대한 정리는 정약용의 『논어』 해석의 핵심을 주로 주자학과의 대비적 지점에서 명료하게 지적한 다음, 이를 뒷받침하는 자료 중에서 가장 중요한 대목을 적시하는 것으로 구성되어 있다. 때문에 우리는 이을호의 정약용 논어주에 대한 정리를 보면, 호한한 다산논어학의 정수를 명료하게 파악할 수 있다. 다만 그 정리의 방법에 있어서 번역을 하지 않고 원문을 그대로 인용하는 방식을 취하였기에 『다산학 제요(『논어』 부분)』가 일반 독자를 위한 것이라면, 『정다산의 경학(『논어고금주』 부분)』은 비교적 사계의 전문가를 위한 저술이라 할 것이다.

마지막으로 이을호는 『정다산의 경학(『논어고금주』 부분)』에서, 정약용이 『논어고금주』를 저술하는 과정에서 인용한 신구주(新舊註: 漢宋註와 補註)의 수용 양상을 분석 정리하였다. 정약용은 그의 새로운 『논어』 주석을 도출하는 과정에서 한 대의 주석과 송대의 주석을 거의 비판하였음에도 불구하고 이를 명료하게 정리한 바탕 위에서 자신의 주장을 전개하였다.[33] 때문에 이를 잘 정리해 낸다면 『논어』 주석사에서 중시된 주석의 양상을 명료하게 파악할 수 있다. 이에 이을호는 『정다산의 경학』의 『논어고금주』 부분에서 '제2장 신구주의 수용'이라는 항목을 두어, 일종의 『논어』 주석 자료집을 편찬하였다. 이 부분은 전체가 번역되어 있지 않는 순전한 한문으로 구성되어 있기에 역시 사계의 전문가를 위한 편저라고 할 수 있다.

---

33) 이에 관한 자세한 분석은 『논어고금주』, 『정다산의 경학』, 민음사, 1989 ; 『전서』 ⑥, 706쪽 참조.

이상으로 우리는 이을호의 다산논어학에 대한 연구와 정리의 양상을 살펴보았다. 이을호는 때로는 국문으로 다산논어학에 대한 연구와 정리를 하기도 하였지만, 순전히 연구자들을 위하여 한문으로 다산논어학을 정리하기도 하였다. 이을호가 다산논어학에 관한 이러한 저술들을 쏟아내던 당시의 다산경학 연구의 불모지적 상황을 고려한다면, 이는 매우 이례적인 성과라 할 수 있다. 그런데 이을호의 다산논어학에 대한 연구는 여기에 그치지 않았다. 그는 『논어고금주』에 의거한 『논어』 번역과 주석을 통해 동양학의 대중화를 시도하기도 하였다.

4. 『논어고금주』에 의거한 『논어』 번역과 주석

이을호가 1974년에 번역하여 발간한 『한글 논어』(박영사)[34]는 그의 다산논어학에 관한 연구와 정리만큼이나 우리나라 『논어』 번역사에서 특기할 만한 공적이다. 이을호의 『한글 논어』에 대하여 전호근 박사는 일찍이 그 가치를 다음과 같이 지적한 바 있다.[35]

첫째, 원문의 함의를 충분히 전달하면서도 원문에 얽매이지 않고 과감하게 우리의 일상언어로 바꾸어 번역했다.

둘째, 자연스러운 대화체를 사용함으로써 마치 공자의 언어를 육성으로 직접 듣는 것처럼 생동감 있게 번역했다.

셋째, 원문의 함의를 충분히 이해하고 번역했기 때문에 군더더기가 없는 간결명료한 번역이 되었음은 물론이고 원문과의 대칭적 구조까지 살리는 절묘한 번역이 되었다.

---

34) 이 번역서는 『전서』 6에 수록되어 있다.

35) 전호근, 「광복이후 최근까지의 유가철학 원전번역-논어를 중심으로-」, 『시대와 철학』, 한국철학사상연구회, 2005.

넷째, 한당의 고주와 송대의 신주, 그리고 우리 주석을 망라하여 참고한 뒤에 우리말로 번역했으며, 〈주석〉과 〈평설〉에 자세하게 소개하고 있기 때문에 보다 깊이 있고 학술적 가치가 높은 번역을 추구했다.

다섯째, 난해하거나 모호한 부분에 대하여 탁월한 감각으로 명쾌하게 번역했다.

이러한 가치 평가에 이어 전호근 박사는 "이을호 역 『한글 논어』는 삶의 문법이 분명히 보이는 번역으로 65세, 막 정년을 앞둔 노학자의 치열한 학문적 역정을 엿볼 수 있을뿐더러 번역을 통해 권위의 굴레를 벗고 일상 속으로 다가오는 공자의 모습을 그려냈다는 점에서 탁월한 번역이다."라고 하면서, "이을호 역 『한글 논어』는 해방 이후 간행된 최고의 『논어』 번역서로 평가할 수 있다."고 결론을 맺었다.[36] 비록 지나친 가치평가가 이루어졌다고 하더라도 전 박사의 이러한 언급은 이을호의 『논어』 번역의 가치를 적실하게 표현하였다고 생각한다. 그 이유는 전호근 박사의 지적처럼 해방 이후 그 어떤 『논어』 번역보다도 간결명료한 구어체 번역을 구사하였기 때문이다. 그런데 이을호의 『논어』 번역은 이외에 또 하나의 중요한 특징이 있다. 그것은 바로 정약용의 논어설에 의거한 새로운 『논어』 번역과 주석인 것이다. 이제 그 실상을 차례대로 살펴보기로 하자.

먼저 이을호의 『한글 논어』 번역이 보여주는 구어체의 유려한 번역의 몇 가지 예다.

1 『한글 논어』 「학이」 1장

人不知而不慍, 不亦君子乎!

남들이 몰라주더라도 부루퉁하지 않는다면 참된 인간이 아닐까!

---

36) 전호근, 위의 글, 151~152쪽 참조.

2 『한글 논어』「위정」12장

子曰: "君子不器."

쓸모있는 인간은 외통수는 아니다.

3 『한글 논어』「팔일」26장

子曰: "居上不寬, 爲禮不敬, 臨喪不哀, 吾何以觀之哉!"

웃사람이 조불조불하고 예의 차림도 형식적이며, 상사를 당하여도 슬퍼할 줄 모르는 위인은 난들 어떻게 보아야 할는지!

1의 '불온(不慍)'의 경우, 대부분 '성내지 않는다', '불평하지 않는다'로 번역하며, 2의 '불기(不器)'는, '그릇처럼 한정된(혹은 제한된) 존재가 아니다' 정도로 번역한다. 그리고 3의 '불관(不寬)'은 '너그럽지 않다'로 번역하는 것이 일반적이다. 이을호의 번역은 이러한 기존의 번역에 비추어 보면, 거의 파격적이라 할 정도로 구어체에 가까우며 또한 한글의 묘미를 최대한 살렸다. 위에서 보다시피 이을호는 '불온'은 '부루퉁하지 않다', '불기'는 '외통수는 아니다', '불관'은 '조불조불하다'로 번역하였다. 하나같이 한글의 감칠맛이 담뿍 배어 있는 번역이다. 특히 '불관'을 번역함에 있어서, '협소하다'라는 의미를 지닌 '조불조불하다'라는 전남 지방의 방언을 번역어로 채택하기도 하였다. 이을호의 이런 번역 태도야말로 경문 번역에서 파격적인 구어체의 구사라고 할 것이다.

한편 이을호는 정약용의 논어설에 의거하여 『논어』의 경문을 번역하기도 하였다. 예컨대 『논어』「이인」15장의 "子曰: '參乎! 吾道一以貫之.'……曾子曰: '夫子之道, 忠恕而已矣.'"라는 경문에 대하여, 정약용은 『논어고금주』에서 "살펴보건대, 공자는 본래 일이관지(一以貫之)라고 말하였는데, 증자가 이에 충서(忠恕) 두 자를 말하였다. 그러므로 학자들은 둘이지 하나가 아님을 의심한 것이다. 그러나 『중용』에 이미 '충서는 도와 거리가 멀지 않다'고 하였고, 또 그 뜻을 풀이하는데 이 하나의 서(恕)자로써 하였을 뿐이니, 충서는 곧 서(恕)다. 본래 나누어 둘로 할 필요가 없는 것이다. 일이관지는 서(恕)요, 서를 행하는 것은 충이다."[37]라고 풀이하였다. 즉 정약용에 의하면, 종래 충과 서로 이원화되어 파악되었던 공자의 일관된 도는 하나의 덕목이며, 그것은 바로 '서'인 것이다. 이에 이을호는 "주자는 충서를 충과 서의 두 덕으로 본 데 비하여 정약용은 충을 서의 수식으로 간주하여 서의 일덕만이 일관(一貫)의 도라는 것이다."라고 주석을 달고, 『한글 논어』에서 "선생님의 도는 충심으로 미루어 생각하는 데 있을 따름이다."라고 번역하였다. 이처럼 정약용의 논어설에 근거하여 『논어』를 해석하는 이을호의 태도는 『논어』에 수없이 등장하는 인(仁)을 번역할 때, 더욱 그 진가를 드러낸다. 앞에서 보았다시피 정약용은 인을 형이상학적 실체로 파악하는 것을 반대하고 현실에서의 실천적 덕목으로 이를 재규정하였다. 이을호는 정약용의 이 같은 인에 대한 획기적인 생각을 그의 『한글 논어』에 다음과 같이 투영시켰다.

■ 『한글 논어』 「학이」 2장

君子務本, 本立而道生, 孝弟也者, 其爲仁之本與!

참된 인물은 근본 문제를 다루거든. 근본이 서야 길이 트이기 때문이다. 효 제의 도가 바로 사람 구실 하는 길의 근본일 거야!

■ 『한글 논어』 「자로」 27장

37) 『與猶堂全書』 第2集 經集, 第7卷, 『論語古今註』 卷2, 「里仁」, 191쪽, "夫子本云'一以貫之', 而曾子乃言'忠恕'二字, 故學者疑二之非一. 然『中庸』旣云: '忠恕違道不遠.' 而及其釋義, 仍是一恕字而已, 則忠恕即恕, 本不必分而二之. 一以貫之者, 恕也. 所以行恕者, 忠也."

子曰: "剛毅木訥, 近仁."
단단하고, 굳세고, 소박하고, 말더듬이라야 아마도 사람답지.

정약용이 재규정한 인의 구체적이고도 실천적인 면모를 번역 속에 녹여내려는 이을호의 의도는 종래 인을 한자 그대로 사용하거나 '어짐'으로 번역하는 것에서 탈피하여 매우 다른 번역을 시도하게끔 하였다. 이에 이을호는 인을 '사람구실', '사람다움' 등으로 번역하였다. 그것은 바로 사람과 사람 사이에서 이루어지는 인의 생생한 현장성, 실천성, 소통성을 반영해 내는 번역이라 할 수 있는 것으로, 이는 정약용의 인관에 근거한 『논어』 번역의 전형적 예라 할 것이다.[38]

마지막으로 이을호가 정약용의 논어설에 의거하여 『논어』에 주석을 단 예를 살펴보기로 하자. 『논어』 「학이」 2장(有子曰: "其爲人也, 孝弟, 而好犯上者, 鮮矣, 不好犯上, 而好作亂者, 未之有也.")에 대하여 정약용은 『논어고금주』에서, "인(仁)이라는 것은 두 사람이 서로 관여되는 것이다. 어버이를 섬겨 효도하는 것이 인이 되니 여기에는 부(父)와 자(子) 두 사람이 관여되고, 형을 섬겨 공경하는 것이 인이 되니 여기에는 형과 아우 두 사람이 관여되고, 임금을 섬겨 충성하는 것이 인이 되니 여기에는 임금과 신하 두 사람이 관여되고, 백성을 기르되 자애로써 하는 것이 인이 되니 여기에는 목(牧)과 민(民) 두 사람이 관여된다. 이를 미루어 부부와 붕우에 이르기까지 무릇 두 사람 사이에서 그 도를 다하는 것이 모두 인이다."[39]라고 해석하였다.

---

38) 이을호는 정약용의 인관에 의거하여 『논어』를 번역할 때 『논어』 중의 인자 108자를 다음과 같이 번역하였다. 사람구실 58회, 사람다운 39회, 사람값 4회, 사람노릇 2회, 사람 1회, 못된 짓[不仁] 3회, 사람됨 1회. 계108회(「『논어고금주』의 수사학적 고찰」, 『전서』 ② 참조).

39) 『與猶堂全書』 第2集 經集, 第7卷, 『論語古今註』 卷1, 「學而」, 159쪽, "仁者, 二人相與也. 事親孝爲仁, 父與子二人也. 事兄悌爲仁, 兄與弟二人也. 事君忠爲仁, 君與臣二人也.

이에 대하여 이을호는 『한글 논어』에서 "인은 두 사람의 상호 관계이다. 어버이를 효로 섬기면 인이니 아비와 아들은 두 사람이오 형제끼리 우애하면 인이니 형과 아우는 두 사람이다. 군신 붕우 부부 목민간이 다 그렇다. 무릇 두 사람 사이에서 그의 사람의 길에 충실하면 그것이 인인 것이다."라고 주석을 달았다.

또 『논어』「위정」 1장(子曰: "爲政以德, 譬如北辰, 居其所, 而衆星共之.")에 대하여, 정약용은 『논어고금주』에서 "청정무위(淸淨無爲)는 곧 한유(漢儒)들의 황로학(黃老學)이며 진대(晉代)의 청허담(淸虛談)이다. 천하를 어지럽히고 만물을 파괴하는 것으로서 이단사술(異端邪術) 중에서도 더욱 심한 것이다. 한나라 문제(文帝)가 이 도(道)를 쓰다가 칠국(七國)의 난을 빚은 일이 있고, 진(晉)나라 혜제(惠帝)가 이 술(術)을 숭상하다가 오호(五胡)의 화를 불러왔으니, 어찌 일찍이 우리 유가의 대성(大聖)이 무위(無爲)로써 법을 삼았다고 할 수 있겠는가? 대저 무위란 정치를 하지 않는 것이다. 공자는 분명히 '위정(爲政)'이라고 말하였는데, 유자들이 무위라고 말한다면 되겠는가? 안 되겠는가? 공자는 "무위로써 나라를 다스린 이는 아마도 순임금일 것이다. 대저 무엇을 하였는가? 자신을 공손히 하고 남면(南面)하여 앉아 있었을 뿐이었다."(『論語』「衛靈公」 一原註)라고 하였으니, 이 말은 순임금이 22인의 어진 신하를 얻어 그들에게 각각 알맞는 직책을 맡겨 천하가 이로써 잘 다스려졌기에 이때를 당해서는 오직 몸을 공손히 하고 남면하여 앉아 있는 것이 마땅하였음을 이른 것이다. 그러므로 사람의 나라에 있어서 인재를 얻지 않을 수 없음을 극진히 말하면서, 찬탄하고 흠선하는 뜻이 말 밖으로 넘쳐흐르고 그 말의 억양과 강유(剛柔)가 사람으로 하여금 고무되게 하였다. 후세의 유자들은 이 글을 잘못 읽어 드디어 '요, 순의 정치는 무위를 주로 하였다'고 말하고, 이에 가의(賈誼)가 무위를 주장한 것이 기쁜 일이라고

牧民慈爲仁, 牧與民二人也. 以至夫婦朋友, 凡二人之間, 盡其道者皆仁也."

여겼고 급암(汲黯)을 도(道)를 아는 사람으로 여겼으며 위상(魏相)과 병길(丙吉)을 훌륭한 대신으로 여기어, 용렬하고 못난 무리들이 하는 일 없이 벼슬자리에 있으면서 국록을 훔치고 자신의 체모만을 유지하는 데 힘써 그 단점을 꾸며나감으로써 모든 정치와 제도를 썩어 문드러지고 퇴락되어 다시는 떨쳐 일어날 수 없도록 하였으니, 이는 모두 이 무위의 해독에 빠졌기 때문이다. 아! 어찌 슬프지 아니하겠는가?…… 무릇 '무위이치(無爲而治)'라고 말한 것은 모두가 이단사설(異端邪說)이지 우리 유가의 말이 아니다."[40]라고 해석하였다. 이에 대하여 이을호는 "하늘의 중추를 이루고 뭇별이 그와 함께 운행하는 것을 마치 덕을 갖춘 군왕과 함께 뭇백성들이 따르는 것에 비유한 것이다. 그런데 몇몇 주해자들은 이를 '무위이치'의 극치에 비하여 '거기소(居其所)'를 '불이(不移)－부동(不動)－무위(無爲)'라 하였으니 이는 노장사상에 의한 해석으로서 유가의 '정기(正己), 정물(正物)'의 사상과는 다른 것이다. '거기소'는 '정기(正己)'의 자세로서 '공지(共之)'는 그의 교화에 따르는 태도인 것이다. 이 장은 덕치주의의 극치를 형상한 자로서 공자는 '순임금은 공기정남면이이(恭己正南面而已, 위령공)'라 하였으니, 순임금의 공기(恭己)는 결코 무위의 결과는 아닌 것이다. 공기는 정기(正己)요 수기(修己)인 것이다. 그러므로 공자가 지적했던 순임금의 무위이치(無爲而治)는 그의 형상을 말한 것이지 그의 내실을 가리킨 것이 아니다. 대지대효(大知大孝)인 순임금이(중용) 어찌

---

40) 『與猶堂全書』第2集 經集, 第7卷, 『論語古今註』卷1, 「爲政」, 164쪽, "淸淨無爲, 即漢儒黃老之學, 晉代淸虛之談. 亂天下壞萬物, 異端邪術之尤甚者也. 文帝用此道, 釀成七國之亂. 惠帝崇此術, 召致五胡之禍. 曾謂吾家大聖, 亦以無爲爲法乎? 夫無爲則無政. 夫子明云'爲政', 儒者乃云'無爲', 可乎? 不可乎? 孔子曰: '無爲而治者, 其舜也與! 夫何爲哉? 恭己正南面而已矣.'「衛靈公」此謂舜得二十二人, 各授以職, 天下以治. 當此之時, 惟當恭己南面. 所以極言人國之不可不得人, 而贊歎歆羨之意, 溢於辭表, 其言抑揚頓挫, 令人鼓舞. 後之儒者, 誤讀此文, 遂謂堯舜之治, 主於無爲. 於是以賈誼爲喜事, 以汲黯爲知道, 以魏相・丙吉爲大臣, 而庸陋蔑劣之徒, 尸位竊祿, 務持大體, 以文其短, 使萬機百度, 腐爛頹墮, 莫之振起, 皆此毒中之也. 嗚呼! 豈不悲哉?……凡言'無爲而治'者, 皆異端邪說, 非吾家之言也."

청정무위(淸淨無爲)의 노장사상으로 설명될 수 있을 것인가."라고 주석을 붙였다.

이상의 두 주석에서 보듯이 이을호는 『논어』의 관건이 되는 몇몇 구절에 대해서는 『한글 논어』에서 정약용의 설에 의거하여 주석을 달곤 하였다. 그 주석의 방식은 정약용의 장문의 『논어』 주석에 대하여 핵심적 줄거리를 정리하여 제시하는 방법을 택하곤 하였다. 특히 위에서 보듯이 주자의 인과 무위에 대한 해석과 대비되는 지점을 선명하게 제시하고 있다.

5. 마무리

이상으로 우리는 이을호의 다산논어학에 대한 탐색을 『논어고금주』에 대한 연구와 정리, 그리고 번역과 주석으로 나누어서 살펴보았다. 이을호는 다산논어학이 주자의 논어학과 상반된 지점에서 주로 실천을 중시하는 내용으로 이루어져 있다고 주장하였다. 그리고 실천을 중시하는 정약용의 이러한 『논어』 주석을 가리켜, 공자의 이념을 그대로 계승했다는 의미에서 '수사학적 경학'이라고 명명하였으며, 정약용을 '근세 수사학의 창시자'라고 평가하였다. 그런데 우리는 이을호의 이러한 다산논어학에 관한 연구 성과를 남북한의 다산학 연구사와 연계하여 그 의미를 음미할 필요가 있다.

일찍이 이을호는 한국의 다산학 연구사를 언급하면서 "정인보 · 천관우 · 홍이섭 · 한우근 등 역사학자들은 다같이 반계 유형원, 성호 이익, 다산 정약용을 그들의 역사 현상 속에 나타난 열매만을 가지고 논하였음에 의심의 여지가 없다."라고 하면서, 다음과 같이 이들의 견해를 비판하였다. "반계→ 성호→ 다산을 잇는 계보상에서의 이해는 오로지 경세학적 분야에서만 논의되었다는 사실은 결국 다산학의 전반적 이해를 위하여서는 따지고 보면 잘못되었다고 하지 않을 수 없다."[41]라고 하였다. 이에 이을호는 다산학의 본령은 정약용의 경학이라고 하면서, 다산경학을 통해 본 다산학의 특징을 "다산경학은 당시에 있어서 성리학적 주자학 세계에서 수사학적 원시유교에로의 회귀를 시도한 것이라고 할 수 있다. 다시 말하면 공맹의 본래적 유교에로의 회귀를 시도한 것이라 할 수 있다."[42]라고 정리하였다. 그리고 "이러한 다산학 중심의 추론은 지금까지의 경세학 중심의 실학 개념으로는 다산학의 전모를 이해할 수 없다는 결론에 이르게 되는 것이다. 그러한 의미에서 다산학 또는 다산경학은 소위 경세실학이기에 앞서 소위 신유학(성리학)을 또다시 새롭게 개혁한 개신유학이라 일러야 할는지 모른다."[43]라고 결론을 맺었다. 이을호는 다산학 연구의 본령이 그의 경세학에 치중된 것을 비판하고, 다산학의 근간은 경학이라고 선언하였다. 그리고 그 본령으로서의 다산경학의 핵심은 공맹의 본래적 유교에로의 회귀라고 하였다.

이을호의 이러한 주장은 당시까지 논의된 남한 학계의 다산학의 개념에 대한 정면도전이라 할 수 있는데, 그 논의의 뿌리는 실상 북한학계의 다산학에까지 미치는 것이었다. 1960년대 이전의 북한에서 발간된 다산학에 관한 연구를 보면, 대부분 정약용의 사상을 반주자학적, 반봉건적 의미에서 그 위상을 규정하고 있다. 이는 어찌 보면 학문과 정치적 이념(혹은 이념적 지향)의 교묘한(?) 결합이라고 할 수 있다. 이후 남한 학계에서 다산학에 관한 연구가 촉발되었을 때, 비록 북한에 비해 그 교조적 성격이 훨씬 덜하였지만 다산학을 반주학, 반봉건으로 규정하는 데는 별반 다를 바가 없었다. 때문에 다산학 연구에 있어서도 정약용의 경세적 주장이 담긴 전적들이 연구의 주된 대상이었다. 이을호는 종래의 이러한 다산학 연구에 일침을 가하면서 강력한 선회를 시도하였다. 그것이 바로 이을호가 주장한 수사학적

41) 「다산학의 새로운 면모」, 『전서』 ⑨, 28쪽.
42) 「다산학의 새로운 면모」, 『전서』 ⑨, 29쪽.
43) 「다산학의 새로운 면모」, 『전서』 ⑨, 31쪽.

경학으로서의 다산학이었다. 이는 비판의 여지가 있을지언정 이념과 학문을 분리시킨 지점에서 다산학을 새로이 평가한 것으로, 순순한 학문적 견지에서 다산학을 재정립한 것이라고 의미 부여를 할 수 있다. 즉 종래의 정치적 이념의 대변자로서의 정약용을 공자의 학문을 복구한 학자로 위상을 재정립한 것이다.

그러나 이을호의 이러한 다산학 연구는 반주자학자로서 정약용의 위상을 정립하였다는 점에서는 이전의 다산학 연구와 그 맥을 같이한다. 이는 다산학을 주자학과 단절적 층위에서 규정하였다는 점에서 조선사상사의 연속성을 부정하는 관점이라 할 수 있다. 그러나 과연 개인의 사상이라는 것이 평지돌출이 가능한가에 대해서 필자는 의문을 가지고 있다. 이에 필자는 다른 지면을 빌어 다산학파의 시경학과 역경학을 논하면서 그 주자학과의 연속성에 관해서 논한 적이 있다.[44] 필자는 정약용의 논어학을 논할 때도 이러한 관점은 동일하게 적용될 여지가 있다고 본다. 실상 이는 필자의 창견이라 할 것도 없다. 이미 번암(樊巖) 채제공(蔡濟恭: 1720~1799)도 이익의 묘갈명을 쓰면서 다산학의 선하라 할 수 있는 성호학의 연원을 퇴계(退溪) 이황(李滉: 1501~1570)에게서 찾고자 하였기 때문이다.[45] 선학의 학문을 부연하는 것만이 계승이 아니라 비판적 관점에서 새로운 모색을 시도하는 것도 계승의 일면이라고 생각한다. 때문에 정약용의 논어학을 조선사상사의 연속선상에서 자리매김하는 것이 오늘날 이을호의 다산학 연구를 학문적으로 의미있게 계승해 내는 것인지도 모르겠다.

---

44) 이영호, 「방산 윤정기 경학의 특징과 그 경학사적 위상」, 『다산과 현대』, 강진다산실학연구원, 2009.

45) 『樊巖集』 卷51, 「星湖李先生墓碣銘」, 444쪽, "但念吾道自有統緖, 退溪我東夫子也. 以其道而傳之寒岡, 寒岡以其道而傳之眉叟, 先生私淑於眉叟者, 學眉叟而以接夫退溪之緖. 後之學者知斯文之嫡嫡相承有不誣者, 然後庶可以不迷趣向."

참고문헌

『與猶堂全書』(『韓國文集叢刊』 281～286), 서울: 민족문화추진회, 2002.
『樊巖集』(『韓國文集叢刊』 235～236), 서울: 민족문화추진회, 1999.

다산학연구원, 『이을호전서』, 예문서원, 2000.
『다산학』 제2호, 다산학술문화재단, 2001.
이봉규, 「다산학 연구의 최근 동향과 전망－근대론의 시각을 중심으로－」, 『다산학』 6호, 다산학술문화재단, 2005.
이영호, 「방산 윤정기 경학의 특징과 그 경학사적 위상」, 『다산과 현대』, 강진다산실학연구원, 2009.
이을호, 『다산경학사상연구』, 을유문화사, 1966.
이을호, 「『논어고금주』의 수사학적 고찰」, 『철학』 3집, 1969.
이을호, 『한글 논어』, 박영사, 1974.
이을호, 『다산학 제요』, 대양서적, 1975.
이을호, 『정다산의 경학』, 민음사, 1989.
이지형 역주, 『논어고금주』, 사암, 2010.
전호근, 「광복이후 최근까지의 유가철학 원전번역－논어를 중심으로－」, 『시대와 철학』, 한국철학사상연구회, 2005.

4. 다산역학(茶山易學) 연구의 선구적 위상

황 병 기 연세대학교 강진다산 실학연구원 연구교수

1. 서 론

다산학(茶山學)은 일반적으로 수기치인(修己治人)의 학문으로 정의되며, 자기 수양과 그것의 외적 실천을 이론의 두 기둥으로 삼고 있다. 이러한 수양론적 관점은 주로 사서(四書)의 주석에 집중되어 있는데 다산(茶山) 정약용(丁若鏞)의 학문 영역은 송대 이후 중시된 도학(道學) 텍스트인 사서를 넘어 원시유학 전적인 육경에까지 미치고 있다. 이것은 그의 세계관이 성리학적 틀 속에 머물러 있지 않았다는 사실을 반영한다. 정약용은 자신의 저작 중에서 『주역사전(周易四箋)』과 『상례사전(喪禮四箋)』을 최대의 역작으로 여겼는데,[1] 역(易)과 예(禮)를 일관하려는 그의 경학 태도에서 우리는 그가 지향한 세계관의 일단을 접할 수 있다. 이 가운데 『주역(周易)』에 관련한 정약용의 저작들을 중심으로 하여 현암(玄庵) 이을호(李乙浩: 1910~1998)는 어떻게 다산역 연구의 활로를 열었고, 그 선구적 업적은 어떠했는가를 살펴볼 것이다.

---

1) 『與猶堂全書』 第1集 詩文集 第18卷, 「家誡・示二子家誡」, 387쪽, "『周易四箋』, 是吾得天助之文字, 萬萬非人力可通智慮所到. 有能潛心此書, 悉通奧妙者, 卽子孫朋友. 千載一遇, 愛之重之, 當倍常情"; 같은 곳, 387쪽, "明淸以來, 經學多岐, 各有成書, 殆無遺利. 然易禮二書, 已見有許多開荒可驗."

정약용의 『주역』 관련서는 『주역사전』을 주 텍스트로 하고, 그의 역학사 개설서라고 할 수 있는 『역학서언(易學緖言)』을 부 텍스트로 한다. 『주역사전』은 네 가지 방법론을 채택하여 경문과 전문을 해석한 역작이다. 네 가지 방법론은 추이(推移)·물상(物象)·효변(爻變)·호체(互體)로서 한대 이후 역학자들 사이에서 해석의 방법론으로 활용되던 것들인데 정약용은 다른 술수적 방법론들은 모두 배제하고 이 네 가지만을 경문 해석에 철두철미 적용하였다. 반면에 『역학서언』은 한대 이후 수많은 역학자들과 그들의 학설들을 대조하면서 장단점을 서술하고 있는 책으로 역학사를 정리해 놓은 것이라고 할 수 있다. 여기에는 상수역학자들의 잘못된 방법론을 비판하고 의리역학자들의 허황된 이념들을 비판하는 내용들로 차 있다.

이을호는 1958년 정약용의 역리(易理)를 소개한 「정다산(丁茶山)의 역리(易理)에 대하여」[2]라는 소논문을 발표하였는데 이것이 다산역에 대한 본격적인 연구사의 시작을 알리는 논문이 되었다. 이을호는 그 후로도 지속적으로 다산역을 연구하여 그 성과물로 1993년 단행본 『다산의 역학』을 출간했다. 이 책은 저자 자신의 그간의 연구를 집대성한 것으로, 후학들에게는 『주역사전』과 『역학서언』의 사전적 역할을 한다. 특이할 만한 점은 다산역의 사상사적 체계가 이을호 자신이 한국사상의 주맥(主脈)으로 간주한 '한'사상과 맥락을 같이한다고 판단하는 점이다.[3] 이 책에는 다산역의 구성체제, 역리사법(易理四法), 역학사관(易學史觀) 등이 자세하게 잘 정리되어 있다. 아쉬운 점도 있으나 어쨌든 이을호의 연구가 후학들에게 다산역 연구의 지침이 되고 있음은 분명하다. 또한 정약용이 주장하는 고역(古易)이 애오라지 순수천명(順受天命) 개과천선(改過遷善)하는 윤리학이라고 정의내림으로써,[4] 상제에

---

2) 이을호, 「丁茶山의 易理에 대하여」, 『전남대학교논문집』 제2집, 1958.
3) 『다산역학연구』, 『호서』 [1], 623~625쪽 참조.
4) 『다산역학연구』, 『전서』 [1], 541쪽.

대한 종교적 신념을 근거로 실천적 윤리를 강조한 다산역의 핵심을 잘 확인해 주었다.

2. 현암의 다산역 연구의 범위와 주제

이을호는 다산역 연구의 선구적 역할을 담당했던 사람으로서, 주로 『주역사전』의 범례에 해당하는 역리사법(易理四法), 독역요지(讀易要旨), 역례비석(易例比釋) 등과 『역학서언』의 텍스트를 위주로 하여 다산역의 전모를 밝히기 시작하였다. 그의 연구를 집적한 저서 『다산의 역학』(1993)은 이에 대한 본격적인 연구서라고 할 수 있다. 이 책에는 『역학서언』에 대한 본격적인 해설에 덧붙여 『주역사전』의 서론격인 역리사법, 독역요지, 역례비석 등이 자세하게 언급되어 있다. 이을호 자신이 1992년 작성한 이 책의 서문에서 "만일 앞으로 다산역학에 대한 동호자가 나온다면 적어도 이 자료집을 한 번쯤 훑어보지 않고서는 징검다리 없는 강 언덕을 건널 수 없음을 깨닫게 되리라는 사실이다. 나는 많은 도표를 지루하게 만드는 과정에서 이것은 결국 어느 누구를 위한 작업인가를 자문자답하면서 만들었다. 그러므로 이 책은 결국 미완의 장으로서 후학을 위한 징검다리의 구실에 만족할 수밖에 없음을 서량(恕諒)하라."[5]라고 하였는데, 이 말은 결코 겸사의 의미만 지닌 것이 아니라 실제로 이을호의 이 책은 '후학을 위한 징검다리의 구실에 만족'해야 했다. 이을호 당시에는 다산역에 대한 연구가 전무한 상황이었고, 이을호의 역할은 세상에 처음으로 다산역을 소개하는 것이었다. 이을호가 학계에 알린 다산역의 내용은 몇 가지로 간추릴 수 있다.

5) 『다산역학연구』, 『전서』 [1], 281~281쪽.

1) 다산의 『주역』 재편의 실상에 대하여

정약용은 『주역』의 십익(十翼)에 대해 재편 작업을 하였다. 먼저 「계사전(繫辭傳)」에서는 시초(蓍草) 점법에 관한 부분을 떼어내서 「시괘전(蓍卦傳)」이라는 별도의 전(傳)을 구성하였다. 본래 「계사전」은 공자의 작품으로 인식되어 왔으나 송대 구양수(歐陽脩) 이래로 끊임없이 공자 한 사람의 작품이 아니라는 설이 분분하였다. 주희는 "계사(繫辭)란 본래 문왕과 주공이 지은 사(辭)로서 괘효의 밑에 달아놓은 것으로서 곧 지금의 경문이다. 계사전(繫辭傳)은 여기에 공자가 서술한 전문(傳文)으로서 이는 경문의 대체범례(大體凡例)를 통론(通論)한 것인 까닭에 어느 경에도 붙일 수 없어 스스로 상하편으로 나누어 놓은 것이다."(『주역본의』 「계사상전」)라고 하였으니, 이는 계사(괘효사)와 계사전을 엄격히 구별한 것이고 계사전이 공자가 내린 『주역』 경문에 대한 통론임을 밝힌 것이다. 정약용은 공자십익설에 대해 긍정적이면서도 이 「계사전」만은 그대로 수용하지 않았다.

정약용은 「계사전」을 크게 네 부분으로 나누었는데, 하나는 「역대전(易大傳)」으로 묶고, 다른 하나 신비적 술수를 나열한 내용은 일부를 아예 폐기하였으며[6], 또 다른 하나인 점법 내용은 별도로 「시괘전」에 편입시키고, 마지막으로 석효보전(釋爻補傳)의 내용을 추려 각 괘효사 아래 배속하였다.

이을호는 정약용의 「계사전」 재편에 대해 다음과 같이 의미를 주었다.

> 다산은 그의 역대전(易大傳)을 정리함에 있어서 주로 계사전(繫辭傳)의 점술적(占術的) 신비주의(神秘主義)의 늪에서 빠져나오려고 했다는 사실을 여기서 지적하지 않을 수 없다. 19항에 걸쳐 있는 그 많은 신(神)들의 늪에서 빠져나오지 않고서는 그의 역리사법(易理四法)은 제구실을 다할 수 없음은 너무도 당연한 노릇이 아닐 수 없기 때문이다. 그러므로 역(易)이란 다산의 지적처럼 순수천명

---

6) 이을호는 폐기된 구절에 대해 『전서』 ①, 298~300쪽에 상세하게 적시하였다.

(順受天命)의 학(學)이지 음양불측(陰陽不測)하는 신물(神物)이 아님은 다시 말할 나위도 없다.[7)]

「역대전」은 이른바 『주역』의 총론으로서 종전의 「계사전」에 해당한다. 현전하는 「계사전」에서 술수적 내용들과 「시괘전」의 내용, 그리고 석효보전(釋爻補傳)의 내용을 뺀 것이 바로 「역대전」이다.

정약용은 원래 십익에는 없던 「시괘전(蓍卦傳)」을 별도로 구성하였는데, 그 전문은 모두 「계사전」에서 추려낸 것이다. 정약용이 구성한 「시괘전」은 시초를 이용한 점법의 한 시안인데, 이을호는 이것의 의의를 "점술적 신비주의에 근거한 역술을 역수학적 상징주의의 역학으로 정리한 데에 의의가 있다."[8)]고 하였다.

이을호가 정리한 「시괘전」의 요지는 다음과 같다. 먼저 「시괘전」에서 '대연지수오십(大衍之數五十)'의 개념이 확립되었다는 것이다. '50'이란 수는 사시(四時)의 상인 12벽괘(辟卦)와 재윤(再閏)의 상인 중부와 소과괘를 제외한 50괘를 가리킨다. 이것을 50연괘(衍卦)라 하는 것은 정약용이 확정한 역리사법의 하나인 추이의 방법으로 연역된 괘이기 때문이다. 둘째로 괘를 구하는 기본정신이 역수학적(曆數學的) 천지일월의 운행에 근거한다는 것이다. 이것은 이을호에게 다산역의 한계로 비쳐졌다. 이을호는 "시괘전을 통하여 정의된 역상(易象)은 비록 신명(神明)일지라도 여기에 의착(依着)하지 않을 수 없다는 것이다. 여기에 정약용의 신관(神觀)의 한계가 있으니 한유들의 신비주의적 신관을 배제하고 세간적(世間的) 신관에 정착하게 된 소이이다."[9)]라고 비평하였다. 이것은 곧 「시괘전」의 역수론(曆數論)의 한계이기도 하다. 셋째로 태극설도 정약용의 역수학적(曆數學的) 현상에 의해 개념이 정립되었다는

---

7) 『다산역학연구』, 『전서』 ①, 302쪽.
8) 『다산역학연구』, 『전서』 ①, 303쪽.
9) 『다산역학연구』, 『전서』 ①, 306쪽.

것이다. 주희의 태극은 자연의 이법이었으나 정약용의 태극은 단지 시초 50책이 나누어지지 않은 상태를 가리키는 말이다. 즉 시괘법상 아직 성괘(成卦)되기 전의 경지를 가리키는 것이다. 따라서 「시괘전」에는 주희식의 이법적 점법은 찾아볼 수가 없고 단지 태극－양의－사상－팔괘－만물의 상(象)만 존재한다.

이를 종합하여 이을호는 이렇게 정의한다.

> 다산의 시괘전을 통하여 본 역상(易象)은 실체가 아니라 의상(儀象)이라는 사실을 알 수가 있다.…… 그러므로 다산이 추구하는 역수학적(曆數學的) 역상(易象)은 태극(太極)－양의(兩儀)－사상(四象)이라는 상(象)의 학(學)으로 정리되었고 그의 시괘전도 따지고 보면 그의 역상학(曆象學)의 방법론에 지나지 않는다.[10)]

석효보전(釋爻補傳)은 「계사전」 가운데서 괘효사의 보완 내용으로 분류할 수 있는 것들을 추려서 경문의 괘효사 아래에 각각 상경에 7절, 하경에 11절을 재배치한 것이다. 정약용은 석효보전을 "공자왈"로 시작하여 모두 공자의 말들로 규정하고 있으나, 이을호는 액면 그대로 믿기 어려우며 재검토되어야 한다고 주장하였다. 그러나 어쨌든 석효보전 부분을 별도로 모아놓고 보면 『주역』의 신비주의적 시각에서 벗어나 경학으로서의 윤리성이 크게 부각되었다는 점을 강조하였다.

이 밖에 10익의 재편 상황을 살펴보면 다음과 같다.

정약용은 10익(十翼)이 기본적으로 철학적 진리를 담고 있기는 하지만 그것이 어떤 형이상학적 원리를 설명하고 있다고 생각지 않았다. 그가 공자10익설(孔子十翼說)에 회의를 갖고 10익을 재편한 양상을 보면 보다 분명해진다.

---

10) 『다산역학연구』, 『전서』 [1], 309쪽.

가장 큰 차이는 「문언(文言)」을 빼고 「대상전(大象傳)」을 포함시킨 것이다. 「문언」을 옛 자서(字書)로 간주하여 10익에서 제외하였으며, 「단전(彖傳)」과 「상전(象傳)」은 그대로 10익으로 인정하되 「상전」 가운데 괘 전체의 상(象)을 설명하고 있는 「대상전」을 효상을 설명하는 「소상전(小象傳)」과 분리하여 별도로 10익에 포함시켰다.[11] 「서괘전(序卦傳)」과 「잡괘전(雜卦傳)」은 10익으로 인정하되 별도로 표창하지는 않고 각 괘 주석의 모두(冒頭)에 분속시켰다. 따라서 정약용이 공자의 저작으로 간주하는 것은 「단전」 상하와 「상전」 상하, 「대상전」, 「계사전」 상하, 「서괘전」, 「잡괘전」 그리고 「설괘전」 등 10편이 된다.[12] 이 가운데 「설괘전」의 경우 일부 공자의 전문(傳文)이 포함되어 있긴 하지만[13] 기본적으로 고문이라는 것이 정약용의 확신이다. 따라서 정약용이 10익을 꼭 공자 한 사람의 것으로 보지 않는다는 사실을 알 수 있다.

즉, 10익 재편의 주 내용은 「문언」을 옛 자서(字書)로 분류하고, 「계사전」에서 수(數)와 관련된 부분을 모두 별도로 「시괘전」으로 분리해 내며, 괘 전체의 상을 가지고 군자의 의리를 설명하고 있는 「대상전」은 별도로 표창한 것이었

---

11) 「大象傳」 주석 冒頭에서 정약용은 "「대상전」은 공자가 筮家의 「단전」·「상전」과 달리 별도로 象을 연구하여 군자의 쓰임새에 의뢰한 작품이다. 이는 十翼 가운데 하나로 괘효사와는 연관이 없으며 본래 별도로 하나의 경전이어야 한다[「大象傳」者, 孔子于筮家「彖」·「象」之外, 別自玩象, 以資君子之用者也. 此爲十翼之一, 而不干卦爻之辭, 本宜別行, 自爲一經.]."라고 하여 10익에 포함시켰다.

12) 『與猶堂全書』 第2集 經集 第44卷, 『周易四箋』 卷8 「繫辭下傳」, 537쪽, 冒頭 茶山箋 참조. "王肅·李鼎祚本, 皆分上下傳, 蓋自田何授『易』, 已然矣. 並上下「彖傳」, 上下「象傳」, 爲六翼, 唯「大象傳」[天行健之類.], 及「說卦」「序卦」「雜卦」, 各自一篇, 合之爲十翼.[「文言」者, 古之字書.]"

13) 정약용은 「설괘」를 64괘의 완성과 함께 있어 왔던 古文으로 여긴다. 『주역사전』 「括例表·說卦表直說」에 따르면, 현본 「설괘전」 가운데 전반부인 "昔者, 聖人之作易也, 幽贊於神明而生蓍."부터 "是故『易』逆數也."까지와, "萬物出乎震, 震東方也."부터 "然後能變化旣成萬物也."까지를 「설괘」를 총론한 공자의 傳文이라고 보며, "雷以動之, 風以散之."부터 "勞乎坎, 成言乎艮"까지와 "乾, 健也. 坤, 順也." 이하를 모두 古文으로 간주한다.

다. 이을호는 정약용의 10익 재편에 대해 총론하면서, "고역(古易)의 신비주의적 역리(易理)에서 탈피하여 복서학적(卜筮學的) 자연주의에 입각한 역학으로 재정립하였다."[14]고 결론내린 바 있다.

개괄적으로 보자면, 정약용은 10익의 내용을 주로 벽괘에서 연괘로의 추이와 효변의 양상을 설명하는 것으로 보고 있는 것이다. 「단전」과 「대상전」을 공자가 의리를 밝혀놓은 것으로 평가하는 것으로 보아 의리적 측면을 부정하고 있지는 않지만,[15] 그의 주석 방식을 보면 「단전」과 「대상전」마저도 추이와 효변을 설명하는 역리서로 보았다는 것을 알 수 있다. 「대상전」 건(乾)괘의 전(箋)에서 "『역』의 도는 오직 12벽괘의 추이의 법을 위주로 할 뿐, 단지 하늘과 땅, 물, 불, 우레, 바람, 산, 연못이 서로 어울리거나 서로 틀어지는 상(象)만으로 「대상전」의 취지를 해석해선 안 된다."[16]고 한 것을 보면 「대상전」이 담고 있는 의리적 내용 또한 추이의 법칙을 통해 얻어지는 것으로 파악하고 있음을 알 수 있다.

2) 다산역의 정수(精髓)에 대하여

이을호는 다산역의 정수로 네 가지를 들었다. 역리사법(易理四法)과 독역

---

14) 『다산역학연구』, 『전서』 ①, 63쪽.

15) 『주역사전』 乾卦 九三의 주석에서 정약용은 "공자가 『역』을 해석할 때 의리를 위주로 한 것이 많다.[「단전」·「대상전」.](孔子解『易』, 多主義理.[「彖傳」·「大象傳」.])"고 하면서 「단전」과 「대상전」을 지목하고 있으며, 『역학서언』, 「班固藝文志論」에서는 "「소상전」은 효사의 뜻을 해석하여 筮家들이 사용하도록 만든 것일 뿐이며, 「대상전」은 공자가 점치는 것 외에 별도로 의리를 세워 아무 일이 없을 때 음미하도록 하기 위해 쓴 것이다[「小象傳」者, 專釋爻詞之義, 以爲筮家之用者也. 「大象傳」者, 孔子於卜筮之外, 別立義理, 以爲居玩之用者也]."라고 하여 공자의 저작인 「단전」과 「대상전」이 의리를 위주로 한 것임을 밝히고 있다.

16) 『與猶堂全書』 第2集 經集 第43卷, 『周易四箋』 卷7, 「大象傳」, 乾卦, 茶山箋, 527쪽, "『易』之爲道, 專主十二辟推移之法, 不可但以天地水火雷風山澤, 相與相戾之象, 解此「大象」之旨也."

요지(讀易要旨), 역례비석(易例比釋), 괘의론(卦義論)이 그것이다. 역리사법, 독역요지, 역례비석은 『주역사전』의 모두에서 주역경문 해석의 방법론과 사례, 원칙 등을 해설한 것으로 『주역사전』 해석의 범례라고 할 수 있다. 이을호가 말한 괘의론은 정약용이 경문을 해석하면서 괘효사 아래에 덧붙인 것으로 자신의 견해와 기타의 설들을 인용하여 보완한 이른바 '용안(鏞案)'의 내용을 별도로 지칭한 것이다.

이을호는 역리사법을 "역수학적(曆數學的) 역리사법"[17]이라 규정하였다. 이는 이을호가 정약용의 역전 재편의 원칙이 역수학(曆數學)이라고 한 것과 같은 맥락이다. 역리사법을 간단하게 정리하면 다음과 같다.

추이(推移)는 벽괘(辟卦)가 연괘(衍卦)로 확장되어 가는 것을 표현하는 용어다. 벽괘는 14개로 구성되며, 이것이 확장하여 50연괘로 옮겨 간다. 동지에 1양이 처음 생겨나서 복(復)괘 ䷗가 되는데, 한 달마다 양이 하나씩 자라나면 임(臨)괘 ䷒가 되고 또 태(泰)괘 ䷊가 되며 대장(大壯)괘 ䷡가 되고 더 나아가 쾌(夬)괘 ䷪가 되며, 마지막에 6음이 다 자라나면 건(乾)괘 ䷀가 된다. 이와 같은 연역의 원리가 바로 추이다. 벽괘는 열두 달, 즉 사시(四時)를 상징하는 열두 괘에 재윤(再閏)의 괘로서 소과(小過)괘 ䷽와 중부(中孚)괘 ䷼를 포함시켰다. 재윤의 괘까지 포함시켜야 사시의 순환 반복을 제대로 표현할 수 있다고 보았기 때문이다. 이 14벽괘의 강획(剛畫)과 유획(柔畫)들이 위아래로 옮겨다니면서 자리이동을 하는 것이 곧 추이다.

물상(物象)은 괘효사(卦爻詞)를 구성하는 가장 기본적인 요소다. 건괘에 나오는 용(龍)과 곤(坤) 괘에 등장하는 말(馬) 등이 물상에 해당된다. 더 엄밀하게 말하자면 건괘 초9 "잠룡물용(潛龍勿用)"의 '물용'과 같은 점사(占詞)를 제외한 모든 사(詞)는 넓은 의미의 물상이 된다. 정약용은 '잠(潛)'과 같은 괘덕(卦德)도 손(巽) ☴의 물상으로 간주하였다. 정약용에게서 물상은 『역』을

17) 『다산역학연구』, 『전서』 ①, 517쪽.

해석하는 가장 중요한 매개다. 괘효사에서 물상을 취한 것은 모두 「설괘」에 근거한다. 따라서 정약용은 「설괘」를 통하지 않고는 『역』을 한 글자도 이해할 수 없다고 단언한다. 그에 따르면, 「설괘」는 복희(伏羲) 시대부터 전해 온 고문이며 하・상(夏商) 시대에도 변함없이 이용되었고, 주(周)시대의 『춘추좌전』과 『국어』의 관점(官占)에서도 「설괘」의 물상을 두루 취하였기 때문에, 「설괘」를 통하지 않고는 『역』을 읽을 수 없다는 것이다. 「설괘」가 중시되어야 하는 것은 거기에 8괘의 물상들이 적시되어 있기 때문이다.

호체(互體)란 중효(中爻)를 말한다. 왕필(王弼) 등이 호체설을 반대했지만 호체설은 대부분의 역학가들에게 채택되고 있다. 정약용이 『주역사전』 「사전소인(四箋小引)」에서 언급하고 있듯이 주자도 "호체는 폐할 수 없다."[18]고 말한 바 있다. 두 호체로 새롭게 만들어지는 괘는 중괘(重卦)를 이루고 나면 자연히 형성된다. 정약용은 본괘(本卦) 외에 호체(互體)의 여러 형태를 활용하였다. '대체(大體)'는 호체 가운데 큰 것으로서 4획 또는 5획을 가지고 논하는 것이다. '겸체(兼體)'는 1괘 전체를 가지고 호체를 취한 것으로, 중괘가 성립되면 천지인(天地人) 3재(才)의 자리가 확정되므로 그 각각을 둘씩 묶어 또 하나의 8괘를 구성하는 것이다. '도체(倒體)'는 괘가 가지고 있는 성질을 온전하게 다 쓰기 위해 본괘를 거꾸로 뒤집어 활용하는 것이다. '복체(伏體)'는 6획의 자리에 근거하여 수를 고찰해 볼 때 겉으로 드러나진 않지만 감(坎)과 이(离)의 수가 실제로 그 속에 잠재해 있다고 보고 활용하는 것이다. 하괘는 다 이(离) ☲고 상괘는 다 감(坎) ☵이 되는데, 제1, 2, 3효는 홀수－짝수－홀수로 되어 있고, 제4・5・6효는 짝수－홀수－짝수로 되어 있기 때문이다. '반합(牉合)'은 혼인의 상(象)과 관련된 괘의 경우 소남(少男)과 소녀(少女) 중의 어느

18) 黎靖德 編, 『朱子語類』(北京: 中華書局, 1986), 권76, 易12, 「繫辭下」, 1957쪽. 주자의 이 말은 學履의 기록에 보인다. "先儒解此多以爲互體, 如屯卦震下坎上, 就中間四爻觀之, 自二至四則爲坤, 自三至五則爲艮, 故曰, '非其中爻不備.' 互體說, 漢儒多用之. …… 看來此說, 亦不可廢. 〈學履〉."

한 쪽이 거꾸로 되어서 서로 마주하기 때문에 활용하는 것이다. 이러한 호체설은 「설괘」의 물상이 누락된 것을 보충하는 한 설명 방식이다. 새로운 호체괘가 형성되면 거기에서 각각 새로운 물상을 추출해 낼 수 있기 때문이다. 이러한 호체설은 물상으로 64괘 전체의 괘효사를 해석할 수 있는 토대를 마련해 주는 것이기도 하다.

효변(爻變)이란 효의 변화를 지칭하는데, 정약용에 따르면 효(爻)는 변화를 말할 때만 사용하는 것으로, 효를 언급하게 되면 그것은 이미 변효(變爻)를 지칭한다. 효변을 취하지 않으면 추이의 방법이 통하지 않게 된다. 효가 변하면 그 지괘(之卦)를 잡고서 그것의 추이를 거슬러 따져보아야 하는데, 지괘란 바로 효인 것이다. 또 효변을 취하지 않으면 「설괘」의 물상을 운용할 방법이 없고, 호체의 물상도 적용할 길이 없다. 효변법을 적용하지 않으면 64괘 384효가 다 어긋나게 되어 음을 양으로 오인하고 양을 음으로 오인하는 결과를 빚게 된다. 효는 한 괘에서 6위(位) 가운데 어느 한 자리가 변하여 다른 괘로 전이되는 과정을 표현한다. 주희(朱熹)의 경우는 획괘(畫卦)와 효변(爻變)의 원리가 동일하게 간주되어, 획과 효를 구분하지 않았다. 이런 점에서 주희와 정약용의 효변설은 큰 차이가 있다. 주희는 효변을 점서(占筮)의 방법으로만 파악한 반면 정약용은 괘효사를 지은 근본 원칙 중의 하나로 인식했던 것이다. 이 효변설은 이을호가 "역리사법은 다산역의 척도(尺度)라 이를 수 있다면 효변설(爻變說)이야말로 역리사법의 척도"[19]라고 표현한 것처럼 가장 중요한 원칙이다.

「독역요지」는 역리사법과는 달리 단사(彖詞: 즉 괘사)와 상사(象詞: 즉 효사)를 중심으로 한 64괘의 계사(繫詞: 즉 괘효사)를 이해하는 방법으로 18항에 걸친 요지다. 이을호의 표현대로 이것은 "역사(易詞)의 난해성의 신비화를 방지함으로써 역사의 본연의 의의를 되찾기 위한"[20] 목적을 지닌

19) 『다산역학연구』, 『전서』 [1], 527쪽.

것이다.

첫 번째 추상(抽象: 상을 뽑아냄)은 수많은 상 가운데서 한 가지 상을 뽑아서 괘효사를 만들었기 때문에 그 괘효사로는 만사만물에 다 적용시킬 수가 없다는 점을 밝힌 것이다. 두 번째 해사(該事: 해당하는 일)는 하나의 상을 고집해서는 안 되므로 더러 한 괘효사 안에 몇 가지 일을 뒤섞어 논하였으나, 사실은 그 몇 가지 일에 그치는 것이 아님을 밝힌 것이다. 세 번째 존질(存質: 체질을 보존함)은 제시된 몇 가지 상(象)을 고집해선 안 되므로 괘사에서는 더러 괘덕만을 드러내어 그 체질을 보존하고 구체적인 사물을 논하지 않았으며, 효사에서는 더러 길흉만을 드러내어 그 점을 보존하고 구체적인 사물을 논하지 않았다는 점을 밝힌 것이다. 네 번째 고명(顧名: 이름을 고려함)은 괘의 이름을 정한 데에는 본디 정해진 규칙이 없기 때문에, 8괘의 본덕 및 음양 소장의 추세, 추이 왕래의 실정에 근거하여 명명한 것이 있고, 직접 사물의 형태를 취하거나 괘에서 바로 상을 뽑아 내어서 우연히 이름을 정한 경우도 있다는 점을 밝힌 것이다. 다섯 번째 파성(播性, 성질을 퍼트림)은 본괘의 성질과 기운을 버리고 지괘의 물상만을 사용한다면 크게 어긋나므로 지괘의 근본이 되는 본괘의 성질과 기운을 고려해야 한다는 점을 밝힌 것이다. 여섯 번째 유동(留動: 움직임을 유보함)은 괘주(卦主)가 되는 효의 경우는 그 움직임을 유보하여 변화를 좇지 않고 추이의 본상(本象)만을 사용한다는 점을 밝힌 것이다. 일곱 번째 결본(缺本: 근본을 빠트림)은 여섯 효 가운데에 한두 곳의 효사에서는 더러 그 본성을 빠트렸으나 꼭 거론할 필요가 없었기 때문이지 실제로 본래의 성질과 기운이 없던 적이 없다는 점을 밝힌 것이다. 여덟 번째 용졸(用拙, 졸렬함을 사용함)은 상을 취한 방법이 자세하지 않은 것은 성인이 백성보다 먼저 사용하기 위해 평이하고 딱 들어맞는 사물을 제쳐두고 졸렬한 상을 취한 것임을 밝힌 것이다.

---

20) 『다산역학연구』, 『전서』 ①, 528쪽.

아홉 번째 쌍소(雙溯: 두 방면으로 소급함)는 괘의 모괘(母卦)가 두 개일 경우 그 괘사는 반드시 두 방면으로 근본을 소급하고 그 효사는 지괘를 잡아 두 방면으로 근본을 소급하여야만 괘효사를 해석할 수 있다는 점을 밝힌 것이다. 열 번째 첩현(疊現: 중첩하여 드러냄)은 두 괘의 물상이 서로 같을 경우 그 괘효사는 더러 앞의 글을 중복 사용한다는 점을 밝힌 것이다. 열한 번째 비덕(比德: 덕을 비교함)은 모든 실정을 다 통괄할 수 없기 때문에 더러 괘덕(卦德)을 드러내고 사물은 거론하지 않는 경우가 있는데 이러한 것은 모든 일의 점이 다 괘덕을 비교함으로써 대강을 점칠 수 있기 때문이라는 점을 밝힌 것이다. 열두 번째 영물(詠物: 사물에 빗대어 노래함)은 마치 풍시(風詩)에 비(比)와 흥(興)이 있는 것처럼 사물에 빗대어 일을 깨우쳐 주는 경우가 있음을 밝힌 것이다. 열세 번째 건유(建維: 벼리를 세움)는 건곤감리(乾坤坎离)가 『역』의 4유(維)가 되는데 64괘에서 양획은 모두 건에 근본하고 음획은 다 곤에 근본하며, 상괘(上卦)는 다 감(坎)의 자리고[4－5－6] 하괘(下卦)는 다 이(离)의 자리니[1－2－3], 이것이 『역』의 네 가지 핵심이 됨을 밝힌 것이다. 열네 번째 변위(辨位: 자리를 구분함)는 자리를 가리키는 이름에는 네 가지가 있는데 3재의 자리와 두 기운의 자리, 귀천의 자리, 안팎의 자리가 그것이며, 물상이 같은데 그 사(詞)가 다르거나, 사가 같은데 길흉이 다른 것은 오직 그 자리가 다르기 때문임을 밝힌 것이다. 열다섯 번째 우의(寓義: 뜻을 깃들게 함)는 괘효사에 깃들어 있는 의리는 숨어 있어서 뚜렷하지 않거나 아주 작아서 드러나지 않는데 「단전」과 「문언(文言)」, 「역대전」, 「대상전」에서 부연하였으므로 전(傳)에 근거하여 경(經)을 구한다면 의리를 알 수 있다는 점을 밝힌 것이다. 열여섯 번째 고점(考占: 점을 고찰함)은 괘효의 상은 본디 일정하게 길한 것도 없고 일정하게 흉한 것도 없으므로 괘효사에서 길흉을 말한 것이 모든 점에 통용되지는 않는다는 점을 밝힌 것이다. 열일곱 번째 인자(認字: 글자를 인식함)는 경(經)의 뜻을 알고자 하면 글자의 뜻을 먼저 알아야 한다는 점을 밝힌 것이다. 열여덟 번째 찰운(察韻: 글자의 운을 살핌)은 괘효사의 운법(韻法)은 가장 엄격하고 정밀하지만 격률(格律)은 변화가 많아 한두 글자가 첩운(輒韻)인 경우가 있고, 두세 구가 운(韻)이 되는 경우가 있으며, 두세 효사가 서로 운을 이어가는 경우도 있고, 여섯 효 전체가 협운(叶韻)으로 서로 이어가는 경우 등이 있는데 여기에 더러 고운과 금운이 원래 같지 않은 것도 있다는 점을 밝힌 것이다.

「역례비석(易例比釋)」은 450개의 괘효사를 각각 하나의 용례에 계열화한 것이다. 이는 괘효사를 하나의 원리적 체계로 읽는 것이 아니라 일종의 용례, 사례로 파악하려는 의도에서 진행된 것이다. 그 용례는 다음과 같다.

元亨利貞例(7) 亨利貞例(11) 元亨例(4) 亨例(21)
利貞例(7) 元吉例(14) 貞吉例(26) 貞凶例(9)
永貞例(7) 居貞例(5) 艱貞例(6) 安貞例(2)
女貞例(3) 君子貞例(2) 幽人貞例(2) 雜貞例(6)
可貞例(6) 貞吝例(4) 貞厲例(8) 厲例(19)
吝例(16) 悔例(6) 無悔例(7) 悔亡例(19)
無咎例(99) 有孚例(38) 征吉例(5) 征凶例(10)
利見大人例(7) 利涉大川例(12) 利有攸往例(21) 祭祀例(9)
婚媾例(14) 疾病例(8) 福例(6) 歲月日例(29)
東西南北例(5) 無不利例(12) 無攸利例(10)
(이상 총 502개의 용례)

이 용례 분류에서 주목해야 할 점은 용례의 계열화 내용이 각각의 사(詞) 중에서 점사(占辭)에 해당한다는 것이다. 점사는 곧 길흉을 판단하는 내용인데, 길흉이 바로 인사(人事)의 영역이므로, 결국 「역례비석」의 분류는 인사의 내용을 분류한 것이 된다. 곧 정약용은 인문학의 관점에서 역사를 분류하고 있는 것이다.

이을호는 「역례비석」을 통해 다산역을 세 가지로 정리하였다.

> 첫째, 역도(易道)란 소천명(紹天明)의 도(道)임을 알아야 할 것이다. 역도란 결코 술수학(術數學)이 아님을 의미한다. 둘째, 역의 대의(大義)는 형정(亨貞)을 이해함에서 비롯함을 알아야 할 것이다. 형(亨)이란 천심(天心)과 통하는 길이요 정(貞)이란 사공(事功)이 성취됨을 의미한다. 모사재천(謀事在天)하고 성사재인(成事在人)함은 그것이 바로 형정의 대의임을 알아야 할 것이다. 셋째, 역이란 회린(悔吝)의 도(道) 외에 그 어느 것도 아님을 알아야 한다. 왜냐하면 역이란 개과천선(改過遷義)의 도이기 때문이다.[21]

괘의론(卦義論)은 이을호가 정약용의 '용안(鏞案)'들만 묶어서 따로 그 의미를 부여한 것인데, 특히 그 중에서도 "각 괘의 첫머리에서 서괘(序卦)와 잡괘(雜卦)의 의미를 보완한 괘의론(鏞案說)은 역리각론(易理各論)의 압권"[22] 이라고 평가하면서 그 전문을 발췌하여 정리하였다. 이을호는 정약용의 괘의론을 크게 둘로 나누어 보았다. 괘명을 중심으로 한 용안설(鏞案說)과 그 밖에 괘효사의 자구(字句)를 다룬 안설(案說) 또는 우안설(又按說)이 그것이다. 용안설은 소위 전래되어 오는 서괘전과 잡괘전의 괘의(卦義)를 비판하여 새로운 괘의론을 전개한 것이고, 안설 또는 우안설은 고증학적 근거에서 잘못을 바로잡아 놓은 자의론(字義論)이다. 이을호는 정약용의 안설에 대해 다음과 같이 평가하였다.

> 다산은 64괘의 각론을 다룸에 있어서 그의 보도(寶刀)인 역리사법(易理四法)으로 괘상(卦象)은 읽을 수 있지만 괘의(卦義)와 괘효사(卦爻詞)의 자의(字義)에

21) 『다산역학연구』, 『전서』 1, 541쪽.
22) 『다산역학연구』, 『전서』 1, 542쪽.

관해서는 그의 보도로서 요리하기에는 너무나 많은 난점을 안고 있다는 사실을 발견하게 된 것이다. 그러므로 각괘별(各卦別)로 괘효사의 공식적인 분석은 천편일률 막힘 없이 서술하였지만 이에서 벗어난 문제들은 따로 안설(案說)로서 정리할 수밖에 다른 도리가 없었던 것이다. 이러한 배경 하에서 저술된 안설(案說)은 그야말로 다산의 역저(力著)에 속한 부분이라 이르지 않을 수 없다.[23]

3) 상수역과 의리역의 탄생과 전개 과정, 그리고 해석의 오류에 대하여

이을호는 『역학서언』의 차례에 근거하여 한대 상수역학의 출현과 왕필로부터 시작되는 의리역학의 출현, 송대의 주자와 소강절 등의 역학, 명·청대의 내지덕, 이광지 등의 역학을 소개하고 그 요점과 함께 정약용의 비판을 상세하게 소개하였다. 정약용의 역학은 이들 역학자들의 이론을 비판하면서 정립되었기 때문에 역학사에 대한 이해는 다산역 이해에 첩경이 될 것이다.

정약용은 한대의 역학자 30여 가 중에서도 특히 순상(荀爽)과 우번(虞翻) 2가의 설을 다합경지(多合經旨)라 하여 높이 평가하였으며 순구가순구가(荀九家)의 설에 주목하였다. 순구가는 후한의 비직(費直) 계열인 마융·정현·송충·순상과 맹희(孟喜) 계열인 우번·육적·요신·경방 및 계통 미상인 적자현이 이에 해당된다. 비직계는 순상이 대표하고 맹희계는 우번이 대표하는데 한대 역학이 의리 훈고와 함께 상수학으로서의 발전을 기약할 수 있게 된 바탕이 되었다. 이들의 역론(易論)은 당대(唐代)의 이정조(李鼎祚)가 지은 『주역집해』에 수록되어 있는데 한대 역학을 집성한 이정조의 공적은 지대한 것이다. 순구가의 한 사람인 정현(鄭玄)은 주역주를 내면서 경문의 글자를 다르게 쓰거나 고쳐 썼는데 정약용은 정현이 고친 글자를 대부분 인정하지

---

23) 『다산역학연구』, 『전서』 ①, 614~615쪽.

않았다. 정약용은 정현이 역리법에 충실하지 않았기 때문에 이런 오류를 범한 것이라고 생각했다. 이을호는 이에 대해 "정현은 비록 한대 훈고학을 대표하는 석학이라 하더라도 그의 물상론(物象論)은 너무도 천착으로 일관했다는 점에서는 송대 소강절(邵康節)의 학을 방불(彷佛)하게 한다는 정약용의 비판을 받아 무방하다."[24]고 평가하였다.

위진시기에 들어서 왕필(王弼)이 의리역을 표방하면서 한대 상수적 방법들을 거의 모두 폐기하였는데, 이는 정약용의 역리와는 너무나 다른 것이었다. 정약용은 「왕보사역주론(王輔嗣易注論)」에서 "왕씨의 역은 괘상이 완전히 빠져있을 뿐만 아니라 자구의 훈고에 있어서도 고려할 만한 것이라고는 아무것도 없다."고 했을 정도로 왕필역을 극렬 비난하였다. 이을호는 이를 마치 "노자와 공자의 대결을 방불하게 하는"[25] 것으로 표현하였다. 왕필이 요절한 뒤 한강백(韓康伯)이 나타나 왕필이 다못한 「역대전」에 대한 주석을 내었는데, 한강백의 역에는 노장사상뿐만 아니라 불교사상까지도 혼합되어 있다. 한강백의 현담(玄談)은 도(道)를 무(無)의 사상으로 밝히고 있는데 다산역은 도를 지건지상(至健之象)으로 풀이하고 있다. 정약용에게 있어 도는 무(無)의 도가 아니라 유(有)의 도이며 천도(天道)이며 음양의 도다. 또한 한강백이 도입한 태허설(太虛說)은 상수학적 역리와는 너무나 다른 것이다. 정약용은 역(易)이 결코 허무의 극치인 태허일 수 없다고 여겼다. 이을호는 "다산의 역리론의 입장에서 볼 때 왕한역(王韓易)의 반상수학적(反象數學的) 역리론이야말로 이단 중의 이단으로 간주할 수밖에 없다."[26]고 평가하였다.

정약용은 송대의 주희와 소강절의 역학에 대해서도 역리사법에 근거하여

---

24) 『다산역학연구』, 『전서』 [1], 409쪽.
25) 『다산역학연구』, 『전서』 [1], 422쪽.
26) 『다산역학연구』, 『전서』 [1], 427쪽.

모두 비판하였다. 주희는 괘변도(卦變圖)를 그려 괘의 변화를 추적하였는데 정약용의 추이법의 선구가 되지만 정약용처럼 중시하지는 않았다. 정약용과는 달리 중부괘와 소과괘의 재윤(再閏)의 의의가 천명되지 않았기 때문에 완벽하게 적용되지 않았다. 이을호는 정약용의 재윤지의(再閏之義)의 발명을 "추이법의 이해에 있어서 획기적 의미를 갖는다."[27] 고 평가하였다. 정약용은 특히 역리사법이 주희의 『주역본의(周易本義)』 속에 남아 있기 때문에 스스로 주희의 방법론을 그대로 사용한다고 생각했으나 완전하게 완성한 것은 정약용 자신임을 알고 있었다. 소강절의 역학에 대해서는 정약용은 한대의 왕필처럼 여겼다. 정약용은 소강절이 팔괘차서(八卦次序), 선후천방위(先後天方位)를 조작하여 고역(古易)의 상수(象數)를 변혁했다고 비판했다. 소강절의 상수학은 온통 견강부회에 지나지 않는다는 것이다. 이을호는 이를 다음과 같이 정리하였다.

> 주자역(朱子易)은 괘변도(卦變圖)를 필두로 하여 설괘물상(說卦物象), 호체(互體), 효변설(爻變說)에서 겨우 합격선을 넘어섰다고 볼 수 있지만 소씨역(邵氏易)에 관한 한 다산은 추호의 가차도 없이 전가의 보도(寶刀: 易理四法)를 휘둘러 준열하게 비판한다.[28]

명・청대의 역학에 대해서도 정약용의 비판은 누그러지지 않았다. 특히 명대의 내지덕(來知德)이 창안한 착종설(錯綜說)은 끝내 왕필과 소강절을 잇는 제3의 천적(天賊)으로 지목하였다. 내지덕의 착종설은 추이괘변설을 배척한 이론이다. 정약용의 역리사법과는 방법론 상에서 너무나 거리가 먼 이론이었다. 청대의 이광지(李光地)도 마찬가지였다. 그는 강희제의 명으

---

27) 『다산역학연구』, 『전서』 [1], 438쪽.
28) 『다산역학연구』, 『전서』 [1], 442쪽.

로 『주역절중(周易折中)』을 저술하였는데, 정약용은 이광지의 역학을 산수적(算數的) 견강부회로 일관했다고 통렬히 비판했다.

4) 다산역의 경학적 의의와 사상사적 위상에 대하여

이을호는 이와 같이 『주역사전』의 범례가 되는 역리사법(括例表), 독역요지, 역례비석 등을 분석하고, 『역학서언』을 분석한 결론으로 다산역의 특징을 세 가지로 규정하였다.29)

① 역수학적(曆數學的) 고역(古易) : 순천(順天)의 학
② 개과천선(改過遷善)의 도(道)
③ 술수학(術數學)의 비판

이을호는 역의 시원이 복서(卜筮)로부터 시작되었다는 점을 수긍하면서 헤아릴 수 없을 만큼 잡다한 복서의 방법들을 정약용이 역수학적으로 간명하게 설명함으로써 순천지학(順天之學)으로서의 고역(古易)의 면모를 재정립했다고 평가했다. 특히 역리사법 가운데 추이법은 비록 주희 괘변도의 유의(遺義)라고 하여 그 공을 주희에게로 돌리려 하지만 사시(四時)의 상징인 12벽괘와 소과괘와 중부괘의 재윤벽괘의 발명으로 14벽괘를 갖추고 이에서 50연괘로 확장되는 추이의 모식은 정약용의 탁월한 발명이라고 보았다. 또한 다산역이 비록 일월역(日月易)으로서의 음양설에 기반을 두고 있긴 하지만 그 전개 과정은 오로지 태음력의 역상(曆象)에 근거하고 있다는 점을 강조하였다.

이을호는 정약용의 역 해석 방법론이 갖는 의의를 두 가지로 정리하는데

---

29) 『다산역학연구』, 『전서』 1, 617~622쪽.

하나는 신비주의에 대한 배격이고 다른 하나는 순수천명을 천명했다는 것이다. 이을호는 이 두 가지 의의를 정약용의 「역론(易論)」 1 · 2[30]에서 도출해 내었는데, 대체로 「역론1」은 송대 소순(蘇洵)의 언급을 비평하면서 성인 및 그 성인이 지은 『역』이 결코 신비로운 것이 아니라 명확한 의미를 지니고 있다고 지적하고 있으며, 「역론2」는 『역』이 지어진 이유와 목적을 설명하고 『역』의 구성체제를 8괘와 12벽괘, 50연괘의 순서로 정리한 다음, 아울러 「설괘(說卦)」의 핵심적 내용 등을 제시하여 성인이 『역』을 지을 때 하늘의 명에 따르기 위해 상(象)을 운용하고 있음을 보여주고 있다.

「역론1」에 따르면, 소순은 성인 특히 『역』의 저자로서의 성인이 기략(機略)과 권도(權道)를 사용하여 세상 사람들의 마음을 사로잡았다고 생각하였다. 소순은 원래 유학자로 시작하였으나 훗날 법가적 공리주의 학설을 편 사람이다.[31] 소순에게서 성인은 권도를 행사하여 몽매한 백성을 교화하는 위대한 정치가와 같은 존재였다. 성인이 존숭받는 이유로 그는 두 가지 이유를 제시하였다. 첫째, 예(禮)를 세워서 인간 사회를 문명화시켰다. 둘째, 『역』을 지어서 스스로 자신과 자신의 사상을 신비화시켰다. 소순에 따르면, 예는 너무도 분명하게 사회에 드러나 있어서 누구나 쉽게 접할 수가 있고 예측 가능하지만 『역』에는 이해 불가능한 영역이 존재한다.[32] 예를 밝힌 주인공인 성인은 그 예가 간단하고 명쾌하다는 이유 때문에 사람들로부터 자신의

30) 신조선사본 『與猶堂全書』 제1집 詩文集 제11권 論에 「易論一」과 「易論二」가 실려 있다. 그런데 「易論二」는 또 제2집 經集 제40권 『周易四箋』(下) 「括例表下」 앞쪽에 그대로 「易論」이라는 제목으로 실려 있다. 한편 규장각본 『주역사전』에는 「역론2」가 들어 있지 않다. 결과적으로 「역론2」는 신조선사본에 중복 출현하고 있는 것이다. 규장각본에 「역론2」가 포함되지 않은 것으로 보아 「역론」 1과 2는 『주역사전』의 편집체제와는 별개로 지어졌을 가능성이 있으며 아마도 정인보 · 안재홍 등이 신조선사본의 교감 작업을 하면서 부주의했을 가능성이 있다.

31) 黃公偉, 『宋明清理學體系論史』(臺北: 幼獅文化事業公司, 民國64 : 1975), 47쪽.

32) 蘇洵, 『嘉祐集』(四庫全書, 索引番號 404634), 「易論」, "禮無所不可測, 而『易』有所不可窺."

가치와 효용을 확보하지 못하므로 자신의 존재 가치를 확보하기 위하여 『역』을 지어서 사람들이 쉽게 접근할 수 없는 경지의 세계를 구축하였다[33]고 한다. 소순의 언급 속에는 『역』이 대단히 심오하고 신비롭다는 의식이 전제되어 있다.

그러나 정약용에 따르면 성인이나 『역』이나 모두가 단순명쾌한 것이다. 복잡한 것도 감추어진 것도 없다. 해와 달이 저 위에서 이 땅을 비추듯이 분명하고 의심할 것도 없는 사실이다. 성인은 정성을 다해 사람들을 상대하고 자신을 한 점 숨김 없이 드러내기 때문에 해와 달을 바라보며 흠모하듯이 사람들이 존숭하는 것이다. 정약용은 『역』의 난독성의 원인을 독자에게 돌렸다. 『역』의 작자는 결코 신비로움을 추구한 적이 없으며 난독성을 의도하지도 않았다. 그 원인은 독자의 지력(智力)이 못 미치기 때문이라고 보는 것이다.[34] 정약용은 『역』이 결코 심오한 어떤 절대진리를 담고 있다거나 알 수 없는 어떤 신비적 요소를 갖고 있는 책이 아니라는 사실을 강조했던 것이다.

「역론2」에 따르면, 『역』의 저작 목적은 "하늘의 명령을 청하여 그의 뜻에 따르기 위한[請天之命, 而順其旨]"[35] 것이다. 정약용이 보는 『역』의 탄생은 성인을 매개체로 하지만 천명을 요청하는 데에서 시작된 것이다. 이때 요청한다[請]는 것은 결국 하늘이 내려준 미래의 운세를 물어본다[問]는 말이다.

이을호는 역도(易道)에 대해 "길흉화복을 점치기 위한 것이라기보다는

---

33) 『與猶堂全書』 第1集 詩文集 第11卷, 「易論一」, 232쪽, "昔者, 蘇洵氏之言曰, '聖人之道, 所以不廢者, 禮爲之明, 而『易』爲之幽也. 人之所以獲尊者, 以其中有所不可窺者也. 於是因而作『易』, 以神天下之耳目, 而其道遂尊. 此聖人用其機權, 以持天下之心. 噫! 蘇氏於是乎失言矣. 夫聖人之所以爲聖人者, 以其能至誠以待物, 使其所爲與所言, 昭乎若日月之耀乎天, 而無纖毫幽翳有足以望而疑之者也'."

34) 『與猶堂全書』 第1集 詩文集 第11卷, 「易論一」, 232쪽, "有不能達其奧而窮其蘊, 爲之徊徨瞻企, 而莫知其所以然者, 是其知之有所不及, 非聖人之志也."

35) 『與猶堂全書』 第1集 詩文集 第11卷, 「易論二」, 232쪽, "『易』, 何爲而作也? 聖人, 所以請天之命, 而順其旨者也."

오히려 개과천선하기 위한 수단으로서의 점복"[36]이라고 생각했다. 그리고 그의 생각은 정약용의 주장으로 뒷받침되었다.

> 『역』은 성인이 허물을 고쳐 의로움에로 옮겨 가도록 하기 위한 것이다. 그러므로 공자가 '내가 몇 년을 더 살아 마침내 『역』을 다 공부한다면 거의 큰 허물이 없을 것이다.'고 하였으니, 이에 증거로 삼을 만하다. 허물을 고침을 회(悔)라 하고 허물을 고치지 않음을 린(吝)이라 하니, 회린(悔吝)은 역학가들의 큰 뜻이다.[37]

곧 정약용은 천명을 묻는 점서 행위의 목적이 허물을 고치고 선(善)에로 나아가는 것이라고 보았다. 이것은 각 괘 아래의 상전(象傳)을 별도로 뽑아내어 「대상전(大象傳)」을 만든 이유이기도 하다. 「대상전」의 내용은 복서와는 전혀 관계없는 순수한 도의(道義)로 구성된 것이기 때문이다.

또 이을호는 술수학을 배격한 것이 다산역의 중요한 의의라고 생각했다. 한대에 조성된 재이설(災異說)적 술수학은 다양한 사술을 도출하기에 이르렀는데 성리학자들이 이러한 술수학에 빠져 참된 유학자가 되지 못하고 있는 상황을 신랄하게 비판하였다.

종합적으로 보면, 이을호는 다산역이 지닌 경학적 의의를 "애오라지 술수학에서 탈출하여 순천(順天) 회린(悔吝)의 학(學)으로서 정립한 데서 찾아야"[38] 한다는 점을 강조한 것이다.

이을호에게서 우리가 주목해야 할 점은 다산역학이 한국사상의 주맥인 '한'사상과 맥락을 같이한다고 본 점이다. 정약용은 역리론을 정립하는 과정

---

36) 『다산역학연구』, 『전서』 [1], 619쪽.

37) 『與猶堂全書』 第2集 經集 第37卷, 『周易四箋』 卷1, 「易例比釋・吝例」, 387쪽, "『易』者, 聖人所以改過而遷義也. 故孔子曰, '假我數年, 卒以學易, 庶無大過矣', 斯可驗也. 改過曰悔, 不改過曰吝, 悔吝者, 易家之大義也."

38) 『다산역학연구』, 『전서』 [1], 622쪽.

에서 음양오행설의 기본 구조를 분해하여 음양설만을 수용하고 오행설을 부정하였다. 음양설만을 대대원리의 역도(易道)로 이해한 정약용은 이를 태극일원(太極一元)의 묘합으로 파악하였다.

정약용은 음양에 대하여 현상적이고 자연과학적인 단순한 안목으로 이해하려고 하며 거기에 특별한 철학적인 의미를 부여하지 않았다. 음양은 질료성을 띠지 않는 단순히 햇빛의 있음과 없음[照掩]을 지칭하는 용어[39]이며, 오행은 만물 가운데 다섯 가지 물질에 불과하다[40]고 본 것이다. 정약용은 『역』에서 쓰이는 음과 양이라는 명칭을 변화하는 세계의 운행과 변화의 양상을 대대(對待)하여 상징화한 명칭으로 사용하였고 원래부터 형(形)과 질(質)이 있는 '본실(本實)'로 간주하지 않았다.

이을호는 이러한 정약용의 음양대대설이 바로 이자묘합(二者妙合)의 '한' 사상과 맥을 같이한다는 사실이 한국사상사적 맥락에서 극히 고무적인 사실이라고 평가했다. 역학에서뿐만 아니라 『중용』에 있어서의 성명일여(性命一如)의 성명론(性命論)이라거나 『대학』에 있어서의 "신형묘합(神形妙合) 내성위인(乃成爲人)"의 사상도 한결같이 이자묘합으로 그 맥이 통하고 있음을 강조하였다.

3. 현암의 다산역 연구의 한계와 성과

이을호의 선구적인 연구가 있어 후학들이 보다 쉽게 다산역을 깨칠 수 있었다는 점을 그 혜택을 입은 한 사람으로서 높이 사지 않을 수 없다.

---

39) 『與猶堂全書』 第2集 經集 第4卷, 「中庸講義補」 卷1, 63쪽, "陰陽之名, 起於日光之照掩, 日所隱曰陰, 日所映曰陽, 本無體質, 只有明暗, 原不可以爲萬物之父母."

40) 『與猶堂全書』 第2集 經集 第4卷, 「中庸講義補」 卷1, 64쪽, "五行不過萬物中五物, 則同是物也. 而以五生萬, 不亦難乎? 「禮運」曰, '人者五行之秀氣', 先儒所宗皆此一言. 今夫血氣之倫, 刳而視之, 不見金木等物, 將於何驗得此理?"

다만 아쉬운 점을 든다면 대략 세 가지로 말할 수 있겠다. 먼저 『역학서언』은 충실하게 분석 정리한 반면 『주역사전』은 경문을 제외하고 범례라 할 수 있는 전반부의 역리사법, 독역요지, 역례비석 등을 분석하여 다산역의 구조를 파악하였고 또 이른바 10익(十翼)에 대해서만 분석을 해 놓았다는 점이다. 『주역사전』 경문의 주석에서 뽑아낼 수 있는 다산역의 구체적인 사상 내용은 언급할 여력이 없었던 것으로 보인다. 이을호가 분석 정리한 다산역의 방법론이 경문의 주석에 적용된 일관된 원리이기 때문에 다산역 이해에 있어 길을 잡은 것이기는 하지만 경문 주석에서 찾아낼 수 있는 사상의 묘미는 안타깝게도 보여주지 못했다는 것이다. 또 하나는 정약용의 원문들이 완전하게 한글화되지 못했다는 점이다. 『이을호전서』 제3책에 「주역총론」이라 하여 정약용의 「역론」 1·2와 역리사법, 독역요지 등이 일부 번역되어 있어서 참조할 수 있긴 하지만, 1990년대에 출간한 책이라고 하기엔 좀 불친절한 면이 있다. 그러나 정약용이 재편집한 십익에 대한 분석이 그에 의해 이루어지지 않았다면, 그리고 역리사법이나 독역요지 등이 그에 의해 정리되지 않았다면 후학들은 너무나도 많은 시간을 소비하며 그 일에 매달려야 했을 것이다. 그리고 이른바 이전해경(以傳解經)의 길을 터놓았다는 점도 긍정적으로 봐야 할 대목이다. 또 하나 이을호가 정약용의 역리사법을 '역수학적(曆數學的) 역리사법'이라고 정의 내리긴 하였는데 정작 역수학이라는 개념이 좀 모호하다는 점이다. 아마도 그의 역리사법이 사시(四時)의 운행 과정을 빗대어 운용되고 있는 점에서 역수학이라는 표현을 쓴 것 같은데 정약용의 언급에서 역(曆)과 역(易)이 동일한 차원의 것으로 표현되고 있는 것 같지는 않다.

> 대저 『역』의 도는 상(象: 본뜬 것)일 뿐이다. 그러므로 12벽괘로 사시를 상징하였고, 중부괘와 소과괘로 재윤을 상징하였다. 이에 건괘와 곤괘 두 괘는 하늘과 땅을 상징하고 나머지 62괘는 5년마다 오는 재윤의 62개월의 수를 상징하였다.

성인은 여기서 또한 그 아주 비슷한 것을 취했을 뿐이다. 분괘직일(分卦直日)의 법이 어찌 경 안에 증거가 있겠는가? 『역』이 역법(曆法)을 본뜨는 것은 가능하지만 한진 이래로 역법이 『역』을 본떴으니 어찌 통하겠는가? 역(曆)은 일월오성의 강기이다. 조금의 차라도 있으면 사시가 어그러지니 어찌 『역』을 본떠서 만들었겠는가?[41]

벽괘나 연괘의 운용에 있어 역법(曆法)을 본뜬 것을 부정할 수는 없지만 『역』에서 다시 역법을 추론할 수는 없다고 하는 점을 보면 결코 동일한 차원으로 다룰 수 없다는 것이고, 또 역리사법 가운데서 추이법이 역법을 전형적으로 모방한 것이긴 하지만 추이법도 사법(四法) 가운데 한 방법일 뿐이라는 점이 역리사법을 역수학으로 정의하는 데 무리가 있어 보인다는 점 때문이다.

또한 그의 착오를 지적하지 않을 수 없다. 『주역사전』의 「괄례표(括例表)·설괘표직설(說卦表直說)」에서 정약용이 구분한 고문(古文)과 공자의 전문(傳文)이 「설괘전」의 다산전(茶山箋)에서는 모호하게 구분되어 있다고 판단하고, 이를 '자가당착'[42]으로 규정하였다는 점이다. 그러나 좀더 엄밀하게 분석해 보면, 자가당착이 아니라는 것을 알 수 있다.[43] 설령 「설괘표직설」과 「설괘전」의 전(箋) 완성의 시간적 격차가 아주 크다 하더라도, 다산역학 내의 「설괘전」의 중요도로 비추어볼 때 정약용 스스로 자가당착에 떨어질 리가 없다. 게다가 이 두 곳의 주석은 완성의 시간차가 길게 잡아야 1년을

41) 『與猶堂全書』 第2集 經集 第46卷, 『易學緖言』 卷2, 「唐書卦氣論」, 583쪽, "大抵『易』之爲道, 象而已. 故十二辟卦以象四時, 中孚小過以象兩閏. 於是, 乾坤二卦以象天地, 餘六十二卦以象五歲再閏六十二月之數. 聖人於此, 亦取其髣髴之似而已. 分卦直日, 豈有經證耶? 以『易』象曆可也, 漢晉以降以曆象『易』, 豈可通乎? 曆也者, 日月五星之紀也. 毫髮有差, 四時乘舛, 奚暇象『易』而爲之哉!"

42) 『다산역학연구』, 『전서』 [1], 332쪽.

43) 이에 대해서는 황병기의 「다산의 易象學」(연세대학교 박사학위논문, 2004), 151~159쪽에서 상세하게 다루었다.

넘지 못한다. 정약용이 『주역사전』 저술을 시작한 지 5년 만에 무진본(戊辰本, 1808)을 완성하였는데, 「제무진본(題戊辰本)」에 따르면 갑자본, 을축본, 병인본, 정묘본, 무진본을 제작하였으므로, 매년 최소 한 번의 개정을 한 셈이며, 이 작업에는 그의 두 아들 정학연과 정학유, 그리고 제자 이청이 참여하였다.[44] 게다가 「제독역요지후(題讀易要旨後)」에 따르면, 병인본(1806) 전에 편집이 마무리되어 장정까지 다 되었지만 정약용 스스로 폐기할 수밖에 없었던 또 하나의 개정본이 있었으며, 갑자년(1804)부터 병인년(1806)의 3년 동안 다섯 번 원고를 수정하였다고 한다.[45] 탈고 과정에 여러 사람이 참여하였고, 매년 한두 차례의 개정을 하였다고 한다면 매우 철저한 저작임에 틀림없다. 그렇다면 「설괘전」의 전(箋)에서 그 구분이 잘 포착되지 않는 것은 어째서일까? 「설괘표직설」에서 아주 분명하게 구분해 주었기 때문에 정약용 스스로 말을 아낀 것으로도 볼 수 있다. 그러나 정약용은 분명하게 「설괘표직설」의 구분과 똑같이 「설괘전」을 구분하여 전(箋)을 달았다. 다시 말해 「설괘표직설」과 「설괘전」의 복희 고문(古文)과 공자 전문(傳文)의 구분 사이에는 아무런 모순이 생기지 않는다. 8괘 각각의 괘덕과 물상들을 나열한 문장은 고문이며, 「설괘」에 대한 총론 부분은 정약용의 이른바 '공자의 서사(序詞)'다. 「설괘」는 공자의 전문이 포함되어 있기 때문에 「설괘전」의 명칭을 얻을 수 있는 것이며, 또 그러한 이유 때문에 10익의 하나라는 지위를 얻게 되는 것이다.

그러나 어쨌든 그의 연구가 후학들에게 다산역의 지침이 되고 있음은 인정해야 한다. 또한 정약용이 주장하는 고역(古易)이 애오라지 순수천명 개과천선하는 윤리학이라고 정의 내림으로써, 상제에 대한 종교적 신념을 근거로 실천적 윤리를 강조한 다산역의 핵심을 잘 확인해 주었다.

---

44) 『與猶堂全書』 第2集 經集 第37卷, 『周易四箋』 卷1, 「題戊辰本」 374쪽.

45) 『與猶堂全書』 第1集 經集 第14卷, 「題·題讀易要旨後」, 313쪽, "嗚呼! 危哉. 編摩旣訖, 裝池且成, 而敢顧惜乎! 於是, 又梳櫛, 別另爲新本, 蓋自甲子陽復之後[卽癸亥冬至.] 至今, 凡五易稿矣."

4. 맺음말

이을호는 1958년 정약용의 역리(易理)를 소개한 「정다산(丁茶山)의 역리(易理)에 대하여」라는 소논문을 발표하였는데 이것이 다산역에 대한 본격적인 연구사의 시작을 알리는 논문이 되었다. 이을호는 그 후로도 지속적으로 다산역을 연구하여 그 성과물로 1993년 단행본 『다산의 역학』을 출간했다. 이 책은 저자 자신의 그간의 연구를 집대성한 것으로, 후학들에게는 『주역사전』과 『역학서언』의 사전적 역할을 한다. 특이할 만한 점은 다산역의 사상사적 체계가 이을호 자신이 한국사상의 주맥(主脈)으로 간주한 '한'사상과 맥락을 같이한다고 판단하는 점이다. 이 책에는 다산역의 구성체제, 역리사법(易理四法), 역학사관(易學史觀) 등이 자세하게 잘 정리되어 있다. 아쉬운 점도 있으나 어쨌든 이을호의 연구가 후학들에게 다산역 연구의 지침이 되고 있음은 분명하다. 또한 정약용이 주장하는 고역(古易)이 애오라지 순수천명(順受天命) 개과천선(改過遷善)하는 윤리학이라고 정의 내림으로써, 상제에 대한 종교적 신념을 근거로 실천적 윤리를 강조한 다산역의 핵심을 잘 확인해 주었다.

이을호는 다산역의 정수를 역리사법, 독역요지, 역례비석, 괘의론으로 정리하였다. 역리사법은 다산역 전체를 관통하는 네 가지 방법론이며, 독역요지는 『주역』 경문을 해석하는 요령이 된다. 역례비석은 괘효사 전체를 하나의 용례로 파악한 것이며 괘의론은 경문 주석에서 정약용의 주장들을 별도로 묶은 것들이다. 이을호는 이를 상세하게 해설하고 자신의 견해를 덧붙였는데 종합적으로 다산역을 역수학적(曆數學的) 상징주의로 파악하였다. 또한 정약용이 펼치고 있는 역학이 순수천명(順受天命)을 지향한다는 점을 강조하였다. 천명을 요청하는 목적은 다른 데 있는 것이 아니라 도덕사회를 구현하는 데 있으며 그것은 개과천선을 통해 달성된다고 보았다.

이을호가 바라본 다산역은 결론적으로, 신비화의 늪에서 빠져나와 이른바 역리사법과 「설괘」의 물상을 적용하여 천명에 순종하며 개과천선하기 위한 목적을 표현한 실용서였다. 또한 다산역은 음양대대설과 신형묘합(神形妙合)의 사고유형을 통해 이자묘합(二者妙合)하는 한국전통사상에 맥을 잇고 있으며 이을호 자신이 일생 추구하였던 '한'사상의 주맥으로 간주되었다.

이을호의 다산역학 관련 저작이 완전한 한글화를 이루지 못했다는 점과 『주역』 경문 주석에 나타난 다산사상의 묘미를 들추지 못했다는 점 등이 아쉽지만, 다산역 연구의 불모지에서 물꼬를 트고 길을 정확하게 잡아주었다는 점에서 다산역 연구의 선구적 위상과 그 업적은 결코 작지 않다.

참고문헌

『與猶堂全書』(『韓國文集叢刊』 281～286), 서울: 민족문화추진회, 2002.
『與猶堂集』, 규장각 필사본.
방인・장정욱 역, 『역주 주역사전』, 소명출판, 2007.

다산학연구원 편, 『李乙浩全書』, 예문서원, 2000.
오종일, 『玄庵 李乙浩』, 문원각, 2007.
이을호, 『한思想의 苗脈』, 思社研, 1986.
황병기, 「자연학과 『易』의 상관성에 대한 茶山의 해체와 인문역학」, 『철학연구』 28, 고려대 철학연구소, 2004.
황병기, 「茶山의 易象學」, 연세대학교 박사학위논문, 2004.
황병기, 「茶山에게서 易詞의 임의성과 易象의 근본성이 주는 철학적 의미」, 『동방학지』 141, 연세대 국학연구원, 2008.

제 4 부

다산학과 실학

1. 다산경학 연구의 구조와 특징

장 복 동 전남대학교 외래교수

1. 머리말

다산(茶山) 정약용(丁若鏞)은 조선이 황혼기에 접어든 시기에 성리학적 사유체계에 대한 비판적 인식과 경학과 경세학을 유기적으로 통합하는 학문체계를 정립했다. "육경사서로써 자기 수양하고 일표이서로써 천하국가를 다스리니 본말이 갖추어졌다."[1]고 자위하고 있듯이 다산학은 자아실현[修己]을 목표로 하는 경학과 공동선의 실현[治人]에 해당하는 경세학이 일치하는 사상체계를 구축했다. 정약용은 경학과 경세학을 밀접하게 연결시켜 자신의 경학 연구를 경전에 나타난 옛 성인의 제도를 이해하는 단계로, 경세학 연구는 경학 연구의 결과를 시대적 상황에 맞게 변통하는 단계로 설정하였고 실제로 저술도 이런 순으로 이뤄졌다.[2] 그는 "저술을 함에 있어서 경적을 근간으로 삼고, 그 다음은 세상을 경륜하고 백성들에게 혜택이 미칠 수 있는 경세학에 관한 것이어야 한다."[3]고 주장하고, 수기의 근거가 되는 육경사서(六經四書)에 대한 창의적 해석과 치인의 지침으로서 일표이서(一表

---

1) 『與猶堂全書』 第1集 詩文集, 第16卷, 「自撰墓誌銘(集中本)」, 347쪽, "六經四書以之修己, 一表二書以之爲天下國家, 所以備本末也."

2) 김문식, 『조선후기경학사상연구』, 서울: 일조각, 1996, 171쪽.

3) 정규영 편, 『俟菴先生年譜』, 서울: 정문사, 1984, 151쪽.

二書)를 제시하였다.

현암(玄庵) 이을호(李乙浩: 1910~1998)의 『다산경학사상연구』는 한국철학 연구의 불모지로 남아 있었던 정약용의 경학을 본격적으로 연구하는 시발점을 열었다. 이을호는 정약용의 학문 세계가 자구의 해석에 매달리는 한・당 유학과 형이상학적 천리에 인간 실존의 근거를 찾는 성리학에 의해 은폐・왜곡된 요・순・주・공(堯舜周孔)의 본지를 찾기 위해 수사학적(洙泗學的) 복고주의를 철학적 사유의 근간으로 삼고 있다는 점에 주목하였다. 또한 다산학이 '원초적 순수성을 갖는 실천윤리학적 성격'을 지닌다는 점을 근거로 "다산학을 일관하는 한 줄기 맥락이 수기치인의 원리이고 이것이 바로 다산학의 생명"[4]이라고 규정하였다. 아울러 다산학이 한대(漢代)의 훈고학이나 송대(宋代)의 성리학 등 전통유학과는 다른 차원의 창신성(創新性)을 담지(擔持)하고 있다는 측면에서 '개신유학(改新儒學)'이라는 이름으로 부를 것을 제안했다. 그는 다산학에 있어서 경학과 경세학의 유기적 관계를 실천유학의 고유이념인 '수기치인(修己治人)'이라는 실천적 명제로 통합시켜 이해한 것이다.

이을호의 주장에 대해서는 다양한 시각에서 반론이 제기되었다. 그 요점은 대체로 다음과 같이 정리할 수 있다. 첫째, 유학을 개인적 수양과 사회적 정치의 유기적 관계구조로 생각하는 것은 일반적 경향인데, '수기치인'을 다산학의 성격을 규정하는 고유의 개념으로 차용하는 것이 적절한가? 둘째, '수사학' 또한 유학자라면 누구나 요순주공을 본받으려 한다는 점은 자명한 사실인데 다산학만의 특성을 드러내는 개념이 될 수 있는가? 셋째, 송대 성리학이 이미 '신유학'이라는 이름으로 불리고 있는데 '개신유학'이라는 용어는 혼란만 초래하는 것이 아니겠는가?[5]

---

4) 『다산경학사상연구』 『전서』 [1], 16쪽.

5) 한우근, 「다산의 경학사상 토론개요」, 『정다산 연구의 현황』, 서울: 민음사, 1985,

위에서 제기한 다각적인 측면의 문제제기는 이을호가 실제로 정약용 경학 연구의 주요 논점으로 삼은 것과 맥락을 같이한다. 따라서 이 글에서는 이을호의 시각에서 이 문제를 해명하고 입증하는 방식으로 이을호의 정약용 경학 연구의 특징과 의의를 분명히 드러내고자 한다.

2. 다산경학의 수사학적(洙泗學的) 접근

경전의 엄밀한 고증과 의미 탐색을 통해 사람다움의 참 의미와 하늘과 인간의 관계 등을 천착하는 경학은 유학의 사상적 토대와 변이(變移)를 확인해 주는 근거다. 정약용이 본격적으로 경학 연구에 침잠하여 경전의 본지를 깨닫게 된 것은 사실상 그가 강진으로 유배 온 뒤부터다. 그는 이때에 비로소 육경사서의 경학 세계에 빠져 깊이 연구할 기회를 갖게 되었고 한·위(漢魏) 이래 명·청(明淸)에 이르기까지 유학자들의 학설을 널리 참고하여 자신만의 견해를 세우게 되었음을 술회하고 있다.6)

정약용은 여러 유학자들의 학설을 취사선택하는 데 있어 결코 성리학을 좇아 부연 설명하는 것에 만족하지도 않았으며, 한유의 훈고학을 맹목적으로 추종하지도 않았다. 정약용은 한·위로부터 명·청에 이르기까지 다양하고 방대한 경학 연구서들을 자신의 창의적 견해를 발견하기 위한 방법론으로 차용했을 뿐이다. 마찬가지로 정약용이 청조 고증학에서 배운 것은 주로 그의 방법론이었다.

정약용은 한유와 송유의 장단점을 비교하여 말하기를, "한유의 폐단은 그들의 고고벽(考古癖) 때문에 명변(明辨)이 부족하여 참위사설을 온통 뒤섞어 놓은 데 있고, 후유(後儒) 곧 송명유(宋明儒)의 잘못은 그들의 궁리벽(窮理

161~166쪽.

6) 정규영 편, 『俟菴先生年譜』, 135쪽.

癖) 때문에 고거(考據)에 소홀하고 제도문물을 다루는 데 있어서 엇나가는 일이 많다."[7]고 평가하였다. 우리는 한유와 송명유에 대한 정약용의 객관적이고 엄밀한 비판에서 정약용이 지향하는 학문적 세계가 무엇인지를 읽을 수 있다. 이을호에 따르면 실제로 정약용의 경학은 고고(考古)와 궁리(窮理) 한편으로 치우치는 데서 기인하는 병폐를 경계하면서 선진공자교(先秦孔子敎)로 곧장 나아가려는 노력의 성과로 이루어진 것이다. 따라서 정약용은 경전 속에 함축되어 있는 요·순·주·공의 도를 밝힘에 있어서 지나치게 성리학적이거나 훈고학적이어서는 그 본지를 정확하게 드러낼 수 없다고 본 것이다.

정약용은 글자의 뜻에 정통해야 구절의 의미를 이해하고 장의 의미나 편의 대의를 밝힐 수 있다고 보았다.[8] 또한 독서의 궁극적 목적인 의리를 밝히기 위해서도 훈고(訓詁)를 분명히 해야 한다고 하였다.[9] 그러나 정약용은 한학이 경학 정리에 기여한 학문적 성과를 일정 정도 인정하면서도 이를 그대로 수용하지는 않았다. 그는 전국시대와 진대(秦代)를 거치면서 원형이 파괴되고 잔문(殘文)이나 구전의 형태로 겨우 전해진 것을 수습 정리한 것이 한학이므로 음식으로 치면 매운맛 단맛을 겨우 구별하는 정도지 경학의 본래 뜻을 완전히 밝혀내는 데는 여전히 한계를 지닌 것으로 보았다.[10]

---

7) 『與猶堂全書』 第2集 經集, 第7卷, 『論語古今註』 卷1, 「爲政第二(凡二十四章)」, 169쪽, "漢儒注經而考古爲法而明辨不足, 故讖緯邪說未免俱收, 此學而不思之弊也. 後儒說經以窮理爲主而考據或疎, 故制度名物有時違舛. 此思而不學之咎也."

8) 『與猶堂全書』 第2集 經集, 第21卷, 『尙書古訓序例』, 「尙書知遠錄序說」, 3쪽, "余惟讀書之法, 必先明詁訓, 詁訓者, 字義也. 字義通而后句可解, 句義通而後章可析, 章義通而后篇之大義斯見, 諸經盡然, 而書爲甚, 余所以先致力於詁訓者, 此也."

9) 『與猶堂全書』 第1集 詩文集, 第13卷, 「詩經講義序」, 275쪽, "讀書者, 唯義理是求, 若義理無所得, 雖日破千卷, 猶之爲面墻也. 雖然, 其字義之詁訓有不明, 則義理因而晦, 或訓東而爲西, 則義理爲之乖反, 玆所以古儒釋經, 多以詁訓爲急者也."

10) 『與猶堂全書』 第2集 經集, 第21卷, 『尙書古訓序例』, 「尙書知遠錄序說」, 2쪽, "書者古籍也. 其奇字險句, 戟口刺喉, 二京名儒, 盡力咀嚼, 僅別其辛甘之味, 雖人殊其釋, 家異其訓, 莫適乎所從, 然其功不可泯也."

즉 정현을 위시한 한유의 고주(古注)만을 고집하면 경전의 본지가 제대로 통하지 않는 지경에 이를 것을 경계하였다.

그렇다면 한학의 학문적 계승자를 자처하는 청대 고증학에 대해서는 정약용은 어떤 입장을 취하고 있을까? 이을호에 따르면 정약용 경학은 공맹(孔孟)으로 대변되는 실천유교로 귀결되는 상고적(尙古的) 성격을 분명히 지니고 있다. 그러나 다산학 전체 구도가 원시유교에로의 회귀에 초점이 맞춰져 있는 것은 아니다. 오히려 이용후생(利用厚生)의 측면에서 기예가 발달한 청의 문물을 수용하는 데 적극적이었다. 다만 경학적 입장에서 청대의 고증학을 비판적으로 받아들였을 뿐이다. 정약용은 청대의 학자들이 이기론(理氣論)에 치중한 성리학의 관념론적 경향과 선학적(禪學的) 폐단을 바로잡는 데 목적을 두었으나, 한·진(漢晉)의 학설만 추종할 뿐 성리학적 의리론을 무조건 배척함으로써 그 장점마저 간과하는 결과를 초래한 것으로 평가했다.[11] 그는 청대의 학자들이 훈고학적으로 자구를 분석하는 데 치중하여, 자구 해석에는 일정하게 의미 있는 결과를 도출하였지만 성명·의리·예악형정에 어둡고 옳고 그름과 바르고 그름을 구별하여 실천하는 데 소홀한 것으로 보았다.[12]

> 참된 유학이란 본래 나라를 다스리고 민생을 편안히 하여 외적을 물리치고 국가재정을 넉넉히 하며 학문과 군사 기술에 능통하여 무엇이든 감당할 수 있도록 한 것이다. 어찌 장구를 찾아내거나 벌레와 물고기 따위를 주석하고 소매 넓은 옷을 입고 예모만 익히는 것이 학문이겠는가? …… 뒷세상의 유자들은 성현의 본뜻을 알지 못하고 인의(仁義)와 이기(理氣) 외에는 한 마디라도

11) 『與猶堂全書』第2集 經集, 第12卷, 『論語古今註』卷6, 「顔淵第十二(凡二十四章)」, 267쪽, "近世學者, 欲矯宋元諸儒, 評氣說理, 內禪外儒之弊, 其所以談經解經者, 欲一遵漢晋之說, 凡義理之出於宋儒者, 無問曲直, 欲一反之爲務."

12) 『與猶堂全書』第1集 詩文集, 第11卷, 「五學論(二)」, 241~242쪽 참조.

입 밖에 내면 잡학이라고 지목한다.[13]

정약용의 경학적 접근 태도는 송유·청유에 관계없이 옳고 그름에 대한 정확한 준거를 기준으로 삼아 옳은 것을 취하고 그른 것을 버림으로써 곧장 본래적 유교의 참된 근원[眞源]으로 나아가는 것이었다. 청조 고증학은 지나치게 한학에 경도되어 있어서 방법론적 한계가 분명했다. 이을호는 이러한 점을 인식하여 비록 한주에서 고훈(古訓)을 찾고 주전(朱傳)에서 의리를 구한다 하더라도 그 옳고 그름은 경전의 본질에 의하여 결정하여야 하는 것이기 때문에[14] 아울러 이런 점을 통틀어서 "다산경학은 성호의 존신주자(尊信朱子)의 세계에서도 선탈(蟬脫)한 경학인 동시에 청유의 종한적(從漢的) 태도에서도 해탈한, 실로 진실한 의미로서의 요순주공의 학이라는 성격을 뚜렷이 하고 있는 것으로 이해하여야 할 것이다."[15]라고 결론을 내렸다.

그렇다면 정약용은 자신만의 철학적 사유의 본질을 어디서 찾았을까? 정약용이 경학 관련 저술에서 빈번하게 사용하고 있듯이 그는 공맹적(孔孟的) 실천유교를 '수사지구(洙泗之舊)', '수사지진원(洙泗之眞源)' 등의 말로 표현했다. 또한 수사의 참 근원에 대해 "공자의 도는 수기치인일 따름이다."라고 분명히 드러냄으로써 공자사상이 '수기치인' 한 단어에 응축되어 있는 것으로 보았다. 따라서 이을호가 언급한 것처럼 수사학적 공자학에로의 회귀를 꿈꾸는 다산학의 본질도 수기치인에서 찾아야 한다.

정약용은 "『중용』에서 성(誠)이란 사물의 시작과 끝이라고 하였는데, 그 시점은 성기(成己)요, 종착점은 성물(成物)이다. 성기는 수신이요 성물을

---

13) 『與猶堂全書』 第1集 詩文集, 第12卷, 「俗儒論」, 253쪽, "眞儒之學, 本欲治國安民, 攘夷狄, 裕財用, 能文能武, 無所不當, 豈尋章摘句? 注蟲釋魚依逢掖習拜揖而已哉? …… 後儒不達聖賢之旨, 凡仁義理氣之外, 一言發口, 則指之爲雜學."

14) 『與猶堂全書』 第1集 詩文集, 第11卷, 「五學論(二)」, 241쪽, "今之學者, 考漢注以求其詁訓, 執朱傳以求其義理, 而其是非得失又必決之於經傳……."

15) 『다산경학사상연구』, 『전서』 ①, 29쪽.

백성을 교화하는 것이다."[16]라고 주장함으로써 유학의 궁극 목적이 인격적 자아 실현의 과정으로서 수신(修身)과 백성의 인간다움 삶의 구현과 도덕적 교화 과정인 치인(治人)의 통합에 있음을 인식하였다. 그는 이를 더욱 강조하여 다음과 같이 결론짓는다.

> 군자의 학문은 수기와 치인 두 범주를 벗어나지 않는다. 수기는 자신을 착하게 하는 것이고 치인은 남을 사랑하는 것이다. 자신을 착하게 하는 것은 의(義)가 되고, 남을 사랑하는 것은 인(仁)이 되니, 인(仁)과 의(義)는 상호 작용하여 어느 한 쪽도 없앨 수 없다. 이 둘 가운데 하나만을 고집하는 것은 변통을 알지 못하는 것이니 잘못이다. …… 양주의 도는 우와 후직의 시대에 안회의 지킴을 행한 것이고, 묵자의 도는 안회의 시대에 우와 후직의 행동을 한 것이다. 그들의 죄가 이와 같을 뿐이니 어찌 다른 것이 있겠는가?[17]

정약용은 인간의 이기적 욕망만을 강조하여 '위아설(爲我說)'을 주장한 양주나 이타애적(利他愛的) '겸애설(兼愛說)'의 기치를 내건 묵자를 무조건적으로 비판하지 않는다. 이들에 대한 비판의 요점은 양주와 묵자가 각각 수기의 도인 의를 실현하고 치인의 도인 인을 구현하는 데 있어 한 쪽에 치우쳤다는 점에서 상도(常道)와 권도(權道)를 알맞게 발휘하여 상황을 타개하는 시중(時中)의 도를 어겼다는 데 있다.

이을호가 '본래적 공자학'이란 의미로 쓰는 수사학은 유학의 전개 과정에서 잡학(雜學)에 의해 채색되지 않은 경학을 의미한다. 이을호는 공맹의 실천유

---

16) 『與猶堂全書』 第2集 經集, 第1卷, 『大學公議(一)』 卷1, 「舊本大學」 10쪽, "中庸曰: 誠者物之終始, 始者成己也, 終者成物也. 成己者修身也, 成物者化民也."

17) 『與猶堂全書』 第2集 經集, 第6卷, 『孟子要義』 卷2, 「盡心(第十六章已下)」, 149쪽, "君子之學, 不出二者, 一曰修己, 一曰治人. 修己者所以善我也, 治人者所以愛人也. 善我爲義, 愛人爲仁, 仁義相用不可偏廢. 二者各執其一, 不知變通, 是其謬也. …… 楊朱之道, 禹稷之時而顔回之守野也 墨子之道, 顔回之世而禹稷之行也. 其罪如斯而已, 其有他哉?"

교에서 유학의 참의미를 찾으려는 수사학적 복고주의의 의의를 다음과 같이 부각시키고 있다.

> 옛것은 낡은 것이 아니라 참되고 순수한 데에 그 값이 있다. 원초적 순수성은 시대를 거듭할수록 오히려 껍질이 덮여져서 그 순수성을 잃기가 쉽다. 그처럼 낡아졌다면 순수한 옛 모습을 되찾으려 함은 그것이 바로 복고주의가 아닐까? 복고주의란 바로 본래적인 것을 도로 찾는 것을 의미하는 것에 지나지 않는다. 그러므로 다산은 『상례사전』을 저술하고 이는 광란을 돌이키고 백천(百川)을 막아가면서 수사의 참된 근원으로 돌아간 것이라 하였다. 따라서 다산의 경학은 그의 구심점을 송학이나 한학에서 옮겨다가 수사학에 두었음을 알 수 있다. 여기에 다산경학사상의 르네상스적 의의가 있을 것이다.[18]

그렇다면 다산학은 유학사적 맥락에서 어디에 자리매김할 수 있을까? 이을호에 따르면 전통유학은 크게 지치주의적 실천유학과 이기론적 성리학으로 나눌 수 있다. 여기서 유학의 실천윤리적 특징에 근거하여 접근한다면 지치주의와 수사학은 상호 소통 가능성과 사상적으로 겹치는 영역이 있을 수 있다. 이을호는 현상윤의 지치주의 평가를 인용하여 다산학과 지치주의 사상사적 맥락을 비교한다. 현상윤은 조선 초기의 지치주의가 공맹의 사상과 도를 정치·경제적 교화를 통해 실제로 실현하고, 정치나 제도적 장치를 정립하여 하·은·주 삼대의 치세(治世)를 실현코자 했다는 점에서 실천유학으로 지칭해도 무방하다고 보았다.[19]

그러나 지치주의와 다산학은 동일한 사상적 범주로 묶을 수 없는 분명한 차이가 있다. 이을호는 지치주의에 대해 "요약하면 분명히 실천 실용적인 경세실학의 특징을 지닌 유학의 일파라 부를 수 있을지 모른다."라고 양보하

---

18) 『다산경학사상연구』, 『전서』 1, 35쪽.

19) 현상윤 저, 이형성 교주, 『(현상윤의) 조선유학사』, 서울: 심산, 2010, 103~104쪽.

는 태도를 취하면서도 "그러나 아쉬운 것은 이들에게는 지치주의적 정열만이 있을 따름이요 경학적 업적은 전무한 것이다."[20]라고 경학 연구의 결여에서 차이점을 찾았다. 김종직, 김굉필, 조광조로 이어지는 지치주의의 정맥을 살펴보더라도 그들의 도학자로서의 명성에 걸맞은 경학적 업적이 미미하다는 것이다. 이와 대조적으로 정약용은 『목민심서』 서문에서 책을 쓴 목적이 "내 덕을 쌓자는 데 있다."는 점을 분명히 하고, '심서'라는 제목을 붙인 이유가 마음은 있지만 자신이 몸소 행할 수 없기 때문이라고 말한다. 이에 대해 이을호는 "이는 지치주의적 실천의욕에 못지않게 저술을 남기는 덕을 온축(蘊蓄)하려는 의지도 강렬하게 풍기고 있음을 볼 수가 있다. 그러기에 정약용에게는 일표이서의 경세학과 육경사서의 경학이 남아 있는 것이다."라고 의미를 부여했다. 요약하면 정약용의 학문적 세계가 지치주의적 실천유학과 공유할 수 있는 요소가 있다 하더라도 조선유학사적 맥락에서 지치주의와 동일한 부류로 설명하기에는 통섭하고 있는 학문적 스펙트럼과 업적 차이로 인하여 한계가 있다는 것이다.

이을호는 조선 성리학의 큰 갈래를 이황을 중심으로 한 주리파와 이이를 정점으로 한 주기파로 구분하고, 정약용의 「이발기발변」을 근거로 정약용의 심(心)에 대한 인식이 이이의 견해에 접근하고 있는 것처럼 주장하였다. 그러나 한국유학사에서 정약용을 율곡계열에 포함시켜 위치지우는 것에 대해서는 "다산학이 초주자학적(超朱子學的) 입장에 서 있다는 사실만으로도 이 같은 독단이 결코 허용될 수 없음을 말할 나위도 없다."고 분명하게 선을 그었다. 결론적으로 이을호는 정약용의 경학을 "'근세 수사학의 태두'라는 한 항을 설치하여 이를 다루어야 하지 않을까, 후학의 입장에서 일단 생각해 보지 않을 수 없다."[21]라고 한국유학사의 독자적인 한 범주로 설정하

20) 『다산학 입문』, 『전서』 ②, 314쪽.
21) 『다산학 입문』, 『전서』 ②, 320쪽.

고 싶은 의도를 숨기지 않았다.

이을호는 원시유학의 근본으로서 수기와 치인을 그가 한국유학사를 갈래지을 때 주로 사용하는 '일이이(一而二), 이이일(二而一)'의 묘합의 논리를 적용하여 해석한다. 정약용은『목민심서』서문에서 "군자의 도는 수신이 반이요, 그 다른 반은 목민이다."라고 자신이 추구하는 학문의 세계를 간명하게 말했다. 이을호는 수신을 수기, 목민을 치인과 대응시켜 해석하고, 군자의 도는 수기치인일 따름이며 수기치인은 둘이 아니라 '하나'를 갈라놓은 두 개의 반[22]이라고 의미를 부여했다. 덧붙여서 이을호는 정약용의 이이일적(二而一的) 사유양식이 역의 정중사상이나 중용사상과도 맥락을 같이한다고 보고, 중국적 중(中)의 사상이 물리적 균형에 의한 중인 반면, 정약용에게서 보이는 이이일적(二而一的) 태일(太一)은 화학적 묘합이라 할 수 있다고 말한다.[23]

이을호는 수사학이 다산학 고유의 특성이 될 수 없다는 반론을 예견이라도 한 것처럼 한 걸음 양보하여 공자학을 다루는 학자라면 누구든 포괄적 의미의 수사학파로 분류할 수 있다는 점을 인정하면서도, 정약용이 '공자의 직제자'라는 의미를 강조하는 의미로 사용했고, 정약용의 주지대로 "공자 이후의 잡학들에 의해 윤색되거나 왜곡되지 않은 순수한 공자학이란 의미로 썼다."[24]고 수사학의 의미 범주를 설정했다. 이을호는 정약용의 경학이 공자의 실천유교를 직접적으로 계승하고 있다는 점을 강조한 것이다.

한편 이을호는 정약용을 '근세 수사학의 창시자'로 자리매김하는 데 대한 논란에 대해서도 그 당위성을 분명히 밝혔다.

---

22)『다산학 입문』,『전서』[2], 307쪽.
23)『다산학 입문』,『전서』[2], 309쪽.
24)『다산경학사상연구』,『전서』[1], 42쪽 각주) 101 참조.

> 이러한 명명은 흔히 신기함을 내세우기 위함이라는 오해도 없지 않으리라고 생각되기는 하지만, 그가 이미 수사학적 공자학에 직결하고자 하는 그의 학적 의욕이 그 모든 경전학 안에 삽일(澁溢)해 있고, 뿐만 아니라 그의 의도가 그대로 수사학적 수기치인의 실학으로서 체계화되어 있으므로 해서 그를 일러 근세수사학의 선구자라고 불러보고 싶은 것이다. 이렇게 부름으로서 다산학의 성격을 단순히 '이조실학의 집대성자'니 혹은 '정법가'니 '공전의 대저술가' '경제학파'니 하는 따위로 불러주는 것보다도 더욱 성격을 분명히 천명한 호칭이 될 수 있으리라고 믿어지기 때문이다.[25]

또한 '수기치인'은 도덕적 자아 실현[자기수양]과 사회적 공동선의 실현을 통합한 유학 공통의 실천적 명제이므로 정약용의 경학적 사유를 특칭화(特稱化)하는 것으로서는 적절치 못하다는 지적에 대해서도 이을호는 정약용 경학 연구의 서장을 열었던 『다산경학사상연구』에서 이미 분명하게 자신의 입장을 밝혔다.

> 다산이 말하는 수기치인의 실학 그 자체는 공자의 사상(泗上)강론에 지나지 않을는지 모르나 이제까지 유교 및 경전학을 둘러싼 오학(五學)의 장애를 벗겨낸 후라야 참 유자의 학은 비로소 수기치인의 실학과 일치하게 될 것이라고 밝힌 정약용의 학적 태도는 다산학의 성격을 규정지어 준 결정적 계기를 마련해 준 것이라고 해야 할 것이다.[26]

결국 이을호가 다산학을 '수사학에로의 복고'라고 간명하고 포괄적으로 규정한 것은 그의 표현을 종합하면 "근세실학의 토양에 뿌려진 고전적 수사학이라는 씨앗이 결실을 맺어 얻은 현대적 열매가 다름 아닌 다산학"이라는

---

25) 『다산경학사상연구』, 『전서』 [1], 42쪽.
26) 『다산경학사상연구』, 『전서』 [1], 52쪽.

관점에서다. 이을호는 이를 좀더 세분화하여 "경학은 수사학적 입장에서 반주자학적이요, 경세학은 주자학(朱子學)의 성리학에 대한 보완적 입장에서 개신유학적이요, 잡저들은 정주학의 권외의 학으로서 새로운 의미를 가지는 것"[27]이라고 총체적으로 규정하였다.

이렇게 보면 이을호가 다산학을 공자의 실천유교를 직접적으로 계승한 '근세 수사학의 창시자'로 틀지어 지칭한 것은 일반적으로 정약용을 규정하는 '이조실학의 집대성자'·'정법가'·'공전의 대저술가' 등의 외장적(外裝的) 수식어가 지니는 개념적 빈곤의 한계를 극복하여 그 사상의 내재적 성격을 분명히 드러내기 위한 의도였다고 말할 수 있다.

3. 다산경학의 성학(誠學)적 해석

다산학의 성격을 어떻게 규정할 것인가 하는 문제는 결국 하나의 초점으로 모일 수밖에 없다. 정약용의 사상을 정확하게 이해하고 분명하기 드러내기 위해서는 주자학과의 관계 구조에서 논의해야만 한다. 왜냐하면 그의 방대한 경학 작업은 기본적으로 송대의 철학적 성과인 주자학을 의식하여 쓰여졌기 때문이다.[28]

이을호는 후기 실학을 주자학적 세계에 그대로 머물러 있는 자, 비판적이면서도 완전히 벗어나지 못한 자, 비판적 입장에서 완전히 벗어난 자로 구분하고 각각 유형원, 이익, 정약용을 연결지어, 특히 정약용의 경학이 반주자학적 성격을 띠고 있음을 분명히 하였다.[29] 조선유학사에서 정약용의 반주자학적 경학적 해석은 주자(朱子)와는 다른 관점에서 경전을 독자적으로 해석함으로

27) 「다산학 서설」, 『전서』 ②, 355쪽.

28) 한형조, 『주희에서 정약용으로-조선유학의 철학적 패러다임 연구』, 서울: 세계사, 1996, 19쪽 참조.

29) 「다산학 서설」, 『전서』 ②, 343쪽.

써 사문난적(斯文亂敵)으로 지목되었던 윤휴·박세당 등의 해석과 맞닿아 있다.

정약용은 유학의 역사에서 경전의 위상과 다양한 해석 간의 체계를 '전체'와 '부분' 혹은 '본원'과 '파생'이라는 위계적 질서 속에서 파악하고, 본원적이고 포괄적인 경(經)의 존재를 모든 파생적 해석들의 위계의 정점에 두었다. 그는 사서(四書)를 자기 수양을 위한 기본 경전으로 육경(六經)을 지식을 확장하기 위한 근본으로 생각했다.[30] 따라서 경전 자체의 수사학적 고의(古義)를 경전 해석의 옳고 그름을 판단하는 준거로 삼아 주자학의 이학적(理學的) 경학을 비판적으로 분석하였다.

정약용은 "성(誠)이란 실로 모든 덕의 근본으로서 오달도(五達道)와 삼달덕(三達德)은 물론 천지만물의 이치도 이 성자로 근본을 삼고 성의 일자로 근원을 삼는다."[31]고 말함으로써 성(誠)이 그의 경학적 사유의 근간을 형성하고 있다는 것을 분명히 하였다. 이을호는 정약용이 공자의 학을 지성(至誠)의 학으로 이해했으며, 공자의 성학(誠學)이 맹자를 거쳐 『대학』과 『중용』에서 체계화되고 『주역』에 이르러 천과 인간 간의 제회(際會)의 도로 결실을 맺었다[32]는 점에서 정약용의 경학은 일관되게 주자학적 이학(理學)에 대립되는 성학(誠學)에 초점이 맞춰져 있다고 생각했다. 즉 성이란 말과 행동이 서로서로 앞뒤를 돌아다보는 진실한 모습으로서 지언행인의 중(中)과 더불어 수사학적 실천윤리학의 철학적 근거가 된다는 것이다.[33] 따라서 이을호의 정약용 경학 연구의 특징과 그 의미를 밝히기 위해서는 성학적(誠學的) 관점에서 이을호가 정약용 경학의 핵심 문제에 어떤 관점을 취하고 있는지 살펴보아

30) 『與猶堂全書』 第1集 詩文集, 第17卷, 「爲李仁榮贈言」, 382쪽, "以四書居吾之身, 以六經廣吾之識."
31) 『與猶堂全書』 第2集 經集, 第3卷, 『中庸自箴』 卷2, 56쪽, "誠一字, 爲德之根 故天下之達五道, 所以行之者一也. 天下之達德三, 所以行之者一也."
32) 『다산경학사상연구』, 『전서』 ①, 143쪽.
33) 『다산경학사상연구』, 『전서』 ⑪, 146쪽.

야 할 것이다.

1) 윤리적 행위 근거로서 상제천의 요청

공자 사상은 실천 지향적이기 때문에 형이상학적 문제에 대한 사변적 담론을 즐겨하지 않았다. 그러나 인간행위의 궁극적 근거를 마련한다는 점에서 천에 대한 분명한 인식관점을 지니고 있었다. 공자가 살았던 시대에는 천을 인격화된 지상신, 운명, 자연적인 존재로 인식하는 관점이 함께 존재했다. 공자는 세 관점을 절충하는 태도를 취하고 있지만, 그의 천에 대한 근본 관점은 천을 인간 행위의 도덕적 해악을 용인하지 않는 근원으로 파악했다는 점에서 인격적·윤리적 존재로 인식했다 할 수 있다.[34]

공자의 인격신적 상제천은 주자의 이법천(理法天)에 이르러 본래적 의미가 굴절된다. 주자는 천의 의미를 창창천(蒼蒼天)·주재천(主宰天)·이법천(理法天)으로 나누어 설명하였지만,[35] 근본적으로 천을 이(理)로 해석하여 이법성과 주재성을 하나로 통일시키고 있다.[36] 따라서 원시유학의 천 개념에 내포되어 있는 인격성·종교성은 사라지고 형이상학적인 궁극 원인·원리로서의 의미만을 지니게 되었다.

정약용이 경학사상을 체계적으로 정리하는 데 있어 일의적(一義的)으로 해결하려 했던 문제는 천과 천명 사상에 관한 것이었다. 정약용의 천에 대한 수사학적 인식은 주자의 이법천을 비판적으로 분석하는 것으로부터 시작된다. 정약용은 주자학에서처럼 천을 이(理)로 파악하고 귀신을 조화의 자취, 두 기운의 양능(良能)으로 인식하게 되면 귀신은 지각이 없는 존재가

---

34) 栗田直躬, 『中國思想における自然と人間』, 東京: 岩波書店, 1996, 28쪽.

35) 『朱子全書』(拾柒), 『朱子語類』(肆) 卷79, 「尙書二·泰誓」, 2702쪽, "天固是理, 然蒼蒼者亦是天, 在上有主宰者亦是天."

36) 『朱子全書』(拾肆), 『朱子語類』(壹) 卷25, 「論語七·八佾篇」, 900쪽, "天之所以爲天者, 理而已. 天非有此道理, 不能爲天, 故蒼蒼卽此道理之天."

되어 인간의 두려움의 대상이 될 수 없기 때문에 인간의 삿된 욕망을 불러올 수 있다고 보았다. 따라서 사람들이 평생 도를 배워도 요임금이나 순임금의 경지에 이르지 못하는 것은 천에 대한 분명한 인식이 결여되어 있기 때문이다.[37]

정약용에 따르면 천은 자연적·물리적 천인 창창유형지천(蒼蒼有形之天)과 신격을 지니며 인간 도덕성의 근거로 존재하는 영명주재지천(靈明主宰之天)이 있다.[38] 여기서 영명성을 지니고 만물을 주재하는 천은 이 세상 모든 존재를 조화(造化)하고 주관하며 기르는 존재로서의 상제다.[39] 이을호는 "자연천이 상제천으로 변하는 중간 과정에서 범신론적 사상이 발생하게 마련"이라고 주장하면서 중국 고대에 나타난 천신·인귀·지기(地祇)의 삼품설은 이러한 사상의 발전적 징표라고 말한다.[40] 다시 말하면 자연물신론적 사상이 천자의 제천 사상으로 진전하였고, 그것이 또한 조선(祖先) 숭배의 사상과 결부하여 천과 조상을 하나로 여기는 종교적 상제 사상으로 발전하였다는 것이다.

상제천은 인간의 행위를 남김없이 감시하며 그 행위의 선과 악을 구별하여 엄밀하게 상벌과 화복을 내리는 지존 지대한 존재로서 인간 행위의 윤리적 감시자다. 인간은 자기 수양을 게을리하여 악에 빠질 수 없다. 이을호는 상제의 이러한 단면을 "윤리적 상제로서의 일면을 보여준 것"[41]이라고 설명한다.

---

37) 『與猶堂全書』 第2集 經集, 第4卷, 『中庸講義補』 卷1, 73쪽, "今人爲天爲理, 以鬼神爲功用, 爲造化之跡, 爲二氣之良能, 心之知之杳杳冥冥, 一似無知覺者, 然暗室欺心肆無忌憚, 終身學道而不可與人堯舜之域, 皆於鬼神之說, 有所不明故也."

38) 『與猶堂全書』 第1集 詩文集, 第17卷, 「中庸策」, 173~175쪽 참조.

39) 『與猶堂全書』 第2集 經集, 第36卷, 『春秋考徵(四)』, 「凶禮」 〈先儒論辨之異〉, 366쪽, "上帝者何? 是於天地鬼神之外, 造化天地神人萬物之類, 而宰制安養之者也."

40) 『다산경학사상연구』, 『전서』 ①, 56쪽.

41) 『다산경학사상연구』, 『전서』 ①, 57~58쪽.

그런데 이을호에 따르면 인간이 상제를 섬기는 방식에는 '외적 사천'과 '내적 사천' 두 가지가 있다. 이을호는 다산학을 횡단하는 수기치인의 개념과 사천(事天) 행위를 연결지어 논의하는 독창적 면모를 보인다. 내적 사천은 자기 성찰을 통한 자각에 바탕하여 천을 섬기는 행위다. 정약용은 "하늘의 후설(喉舌)이 도심에 깃들어 있으니, 도심(道心)의 경고는 곧 하늘의 경고와 다를 바 없다,"[42] "우리의 몸은 부모로부터 받으며 영명한 본성은 천으로부터 받는다."[43]고 하였다. 영명한 주재천은 인간의 마음에 내재되어 지각할 수 없지만 세상의 모든 일을 성찰할 수 있기 때문에 인간의 도덕적 삶을 감시할 수 있는 존재다. 따라서 인간은 세계와의 관계에서 조화자, 주재자로서 위상을 지닌 상제천을 조심하고 두려워하지 않을 수 없다. 이러한 점에서 도덕적 자기 수양과 상제천을 섬기는 일은 하나의 맥락으로 이어진다. 외적인 사천은 유일신인 상제천에 대한 제례나 정치적 경천(敬天) 행사와 같은 것으로 제정일치시대의 치인의 도를 말한다.[44]

이을호는 '천명지위성(天命之謂性)'의 명제를 수사학적 입장에서 '명즉성(命卽性)'의 인성론적 천명으로 간주하느냐 정주학적 입장에서 '성즉리(性卽理)'의 존재론적 천리로 해석하느냐에 따라 인간을 인식하는 관점에 커다란 간극을 드러내게 된다고 보았다.[45] 정약용에 따르면 천이 인간에게 부여해준 명에는 도덕적 성향으로서의 명과 삶과 죽음·화와 복·영욕과 관련된 명이 있다.[46] 이을호는 생사·화복·영욕의 명은 인간으로서는 어찌할 수 없는

42) 『與猶堂全書』 第2集 經集, 第3卷, 『中庸自箴』 卷1, 48쪽, "天之喉舌, 寄在道心, 道心之儆告, 皇天之所命戒."

43) 『與猶堂全書』 第2集 經集, 第15卷, 『論語古今註』 卷9, 「陽貨第十七(凡二十五章)」, 340쪽, "形軀受之父母, 不可曰無始也, 性靈受之天命, 不可曰無始也."

44) 『다산경학사상연구』, 『전서』 [1], 59~60쪽.

45) 『다산경학사상연구』, 『전서』 [1], 63쪽.

46) 『與猶堂全書』 第2集 經集, 第16卷, 『論語古今註』 卷10, 「堯曰第二十(凡六章)」, 373쪽, "命天之所以賦於人者, 性之好德是命也, 死生禍福榮辱亦有命, 不知命則不能樂善安位, 故無以爲君子." 서복관은 천명을 1) 인격신적 성질을 지닌 천명[人格神性質的天

숙명론적이라면, 도덕적 성향으로서의 명은 인간의 심성에 선천적으로 내재되어 있는 도심으로서 윤리적 천명을 가리키는 것으로 보았다. 이는 인간의 자발적 실천 능력에서 확인할 수 있다. 덕행이 순수하고 전일한 자는 상제천과 감통(感通)할 수 있고 또한 천명을 분명히 인지할 수 있다. 천명은 도덕이 도달할 수 있는 경계며, 도덕의 무한한 실현 가능성에 대한 표상이기도 하다.

정약용에 따르면 인간은 태어날 때 '선을 좋아하고 악을 미워하며, 덕을 좋아하고 잘못된 행위를 부끄럽게 여기는' 본성을 지닌다. 이는 영명한 상제천이 인간의 본성에 내재하고 있음을 의미한다. 이을호는 상제천과 인간의 관계를 인성론적 맥락에서 파악하여 인성(人性)을 윤리적 천명의 다른 명칭으로 간주한다.[47] 이을호가 정약용의 수사학적 천명 사상에서 찾아낸 것은 천과 인간의 상호 감통에서 기인하는 종교적 신앙과 천명에 의한 윤리적 실천의 가능성이다. 결국 성즉리(性卽理)의 명제에 근거한 주자학의 천리 사상이 무신론적·관조적·우주론적·객체적·존재론적 성격을 지니는 반면 성기호설(性嗜好說)을 바탕으로 한 정약용의 천명 사상은 유신론적·내성적(內省的)·인생론적·주체적·실천학적 특성을 지닌다는 점에서 대조적이다.[48]

정약용 경학에 있어서 천과 인간의 관계를 인성 내재적 천, 수기치인적 사천의 의미로 재해석한 이을호의 인식은 신앙적 천으로서 상제천을 우주론적 역리천(易理天)과 대비하여 설명한 데서 그 특징이 선명하게 드러난다. 이을호에 따르면 상제천은 주관적 인식에 의하여 인간 앞에 또는 인간내

命] 2) 법칙성적 성질을 지닌 천명[法則性質的天命] 3) 맹목적 운명으로서 천명[盲目性的運命之命的天命]으로 구분하였다. 서복관, 『중국인성론사 선진편』, 臺北: 商務印書館, 1984, 162쪽 참조.

47) 『다산경학사상연구』, 『전서』 [1], 66쪽.

48) 『다산경학사상연구』, 『전서』 [1], 94쪽 각주) 184 참조.

존재자로서 존재하고 있지만, 역리천은 자연천처럼 인간과는 아랑곳없이 이미 선험적 이법으로서 존재한다.[49] 그러나 성학적(誠學的) 관점에서 정약용 경학에 접근하는 이을호의 시선에 하늘과 인간은 지성(至誠)의 도라는 측면에서 공통된 속성을 지닌다. 따라서 역리천이 인간의 생동적인 삶과 단절된 이념적·관념적 천에 정체되어 있는 것만은 아니다. 건행(健行)의 지성은 천의 역도(易道)일 뿐만 아니라 군자의 쉼 없는 자기 수양도 지극한 성실성의 표현에 지나지 않는다. 이런 점에서 이을호는 "실로 건행불식(健行不息)의 지극한 성실함이 하늘과 인간이 끊임없이 소통하면서 서로 감격할 수 있는 유일한 길이다. 역리천이 천지운행의 율법자고 상제천 스스로도 그가 마련한 지성의 율법을 따른다는 점에서 역리천도 상제천과 유사한 인간학적 속성을 지닌다."[50]고 강조한다. 이을호는 정약용의 천명 사상을 총체적으로 평가하여 다음과 같이 말한다.

> 다산이 경전의 수사학적 해석을 통하여 발견한 윤리적 천명은 수사학적 천명의 새로운 방향을 제시해 준 것이며, 여기서 우리는 비로소 상제천의 앞에선 단독자로서의 경건한 자신을 발견하게 될 것이다. 다산은 윤리적 천명에 대한 심층적 이해를 통해 상제천과 결합된 인간 자성을 발견함으로써 수사학을 이학적(理學的) 단계를 넘어서 종교적 단계로까지 승화시켰다.[51]

2) 행위윤리적 특성

인간의 인격적 자기 수양과 사회적 공동선의 실현은 자유의지적 행동을 통해서 성취된다. 정약용은 "천명과 인도 때문에 성이라는 명칭이 있게

---

49) 『다산경학사상연구』, 『전서』 [1], 61쪽.
50) 『다산경학사상연구』, 『전서』 [1], 62쪽.
51) 『다산경학사상연구』, 『전서』 [1], 68쪽.

되었고, 자기와 남이 있기 때문에 행이라는 이름이 생겼으며, 그 성과 행 때문에 덕이라는 명칭이 있게 되었다. 그러므로 성만으로는 덕이 될 수 없다."[52]고 하였다. 천명이 본성에 선천적으로 내재되어 있다 하더라도 인간관계를 규율하는 행위가 수반되지 않는다면 덕의 가치는 이루어질 수 없다. 수기와 치인의 일치는 개인의 인격적 완성을 전제로 하며 이는 내면적인 초월이 아니라 행사라는 사회적 실천을 통해 확립된다. 바로 이런 맥락에서 정약용은 "유학은 사업으로 마음을 다스린다."[53]고 한 것이다.

정약용 경학의 행위윤리적 특성은 유향의 성정상응설(性情相應說)의 이론적 결함을 지적하기 위해 발명한 인선(人善)이라는 개념에서 도드라지게 나타난다. 정약용은 성선(性善)과 인선(人善)을 행위윤리적 관점에서 분명하게 대비하여 설명함으로써 도덕적 자아 실현을 위한 인간의 자발적 행위 가능성과 실천성을 강조한다. 성선은 인간이 선천적으로 부여받은 본래적 성으로 덕을 좋아하고 악을 부끄럽게 여기는 것을 특징으로 한다. 인선은 선한 본성에 따라 마음을 바르게 하고 몸을 닦아 궁극적으로 의리를 행하고 인을 성취하여 그 덕을 온전히 실현하는 것이다. 따라서 극악무도한 악인에게도 의롭게 행동하고 인을 실현하려는 실천적 선이 없을 뿐 덕을 좋아하고 악을 부끄럽게 여기는 본래적 선은 지니고 있다.[54] 반면 주자는 인간의 본성은 천리를 품부하였다는 점에서는 모두가 선하지만, 기품이 다르기 때문에 생래적으로 선인과 악인이 존재한다고 보았으며, 인간의 성이 선하지

52) 『與猶堂全書』 第1集 詩文集, 第16卷, 「原德」, 212쪽, "因命與道, 有性之名. 因己與人, 有行之名, 因性與行, 有德之名."

53) 『與猶堂全書』 第2集 經集, 第1卷, 『大學公議(一)』 卷1, 「舊本大學」, 7쪽, "佛氏治心之法, 以治心爲事業, 吾家治心之法, 以事業爲治心."

54) 『與猶堂全書』 第2集 經集, 第15卷, 『論語古今註』 卷9, 「陽貨第十七(凡二十五章)」, 343쪽, "性善與人善不同. 性善爲天賦之性, 好德而恥惡, 養之以善, 則浩然以充, 餉之以惡, 則 欿然以餒, 明本性純善也. 人善者, 率此善性, 正心修身, 畢竟行義而成仁, 以全其德者也. 四凶無行義成仁之善, 顧獨無好德恥惡本善乎?"

만 모두가 성현이 될 수 없는 이유를 기품이 작용하기 때문이라고 인식했다.[55] 주자는 인간의 본성은 태어나면서부터 주어진 것이어서 행위를 통해 변화시킬 수 없는 것으로 파악하였다.

정약용 경학의 행위윤리적 성격을 잘 드러내는 것은 사단(四端)의 '단(端)' 개념을 둘러싼 사단과 사덕(四德)의 내외 관계에 대한 논점이다.

주자의 복초적(復初的) 단서설(端緖說)에 따르면 인의예지 사덕은 상천(上天)에 의해 주어진 인간의 선천적 본질이며, 사단은 사덕의 선재(先在)를 경험적으로 확인해 주는 단서에 불과하다. 이는 경험적으로 학습하거나 획득될 수 없는 하늘에 의해 소여(所與)된 실재다. 반면 정약용의 확충적(擴充的) 단시설(端始說)은 인의예지의 덕은 행사(行事)를 통하여 성취된 성과를 가리키는 것이기 때문에 사단의 마음을 행위를 통해 실현하지 않고서는 인의예지의 성과는 있을 수 없다는 인과론적 입장을 취하고 있다.[56] "인간이 행위 과정에서 선악을 택하는 것은 모두 스스로 하는 것이며, 스스로 주장할 수 있는 것"[57]이기 때문에 정약용은 개개인의 도덕성을 실현하는 데 있어 무엇보다 자발적 행위 가능성을 강조한 것이다. 이을호는 이러한 주자학파의 입장을 행위보다는 마음의 상태를 더욱 중시하는 선학적(禪學的) 유심론으로 규정하고 이와 대조적 관점에 서 있는 정약용의 입장을 도덕적 행위를 통한 성덕(成德)을 중시하는 수사학적 실천윤리학이라고 불렀다.[58] 엄밀히 말하면 이을호의 관점에서 주자학과 다산학을 구분지을 수 있는 뚜렷한 차이는 주자학이 주정설(主靜說)적인 데 반해 다산학은 주동설(主動說)적이라는 점

---

55) 『朱子全書』(拾肆), 『朱子語類』(壹) 卷4, 「性理一・人物之性氣質之性」, 198쪽, "人之性皆善, 然而有生下來善底, 有生下來便惡底, 此是氣稟不同. …… 看來吾性旣善, 何故不能爲聖賢, 卻是被這氣稟害."

56) 『다산경학사상연구』, 『전서』 [1], 199~200쪽.

57) 『與猶堂全書』 第2集 經集, 第6卷, 『孟子要義』 卷2, 「告子第六」, 137쪽, "人之於善惡, 能皆自作, 以其能自主張也."

58) 『다산경학사상연구』, 『전서』 [1], 203쪽.

이다.[59]

이을호는 정약용 경학사상을 철저하게 행위윤리적 관점에서 파악하고자 하였다. 그에 따르면 진실한 군자는 의연한 행동인이 아니면 안 된다. 지성(至誠)은 행동 속에 깃드는 것이요 시중(時中)도 어떤 행위의 시중일 뿐이다.[60] 뿐만 아니라 옛 성인들은 언제나 인륜관계의 행사(行事)를 통하여 자신의 심성을 닦는다. 이런 점에서 성(誠)은 인간의 쉼 없는 지성을 통해 도달할 수 있는 지상목표에 지나지 않는다.[61]

인간은 윤리적 천명으로 부여받은 덕을 좋아하는 정(情)과 선과 악을 가릴 수 있는 능력[擇善]을 지니고 있다.[62] 여기서 덕을 좋아하는 감정은 인간에게 윤리적 의무를 제시하고 이행하도록 재촉하는 기능으로서 의지적 특성을 지닌 본성이며, 선을 가릴 수 있는 능력은 구체적인 도덕적 갈등 상황에서 무엇인 윤리인지를 말해 주는 실천적인 윤리판단 능력이다. 그런데 도덕적으로 선한 사람과 악한 사람의 경계는 자발적 행위의 차이에서 비롯되는 것이지 선천적인 기질의 치우침과 온전함에서 생기는 것이 아니다.[63]

이을호는 윤리적 존재로서 인간의 지속적 실천의 중요성을 정약용의 중용(中庸) 해석에서 찾는다. 중용은 요순 이래 모든 성인들이 유학의 핵심 개념으로 간주한 것인데, 이을호는 중(中)을 '알맞음', 용(庸)을 '꾸준함'으로 이해했다. 중(中)과 용(庸)은 다른 덕이지만 알맞은 상태를 꾸준히 유지함으로써 중용이 하나의 덕으로 성립할 수 있는 것으로 보았다.[64]

---

59) 『다산학 입문』, 『전서』 2, 310쪽.
60) 『다산경학사상연구』, 『전서』 1, 151쪽.
61) 『다산경학사상연구』, 『전서』 1, 154쪽.
62) 『與猶堂全書』 第2集 經集, 第3卷, 『中庸自箴』 卷1, 48쪽, "天賦我性, 授之以好德之情, 畀之以擇善之情, 此雖在我, 其本天命也."
63) 장복동, 「정약용의 도덕철학에서 악의 문제」, 『동양철학연구』 제37집, 2004. 3, 190쪽.
64) 『다산경학사상연구』, 『전서』 1, 109쪽.

신독군자는 일시적인 도덕적 수양이나 노력으로 완성되는 존재가 아니기 때문에 필연적으로 도덕적 항상성과 지속적인 실천이 요청된다. 정약용에 따르면 중이 덕이 되는 것은 이치상 당연하다. 그렇다면 도덕적인 항상성을 귀하게 여기는 이유는 무엇일까? 정약용은 덕을 체현한 군자가 되기 위해서는 반드시 중을 굳게 잡아서 항상 지키며 영원히 변하지 않아야 그 덕을 신뢰할 수 있기 때문이라고 답한다.[65] 정약용은 용언(庸言)·용덕(庸德)·용행(庸行)을 각각 항언(恒言)·항덕(恒德)·항행(恒行)의 의미로 해석함으로써[66] 일관성 있는 말, 지속적이고 신뢰할 수 있는 덕성, 꾸준한 실천을 도덕적 완성 상태에 이른 존재를 신독군자가 되기 위한 전제 조건으로 생각했다. 이을호는 행위윤리적 관점에서 정약용의 중용설이 언행의 항상적인 덕[恒德]을 바탕으로 한 유학의 근본 취지에 부합한 것이라고 평가한다. 용언·용행이란 곧 항언·항행이니 항구의 덕을 빼고서는 중용은 무의미한 것이다. 말은 언제나 행위를 돌아다보는 말이어야 하며 행위는 언제나 말의 실천에서 오는 행위여야 한다.[67] 이런 점에서 정약용은 수신의 참의미를 안다는 것은 곧 자기 수양을 직접적으로 행동에 옮기는 것이며,[68] 유학의 전통에서 앎과 행위는 상호 수용 관계에 있어서 행위하면 반드시 알게 되고, 알면 반드시 행할 수밖에 없으므로 앎과 행위는 상호 발현과 교차적 수양의 관계에 있는 것으로 보았다.[69]

---

65) 『與猶堂全書』 第2集 經集, 第3卷, 『中庸自箴』 卷1, 51쪽, "中之爲德, 理固然矣. 其必以有常爲貴者, 抑何以哉? 人之秉德, 雖至正大中, 若其人朝變夕改, 月異歲殊, 則卒無以爲成德之君子. 必固執恒守永久不渝而後, 方可以信其爲德."

66) 『與猶堂全書』 第2集 經集, 第4卷, 『中庸講義補』 卷1, 67쪽, "本經下章曰, 庸德之行, 庸言之謹, 易曰, 庸言之信, 庸行之謹. 庸言者恒言也. 庸德者恒德也. 庸行者恒行也."

67) 『다산경학사상연구』, 『전서』 [1], 111쪽.

68) 『與猶堂全書』 第2集 經集, 第1卷, 『大學公議(一)』 卷1, 「舊本大學」, 12쪽, "知修身卽行修身, 則知與行一."

69) 『與猶堂全書』 第2集 經集, 第6卷, 『孟子要義』 卷2, 「盡心第七」, 145쪽, "盡心者, 行也. 行則必知, 知則必行, 互發而交修者也."

궁극적으로 이을호가 덕의 항상성을 강조하는 정약용의 중용 해석에서 추론해 낸 것은 유학이 근원적으로 행동주의와 실천적 결과주의로 귀결될 수밖에 없다는 것이었다. 이을호는 다음과 같이 말한다.

> 중덕(中德)은 논리적 관념으로서의 평상(平常)의 이치가 아니라 윤리적 실천을 통하여 얻어지는 어떠한 행동의 성과인 것이다. 중(中)이란 결국 어떠한 행동을 통하여 얻어지기 때문에 그것이 비록 결정적 행동의 결과에까지 이르지 않았을 때라 하더라도 행동의 시발점에서일망정 중덕(中德)은 행동의 알맞은 결과를 예정하지 않고서는 있을 수 없는 하나의 상태인 것이다.[70)]

정약용에 따르면 성인의 학은 모두 성기성물(成己成物)의 범주를 벗어날 수 없다. 성기성물은 표현만 다를 뿐 수기치인과 동일한 의미다. 그런데 자기 수양을 통한 공동선의 실현은 결코 하루아침에 이루어질 수 있는 것이 아니다. 이는 인간이라면 누구나 태어나서 죽을 때까지 지속적으로 윤리적 실천이 요구되는 영원한 과제다. 이런 맥락에서 이을호는 수기치인의 도는 주자가 말한 평상(平常)의 이치로는 감당할 수 없는 것으로 보았다. 오직 정약용이 밝힌 용덕(庸德)만이 수사학적 수기치인의 바탕을 이룰 수 있는 것이다.[71)]

결국 이을호에 있어 정약용 경학의 행위윤리적 특징은 "인간은 모든 윤리적 관계에 있어서는 하나의 행동인이어야 한다."는 명제로 귀결된다. 왜냐하면 인간의 가치는 윤리적 행동을 통해서 비로소 결정되기 때문이다. 이것이 정약용이 말한 행인(行仁)이요, 이을호의 표현을 빌리면 '행인의 실천윤리'라 할 수 있을 것이다.

---

70) 『다산경학사상연구』, 『전서』 [1], 111쪽.
71) 『다산경학사상연구』, 『전서』 [1], 114쪽.

4. 맺음말

본격적인 다산학 연구의 시발점이 되었던 이을호의 『다산경학사상연구』는 다음과 같은 겸손의 말로 결론을 맺고 있다.

> 본론에서 문제 삼은 다산의 경학사상을 단적으로 말하자면 겨우 몇 가지 문제를 그의 원리적인 면에서 하나의 본보기로 제기하였을 따름이다. 왜냐하면 본론에 있어서는 겨우 다산경학사상의 시점을 열어놓았을 따름이요, 앞으로의 문제를 풀이함에 있어서의 세계가 더욱 넓은 분야에서 우리들의 개척을 기다리고 있기 때문이다.[72)]

이을호가 예시(豫示)한 것처럼 이후 다산학 연구는 경학·경세학뿐만 아니라 전 분야에 걸쳐 방대한 연구물이 쏟아져 나왔으며, 양적인 성장과 더불어 질적으로도 우수한 성과를 성취했다. 그리고 이을호의 정약용 경학 연구의 한계를 일정 부분 극복한 것도 사실이다. 그러나 수사학적 수기치인의 논리를 다산학 전체를 일관하는 방법론으로 삼아 정약용 경학 연구의 일가를 이룬 이을호의 연구는 여전히 다산학 연구의 방향을 이끌어 가는 중요한 업적으로 남아 있다.

이을호의 연구 방법의 근저에는 공맹의 실천유교로부터 발원(發源)하여 정약용에 이르러 체계화된 수사학적 수기치인의 논리가 견고한 방법론으로 자리잡고 있다. 그리고 이을호의 학적 방법과 연구 방향을 통틀어서 '현암학(玄庵學)'이라는 이름을 부여할 수 있다면, 현암학은 수사학이라는 틀로 묶어진 공맹학→ 다산학→ 현암학으로 이어지는 계보를 형성하고 있다 할 수 있다. 이을호의 다산학 연구가 지향하고 있는 수사학적 방향에 대해 반론을 제기하기도 하지만, 적어도 수사학적 수기치인의 논리를 개인의 학문적

72) 『다산경학사상연구』, 『전서』 1, 277쪽.

취향이 아닌 유학사의 한 방향을 결정하는 체계로 정립하려는 시도는 이을호의 중요한 공헌으로 인정해도 무리는 없을 것이다.

마찬가지로 이을호가 정약용 경학의 상고적(尙古的)・복고적(復古的) 경향을 강조한 것도 단순히 과거에로의 무비판적 회귀가 아니다. 이을호가 "수사학적 유교정신은 결코 선탈(蟬脫)된 옛 껍질이 아니라 샘물처럼 솟고 있는 날로 새로운 원천인 것이다. 이는 아마도 정체된 잔재를 씻어줌으로써 새 움을 돋게 해주는 원동력인지도 모른다."[73]고 언급한 것처럼 이는 온고지신(溫故知新)의 사고에 기반하여 정약용의 경학을 새롭게 재해석한 것이라 할 수 있다. 따라서 여기서 우리는 정약용의 수사학적 방법을 넘어서 이을호만의 고유한 수사학적 사유를 찾을 수 있다. 이러한 시각에서 이 글에서는 이을호가 정약용의 경학을 성학(誠學)의 체계로 해석하고 있다는 점에 주목하고, 그 중요한 내용의 고리를 윤리적 행위의 근거로서 상제천, 행위윤리적 특성을 제시한 것이다.

마지막으로 우리는 이을호가 경세학의 보완으로서가 아닌 성리학을 대체한 경학의 수사학적 체계화라는 관점에서 존재론적 이학과 대비되는 윤리적 인간학에서 다산학의 새로운 모습을 찾았다는 점을 분명히 해야 한다.

참고문헌

『與猶堂全書』(『韓國文集叢刊』 281～286), 서울: 민족문화추진회, 2002.
『朱子語類』, 中國: 上海古籍出版社・安徽教育出版社, 2002.
다산학연구원 편, 『李乙浩全書』 전 9책, 서울: 예문서원, 2000.
정규영 편, 『俟菴先生年譜』, 서울: 정문사, 1984.

김문식, 『조선후기경학사상연구』, 서울: 일조각, 1996.
장복동, 「정약용의 도덕철학에서 악의 문제」, 『동양철학연구』 제37집, 2004. 3.

73) 『다산경학사상연구』, 『전서』 , 274쪽.

한우근 외, 『정다산 연구의 현황』, 서울: 민음사, 1985.
현상윤 저, 이형성 교주, 『(현상윤의) 조선유학사』, 서울: 심산, 2010.
한형조, 『주희에서 정약용으로-조선유학의 철학적 패러다임 연구』, 서울: 세계사, 1996.

2. 다산경세학 연구

조 성 을 아주대학교 사학과 교수

1. 서 언

이을호 선생(이하 이을호)은 다산(茶山) 정약용(丁若鏞) 경학(經學) 연구의 개척자다. 이을호의 다산경학 연구는 파천황(破天荒)이라고 할 수 있는 것으로서 한국유학사적으로는 정약용 이후 끊어진 우리나라의 유교경학 연구 전통을 부활시킨 것이라고 할 수 있다. 이에 더하여 이을호가 다산경학 연구의 연장선상에서 진행한 다산경세학(茶山經世學) 연구 역시 이 분야에서 선구적인 위치에 있다. 다산경세학에 대한 이을호의 연구는 다산경학 연구에 비하여 상대적으로 덜 알려져 있다. 본고에서는 이을호의 다산경세학 연구에 대하여 살펴보기로 한다.

이을호의 다산경세학 연구에 대한 자료는 다음과 같다.

1) 『다산의 생애와 사상』, 제4장 정치사상 ; 제5장 경제사상 ; 제6장 사회사상 ; 제7장 교육사상 / 다산학연구원 편, 『李乙浩全書』 ② (서울: 예문서원, 2000)

2) 『다산학입문』, 제4장 일표이서의 학 / 다산학연구원 편, 『李乙浩全書』 ② (서울: 예문서원, 2000)

3) 『다산학강의』, 제7강 정경학 ; 제8강 현대인을 위한 목민심서 ; 제9강 목민심서에 내재된 공직자의 상 / 다산학연구원 편, 『李乙浩全書』 2 (서울: 예문서원, 2000)

4) 『목민심서』 / 『李乙浩全書』 3 (서울: 예문서원, 2000)

5) 「해제4 : 『경세유표』」, 다산학연구원 편, 『李乙浩全書』 5 (서울: 예문서원, 2000)

위에서 언급된 저작 가운데 『다산의 생애와 사상』은 원래 서울 박영사에서 1979년 간행한 것이고 『다산학입문』은 서울 중앙일보사에서 1983년 간행한 것이며, 『다산학강의』는 광주전남지역개발협의회 요청으로 강의한 것을 초청자가 정리한 것이다. 『이을호전서』 2에 실린 『목민심서』는 서울 현암사에서 1972년에 간행한 「『(역서) 목민심서』 해제」와 서울 KBS에서 교양강좌 교재(1990)로 간행한 『목민심서총론』을 합쳐 한 권으로 엮은 것이다.[1] 「해제 4 : 『경세유표』」는 민족문화추진회에서 간행한 『(역서) 경세유표』에 「해제」로 실린 것이다.

이상의 자료에 근거하여 이을호의 다산경세학 연구를 이을호가 『다산의 생애와 사상』에서 분류한 방식에 의거하여 정약용의 정치사상 연구, 경제사상 연구, 사회사상 연구, 교육사상 연구 등으로 나누어 살펴본 다음, 결어 부분에서 이 본론의 논의를 요약하고 이을호의 다산경세학 연구의 특징과 그 의의에 대하여 논하기로 한다. 덧붙여 후학들이 이을호의 다산경세학 연구에서 배울 점과 더 발전시킬 점이 무엇인지에 대하여도 생각해 보기로 한다.

---

1) 『전서』 2 및 『전서』 3 일러두기 참조.

2. 다산정치사상 연구

다산경세학 가운데 다산정치사상에 대한 이을호의 연구는 『다산의 생애와 사상』(1979) 제4장 정치사상에 잘 정리되어 있다. 먼저 이를 살펴본 다음 다른 관련 자료를 검토하기로 한다. 제4장 정치사상 부분에서 정약용의 정치사상은 1) 왕도론(王道論), 2) 예악론(禮樂論), 3) 거현론(擧賢論)으로 나누어 언급되어 있다.

1) 왕도론

왕도론 부분에서 이을호는 유학의 "제왕학적 왕도정치사상이 민본적 위민사상으로 윤색함에 있어서 '근세적 민주주의'에의 접근마저도 시도한 흔적이 없지 않다."라고 하였다.[2] 즉 이을호는 공맹 이래 제창되어 오던 유학의 민본사상이 정약용의 단계에 이르러 민주주의 사상의 단계에까지 이른 것으로 평가하는 것이라고 할 수 있겠다. 또 『다산학강의』 제7강 정경학 부분에서는 "다산의 정치사상은 만민평등(萬民平等)의 기반 위에 세워진 현인왕도론(賢人王道論)"이라고 표현하기도 하였다.[3]

이러한 주장의 근거로 정약용의 「탕론」, 「원목」을 들고 "인장, 이장, 현장, 제후, 천자에 이르는 추천－협의선거－은 마치 근세에 있어서의 민주주의 선거를 방불하게 하고 있으며 소환권－협의개체(協議改替)－마저 인정한 느낌이다."라거나 "상향적 민주사상"을 정립했다고 하였다.[4] 이것은 정약용의 정치사상이 민주사상 단계에 이른 것이라는 주장으로서 조선 후기 실학이 정약용에 이르러서는 정치사상의 측면에서 민주주의 단계에 이른 것이라고 평가한 것이라고도 할 수 있겠다. 필자도 이 견해에 전적으로 찬성하며

---

2) 『다산의 생애와 사상』, 『전서』 ②, 81쪽.
3) 『다산의 생애와 사상』, 『전서』 ②, 906쪽.
4) 『다산의 생애와 사상』, 『전서』 ②, 82쪽.

이 견해를 따르면서 정약용의 정치사상에 대하여 논한 바 있다.[5)]

다음으로 정약용은 『대학(大學)』의 명덕(明德)을 효제자(孝弟慈)로 해석하여 통치자의 덕목으로 자(慈)를 제시하고 이것이 애민(愛民) 사상으로 연결되었고 애민은 양민(養民)과 교민(敎民)이며 이것이 바로 목민(牧民)이라 하고 선진(先秦)유가 왕도의 현대적 구현이라고 하였다.[6)] 정약용의 왕도정치 사상이 그의 『대학』의 명덕에 대한 새로운 해석에 근거한 것이라는 언급으로서 정약용의 경학이 경세학과 연결됨을 밝히는 것이라고 하겠다. 이런 언급은 이을호의 다산경세학 연구가 다산경학 연구와 관련되어 있으며 이를 토대로 한 것임을 보여주는 것이라고도 하겠다.

2) 예악론

『다산의 생애와 사상』의 제4장 정치사상 가운데 예악론 부분에서는 『경세유표』의 본래 이름이 『방례초본(邦禮草本)』임을 언급하고 『주례(周禮)』의 예를 우리나라의 예로 재현시켰으며 『주례』는 중국의 은나라 말, 주나라 초의 가장 합리적인 국가제도라고 하였다. 즉 『경세유표』는 『주례』를 본받아 "조선 후기의 모든 정치적 및 사회적 여건에 대응하는 새로운 국가제도를 마련하고자 한 의도에서 비롯했"다는 것이다.[7)] 이렇게 정약용이 『경세유표』를 저술함으로써 가례(家禮)로서의 예(禮) 개념을 방례(邦禮: 국가제도)로서의 예 개념으로 고양시켰다고도 하였다.[8)]

한편 민족문화추진회에서 간행한 『역서 경세유표』의 「해제」에서는 『경세유표』에 대하여 저술 경위, 『경세유표』의 규모(체제), 불가역론(不可易論,

---

5) 조성을, 「정약용의 정치사상」, 『조동걸정년기념논총』, 나남, 1997 참조.
6) 『다산의 생애와 사상』, 『전서』 ②, 83~84쪽.
7) 『다산의 생애와 사상』, 『전서』 ②, 84~85쪽.
8) 『다산의 생애와 사상』, 『전서』 ②, 86쪽. 이 점에서 대하여는 이미 이을호의 「예(禮) 개념의 변천 과정」(『대동문화연구』 4, 1967)에서 언급되었다.

변경할 수 없는 기본 강령), 육조 편제의 신지견(新知見), 개혁론의 개략, 총설 등을 언급하였다.

첫째로 저술 경위 부분에서는 『경세유표』가 정약용이 해배되기 바로 전해인 1817년 저술되었다고 하였다. 아울러 『경세유표』에 이어서 해배되는 해인 1818년 『목민심서』가 저술되었으며 『흠흠신서』는 1819년 저술되어 1표2서가 해배를 전후한 3년간 이루어졌다고 하였다.[9] 이러한 언급은 기본적으로 옳은 것이다. 하지만 최근 여러 필사본과 간행본을 검토하여 『경세유표』, 『목민심서』 등에 대하여 최근 보다 상세한 문헌학적 검토가 행해져서 『목민심서』에 초고본과 수정본이 있음이 밝혀졌고 정약용은 해배 후 꾸준히 강진 시기 저술들에 대하여 수정, 보완 작업을 하였다는 사실이 밝혀졌다. 따라서 1표2서가 해배를 전후한 1817~1819년 사이에 이루진 것으로만 보는 것에 대하여는 재고를 요한다.

아울러 『경세유표』는 추관(秋官)과 동관(冬官) 부분이 결여된 미완성 부분이며 『목민심서』와 『흠흠신서』는 『경세유표』의 보완적 성격이 있다고 하였다. 물론 『목민심서』를 살펴보면 성격상 국가제도개혁론에 속하는 것이어서 성격 상 『경세유표』에 속해야 될 내용을 언급한 부분이 있다. 이에 대하여는 정약용 자신도 사실은 『경세유표』에 넣어야 할 내용이라고 하였다. 『경세유표』에서 언급해야 성격의 내용이지만 미처 하지 못하였으므로 『목민심서』에서 보완한 것이라는 의미다.

또 이을호는 『경세유표』에 결여된 "추관 형조는 『흠흠신서』와 『목민심서』 「형전」이 이를 가름할 수 있고 동관 공조는 『심서』(『목민심서』)의 「공전」 외에 (시문집: 인용자) 「군기론」, 「기예론」 등에 의하여 보완되고 있다. 그리하여 『경세유표』는 비록 미완본이기는 하지만 실제로는 1표2서로서 하나의 체계를 이루어 완성된 것으로 간주해도 좋을 것이다."라고 하였다.[10]

---

9) 「해제4. 경세유표」, 『전서』 5, 684~685쪽.

앞서 언급한 바와 같이 『목민심서』에 『경세유표』를 보완하는 부분이 일부 있는 것은 사실이다. 그러나 『경세유표』는 전반적인 국가제도 개혁을 구상한 것이고 『목민심서』와 『흠흠신서』는 지방관 차원에서의 지방제도의 운영 개선을 위하여 저술한 것이다. 정약용 자신이 『목민심서』에서 원래 『경세유표』에 들어가야 한다고 말한 것은 『경세유표』와 『목민심서』의 성격상의 차이를 스스로 염두에 둔 데 따른 것으로 볼 수 있다.

한편 이을호는 1표2서 가운데 "『경세유표』야말로 경세치인의 학의 주축"이라고 언급하고 『경세유표』의 개혁사상을 『여유당전서』 시문집 부분에 실린 여러 개혁론적 단편들의 연장선 상에 있는 것으로 이해하였다.[11] 이 언급에 대하여 전적으로 찬동한다. 다만 이런 단편들 가운데 언급된 「전론」, 「탕론」 같은 것은 『경세유표』보다 한 단계 더 높은 궁극적 이념의 단계로 볼 수 있다.

둘째로 『경세유표』의 규모(체제)에서는 권3~4가 천관 이조인 데 비하여 권5~13까지 9권이나 되는 점에 근거하여 지관 호조의 비중이 매우 크며 이것의 의미에 대하여 살펴보아야 한다고 하였다.[12] 이것은 매우 중요한 지적이며 앞으로 후학들이 더 추구해 가야 할 문제다.

셋째로 불가역론(不可易論: 변경할 수 없는 기본 강령)에서는 「경세유표인」에서 제시된 변경할 수 없는 15가지 조목을 들었다.

넷째로 육조 편제의 신지견 가운데 천관 이조 부분에서는 간관론과 매약부징 반대론, 지관 호조 부분에서는 호조 교관론과 상평 및 평부, 춘관 예조 부분에서는 무비간관론(관인은 모두 간관이라는 주장) 등이 언급되었다. 그리고 하관 병조 부분에서는 물분귀천(勿分貴賤: 신분의 귀천을 가리지

---

10) 「해제4. 경세유표」, 『전서』 5, 704쪽.
11) 「해제4. 경세유표」, 『전서』 5, 686쪽.
12) 「해제4. 경세유표」, 『전서』 5, 688쪽.

않는다는 주장)과 병농일치론, 추관 형조 부분에서는 해도(海島) 정책론, 동관 공조 부분에서는 이용후생론 등이 언급되었다. 이것들 가운데 정약용의 해도정책론을 "해도 개발을 위한 남진정책"이라고 평가한 것[13] 및 정약용의 이용후생론에 대하여 "북학중국(北學中國)에 의한 이용후생론은 오로지 '중공(重工: 공업중시)정책'에 의하여 근대화된 부국론"이라고 평가한 것이 주목된다.[14] 다만 '중공 정책'이라는 표현은 오해를 낳을 여지가 있다. 농공병진 정책이라고 표현하는 것이 더 타당하다고 여겨진다. 덧붙여 정약용의 이용후생론을 북학중국론으로는 본 것은 매우 타당한 지적인데 이른바 북학파와 연결되는 측면이 있음에 대하여 언급하지 않은 점이 아쉽다. 아울러 이을호는 무과론 등에 대하여도 언급하였다.

다섯째로 개혁론의 개략에서는 『경세유표』의 관계(官階) 질서론, 군현분예[편성]론, 전제론, 부공제론, 양곡 관리론, 호적정비론, 교민(敎民)지법, 해세·선세, 과거제론 등이 언급되었다. 이 가운데 주목되는 것은 정약용의 전제론에 대한 이을호의 언급이다. 이을호는 "다산의 전론을 한 마디로 말하면 여전론(閭田論)이다. 그러나 『유표』에서는 현실적 전제론만을 논하고 있을 뿐 여전론에 대하여는 언급이 없다. 그러나 그의 「전론」에서는 체계적으로 이론을 전개하고 있다."라고 하였다.[15] 『경세유표』에서 제시된 정전제(井田制) 개혁론과 「전론」에서 제시된 여전론은 다소 다른데 이을호는 양자의 차이를 보고 여전제를 정약용의 궁극적 입장이라고 본 것 같다. 양자의 차이에 주목한 것은 이을호의 중요한 발견이라고 할 수 있다. 이 문제에 대하여는 최근 연구에서 정밀한 접근이 이루어졌는데 다산경제사상 연구 부분에서 다시 상세히 언급하기로 한다.

---

13) 「해제4. 경세유표」, 『전서』 ⑤, 694쪽.
14) 「해제4. 경세유표」, 『전서』 ⑤, 694쪽.
15) 「해제4. 경세유표」, 『전서』 ⑤, 698쪽.

여섯째로 총설에서는 『경세유표』의 전체적 성격에 대하여 정부기구의 개편에 따른 국가재정의 확립 시도, 자아의식(주체의식)의 각성에 의한 자강책, 근대정신에의 접근(합리적 대응책), 현실 파악의 진지한 태도라고 평가하였는데 이는 대체로 타당한 지적이지만 후학들은 이것을 보완하면서 보다 사회과학적·역사학적 용어로 재정리할 필요가 있다.

한편 『경세유표』에 대한 이을호의 연구로는 위에서 언급한 것 외에 『다산학입문』 제4장 일표이서의 학에 실린 것이 있다. 여기에서는 『경세유표』의 개혁론의 대강이 상평론, 평부론, 병농일치론, 이용후생론, 고적론, 전제(田制), 과거론으로 정리되었으며 『경세유표』를 "다산의 경국대전"이라고 하였다.[16] 아울러 정약용이 균역법 등을 실시한 영종(영조)의 개혁정신을 높이 평가한 점에 주목한 것도 중요한 발견이다.[17]

이상에서 살펴본 바와 같이 이을호의 『경세유표』 연구는 『경세유표』에 대한 본격적 연구의 단서를 열었고 필자의 연구도 이에 계발된 바가 적지 않다. 필자가 이을호와는 다소 견해를 달리하는 점에 대하여 언급해 두고자 한다. 이을호는 정약용의 1표2서를 모두 개혁서로서 같은 성격을 갖는 것으로 이해한다. 그러나 앞서 언급한 바와 같이 『경세유표』는 『목민심서』·『흠흠신서』 등과는 다소 성격을 달리하는 책이다. 마찬가지로 앞에서 이미 언급하였지만 『경세유표』는 국가제도의 전반적 개혁을 지향한 저서이나 『목민심서』와 『흠흠신서』는 지방의 목민관 차원에서 현실의 제도를 일단 인정한 위에서, 제도 운영의 개선을 추구하는 책이다. 따라서 『경세유표』의 미완 부분을 보완하기 위해 『목민심서』와 『흠흠신서』를 저술한 것은 아니다. 다만 앞서 언급한 바와 같이 『목민심서』에 『경세유표』를 보완하는 내용이 약간 있는 것은 사실이다.

---

16) 『다산의 생애와 사상』, 『전서』 ②, 291쪽.
17) 『다산의 생애와 사상』, 『전서』 ②, 288쪽.

이을호 자신도 『다산학입문』 제4장 일표이서의 학 가운데 『목민심서』에 대하여 서술하는 부분에서 "『목민심서』는 『경세유표』에 있어서의 수령고과 9강6목을 확대하여 목민관의 '행정 지침서'로 꾸민 저술이다. 『목민심서』가 비록 『경세유표』와 표리관계를 이루어 상호보완적 의미를 지니고 있다손 치더라도 하나의 독립된 저술"이라고 하였다.18)

한편 이을호는 『다산학입문』 제4장 일표이서의 학 가운데 『흠흠신서』에 대하여 서술하는 부분에서 "『흠흠신서』는 따지고 보면 『경세유표』나 『목민심서』에 있어서의 「형전」의 보완"이라고 하였다. 『흠흠신서』가 기본적으로 『목민심서』의 「형전」 부분에 대한, 보다 전문적 보완이라는 점은 분명하다. 다만 『경세유표』의 「추관」(형조) 부분을 보완하기 위한 것으로 보기는 어렵다. 『경세유표』의 「추관」 부분이 저술되었더라면 그것은 사법제도 개혁론 같은 것이 되었을 것이다. 『흠흠신서』는 제도개혁론이 아니라 기본적으로 지방관이 법에 대한 전문지식을 습득하여 재판을 제대로 할 수 있게 있도록 돕는 실무 '행정 지침서'로서의 성격을 띤다.19)

이렇게 기본적으로 성격을 달리하기는 하지만 『목민심서』·『흠흠신서』와 『경세유표』는 서로 단절된 것이 아니라 정약용에게 일관되는 양민·교민[애민=慈의 실현]이라는 목표가 일관되게 흐르고 있다. 제1단계로 『목민심서』와 『흠흠신서』 수준의 지방관 차원에서의 제도 운영 개선을 시행하고 제2단계

18) 『다산의 생애와 사상』, 『전서』 [2], 292쪽. 『목민심서』의 내용을 전체적으로 이해하기 위해서는 『목민심서』(『전서』 [3])를 통독하는 것이 도움이 된다.

19) 아울러 이을호가 『흠흠신서』에 대하여 "신형(愼刑), 명형(明刑)을 그의 근본 정신으로 삼았고 옛 경사(經史)나 판결례에 의하여 시행되어 추호의 사정(私情)이 끼거나 국문(고문)에 의한 처벌은 지양해야 함을 역설한 것인데, 이는 인권보장을 위하는 현대 사조와도 접근할 수 있는 일면이라 하지 않을 수 없다. 그것은 바로 '법률의 조문 없이는 처벌하지 못한다'라고 하는 현대적 명제(죄형 법정주의: 인용자)와도 일맥상통하는 정약용의 준법정신이라고 해야 할 것이다."라고 한 것이 주목된다(같은 책, 302쪽). 그러나 『흠흠신서』에서 정약용이 '죄형법정주의'를 주장한 것인지의 여부는 앞으로 좀더 검토해야 할 문제라고 여겨진다.

로서 『경세유표』에서 제시된 전반적 국가제도 개혁을 실시하고자 한 것이라고 이해할 수 있다. 그리고 마지막 제3단계가 토지개혁이 완료되고 민주적 선거가 시행되는 「전론」과 「탕론」 단계라고 할 수 있다. 『경세유표』는 국가제도의 전반적 개혁을 추구하는 것이지만 일단 당시의 조선왕조 체제를 인정한 위에서 시행하는 것이며 정약용의 궁극적 목표는 이를 넘어서는 것이었다고 여겨진다.

3) 거현론

『다산의 생애와 사상』 제4장 정치사상 가운데 거현론 부분에서는 정약용의 인재등용론에 대하여 언급하였는데 이 이론적 근거를 정약용이 그의 저서 『대학공의』에서 "나라를 다스림에 있어서 그 큰 정책에는 둘이 있으니, 하나는 용인(用人)이요, 둘째는 이재(理財)다."라고 한 것에 두었다.[20] 정약용의 인재등용론이 『대학공의』라는 정약용의 경학에 있음을 밝힌 것이라고 할 수 있다. 이 역시 다산경세학에 대한 이을호의 연구가 다산경세학 연구와 연관되어 있음을 보여주는 한 예다.

3. 다산경제사상 연구

다산경세학 가운데 다산경제사상에 대한 이을호의 연구는 『다산의 생애와 사상』(1979) 제5장 경제사상에 잘 정리되어 있다. 먼저 이를 살펴본 다음 다른 관련 자료를 검토하기로 한다. 제5장 경제사상 부분에서 정약용의 경제사상은 1) 농정론, 2) 전론(田論)－여전론, 3) 조세론, 4) 전폐론, 5) 광산론으로 나누어 언급되어 있다.

---

20) 『다산의 생애와 사상』, 『전서』 ②, 87~88쪽.

1) 농정론

『다산의 생애와 사상』의 제5장 경제사상 가운데 농정론 부분에서는 "다산 농정(론)의 제1차적 목표는 삼정의 확립에 있다고 보아야 할 것이다."라고 하였다.[21] 정약용이 『목민심서』에서 삼정의 확립에 주안점을 둔 것은 사실이며 이것은 삼정의 운영 개선이 당장의 급무고 국가제도의 개혁 없이 지방 수령의 차원에서 할 수 있는 일이었기 때문이었다. 그러나 농정에서 보다 근본적으로는 토지개혁이 필요하다고 인식하였다고 하였다. 이을호는 농정론 부분에서 토지개혁에 대하여도 언급하였으나 삼정의 확립과 토지개혁의 단계적 관계에 대하여는 미처 착안하지 않았다. 이 문제에 대하여는 바로 뒤에서 전론(田論)에 대한 이을호의 언급 부분을 논하면서 다시 말하기로 한다.

2) 전론(田論) - 여전론(閭田論)

『다산의 생애와 사상』의 제5장 경제사상 가운데 전론(田論) 부분에 대하여 살펴보기로 한다. 우선 전론은 '균산(均産)' 사상에 근거한 것으로 보고 "당시에 있어서의 생산수단은 토지뿐이었기 때문에 토지개혁에 의한 균산을 생각하지 않을 수 없었던 것"이라고 하였다.[22] 그리고 여전제는 '공동경작제'이며 "공동경작 시 용력(투하 노동력)이 많으면 배당 곡량이 많고 용력이 적으면 그 만큼 득량(양곡 획득)이 적어"지는 것이라고 하였다.[23] 비농민층인 상공민에 대하여는 상공민은 농민과 생산물을 상호 교환하면 된다고 했다고 하였다. 또 사인(士人)이라도 놀고 먹을 수는 없고 귀농하든지, 상공인이 되든지, 반농반사를 하든지, 농사기술의 개발 등 전문적인 일에 종사하든지 해야

21) 『다산의 생애와 사상』, 『전서』 [2], 94쪽.
22) 『다산의 생애와 사상』, 『전서』 [2], 94쪽.
23) 『다산의 생애와 사상』, 『전서』 [2], 97쪽.

한다고 했다고 하였다.[24] 이런 사인층의 직업 종사를 이을호는 "사인의 전업을 권장하며 생활인으로서의 적극적인 자세를 종용하는 것으로서 그의 유민(游民) 방지책의 일환으로서 요구되는 것"이라고 평가하였다.[25] 이것은 매우 타당한 지적이다. 토지개혁을 논하는 이 부분에서는 이런 주장을 신분제의 타파와 연결시키지 않았지만 이을호는 정약용의 사회사상을 논할 때 「전론」의 이러한 주장을 신분제 타파와 연결시켰다. 이 점에 대하여는 정약용의 사회사상을 논할 때 다시 언급하기로 한다.

이을호는 전론에서 제시된 여전론에 대하여 홍이섭의 『정약용의 정치경제사상연구』(113쪽)를 인용하여 "이 여전론은 토지 관리에서뿐 아니라 다산학에 있어 정치경제론의 총체적인 결론이기도 하다."라고 하였다.[26] 이렇게 보면 이을호는 『경세유표』에서 제시된 정전제 개혁론[井田制]이 먼저 저술되었고 나중에 「전론」이 저술된 것으로 이해한 것이 된다. 정약용의 토지개혁론에 대하여는 바로 앞의 「전론」 부분과 『경세유표』의 정전제 개혁론의 개략을 논하는 부분에서 간략히 언급하였지만 지금 여기서 『경세유표』의 정전제 개혁론과 전론의 여전제 개혁론의 관계에 대하여 보다 상세히 살펴보기로 한다.

최근의 연구에 의하여 「전론」은 정약용 38세 때(1798) 저술되었음이 밝혀졌다. 따라서 강진 시기인 1817년에 저술한 『경세유표』에 들어 있는 정전제 개혁론(8호가 각기 개별 경영을 하되 공전을 공동 경작하여 조세 부담을 하는 방식)보다 「전론」이 먼저 저술된 것이 된다. 그리고 『경세유표』의 정전제론 저술 이후 다시 전론을 약간 수정하였으나(수정본) 기본적인 내용도 같으며 이 시기에는 정전제 개혁론과 여전제 개혁론을 함께 고려하고

24) 『다산의 생애와 사상』, 『전서』 ②, 98~100쪽.
25) 『다산의 생애와 사상』, 『전서』 ②, 100쪽.
26) 『다산의 생애와 사상』, 『전서』 ②, 100쪽.

있다는 사실, 그리고 정전제 개혁론은 궁극적인 정전제 완료 단계와 과도적 단계인 정전의(井田議) 단계(점진적으로 토지개혁을 시행하여 가는 시기)의 두 단계가 있음도 밝혀졌다.

이렇게 보면 정약용은 38세(1789)에 「전론」을 저술을 하였을 때는 여전제적인 공동경작의 토지개혁론을 주장하였으나 다음의 『경세유표』 저술 단계(1817)에서는 정전제 토지개혁론(제1단계: 점진적 토지개혁을 하는 정전의 단계, 제2단계: 토지개혁이 완성된 정전제 단계)을 구상하였고 마지막으로 만년에는 여전제와 정전제의 개혁을 함께 고려한 것으로 보아야 할 것이다.

문제는 정약용이 왜 이런 결론에 도달한 것인가다. 중간에 그가 정전제 토지개혁론을 구상한 것은 당장에 전면적으로 토지개혁을 실시하기 어렵다는 점, 그리고 정전제적인 소농 협업 방식이 생산성 협력에 도움이 될 수 있다는 점에서였을 것이다. 그러나 왜 정약용이 만년에 다시 여전제와 정전제 두 방식을 모두 고려하였을까. 정약용은 토지개혁을 점진적으로 시행하여 가는 단계에서는 개별 경영을 전제로 한, 8호 단위의 소농 협업 체제 방식이 농업생산성의 향상에 더 도움이 된다고 생각한 것으로 여겨진다. 그러나 토지개혁이 완료된 단계에서는 여전제의 공동 경작과 분배 방식이 농업생산성 향상에 있어서 마을 단위의 공동경작(대략 30호)과 작업량에 따른 분배가 더 좋은지, 정전제 식의 8호 단위의 소농 협업 체제가 더 좋은지 판단을 내리기 어려웠으므로 두 방식을 병행해 보는 실험을 하려 한 것이 아닌가 생각된다. 아울러 지형과 지역에 따라 두 방식을 적용하는 방식도 염두에 두지 않았을까 한다. 정약용의 초기 토지개혁론인 여전론이 균산(均産) 이념의 실현에 주로 목표로 둔 것이라면(물론 이때에도 생산성 향상에 대한 고려는 있었다), 『경세유표』의 정전제 개혁론 이후에는 균산과 치산(治産: 생산성 향상)을 함께 중시하였다고도 할 수 있겠다.

3) 조세론

『다산의 생애와 사상』의 제5장 경제사상 가운데 조세론 부분에서는 "여전제의 확립은 곧 세제의 확립으로 통했던 것이다. 다시 말하면 토지개혁론-여전제-에 의한 세제 확립을 의미한다. 여전제에서의 십일세법은 곧 난마와 같은 세제의 문란을 광정하기 위한 이상적 목표를 제시한 것"이라고 하였다.[27] 즉 정약용의 조세개혁론은 토지개혁을 전제로 하는 것임을 밝힌 것이라고 하겠다. 이 견해는 매우 주목된다. 우리가 정약용의 농업개혁사상을 연구할 때 반드시 기본적으로 염두에 두어야 할 것이기 때문이다. 또 여전제에서의 군역개혁론을 병농일치제로서 군역을 개편하는 것이라고 이해한 사실은 앞서 여전제를 언급하는 부분에서 이미 밝혔다.[28]

다만 후학들이 정약용의 최종적인 토지개혁론을 전론의 여전제만으로 보지 않고 여전제와 정전제의 병존으로 보는 한편, 과도적 단계로서 정전의(井田議) 단계를 상정할 경우, 이에 조응하는 조세개혁론에 대한보다 정밀한 연구가 요구된다.

한편 이을호는 정약용의 환곡, 군역 민고(民庫) 개선안을 『목민심서』를 자료로 삼아 정리하였는데 이는 국가적 제도개혁론 이전의 지방관 차원의 제도 운영 개선안으로 이해할 필요가 있다. 아울러 정약용의 조세개혁론의 핵심은 전세(토지세) 외에 부(賦)를 상정하여 이를 새로운 조세 확충원으로 생각한 데 있는데, 후학들은 이 점을 전세 개혁론과 더불어 고려해야 한다. 즉 정약용의 조세개혁론은 단순히 농민층을 위한 조세 경감론이 아니라 새로운 세원을 포착하여 증수함으로써 국가 재정을 풍부하게 하려는 것이었다.

---

27) 『다산의 생애와 사상』, 『전서』 ②, 101쪽.
28) 『다산의 생애와 사상』, 『전서』 ②, 100쪽.

4) 전폐론(錢幣論)

『다산의 생애와 사상』의 제5장 경제사상 가운데 전폐론(화폐론)에 대해 이을호는 다음과 같이 언급하였다.

첫째 정약용은 농민이 조세를 현물 대신 금납제로 하는 것을 주장하였다(『목민심서』에 의거).

둘째 정약용은 화폐제도의 중요성을 감안하여 전환서(典圜署)의 설치를 주장하고 주조 방식을 제시하였다(『경세유표』 및 「전폐의(錢幣議)」에 의거).

이에 대하여 후학들은 첫째 『목민심서』 단계와 둘째 전환서를 설치하는 『경세유표』 단계를 구분하여 생각할 필요가 있다.

한편 전환서에서는 구리만이 아니라 금은 등으로도 화폐를 주조하고 이 금은화의 유출을 방지해야 한다고 한 것에 대하여 언급하면서 이을호가 이를 일종의 '보호무역'으로 이해한 것이 주목된다.[29] 다만 정약용이 적극적인 북학론자이면서도 대외무역에 대한 국가의 통제를 주장한 것은 오늘날에도 시사하는 바가 크지만, 21세 한국에서 이를 어떻게 받아들일지에 대하여는 좀더 숙고해 보아야 할 것이다.

5) 광산론

『다산의 생애와 사상』의 제5장 경제사상 가운데 광산론 부분에서는 "채광의 국영과 아울러 채광술의 향상에 관한 깊은 관심을 기울이고 있다."라고 하였다.[30] 『목민심서』에 근거하여 정약용의 광산론을 국영론으로 이해한 것인데 앞으로 자료를 망라해서 검토하여 종합적으로 논의를 진행할 필요가 있다.

---

29) 『다산의 생애와 사상』, 『전서』 ②, 124쪽.
30) 『다산의 생애와 사상』, 『전서』 ②, 127쪽.

4. 다산사회사상 연구

다산경세학 가운데 다산사회사상에 대한 이을호의 연구는 『다산의 생애와 사상』(1979) 제6장 사회사상에 잘 정리되어 있다. 먼저 이를 살펴본 다음 다른 관련 자료를 검토하기로 한다. 정약용의 사회사상을 이해하는 이을호의 기본 입장이므로 장황하지만 다음과 같이 인용해 보기로 한다.

> 이 시대는 임진·병자 양란 이후 비록 봉건적 왕권은 건재한다 하더라도 사회적 동요는 숨길 수 없는 역사적 현실로 나타나기 시작하였던 것이다. 그것은 양반계층을 중심으로 하는 기존 질서 안에서 새로운 서민계층이 대두하여 상공업 발달의 전위로서 성장하기에 이르렀다는 사실을 지적하지 않을 수 없다.
>
> 이러한 변화 속에서 형성되는 사상적 대립은 말할 것도 없이 기존 관료질서를 그대로 보강 유지하려는 보수 세력과 새로 대두되는 서민계층을 육성하여 국력을 강성하게 해야 한다는 혁신 세력이라고 할 수 있다. 이러한 사상적 대립은 이미 서구 사회에서는 16세기 이후부터 경험한 것으로서 절대군주체제 하에서 전통적 봉건 영주제를 강화하려는 자와 근대 시민국가의 형성을 촉구하는 소위 국민주의가 곧 이것이다.
>
> 이러한 양자의 대립에 있어서 우리나라에 있어서는 소위 정주학적 전통을 고수하려는 일파는 전자를 대변하고 17세기 이후 싹트기 시작한 소위 실학파들의 사상은 후자를 대변하는 자로서 다산의 사상도 이러한 시대적 배경을 떠나서는 생각할 수 없음은 다시 말할 나위 없다. 지금까지의 전통적 사회질서는 군자와 야인을 엄격하게 구분하는 유가사상에 의하여 유지되었다. 여기서 군자란 치자로서의 사유(士儒)요 야인이란 농자를 주로 하는 … 피치자인 것이다. 이들 두 계층은 치자와 피치자로서 서로 넘나들 수 없다는 것이 고정관념이다.[31]

---

31) 『다산의 생애와 사상』, 『전서』 ②, 130쪽.

즉 정주학은 치자와 피치자를 엄격히 구분하는 전통적 신분질서를 옹호하는 사상이고, 정약용을 포함하는 실학파는 새로 대두하는 서민계층의 입장에서 근대 시민국가의 형성을 촉구하는 '국민주의'를 지향하였다는 것이다. 이와 같은 입장에 서서 이을호는 정약용의 사회사상을 1) 사농공상관 및 2) 신분관으로 검토하였다(『다산의 생애와 사상』 제6장). 원문에서는 절을 구분하지 않았으나 본고에서는 편의상 1)과 2)로 나누었다.

1) 사농공상관

『다산의 생애와 사상』의 제6장 사회사상 가운데 사농공상관 부분에서는 정약용이 「전론」에서 주장한, 양반의 상공업자로의 전환론에 근거하여 "4민(사농공상)을 계급적 견지에서 보내는 것이 아니라 직업적 견지에서 논하고 있음을 알 수 있다. 계층적 견지에서 보지 않는다면 그것은 사민평등에의 길이 터 있는 것이요, 직업적 견지에서 본다면 직업의 무(無)귀천을 논한 것으로 볼 때 정약용의 사민관은 직업적 평등관이라고 할 수 있으며, 이것은 동시에 근세 산업 발전의 기틀을 마련해 준 것이기도 함을 간과해서는 안 될 것이다."라고 하였다.[32] 즉 정약용은 사농공상 4민을 계급(신분)의 관점에서 보지 않고 직업적 관점에서 보았으며 직업으로서의 사·농·공·상 사이에는 아무런 귀천의 차이가 없다고 주장한 것으로 이해한 것이다. 이 점에 대하여 전적으로 찬의를 표한다.

2) 신분관

『다산의 생애와 사상』의 제6장 사회사상 가운데 신분관과 관련하여 이을호는 등급의 구별을 주장하는, 『목민심서』 「예전」의 변등(辨等) 조에 의거하여

---

32) 『다산의 생애와 사상』, 『전서』 ②, 131쪽.

"다산의 직업적 사민 평등관도 그의 관료적 계층에 의하여 한계를 드러냈으며, 그의 노예제도에 대한 긍정적 태도는 근대사상에의 길목에서 좌초된 요인이 아닐 수 없다."라고 하였다.[33] 이것은 정약용의 신분관에 대한 기본적 입장, 즉 평등관과 모순된다.

이 문제에 대하여 필자는 우선 『목민심서』가 일단 현실의 국가제도를 인정한 성격의 책이라는 점, 「변등」의 이 부분은 아들 정학연이 보완한 부분일 가능성이 있다는 점, 「전론」의 주장이 궁극적 목표라는 점, 『경세유표』의 제도개혁론이 점진적이지만 신분제 개혁을 꾀하고 있다는 점, 후기의 여러 경전 주석에서 평등적 인간관이 제시되고 있다는 점 등에서 정약용이 신분제 타파론자, 노비제 폐지론자임을 밝힌 바 있다.[34]

아울러 이을호는 정약용이 『목민심서』에 근거하여 정약용의 "귀족 사류(士類)의 비호사상은 철저"하였다고 이해하였다.[35] 몰락해 가는 양반층을 동정하는 언급이 『목민심서』에 보이는 것은 사실이다. 그러나 이 점과 관련해서는 『목민심서』라는 책의 특성, 증보 부분이 정약용의 저작이 아닐 가능성을 고려해 보아야 한다. 그리고 19세기 전반 당시 향촌사회에서 구래 양반층[舊鄕]이 몰락해 가고 새로이 양반으로 신분 상층 계층[新鄕]과 이서(吏胥)층이 수령과 결탁하여 향권을 장악하면서 전횡을 부리는 데 대한 비판 의식과 관련되는 측면도 있다고 여겨진다. 이 사류층 비호라는 대한 이을호의 지적은 표현상 다소 지나치다고는 느끼지만 앞으로 후학들이 깊이 생각해 보아야 할 문제다.

---

33) 『다산의 생애와 사상』, 『전서』 ②, 131~132쪽.
34) 조성을, 「정약용의 신분제 개혁론」, 『동방학지』 제51집, 연세대학교 국학연구원, 1986, 참조.
35) 『다산의 생애와 사상』, 『전서』 ②, 136쪽.

5. 다산교육사상 연구

다산경세학 가운데 다산교육사상에 대한 이을호의 연구는 『다산의 생애와 사상』(1979) 제7장 교육사상에 잘 정리되어 있다. 먼저 이를 살펴본 다음 다른 관련 자료를 검토하기로 한다. 제7장 교육사상 부분에서 정약용의 교육사상은 1) 교학론, 2) 교정론, 3) 오학론으로 나누어 언급되어 있다. 차례로 살펴보기로 한다.

1) 교학론

『다산의 생애와 사상』의 제7장 교육사상 가운데 교학론 부분에서는 우선 정약용의 학문은 종래의 『논어』, 『맹자』, 『중용』, 『대학』이라는 사서(四書) 중심의 성리학을 넘어서 6경4서의 학문으로 발전하였다고 하였다.[36] 그러면서도 정약용이 국학(國學: 우리나라에 관한 학문)의 이해에 깊은 관심이 있었고[37] 서학서에 대하여도 수용의 자세를 갖고 있었다고 하였다.[38] 즉 "다산의 학문은 유가를 근간으로 하고 거기에 국조 문헌과 서양 학리서를 곁들인 것"이라고 하였다.[39] 이 지적에 전적으로 동의하며 앞으로 후학들은 정약용의 학문에 대하여 기본적으로 이러한 입장에서 접근하여야 할 것이다. 다만 유학과 서학이 정약용에게서 결합되는 양상에 대해서는 동아시아문명과 서양문명이 만나 동아시아에서 제3의 문명을 탄생시켜 가는 문명사적 변동의 선구적 작업으로 자리매김할 필요가 있다.[40]

---

36) 『다산의 생애와 사상』, 『전서』 ②, 139~140쪽.
37) 『다산의 생애와 사상』, 『전서』 ②, 140쪽.
38) 『다산의 생애와 사상』, 『전서』 ②, 141쪽.
39) 『다산의 생애와 사상』, 『전서』 ②, 141쪽.
40) 이 작업은 정약용에 앞서 이미 마테오 리치 등의 서양 선교사들에 의해 시작되었다. 동아시아 유학의 입장에서 서학을 수용하여 새로운 단계의 유학으로 가는 작업은 정약용이 가장 선구적·체계적으로 진행하였다고 생각된다. 정약용의 이런 작업은

2) 교정론

『다산의 생애와 사상』의 제7장 교육사상 가운데 교정론 부분에서는 먼저 정약용이 중국 고대 교육제도는 귀족과 서민의 이중 교육이라는 점에 근거하여 만민의 교육과 대학의 교육을 구분한 것으로 이해하였다. 그러면서도 이런 "이중 교육제도는 의무교육으로서의 국민[大衆] 교육과 국가의 엘리트 교육을 목표로 하는 대학교육[指導者]과는 현대의 이중적 교육 이념과 상통하는 바가 있다."고 해석하였다.[41] 그러나 정약용이 고대의 교육제도를 귀족과 서민의 이중구조로 보면서도 귀족사회의 세습제가 무너진 현실에서 태학[대학]에 만민이 함께 들어가는 제도를 긍정하였다고 하였다.[42] 즉 지도자 양성에 신분적 차이를 두지 않았음을 지적하는 것이라고 하겠다. 따라서 정약용의 교정론에 대한 이을호의 이러한 지적은 정약용의 신분관을 이해하는 데 좋은 시사를 준다.

이런 제도의 시행은 정약용이 『경세유표』 단계에서 하도록 한 것이므로 『경세유표』 단계에서 정약용이 신분제를 어떻게 개혁해 나가려 하였는가를 보여주는 예다. 즉 『경세유표』 단계에서는 만민(일반민)을 대학에 수용하는 방식으로 점진적으로 신분제를 개혁하려고 한 것으로 이해할 수 있다.

3) 오학론(五學論)

『다산의 생애와 사상』의 제7장 교육사상 가운데 「오학론」 부분에서는 선진 공맹 이후 역사적 변화 과정에서 본래적 이념에서 이탈한 것이 적지 않다고 전제하고 정약용이 「오학론」에서 이런 오학[다섯 가지 학문: 성리,

---

21세기 우리가 동아시아에서 새로운 문명을 전개하는 데 있어서 근본적 토대가 될 수 있다고 생각된다.

41) 『다산의 생애와 사상』, 『전서』 ②, 142~144쪽.

42) 『다산의 생애와 사상』, 『전서』 ②, 144쪽.

훈고, 문장, 과거(科擧), 술수]에 대하여 "전적으로 부정적 입장을 취하고 있다."고 하였다. [43] 아울러 "이렇듯 오학을 부정한 정약용의 목표는 오로지 요·순·주공·공자의 학문이 되었음을 다시 말할 나위도 없다. 지금까지 우리는 다산학(정약용의 학문)에 있어서 이를 수사학(洙泗學)이라 일러 왔음을 여기서 상기해야 할 것이다."라고 하였다.[44] 「오학론」이 결국 수사학으로서의 다산학의 입장을 표명한 것이라는 의미로 해석될 수 있겠다.

정약용이 종래의 오학을 비판적으로 보았음은 물론 사실이지만 "전적으로 부정적"으로 보았다는 표현은 다소 과도한 것으로 여겨진다. 훈고학이나 성리학의 부분적 가치에 대해서는 긍정하였기 때문이다. 그리고 정약용의 학문이 주관적으로는 요·순·공·맹의 학문으로 돌아가려는 것이지만 오늘 우리의 입장에서 정약용의 학문을 연구 대상으로 볼 때에는 요·순·공·맹의 원시유학과는 다른 "근대성과 탈근대성을 동시에 갖는 독자적인 정약용의 학문 자체"라고 이해하는 편이 더 낫다고 여겨진다.[45]

6. 결 어

이상에서 정약용의 정치사상, 경제사상, 사회사상, 교육사상에 대한 이을호의 연구를 살펴보았다. 이 내용을 요약하면 다음과 같다.

---

43) 『다산의 생애와 사상』, 『전서』 ②, 145쪽.
44) 『다산의 생애와 사상』, 『전서』 ②, 154쪽.
45) 이런 정약용의 학문을 '근대 수사학(洙泗學)'이라고 표현할 수도 있겠고 정약용의 학문을 공부·연구하며 그 입장을 따르고 실천하려는 현대의 후학들은 '현대의 다산(茶山) 학도이며 동시에 현대의 공맹(孔孟) 학도'라고 할 수 있을 것이다. 아울러 '다산학'이라는 용어를 최근 일반적으로 '다산의 학문 자체'를 의미하는 것으로 쓰고 있는데 '다산의 학문에 대한 연구'라는 의미로 이해될 수도 있으므로 주의를 요한다. 어떤 의미로 사용해야 할지는 앞으로 연구자들이 합의해야 문제라고 여겨진다.

첫째 이을호의 다산경세학 연구는 다산경학 연구와 관련되어 있으며 이를 토대로 한 것이다. 한 예로서, 이을호는 정약용이 『대학(大學)』의 명덕(明德)을 효제자(孝弟慈)로 해석하여 통치자의 덕목으로 자(慈)를 제시하고서 이것이 애민(愛民)사상으로 연결되었고 애민은 양민(養民)과 교민(敎民)이며 이것이 목민(牧民)이며 선진유가 왕도의 현대적 구현이라고 하였다.

둘째 이을호는 정약용의 저술인 「탕론」, 「원목」 등에 근거하여 정약용의 정치사상이 왕도사상에 기초하면서 '상향식 민주사상'에 도달한 것으로 이해하였다.

셋째 이을호는 정약용이 『경세유표』를 저술함으로써 가례(家禮)로서의 예(禮)의 개념을 방례(邦禮: 국가제도)로서의 예의 개념으로 고양시켰다고 보았다.

넷째 이을호는 『경세유표』 지관 호조의 비중이 매우 크며 이것의 의미에 대하여 살펴보아야 한다고 하였다.

다섯째 이을호는 『경세유표』를 "다산의 경국대전"이라고 하였으며 균역법 등을 실시한 영종(영조)의 개혁정신을 높이 평가하였다. 이러한 이을호의 『경세유표』 연구는 『경세유표』에 대한 본격적 연구의 단서를 연 것이었다.

여섯째 이을호는 정약용의 이용후생론에 주목하고 '북학중국(北學中國)'을 하는 것으로 이해하였다.

일곱째 이을호는 정약용의 인재등용론이 『대학공의』라는 정약용의 경학에 있음을 밝혔으며 이 역시 이을호의 다산경세학 연구가 다산경학 연구와 연관되어 있음을 보여주는 한 예다.

여덟째는 정약용의 「전론」에 제시된 여전론을 토지 관리에서뿐 아니라 다산학에 있어 정치경제론의 총체적인 결론이라고 보았다.

아홉째 이을호는 정약용의 조세개혁론은 토지개혁을 전제로 하는 것이라고 하였는데 이 견해는 우리가 정약용의 농업개혁사상을 연구할 때 반드시 기본적으로 가져야 할 입장이다.

열 번째 정약용은 농민이 조세를 현물 대신 금납제로 하는 것을 주장하는 하는 한편 화폐제도의 중요성을 감안하여 전환서(典圜署)의 설치를 주장하고 주조 방식을 제시하였음을 밝혔다.

열한 번째로 이을호는 정약용의 광산론에 대하여 "채광의 국영과 아울러 채광술의 향상에 관한 깊은 관심을 기울인" 것이라고 하였다. 이는 정약용의 이용후생론, 북학론과 관련된다.

열두 번째로 이을호는 정약용이 사농공상 사민을 계급(신분)의 관점에서 보지 않고 직업적 관점에서 보았으며 직업으로서의 사·농·공·상 사이에는 아무런 귀천의 차이가 없다고 주장한 것으로 이해하였다.

열세 번째로 이을호는 『목민심서』「예전」의 변등(辨等) 조에 의거하여 "다산의 직업적 사민 평등관도 그의 관료적 계층에 의하여 한계를 드러냈으며, 그의 노예제도에 대한 긍정적 태도는 근대사상에의 길목에서 좌초된 요인이 아닐 수 없다."라고 하였다.

열네 번째로 정약용의 학문은 종래의 『논어』, 『맹자』, 『중용』, 『대학』이라는 사서(四書) 중심의 성리학을 넘어서 6경4서의 학문으로 발전하였다고 하면서도 국학(國學: 우리나라에 관한 학문)의 이해에 깊은 관심이 있었고 서학서에 대해서도 수용의 자세를 갖고 있었다고 보았다.

열다섯 번째로 이을호는 정약용이 만민의 교육과 대학의 교육을 구분하면서도 이런 "이중 교육제도는 의무교육으로서의 국민[大衆] 교육과 국가의 엘리트 교육을 목표로 하는 대학교육[指導者]과는 현대의 이중적 교육 이념과 상통하는 바가 있다."고 해석하는 한편, 귀족사회의 세습제가 무너진 현실에서 태학[대학]에 만민이 함께 들어가는 제도를 긍정하였다고 하였다. 즉 정약용이 지도자의 양성에 신분적 차이를 두지 않았다고 이해한 것으로 볼 수 있다.

열여섯 번째로 이을호는 정약용이 「오학론」에서 오학[五學: 성리, 훈고, 문장, 과거(科擧), 술수]에 대하여 전적으로 부정적 입장을 취한 것으로 이해하였다.

다음으로 이을호의 다산경세학 연구의 특징과 그 의의에 대하여 논하기로 한다.

첫째로 다산경학에 대한 전문적 식견에 기초하여 정약용의 경세학이 정약용의 경학에 토대를 둔 것임을 밝혀 다산경세학과 다산경학이 밀접하게 관계되어 있음을 보여주었다는 특징이 있다.

둘째 이을호의 다산경세학 연구는 단편적인 연구가 아니라 전반에 걸친 체계적 연구라는 점을 특징으로 한다. 이것은 관련 문헌을 모두 섭렵한 데에서 가능한 것이다.

셋째 정약용의 경세학에 대한 이을호의 연구는 다산경세학의 각 분야에 대한 선구적 위치를 점한다는 의미를 갖는다.

끝으로 후학들이 이을호의 다산경세학 연구에서 배울 점, 더 발전시킬 점이 무엇인지에 대하여 생각해 보기로 한다.

이을호의 다산경세학 연구에서 배울 점은 다음과 같다.

첫째로 바로 앞에서 언급한 바와 같이, 이을호가 다산경세학 연구에 선행하여 체계적으로 다산경학 연구를 진행하고 이를 기초로 양자를 관련시키는 접근 방식은 후학들이 어느 사상가를 연구할 때에도 반드시 지녀야 할 자세다.

둘째로 이을호가 다산경세학을 단편적으로 연구하지 않고 전체적으로 연구한 점이다. 한 사상가의 경세사상을 제대로 이해하기 위해서는 이렇게 전면적・체계적으로 이해할 필요가 있다.

셋째로 이을호와 같이 우리는 관련 자료를 망라해서 섭렵해야 한다. 그러나 호한하고 방대하여 끝이 없으며, 근대적 성격을 갖는 것은 물론 근대 너머의 사유까지 갖추고 있어, 21세기에 우리 사회만이 아니라 동아시아 그리고 나아가 인류 전체에 지침을 줄 수 있는 정약용의 경세학을 제대로 이해하기 위해서 후학들은 이을호의 연구 업적에 토대하면서 더욱 발전시켜 가야 할 필요가 있다. 이를 위해 몇 가지 점을 언급하고자 한다.

첫째 이을호가 이용한 자료는 대체로 1930년대에 간행된 『여유당전서』인데 앞으로 우리는 다른 간행본, 필사본 등 관련 자료를 모두 망라해서 검토해야 할 것이다. 이때 관련 자료들에 엄격한 문헌학적 검토가 필요함은 물론이다.

둘째 이을호는 정약용의 경세학에 대해, 대체로 중세사회에서 근대사회로의 이행기로 전개되어 '근대지향적' 성격을 가지면서도 노비관 등에서 한계를 갖고 있다고 이해하였다. 이것은 이을호가 정약용을 연구하던 시기의 지적 분위기와도 관련이 있는데 오늘날 우리는 정약용의 경세학이 근대적 성격을 갖는 것은 물론 근대 너머를 지향하는 성격이 있다고 보다 적극적으로 이해할 필요가 있다. 여기에 바로 우리 후학들이 정약용의 경세학을 연구하는 실천적 의미가 있다고 여겨진다.

셋째 정약용의 경세학을 보다 구조적·단계적으로 이해할 필요가 있다. 관계 자료에서 상호 모순되는 것처럼 보이는 것들이 있는데 이들을 정합적으로 설명할 필요가 있다. 이것은 다산경세학이 단계적 시행론의 구조를 갖는다는 점, 정약용의 학문도 시기적으로 점차 발전되어 왔다는 점에 따른 것이다. 그러므로 관련 자료들의 연대와 성격을 분명히 하여야 문제들에 대한 바른 결론에 도달할 수 있을 것이다.

넷째 이을호의 다산경세학 연구는 대체로 정약용 자체에만 초점을 맞추었고, 다른 실학자들 및 동 시기의 중국·일본과의 비교, 영향 관계 등에 대해서는 제대로 고찰하지 않았다. 후학들은 이러한 점에도 관심을 기울이는 한편 서학과의 연관 관계를 살피고 서양 사상과도 비교할 필요가 있다.

다섯째 이상과 같은 점들을 염두에 두어 최근의 연구 성과를 지속적으로 망라하면서 이을호의 연구사적 위치를 생각할 필요가 있다.

필자는 외람하게 이을호의 다산경세학 연구에 대하여 이리저리 평가해 보고 다소 비판적인 견해도 보였다. 이것이 이을호의 다산경세학 연구에 대한 누가 되지 않기를 바라며, 다산경세학 연구의 진전을 위한 충정에서 나온 것임을 이해해 주었으면 한다. 물론 필자에 대하여도 다른 연구자들께서 비판해 주시기를 바란다. 어쨌든 다산경세학 연구는 전체적으로 보아서 이을호의 연구가 토대와 출발점이 된다. 이 점에서 필자도 초학도로서 공부를 하면서 많은 도움과 시사를 받았다. 앞으로 다른 후학들도 그러할 것이다.

참고문헌

『與猶堂全書』(『韓國文集叢刊』 281~286), 서울: 민족문화추진회, 2002.
다산학연구원 편, 『李乙浩全書』 전 9책, 서울: 예문서원, 2000.
한우근 외, 『정다산 연구의 현황』, 서울: 민음사, 1985.
조성을, 「정약용의 정치사상」, 『조동걸정년기념논총』, 서울: 나남, 1997.
조성을, 「정약용의 신분제 개혁론」, 『동방학지』 제51집, 서울: 연세대학교 국학연구원, 1986.

3. 실학개념논쟁과 이을호의 실학관

안 재 순 강원대학교
한문교육과 교수

1. 들머리

한국사상사에서 실학만큼 논쟁적인 개념은 없다. 실학 개념에 대한 논의는 1930년대 사학계에서 시작되어, 1950~70년대에는 개념논쟁을 통해 실학에 대한 연구가 활발히 이루어졌다. 1960년대 철학계의 일부에서도 실학 개념이 논의되기 시작하였고, 1970~80년대에는 실학이 역사학계의 전유물이 아니라 철학계의 주요 연구 주제로도 편입되었음을 선언할 만큼 철학계에서도 논의가 활발했다. 그러나 오랜 기간의 논쟁과 연구 성과만큼 실학에 대한 개념 정의가 합의에 도달했다고는 볼 수 없다. 말하자면, 이러한 현상은 실학 연구가 아직은 진행되어 온 나이만큼 성숙되지는 못했다는 뜻이기도 하고, 역으로 말하면 아직도 실학 연구에 대해 할 것이 많다는 뜻이기도 하다. 필자도 실학의 철학적 입장에 관심을 갖고 몇 편의 글을 발표하기도 했지만, 글을 쓸 때마다 느끼는 소회이기도 하다.

이 글은 정약용의 경학사상 연구에 큰 족적을 남긴 현암(玄庵) 이을호(李乙浩: 1910~1998) 선생(이하 이을호)의 실학관을 살피기 위한 것이다. 방대한 그의 저술을 마침 다산학연구원에서 『이을호전서』로 묶어 펴냄으로써 자료 열람에 크나큰 수고를 덜어주었는데, 특히 그 중에서도 『이을호 전서 ④ 실학사상과 한사상』은 이 글의 주제에 걸맞은 까닭에 이 글을 구성하는

데 기본 텍스트가 되었다.

이 글에서는 먼저 기왕의 실학논쟁을 간략히 훑어 보고, 다음으로 그것에 대한 이을호의 입장을 살피며, 마지막으로 그러한 작업을 통해 그의 실학관을 끄집어내려 한다. 이 실학논쟁의 개관은 이을호의 실학관을 살펴보기 위한 선결 작업인 까닭에, 그의 실학관을 보다 명쾌하게 추출하기 위해 그가 기존의 실학논쟁에 대해 논술한 글을 기본 토대로 정리하면서, 필요에 따라 다른 자료를 이용하기로 한다.

2. 실학개념논쟁 개관

한국사상사에서 실학에 대한 논의는 일제 강점 시기에 조선의 고유한 학문으로서의 '조선학'을 정립하기 위한 과정에서 민족주의 사학자들에 의해 제기되기 시작하였다. 1934~38년 사이에 정인보 등의 교열을 거쳐 신조선사(新朝鮮社)에서 다산(茶山) 정약용(丁若鏞: 1762~1836)의 문집인 『여유당전서(與猶堂全書)』가 편찬되었는데, 이 시기 정약용의 사상을 조명하면서 조선 후기 사상의 특색을 실학이라 했던 것이다. 그 추이 과정을 살펴보면 대체로 다음과 같다.

홍이섭(洪以燮)은 1934년 9월 14~15일 『동아일보』에 연재된 글에서 정약용의 실학을 실증실학으로 간주하며,[1] 정인보는 다산서세 100주년(1936)이 되던 해 6월에 정약용의 실학사상사적 위치를 말하면서 '반계일조(磻溪一祖),

1) 홍이섭, '유일한 政法家' 「정다산선생서론」, 『전서』 ④, 50쪽에서 재인용. "……그 本은 오직 實에서 非實을 代할 일뿐이다. 총괄하여 말하면 선생의 학문은 실학이요, 실학의 要歸는 '新我舊邦'이 그 골자이다. 그러므로 선생은 '知識'을 認하되 명백한 實徵에 依함을 認할 뿐이요, 沒經由한 前知는 그 理의 必無함을 斷하고 이뿐 아니라 무엇이든지 상상에 의하고 徵實의 確據 없을진대 비록 妙論卓說이라도 일체로 선생의 눈앞을 통과하지 못하였다."

성호이조(星湖二祖), 다산삼조(茶山三祖)'라는 이른바 실학의 '삼조설(三祖說)'을 제창했다.[2]

같은 해 호암(湖岩) 문일평(文一平)은 「이조문화사의 별항」[3]에서 "영·정조 시대에 성행하던 실사구시의 학이 조선사상사 상 자못 주목할 현상"이라 한 바 있다.[4]

이를 바탕으로 홍이섭은 해방 직후 펴낸 책에서, 실학은 "영·정조 이후에 나타난 실사구시의 신 학풍"이며,[5] 그 계보는 반계 유형원→ 성호 이익→ 다산 정약용으로 이어진다고 규정했다.[6]

실학에 대한 연구는 1950년대 들어와 실학개념논쟁을 통해 활발하게 진행되었다. 천관우가 '실정(實正)·실증(實證)·실용(實用)'이라는 삼실론(三實論)으로 실학을 정의하자[7] 한우근이 경세치용이라는 개념으로 삼실론을 비판하면서[8] 논쟁이 시작되고, 이 과정에서 천관우는 자신의 설을 약간 수정하기도 했다. 그 과정을 따라 순서대로 정리해 본다.

천관우는 ① 실학의 실은 삼실(三實: 實正·實證·實用)이고, ② 그것은

---

2) "朝鮮近古의 학술사를 綜系하여 보면 반계가 一祖요, 성호가 二祖요, 다산이 三朝인데, 그 중에서도 精博明切함은 마땅히 다산에로 더 미룰 것이니……"(정인보, 『薝園國學散藁』, 서울: 文敎社, 1955, 71쪽).

3) 문일평, 『호암전집』, 서울: 조선일보사, 1939.

4) 『전서』 4, 49쪽.

5) "(실증학파는) 실사구시학파 또는 실학파라고 하며, 영·정조 이후 학술사상사상에 나타난 특필한 신학풍 곧 실사구시의 경세적인 학풍을 띤 일파를 이름이다"(홍이섭, 『조선과학사』, 서울: 정음사, 1946. 237쪽).

6) "실학은 선조조부터 조선에 전해진 서구의 사상문물과 유형원의 실사구시적 조선연구의 학문이 영조조 성호에 이르러 종합적으로 융합 체계화되고, 정다산에 이르러 종결적인 체계를 보였던 것이다"(홍이섭, 『조선과학사』, 240쪽).

7) 千寬宇, 「磻溪 柳馨遠研究」, 『歷史學報』 제2·3집, 歷史學會, 1952 / 뒤에 『한국사의 재발견』, 서울: 일조각, 1994에 재수록. 이후 이 글에서 1950~60년대 천관우의 논문은 『한국사의 재발견』에서 인용하기로 한다.

8) 韓㳓劤, 「李朝 實學의 概念에 대하여」, 『진단학보』 제19호, 1958. 한우근의 설은 이후 출판된 『李朝後期의 社會와 思想』(서울: 을유문화사, 1961)에서 인용한다.

현대적 개념으로 자유·과학·현실의 세 가지 특성을 지니며, ③ 이는 고염무의 귀창(貴創)·박증(博證)·치용(致用_과 부합된다고 하면서,[9] '실정·실증·실용'의 어느 일면을 가진 것이면 실학의 범주에 속한다고 한다.[10]

한우근에 의하면 실학이라는 용어의 전통적 사용례에는 삼실(三實)의 의미가 들어 있지 않고, 그 시기도 영·정조 시기로 제한되지 않는다.[11] 또 고증학풍에 기울어질수록 실학의 근본 정신에서 멀어진다면서,[12] 고증학적 방법론을 실학에서 제외한다. 천관우의 실학이 실사구시적 실증론임에 비해 한우근의 실학 개념은 '경세치용의 학'이고, 그래서 그는 조선 건국에 이바지한 조준·정도전·권근 등이 실학의 제창자 또는 실천자라고 한다.[13]

이후 1960년대에 천관우는 삼실론이 고염무의 설에서 추출된 것 같은 인상에서 탈피하여 유학사의 재구성 입장에서 개신유학을 제시한다. 즉 이학(理學)·예학(禮學)만이 아닌 유학의 다른 부분에서 빛을 발하는 일종의 개신유학 계열에서 근대지향의식과 민족의식의 측면이 살아나는 것이 실학이라는 것이다.[14] 다시 말하면 경세학이라고 하더라도 근대지향적이고 민족지향적인 경세학만이 실학[15]이라는 것이다. 요컨대 실학이란 근대(지향)의

---

9) "(신사조의 공통적 기반 중)그 하나는 분방한 지식욕을 구사하여 비판하며 獨創하며 권위를 부정하는 '자유성'이요, 또 하나는 경험적이며 실증적이며 귀납적인 태도 곧 '과학성'이며, 다른 하나는 실제와 유리된 모든 공소한 관념의 유희를 경멸하고 현실생활에서 우러나오는 불만과 정열을 토대로 하는 '현실성'이다. 이는 곧 淸初 顧炎武의 의도하던바 '貴創'·'博證'·'致用'과 부합되는 바이다"(천관우, 『한국사의 재발견』, 서울: 일조각, 1994, 102~103쪽).

10) 천관우, 『한국사의 재발견』, 101쪽.

11) "실학은 여말선초 詞章을 배격하고 유학의 본래정신을 살려서 實心·實政·修己治人의 실효를 거둘 수 있는 학문이어야 한다는 의미로 제창된 것이고, 어느 특정한 시기의 학문을 실학이라고 하는 것은 적당치 않다"(한우근, 『李朝後期의 社會와 思想』, 서울: 을유문화사, 1961, 392쪽).

12) 한우근, 『李朝後期의 社會와 思想』, 390쪽.

13) 한우근, 『李朝後期의 社會와 思想』, 372쪽.

14) 천관우, 『한국사의 재발견』, 108~112쪽.

15) 천관우, 『한국사의 재발견』, 170쪽.

식과 민족의식에 바탕한 개신유학으로서 기본적으로는 유학사상의 하나의 전개 형태라는 것이다.[16)]

이 시기 철학계에서도 실학에 대한 논의가 진행된다. 이를테면, 박종홍은 성실론(誠實論)[17)]을 주장하여 '실(實)'의 철학적 의미를 부여하려 했고, 이상은은 「실학사상의 형성과 전개」라는 글을 통해 한우근의 경세치용설에 찬동하면서 '정주학에 근원한 실학'을 말한다.[18)]

1970년대, 이우성은 천관우처럼 역사 현상으로 다루면서도, 시기적으로는 영·정조 이후로, 지역적으로는 근기(近畿) 지방의 학자들을 대상으로 한다. 그러면서 3대 유파로 정리한다.[19)]

① 성호 이익을 대종으로 하는 경세치용학파 : 토지제도 및 행정기구 기타 제도상의 개혁에 치중하는 학파 … 실학의 제1기 18세기 전반

② 연암 박지원을 중심으로 하는 이용후생학파 : 상공업의 유통 및 생산기구 일반 기술면의 혁신을 지표로 하는 학파 … 실학의 제2기 18세기 후반

③ 완당 김정희에 이르러 일가를 이룩하게 된 실사구시학파 : 경서 및 금석전고(金石典故)의 고증을 위주로 하는 학파 … 실학의 제3기 19세기 전반

이 시기 윤사순은 「실학적 경학관의 특색」[20)]에서, 실학적 경학관은 ① 박학의 방법 ② 원시유학(수사학) 정신의 회복 ③ 훈고학 정신을 지녔다고 설파한다. 그리고 실학의 주된 공통점은 성리학에 부정적이라고 한다.[21)] 또 「실학사상의 철학적 성격」[22)]에서 실학은 철학적으로는 주기적(主氣的)

---

16) 천관우, 『한국사의 재발견』, 179~180쪽.

17) 박종홍, 「한국에 있어서의 근대적인 사상에의 추이」, 『대동문화연구』 제1집, 서울: 성균관대 대동문화연구원, 1963.

18) 『창조』 제26권 제1호 ; 『전서』 4, 72쪽에서 재인용.

19) 이우성, 『실학연구입문』, 서울: 일조각, 1973, 6쪽.

20) 『(이을호박사 정년기념) 實學論叢』, 광주: 전남대 호남연구소, 1975, 63~85쪽 所收.

21) 윤사순, 「실학적 경학관의 특색」, 『實學論叢』, 83쪽.

경향이라는 특색을 지니고 있다고 규정한다. 그리고 이을호는 실학의 철학적 특색을 '탈성리학적(脫性理學的)'이라고 정의한다.[23]

같은 시기, 유승국은 유학의 본래 목적은 '정덕(正德)·이용(利用)·후생(厚生)'의 삼사(三事)가 조화롭게 추구되는 것인데, 주자학에서는 '정덕'을 보다 더 중시하는 경향이 강했기 때문에, 실학은 주자학에서 소홀히 취급되었던 '이용·후생'을 '정덕' 못지않게 추구하기 위해 발생되었다고 한다.[24] 1980년대 박충석도 실학의 고유사상체계는 반주자학이 아니라 경험적인 사고를 매개로 하여 주자학적인 제반 원리를 사상적으로 재해석한 것으로 그 흐름은 '주자학 대 실학'이 아닌 '주자학적 이상주의로부터 실학적 현실주의로' 발전해 가는 특징을 지녔다고 본다.[25] 실학은 반성리학이나 탈성리학이 아닌 성리학의 보완으로서 생겨났다고 보는 것이다.

이 시기 지두환은 북학파만을 실학으로 규정해야 한다고 주장한다.[26] 그들이야 말로 '성(性)=이(理)'를 부정하는 '탈성리학'파라는 것이다. '성=이'를 인정하는 한 모두 성리학파지 실학파는 아니라는 견해다.

이상으로 1930년대에서 1980년대에 걸쳐 전개된 실학 개념에 대한 논쟁과 연구사를 핵심적인 것만 간략히 검토해 보았다. 이에 대한 이을호의 검토와 평가는, 이 글이 기본 텍스트로 삼고 있는 책에서 보이는 것은, 1970년대의 연구 업적까지다.

---

22) 尹絲淳, 「實學思想의 哲學的 特性」, 『亞細亞硏究』 통권56호, 고려대 아세아문제연구소, 1975.

23) 李乙浩, 「實學思想의 哲學的 측면」, 『韓國思想』 제13집, 1975.

24) 유승국, 『한국의 유교』, 세종대왕기념사업회, 1976, 260쪽.

25) 박충석, 『한국정치사상사』, 삼영사, 1982, 68~79쪽.

26) 池斗煥, 「朝鮮後期 實學硏究의 문제점과 방향」, 『泰東古典硏究』 제3집, 한림대 태동고전연구소, 1987.

3. 실학논쟁에 대한 이을호의 입장

이을호의 실학관을 살펴보기 위해, 위에서 정리한 실학개념논쟁에 대한 이을호의 입장을 먼저 살펴보기로 한다.

우선 1950년대 실학개념논쟁을 유발한 천관우의 학설에 대해 이을호는 1930년대 실학을 논의했던 문일평·정인보·홍이섭에 주목하고, 천관우는 그들의 계보를 잇고 있다고 평가한다.[27] 그러나 실정(實正)-자유성(自由性)-귀창(貴創), 실증(實證)-과학성-박증(博證), 실용(實用)-현실성-치용(致用)으로 요약되는 천관우의 삼실론에 입각한, 이런 도식화된 설명은 명쾌한 반면에 약점도 노정되며, 그렇기에 이에 대해 한우근의 비판이 있게 된다고 한다.[28]

이을호는 한우근의 실학 개념은 이제현에 근거하고 있다고 본다. 이는 이제현이 당시 학풍에 대해 "실학을 버리고 장구(章句)나 익히는 것"이라고 비판한 데서 기인한다.[29] 이 점에 대해 이을호는, 이제현의 실학은 장구와 대구를 이룬다는 점에서 주자장구(朱子章句: 宋學)와 한학(漢學: 실사구시) 이전의 고학(古學: 洙泗學)이라고 하면서, 그 근거로 이제현이 "講孝經·語孟·大學·中庸, 以習格物致知誠意正心之道."라고 말한 것을 예로 들며, 이제현의 실학은 송학이 아닌 수사학적 실천윤리에 근거하고 있다고 한다.[30] 그러나 필자가 보기에는, 여기의 장구는 주자장구가 아니라 사장(詞章)의 장구를 말한다. 즉 이제현이 말하는 '실학과 장구'는 곧 '경학과 사장'이다. 『주자장구』라 하면 『대학장구』와 『중용장구』를 말한다. 『논어』와 『맹자』의 경우는 집주, 곧 『논어집주』와 『맹자집주』다. 그러므로 이제현의 실학을

27) 『전서』 4, 50쪽.
28) 『전서』 4, 52쪽.
29) 한우근, 『李朝後期의 社會와 思想』, 364쪽.
30) 『전서』 4, 56쪽.

주자의 장구를 넘어서는 수사학이라고 보는 것은 재론의 여지가 있다. 더구나 그가 예로 들고 있는 이제현의 문장 중에서 "격물·치지·성의·정심의 도를 익힌다"는 것은 주자의 『대학장구』를 중시하는 표현이다. 이는 수사학적 경학의 실천이 아니라 주자학적 경학의 실천이다. 이는 또한 원대(元代) 성리학의 특징이기도 했다. 이을호는 또 권근의 "是抑詞章蹈襲之弊, 務得窮經實學."[31]과 "惟三代之學, 皆所以明人倫, 六籍之書, 亦所以明斯道."[32]를 두고 권근이 수사학적 실천윤리를 중시했다고 하는데, 이것도 이제현과 같은 맥락에서 보아야 한다. 권근은 이 예문에서 아예 사장(詞章)과 궁경(窮經)의 실학을 대비시켜 말하고 있는데, 그것은 곧 이제현이 '장구와 경학'을 대비시키는 것과 같다. 즉 이제현이 말하는 장구는 권근의 사장이다. 이제현이 장구를 버린다는 것은, 여기 예문에서 권근이 사장의 폐단을 억누른다는 것과 같다. 권근도 이제현처럼 송학에 바탕한 경학을 말하고 있는 것이다. 요컨대 기본적으로 여말의 유학은 원대 유학 곧 주자학적 경학(특히 주자학의 실천을 중시하는 경향의 경학)이며, 그런 면에서 이제현이나 권근 등도 그런 분위기에서 벗어나는 것은 아니다. 이을호가 한우근의 유교적 실학론이 고학(古學: 수사학)이냐 아니면 신학(新學: 성리학)이냐는 문제점을 안고 있다고 보는 것도[33] 원대 유학이 유입된 고려말 유학의 성격을 간과한 데서 오는 견해라 할 수 있다.

다음으로 천관우의 실학 개념 재론에 대한 이을호의 입장을 보기로 하자. 천관우는 삼실론에서 탈피하여 '근대지향의식'과 '민족의식'에 바탕한 개신유학을 실학이라고 재정의했는데, 이에 대해 이을호는 "그의 새로운 유학사상의 이해를 설명해 준 것이기는 하지만, 이는 역사적 측면에서 본 이해일 뿐

---

31) 한우근, 『李朝後期의 社會와 思想』, 364쪽.
32) 한우근, 『李朝後期의 社會와 思想』, 364쪽.
33) 『전서』 4, 58쪽.

소위 개신유학의 철학적 본질에 대한 언급은 없다."[34]고 지적한다. 그럼에도 전설(前說)에서 자의(字義)에 입각한 삼실론에서 초탈하여 역사 현상에서 파악한 개신유학이란 새로운 개념으로 조선 후기 실학을 관조한 것은 일단의 진전이며, 이러한 개신유학론은 한우근의 경세학적 실학을 역사 현상의 단면에서 재정립한 것이라고 볼 수 있다고 평가한다.[35] 이을호는 천관우의 경우에도 한우근의 경우처럼 이 유학의 성격이 문제 된다고 보았다. 천관우는 유학의 범주를 의리학(義理學)·고증학(考證學)·사장학(詞章學)·경세학(經世學)으로 분류하면서,[36] 의리학은 기본적으로 근대지향의식이 부족하고[37] 실학파는 의리학에 관심을 두지 않는다고 한다.[38] 이을호는 이에 대해 의리학과는 별도로 실학사상의 철학체계를 이루고 있는 것이 개신유학의 경학사상이라고 한다.[39] 구체적으로, 우주론에서는 음양설만 취하고 오행설은 버렸으며, 인성론에서는 천리설을 배격하고, 윤리설에서는 오륜설에 입각하여 삼강설의 종속성을 배제하고 있다는 점이 그 특징이라고 한다.[40] 그리고 천관우가 "청(淸)의 안원(顔元)과 다산은 한(漢)·송(宋)·주(朱)·왕(王)에 구애받지 않고 공자에게 직도(直到)하려 한 점을 높이 평가한다."[41]는 점에 주목해야 한다고 한다.[42] 즉 정약용은 한당유학과 송학, 그리고 주자학과 양명학을 지양하고, 직접 공자에게 닿는 수사학을 지향한다는 천관우의 언급을 주목해야 한다는 것이다. 개신유학의 내용이 수사학이라는 이을호의

34) 『전서』 ④, 65쪽.
35) 『전서』 ④, 56쪽.
36) 천관우, 『한국사의 재발견』, 141쪽.
37) 천관우, 『한국사의 재발견』, 151쪽.
38) 천관우, 『한국사의 재발견』, 145쪽.
39) 이을호, 「이조후기 개신유학의 경학사상적 본질」, 『철학』 제8집 / 『다산학의 이해』, 서울: 현암사, 1975. 343~375쪽에 재수록.
40) 『전서』 ④, 90~100쪽 참조.
41) 천관우, 『한국사의 재발견』, 154쪽.
42) 『전서』 ④, 63~64쪽 참조.

관점을 볼 수 있는 대목이다.

한편 이을호는, 실학을 3기설로 나누어 각각 경세치용·이용후생·실사구시의 세 학파로 분류해서 설명하는 이우성의 설에 대해 개념 규정이 일목요연한 장점은 있으나, 세분된 틀은 자칫 견강부회를 초래할 우려가 있다고 지적한다. 우선 경세치용학파에 대한 언설에서 정인보의 삼조설(三祖說)에서 반계를 제외하고 성호로부터 실학 1기를 규정하는데, 이우성 역시 반계와 성호의 개혁사상이 같다는 점을 인정하고 있는 데서 보듯이 반계를 성호로 바꿀 뚜렷한 이유가 없다는 것이 이을호의 생각이다. 반계가 부안에 주로 거주했고, 성호는 경기도 광주에 살았기 때문에, 아마도 근기 지방의 학풍이라는 지역 설정 때문에 그런 것이라면, 다산실학의 경우 주로 강진 땅에서 사상이 응축된 것이기 때문에 정약용을 실학파에 넣기 곤란해진다는 것이다. 그래서 이을호는 오히려 정인보의 삼조설로 경세치용학파를 이해하는 것이 더 타당하다고 한다.[43] 이는 올바른 지적이라고 생각된다. 만일 역으로 생각해서, 정약용의 출생지가 경기도 광주여서 근기학자의 범주에 들어간다면, 서울에서 태어나고 32세에 부안에 은거하여 죽기까지 20년을 산 반계의 경우도 오히려 근기학자의 범주에 들어가서, 반계를 실학의 1기로 삼지 않을 이유가 없게 되기 때문이다.

이용후생학파에서도 연암에 앞서 담헌 홍대용이 있음은 성호에 앞서 반계가 있는 것하고 같다는 점에서 이을호는 동의하지 않는다. 그리고 실학의 시기 분류에 대해서도 비판적이다. 즉 경세치용학파가 이용후생학파보다 조금 앞섰다 하더라도 모두 영·정조 시대 학풍의 두 개의 단면에 지나지 않기 때문이다. 더구나 정약용의 경우를 보면 실학의 삼기설(三期說)은 더욱 애매하다는 것이다.[44]

---

43) 『전서』 ④, 67~68쪽 참조.
44) 『전서』 ④, 68~69쪽 참조.

이을호는 실사구시학파라는 규정도 몇 가지 문제가 있다고 지적한다. 이우성은 "선행 실학자들의 실증 연구 방법을 계승하여 민족문화에의 침잠을 통해서 주체적 인식을 선명히 하고 금석(金石)·전고(典故)에 대한 격조 높은 학문성을 보여주었다."[45]고 하는데, 이을호는 이를 "완당에 의하여 순수한 학문으로서의 실증주의적 고증학이 정립되었음을 의미하는 것"이라 이해하면서 이는 다음과 같은 문제가 있다고 본다.[46] 첫째, 한대(漢代) 하간헌왕(河間獻王) 때의 원의(原義)는 그만두고라도 완당 자신의 경우에도 실사구시의 의미는 훈고를 통한 실천궁행이라는 점에서, 차라리 금석·전고에 대한 실증을 위주로 하는 완당의 경우에는 홍이섭처럼 실증학파라고 하는 것이 온당할 것이라고 한다.[47] 둘째, 이우성은 완당을 제3기로 보는 까닭에 혹시 그보다 위의 연배에 해당하는 '실사구시=실증' 계열에 속하는 학자를 애써 외면한 것은 아닌지 의심스럽다는 것이다. 천관우는 조선 후기 경학 방면의 고증학으로 신작·성해응·이덕무·박제가·정약용·김정희 등을 꼽고 있는데[48] 이 점이 해명되어야 할 것이라고 이을호는 지적한다.[49] 셋째, 이우성은 주자학과 실학의 관계에 대해 흥미가 없다[50]고 하는데, 이는 주자학에 대한 몰이해 혹은 철저한 부정적 태도에 기인하는 것이라고 이을호는 비판한다.[51]

필자가 생각건대, 사실 완당의 실사구시는 송학에 대한 실천궁행의 측면보다는 한학풍의 정밀한 훈고에 초점이 맞추어져 있기 때문에, 이우성이 사용하는 것처럼 실증적 개념에 가깝다. 완당의 학문을 금석·전고에 대한 고증학이

45) 이우성, 『실학연구입문』, 15쪽.
46) 『전서』 4, 69쪽.
47) 『전서』 4, 69~70쪽.
48) 천관우, 『한국사의 재발견』, 156쪽.
49) 『전서』 4, 70쪽.
50) 이우성, 『실학연구입문』, 16쪽.
51) 『전서』 4, 70쪽.

라고 특징 짓는다면 구태여 '실사구시'라 할 필요는 없고 '실증'이라고 해야 한다는 이을호의 견해는 그래서 일면 타당하다. 필자의 생각으로는, 이우성의 실사구시는 하나의 학파로 따로 자리매김하기보다는 실학파에 공통적으로 존재하는 학문의 방법론으로 보아야 할 것 같다.

이을호는 지금까지 실학논쟁에 언급되었던 천관우·한우근·홍이섭·이우성 등은 모두 역사 현상을 배경으로 설명했을 뿐 철학적 본질의 문제는 취급하지 않는다고 지적한다. 비로소 철학적 입장에서 실학의 의미를 살피려 했던 박종홍의 성실론(誠實論)[52]에 대해 "철학적 성실과 윤리적 실천이 실학의 본질이 됨으로써 경세택민(경세치용과 이용후생)의 실(實)을 거둘 수 있고, 그것은 곧 실사구시의 과학기술의 수용으로까지 전개될 수 있음을 제시했다."[53]고 평가한다. 실학은 정주학에 근원한 것이라고 천명한 이상은에 대해서는 이우성의 '흥미조차 없는 주자학'과는 상반적이라면서, 요컨대 경세학의 바탕이 되는 철학적 입장, 곧 경학적 입장이 중요함을 역설한다.[54]

이을호는 실학의 철학적 입장을 드러낸 윤사순의 연구 성과를 높게 평가한다. 윤사순은 원시유학으로 경세치용과 이용후생을, 훈고학으로 실사구시를 말함으로써 이우성의 설을 포용하면서, 거기에 박학의 방법을 더 추가한다. 그리고 실학의 주된 공통점은 성리학에 부정적이라고 한다.[55] 이을호는 윤사순의 견해를 '실학은 탈성리학적'인 것으로 이해하며, 그에 전적으로 동감한다. 이을호는 실학의 철학적 본질은 철두철미 송유의 성리학과 대척점에 있다고 한다.[56] 말하자면 이을호의 기본 견해는 '실학은 탈성리학적'이라는 것이며, 그러한 입장이 일단 개신유학의 범주에 들어간다는 논리다.

---

52) 박종홍, 「한국에 있어서의 근대적인 사상에의 추이」, 『대동문화연구』 제1집, 서울: 성대 대동문화연구원, 1963.

53) 『전서』 [4], 72쪽.

54) 『전서』 [4], 72~73쪽.

55) 윤사순, 「실학적 경학관의 특색」, 『實學論叢』, 83쪽.

56) 『전서』 [4], 75쪽.

그 탈성리학적 내용으로는 음양오행설의 변화를 든다. 즉 실학파는 우주론의 경우 변증법적 변화관계인 음양론은 수용하되, 상생상극의 순환논법인 오행론은 배격하며, 인성론에서는 천리(天理)를 부정하고 상제론(上帝論)적 성명론으로 이해한다고 본다. 그러면 성리학과 대척점에 서는 실학의 철학적 본질은 무엇일까? 이을호는 그것이 수기치인(修己治人)을 아우르는 수사학이며, 다산경학이 그 범주에 속한다고 한다. 후기 실학을 배태한 개신유학의 철학적 근거는 한·당·송·명이 아닌 선진(先秦)의 수사학적 공맹학이라는 것이다.[57]

4. 이을호 실학관에 대한 검토

위의 실학개념논쟁사를 살펴볼 때, 실학 개념의 정립에는 두 방향이 있음을 발견할 수 있다. 하나는 허무공적(虛無空寂)에 대한 실(實)의 개념에 주안점을 두는 경우고, 다른 하나는 경세치용 혹은 수기치인과 개신유학 등의 용어로 설명하는 것이다. 이을호는 후자의 입장에 선다. 그는 전자의 경우 실학 개념을 정립하기는 쉬워도 자구의 뜻에 매몰될 우려가 있음에 비해, 후자인 경세치용과 수기치인은 실학의 내용을 보다 구체적으로 표현하고 있으며, 개신유학이라는 것은 실학의 유교적 방향 제시라고 할 수 있다고 주장한다.[58] 방금 위에서 살펴보았듯이 이을호는 '수기치인을 아우르는 개신유학'이 실학의 본질이라고 한다.

이른바 개신유학이란 무엇일까? 정약용은 「오학론(五學論)」에서 성리(性理)·훈고(訓詁)·문장(文章)·과학(科擧)·술수(術數)가 공맹지도를 드러내는 데 장애가 된다고 했다.[59] 따라서 공맹지도를 제대로 드러내기 위해서는

---

57) 『전서』 [4], 50, 75~77쪽 참조.
58) 『전서』 [4], 79쪽.

이 다섯 가지를 벗어나야 한다. 그래서 이을호는 '의리−성리', '고거−훈고', '사장−문장', 과거, 술수 등의 학이 섞이거나 물들지 않은 본래적인 원시유교의 순수성이 개신유학의 모체가 될 수 있다고 한다. 결국 개신의 대상으로 삼아야 할 것은 정약용이 말하는 오학이며, 개신의 결과로 얻어진 수사학적 경학이 곧 개신유학이라는 것이다.[60] 다시 말하자면, 선진유학의 공맹지도를 실현하기 위해서는 '탈송학(脫宋學)'하고, 거슬러 올라가 '탈한학(脫漢學)'하여 선진(先秦)으로 올라가야 한다는 것이다. 송학의 개신, 한학(훈고학)의 개신, 당대(唐代) 문장학의 개신을 통해 비로소 '수기치인을 목표로 하는 유학' 곧 실학에 도달할 수 있다는 것이다.[61]

그런데 여기서 한 가지 의문이 든다. 이을호는 수기치인의 인간학이 실학의 전제임을 말하면서 우계 성혼(1535~1584)을 그 범주에 집어넣고, 성혼의 사상은 수기치인의 수사학적 실학의 맹아라 하며,[62] 더구나 성혼의 「경인봉사(庚寅封事)」를 정약용의 목민지도(牧民之道)의 맹아로 보고 있음[63]이 눈에 띈다. 성혼이 당연히 탈송학적이 아님은 물론이라는 점에서, 수기치인의 면만 부각된다고 해서 실학의 맹아라고 한다면, 실(實)의 자의(字義)에 입각해 실학을 정의하는 것처럼 그 개념 범위가 모호해질 수 있다. 즉 이런 관점에서 보면 이이라고 해서 정약용의 맹아라고 아니 할 수 없고, 수기치인의 도에 철저한 성리학자들 모두 실학자라 일컫지 않을 수 없다. 예컨대 이이의 『성학집요(聖學輯要)』는 어떻게 볼 것인가? 필자가 보기에는 『성학집요』야말로 수기치인을 온전하게 아우르는 것이 성학(聖學)의 요체임을 강조하고, 그를 드러내기 위해 선진유가의 경전과 송학적 해석을 망라하여 체계적으로

---

59) 『여유당전서』 I-11, 19~24쪽.
60) 『전서』 4, 82쪽.
61) 『전서』 4, 89쪽.
62) 『전서』 4, 152~153쪽 참조.
63) 『전서』 4, 162쪽.

구성한 책이다. 그러나 기본적으로 『성학집요』의 경우는 성리학적 경학관에 입각한 것으로 이을호가 말하는 정약용의 수사학적 경학관과는 다르다. 이 경우 만일 '수기치인의 학문이 실학적 경학의 내용'이라고 한다면, 이이과 같이 성리학적 경학관의 입장에서 수기치인의 공효를 강조하는 것도 실학의 내용으로 취급해야 할 것이다. 물론 이을호도 수기치인이 원시유교의 전유물일 수는 없고, 주자학에서도 본령으로 삼고 있다는 것을 인정하지만, 그 본질적 순수성이 결코 수사학적 순수성이 그대로 유지된 것은 아니라고 한다.[64] 과연 그 본질적 순수성이라는 것을 어떻게 이해해야 할까? 이이의 경우는 공맹의 순수성이 없고, 정약용에게만 있는 것일까? 이러한 기준으로 수기치인의 도를 수사학적 본령으로 삼고, 실학적 경학관의 특색으로 내세우는 것은 논리적으로 재고할 여지가 있다고 본다. 이런 논리 때문인지 이을호도 성혼과 이이를 조선후기 실학의 선구자로 병칭되어야 마땅할 것이라고 주장하기도 한다.[65] 논리적 일관성이 결여된 듯 보인다.

여하튼, 이을호가 실학의 특성을 규정하는 데 있어서 제일 중요한 논거는 '탈성리학(송학)적' 내용이다. 그리고 그것은 은연중 천관우의 '근대지향적'이라는 실학 개념과 연계되어 나타난다. '상명하복의 불평등한 전근대'에 대해 '평등윤리를 강조하는 근대'라는 대비적 시각의 틀에서, '탈성리학'의 예로서 정약용의 경학 내용을 들고 있다. 즉 다산경학의 특징적인 것을 평등 윤리·호혜 윤리라 규정한다. 정약용의 경우, 인(仁)이란 인인(人人)으로 이인간(二人間)의 평등 윤리를 강조하는 것이고, 서(恕)로 인(仁)의 실천 방법을 삼고, 『대학』의 명덕(明德)을 효(孝)·제(弟)·자(慈)로 풀이하고 상향적 효제(孝弟)에 하향적 자(慈)를 강조함으로써 상하친애(上下親愛)의 호혜 윤리를 강화해 주고 있으며, 삼강에 관해 약간 언급한 것이 있으나 회의의 요적 정의라는

64) 『전서』 4, 81쪽.
65) 『전서』 4, 165쪽.

것이다.[66] 그리고 동무(東武)의 경우도 「성명론(性命論)」에서 '인의예지충효우제(仁義禮智忠孝友弟)'만을 언급하고, 삼강사상의 언급은 없다는 점을 중시한다.[67]

필자가 보기에는, 정약용의 인 해석은 새로운 것이 아니라 『설문해자(說文解字)』의 인(仁) 해석을 따르는 것으로 결국 한학의 수용이라고 볼 여지도 있으며, 서(恕)를 인의 실천 방법으로 삼는 것 또한 정약용의 독창적인 것이 아니라 『논어』나 『중용』에서 기본적으로 확인되는 내용이다. 『대학』의 명덕(明德)을 효·제·자로 보는 것도 양명학파 해석의 영향으로 보인다.[68] 정약용이나 이제마의 삼강 비판론이라는 것도 근거가 부족해 보인다. 여기서 특기할 것은, 이을호가 백호(白湖) 윤휴(尹鑴: 1617~1680)를 평하는 대목이다. 즉 윤휴의 경전 주해는 비록 반주자학적이라도 심성론이 왕학(王學)에 가깝다고 한다면, 아직 송명학의 세계에 머물러 있는 것이기에 개신유학의 범주에 들지 못한다는 것이다.[69] 그렇다면 '명덕=효·제·자'설이 양명학을 수용한 것이라 할 때, 마찬가지 논리로 정약용도 아직 송명학의 세계에서 완전히 탈출했다고는 볼 수 없고, 그래서 개신유학의 범주에 넣을 수 없다는 논리도 성립될 수 있다.

여하튼 이을호는 개신유학의 윤리설은 일방적 상향윤리로서의 삼강설을 부정함으로써 횡적 인간관계 위에서 이루어진 선진시대의 오륜사상에로의 복귀를 시도함과 동시에 현대적 평등시민윤리와의 연계 가능성을 제시해 주고 있다고 한다. 이을호의 이러한 논리 속에는 일단 실학은 근대적인

---

66) 『전서』 ④, 99쪽.
67) 『전서』 ④, 99쪽.
68) '명덕=효제자'설에 대한 양명학파의 영향에 대해서는 송석준, 「주자학비판론자들의 경전해석」, 『동양철학연구』 제22집, 동양철학연구회, 2000, 178~181쪽 ; 안재순, 「17세기 한·일 유자의 반주자학적 『대학』관」, 『동양철학연구』 제48집, 동양철학연구회, 2006-11, 50~52쪽 참조.
69) 『전서』 ④, 103쪽.

것이고, 성리학은 전근대적인 것으로 실학의 대척점이라는 발상이 전제되어 있다. 여기에도 또 하나의 문제가 제기될 수 있다. 이를테면, "성리학에는 전근대적 사상의 측면도 있지만, 이 사상이 동아시아 사상의 주류인 불교와 노장사상과 유학의 종합이라는 측면을 무시할 수는 없다. 성리학은 몇 마디 용어로 비판되고 매도될 수 있는 간단한 사상이 결코 아니다. 그 가운데는 동아시아의 자연관・인간관・사회관이 넓고 깊게 깔려 있다. 이제 성리학은 전근대적 사상이며 성리학을 비판한 실학은 근대적 경향의 사상이라고 보아 성리학과 실학을 대립적으로만 이해하던 관점을 바꿀 때가 되었다."[70]는 견해도 있다.

어쨌든, 이을호의 실학 개념은 '수기치인의 개신유학'으로 규정된다. 이 대전제 아래 이을호는 실학의 개념 범주를 다음과 같이 설정한다. 바꾸어 표현하면, '실학=개신유학'이 되기 위한 기본 요건을 다음의 세 가지로 정리한다.[71]

1. 우선 정주학에서 탈출했거나 적어도 비판적이어야 한다. 그것이 실학의 첫째 조건이다.
2. 또한 한당유학에 비판적이어야 한다.
3. 위 과정을 통해 순정유학(純正儒學)에 도달해야 한다.

따라서 위의 3대 요건을 갖추면 실학자고, 갖추지 못하면 실학자라 할 수 없다는 것이다. 예컨대 다음과 같다.

① 백호 윤휴(1617~1680)는 반주자학적 경전 해석을 하고 있지만, 기본적

---

70) 이광호, 「동서융합의 측면에서 본 정약용의 사상」, 박홍식 편, 『다산 정약용』, 예문서원, 2005, 168~169쪽 참조.

71) 『전서』 4, 102~103쪽 참조.

으로 양명학의 영향을 받고 있다면 이는 아직 송명학의 세계를 탈출하지 못한 것이고, 그래서 개신유학이라 할 수 없고 실학적이라 할 수 없다.72)

② 반계 유형원(1622~1673)과 성호 이익(1681~1763)은 경세학에서는 실학적이라 할 수 있어도 경학사상(이기설)에서는 정주(程朱)의 세계에서 탈출한 흔적이 없다.73)

③ 서계 박세당(1623~1703)은 반주자학적, 수기치인의 경학자로 개신유학의 범주에 속하기는 하지만, 때로는 존신주자(尊信朱子)의 태도를 보인다. 개신유학의 선구라고는 할 수 있다.74)

④ 운암(芸菴) 한석지(韓錫地: 1769~1863)는 서계 박세당→ 다산 정약용이 이루지 못한 의장정주(擬裝程朱)에서의 탈피를 구현함으로써 개신유학의 선봉이 되었다.75)

⑤ 동무(東武) 이제마(李濟馬: 1837~1900)는 천(天)·인(人)·성(性)·명(命)의 사원구조적 사상설(四象說)을 제창했는데, 이는 동무를 조선 후기 개신유학의 마지막 보루로 자리매김하게 한다.76)

이러한 실학의 개념과 범주 속에서는, 이을호 자신이 밝히듯이, '서계

72) 『전서』 [4], 103쪽 참조.

73) 『전서』 [4], 21, 103~104쪽 참조.

74) 『전서』 [4], 21·33·104쪽. 그리고 이을호는 경세학에서 유형원→ 이익→ 정약용의 계보가 허용된다면, 『대학』 경설에 관한 한 박세당→ 정약용의 계보도 가능하다고 한다. 둘다 『고본대학』 중시하였다. 박세당→ 정약용으로 이어지는 경학파는 반주자학적 과정에서 수사학적 공맹 세계로 들어가며 수사학이 실학의 원인이 된다고 한다(같은 책 22~23쪽).

75) 『전서』 [4], 104쪽.

76) 『전서』 [4], 104~105쪽. 한때 이을호는 "東武의 『東醫壽世保元』은 단순한 의학서사 아니라, 권1에 수록된 性命·四端·擴充·臟腑의 四論은 陰陽 兩氣의 유기론적 철학에 근거했을 뿐만 아니라, 이는 철학·윤리·심성·장부 등의 종합적 인간학으로서 주목을 끄는 저술이다. 이를 실학의 범주에 넣느냐의 문제는 속단하기 어렵더라도 이에 대한 평가가 인색해서는 안 될 것이다."(같은 책, 34쪽)라고 한 적도 있으나, 실학의 3대 요건에 의해 동무를 개신유학의 마지막 보루라고 평가한다.

박세당→ 다산 정약용→ 운암 한석지→ 동무 이제마'가 주축 계보이며, 이들을 잇게 해주는 사상적 맥락은 탈성리학적인 음양설－성명론－오행설이다.[77] 그리고 이러한 경학사상적 맥락에 따라, 반계·성호 등의 위치는 기존의 평가와는 달리 주류가 아닌 방계, 방계 중에서도 한 지류에 지나지 않는다고 이을호는 평가한다.[78] 그러면서 한편으로는 존 듀이의 프래그머티즘과 한국 실학을 비교하는 가운데, 반계 유형원→ 성호 이익→ 다산 정약용의 계보가 한국실학사상의 주축이라고도 한다.[79] 비록 경세사상의 측면에 국한해서 그 계보를 주축계보로 인정한다고 하더라도 글의 주제에 따라 실학 개념의 범주가 달라지는 경우가 발견된다.

이와 관련해서 또 하나 언급해야 할 것이 있다. 이을호는 실학을 언급하면서, "율곡 중심의 기호학파는 주기파라 이르며, 소위 조선조 후기 실학자들은 대체로 주기적인 경향을 띠게 됨으로써 혜강의 신기론(神氣論)으로 발전하게 된 소지를 마련해 주었다고 할 것이다."[80]라고 하는데, 이는 위의 실학 개념의 정의와 모순된다. 왜냐하면 실학파의 경향을 주기적이라고 규정함으로써 그 스스로 정주학의 개념 틀에 갇히고 있기 때문이다. 실학이 탈성리학이라면 주리·주기의 틀은 무의미하기 때문이다. 그리고 실학을 주기적이라고 규정하는 것도 문제가 있다.

어쨌든, 이을호의 실학 개념과 범주는 기본적으로 정약용의 「오학론」에 근거하고 있음이 확실하다. 참고로 하나 덧붙인다면, 이을호의 실학이 탈'오학(五學)'적, 좁혀 말해서 일반적으로 '탈송학적'이고 '탈한학적'이라는 점에서, 기본적으로 한학적 실사구시를 추구하는 완당의 경우는 실학파에 넣기 어려워진다. 사실 이을호는 추사와 정약용의 고증학을 구별한다. 추사는

77) 『전서』 ④, 105쪽.
78) 『전서』 ④, 105쪽.
79) 『전서』 ④, 140쪽.
80) 『전서』 ④, 124쪽.

금석·전고의 고거(考據) 자체를 중시하지만, 정약용은 고거를 통해 원시유교 정신을 천명하는 데 주력한다는 것이다. 즉 고거가 추사에게는 방법론의 입장이고, 정약용에게는 목적론의 입장이라는 점에서 둘은 확실하게 차이가 난다는 것이다.[81] 추사가 원시유교 천명에는 무관하다는 점에서 그를 실학파에 넣을 수는 없다는 논리다. 이를 달리 말하면, 완당의 실사구시학파를 설정하는 이우성의 실학 개념과 범주는 이을호에 의해서 지양된다고 할 수 있다. 그리고 이을호에게 있어서 반계를 실학의 비조로 보는 천관우의 경세치용적 실학, 다시 말해 문일평·정인보·홍이섭·천관우의 계보로 형성는[82] 반계 유형원→ 성호 이익 중심의 경세치용적 실학은 방계의 한 지류로 물러난다. 다만 천관우의 개신유학론은 수용하되, 거기에다 철학적 입장을 가미하여 이을호의 개신유학론, 곧 '수기치인의 수사학적' 개신유학론이 설정된다. 이을호의 실학 개념과 범주는 기왕의 실학논쟁을 종합·지양했다는 점에서 큰 의의가 있다. 실학의 역사적 입장과 철학적 입장을 동시에 고려한 이을호의 실학론은, 비록 개념 정립에 좀더 치밀한 논증구조를 필요로 한다 하더라도, 실학의 철학적 본질을 밝혀내는 데 기여한 바 크다고 하겠다.

5. 마무리

한국사상사에서 실학에 대한 논의는 결국 다산학 연구에서 시작되었다고 볼 수 있다. 1934~38년 사이 『여유당전서』의 출판을 계기로 촉발된 실학 논의는 1950~60년대 천관우와 한우근의 논쟁을 통해 좀더 활성화되고, 1970년대 이우성의 실학의 3대학파설이 제기되었다. 그래서 실학이란 근대지향의식과 민족의식을 지닌 새로운 학문사조로서, 경세치용·이용후생·실

---

81) 『전서』 ④, 16~17쪽.
82) 『전서』 ④, 50쪽.

사구시의 3대학파로 대별된다고, 일반적으로 그렇게 인식하기에 이르렀다. 대체로 이러한 개념 정립에 대한 노력은 역사학계에서 진행되었으며, 그 가운데 실학이란 말을 '실(實)'이란 자의(字義)에 의해 해석하느냐, 역사 상황 속에서 시대의 소산물로 인식하느냐의 차이가 존재했다. 철학계에서도 1960년대 박종홍 등에 의해 실학에 대한 접근이 시도되고, 1970년대 윤사순・이을호 등에 의해 실학의 철학적 해석이 본격적으로 시도되었다. 이는 이을호 교수의 정년기념논총의 출판을 계기로 활성화되었다. 역사학계에서 정약용의 『여유당전서』의 출판을 계기로 실학 논의가 시작된 것처럼, 다산경학을 필생의 업으로 연구해 온 이을호 교수의 정년기념논총 출판을 계기로 실학에 대한 철학적 해석 작업이 활성화된 것은 필연처럼 보인다. 정약용과 이을호와 실학, 이 셋은 운명의 연결고리처럼 보인다. 지금은 철학계에서 실학 연구가 그리 새삼스러운 것이 아닌데, 이렇게 되기까지에는 이을호의 역할과 공로가 크다는 것을 인정하지 않을 수 없다.

어쨌든 이을호의 실학은 '수기치인의 본령에 충실한 개신유학'이라고 요약 정리할 수 있다. 본론에서 이을호의 실학 개념에 대한 검토를 통해 살펴보았듯이, 그의 실학 개념은 좀더 치밀한 논증구조를 필요로 한다고 할지라도, 정약용의 경우를 중심으로 실학의 철학적 본질을 밝혀내는 데 기여한 공로는 아무리 높이 평가해도 지나치지 않다.

참고문헌

다산학연구원 편, 『李乙浩全書』 권4, 서울: 예문서원, 2000.
박충석, 『한국정치사상사』, 삼영사, 1982.
유승국, 『한국의 유교』, 세종대왕기념사업회, 1976.
이우성, 『실학연구입문』, 서울: 일조각, 1973.
이을호, 『다산학의 이해』, 서울: 현암사, 1975.
『(이을호박사 정년기념) 實學論叢』, 광주: 전남대 호남연구소, 1975.

정인보, 『薝園國學散藁』, 서울: 文教社, 1955.
천관우, 『한국사의 재발견』, 서울: 일조각, 1994.
한우근, 『李朝後期의 社會와 思想』,서울: 을유문화사, 1961.
홍이섭, 『조선과학사』, 서울: 정음사, 1946.

박종홍, 「한국에 있어서의 근대적인 사상에의 추이」, 『대동문화연구』 제1집, 서울: 성균관대 대동문화연구원, 1963.
송석준, 「주자학비판론자들의 경전해석」, 『동양철학연구』 제22집, 동양철학연구회, 2000.
안재순, 「17세기 한・일 유자의 반주자학적 『대학』관」, 『동양철학연구』 제48집, 동양철학연구회, 2006.
尹絲淳, 「實學思想의 哲學的 特性」, 『亞細亞研究』 통권56호, 서울: 고려대 아세아문제연구소, 1975.
尹絲淳, 「실학적 경학관의 특색」, 『實學論叢』, 광주: 전남대 호남연구소, 1975.
이광호, 「동서융합의 측면에서 본 정약용의 사상」, 『다산 정약용』, 서울: 예문서원, 2005.
李乙浩, 「實學思想의 哲學的 측면」, 『韓國思想』 제13집, 1975.
池斗煥, 「朝鮮後期 實學研究의 문제점과 방향」, 『泰東古典研究』 제3집, 한림대 태동고전연구소, 1987.

4. 한국실학 연구와 그 관점

김 인 규 영산대학교 행정학과 교수

1. 머리말

> 그가 만약에 서당 공부부터 시작했더라면 객관적인 시각을 잃었을 것이요, 또 약사로부터 출발하지 않았더라면 이기론이나 사단칠정론 등의 주류에서 끝내 벗어나지 못했을 것이 뻔하다(그랬더라면 현재 성리학자들이 그러한 것처럼, '다산학'과의 친화성은 생각도 할 수 없을 것이다). 그는 젊어서 나에게 루소 공부를 권장했고, 따라서 개신·혁신·개혁 등을 앞세우는 비주류적 이단자였기에 한국실학의 원류의 하나를 택할 수 있었던 것이다.[1)]

한국철학 연구사에서 현암(玄庵) 이을호(李乙浩: 1910~1998) 선생[2)]만큼 치열하면서도 다양한 삶을 사신 분도 없는 것 같다. 이을호는 전라남도 영광(靈光)의 부호 가문에서 태어나 일찍이 부친을 여의었지만 그다지 큰 어려움 없이 성장하였으며, 고향에서 소학교를 마친 뒤 영광중학원에 다니다 학교가 폐교됨에 따라 경성 중앙고등보통학교에 유급 편입되어 1929년경에 졸업한 것으로 알려져 있다. 특히 이을호는 십대 중반에 폐결핵을 앓다가

---

1) 정종, 「현암 이을호 박사와 나를 말하다」, 『공자학』 제9호, 한국공자학회, 2002, 288쪽.

2) 이하 선생이라는 호칭은 생략하고 이을호로 쓴다.

중앙고보 시절 사상의학(四象醫學)의 대가인 해초(海初) 최승달(崔承達)을 만나 그의 문하에 입문해 한의학을 공부하기에 이르렀으며, 고보 졸업 후 1년여 간을 금강산에서 요양하는 등 이미 이때부터 사상의학적 자가 치료를 하게 되었다고 한다.[3] 특히 이을호는 경성약학전문학교(3년제)를 졸업한 후 이를 계기로 고향에 한의원(약국)을 개설하여 인술을 베풀었으며, 일제 치하에서 민족정신을 일깨우는 계몽운동에 나서 이로 인해 옥고를 치르기도 했다. 정약용이 그러했듯이 이을호에게도 1년반의 옥고는 그의 인생에서 새로운 전기(轉機)가 되었다. 이을호는 옥중에서 울분과 나라 잃은 슬픔을 친구인 온버림 정종(鄭瑽) 선생이 도요 대학 철학과 커리큘럼을 기준으로 해서 구해다 준 책을 읽으며 동양철학에 대한 체계적인 독서[4]와 인생에 대한 시련과 회의를 사색으로 승화하여 안으로 깊은 사상적 열매를 맺게 되었던 것이다. 출옥 후에는 영광중학교를 설립하여 민족교육운동에 투신하는 한편, 이에 만족하지 않고 광주의과대학 약국장으로 부임하여 의대생들에게 약제학을 강의하는 한편 전남대학교 철학과 강사로 출강하다 끝내는 약학에서 철학으로 전공을 바꾸어 철학과 교수가 되었다.[5]

이러한 이을호의 학문 편력은 기존 학계의 학설을 수용하기보다 비판적 관점에서 바라보는 안목을 키워주었다. 그는 평소 우리 민족이 살 길은 식민지 근성을 버려야 하며, 이를 위해서 먼저 사대주의를 청산하는 것에서부터 시작해야 한다고 보았다. 즉 이을호는 우리 민족이 유구한 역사와 정신문화를 갖고 있음에도 불구하고 식민지 국가로 전락하게 된 연유는 지나치게 사대주의에 매몰된 탓으로 보고, 그 대표적인 사상으로 주자학(朱子學)을

---

3) 정종, 「현암 이을호 박사와 나를 말하다」, 『공자학』 제9호, 한국공자학회, 2002, 264쪽.

4) 정종, 「현암 이을호 박사와 나를 말하다」, 『공자학』 제9호, 한국공자학회, 2002, 266쪽.

5) 오종일, 「평전: 한국학의 현대적 창시자, 현암 이을호 선생」, 『전서』 ⑨, 574쪽.

지목하였던 것이다.

이을호는 민족의 주체성을 온전히 확립하면서 시대적 변화에 부응할 사상가로 다산(茶山) 정약용(丁若鏞)을 꼽았다. 그는 정약용을 통해 한국실학의 정체성을 찾으려 했고, 또 이를 통해 거슬러 올라 조선의 이이와 기대승, 이언적, 신라의 원효와 화랑도, 민족정신의 발원인 홍익인간(弘益人間)에 대한 관심으로 이어졌다.

이을호의 학문적 업적은 한결같이 '민족 주체의식', '강렬한 자의식'을 밑바탕에 깔고 있으며, 이것은 그의 모든 논고에 일관되어 있다. 따라서 본 논문에서는 이러한 이을호의 주체의식과 자의식이 어떻게 한국실학 연구에 투영되어 있는지 살펴보고자 한다.

2. 실학 개념

실학에 대한 논의는 일제강점기에 조선의 고유한 학문으로서의 '조선학'을 정립하기 위한 과정에서 1930년대 정인보・홍이섭・문일평 등 민족주의 사학자들에 의해 제기되기 시작하여, 1950년대 들어와 실학개념논쟁을 통해 활발하게 진행되었다.

논쟁은 1952년 천관우가 「반계 유형원연구」라는 논문을 통해 실학을 '실정(實正)・실증(實證)・실용(實用)'이라는 삼실론(三實論)으로 정의하자,[6] 이에 한우근이 "실학은 여말선초 사장(詞章)을 배격하고 유학의 본래 정신을 살려서 실심(實心)・실정(實政)・수기치인(修己治人)의 실효를 거둘 수 있는 학문이어야 한다는 의미로 제창된 것이고, 어느 특정한 시기의 학문을 실학이

6) 천관우, 「반계 유형원연구」, 『역사학보』 제2・3집, 역사학회, 1952. 이 논문은 뒤에 『한국사의 재발견』(서울, 일조각, 1994)에 수록하였는데, 이후 1950~60년대 천관우의 논문은 『한국사의 재발견』에서 인용하였다.

라고 하는 것은 적당치 않다."[7]고 하여, 경세치용(經世致用)이라는 개념으로 삼실론을 비판하면서 시작되었다. 이 과정에서 천관우는 자신의 삼실론을 약간 수정하여 실학의 실은 삼실(三實)이고, 그것은 현대적 개념으로 자유·과학·현실의 세 가지 특성을 지니고 있으며, 이는 고염무(顧炎武: 1613~1682)의 귀창(貴創)·박증(博證)·치용(致用)과 부합된다고 하면서, '실정·실증·실용'의 어느 일면을 가진 것이면 실학의 범주에 속한다고 하였다.[8] 따라서 천관우의 실학이 '실사구시적 실증론'임에 비해 한우근은 실학을 '경세치용의 학'으로 규정하였던 것이다.

그러나 1960년대에 들어와서 천관우는 삼실론이 고염무의 설에서 추출된 것 같은 인상에서 탈피하여 실학을 근대(지향)의식과 민족의식에 바탕한 개신유학으로 파악하였으며,[9] 철학계에서도 박종홍이 성실론(誠實論)을 주장하여 '실(實)'의 철학적 의미를 부여하고자 했으며,[10] 이상은은 한우근의 경세치용설에 찬동하면서 '정주학에 근원한 실학'을 의미한다고 하였다.[11]

1970년대 들어 이우성은 천관우처럼 실학을 역사 현상으로 다루면서도, 시기적으로 영·정조 이후로, 지역적으로 근기지방(近畿地方)의 학자들을 대상으로, ① 성호 이익을 대종으로 하는 경세치용학파, ② 연암 박지원을 중심으로 하는 이용후생학파, ③ 완당 김정희에 이르러 일가를 이룩하게 된 실사구시학파라는 3대 유파설을 주장하였다.[12] 한편 윤사순은 실학적 경학관은 첫째 박학의 방법, 둘째 원시유학(수사학) 정신의 회복, 셋째 훈고학 정신을 지녔다고 주장하고, 실학의 주된 공통점은 성리학에 부정적이며[13]

---

7) 한우근, 「이조 실학의 개념에 대하여」, 『진단학보』 제19호, 1958.
8) 천관우, 『한국사의 재발견』, 서울: 일조각, 1994, 102~103쪽.
9) 천관우, 『한국사의 재발견』, 서울: 일조각, 1994, 108~112쪽.
10) 박종홍, 「한국에 있어서의 근대적인 사상에의 추이」, 『대동문화연구』 제1집, 서울: 성대 대동문화연구원, 1963.
11) 이상은, 「실학사상의 형성과 전개」, 『창조』 제26권 제1호, 1972 참조.
12) 이우성, 『실학연구입문』, 서울: 일조각, 1973, 6쪽.

실학의 철학적 성격은 주기적 경향을 띤다고 규정하였다.[14)]

그렇다면 이을호는 실학을 어떻게 이해하고 있는가? 해답에 앞서 1950~70년대의 실학논쟁을 보는 그의 시각을 되짚어볼 필요가 있다. 먼저 이을호는 1950년대 실학개념논쟁을 유발한 천관우의 학설에 대해, 1930년대에 실학에 대해 논의했던 문일평·정인보·홍이섭에 주목하고, "위당과 호암은 홍이섭의 전주(前奏)로서의 구실을 하였고, 홍씨는 위당과 호암의 설에서 천씨의 실학 개념이 도출하게 된 교량으로 구실을 하였다."고 하여, 천관우를 이들의 계보를 잇는 것으로 평가하였다.[15)] 또 천관우는 실학 개념 재론에서 삼실론(三實論)을 탈피하여 '근대지향의식'과 '민족의식'에 바탕한 개신유학을 실학이라고 새롭게 정의하였는데, 이을호는 "그의 새로운 유학사상의 이해를 설명해준 것이기는 하지만, 이는 역사적 측면에서 본 이해일 뿐 소위 개신유학의 철학적 본질에 대한 언급은 없다."[16)]고 지적하였다. 그러나 개신유학이란 새로운 개념으로 조선 후기 실학을 관조한 것은 일단의 진전이며, 이러한 개신유학론은 한우근의 경세학적 실학을 역사 현상의 단면에서 재정립한 것이라고 평가하였다.[17)]

또 이을호는 한우근의 실학 개념이 "실학을 버리고 장구나 익히는 것[捨實學而習章句]"이라는 익재(益齋) 이제현(李齊賢: 1287~1367)의 말에 근거하고 있으며, 아울러 "익재의 '실학(實學)'은 '장구(章句)'와 대구를 이룬다는 점에서 주자장구(송학)와 한학(실사구시) 이전의 고학(수사학)과의 대임을 짐작하게 한다."[18)]고 하여, 이제현의 실학은 송학(宋學)이 아닌 수사학적(洙泗學的)

---

13) 윤사순, 「실학적 경학관의 특색」, 『실학논총』, 광주: 전남대 호남연구소, 1975, 83쪽.

14) 윤사순, 「실학사상의 철학적 특성」, 『아세아연구』 통권56호, 서울: 고려대 아세아문제연구소, 1975.

15) 「실학개념 논변의 시비」, 『전서』 [4], 50쪽.

16) 「실학개념 논변의 시비」, 『전서』 [4], 65쪽.

17) 「실학개념 논변의 시비」, 『전서』 [4], 66쪽.

실천윤리에 근거하고 있다고 평가하였다.[19] 특히 이을호는 한우근이 "여기서 신왕조 창업 사업을 담당하여 유교적인 국가체제를 이룩하는 데 이바지한 일련의 유신들이야말로 그 원래의 실학을 실천궁행한 자들이라고 해야 할 것이다. 우리는 조준(趙浚: 1346~1405)·정도전(鄭道傳: 1342~1398)·권근(權近: 1352~1409) 등이 이 같은 실학의 제창자 또는 실천자였음을 알 수 있는 것이다."고 하여 권근을 실학자로 본 것에 대해, 권근에게서는 성리학적(性理學的) 실(實)과 경세치민(經世治民)의 실(實)이 있으므로 이제현에 비해 보다 더 송학을 깊이 이해하고 있다고 하여 권근의 실학 개념은 좀더 살펴보고 넘어가야 한다고 하였다.[20] 즉 이을호는 한우근의 유교적 실학론이 고학[洙泗學]이냐 아니면 신학[性理學]이냐는 문제점을 안고 있다고 보았다.[21]

또 실학을 3유파설을 주장한 이우성의 설에 대해 개념 규정이 일목요연한 장점은 있으나 세분된 틀이 자칫 견강부회를 초래할 우려가 있다고 지적하였다. 즉 경세치용학파에 대한 언설에서 반계 유형원을 제외하고 성호 이익으로부터 실학 1기를 규정한 점, 이용후생학파에서도 담헌(湛軒) 홍대용(洪大容)을 제외하고 연암(燕巖) 박지원(朴趾源)을 실학 2기로 규정한 점,[22] 실사구시학파라는 규정에 대해서도 금석(金石)·전고(典故)에 대한 실증을 위주로 하는 완당(阮堂) 김정희(金正喜)의 경우에는 홍이섭처럼 실증학파라고 하는 것이 타당하다고 하고,[23] 조선 후기 경학 방면의 고증학으로 신작(申綽: 1760~1828)·성해응(成海應: 1760~1839)·이덕무(李德懋: 1741~1793)·박

18) 「실학개념 논변의 시비」, 『전서』 4, 56쪽.
19) 「실학개념 논변의 시비」, 『전서』 4, 56쪽. 이을호는 李齊賢이 말한 章句를 朱子章句로 보고 있으나, 이는 주자장구가 아니라 詞章의 장구를 말한 것이다. 따라서 이제현의 실학을 주자의 장구를 넘어서는 洙泗學이라고 보는 것은 재론의 여지가 있다고 하겠다.
20) 「실학개념 논변의 시비」, 『전서』 4, 57쪽.
21) 「실학개념 논변의 시비」, 『전서』 4, 58쪽.
22) 「실학개념 논변의 시비」, 『전서』 4, 67~68쪽 참조.
23) 「실학개념 논변의 시비」, 『전서』 4, 69~70쪽 참조.

제가(朴齊家: 1750~1805)·정약용·김정희 등을 꼽고 있는데, 이 점이 해명되어야 할 것이라고 하였다.[24]

이상 사학계의 실학개념논쟁에 대해 이을호는, "뿌리 없는 열매란 있을 수 없다. 이른바 '경세학'이라는 열매는 '경학'이라는 뿌리에서 맺어진 것에 지나지 않는다. 그러므로 정인보·천관우·홍이섭·한우근 등 역사학자들은 다같이 반계·성호·다산을 그들의 새로운 역사 현상 속에 나타난 열매만을 가지고 논하였음에 의심의 여지가 없다."[25]고 하여, 실학논쟁에 언급되었던 정인보·천관우·홍이섭·한우근·이우성 등은 모두 역사 현상을 배경으로 설명했을 뿐 철학적 본질의 문제는 취급하지 않는다고 지적하였다. 그리고 철학적 입장에서 실학의 의미를 살피려 했던 박종홍의 성실론(誠實論)에 대해, "철학적 성실과 윤리적 실천이 실학의 본질이 됨으로써 경세택민(경세치용과 이용후생)의 실(實)을 거둘 수 있으며, 그것은 곧 실사구시의 과학기술의 수용으로까지 전개됨을 일괄 제시한 것"이라고 평가하였다.[26]

그러나 이을호가 가장 높이 평가했던 사람은 윤사순이었다. 윤사순은 원시유학으로 경세치용과 이용후생을, 그리고 훈고학으로 실사구시를 말함으로써 이우성의 설을 포용하면서도 거기에 박학의 방법을 추가하여 실학을 정의하고, 실학의 주된 공통점은 성리학에 부정적인 것이라고 하였다.[27] 이을호는 이러한 윤사순의 견해에 대해 '실학은 탈성리학적'인 것으로 이해하여 전적으로 동의하였다. 즉 이을호는 실학의 철학적 본질은 철두철미 송유의 성리학과 대척점에 있다고 보았던 것이다.[28]

따라서 이을호의 실학에 대한 견해는 '탈성리학적(脫性理學的)'이며,[29]

24) 「실학개념 논변의 시비」, 『전서』 ④, 70쪽.
25) 「다산학의 새로운 면모」, 『전서』 ⑨, 28쪽.
26) 「실학개념 논변의 시비」, 『전서』 ④, 72쪽.
27) 윤사순, 「실학적 경학관의 특색」, 이을호박사 정년기념 『實學論叢』, 광주: 전남대 호남연구소, 1975, 83쪽.
28) 「실학개념 논변의 시비」, 『전서』 ④, 74~75쪽 참조.

'탈성리학적 내용'으로는 음양오행설의 변화를 들었다. 즉 우주론에서는 음양설만 취하고 오행설은 버렸으며, 인성론에서는 천리설을 배격하고, 윤리설에서는 오륜설에 입각하여 삼강설의 종속성을 배제하고 있다는 점을 그 특징으로 꼽았다.[30] 그리고 성리학의 대척점에 있는 실학의 철학적 본질을 수기치인(修己治人)을 아우르는 수사학(洙泗學)으로, 개신유학의 철학적 근거는 한·당·송·명이 아닌 선진(先秦)의 수사학적(洙泗學的) 공맹학(孔孟學)이라고 보았던 것이다.[31] 이러한 대 전제 아래 이을호는 실학의 개념 범주를 다음과 같이 설정한다.

> 첫째, 직접적이건 간접적이건 전통적인 정주의 세계에서의 탈출을 기도했거나 아니면 최소한의 비판 의욕을 가지고 있어야 한다.
> 둘째, 이러한 반정주학적 입장은 순정유교(純正儒敎)라 불릴 수 있는 수사학과의 직결을 위해서는 한당학에 대한 비판적 태도까지 확산되어져야 한다.
> 셋째, 그렇게 함으로써 얻어진 개신유학의 본질은 그것은 한낱 인맥에 관계없이 순정유학(純正儒學)의 본질로서 받아들여져야 한다.[32]

즉, 이을호는 전통유학에서 순정유학으로 옮겨 가는 과정에서 적어도 탈출을 시도했거나 탈출 과정에 있거나 탈출했거나 하는 세 가지 경우만을 실학으로 규정하고, 위 세 가지 요건을 갖추면 실학자고 그렇지 못하면 실학자라고 할 수 없다는 것이다.

특히 이을호는 실학을 뚜렷한 구분 없이 통시대적(通時代的)으로 이해하는 것에 반대하면서도 역사학적 관점에서 영·정조 시기의 학문사조로 국한시

29) 『(이을호박사 정년기념) 實學論叢』, 광주: 전남대 호남연구소, 1975.
30) 「개신유학의 경학사상적 연구」, 『전서』 4, 90~100쪽 참조.
31) 「실학개념 논변의 시비」, 『전서』 4, 75~77쪽 참조.
32) 「개신유학의 경학사상적 연구」, 『전서』 4, 102~103쪽 참조.

키는 것도 반대하였다. 그에 의하면 유학의 본령은 '수기치인'으로서, 성리학이 인륜도덕과 내면적 수양인 '수기'에만 치중하여 여러 가지 사회 문제를 소홀히 여겼던 것에 비해, '수기'와 '치인'이 조화를 이루어 유학의 본령으로 돌아가자는 것이 실학의 표어라고 하였다. 따라서 이을호는 실학을 수사학, 즉 원시유학의 수기치인(修己治人)의 이념으로 회귀(回歸)한 것이라 주장하였다. 이처럼 이을호는 실학의 철학적 성격을 연구하는 데 선도적 구실을 함으로써 조선 후기의 실학을 단순하게 역사학적·현상적으로 이해하던 연구 풍토에 일대 반성을 요구하였던 것은 그의 공이라 하겠다.[33)]

3. 실학 연구의 두 가지 관점

앞에서도 살펴본 바와 같이 실학의 개념 정립에서 이을호는 "하나는 실사구시를 비롯하여 실정(實正)·실증(實證)·실용(實用)·실천(實踐)·실심(實心)·무실(務實) 등 무릇 실(實)자를 표출시킴으로써 얻어지는 실학 개념인 이는 원래 허(虛)·가(假)·공(空) 등에 대한 반대급부적인 면에서 정립된 것이라 할 수 있다. 다른 하나는 경세치용이니 수기치인이니 개신유학이니 하는 술어를 통하여 비록 실(實)자를 표면에 나타내지 않았다 하더라도 실학 개념의 내용을 총괄적으로 설명한 것이라 할 수 있다."[34)]고 하여, 전자의 경우 실학 개념을 정립하기는 쉬워도 피상적인 자구의 일차적 개념에 집착하기 쉬운 위험도 간과할 수 없을 것이라고 하여 비판적인 데 비해, 후자인 경세치용과 수기치인(修己治人)은 실학의 내용을 보다 구체적으로 표현하고 있으며, 개신유학(改新儒學)이라는 것은 실학의 유교적 방향 제시라고 할

33) 최영성, 「한국철학 연구사에서 본 玄庵 李乙浩의 위상」, 『동방학』 제19집, 한서대학교 동양고전연구소, 2010. 10, 18~19쪽 참조.

34) 「개신유학의 경학사상적 연구」, 『전서』 ④, 78~79쪽 참조.

수 있다고 주장한다.[35] 따라서 이을호는 "경세학과 경학은 실학사상의 음양의 양면이 되어 하나의 실학으로서 합일상이 형성될 것"[36]이라고 하여, 경세학과 경학을 실학을 양면으로 이해했으며, 이어 "경학에서는 철학・종교・윤리・과학 등의 기초학이 다루어질 것이며, 경세학에서는 정치・경제・사회・법제 등의 응용학이 문제 삼아진다."[37]고 하여, 경학을 기초학, 경세학을 응용학으로 이해하여 경학과 경세학을 체용(體用)의 관계로 파악하였다. 그리고 경학의 기초 없이는 경세학이 성립할 수 없다고 하며 이을호는 다음과 같이 말한다.

> 철학-경학의 기초 없이 경세학이 존립할 수 없음을 시인한다면 영・정 시대 실학사상의 철학적 연원은 어쨌든간에 수사학적 원천에서 찾지 않을 수 없을 것이다. 그러므로 철학적 측면에서 개신유학을 말하라 한다면 그것은 바로 수사학적 유학 그 자체를 의미한다고 해야 할 것이다.[38]

즉, 이을호는 영・정조 시대의 실학사상의 철학적 연원은 수사학에서 찾아야 하며, 철학적 측면에서 개신유학을 말하면 바로 수사학적 유학이라고 하여, 경학[修己]과 경세학[治人]이 실학사상의 양면이 되어 하나의 실학으로서 합일상이 되듯이 '수기치인을 아우르는 개신유학'을 실학의 본질이라고 보았다. 즉 이을호는 실학은 경학과 경세학으로 이루어지며, 이는 다름 아닌 '수기치인'을 아우르는 개신유학이라고 하였던 것이다. 따라서 이을호의 실학에 대한 관점을 경학과 경세학적 관점으로 나누어 설명할 수 있으나, 이을호가 경학적 관점에 보다 치중해 있음을 부정할 수는 없을 것이다.

---

35) 「개신유학의 경학사상적 연구」, 『전서』 ④, 79쪽.
36) 「한국의 실학사상 개설」, 『전서』 ④, 28쪽.
37) 「개신유학의 경학사상적 연구」, 『전서』 ④, 28~29쪽.
38) 「실학사상의 철학적 측면」, 『전서』 ⑤, 319쪽.

1) 경학적 관점

이을호는 조선 후기 실학이 유학의 본래 정신을 새롭게 되살린 사상이라는 의미에서 '개신유학'이라는 용어를 사용하였다. 이을호는 조선 후기 실학이라는 용어가 그 학문적 성격을 온전히 드러내지 못한다고 판단하였는데, 이는 앞에서도 언급한 바와 같이 당시 실학에 대한 연구가 경세학 위주로 이루어지고 있었다는 사실 때문이었다. 그러므로 이을호는 "실학이란 결코 경세치용 일변도의 학임에 그칠 것이 아니라 그 밑바닥에는 어떤 종류이건 간에 보다 더 깊은 사상적 본질이 그의 심층부를 형성하고 있어야 하기 때문이다."[39]라고 하여, 경세학의 바탕으로서의 사상적 본질의 탐구에 주력하였다. 그는 개신유학은 경세학 이전에 인간학이어야 한다고 주장하고, "실학은 경전학에서 경세학으로, 또다시 인간학으로 발판을 옮기기에 이르렀다. 이는 마치 공자학이 경세학적이면서도 군자학으로서의 면모를 갖추고 있는 것과 같이, 우리의 실학도 지나치게 경세학적인 입장에서, 다시금 인간학적 면모를 찾게 된 것은 당연한 순서라고 보아도 좋을 것이다."[40]라고 하였다. 이는 공자학이 이미 군자학으로서의 인간학이었던 것과 같이 개신유학 역시 인간학적 기반 없이 성립할 수 없다는 것이 이을호의 생각이었다. 아울러 이을호는 경학이 경세학의 바탕인 만큼 개신유학의 기초도 경세학이 아니라 경학이며, 경학은 바로 공자의 군자학을 학문적으로 탐구하는 것이므로, 개신유학은 새로운 의미의 인간학으로 이해되어야 한다고 본 것이다.[41] 특히 이을호가 주장하는 인간학은 실천윤리학의 성격을 가진다. 그는 "유교경전의 입장에서 볼 때는, 인간이란 아마도 윤리적 존재임에 틀림이 없고, 그 윤리적 존재로서의 인간은 공적을 추모하는 인간이 아니라, 수기치인의 실천을 그의 사명으로

---

39) 「실학사상의 철학적 측면」, 『전서』 5, 297쪽.
40) 「실학사상의 철학적 측면」, 『전서』 5, 340쪽.
41) 「실학사상의 철학적 측면」, 『전서』 5, 318쪽.

아는 성실한 인간이어야 할 것"[42]이라고 보기 때문이다. 특히 이을호는 "다산경학에서 전인적 인간상으로서 수기치인(修己治人)의 전인상을 찾아냈다."[43]고 하여, 정약용을 높이 평가하였다. 아마 일생 동안 그가 정약용의 경학에 몰두했던 것도 이런 연유에서 일 것이다. 이을호는 수기와 치인을 나누어 수기지학(修己之學)은 철학과 종교학을 포함하고, 치인지학(治人之學)은 정치와 경제를 포함하되, 실천윤리학은 이 양자를 걸쳐서 '철학적 인간학'으로 포괄한다고 하였다.[44]

이을호는 조선 후기 실학파의 분류에서 역사적 측면에서 분류된 실사구시학파 · 경국제세학파 · 이용후생학파 외에 철학적 측면에서 경학파를 추가해야 한다고 보았다.

> 지금까지 한국실학은 주로 역사적 측면에서 말하자면 역사 현상으로 다루어 오고 있기 때문에 그의 학파의 분류도 저절로 실사구시니 경세치용이니 이용후생이니 하는 현상론적 술어를 차용하지 않을 수 없을 것이다. 그러나 만일 그의 철학적 측면에서 이를 살펴보기로 한다면 문제는 백팔십도 달라지지 않을 수 없을 것이다. 여기에 경학파라는 새로운 학파를 따로 문제삼아 보는 소이가 있는 것이다.[45]

즉, 이을호가 경학파를 하나의 유파로 두는 근본적인 이후는 철학적 측면에서 실학을 살펴보기 위함이며, 그리고 경학파의 본령을 한마디로 말하라

---

42) 「실학개념 구성의 제요인」, 『전서』 5, 340쪽.

43) 「한국실학 개관」, 『전서』 4, 75쪽.

44) 「한국실학 개관」, 『전서』 4, 75쪽. 이을호는 수기치인의 인간학이 실학의 전제임을 말하면서 牛溪 成渾(1535~1584)을 실학의 범주에 넣고, 성혼의 사상을 수기치인의 수사학적 실학의 맹아라 하였다. 수기치인의 면만 부각된다고 해서 실학의 맹아라고 한다면, 이는 지나치게 자의적인 해석이 될 수 있다(「우계사상의 실학적 측면」, 『전서』 4, 152~153쪽).

45) 「한국실학의 발전사적 연구」, 『전서』 5, 282쪽.

한다면 한국실학이 비록 역사적 입장에서는 경세학적이라 하더라도 이를 철학적 측면에서 관조하려는 데 있다는 것이다. 따라서 경학적 입장에서 한국실학을 관조한다면 그것은 군자시중지도(君子時中之道)의 일면이 하나의 역사 현상으로 나타난 자에 지나지 않으며, 그리고 본질적 과제에 대한 해답을 제공하는 자를 경학파의 본령으로 보아야 한다고 하였다. 아울러 '실사구시학파'에 대해 이을호는 경전 주해에 있어서는 방법론적인 새로운 경지를 개척했으며, 이로 인해 유학경전의 새로운 해석도 가능했을 것으로 보았다. 특히 이을호는 "고증학적 방법을 채용한 다산경학만 하더라도 한대(漢代) 훈고학이나 송대(宋代) 의리학의 한계를 훨씬 넘어섰을 뿐 아니라 수사학적 경의(經義)의 천명에도 크게 이바지했던 것이다."라고 하여, 실사구학파를 경학파의 범주 속에서 파악하고 있다.[46)]

이러한 관점에서 이을호는 '경학파'를 다시 '수사학파', '한학파', '성리학파', '서학파'로 나누어 설명한다.

먼저 '수사학파'에 대해 "수사학이란 공자교 또는 원시유교 등의 의미를 지니는 것"으로 파악하고, 또 "한당(漢唐) 송명(宋明)의 이질적 요소가 섞이지 않은 자로서 그 순수성이 존중되는 유학"이라고 하였다. 따라서 "그의 저술이 비록 한대(漢代)의 것이라 하더라도 그의 내용이 다산이 이른바 오학(五學)에 물들지 않았다면 이를 수사학의 범위 안에서 다루어도 좋다."고 하였다. 그러므로 이을호는 경세학이 성리학에 대하여 상대적 위치에 있듯이 수사학도 성리학 편향에 대하여 비판적이 아닐 수 없으므로 "수사학은 소위 개신유학에 새로운 철학적 근거를 제공하는 자이어야 할 것이다. 그것을 시중(時中)의 도라 하건 수기치인(修己治人)의 도라 하건, 어쨌든 한국실학 생성 발전의 기틀이 설명되어지는 원리를 제공해 주어야 함을 의미한다."고 하여, 철학적으로 한국실학의 생성 발전의 기틀이 설명되는 원리를 제공해주는 것을

46) 「실학사상의 철학적 측면」, 『전서』 5, 304~305쪽 참조.

의미한다고 보았던 것이다.[47)]

이어 '한한파'를 '청조 고증학파'와 이명동파(異名同派)로 보고, 이는 훈고학을 근간으로 한다고 여겼다. 즉 실사구시의 학이 청조(淸朝)에 이르러 성리학의 공소성에서 탈출하여 한대(漢代) 훈고학으로의 복귀를 시도한 자들이 한학파라는 것이다. 특히 이을호는 한학파가 성리학적 세계 이전으로의 후퇴를 의미하기는 하지만, 그것이 유가경전에서의 이탈을 의미하는 것은 아니라는 점에서 경학에 가깝다고 보지만, 한학파가 결코 성리학적이 아닌 것과 마찬가지로 수사학적인 것도 아니기 때문에 원시유교 곧 수사학에의 문정(門庭)에는 아직 들어서지 못한 아쉬움이 있다고 하였다.[48)]

반면 이을호는 '성리학파'에 대해서는 "여기서 성리학이란 주자학 또는 송학이라 부르는 자로서 경세학적 실학의 입장에서는 오히려 반실학적 요소로 간주되고 있다. 그러나 입장에 따라서는 성리학을 실학의 주류로 간주하려는 한 견해가 있다. 이는 성리학 자체가 실학임을 자처하거나 노·불과의 상대적 입장에서 볼 때 실학적이라는 데 근거하고 있다."고 하고, 이어 "성리학이란 철학적 인간학의 입장에서 볼 때 실천윤리학의 한 분야로서 실학적일 수 있을지는 모르지만, 경세학의 반면으로서의 성리학이라면 그것은 결코 실학적이라고 할 수는 없을 것으로 보여진다."고 하여, 철학적 인간학의 입장에서는 성리학이 실학적일 수 있을지 모르나 경세학적 관점에서 보면 반실학적이라는 것이다. 그러나 그는 "어쨌든 성리학을 실학적인 것으로 생각하는 입장도 있으므로 여기에 경학의 일파로 설정해 보는 것이다."라고 하여 그다지 찬동하지 않는다.[49)]

또 '서학파'에 대한 입장에서도 이을호는 "서학이란 서구적 자연과학과

47) 「한국실학의 발전사적 연구」, 『전서』 5, 283~284쪽 참조.
48) 「한국실학의 발전사적 연구」, 『전서』 5, 284쪽.
49) 「한국실학의 발전사적 연구」, 『전서』 5, 284쪽.

거기에 서교라 불리는 천주교까지를 포함해서 일컫는다. 자연과학파와는 다른 입장에서 서학파라 부를 수 있는 가능성의 근거는 찾기 힘들는지 모르지만 여기서는 오히려 과학사조의 면은 자연과학파로 미룬다 치더라도 서학이라기보다는 차라리 서교파라 이르는 것이 더 적절할는지 모른다."고 하여, 서학의 과학적 요소를 제외한 종교적인 면에 치우친 것을 서학파라 부르고 있음을 알 수 있다. 또 이들 서학파는 "유가의 천(天)도 주자학에서 이르는 바 천리(天理)라기보다는 천명(天命)의 천(天)이었다는 점에서도 주자학에 대하여는 비판적이었음을 알 수 있다."고 하고, 이어 "이 서교적 사고방식은 오직 예교 중심의 유교로 하여금 종교적 신앙에서의 길이 트이게 하는 데 크게 기여하지 않았나 여겨지기도 한다."[50]고 하여, 영·정조 시대에 서구사조와 함께 유입된 천주교의 영향도 간과하지 않았다. 특히 이을호는 천주교의 유입이 정약용의 상제설에 영향을 주었다는 점에 주목하였다. 당시 송학의 영향 하에서 유학의 천(天)은 이법천(理法天)이었으나, 정약용의 경우에는 인격신으로서의 상제천(上帝天)으로 변용되고, 이러한 상제천은 수사학적 원시유학의 형이상학적 근거를 이룸으로써 유학경의(儒學經義)의 새로운 해석을 유도하는 점에서 주목할 만하다고 하였다.[51]

따라서 이을호는 개신유학에 새로운 철학적 근거를 제공해 주는 수사학파만이 경학파의 본령에 가깝다고 보았다. 그러므로 경학파에 속하는 백호(白湖) 윤휴(尹鑴: 1617~1680)의 경우에 있어서 비록 그가 반주자학적 경전해석을 하고 있지만, 기본적으로 양명학의 영향을 받고 있어 아직 송명학(宋明學)의 세계에서 탈출하지 못했으므로 개신유학이라 할 수 없고 실학적이라 할 수 없다고 하였다.[52] 이에 비해, 서계(西溪) 박세당(朴世堂: 1623~1703)은

50) 「한국실학의 발전사적 연구」, 『전서』 5, 285쪽.
51) 「실학사상의 철학적 측면」, 『전서』 5, 305쪽.
52) 「한국의 실학사상 개설」, 『전서』 4, 21쪽 ; 「개신유학의 경학사상적 연구」, 『전서』 4, 103쪽 참조.

반주자학적 · 수기치인의 경학자로서 개신유학의 범주에 속하지만, 때로는 존신주자(尊信朱子)의 태도를 보여 완전한 개신유학자라고는 할 수 없고 개신유학의 선구라고는 할 수 있다고 하였다.[53)]

그리고 정약용에 대해 "다산경학은 수사학에 근원하여 한 · 송 양학을 개신한 유학이라 해야 할른지 모른다. 따라서 다산경학에는 수사학이 지니지 못했던 고증학(훈고학)적 업적이 있으며 성리학에 가름하는 심성론이 있는 것이다."[54)]라고 하여, 한 · 송 양학을 완전히 탈피하지 못한 것으로 평하였다.

이을호는 개신유학의 본의를 정약용의 「오학론(五學論)」에서 찾았다. 일찍이 정약용은 「오학론」에서 성리(性理) · 훈고(訓詁) · 문장(文章) · 과거(科擧) · 술수(術數)의 학문이 공맹지도(孔孟之道)를 드러내는 데 장애가 된다고 여겼는데,[55)] 이을호는 개신유학을 다름아닌 정약용이 말한 오학 이전으로 돌아가야만 한다고 여겼다.

> 개신유학은 적어도 오학(五學) 이전으로 돌아가야 하며, 그는 다시금 수사학적 원시유교의 형태에서 그의 사상적 근거를 찾아야 한다. 다시 말하면 '의리－성리' · '고거－훈고' · '사장－문장' · '과거' · '술수' 등의 학이 섞였거나 물들지 않은바, 본래적인 원시유교의 순수성이 그대로 유지된 유학사상만이 개신유학으로서의 실학의 모체가 될 수 있다는 결론이 나오게 된다는 것이다.[56)]

이을호에 의하면 개신의 대상으로 삼아야 할 것은 정약용이 말하는 오학이며, 개신의 결과로 얻어진 수사학적 경학이 곧 개신유학이라는 것이다.[57)]

---

53) 「한국의 실학사상 개설」, 『전서』 4, 21 · 33쪽 ; 「개신유학의 경학사상적 연구」, 『전서』 4, 104쪽 참조.

54) 「개신유학과 다산경학」, 『전서』 4, 111쪽 참조.

55) 이에 대해서는 김인규, 「茶山 丁若鏞의 學文관」, 『동양고전연구』 제17집, 동양고전학회, 2002, 12 참조.

56) 「개신유학의 경학사상적 연구」, 『전서』 4, 82쪽 참조.

즉 이을호는 정약용이 성리학적 수기(修己) 편향성을 비판하며 수기치인(修己治人)의 시중군자학(時中君子學)을 회복하려 한 것은 바로 한국사상의 본질적 특성 때문이라고 주장하였다.

특히 이을호는 경세학에서 반계 유형원→ 성호 이이→ 다산 정약용의 계보가 허용된다면, 『대학』 경설에 관한 한 서계 박세당→ 다산 정약용의 계보도 가능하다고 하였다. 즉 『고본대학』에 대한 중시와 반주자학적 세계에서의 탈출 행위 과정에서의 새로운 교두보를 수사학적 공맹의 세계 안에 구축한 점을 들었다.[58]

아울러 이을호는 운암(芸菴) 한석지(韓錫地: 1769~1863)는 박세당과 정약용이 이루지 못한 의장정주(擬裝程朱)에서의 탈피를 구현함으로써 개신유학의 선봉[59]이라고 평했으며, 동무(東武) 이제마(李濟馬, 1837~1900)에 대해서도 천・인・성・명(天人性命)의 사원구조적 사상설(四象說)을 제창했는데, 그의 "사상설이야말로 음양설적이요 성명론적이요 비삼강설적 윤리설을 근간"으로 하기 때문에 동무를 조선 후기 개신유학의 마지막 보루로 자리매김하였다.[60]

이처럼 수사학적 경학에 바탕한 실학의 개념과 범주 속에 '서계 박세당→ 다산 정약용→ 운암 한석지→ 동무 이제마'가 주축을 이루며, 이들을 잇게 해주는 사상적 맥락은 다름아닌 탈성리학적인 음양설－성명론－오행설이다.[61] 그리고 이러한 경학사상적 맥락에 따라, 반계・성호 등의 위치는 기존의 평가와는 달리 주류가 아닌 하나의 지류에 지나지 않는다고 본 것이다.

---

57) 「개신유학의 경학사상적 연구」, 『전서』 4, 82쪽 참조.
58) 「한국의 실학사상 개설」, 『전서』 4, 22~23쪽 참조.
59) 「개신유학의 경학사상적 연구」, 『전서』 4, 104쪽.
60) 「개신유학의 경학사상적 연구」, 『전서』 4, 104~105쪽.
61) 「개신유학의 경학사상적 연구」, 『전서』 4, 105쪽.

2) 경세적 관점

이을호는 반계(磻溪) 유형원(柳馨遠: 1622~1673)과 성호(星湖) 이익(李瀷: 1681~1763)에 대해 경세학에서는 실학적이라 할 수 있어도 경학사상(이기설)에서는 정주(程朱)의 세계에서 탈출한 흔적이 없다고 하여 그들을 한국실학사상의 한 지류로 평가하였다.[62] 그러나 이을호는 조선 후기 실학을 실사구시, 경세치용, 이용후생 등의 개념으로 접근하는 경세학적 측면의 가치를 부정하지는 않았다. 다만, 조선 후기 실학을 경세학(經世學)이라는 제한된 관점에서 벗어나 보다 넓은 거시적 안목으로 관조해야 한다는 것이 그의 생각이었다. 따라서 이을호는 "거시적 안목에서 실학을 논한다면 송대(宋代) 성리학에서 경세치용학으로 변형된 것은 시계추의 흔들림처럼 자리를 바꾸었을 따름이요 유학이라는 거수(巨樹)의 근기(根基)가 흔들린 것이 아니라는 사실에 잠시 유의할 필요가 있다."고 하여, 조선 후의 실학을 '유학 내에서의 개신작용'이라고 하였으며,[63] 이러한 입장에서 보면 반계 유형원→ 성호 이익→ 다산 정약용의 계보도 성립된다고 하였다.[64]

특히 이을호는 경세학을 유가의 학문으로 파악하고, 조선 후기의 실학자들에게 부가된 역사적 사명은 그들이 처한 현실의 정확한 파악이요, 아울러 거기에 따라 경세적 사명이 있다고 하였다. 그리고 그 사명을 어떻게 수행하였는가는 대 내·외 양면에서 이를 관찰해야 하며, 먼저 대내적으로는 임진·병자의 양난 이후 조성된 폐정(弊政)과 민막(民瘼)에 주목하지 않을 수 없었을 것이며, 대외적으로는 부연사(赴燕使)들에 의하여 수입된 서구문물에 대하여 깊은 관심을 지적하였다. 즉 이을호는 "양대 국난의 여독은 걷잡을 길 없이 정치·경제·사회·문화 등 각 분야에 걸쳐서 많은 폐단이 축적되었으며,

62) 「개신유학의 경학사상적 연구」, 『전서』 ④, 103~105쪽.
63) 「실학사상의 철학적 측면」, 『전서』 ⑤, 301쪽.
64) 「실학개념의 정립과 그 개관」, 『전서』 ④, 22쪽.

그로 인하여 새로운 국가 경륜의 출현을 갈구하기에 이르렀던 것이니, 여기에 경세실학이 배태할 수 있는 소지가 마련되어 있었던 셈이다. 그리고 때마침 청조 문물은 이용후생을 표방하는 서구 사조의 전달자로서 경세실학 총생(叢生)의 좋은 자극제가 되었던 사실도 새삼 되새길 필요는 없을 것이다."고 하였다.[65]

이러한 경세적 업적으로서 이을호는 『반계수록』과 『성호사설』, 그리고 일표이서(一表二書) 등을 들고, 이들 저서들이 『주례(周禮)』의 현대적 재현으로서 영·정 시대의 경세학은 유가정신의 현세적 재현이 아닐 수 없다고 하였다.[66]

아울러 경세론을 『주례』의 현실적 재현이라는 관점에서 본다면 이는 오로지 '전장제도－국가기구론'이라 할 수 있으며, 이를 이용후생이라는 관점에서 본다면 전제(田制)라는 포대 속에 담은 술과도 같이 민생의 생활도구로서 문제된다고 하였다.[67] 그러므로 이을호는 "이용후생이란 본시 유가의 덕치주의의 일면이니 이는 상공업에 의한 풍요한 생활을 의미한다."고 하였다. 그리고 이을호는 "유가의 덕치(德治)는 선정(善政)이요, 선정은 양민(養民)이니 양민의 구체적 내용이 곧 이용후생"이라고 하였다. 또 이용후생학파에서 강조한 오행의 원리도 성리학에서 말하는 상생·상극의 원리가 아니라 '수·화·금·목·토(水火金木土)를 포함한 곡(穀)을 민생의 생활도구'라고 여겼던 것이다. 다라서 이을호는 "전제(田制)를 경세의 방법이라면 후생(厚生)은 경세의 목적이 되는 것으로 이를 합하여 '경세치용'이라 이른다."고 하여 '경세치용'은 이용후생을 포괄하는 광의의 개념으로 이해하였다.[68]

특히 이을호는 경세학적 관점에서 보면, 영·정 시대의 신학풍인 조선

65) 「실학사상의 철학적 측면」, 『전서』 5, 300쪽.
66) 「실학사상의 철학적 측면」, 『전서』 5, 303쪽 참조.
67) 「실학사상의 철학적 측면」, 『전서』 5, 303쪽 참조.
68) 「실학사상의 철학적 측면」, 『전서』 5, 303~304쪽 참조.

후기 실학도 전제개혁(田制改革)과 아울러 이용후생(利用厚生)에 의한 양생(養生)·양민(養民)의 도(道)이므로 사실상 수사학적 유학의 현실적 적용에 지나지 않는다는 것이다. 이는 앞에서도 지적한 바 있듯이, 이을호는 "경세치용의 현실 파악이 영·정 시대의 자아 각성, 자기 혁신의 기풍(氣風)을 불러일으켰고, 그의 개혁 정신은 미래를 향한 번영되고 풍요로운 국가 건설에의 꿈을 버릴 수 없게 만들었다고 본다. 그리하여 이러한 점을 일컬어 주체의식이라 이르기도 하고 전진적인 근대지향성이라 이르기도 하여 서구 사조의 수용과 아울러 근대화에의 길을 트려고 했던 것이니, 이는 유가의 현세주의와 그의 이용후생론에 의한 개혁정신과도 결코 무관할 수 없으며, 더욱이 유가의 이용후생론은 서구적 상공정책과도 밀착될 수 있는 충분한 소지를 갖추고 있음을 지적하지 않을 수 없다."고 하였던 것이다.[69]

4. 맺음말

이상에서 살펴본 바와 같이 이을호는 실학을 뚜렷한 구분 없이 통시대적(通時代的)으로 이해하는 것에 반대하면서도 역사학적 관점에서 영·정조 시기의 학문사조로 국한시키는 것도 반대하였다. 기왕의 실학 연구에 대해 "뿌리 없는 열매란 있을 수 없다. 이른바 '경세학'이라는 열매는 '경학'이라는 뿌리에서 맺어진 것에 지나지 않는다."라고 하고, 지나치게 경세학적 관점에 치중한 것에 대해 비판하였다.

이을호가 실학의 특징을 규정하는 데 있어서 제일 중요하게 여긴 논거는 '탈성리학' 또는 '탈주자학' 이었으며, 개념 규정에서도 천관우의 '개신유학론'은 수용하되, 거기에다 철학적 입장을 가미하여 '수기치인의 수사학적 개신유학'으로 설정하였다. 이는 성리학의 대척점에 있는 실학의 철학적 본질을

69) 「실학사상의 철학적 측면」, 『전서』 5, 304쪽 참조.

수기치인(修己治人)을 아우르는 수사학(洙泗學)으로, 개신유학의 철학적 근거는 한·당·송·명이 아닌 선진(先秦)의 수사학적 공맹학이라고 본 것이다.

유학의 본령이 '수기치인'인 만큼 조선조의 성리학이 인륜도덕과 내면적 수양인 '수기'에만 치중해 여러 가지 사회 문제를 소홀히 여겼던 것에 비해 '수기'와 '치인'이 조화를 이루어 유학의 본령으로 돌아가자는 것이 '실학의 표어'라는 것이다. 이러한 관점에서 이을호는 박세당·정약용·한석지·이제마 등의 학문에 대해 탈성리학적 경향과 아울러 이론 탐구에만 치우친 성리학을 온전한 유학으로 되돌리기 위한 자연스런 현상으로 이해하였다. 즉 이들의 학문은 내성적 수기지학에 치우친 주자학의 경향에 치인지학으로서의 의식을 회복하여 수기치인이 겸비된 개신유학이라는 것이다.

아울러 이을호는 개신유학을 정의함에 있어 '탈성리학'의 예로 정약용의 경학을 들고, 그 개념과 범주를 정약용의 「오학론」에 근거하여 설명하였다. 즉 이을호는 정약용이 「오학론」에서 말하는 성리·훈고·문장·과거·술수의 학문은 공맹지도를 드러내는 데 장애가 되므로, 이 다섯 가지 학문이 섞이거나 물들지 않은 본래적인 원시유교의 순수성이 개신유학의 모체가 될 수 있다고 하였다. 이을호는 개신의 대상으로 삼아야 할 것은 정약용이 말하는 오학이며, 개신의 결과로 얻어진 수사학적 경학이 곧 개신유학이라고 보았던 것이다.

특히 이을호는 경학이 경세학의 기초인 만큼 개신유학의 기초도 경세학이 아니라 경학이며, 경학은 바로 공자의 군자학을 학문적으로 탐구하는 것이므로, 개신유학은 새로운 의미의 인간학으로 이해되어야 하며, 개신유학 역시 인간학적 기반 없이 성립할 수 없다는 것이 이을호의 생각이었다.[70] 실학에 대한 그의 관점은 경학을 기초학, 경세학을 응용학으로 인식하여 경학과 경세학을 체용의 관계로 이해하고, 기왕의 실학논쟁을 종합·지양했다는

---

70) 「개신유학의 특징과 발전」, 『전서』 5, 318쪽.

점에서 매우 의의가 있다고 하겠다. 따라서 이을호가 '수기치인의 수사학'이라는 실학의 철학적 본질을 밝혀내는 데 기여한 공로는 매우 크다고 하겠다.

참고문헌

다산학연구원 편, 『李乙浩全書』 전 9책, 서울: 예문서원, 2000.
이우성, 『실학연구입문』, 서울: 일조각, 1973.
『(이을호박사 정년기념)實學論叢』, 광주: 전남대 호남연구소, 1975.
정인보, 『薝園國學散藁』, 서울: 文教社, 1955.
천관우, 『한국사의 재발견』, 서울: 일조각, 1994.
한우근, 『李朝後期의 社會와 思想』, 서울: 을유문화사, 1961.
홍이섭, 『조선과학사』, 서울: 정음사, 1946.

김인규, 「茶山 丁若鏞의 學問觀」, 『동양고전연구』 제17집, 동양고전학회, 2002.
박종홍, 「한국에 있어서의 근대적인 사상에의 추이」, 『대동문화연구』 제1집, 서울: 성대 대동문화연구원, 1963.
송석준, 「주자학비판론자들의 경전해석」, 『동양철학연구』 제22집, 동양철학연구회, 2000.
안재순, 「17세기 한・일 유자의 반주자학적 『대학』관」, 『동양철학연구』 제48집, 동양철학연구회, 2006.
윤사순, 「실학사상의 철학적 특성」, 『아세아연구』 통권56호, 고려대 아세아문제연구소, 1975.
윤사순, 「실학적 경학관의 특색」, 『실학논총』, 광주: 전남대 호남연구소, 1975.
이상은, 「실학사상의 형성과 전개」, 『창조』 제26권 제1호, 1972.
이상은, 「국사교과서의 성리학 서술 비판」, 『퇴계학보』 5・6합집호, 퇴계학연구원, 1975.
정종, 「현암 이을호 박사와 나를 말하다」, 『공자학』 제9호, 한국공자학회, 2002.
천관우, 「반계 유형원연구」, 『역사학보』 제2・3집, 역사학회, 1952.
최영성, 「한국철학 연구사에서 본 玄庵 李乙浩의 위상」, 『동방학』 제19집, 한서대학교 동양고전연구소, 2010. 10.
한우근, 「이조 실학의 개념에 대하여」, 『진단학보』 제19호, 1958.

제5부

다산학을 넘어서 현대화로

1. 한국사상 연구의 시각

-탈주자학 · 탈중국적 자주성-

김 형 찬 고려대학교 철학과 교수

1. 머리말

한국사상 연구에서 한국사상을 평가하는 하나의 일관된 시각을 제시한다는 것은 매우 어려운 일이다. 물론 그러한 어려움은 어떤 지역의 사상을 연구할 때나 겪는 것이라고 할 수도 있겠지만, 반만년의 오랜 세월 동안 다양한 사상이 유입되어 갈등하며 그 성과가 축적되어 온 한반도의 지리적 · 문화적 특성을 고려할 때, 한국사상 연구에서 그러한 난점이 단시간 내에 극복되기 어려운 것은 당연한 일이다. 근대적 학문으로서의 한국사상 연구가 이미 한 세기 가까이 진행되어 왔음에도, 아직 한국학계에서 일관된 관점에 입각한 한국사상사 또는 한국철학사 한 권을 자신 있게 내놓지 못하고 있는 것은 무엇보다도 그러한 어려움 때문일 것이다.

이러한 사실을 고려할 때 한국사상에 대한 현암(玄庵) 이을호(李乙浩: 1910~1998)의 일관된 시각은 특별한 의미를 가진다. 그는 단군조선 시대부터 19세기에 이르기까지 한국사상사를 통관(通觀)할 수 있는 명확한 관점을 제시하였고, 나아가 그러한 관점에 입각하여 시대별로 한국사상을 조망하고 평가하는 글들을 다수 집필하였다. 다만, 그러한 글들은 아직 한국사상 분야의 연구 성과가 충분히 축적되지 않은 상황에서 집필된 것이고, 또한 이을호가 직접 '한국사상사'를 단행본으로 정리・출간한 것이 아니라는 점에서 시론적 성격의 한계를 가지고 있기는 하다. 하지만 그의 글 속에서는 한국사상사를 보는 그의 관점이 이미 분명하게 확립되어 있음을 엿볼 수 있고, 그러한 시각이 한국사상 관련 저술 속에 일관되게 적용되어 있음을 확인할 수 있다.

더욱이 주목할 점은 한국사상을 바라보는 이을호의 시각이 기존 학계의 일반적 연구 경향에 대한 비판적 관점에서 한국사상의 '자주성'을 드러내는 데 초점을 맞추고 있다는 사실이다. 그는 주자학 중심의 조선유학 연구를 비판적으로 바라보며, 조선유학의 주자학 편중은 한국유학사 또는 한국사상사의 장대한 흐름에서 볼 때 오히려 부분적 일탈이라고 여겼다. 이러한 탈주자학적 관점은 주자학을 포함한 유학의 수용이 외래문화의 단순한 이식(移植)이 아니라, 한국인의 독자적인 정신문화의 기반 위에 외래사상을 자주적 방식으로 소화해 낸 것이라고 이해하는 입장을 기반으로 하고 있다. 이러한 그의 입장은 단군조선부터 근대까지 한국사상을 관통하는 특성을 중국과의 분명한 대비를 통해 차별화하는 데서도 찾을 수 있다. 이을호는 이를 통해 '한'사상이라는 이름으로 한국사상의 특성을 정리하고 그 기준 아래서 한국사상을 평가하며 한국사상사의 재구성을 시도하였다.

본 논문에서는 이와 같은 이을호의 탈주자학적・탈중국적 시각과, 그러한 시각에 입각하여 체계화를 시도한 '한'사상의 내용을 검토하고, 그러한 관점에서 특별히 관심을 기울인 '개신유학'을 살펴보면서, 한국사상 연구에서 이을호의 사상사적 관점이 가지는 의의를 논하고자 한다.

2. 탈중국적 시각과 '한'사상

1) 탈중국적 시각으로 본 한국사상의 특성

한국사상에 대한 근대적 연구는 한국사상의 정체성에 대한 논의에서 시작하였다고 보아도 과언이 아니다. 이는 한편으로는 한국인 또는 한국문화를 폄하함으로써 강제침탈을 정당화하려는 일제의 식민사관에 맞서서 한국문화의 특성과 그 가치를 드러내려는 것이었고, 다른 한편으로는 중국 중심의 오래된 동아시아 질서에서 벗어나 근대적 세계질서 속에 당당한 독립국가, 자주민족으로 설 수 있는 문화적 기반을 확립하기 위한 것이었다.[1)]

동아시아 대륙 동쪽 끝에 위치한 한반도는 대륙으로부터 유입되는 다양한 문화를 함께 용융(鎔融)하여 새로운 문화를 창조해 내는 용광로와 같은 역할을 해 왔다는 설이나, 반도의 특성상 대륙문화와 해양문화가 들고나는 문화교류의 교차로에서 다양한 문화를 수용하며 발전해 왔다는 설 등은 바로 이상과 같은 문제의식 아래 한국문화의 특성을 찾으려는 논의 과정에서 제시된 것이었다. 하지만 더 중요한 것은 그렇게 외래문화를 수용하여 한국적인 것으로 만들어 내는 그 원동력이 무엇인지, 그리고 그렇게 하여 만들어 낸 한국문화 또는 한국사상의 독특한 특성은 구체적으로 무엇인지를 밝혀 내는 일이다. 이을호의 혜안은 바로 장대한 한국사상의 흐름을 바라보며 그 특성을 추출해 내고, 그것을 기준으로 삼아 한국사상을 시대별·분야별로 평가하며, 한국사상의 정체성을 확립하려 하였다는 점에서 돋보인다.

지금 우리들은 일제의 식민사관을 탓하기 전에 소위 중국문화권이라는 허상에

---

1) 특히 조선유학에 대한 연구는 바로 그러한 의미에서 일제의 침탈에 의해 멸망한 조선의 가치를 재평가하기 위한 노력의 일환으로 한국사상 분야에서도 가장 활발하게 이루어졌다. 그 연구의 성과와 의미에 대해서는 이봉규, 「조선시대 유학연구 再讀」, 이화여대 한국문화연구원 편, 『철학 연구 50년』, 혜안, 2003 참조.

> 서 아직도 벗어나지 못하고 있는 것은 아닐까. 언제부터 우리들은 자신들도 모르게 한·중·일이라는 한문문화권 속에서 그의 아류로서 만족하게 되었을까. 단재는 그의 근원을 김부식의 『삼국사기』에 두고 있지만 어쨌든 단군신화야 말로 동북아시아에 있어서의 백두산처럼 한민족문화권 형성의 주봉이 아닐 수 없다는 사실을 알아야 할 것이다.[2)]

이을호는 오랜 세월 동안 동아시아 질서의 문화적 기반으로 간주되어 왔던 '중국문화권'을 허상이라고 규정하고 단군신화를 원류로 하는 '한민족문화권'의 독자성을 규명하고자 하였다. 그는 한민족이 중국문화권이 아닌 '동이권(東夷圈)'에 속하고, 그 중에서 유일하게 스스로의 문화를 창조하여 오늘날까지 단일민족으로 존립해 있다고 보았다. 그는 동이의 영역이 지금의 만주를 중심으로 하여 서쪽으로는 몽골과 연계되고 북쪽으로는 시베리아로 뻗은 광대한 지역이라고 주장하면서, "여기서 자생한 동이문화가 결코 중국의 중원에서 자생한 한문화(漢文化)의 아류일 수 없음은 너무도 자명"하다며 동이문화의 자부심을 역설하였다.[3)] 물론 이을호도 한국이 중국문화의 영향을 받아왔다는 역사적 사실을 완전히 부정하는 것은 아니었지만, 오히려 그러한 영향 속에서 중국과 매우 대조적인, 때로는 정반대의 특성을 가진 사상·문화를 형성해 왔다는 점을 규명해 내고자 하였다.

이을호는 한국의 풍류도와 중국의 도(道)를 비교하며 한국적 사유방식과 중국적 사유방식의 근본적 차이점을 크게 세 가지로 설명하였다.[4)] 우선

---

2) 「한사상의 본질과 맥락」, 『전서』 ④, 357쪽.

3) 「한사상의 본질과 맥락」, 『전서』 ④, 357쪽. 한반도 지역에서 민족의 이동이 여러 차례 있었던 사실로 볼 때 단일혈통설에 기반한 단일민족설은 인정하기 어렵지만, 중국문화권과 다른 한민족의 독자적 문명권이 형성·발전해 왔음은 최근의 연구 성과로 밝혀지고 있다. 이에 관해서는 김용섭, 『동아시아 역사 속의 한국문명의 전환』, 지식산업사, 2008, 47~56쪽 참조.

4) 「삼국시대의 철학사상」, 『전서』 ⑤, 140~142쪽.

중국사상은 도일분수(道一分殊)의 사상인 데 비하여 한국사상은 만수귀일(萬殊歸一)의 사상이라는 것이다. 그가 중국사상의 분수적(分殊的) 특성을 잘 드러내는 예로 제시한 것은 『주역(周易)』「계사전(繫辭傳)」과 『노자(老子)』의 다음과 같은 내용이다.

> 역(易)에는 태극(太極)이 있으니, 태극은 양의(兩儀)를 낳고, 양의는 사상(四象)을 낳고, 사상은 팔괘(八卦)를 낳는다.[5)]
>
> 도(道)는 일(一)을 낳고, 일은 이(二)를 낳고, 이는 삼(三)을 낳고, 삼은 만물을 낳는다. 만물은 음(陰)을 지고 음(陽)을 품으니, 어우러진 두 기(氣)가 조화를 이룬다.[6)]

이을호는 태극으로부터 양의, 사상, 팔괘 등의 다양성이 전개되어 간다고 설명하는 「계사전」이나, 도(道)라는 유일의 근원으로부터 차츰 다수의 만물이 형성되어 간다고 보는 『노자』에서 바로 중국인의 분수적(分殊的) 사고방식을 알 수 있다고 주장하였다. 나아가 중국 성리학의 이일분수(理一分殊) 사상도 바로 이러한 사고에서 비롯된 것이라고 여겼다.[7)]

한편 이을호는 이와 대조가 되는 한국적 사고방식으로의 예로 서일(徐一)의 『회삼경(會三經)』 중 한 구절을 들었다.

> 뭇사람이 깨달으면 밝은이요, 밝은이가 돌이키면 한얼님이니, 그 비롯은 하나로서 같지 않음이 없고, 그 마지막엔 온갖 다름이 하나로 돌아가나니라.[8)]

---

5) 『周易』「繫辭傳」, "易有太極, 是生兩儀, 兩儀生四象, 四象生八卦."

6) 『老子』「제42장」, "道生一, 一生二, 二生三, 三生萬物. 萬物負陰而包陽, 沖氣以爲和."

7) 「한국철학의 특징과 과제」, 『전서』 [5], 33쪽.

8) 徐一, 『會三經』, "众悟則嚞, 嚞返則神, 其始也, 一莫不同, 其意也, 萬殊歸一." 위 번역문은 이을호・안호상 번역, 『한국의 민속・종교사상』, 삼성출판사, 1977, 408쪽에 따랐다.

이 인용문의 내용은 뭇사람들의 다양성이 깨달음을 통해 하나로 귀일된다는 것으로서 이을호가 말하고자 하는 한국사상의 귀일적 특성을 잘 보여준다. 그는 삼신(三神: 桓因·桓雄·桓儉)과 인간(단군왕검)과 동물(곰·호랑이)이 신시(神市)에서 하나의 도(道)로 귀결된다는 단군신화의 회삼귀일(會三歸一)에서 이러한 귀일(歸一)사상의 원류를 찾을 수 있다고 설명하며,[9] 이것이 단순한 하나의 특성이 아니라 한국사상 전체를 관통하는 근본적인 것이라고 주장하였다. 그리고 이을호는 이러한 만수귀일(萬殊歸一) 또는 회삼귀일(會三歸一)의 사고방식에서 한국사상의 또 하나의 특성을 찾아내었다.

그것은 중국사상이 음양이라는 양의(兩儀), 즉 대수(對數: 유한수)에 근거하는 데 비해, 한국사상은 삼일(三一)의 원수(圓數: 무한수)에 기초한다는 것이다. 이을호에 따르면 중국의 역(易)·도(道)는 일-이-사-팔의 대수(對數)의 상(像)에 따라 전개되며 요순세계로 불리는 이상세계의 구현을 갈망하는 것인 데 비해, 한국사상은 삼신(三神)·삼계(三界) 등으로 표현되는 무한한 다양성으로서의 삼(三)이 지극·무한한 이상향으로서의 일(一)로 귀일할 것을 지향한다는 것이다.[10]

이을호가 또 한 가지 중국사상과의 중요한 차이점으로 드는 것은 한국사상의 상생성(相生性)이다. 중국사상은 상극적(相剋的) 성격이 주가 되는 데 비해 한국사상은 상생적(相生的)이라는 것이다. 그는 "음양이란 상대(相待)의 상으로서 때로는 상화·상보의 상[相和相補之象]으로 존재하지 않는 바 아니지만 궁극적으로는 '음극생양 양극생음(陰極生陽 陽極生陰)'함으로써 음과 양은 절대적 상반관계에서 조금도 벗어날 수 없는 두 개의 관계"[11]라고 규정하고, 이러한 음양에 기반한 오행설에서도 상극법칙이 상생법칙에 우선

9) 「단군사상의 이해」, 『전서』 4, 282~287쪽.
10) 「삼국시대의 철학사상」, 『전서』 5, 136~141쪽.
11) 「삼국시대의 철학사상」, 『전서』 5, 141쪽.

한다고 보았다. 반면에 한국사상은 근본적으로 상생의 도리로서 언제나 회삼귀일(會三歸一)을 지향해 왔다는 것이다.

그는 이러한 맥락에서 부자·군신·부부 등의 관계도 중국이 주로 종속적 또는 수직적 윤리의 성격이 강한 반면에 한국에서는 "쌍무적 호혜윤리 또는 수평윤리"[12]로 이해되어 왔다고 주장하였다.

2) '한'사상의 이이일적(二而一的) 사유방식

이을호는 단군신화 이래로 면면히 이어지며 독자적인 한민족문화권을 형성해 온 한국사상의 특성을 '한'사상이라는 이름 아래 체계화하고자 하였다. 여기서 '한'이란 크다, 밝다, 오래다, 많다 등 여러 가지 의미가 있지만, 이을호는 "'오직 하나'로서의 '한'이요 모든 것이 하나가 된다는 '한'이요 하나로 나타난다는 '한'에 지나지 않는 것"[13]이라고 규정하였다. 이는 단군신화로부터 비롯되었다는 회삼귀일(會三歸一)적 사유방식의 다른 표현으로서, 모든 다양성을 하나로 수렴하는 이러한 방식의 사고를 한국사상의 본질로 규정하고자 한 것이었다.

그에 따르면 '한'사상은 회삼귀일적으로 다양성을 수렴해 내는 사상일 뿐 아니라, 이원론적 대립을 초극해 내는 사유방식이기도 하다.

> 서수적 '하나'는 일원론적 '하나'인 동시에 일대일(一對一)로 이해되는 이원론적 둘로도 이해되는 것이지만, 철학적 '한'은 이원론적 둘을 다시금 '하나'로 지양시킴으로써 우리는 이를 이이일적(二而一的) 묘합(妙合)의 '한'이라 이르는 것이다. 이러한 철학적 묘합의 '한'은 일대일로 표시되는 이원론적 대립을 이이일(二而一)로 초극하여 비로소 '하나'로서의 '한'이 되게 하는 것이라 이르지 않을

12) 「한국철학의 특징과 과제」, 『전서』 5, 52쪽.
13) 「한사상의 본질과 맥락」, 『전서』 4, 356~357쪽.

수 없다."[14]

이을호는 이러한 이이일적(二而一的) 사유방식의 전형을 단군신화의 신인상(神人像)에서 찾았다. 그는 신인상으로 묘사된 단군을 "인간인 동시에 신이요 신인 동시에 인간이면서도, 때로는 신도 아니요 동시에 인간도 아닌 것"이라고 설명하였다. 신과 인간은 대립자로서의 이원론적 존재이지만, '한'사상의 근원이 되는 단군신화에서는 "하나의 신인상으로 융회"되어 있다는 것이다.[15] 그는 이러한 사유방식을 "이원론적 상극이 아니라 이이일적 상생(二而一的 相生)"으로 설명하고, 이러한 이이일적 묘합(二而一的 妙合)의 사유방식이 한국인의 사상 속에 면면히 이어져 왔음을 밝혀내려 하였다.

그에 따르면 이를 가장 분명하게 확인할 수 있는 것은 천도교, 증산도와 같은 민족종교다. 천도교에서의 인내천(人乃天)은 바로 '인심이 곧 천심이다[人心卽天心]' 또는 '사람 섬기기를 하늘과 같이 하라[事人如天]'는 것을 의미하는 것으로서, 바로 인간지상주의적 천인관이다. 이을호는 이러한 인내천(人乃天)이 바로 천과 인의 이이일적 묘합(二而一的 妙合)의 상(像)으로서만이 비로소 이해될 수 있다고 주장하였다.[16] 그는 증산도의 신인합발(神人合發) 역시 이이일적(二而一的) 신인묘합(神人妙合)의 상이라고 보았다. 그러나 증산도의 신인합발(神人合發)은 "천지공사(天地公事)의 주체로서의 인간일 뿐 그는 어디까지나 신의(神意)의 대행자로서의 인간이라는 점에서 신권중심주의(神權中心主義)"[17]적이라고 그 한계를 지적하였다.[18]

---

14) 「한사상의 본질과 맥락」, 『전서』 ④, 370쪽.
15) 「한사상의 본질과 맥락」, 『전서』 ④, 374쪽.
16) 「한사상의 본질과 맥락」, 『전서』 ④, 375쪽.
17) 「한사상의 본질과 맥락」, 『전서』 ④, 375쪽.
18) 이처럼 인간중심적 또는 현세중심적 사유방식을 한국인의 고유한 사고방식으로 보는 것 역시 단군신화에 대한 해석으로부터 유래한다. 윤이흠은 "단군신화의 신 관념은 너무나 인격신의 내용과 인간규범이 깊이 자리잡고 있어서 天神의

그에 따르면 이이일적 묘합의 사유방식은 민족종교에만 담겨 있는 것이 아니다. 그는 원효의 화쟁(和諍)사상이나 율곡(栗谷) 이이(李珥)의 이기론(理氣論), 다산(茶山) 정약용(丁若鏞)의 성명론(性命論) 등도 바로 이이일적 묘합이라는 '한'사상의 특성을 반영한 것이라고 주장하였다.

특히 이을호는 '이이일(二而一)'이라는 사고방식을 기준으로 하여 조선유학 중 '고봉 기대승→ 율곡 이이→ 다산 정약용→ 동무 이제마'를 이러한 사상의 주된 흐름으로 평가하고 그러한 흐름이 동학으로 이어진다고 보았다.[19] 그에 따르면 이(理)와 기(氣)를 '둘이면서 하나요, 하나이면서 둘[二而一, 一而二]'인 관계로 보는 이이의 이기론은 바로 이러한 사고방식으로 주자학을 수용한 대표적인 입장이고, 이이의 설은 바로 이황의 이기호발설(理氣互發說)에 이의를 제기했던 기대승의 관점을 이은 것이다. 이을호는 바로 이이가 기대승의 선각을 계승하였기에 이이일론(二而一論)을 자신 있게 전개할 수 있었을 것이라고 평가하였다.[20]

이을호는 또한 정약용이 「중용자잠(中庸自箴)」에서 "본성을 따른다는 것은 천명에 순종한다는 것이다[率性者, 順天命也]."[21]라고 한 점에 주목하였다. 정약용이 이(理)를 끌어내리고 그 사상체계의 정점에 상제(上帝)의 천명(天命)을 올려놓은 것에 대해 "주자의 이른바 '성즉리(性卽理)'의 설을 '성즉명(性卽命)'으로 바꾸어 놓은 것"이라고 간주하고, 이에 대하여 "인성과 천명은 둘이 아니라 '하나'인 것이니 바로 이이일적(二而一的) 존재자가 아닐 수 없다."고 평가하였다.[22] 정약용이 「심경밀험(心經密驗)」이나 「맹자요의(孟子要義)」

意志가 우주운행의 질서가 된다는 내용을 확인할 수 없다."며, 단군신화의 天神 개념을 중국의 天思想과 구분하고, 단군신화가 중국문화에 대해 독립적으로 생겨났다고 설명한다. 윤이흠, 「단군신와와 한민족의 역사」, 윤이흠 외 지음, 『檀君, 그 이해와 자료』, 서울대출판부, 1994, 19~20쪽.

19) 「한국철학의 특징과 과제」, 『전서』 5, 27·28·47쪽.

20) 「한국철학의 특징과 과제」, 『전서』 5, 44쪽.

21) 『與猶堂全書』 第2集 經集, 第3卷, 『中庸自箴』 卷1, 48쪽.

에서 '몸[身]'에 대해 "신과 형이 오묘하게 결합되어 사람을 이루게 된다[神形妙合 乃成爲人]."[23]라고 한 것 역시 이러한 이이일적 묘합의 원리를 이용한 것으로 평가하였고, 『목민심서(牧民心書)』에서 "수기가 반이요 그 나머지 반은 목민이다[修己爲半 其半牧民也]."라고 하여 수기(修)己와 치인(治人: 牧民)의 둘[二]을 하나[一者]로 파악하려 한 것도 '한'의 이치를 따른 것이라고 보았다.[24] 또한 동무 이제마의 사상론(四象論)에 대해서도 일심(一心)에 의해 주재되는 음양대대적(陰陽對待的) 사원구조(四元構造)라고 해석하며, 단군신화 이래의 회삼귀일 사상의 맥락을 이은 것으로 규정하였다.[25]

이을호는 이상과 같이 '한'사상의 핵심적 구조를 회삼귀일(會三歸一)과 이이일(二而一)로 규정하고, 묘합(妙合)·묘유(妙有)·묘리(妙理) 등으로 특징지어지는 '한'사상은 "변증법적 부정의 논리나 음양론적 대칭의 세계관을 극복한 또 다른 제3의 철학"[26]이라고 평가하였다. 물론 이원적 구조는 변증법, 음양설, '한'사상 모두에서 공유되는 것이지만, '한'사상은 그 시원에서부터 이미 묘합의 상으로 이원론적 구조를 극복하여 "이이일원론적(二而一元論的) 세계"를 구상하였다는 점에서 차별성을 가진다는 것이다. 그러한 점에서 '한'사상은 "논리적이라기보다는 차라리 종합적 직관에 의하여 비로소 파악할 수 있는 상징적 허상이라고 해야 할는지 모른다."고 이을호는 지적하였다. 이이일 또는 회삼귀일로서의 '한'이란 "본체론적 실상으로 존재하는 것이 아니라 시간적으로는 무시무종(無始無終)하고 공간적으로는 무소무대(無大無小)"한 것이고, "유한수적 실체가 아니라 무한수적 허상으로서만 파악되는 것"[27]이기 때문이다.

---

22) 「한국철학의 특징과 과제」, 『전서』 5, 45쪽.
23) 『與猶堂全書』 第2集 經集, 第1卷, 『心經密驗』, 38쪽; 『與猶堂全書』 第2集 經集, 第5卷, 『孟子要義』 卷1, 112쪽.
24) 「한국철학의 특징과 과제」, 『전서』 5, 45~46쪽.
25) 「한국철학의 특징과 과제」, 『전서』 5, 46~47쪽.
26) 「한사상의 본질과 맥락」, 『전서』 4, 386쪽.

이을호에 따르면 무한수적 허상으로서의 '한'은 일원론적 세계관이 일반적으로 가지게 되는 절대적 권위주의와 폐쇄적 배타성, 나아가 자아 중심의 불관용성 등을 넘어선 사유방식의 지평을 담고 있다. 그러한 '한'은 "모든 대립과 갈등과 반목과 모순과 상극과 부정 등을 '하나'로 융섭하는 기능을 가진다."는 것이다. 이러한 '한'이기 때문에 '한'사상은 해원상생(解怨相生)의 대도(大道)를 여는 개벽의 주체가 될 수 있었으며, 이원론적 상극의 세계관에서 상생의 세계관으로 전이해 주는 홍익인간(弘益人間)의 도일 수 있다는 말이다. 이때 '한'사상의 인간관은 중국의 천지인(天地人)과 같이 삼재(三才) 중 하나인 데 그치는 것이 아니라, 신과 자연과 인간이 회삼귀일된 상으로서 삼자가 합일된 우주의 주체다. 그러므로 인간은 "신보다도 어쩌면 더욱 존엄하고 자연보다도 어쩌면 더 생동적인 자"[28]라고 평가하였다.

3. 탈주자학적 시각과 개신유학

1) 탈주자학적 시각에서 본 한국유학의 특성

한국사상 연구에서 가장 많은 연구 성과를 축적한 분야는 조선유학을 중심으로 한 유학 관련 분야일 것이다. 연구의 주된 경향은 고려시대 이래로 유입된 주자학을 기반으로 하여 조선에서 전개된 성리학의 이론 논쟁에 대해 주로 주희의 학설을 기준으로 평가하고 논의하는 것이다. 학계의 일반적인 평가는 조선유학자 중 주자학으로부터 이탈하거나 혹은 주자학을 직접적으로 비판했던 '일부' 학자들의 탈주자학적 경향이 나타나기는 하였지만, 그것은 극히 일부의 시도에 불과했다는 견해가 주류를 이루고 있다. 물론 이러한 입장에 서 있는 학자들은 조선유학이 주자학을 수용하여 이기심성론

---

27) 「한사상의 본질과 맥락」, 『전서』 [4], 386쪽.
28) 「한사상의 본질과 맥락」, 『전서』 [4], 387쪽.

분야를 중심으로 중국의 성리학을 능가할 만큼 심도 있는 학문적 발전을 이루었다는 점은 높이 평가하지만, 그럼에도 그러한 의미에서의 조선유학은 근본적으로 주자학의 틀 내에서 이루어졌다고 본다. 특히 일부에서나마 시도되었던 탈주자학적 문제제기나 논의조차도 17세기에 정치적 갈등과 연관된 사문난적(斯文亂賊) 논란을 겪으면서 거의 사라졌고, 그러한 시도는 18세기경 주자학의 한계를 반성하며 새로운 사상적 대안을 모색하는 과정에서야 다시 나타나 조선 후기 실학을 형성하는 데 영향을 주었다는 것이 일반적인 견해다.[29]

그러나 이을호는 한국사상 연구 분야의 이러한 일반적 견해와 전혀 다른 시각으로 한국사상사를 바라보면서 조선유학을 평가하였다. 그의 다른 시각이란 앞장에서 살펴본 탈중국적 시각과 같은 맥락에 있다. 조선유학을 포함하여 한국유학사를 바라보는 그의 시각은 유학과 주자학의 수용도 한국사상의 특성을 기준으로 평가해야 한다는 관점에 입각해 있었다.

이을호는 조선유학의 본질적 성격이 무엇인가 하는 문제를 제기하며 오주(五洲) 이규경(李圭景: 1788~?)이 제시하였던 이른바 '동국도통설(東國道統說)'에 주목하였다. 포은(圃隱) 정몽주(鄭夢周)→ 야은(冶隱) 길재(吉再)→ 강호(江湖) 김숙자(金叔滋)→ 점필재(佔畢齋) 김종직(金宗直)→ 일두(一蠹) 정여창(鄭汝昌)→ 정암(靜庵) 조광조(趙光祖) 등으로 이어지는 동국도통설을 고려할 때, 우선 조선 전기의 유학은 "여말선초에 형성된 유학의 성격을 간직한 채 조선조 초기 유학의 기초를 이루었던 것"이라고 평가하였다. 또한 후기의 유학은 "그야말로 정주학이라는 새로운 학문적 풍토를 형성했던

---

29) 조선유학의 탈주자학적 경향에 주목한 연구에서조차도 이러한 경향은 "조선 후기에 양반 사대부 중시의 정치운영체제가 강화되고 주자학 일변도의 상황 속에서 현실적 영향력을 얻지 못하였다."고 평가된다. 조선유학의 탈주자학적 경향에 대한 일반적인 평가에 관한 내용은 유영희, 「새로운 경전 해석의 등장: 탈주자학파」, 한국사상사연구회 편저, 『조선 유학의 학파들』, 예문서원, 1996 참조.

것으로서 소위 반주자학적 반작용을 일으켰던 대상"이라고 보았다.[30]

이는 전기든 후기든 조선유학의 핵심은 주자학으로 볼 수 없다는 이을호의 시각이 반영된 것이라고 볼 수 있다. 그는 조선 전기 유학의 성격을 다음과 같이 정리하였다.

> 1) 선진유학(先秦儒學)과 송학(宋學)이 공존하는 상황에서 윤리와 정치를 중심으로 하는 실천유학이 우위를 차지하였다.
> 2) 한당풍(漢唐風)의 사장학(詞章學)이 주류를 이루었던 감이 짙다.
> 3) 그러므로 이 시기에 주자학은 거의 존재하지 않았던 것으로 간주된다.[31]

이을호는 이처럼 조선 전기 유학의 성격을 '주자학의 사실상 부재'라고 평가하였고, 설사 주자학이 존재하였다 하더라도 이론유학은 "실천유학에 비하여 그 관심도는 극히 저조했을 것임에는 의심의 여지가 없다."고 단정하였다.[32] 그러한 관점에서 이을호는 송학 전래 이후로도 선진유학에 입각한 '진유(眞儒)의 학'이 생동하고 있었다며, 여말선초의 대표적인 성과로 포은 정몽주의 중(中)사상과 정도전의 정중(正中)사상을 지목하였다.[33]

조선 후기 유학의 성격에 대해서는 "정주학 전성기가 형성됨으로써 주자학 일색의 시대가 무르익게 되었다."고 인정하면서도, 그는 주자학을 기반으로 한 조선 후기 유학의 흐름보다는 당시 반주자학적 경향을 배태한 정주학의 폐쇄적 입장과, 그 산물로서의 반주자학적 경향 자체에 주목하였다. 그는

---

30) 「조선조 전기 유학사상과 개신유학의 맹아」, 『전서』 5, 231쪽.
31) 「조선조 전기 유학사상과 개신유학의 맹아」, 『전서』 5, 233~234쪽.
32) 「조선조 전기 유학사상과 개신유학의 맹아」, 『전서』 5, 234쪽.
33) 「고려시대의 철학사상」, 『전서』 5, 172쪽. 이을호는 "만일 '麗代 유가철학'이 宋學 전래의 전후를 불문하고 일관된 도를 지니고 있다면 그것은 역시 중용의 도가 아닐 수 없다."고 주장하면서, 그러한 사상의 맥을 이어온 학자로 崔冲, 鄭夢周, 鄭道傳를 들었다.

조선 후기 유학의 성격을 이론적(철학적)인 것으로 평가하며 전기 유학의 경세적(정치적) 또는 윤리적 성격과 비교하며 비판적으로 바라보았고, 전기 유학이 절의(節義)와 경세(經世)의 도에 치중한 치인(治人)의 학(學)이었던 데 비해 후기 유학은 천리(天理)와 인성(人性)에 치중한 수기(修己)의 학(學)이라고 평가하였다.[34]

이처럼 조선 후기 유학의 정주학적 경향을 비판적으로 보았던 이을호는, "만일 후기 유학이 지나치게 주자학을 중심으로 하는 성리학에 편향되어 있다면 이는 모름지기 시중지도(時中之道)에 의해 비판되어야 하며, 전인적인 중용지도(中庸之道)로서의 복원이 절실히 요청됨은 이(理)의 당연한 소치"[35] 라고 지적하면서, 당시 사문난적으로 몰렸던 반주자학적 경향의 대두에 주목하였다. 백호(白湖) 윤휴(尹鑴), 서계(西溪) 박세당(朴世堂), 다산(茶山) 정약용(丁若鏞), 운암(芸菴) 한석지(韓錫地), 동무(東武) 이제마(李濟馬) 등의 반주자학 또는 탈주자학적 사상이 바로 조선 후기 유학의 폐쇄적인 정주학적 경향에 대한 반발이자 그 편향성을 바로잡는 주요한 역할을 하였다는 것이다.

이러한 그의 입장은 바로 한국유학사의 본질을 무엇으로 보아야 하는가 하는 그의 문제의식에 근거하고 있다.

> 한국유학사는 송대 성리학이 도래한 후 마치 이를 성리학사로 대체하여 버림으로써 수사학적 순정유학(醇正儒學)의 명맥은 단절 인멸되어 버린 양 잘못 인식하고 있다. 그러나 우리는 그러한 잘못을 반성하고 새로운 입장에서 수사학적 순정유학사(醇正儒學史)의 명맥을 간추려 내야 할지 모른다.[36]

그는 조선 초기 유학의 학문적 경향을 "한당류의 학풍과 송학류의 학풍이

34) 「조선조 전기 유학사상과 개신유학의 맹아」, 『전서』 [5], 237쪽.
35) 「조선조 전기 유학사상과 개신유학의 맹아」, 『전서』 [5], 237쪽.
36) 「고려시대의 철학사상」, 『전서』 [5], 205쪽.

혼합"[37]된 것으로 보았던 현상윤의 설에 반대하고, 이를 "선진류와 한당류의 학풍이 혼합"되어 있는 것으로 간주하였다.[38] 이는 바로 선진유학의 학풍이 조선 전기 유학의 주류를 이루었음을 주장함으로써, 그가 강조하고자 하는 실천유학으로서의 조선 전기 유학의 성격을 명확히 하기 위한 것이었다. 그는 송학의 이론 중심적 경향을 비판하고 선진유학의 실천 중심적 경향이 한국유학의 본질을 이루었음을 강조하고자 하였고 이를 진유(眞儒)의 학문이라고 평가한 것이었다.

이것은 한편으로 정주학 또는 주자학을 지나치게 이론 중심적인 학문으로 평가하는 오해로부터 비롯된 것이라는 비판을 받을 수도 있을 것이다. 그러나 이을호가 주자학을 본래 그렇게 이론에만 치중한 폐쇄적인 학문이라고 보았던 것은 아니다. 그는 실제로 "주자는 송학의 집대성자로서 이렇듯 폐쇄적인 학자로 보기에는 사실상 폭이 넓은 학자"라고 평가하기도 하였다. 다만, 이을호는 주자학이 조선에 와서 "성리학적 주자학이라는 주자학의 일 측면을 중심으로 하여 굳은 철벽이 구축되었다."[39]고 보았고, 이러한 관점에서 조선 유학, 특히 조선 후기 유학의 편향성과 폐쇄성을 지적하고자 한 것이었다.

2) 실천윤리적 인간학으로서의 개신유학

송학의 이론 중심적 경향을 비판하고 선진유학의 실천 중심적 경향이 한국유학의 본질임을 강조하고자 하였던 이을호는 자연히 조선 후기 실학에 관심을 기울이게 되었다. 그는 특히 조선 후기 실학이 유학의 본래 정신을 새롭게 되살린 사상이라는 의미에서 '개신유학'이라는 용어를 사용하였다.[40]

---

37) 현상윤, 『기당 현상윤 전집2: 조선유학사』, 나남, 2008, 81쪽.

38) 「조선조 전기 유학사상과 개신유학의 맹아」, 『전서』 5, 229~230쪽.

39) 「조선조 전기 유학사상과 개신유학의 맹아」, 『전서』 5, 235쪽.

40) 이을호도 인정하였듯이 '개신유학'이라는 용어는 일찍이 천관우가 사용을 제안한 바 있다. 천관우는 '실학'이라는 용어가 한 시대의 사상을 가리키는 말이기 이전에

이을호는 조선 후기 '실학'이라는 용어가 그 학문적 성격을 온전히 드러내지 못한다고 판단하였고, 그 용어를 교정함으로써 '실학'에 대한 연구 경향도 바로잡아야 한다고 생각하였다.

이을호가 '실학'이라는 용어에서 문제시한 것은 당시 실학에 대한 연구가 경세학 위주로 이루어지고 있었다는 사실 때문이었다. 그러한 각도에서 실학을 바라본다면 지나치게 정치경제학적 단면만 크게 부각될 우려가 있다는 것이었고, '실학'이라는 용어는 바로 그러한 측면만을 드러내는 용어라는 것이었다. 그는 "실학이란 결코 경세치용 일변도의 학임에 그칠 것이 아니라 그 밑바닥에는 어떤 종류이건 간에 보다 더 깊은 사상적 본질이 그의 심층부를 형성하고 있어야"[41] 한다고 역설하였다. 그는 한편으로는 그 본질적인 것들을 한국의 전통사상이라는 토양에서 찾으려 하였고, 또 다른 한편으로는 선진시대의 유학에서 그 사상적 연원을 찾고자 하였다.

물론 이을호도 조선 후기 실학을 실사구시, 경세치용, 이용후생 등의 개념으로 접근하는 경세학적 측면의 가치를 부정한 것은 아니었다. 다만, 조선 후기 실학은 경세학(經世學)으로서의 실학이라는 제한된 관점을 벗어나 보다 넓은 거시적 안목으로 관조해야 한다는 것이었다. 그는 거시적 안목에서 논할 경우, "송대 성리학에서 경세치용학으로 변형된 것은 시계추의 흔들림처럼 자리를 바꾸었을 따름이요 유학이라는 거수(巨樹)의 근기(根基)가 흔들린 것이 아니라는 사실"을 강조하였고, 그러한 점에서 이른바 '조선 후기 실학'이란 "유학 내에서의 개신작용"이라는 입장을 취하였다.[42]

실용적 학문, 현실적 학문, 실천적 학문, 실증적 학문 등의 의미로 광범위하게 사용된 말이라는 의미에서 조선 후기의 특정한 사상적 경향을 가리키기에는 적절치 못하다고 지적하며, '義理的 편중에서 탈피한 개신유학' 또는 '민족의식과 근대지향 의식에 충실한 개신유학'이라는 뜻으로 '개신유학'이라는 용어의 사용을 주장하였다. 천관우, 「조선후기 실학의 개념 재론」, 고려대 민족문화연구원 편, 『한국문화사대계6: 한국실학사상사』, 1970, 179~185쪽.

41) 「개신유학의 특징과 발전」, 『전서』 5, 297쪽.

그가 지적하고자 한 것은 이러한 유학 내에서의 변화가 경세학의 측면에서만 이루어진 것이 아니라, 수기지학(修己之學)으로서의 경학(經學)에서도 뚜렷이 확인될 뿐 아니라 역사, 지리, 언어, 천문, 의학 등에 이르기까지 폭넓은 영역에서 새로운 분야를 개척하며 이루어졌다는 것이었다. 그러한 점에서 이을호는 개신유학을 탄생시킨 영조·정조 시대의 학풍을 다각적으로 검토한 바 있었다. 그는 우선 심성론적 관점에서 내성적(內省的) 수기지학(修己之學)의 측면에 치우쳤던 주자학에 대한 보완적 반작용으로 치인지학(治人之學)으로서의 유학을 회복하려는 학문적 경향이 이 당시에 나타났다는 점에 주목하였다. 둘째로 연행(燕行)을 통해 얻은 새 지식을 국부와 민생을 위해 활용하려는 이용후생·경세치용의 개혁정신이 그 시대의 문화적 경향으로 형성되어 있었다는 점도 중요한 사실로 지적하였다. 셋째로 실증주의적 고증학풍이 바탕이 되어 한대 훈고학(訓詁學)이나 송대 의리학(義理學)의 한계를 넘어 수사학(洙泗學)의 회복을 주장할 수 있었고, 그 대표적 성과로 주목을 받은 것이 바로 정약용의 경학이었다고 주장하였다. 이을호는 또한 영·정조 시대에 서구 사조와 함께 유입된 천주교의 영향도 간과하지 않았다. 그는 특히 천주교의 유입이 정약용의 상제설에 영향을 주었다는 점에 주목하였다. 당시 송학의 영향 하에서 유학의 천(天)은 이법천(理法天)이었으나, 정약용의 경우에는 "인격신으로서의 상제천(上帝天)"으로 변하였다는 것이다.[43] 이러한 배경에서 형성된 조선 후기 실학을 경세학적 측면에서만 평가할 수 없다는 입장이었다.

이을호는 수기치인(修己治人)을 조화롭게 구현하는 실천적인 유학이라는 점에서 개신유학으로서의 조선 후기 실학이 수사학의 본질을 회복한 것이라고 여겼다. 그에 따르면 수사학적 유학이란 "형태론적으로는 '수기치인의

---

42) 「개신유학의 특징과 발전」, 『전서』 5, 301쪽.
43) 「개신유학의 특징과 발전」, 『전서』 5, 305쪽.

학'"이요, "동태적인 면에서는 '시중군자학(時中君子學)'"이었다. 전자는 전인적 인간학으로서의 형태를 가리키는 것이고, 후자는 실천윤리로서의 행동규범을 가리킨다. 이는 유학의 집대성자인 공자가 바로 수기와 치인을 하나로 일관하는 전인적 인격에 기초한 군자상으로 전해진다는 데 근거한 것이고, 또한 유학은 본래 정치·경제·사회·윤리·문화 등 제 현상으로 드러나는 현세에서 현 실태의 정확한 파악에 따른 적절한 대응을 구현하는 현세주의적 사상이라는 점에서 시중군자학(時中君子學)이라는 것이다. 이러한 의미에서 이을호는 수사학으로서의 유학을 "수기치인의 시중군자학"으로 정의하고, 이를 달리 "지천행인(知天行仁)의 학(學)" 또는 "지행일여 언행일치(知行一如言行一致)의 지성지학(至誠之學)"이라고 규정하기도 하였다.[44] 이러한 이을호의 주장은 요컨대 개신유학으로서의 실학이 심성론적 성리학과는 대조를 이루는 실천윤리학이라는 관점에 입각한 것이었다.

그런데 조선 후기 실학이 단순히 이러한 수사학적 유학의 회복을 지향한 것으로만 평가한다면, 그것은 한국사상사 연구에서 크게 긍정적인 의미를 가진다고 보기 어렵다. 주자학의 발전과 그 영향이라는 측면에서 본다면, 주자학을 수용하여 조선유학을 상당한 수준으로 발전시키고 또한 그 영향 아래서 오랜 기간 국가를 통치해 온 역사를 폄하하고, 그 이전의 수사학으로 복고한 것만을 지나치게 긍정적으로 평가하였다고 볼 수도 있기 때문이다. 하지만 이을호는 성리학적 수기(修己) 편향성을 비판하며 수기치인의 시중군자학을 회복하려 한 것은 바로 한국사상의 본질적 특성 때문이라고 주장하였다.

이을호가 그 대표적인 예로 드는 것이 바로 정약용의 사상이었다. 그에 따르면 정약용의 성기호설(性嗜好說)은 바로 활성적·감성적인 성(性)과 상제천의 천명(天命)을 인간 내에서 구현한 것으로서, 이을호가 한국사상의

---

44) 「개신유학의 특징과 발전」, 『전서』 5, 306~309쪽.

특성으로 설명한 이이일적 묘합의 원리가 잘 드러난 것이다. 또한 정약용의 경우 수기의 경학과 치인의 경세학이 목민자(牧民者)에게서 하나로 구현된다는 점에서, 그의 목민자는 수기와 치인을 이이일적 묘합으로서 현세에서 적절하게 구현하는[正中] 존재[時中君子]로 평가된다.[45)]

이러한 점에서 이을호는 개신유학이 경세학 이전의 인간학이어야 한다고 주장하였다.

> 실학은 경전학에서 경세학으로, 또다시 인간학으로 발판을 옮기기에 이르렀다. 이는 마치 공자학이 경세학적이면서도 군자학으로서의 면모를 갖추고 있는 것과 같이, 우리의 실학도 지나치게 경세학적인 입장에서, 다시금 인간학적 면모를 찾게 된 것은 당연한 순서라고 보아도 좋을 것이다.[46)]

공자학이 이미 군자학으로서의 인간학이었던 것과 같이 다산학도 목민자학으로서의 인간학이었다면, 개신유학 역시 인간학적 기반 없이 성립할 수 없다는 것이다. 또한 경학이 경세학의 기초인 만큼 개신유학의 기초도 경세학이 아니라 경학이며, 경학은 바로 공자의 군자학을 학문적으로 탐구하는 것이므로, 개신유학은 새로운 의미의 인간학으로 이해되어야 한다는 것이었다.[47)] 이을호가 이렇게 주장하는 인간학은 실천윤리학의 성격을 가진다. 이는 유교경전의 입장에서 볼 때 "인간이란 아마도 윤리적 존재임에 틀림이 없고, 그 윤리적 존재로서의 인간은 공적을 추모하는 인간이 아니라, 수기치인의 실천을 그의 사명으로 아는 성실한 인간이어야 할 것"[48)]이라고 보기 때문이다. 이을호에게서 이러한 실천 지향의 정신은 바로 수기지학(修己

---

45)「개신유학의 특징과 발전」,『전서』5, 315~317쪽.
46)「개신유학의 특징과 발전」,『전서』5, 340쪽.
47)「개신유학의 특징과 발전」,『전서』5, 318쪽.
48)「개신유학의 특징과 발전」,『전서』5, 340쪽.

之學)을 보완하는 의미에서 치인지학(治人之學)을 회복하는 원동력이자, 한국사상의 본질적 성향으로 여겨진다.

4. 맺음말 :『한국사상사』를 기다리며

이제 한국학계에서 "한국사상이란 것이 존재하는가?"라는 질문을 하는 사람은 없는 듯하다. 그것은 한국문화를 폄하하고 부정함으로써 침탈을 정당화하려 했던 일제의 식민사관에 맞서 한국사상을 탐구하고 그 독자성을 증명해 온 선배학자들의 노력 덕분이다. 또한 그것은 서세동점의 거센 물결 속에서 우리에게도 서구에 못지않은 문화적 유산이 있으며, 특히 서구 근대학문의 기준으로 규정된 철학·사상의 영역에서 보더라도 서구 수준에 뒤지지 않는 지적 자산이 우리에게 있었다는 사실을 보여주려 노력해 온 선배학자들 덕분이다.

그들은 사상의 독자성이 단지 순수한 고유성만을 의미하는 것이 아니며, 다양한 외래 사상들을 어떻게 수용해 내고, 당면한 문제를 해결하기 위해 그러한 사상들을 어떻게 재구성하여 응용하였는가 하는 것으로 평가하여야 한다는 점을 지적하며 한국사상의 독자성을 주장하였다. 그리고 '고유성'이란 기준에서 보더라도 한국사상은 독특한 사유방식을 바탕으로 다양한 사상들을 융용하여 새로운 사상을 만들어 내며 발전해 왔다는 사실을 밝혀 내었다.

그런데 한국사상이 중국에도, 서구에도 뒤지지 않는다고 주장하기 위해 학계에서 주로 사용되어 온 기준은 바로 중국사상과 서구사상의 기준이었다. 그것은 오랜 역사 속에서 중국문화의 영향을 받으면서도 중국사상의 기준에 비추어 볼 때 한국사상이 중국사상을 넘어서는 면이 있었다든가, 서구사상의 기준으로 보아도 그 논리적 정합성이나 합리성 면에서 손색이 없다든가 하는 평가였다. 원효의 화엄사상이나, 이황(李滉)의 성리학, 정약용의 실학,

그 밖에 조선유학의 논쟁들을 재평가하는 연구는 대체로 이 같은 평가에 근거한 것이었다. 말하자면, 한국사상의 독자성과 그 가치를 설명하기 위해 타자의 기준에 의존해 왔다는 것이다.

물론 그것은 학계에서 일반적으로 통용되는 기준을 이용하여 한국사상을 객관적으로 재평가하기 위한 것이었다는 점에서는 의미 있는 일이었다. 하지만 이런 방식으로는 진정한 독자성을 밝혀 내는 데 한계가 있을 수 있다. 학계의 보편적 기준을 고려하되, 한국의 문화와 역사를 기반으로 하여 '사상'(또는 '철학') 자체를 다시 정의하고 그 평가 기준을 다시 규정하며 연구 방법론을 새롭게 만들어 낼 수 있을 때 한국사상은 진정한 독자성을 가지게 된다고 할 수 있을 것이다. 한국사상이 그 내용 면에서 중국이나 서구의 기준으로 보아도 손색이 없을 만큼 풍부하고 심오한 내용을 가지고 있다는 것을 증명하고 확인한 것이 지금까지의 주된 연구 성과였다면, 이제 그러한 연구가 상당한 수준으로 축적된 만큼, 한국의 지적 전통에 기반하여 철학·사상을 재정의하고 그 평가 기준과 방법론을 새롭게 만들어 낼 시점에 도달해 있다는 것이다.

이렇게 볼 때 독자적 시각으로 한국사상을 바라보며 한국사상사를 평가하고, 그러한 시각에서 한국사상을 재구성해 내려 노력했던 이을호의 시도는 매우 시대를 앞서간 것이었다. 그는 중국문화권 내에서 중국사상의 기준으로 볼 때 한국사상이 어떤 가치를 가졌는지, 나아가 그러한 기준에서 중국사상의 발전에 기여한 한국사상이 어떤 것인지를 찾아 드러내려 하기보다는, 근본적으로 한국사상이 중국과 어떻게 다른지를 밝히려 하였고, 그 독자적 특성을 기반으로 평가의 기준을 제시하고자 하였다. 그의 이러한 시도는 한민족의 뿌리인 동이문화가 중국문화에 뒤질 것이 없다는 당당한 자부심에 기초한 것이었다. 그러하기에 그는 중국의 수직적 문화와 다른 한국의 수평적 문화, 중국의 도일분수적(道一分殊的) 사유방식과 대조가 되는 한국의 회삼귀일적

(會三歸一的) 사유방식을 그 특징으로 제시하였다. 나아가 그러한 한국의 수평적 호혜 문화가 중국의 수직적 종속 문화보다 앞선 것이며, 회삼귀일 · 이이일적 묘합의 문화가 서구의 논리적 사고를 넘어서는 차원의 사유방식이라고 자신하였다. 그리고 이러한 특성을 기반으로 한국 고유의 사상을 '한'사상으로 정의하고, '한'사상의 기준으로 한국사상사를 재평가하였다.

이러한 시각에서 한국사상사를 재평가할 때 가장 문제가 되는 부분은 바로 조선성리학이다. 학계에서 조선성리학은 중국의 성리학을 수용하여 심화 · 발전시킨 대표적인 성과로 평가되고 있고, 또한 그러한 조선성리학의 이기심성론은 서양철학의 기준으로 보아도 그 논의의 수준이 매우 높은 것으로 받아들여지고 있다는 점에서 한국사상 연구에서 대단히 중요시되는 부분이다. 하지만 이을호는 독자적으로 세운 '한'사상적 특성이라는 기준을 적용하며, 주자학 중심의 조선성리학이 오랜 역사를 가진 한국사상의 주된 흐름에서 잠시 일탈된 것일 뿐이라고 평가 절하하였다.

그에 따르면 이론탐구에 치우친 주자학이 유행하기 이전에 한국유학의 주된 경향은 실천을 중시하는 수사학(洙泗學)을 계승하는 것이었고, 그것은 바로 최충(崔沖: 984~1068) · 정몽주 · 정도전 등의 정중(正中)사상으로 드러났다. 그러한 실천 중심의 유학 전통이 있었기에 실천유학적 기준에 근거한 동국도통(東國道統)이 세워지고 도학(道學)에 기반한 사림이 형성될 수 있었다. 또 다른 한편으로는 이이일적 묘합 · 회삼귀일적 묘유의 사상 전통이 있었기에 기대승→ 이이→ 정약용→ 이제마→ 동학으로 이어지는 사상사의 맥을 제시할 수 있었다.

이러한 관점에서 이을호는 주자학 중심의 조선유학보다는 조선후기 실학에 더 깊은 관심을 기울였다. 그는 윤휴, 박세당 등의 탈주자학적 경향과 아울러 조선 후기 실학의 대두에 대해 이론탐구에 치우친 조선유학을 온전한 유학으로 되돌리기 위한 자연스런 반작용으로 해석하였다. 그것은 수기(修

己)에 편향된 주자학의 경향에 치인(治人)의 의식을 회복하여 수기치인이 겸비된 유학을 새롭게 만들어 낸 것이기도 하고, 정약용의 경우처럼 수사학의 기반 위에 서학이라는 외래사상을 수용하여 성(性)과 명(命)을 일치시키고 신(神)과 형(形)을 합치시키는 것이기도 하였다. 이을호는 바로 이러한 방식이 한국사상의 핵심인 다양성의 초논리적 귀일을 이루어 내는 사유방식이라고 보았다.

현재까지 학계의 연구 성과로 볼 때 이을호의 이러한 평가는 다소 지나친 감이 없지 않지만, 한국사상사의 큰 맥락에서 조선성리학을 어떻게 평가해야 하는가, 나아가 한국사상의 기준은 무엇이어야 하는가라는 문제의식을 가지고 생각해 볼 때 참고할 만한 좋은 선례가 된다.

참고문헌

『周易』. 『老子』.
『與猶堂全書』(『韓國文集叢刊』 281~286), 서울: 민족문화추진회, 2002.

김용섭, 『동아시아 역사 속의 한국문명의 전환』, 서울: 지식산업사, 2008.
徐一 외, 이을호・안호상 외 역, 『한국의 민속・종교사상』, 서울: 삼성출판사, 1977.
유영희, 「새로운 경전 해석의 등장: 탈주자학파」, 한국사상사연구회 편, 『조선 유학의 학파들』, 서울: 예문서원, 1996.
윤이흠 외, 『檀君, 그 이해와 자료』, 서울: 서울대출판부, 1994.
이봉규, 「조선시대 유학연구 再讀」, 이화여대 한국문화연구원 편, 『철학 연구 50년』, 서울: 혜안, 2003.
다산학연구원 편, 『이을호전서』 전 9책, 서울: 예문서원, 2000.
천관우, 「조선후기 실학의 개념 재론」, 고려대 민족문화연구원 편, 『한국문화사대계6 : 한국실학사상사』, 1970.
현상윤, 『기당 현상윤 전집2 : 조선유학사』, 서울: 나남, 2008.

2. 이을호의 '한'사상

-현대 한국철학사의 한 단면-

이 향 준 전남대학교 철학연구 교육센터 전임연구원

1. 머리말

현암(玄庵) 이을호(李乙浩: 1910~1998)는 『다산경학사상연구(茶山經學思想研究)』의 저자로 잘 알려져 있다.[1] 이 때문에 그는 다산학(茶山學)이라는 학국학의 한 분야를 개척한 선구자 가운데 한 사람으로 평가받고 있다. 다산학에 대한 탐구는 그를 '개신유학(改新儒學)'이라는 개념으로 이끌었고, 그는 개신유학이란 개념을 토대로 조선 후기 한국의 실학을 재조명하려 시도하는 한편, 나아가 이 개념을 토대로 한국철학사 전체를 독창적인 방식으로 해석하려고 시도하기도 했다.

그의 관심은 다산학-조선 후기 실학-한국철학사 일반으로 확대되어 가는 경향을 보여준다. 그의 개신유학과 한국철학사에 대한 이해의 중간 혹은 이 양자를 포괄하는 추상화의 상위 단계 어디쯤에 독특한 경향을 보이는 사상적 조류가 발견되는데, 그것이 이 글이 다루고자 하는 '한'사상이라는 분야다. 다음과 같은 서술을 통해 이을호가 구상한 '한'사상의 위상과 성격,

---

1) 이을호의 거의 모든 저술은 그의 사후 9책으로 이루어진 『이을호전서』로 출간되었다. 이 글에서 인용하는 내용은 예외적인 경우를 제외하고는 모두 『이을호전서』를 참고한 것이다. 다산학연구원 편, 『이을호전서』 전 9책, 서울: 예문서원, 2000 참조.

그 속에 담긴 철학적 소망은 선명하게 드러난다.

> 사실상 나는 오래도록 다산학에 입문하여 그야말로 뒤도 돌아보지 않고 외길을 걸어오다가 우연한 기회에 단군론(檀君論)을 다루게 되었고 그러는 사이에 '한'사상의 맥(脈)에 대한 영감(靈感)을 얻어 냈다고나 할까! 옳거니! 그것은 한낱 영감이지 아직 학문의 경지에까지 이르지 않았음이 분명하다. … 그러므로 이 맥을 따라 누군가가 한국사상사의 맥락을 간추려 내야 하며 천운(天運)이 내게 주어진다면 내 손으로라도 이 작업이 이루어졌으면 하는 소망을 나는 아직도 저버릴 수가 없다.[2)]

인용문을 통해 두 가지를 알 수 있다. 첫째, 이을호는 다산학을 통해 실학과 한국유학사를 이해하려는 독특한 시각을 확보하는데, 이러한 시각을 한국사상사 전체로 확장하기 위한 이론적 장치로서 '한'사상을 염두에 두고 있다. 둘째 이을호가 '한' 사상을 언급하게 된 사상적 계기는 단군신화에 대한 해석에 기인하고 있다. 즉 이을호에게 '한'사상은 제대로 정립된 관점이라기보다는 미래에 정립될 한국사상사를 재구성하기 위한 대안적 후보 개념 가운데 하나였다. 그가 '개신유학'이라는 개념을 토대로 유학사에 대한 독창적 독법을 시도한 『개신유학사시론』이 나온 1980년과 『한사상의 묘맥』이 출판된 1986년과의 선후 관계를 고려하면 이러한 추정은 설득력이 있다.

그러나 이을호의 소망이 제대로 이루어졌는지는 불투명하다. 이을호 자신이 『한사상의 묘맥』이란 단행본을 학적으로 완성된 형태의 결과물로 간주하지 않았다는 것은 인용문을 통해 분명하게 드러나는 반면에, 이러한 불철저함을 보완하는 후속 작업을 수행했느냐라는 질문에 쉽사리 그렇다고 대답할 수 없기 때문이다. 이런 이유에서 이을호의 '한'사상을 평가하는 문제가

---

2) 이을호, 『한思想의 苗脈』, 서울: 도서출판 사사연, 1986, 4쪽.

어떤 애매성을 마주하게 되는 것이 사실이다. 완결되지 않은 탐구에 대한 비판적 검토는 그 자체로 완결될 수 없는 여지를 포함하기 때문이다.

이 글은 두 가지 방향에서 이을호의 '한'사상을 검토하고자 한다. 첫째, '한'사상이라는 탐구 분야는 어쨌든 20세기 한국철학사의 한 풍경을 이루고 있다. 즉 '한'사상이라는 낱말은 이을호 개인에게 소속되는 고유명사가 아니다. 따라서 이을호의 '한'사상이 가지는 특징적 면모는 이러한 철학사의 한 풍경 속에서 조망될 때 보다 분명하게 드러날 것이다. 그러므로 그의 '한'사상이 여타의 동일한 제목을 가지는 것들과 어떻게 대조될 수 있는지를 먼저 검토할 것이다. 둘째, 이을호의 '한'사상이 실제로 어떠한 내용과 성격을 갖는지를 검토할 것이다. 이를 통해 실제로 이을호가 소망했던 것이 가능할 수 있을 것인지, 즉 그가 한국철학자로서 당연히 가졌어야 할 강박으로서 '한국철학이란 무엇인가'에 대한 하나의 대안적 대답으로 어떻게 '한'사상이 고려되었는지, 그 철학적 가능성에 대해 검토할 것이다. 이상의 검토를 거친 후 '한'사상 일반의 특징 속에서 이을호의 '한'사상이 가지는 특징과 이론적 한계, 및 의의에 대해 논하고자 한다. 이를 통해 우리는 '한'사상에 담긴 이을호의 철학적 소망과 그 철학적 소망의 현실적 가능성의 차이 및 '한'사상이라고 불리는 이 낱말의 철학적 가능성에 대해서도 한 걸음 더 나아간 이해를 얻을 수 있을 것이다.

2. '한'사상 담론의 개관

이을호의 '한'사상이 가지는 개성적 성격을 묘사하기 위해서는, 그의 주장을 다른 여타의 '한'사상과 비교 대조될 수 있는 지점에 놓아 보아야 한다. 이를 위해서 이을호를 포함한 '한'사상을 탐구하는 일련의 주장들을 개괄할 필요가 있다. 애초부터 '한'사상은 1960년대 후반부터 나타난 일군의 학자군에 의해 제시된 공용어였다. 이 낱말에 포함된 가장 기본적인 가정은 김영두가 "유・불・도의 삼교가 전래되기 이전, 우리나라의 고유사상에 관해서는 접근 방향에 따라 여러 가지 개념이 동원될 수 있겠으나 '한'사상으로 규정하는 견해가 일반적이라 할 수 있다."고 했을 때 간단하게 드러난다.3) 이것을 안호상의 표현을 빌려 조금 구체화하자면 이렇게 말할 수 있을 것이다.

> 오늘날 여러 사람들이 한국의 사상과 사상사(思想史)를 써 내었다. 그러나 이것들은 모두가 유교(儒教)와 불교에 관한 것이요, 우리의 고유 것에 관한 것은 하나도 없다. 유교와 불교가 우리 한국의 사상과 사상사에 들 수 있다. 그러나 그것만으로써 한국사상이라 한다면, 그것은 알맹이 없는 한국사상이다. 최치원(崔致遠)은 말하기를, 화랑길[花郎道=風流道]인 단군 한배검[檀君王儉]의 교(敎)와 길(道)이 선, 불, 유(仙佛儒) 3종교의 원리들을 제 속에 지녔다 하였다. 그러므로 불교와 유교가 넓은 혹은 종합한 의미에서 한국사상이나, 좁은 혹은 순수한 의미에선 한국사상이라기는 어렵다. 이 순수한 의미의 한국사상은 이것의 기본(基本)과 가능제약(可能制約)인 단군 한배겸의 종교, 철학, 도의 원리, 사상, 역사 등이요, 또 이 기본에 관한 앎과 학(學)이 기본학으로서 곧 국학(國學)의 기본학이다.4)

이런 종류의 주장이 말하는 고유성이 무엇을 의미하는가 하는 것은 '한'사상이라는 낱말을 가능하게 하는 가정에 대해서 의문을 제기할 때 그 내용이 보다 선명해진다. 한국의 고대 문화란 무엇을 가리키는가? 고유 사상이란 무엇을 말하는가? 그것의 연속성은 어떤 증거들을 갖고 있는가? 등등의 질문들이 그것이다. 이렇게 볼 때 '한'사상이란 낱말의 의미에 대한 이해는

---

3) 김영두, 「한사상과 민중종교에서 본 남북상생철학」, 『원불교 사상과 종교문화』 vol.32, 원광대 원불교사상연구원, 2006, 271쪽.

4) 안호상, 『국학의 기본학』, 대구: 배영출판사, 1977, 3~4쪽.

각각의 학자들마다 조금씩 편차를 보인다. 이론적인 측면에서 거칠게나마 분류를 해보자면, '한'사상이라는 낱말은 대체적으로 역사, 종교, 철학, 과학주의적인 네 가지 견해들이 부분적으로 중첩을 이루면서 교직되어 있다는 것을 알 수 있다.

첫째, 역사주의적 견해가 있다. 이 견해는 한국의 고대사에 대한 팽창주의적 해석이라고도 이름 붙일 수 있는데, 기존의 한국 고대사에 대한 견해를 축소된 해석이라고 비판하면서 한국 고대사의 외연과 내포를 극도로 팽창시켜 확대 해석하는 경향을 갖는다. 고전적으로는 안호상에게서, 현대적으로 김상일에게서 공통적으로 발견되는 이러한 주장의 과도함은 다음과 같은 진술에서 잘 드러난다.

> 한국 문명을 몸체로 본다면 슈메르와 아메리칸 인디안 문명은 새의 두 날개와 같다고 할 수 있다. 동서로 벌려져 있는 양대 날개로서 인류문명사의 불가사의적 초고대문명을 형성시켰다가 지금은 모두 사라졌다. 그러나 초고대문명의 가장 순수한 모습을 한나라 한민족[一土一民] 속에 그대로 간직하고 있는 곳이 한국이다.[5)]

이러한 팽창주의적 해석은 표현상의 과도함 자체가 문제인 듯 보이지만, 그 자체는 경험적 검토의 대상에 속하기 때문에 타당성의 판정 여부는 시간과 증거에 달려 있을 뿐이다. 고대사 자체가 제한적이고 파편적인 증거들을 포괄할 수 있는 잠정적인 가설들이 경쟁하는 상황이기 때문에 이런 해석 자체가 외적인 과도함 때문에 배제되어야 할 필요는 없는 것이다. 그럼에도 조심해야 할 것은 경쟁하는 가설을 사실로 간주하고, 특정한 이데올로기적 주장이 제기되는 경우가 태반이라는 사실이다. 김상일이 인용문의 뒤를

5) 김상일, 『한』, 서울: 온누리, 1986, 85쪽.

이어 “한 가지 분명한 사실은 슈메르-한국-서아메리칸 인디안으로 연결되는 인류 문명의 맥이 선명하게 밝혀 세워지지 않는 한 절대로 어느 학문도 신학도 불가능할 것이다.”라고 주장할 때 이런 문제점이 잘 드러난다.[6)]

고대사의 축소 해석-악의적인 의미에서 타의에 의한 왜곡-문제가 해결되었다고 믿고, 이제 우리가 팽창 해석으로 돌아섰다고 해서 우리가 이런 해석을 하지 않았던 시절과 근본적으로 달라진 삶을 살 수 있을 것이라고 믿는다는 것은 도대체 무엇에 대한 믿음인가? 한국의 고대사가 축소 해석되었다면, 당연히 그것은 노력에 의해 제거되어야 할 것이다. 그러나 그러한 역사 해석이 변경되지 않았다고 해서 불가능해지는 학문이란 도대체 어떤 것일까? 불가능해지는 것은 어떤 학문이나 신학이 아니라, 역사 해석의 변경이 없는 한 학문이나 신학이 불가능해질 것이라는 주장 그 자체의 타당성일 뿐이다. 이 때문에 역사주의적 견해로서 ‘한’사상은 한국 고대사에 대한 해석의 수정 가능성이라는 면에서는 일말의 설득력이 있지만, 거기에 근거한 이데올로기적 태도의 표명이라는 점에는 거의 신뢰하기 어려운 주장을 포함하는 약점을 갖는다.

둘째, 종교적 해석이 있다. 이 해석이 가정하는 것은 역사주의적 해석의 종교적 수렴을 모색한다는 것이다. 단군신화를 거론하는 경우 종교적 해석은 다음 세 가지 정도의 갈래로 나뉘는 것을 발견할 수 있다. 첫째는 종교의 이념적 근거로서 단군신화를 가정하고, 이것의 현대적 계승을 각종 민족종교들 속에서 발견하려는 시도다. 둘째는 단군신화를 기독교 신학과의 유비 속에서 이해하고, 이를 통해 단군신화를 중요한 종교적 모티프로 사용하는 ‘한’사상과 기독교와의 동질성을 극도로 과장하려는 것이다. 셋째는 특정 종교의 이념적 가치를 정당화하기 위해 ‘한’사상의 외피를 빌리려는 종교적 차용의 경우다.[7)] 이런 종교적 해석 속에서 ‘한’사상은 민족종교 및 기독교와

6) 김상일, 『한』, 85쪽.

같은 외래 종교의 처리 문제를 두고 두 갈래로 나뉜다. 극단적으로 말해서 한 쪽에서는 이렇게 말한다.

> 우리 한민족에게 끼친 외국의 해독(害毒), 곧 삼독(三毒)을 들지 않을 수 없습니다.…… 한국인들은 중독(中毒)・왜독(倭毒)・양독(洋毒)에 차례로 중독되어 제 정신을 못 차리고 정신병환자처럼 방황해 왔던 것입니다.[8)]

이 주장은 극단적인 민족주의적 경향 속에서 외래의 것에 대해 배타적인 태도를 지닌다는 것을 간단하게 할 수 있다. 그런데 이 주장은 그 과도함 만큼이나 주장이 함축하는 입장에 대해서는 선명하게 이해할 수 있다는 장점을 갖는다. 반면에 이에 대비되는 두 번째 주장은 정말로 놀랄 만한 것인데, 그에 따르면 단군신화와 외래종교라고 할 수 있는 기독교는 비단 유사성에서만 그치는 것이 아니라, 완전히 동질적인 것의 양면이라는 것이다.

> ① 양쪽 다 유일신과 삼위일체신관을 가지고 있다.
> ② 유일신의 아들이 지상에 내려온다.
> ③ 유일신의 속성은 인간을 사랑하는 것이다.[9)]

이러한 주장은 부분적인 '유사함'과 전체적인 '같음'을 구별하지 못하는 초보적인 문제의식의 결핍이나 주장의 과도함뿐만이 아니라, 유대-기독교적 전통과 한국적 전통이 근본적으로 동질적인 것이라는 가정을 포함하기에 정당화가 곤란한 많은 문제점을 노출한다. 엄격하게 말하자면 단군신화

---

7) 이런 확장의 가장 극단적이고 편협한 결과는 조한범처럼 '한'사상이 기독교와 불교를 포함한 모든 것을 받아들여 결국에는 통일교라는 특정한 종교에로 귀결된다고 주장하는 것이다. 조한범, 『한역사 한사상』, 서울: 밀알, 1987, 144쪽.

8) 조한범, 『한역사 한사상』, 20~21쪽.

9) 김상일, 『한』, 54쪽.

어디를 살펴보아도, 신이 단 하나밖에 없는 유일신이라는 진술은 도출되지 않는다. 다만 이들의 주장을 통해 드러나는 것은 '고유의 것은 좋은 것, 외래의 것은 나쁜 것'이라거나, '기독교는 우리 전통과 같은 것'이라는 그 자체로 정당화를 필요로 하는 아직 정당화되지 않는 가정들뿐이다. 전자가 편협한 문화적 본질의식 속에 사로잡혀 있는 반면에, 후자는 기독교의 역사를 한국 역사화하거나, 혹은 거꾸로 한국의 역사를 기독교화함으로써 기독교의 역사를 한국 문화에 내재적인 것으로 강요하는 독선을 보여준다. 고려해볼 만한 가치를 갖고 있는 것은 민족종교를 '한'사상의 관점에서 해석하려는 관점이다. 이러한 관점은 천도교, 대종교, 원불교, 증산교 등 근대 주변에서 태어난 민족주의 종교들을 대상으로 하면서, 이들을 하나의 이론적 관점에서 묶을 수 있는 설명 방식을 추구한다. 실제로 이을호 역시 '한'사상의 관점에서 이러한 시도를 한 적이 있기도 하지만, 이러한 방식은 민족종교를 다룬다는 점에서는 종교적이지만, 그 해석의 근거를 일종의 단군신화에 대한 윤리적 해석에서 기인한 몇몇 가정들에 둔다는 면에서는 철학적이라는 특징을 갖는다.[10)]

셋째, 철학적 견해가 있다. 안호상, 최민홍, 이을호 등의 입장을 여기에 포함시킬 수 있다. 이들은 '한'사상의 가장 기본적인 가정, 즉 '한국의 고유 사상'이라는 가정을 공유하기 때문에, 이러한 고유 사상의 근거를 어디로 파악할 것인가에 의해서 분류되는 특징이 있다. 이을호는 이미 「한사상의 구조적 성격과 역사적 맥락」을 통해 안호상과 최민홍의 입장을 각각 신학적 한론과 철학적 한론으로 나눈 적이 있었는데, 이때 이을호는 안호상이 '한'을 고대사에 대한 팽창주의적 해석을 근거로 '한'을 삼신과 다를 것이 없는 '한얼'로 이해하기 때문에, 그의 '한'론은 일종의 한의 신격화라고 할 수 있기 때문이라고 주장했다. 반면에 최민홍의 입장은 '한'의 존재론적 이해로서

10) 「한사상론－민족종교를 중심으로－」, 『전서』 ④, 365~398쪽 참조.

'한'이라는 낱말을 철학적 하늘로 이해한다는 점에서 철학적 한론이라고 볼 수 있다는 것이다.11) 이런 입장과 비교할 때 이을호의 입장은 상당히 독특한데 그것은 안호상이나 김상일이 그러는 것처럼 '한'사상의 전개를 위해 한국의 고대사에 대한 팽창주의적 해석이라는 가정을 필요로 하지 않는다는 점에서 특히 그렇다. 이런 점에서 그는 최민홍과도 차이를 보이는데, 최민홍은 비록 분명하게 팽창주의적 역사 해석을 주장하지는 않지만, 단군신화보다도 '한'사상이 앞서고, 단군신화는 선재하는 '한'사상이 스며들어서 구체화된 것으로 간주한다는 점에서,12) 광범위한 의미에서 단군신화에 선재하는 역사 문화적 과정을 가정하기 때문에, 팽창주의적 역사 해석과 일치하는 면을 가지고 있기 때문이다.

넷째, 과학주의적 입장이 있다. 김상일로 대표되는 이 입장은 현대과학과 '한'사상의 유비에 근거한 한사상론을 전개한다. 김상일은 한때 학계 일각에서 제기된 신과학 운동의 영향을 받아 이렇게 주장하고 있다.

> 현대과학의 개념들을 한국철학 혹은 한철학의 개념들과 한번 접목시켜 볼 수는 없을까? 그리고 한의 개념을 비과학적이고 비합리적이라 보아 온 시각을 신과학을 통해 한번 재고해 볼 수 있지 않을까? 즉, 뉴턴과학적 시각에 의해 매도당한 한철학의 개념들이 신과학적 개념들에 의해 복권될 수 있으며, 어쩌면 한은 가장 과학적인 개념으로 재평가될 수 있다는 것이다. 그래서 가장 한국적인 것이 가장 과학적이다라는 논리가 성립된다는 것이다.13)

그러나 김상일이 추구하는 것은 '한'사상의 내용들이 현대의 물리학적

---

11) 「'한'사상의 구조적 성격과 역사적 맥락」, 『전서』 ④, 409~410쪽 참조.

12) "단군을 밝달임금 혹은 단군 한배검이라고 부른다면 「한」의 사상은 이미 건국 사회에 스며들었던 것이 사실이다"(최민홍, 『「한」 철학—한민족의 정신적 뿌리—』, 서울: 성문사, 1984, 4쪽).

13) 김상일, 『현대물리학화 한국철학』, 서울: 고려원, 1991, 17쪽.

진술들과 유비적으로 이해될 수 있다는 것 이상이 아니다. 단적으로 그는 의상의 법계도는 홀로그램의 내용을 그대로 담고 있다고 말한다.[14] "신라의 의상은 홀론을 유기적으로 이해했으며 그의 이러한 유기론적 발상은 한국의 고유한 '한'사상에서 유래했다고 할 수 있다."는 것이다.[15] 이러한 주장에 대한 가장 간단한 비판은 대학의 물리학 교재 대부분의 첫 장에서 나오는 차원 분석의 개념을 되살리는 것으로 충분하다. 현대물리학과 의상의 철학이 완전히 같다면, 그 둘은 사실상 동일한 것이다. 만일 그렇지 않고 하나는 물리학적 사태에 대한 서술이고, 다른 하나는 세계와 인간, 경험과 인식의 구조에 대한 철학적 서술이라면 그 둘은 서로 차원이 다른 것이다. 이런 관점에서 그 둘이 같다고 말하는 은유 이상의 어떤 것도 아니다. 더 큰 문제는 이러한 물리학적 입장과 철학적 주장 사이의 은유적 동질성에 대한 주장들은 굳이 '한'사상이 아니더라도 수없이 많다는 것이다. 물리적 탐구의 오랜 역사 과정을 거쳐 발견된 것과, 철학적 사유를 통해 발견되어 텍스트 속에 나타난 진술들 사이의 은유적 동질성에 대한 진술은 앞으로도 여전히 의미를 가질 것이다. 하지만 그 의미는 은유적 진술들이 그 자체로 세계에 대한 우리의 이해의 한 방식으로 나타난 해석학적 진술이라는 가정 아래에서 그렇다는 것이다. '한'사상이 유기론적 발상을 고유하게 함축하기 때문에 의상의 법계도가 그럴 수 있었다는 결론은 어디서도 도출되지 않는다. 사실은 오히려 거꾸로다. 즉 홀론이란 개념이 나타났기 때문에, 김상일은 홀론과 의상 법계도의 유사성을 논할 수 있었던 것이다. 그러므로 김상일의 '한'사상에 대한 과학주의적 접근은 '한'사상과 현대물리학의 유비적 이해를 가져다주기는 하겠지만, 그 유비를 배경으로 '한'사상이 현대물리학을 함축하거나 이미 예언하고 있다고 주장하는 것은 지나친 것이다.

14) 김상일, 『현대물리학화 한국철학』, 161쪽.
15) 김상일, 『현대물리학화 한국철학』, 165쪽.

결국 '한'사상이란 한국의 고유성이란 가정을 근거로 잃어 버린 고대사와 단군신화의 민족주의적 성격 및 기독교와의 유비 가능성, 그리고 현대과학과의 유비라는 몇 가지 가정을 배경으로 나타나는 주장들의 결합이다. 여기에는 크게 '한국사상의 고유성'이라는 개념을 어떻게 이해할 것인가에 대한 태도를 근거로 나누어지는 두 가지 형태의 입장이 있다. 좁은 의미의 '한'사상은 고유성을 거의 외부의 영향이 없이 자생적으로 탄생한 어떤 것의 의미로 해석하려고 한다. 이에 따른 직접적 귀결은 외부로부터 유입된 모든 지적 풍조는 고유성의 범위에서 벗어나는 것이다. 이와 반대로 넓은 의미의 그것은 외부로부터의 모든 유입을 감당할 만큼 충분한 범위로까지 '한'사상의 의미를 확대시킨다. 이것은 사실상 무엇이 들어오든지 일단 그것을 포괄하고도 남을 만큼으로 '한'사상의 의미를 확대시킨다.

3. 이을호의 '한'사상

'한'사상이라는 낱말에는 대략 네 가지 경향들이 서로 착종하고 있다. 이을호의 '한'사상이 갖는 구체적 내용들은 이런 경향성과의 대조에 의해서 보다 선명하게 드러날 것이다. 그러나 이러한 작업은 이을호의 '한'사상에 대한 개괄적인 재구성에 뒤따르는 비판적 검토에 속하기 때문에, 먼저 이을호의 '한'사상을 개괄적으로 재구성해 보기로 하자.

> 근래에 와서 '한'사상 또는 '한'철학이라는 새로운 단어가 한민족 사상의 독자성을 나타내기 위하여 널리 쓰여지고 있다. '한'의 어원이라거나 또는 '한'이 지니고 있는 광범위한 의미에 관하여서는 이미 많은 학자들에 의하여 널리 소개된 바 있으므로 여기서는 이를 생략하고 넘어가려 하거니와 어쨌든 '한'사상은 아득한 고조선 곧 단군왕조시대 이래 오늘에 이르기까지 줄곧 계승되어

> 왔으며 동시에 전통적으로 계승되어져 오는 과정에서 한민족 문화의 사상적 기초를 이루며 오늘에 이르고 있는 것이다.[16)]

이을호에 의하면 '한'사상의 기본적 동기는 한국사상사의 독자적인 맥락을 일관해서 해석할 수 있는 사상적 체계의 발견에 있다. 시사적인 것은 그 체계의 시작에 단군이 놓여 있고, 마지막에는 근세가 놓여 있다는 점이다. 단군은 곧 단군신화를 가리키고, 근세는 인용문에 이어지는 서술에서 언급되는 것처럼 구체적으로 정약용을 가리킨다. 이것은 이을호의 '한'사상이 다산학과 긴밀하게 연관되어 있다는 것을 분명하게 드러내 준다. 과연 그러한 연관은 어떻게 형성되었는가? 단군신화에 대한 이을호의 접근에서부터 출발해 보기로 하자. 그의 단군신화에 대한 이해에서 가장 특징적인 것은 강한 도덕주의적 접근 방식을 취한다는 점이다.[17)] 이을호는 단군신화에 대한 무교적・종교적・역사적 해석 등등이 성립 불가능하다고 주장하지는 않지만, 본인의 지론에 따라 철학적 윤리성을 문제 삼을 때, 다음과 같은 진술이 가능해진다고 서술한다.

> 단군설화의 윤리적 구조의 분석을 통하여 그 안에 숨겨진 깊은 뜻을 통찰해 본다면 부자, 군신, 부부 등 삼륜관계는 한결같이 '하나'에의 지향성을 간직하고 있다는 사실을 발견할 수 있을 것이다. 이를 일러 우리는 귀일의 원리라 이르지 않을 수 없다. 환인과 환웅의 부자윤리도 화친으로서의 '한'의 상이요, 환웅과

---

16) 「한사상의 본질과 맥락」, 『전서』 4, 365쪽. 같은 것을 더욱 간명한 형태로 그는 "필자는 한국사상사의 맥락을 단군→ 화랑(국선)→ 불교→ 유교→ 동학→ 근세로 잡아놓고 거기에 일관된 사상적 체계가 이루어지고 있는가의 여부를 살펴보려는 노력을 계속하고 있다. 그것을 필자는 일단 '한'사상이라 가칭하여 놓고 있다."고 설명하고 있기도 하다(「개신유학으로서의 경학적 특징」, 『전서』 4, 117쪽 참조).

17) "단군신화는 한민족의 오랜 민족적 신앙의 결집이기는 하지만, 우리는 이 신화가 지닌 종교성에 집착하기에 앞서 그것이 지니고 있는 철학적 윤리성을 간과해서는 안 될 것이다"(「삼국시대의 철학사상」, 『전서』 5, 124쪽).

> 일백이사의 군신윤리도 일체로서의 '한'의 상이요, 웅녀와 신웅의 부부윤리도 화합으로서의 '한'의 상이다. 이러한 윤리적 구조에서 우리는 조화, 평등, 수평, 호혜로서의 '한'의 상을 볼 수가 있다. 그것은 애오라지 중국적인 삼강사상에서 연유한 충효열의 종속윤리와는 실로 근본적으로 그 근원을 달리하는 것이라 이르지 않을 수 없다.[18]

이 구절은 이을호가 단군신화를 윤리적 입장, 즉 일종의 도덕주의적 시각에서 해석하고 있다는 것을 보여준다. 이러한 도덕주의적 시각은 어떤 의미에서 전형적인 유가 이론가의 특징이기도 하다. 하지만 이런 해석을 상투적으로 유가적이라고 단정하기에는 약간 다른 측면을 포함하고 있다. 바로 이 다른 측면이 이을호 '한'사상의 특징적인 면을 규정짓는다. 그 자신이 말하고 있는 것처럼 이을호는 단군신화의 윤리적 구조를 중국적인 충효열의 종속윤리와 근원을 달리하는 것으로 해석하려고 한다. 이러한 근원의 차이를 부각시키기 위해 이을호는 '한'이라는 낱말에 대한 수리적 해석을 강조한다.

> '한'이라는 단어가 지니고 있는 개념의 다양성도 급기야 그의 근원은 '하나'라는 수리에 근거하고 있다는 사실을 알아야 할 것이다. '한'은 비록 그 안에 크다, 밝다, 오래다, 많다 등 20여의 다양한 개념을 내포하고 있다고 하지만 이를 '하나'를 요약한 '한'으로 단순화하여 놓지 않으면 안 된다. 왜냐하면 그렇지 않고서는 '한'의 근원적인 본질이 어디에 근거하고 있는가를 잊어버리기 쉽기 때문이다. 그러므로 '한'이란 곧 '오직 하나'로서의 '한'이요 모든 것이 하나가 된다는 '한'이요 하나로 나타난다는 '한'에 지나지 않는 것이다.[19]

'한'이라는 낱말을 수리적으로 해석한다는 뜻은 이을호가 '한'사상의 의미

---

18) 「한사상의 본질과 맥락」, 『전서』 ④, 362쪽.
19) 「한사상의 본질과 맥락」, 『전서』 ④, 356~357쪽.

를 '한'이라는 글자의 다의적 속성에서 찾으려는 편협한 경향에서 벗어나 있다는 뜻이다. 예를 들어 '한'사상의 일부 주창자들 가운데는 '한'이라는 낱말 자체가 심오한 철학적 의미를 다양하게 포함하고 있다는 사실이 '한'사상의 중요한 근거인 양 진술하는 것을 종종 볼 수 있는데,[20] 이을호는 이러한 경향을 따르지 않고 한이라는 낱말 속에서 '하나'라는 의미만을 포착하는 것으로 충분하다고 생각했다.[21] 이런 해석은 이을호의 '한'사상이 어떤 존재론적 집착에 얽매이지 않으려고 했음을 있다는 점에서 독특하다. 그는 '한'이라는 개념을 어떤 실재처럼 이해하려는 경향에서 벗어나, 자신의 말에 따르면 '수리'로서의 하나, 즉 어떤 통일성의 개념으로 이해하고 있다. 즉 그의 '한'사상은 이질적인 여러 요소들을 통합했을 때 나타나는 최종적인 귀결로서의 '하나'라는 점에 초점을 맞추고 있다. 구체적으로 이러한 수리적 한이라는 개념의 내용을 이을호는 단군신화에 대한 해석을 통해서 유추해 냈다.

> 한사상은 위에서도 이미 지적한 바와 같이 실로 다양한 의미를 내포하고 있지만 그가 지니고 있는 가장 기본적인 의미는 모름지기 '하나'라는 수의 요약된 표현이 아닐 수 없다. 다시 말하면 '한'이란 곧 '하나'요 '하나'가 곧 '한'인 것이다. 그러나 이 '한'은 '하나'로서 하나 둘 셋 하는 서수적(序數的) '한'이 아니라, 때로는 이이일(二而一) 또는 일이이적(一而二的) 묘합(妙合)의

---

20) 고전적으로 안호상은 한의 의미를 22가지로 거론하고, 신정일은 열 가지로 나열하면서 이를 잡다한 개념들을 함축하고, 복합적으로 대비시키는 것으로 묘사하며, 김상일은 『한철학』에서는 '하나'와 '많음'을 동시에 포괄하는 것으로 이해했다가, 『한』에 이르러서는 'one(一)', 'many(多)', 'same(同)', 'middle(中)', 'about(부정)'이라는 다섯 가지 의미로 파악할 수 있다고 주장한다. 안호상, 『국민 윤리학』, 서울: 배영출판사, 1977, 147~150쪽 ; 신정일, 『한사상원론』, 대구: 한사상연구소, 1982, 11~15쪽 ; 김상일, 『한철학』, 서울: 전망사, 1983, 23쪽 및 『한』, 91쪽 참조.

21) 물론 김상일이 지적하는 것처럼 이을호 자신은 한의 수리적 이해를 단선적으로 파악하지 않고, 서수(序數), 전수(全數), 무한수(無限數)라는 세 가지 관점에서 파악하려고 시도한다. 김상일, 『한철학』, 32쪽 ; 「단군사상의 이해」, 『전서』 [4], 322~324쪽 참조.

> '한'이요, 때로는 셋이 모여 하나를 이루는 삼일원리로서의 '하나'라는 데 문제가 있는 것이다.[22]

'이이일'과 '삼일원리'라는 말에서 드러나는 것은, 어떤 통일성을 핵심으로 하는 대립하는 이원적 혹은 삼원적 요소들의 공존이다. 그리고 이 지점에서 이을호는 이러한 이원성과 삼원성에 대한 전형적 사유 원리를 음양설과 변증법으로 설정한다. 일단 이원적 요소의 통일에 대해 이을호는 이렇게 설명한다.

> 이이일적(二而一的) 묘합(妙合)의 세계관은 따지고 보면 일원론이나 이원론에서 보아 온 바와 같이 실체론적이 아니라 상징론적이라 이르지 않을 수 없다. 왜냐하면 이이일적 묘합은 실체론적 2자마저도 1이라는 '하나'의 상징적 수리에 의하여 비로소 파악되어지기 때문이다. 그러므로 이이일(二而一)에 있어서의 2는 음양 또는 정반이라는 대립체로 파악한다 하더라도 그것이 一者로 파악되어질 때는 그것은 또 다른 실체가 아니라 단순한 이자묘합(二者妙合)의 상에 지나지 않는다. 다산이 음양양의에 의하여 조성된 태극은 결코 주자가 이른바 실체로서의 천리가 아니라 단순한 음양양의에 따른 옥극(屋極)의 상(象)에 지나지 않는다고 이른 소이가 여기에 있다. 소위 신형묘합(神形妙合)이니 심신일여(心身一如)니 하는 따위도 따지고 보면 이이일적(二而一的) 인간(人間)의 상징적 허상이 아닐 수 없다.[23]

이이일적 묘합의 세계관을 설명하는 과정에서 혼란스러운 것은 일원론과 상징론이라는 대목이다. 정약용과 유사한 태도로 이을호는 형이상학적 이원론 모델-구체적으로는 송대 성리학의 이기론-을 기피하려고 한다. 이

22) 「한사상의 본질과 맥락」, 『전서』 ④, 365쪽.
23) 「한사상의 본질과 맥락」, 『전서』 ④, 374쪽.

때문에 이을호는 이이일적 묘합을 어떤 존재론적 일원론으로 귀결시키려는 시도를 피하고자 한다. 이것은 그의 '한'사상에 어떤 철학적 함축을 가져다준다. 그 철학적 함축은 "그것이 일자로 파악되어질 때는 그것은 또 다른 실체가 아니라 단순한 이자묘합의 상에 지나지 않는다."는 표현 속에서 드러난다. 이을호의 주장대로라면 그가 주장하는 '한'사상은 존재론적 일원론이 아니라, 상징적 허상으로서의 통일성을 지향하는 사상을 가리킨다. 즉 이을호의 '한'사상은 존재론적 이론이라기보다는 대비적이라고 간주되는 요소들의 조화로운 종합과 통일을 통해서 도출된 조화상에 대한 서술 그 이상이 아니다. 이런 조화상이 존재론적 일원론과 다른 점은 일원론이 하나의 사상과 철학 체계를 출발을 이루는 데 비해서, 조화상이란 실제로 하나의 이상이자 목표일 뿐으로서의 의미만 지닌다는 점이다.

한편 후자, 즉 '삼일원리'에 대해 이을호는 이렇게 요약했다.

> 우리들이 '한'사상을 이해함에 있어서 이이일적(二而一的) 묘합(妙合)과 회삼귀일(會三歸一)의 묘유(妙有)는 그의 두 쌍벽을 이루고 있음은 이미 위에서 지적한 바 있거니와 그 중에서도 회삼귀일의 원리는 그 어디에서도 찾아볼 수 없는 '한'사상의 진수라 이르지 않을 수 없다. 왜냐하면 이 삼일원리에 따른 '한'사상이야말로 우리 민족신앙의 결집체인 대종교(단군교)의 여러 경전을 통하여서만이 비로소 그 전모를 밝힐 수 있기 때문이다.…… 삼일원리에는 아예 음양설적 대립이나 변증법적 정반의 상은 개재해 있지 않음을 의미한다. 그러므로 이원론 또는 이이일원론적(二而一元論的) 세계관은 유한수(2・4・6・8……)적 인간계의 세계관이라 한다면 삼일원리의 세계관은 무한수(1・3・5・7・9……)적 신계의 세계관이라 해야 할 것이다.[24)]

이처럼 이이일의 묘함과 회삼귀일의 묘유라는 두 가지 형태의 통일성을

---

24) 「한사상의 본질과 맥락」, 『전서』 ④, 375~376쪽.

제안했기 때문에, 이을호는 이이일과 회삼귀일로 분리된 이원성과 삼원성의 통일을 일반화시켜 묘사할 수 있는 개념을 추구했고, 그것을 다시 한 번 단군신화와 연관시켜 이렇게 재진술했다.

> 단군신화의 무교적(巫敎的) 해석은 신인합일(神人合一)의 경지를 개척했다는 점에서 크게 기여(寄與)하고 있으나, 그것은 어디까지나 종교적 세계관의 본질을 설명한 것으로는 이해되지만 철학적 본질로 원용(援用)할 수는 없을 것이다. 왜냐하면 철학적 본질은 오히려 그러한 무교적 신화성(神話性)에서 탈각(脫殼)한 논리적(論理的) 구조에 의하여 이루어져야 하기 때문이다. 그것이 다름 아닌 이원구조(二元構造)의 창조적 조화가 아닐 수 없다.[25]

이상의 진술들을 종합해서 '양극적 조화'라는 관점에 입각한 단군신화의 해석으로부터 유추된 '한'사상의 철학적 성격을 이을호는 대충 세 가지 정도로 주장한다. 첫째, 한철학은 서양의 변증법이나 중국의 음양오행설과는 발생론적 시원을 달리한다. 둘째, 한철학은 변증법적 부정의 논리나 음양론적 대칭의 세계관을 극복하는 또 다른 제3의 철학이다. 셋째 한철학의 묘리는 논리적이라기보다는 차라리 종합적 직관에 의하여 비로소 파악할 수 있는 상징적 허상이다.[26] 개괄적으로 정리하자면 이을호에 의하면 "무한수적 총체로서의 '한'은 모든 대립과 갈등과 반목과 모순과 상극과 부정 등을 '하나'로 융섭하는 기능을 가진다. 그리하여 해원상생(解寃相生)의 대도를 여는 개벽의 주체가 되기도 하는 것이다. 그러므로 '한'철학이야말로 이원론적 상극의 세계관에서 상생의 세계관으로 전이해 주는 홍익인간의 도라

25) 동일한 내용을 그는 "단군신화와 〈한〉(韓·桓)사상은 불가분리의 관계에 있음은 주목해야 할 것이다. 그러나 〈한〉이란 〈하나〉(一) 이외의 다른 뜻이 있는 것이 아니다. 〈하나〉는 바로 그것이 〈創造的 調和〉의 窮極的 성과일 따름이기 때문이다." 라고도 표현했다. 「삼국시대의 철학사상」, 『전서』 ⑤, 125쪽.

26) 「한사상의 본질과 맥락」, 『전서』 ④, 385~386쪽.

이르지 않을 수 없다."는 것이다.[27]

이을호는 '양극적 조화'라고 부르는 '이원구조의 창조적 조화'라는 이상을 단군신화로부터 발견하고 난 후 그것을 토대로 한국철학사 전체를 재해석하려는 시도를 감행하려고 했지만, 실제로 한국철학사 전체를 재해석하기에는 무리가 따르는 점을 인식하지 않을 수 없었다. 왜냐하면 실제로 그가 이러한 '이원구조의 창조적 조화'라는 관점에서 사유되고 저술되는 철학 텍스트들을 한국 역사의 시대별로 일정 정도를 규모를 갖춘 대상으로 추려낼 수 없었기 때문이다. 그래서 그는 삼국시대의 철학을 일별하는 자리의 결말 부분에서 느슨하게 다음과 같이 말하지 않을 수 없었다.

> 끝으로 한국 철학사상의 본질에 대하여 한 마디 언급하지 않을 수 없다. 우리의 선인들은 단군신화에서 3국의 건국설화를 거쳐 3국의 고대국가를 형성함에 있어서 '양극적 조화'라는 철학적 과제에 직면하였다. 이와 유형을 같이하는 것으로 변증법(辨證法)과 음양설(陰陽說)이 있다. 그러나 우리의 선인(先人)들이 직면한 '양극적 조화'의 원리는 독자적 발전의 길을 밟았다. 희랍(希臘)신화나 대륙의 삼황오제(三皇五帝) 설화가 우리 단군신화와 비교할 때 그 유형(類型)을 달리하고 있는 것과 같다. '양극적 조화'의 원리는 단군(檀君)→ 화랑(花郞)으로 이어지면서 3국 통일의 원동력이 되었고, 그 후 불교를 수용하여 호국불교(護國佛教)의 주축이 되었다. 통일신라 이후 고려에 이르러 왕조(王朝)는 교체되었지만 한국불교는 선(禪)·교(敎) 양종(兩宗)의 상화로 1천 년의 전통을 지켜왔다. 그 후 전래(傳來)된 송대(宋代) 유학(儒學)은 불교와의 이원적(二元的) 괴리(乖離) 관계를 풀지 못한 채 조선조 5백년의 정신적 지주(支柱)가 되었다. 그러나 그들이 지닌 송조(宋朝)의 이원론(二元論)과 한국적 양극 조화의 일원론(一元論)과의 대립은 심화될 뿐이었다. 그러나 조선조 후기 실학파(實學派)들은 다시금 〈양극적 조화〉의 원점(原點)으로 회귀(回歸)하는 데 크게 기여하였다. 그러므로

27)「한사상의 본질과 맥락」,『전서』④, 386쪽.

한국 철학사상은 3국 시대 이래 [어쩌면 단군(檀君) 이래] 〈양극적 조화〉와 그 변조(變調)를 가려내는 작업에 의하여 우리들의 앞에 선명하게 그 모습을 나타내게 될 것이다.[28)]

4. 이을호 '한'사상의 특징

이상의 논의를 통해서 이을호의 '한'사상을 관통하고 있는 핵심적인 철학적 입장과 주장들을 발견할 수 있다. 즉 그는 세계관의 측면에서는 조화로운 통일성을 지향하면서, 가치론적 측면에서는 강한 도덕주의적 경향을 바탕으로 단군신화를 해석하는 과정에서 '한'사상의 기본적 모티프를 정립하고, 다시 이를 바탕으로 한국철학사 일반을 독해하는 해석 과정에서 일련의 상호 연관된 주장들을 한데 아우를 수 있었으며, 마지막으로 이러한 이해를 다산학에 대한 자신의 탐구와 연관시킴으로써 단군신화에서 시작해서 정약용에까지 이르는 사상사를 대상으로 하는 일련의 정합적인 '한'사상 이론을 도출할 수 있었던 것이다. 이러한 3단계의 이론화 작업을 특징짓는 철학적 전제들은 먼저 상징적인 차원에서의 일원론, 그리고 가치론의 측면에서는 강한 도덕주의적 지향을 들 수 있다. 이을호의 사상이 비록 존재론적 일원론을 회피하고 상징적인 조화와 통일을 제시하기는 하지만 그가 '묘합'과 '조화'를 강조하는 데에서 근본적으로 어떤 일원론적 통일의 가능성을 전제하고 있다는 것을 알 수 있다. 이런 개념들은 모두 일반적으로 대비되거나 대립되는 것이라고 간주되는 것들의 통일상을 반영하는 개념들이기 때문이다.

하지만 적어도 두 가지에 대한 설명은 부언되어야 할 것 같다. 하나는 그의 '한'사상이 요구하는 통일상이 구체적으로 음양설과 변증법적 사유를 대척점으로 설정한다는 점과, 그의 상징적 일원론이라고 부를 만한 것이

---

28) 「삼국시대의 철학사상」, 『전서』 5, 131~132쪽.

가지는 철학적 함축에 대한 것이 그것이다.

그가 차별을 지우고 싶어하는 가장 대표적인 두 가지 철학적 사유 양식은 음양설과 변증법이라는 점은 앞에서 언급되었다. 그는 확실히 이 두 가지 사유 양식을 동·서양을 대표하는 철학적 사유 양식으로 간주한 듯하다. 그러기에 '한'사상은 음양설적 사유도 변증법적 사유도 아니라고 그토록 강조했던 것이다. 그가 '이이일의 묘합'이라고 말하는 것은 음양론적 사유에 대한 '한'사상적 사유의 대안이었고, 회삼귀일이라고 부른 것은 정반합으로 이루어진 변증법적 사유에 대한 대안이었다. 예를 들어 그는 단군신화를 해석하면서 이렇게 말한다.

> 첫째, 환인과 환웅과의 부자윤리는 친화(親和)의 극치로서의 태일지상(太一之象)을 보여주고 있다. 둘째, 환웅과 삼신(三臣)에 의한 솔도삼천(率徒三千)과의 관계는 목민자의 하향윤리로서 일즉다(一卽多)의 상(象)을 보여준다. 셋째, 환웅과 웅녀에 의한 단군의 탄생은 원융무애의 극치로서 영원한 생성 발전의 상(象)이다. 이러한 도는 음양론이나 변증법으로는 설명할 수 없는 현묘지도로서의 '한'의 극치가 아닐 수 없다.[29)]

나아가 그는 같은 방식으로 다산학을 해석하면서 이렇게 진술하고 있다.

> 첫째, 다산은 우주론적 입장에서 음양의 원리를 음양대대의 원리로서 태일지형의 태극원리로 이해함으로써 한·송 양학에 의하여 정립된 음양오행설에서 오행설을 제거하였다.…… 둘째, 다산은 그의 인성론의 전개에 있어서도 친명과 인성이 둘이 아니라 '하나'임을 다음과 같이 표현하고 있다.…… 이는 곧 '이이일(二而一)'로서의 '한'의 상(象)을 여기서 엿볼 수가 있다. 다산경학에 의하여 표출된 '한'의 상(象)은 그것이 한낱 유학적인 측면에서뿐만이 아니라

29) 「개신유학으로서의 경학적 특징」, 『전서』 5, 118~119쪽.

> 한국사상의 원류를 따라 그의 맥락이 이어진다는 사실을 우리는 여기서 상기하지 않을 수 없다. 다시 말하면 개신유학의 다산경학은 한국사상사의 입장에서도 중요한 일장(一章)을 차지하고 있음을 의미하는 것이다.[30)]

두말할 나위 없이 다산경학이 한국사상사에서 중요한 장을 차지한다는 언급은 명백하게 '한'사상이라는 관점에 입각한 독해를 거쳐서 도달된 결론이다. 즉 단군신화나 다산학이나 일관되게 관통되는 내재적 맥락으로서 '한'사상을 가정할 수 있다는 것이다. 그래서 이을호는 "'한'사상은 중국의 음양론과 서양의 변증법과 정립하여 독자적인 사상체계를 갖춘 한민족의 철학"이라고 단언했던 것이다.[31)]

그러나 이을호의 '한'사상이 진정한 특징을 드러내는 것은 그 다음 대목이다. 그의 상징적 일원론은 강한 도덕주의적 지향과 분리될 수 없는 긴밀한 내적 연관을 갖고 있는데, 이러한 내적 연관이 갖는 철학적 함축이 그의 '한'사상을 돋보이게 만들기 때문이다. 이을호는 그의 개성적인 논문 「'한'의 '무생어유(無生於有)'에 대하여」라는 글에서 이렇게 말했다.

> 신이 존재하느냐 존재하지 않느냐는 질문처럼 어리석은 질문은 없을 것이다. 왜냐하면 신은 '무생어유(無生於有)'에 의하여 유의 세계에서 생성되어진 무이기 때문이다. 그러므로 이 법칙대로라면 신이 만물을 창조한 것이 아니라 만물의 세계에서 신은 무의 형태로 창조되어진 것이다. 대우주마저도 창조되어지고 있는 것이라면 신도 또한 지금 이 시각에도 천하만물과 더불어 창조되어지고 있는 것인지도 모른다. 신은 완전무결한 대조화의 상징적 존재이기 때문이다. 또 달리 어쩌면 신은 지금 여기에 우주질서의 형태로 존재하고 있는지도 모른다. 우주질서야말로 창조하면서 동시에 창조되어지고 있는 무 그 자체이기

30) 「개신유학으로서의 경학적 특징」, 『전서』 ⑤, 119~120쪽.
31) 「한국철학의 특징과 과제」, 『전서』 ⑤, 52쪽.

때문이다.[32]

그의 '한'사상이 여타의 '한'사상들과 차별을 빚는 대목들이 바로 이런 지점이다. 이을호는 어떤 실체론적 관점을 취하기를 거부하기 때문에, 철학적인 질문의 형태로 세계의 제일원인이란 무엇인가라고 말할 수 있는 신의 존재유무와 관련된 질문에 대해서 신과 같은 이름은 일종의 유명론(唯名論)적 관점에서 인간 사회의 창조물이라는 관점을 취한다. 이런 점에서 그는 일종의 생성론적 관점을 취하는 것으로 보인다. 이렇게 본다면 이름뿐인 신은 곧 무(無)와 같은 것이며, 이러한 무가 의미를 가지는 것은 순전히 그것이 생성의 과정에서 창조되어야 할 어떤 것일 때뿐이다.[33] 이을호에 의하면 이러한 의미에서의 비실체적인 신과 무 개념이 바로 '한'의 의미다. 하지만 그는 '한'을 신과 동일시하는 것에 그치지 않고, 마음과 동일시하면서 이렇게 진술하고 있다.

> 또다시 한 번 더 묻거니와 '마음'이란 과연 '있는 것'이냐, '없는 것'이냐. '없는 것'이라면 더 할 말이 없지만 '있는 것'이면 어디에 어떠한 형태로 '있는 것'일까! '무생어유(無生於有)'의 가설적 잔류법칙에 따른다면 그 대답은 너무도 간단하다. '심은 신체적 유에서 생성된 무로서 존재하는 도덕률'이라고 이를 수밖에 없다. 심도 '한'의 우주질서나 신의 대조화에서처럼 논리적 도심(도덕률)으로 창조되었고 지금도 자강불식(自彊不息)하며 창조되어지고 있다고 해야 할 것이다. 그러므로 지금의 나(자아)는 생성론적으로는 우주의 창조적 조화에

---

32) 「한사상의 본질과 맥락」, 『전서』 4, 407쪽.

33) 이런 점에서 「한의 '無生於有'에 대하여」라는 글은 '한'사상에 대한 이을호의 글 가운데 독특한 위치를 가진다. 이런 논리대로라면 '한'사상이란 과거의 것들로 이루어진 대상화된 텍스트의 재구성을 통해서가 아니라, 미래의 가능성을 가진 열려진 구성적 사조의 이름으로 해석할 수 있기 때문이다. 이런 열린 개념으로서의 '한'사상에 대한 평가는 '한'사상의 또 다른 논의 층위를 구성할 수 있을 것이다.

> 의하여 태어났지만 동시에 나(자아)는 지금 우주적 ‘한’의 질서와 신의 섭리를 기초로 한 윤리적 심성을 창조하고 있는 주체로서 여기에 존재하고 있는 것으로 이해하지 않을 수 없다.[34)]

그의 인간 이해에서 핵심적인 부분을 차지하고 있는 것은 ‘윤리적 심성을 창조하는 주체’로서의 인간이라는 규정이다. 이러한 인간 이해는 이을호가 강력한 도덕주의적 지향에 경도되어 있다는 주장의 부정할 수 없는 증거다. 그보다 더 중요한 것은 윤리적 심성의 창조라는 주장 속에서 심성, 일반화된 표현으로 마음이 한의 의미라면, 궁극적으로 중요한 것은 한의 의미 속에 윤리성이 포함되어야 한다는 것이다. 결국 이을호의 ‘한’사상이 말하고자 하는 것은 인간이란 조화로운 윤리적인 주체의 창조를 목적으로 하는 삶을 살아야 할 것이라는 철학적 충고 이외에 다른 것이 아니다.

5. 비교와 검토

이제 이을호의 ‘한’사상이 현대의 우리들에게 조화로운 윤리적 주체의 창조를 목적으로 하고, 그 조화로운 주체의 통일상을 ‘한’이라고 묘사하는 것이라고 이해한다면, 그의 ‘한’사상은 어떻게 평가되어야 하는가? 이제 앞에서 논의했던 ‘한’사상의 일반적 경향성들과의 비교를 통해 검토해 보자.

첫째, ‘한’사상을 주창하는 이들의 상당 부분은 한국의 고대사에 대한 팽창주의적 해석을 선호한다. 이런 팽창주의적 해석의 특징은 단적으로 말해서 ‘잃어버린 역사’ 신화라고 이름붙일 수 있다. 이들은 공통적으로 상고 시대의 발달한 고대 문명이 중국의 한족(漢族)과 대비되는 ‘한족’의 손에 의해 건립되었고, 이 문명이 오늘날 한국 문명의 시원이자 세계 문명의

34) 「한사상의 본질과 맥락」, 『전서』 ④, 407쪽.

발달에 광범위하게 영향을 미쳤다고 가정한다. 반면에 이을호의 '한'사상은 단군신화라는 상한선을 설정하고 이 이상으로 나아갈 필요를 느끼지 않는다. 비록 이을호가 단군왕조라는 표현을 사용함으로써 은연중에 팽창주의적 역사 해석 자체를 배제하지는 않는다는 암시를 주기는 하지만, 자신의 '한'사상의 정립을 위해 이을호가 필요로 했던 것은 단군신화의 윤리성에 대한 구조적 분석 이상으로 나아가지 않았다. 이런 점에서 일단 이을호의 '한'사상은 여타의 역사주의적 경향성에서 한 걸음 물러서 있다는 것을 알 수 있다. 이을호가 이런 입장을 취하게 된 것은 상식적인 관점에서 보아도 합리적인 태도다. 굳이 『논어』에 실린 "문헌이 부족하기 때문이다."는 공자의 말을 인용하지 않더라도, 팽창주의적 해석은 편협한 텍스트와 단편적 증거에 의존한다. 역사주의적 해석이 기존의 사서류에 서술된 내용을 받아들이지 않기 때문에 편협하다는 것이 아니라, 최소한의 설득력을 갖추기 위해서는 기존의 사서들와 정합적으로 어울릴 수 있는 해석을 내어놓아야 된다는 것은 당연한 요구다. 이 때문에 이을호의 역사주의적 태도는 철학자로서 합리적인 한계 즉 증거 자료가 부족한 것에 대한 유보적 태도를 드러낸다고 이해 할 수 있다.

둘째, '한'사상의 종교주의적 해석에 대해서도 이을호는 거부한다. 이미 앞에서 말한 것처럼 이을호는 다산학의 전공자로서, 정약용이 거부했던 송대 성리학의 형이상학적 경향을 회피하려는 것이 곳곳에서 눈에 뜨인다. 이 때문에 그는 심지어 신이라는 개념 자체를 노자의 『도덕경』에 나타난 '유생어무(有生於無)'라는 구절을 뒤집은 '무생어유(無生於有)'의 '무'로 설정하기까지 했던 것이다. 신이 무와 동격이고, 그것이 상징적 허상이며, 유에서 창조된 것이라는 주장은 이을호가 단군신화의 환인을 실체론적이고 종교적인 숭배의 대상으로 간주할 의도가 없다는 것을 뜻한다. 이을호는 종교적인 면에서 반형이상학적 태도를 추구하는 것이다. 이런 점에 비춰볼 때 그의

'한'사상은 제일원리 혹은 출발점으로 어떤 실체를 요구하지 않는다. 그에게서는 단군신화 속에서 발견해 낸 윤리적 조화로운 통일상에 대한 추구 그 자체만으로 충분했기 때문이다. 그래서 심지어 그는 정약용이 주장했던 "신형묘합(神形妙合)이니 심신일여(心身一如)니 하는 따위도 따지고 보면 이이일적(二而一的) 인간(人間)의 상징적 허상"이라고 했을 뿐만 아니라, "심은 신체적 유에서 생성된 무로서 존재하는 도덕률"이라고 단정하기까지 했던 것이다. 이을호의 '한'사상에 종교적인 측면이 있다면, 그것은 전형적으로 윤리적 주체로서 인간의 심성이 조화로운 세계상을 이끌어낼 수 있다는 신념 정도고, 이러한 사례가 한국철학사 속에서 일관되게 발견되고 있다는 철학적 신념 정도일 것이다. '한'사상은 이 신념의 외재화된 이름인 것이다.

셋째, 철학적인 면에서 이을호의 '한'사상은 한의 수리적 이해에 근거한 조화로운 통일성의 추구라는 특징을 갖는다. 수리적 이해라는 낱말은 이을호의 '한'사상을 안호상이나 김상일처럼 인격신 개념으로 이끌리지 않게 만든다. 동시에 최민홍처럼 비시원적인 근본적인 실재로서 '한'이라는 존재론적 정당화를 불필요하게 만든다.[35] 물론 이을호의 수리적 이해 역시 어떤 모호함에 둘러싸여 있는 것은 사실이다. 서수와 전수, 무한수라는 개념은 서수로서의 한, 전수로서의 한, 무한수로서의 한이라는 해석을 가능하게 하고, 이들은 각각 첫째, 완전성, 무한성이라는 잠재적 의미를 함축하기 때문에 이것은 거꾸로 이을호가 '한'을 '하나'라고 수리적으로 이해하고자 하는 단일성을 파괴시켜, 다른 많은 사람들이 그런 것처럼 '한'이라는 낱말의 다의성으로 회귀하는 것이 아닌가 하는 의심을 불러일으키기 때문이다. 그럼에도 불구하고 여전히 남는 것은 이을호의 한이 조화로운 통일상의 상징으로서 도입되었

---

35) "「한」 철학의 존재론은 우주 삼라만상의 근본적 실재를 「한」이라고 한다.……이 같은 「한」은 처음도 끝도 없는 존재이다. 인간의 오관으로 그 실체를 파악할 수 없는 형이상학적인 신비적 존재이다. 이러한 「한」은 비시원(非始源=nonorientable)적인 것이다." 최민홍, 『「한」철학과 현대사회』, 서울: 성문사, 1988, 49~50쪽.

다는 점이다. 한에 대한 세 가지 해석이 이 점을 무너뜨리지 않는 이상, 이을호의 '한'사상은 철학적인 면에서 조화로운 통일상의 구축 가능성에 대한 신념 이상의 어떤 신비한 요소를 포함하지는 않는다.

넷째, 과학주의적 해석에 대해서는 그 주창자라고 할 수 있는 김상일의 견해에 대한 이을호의 비판을 찾아보기 힘들다. 이것은 이을호 자신이 철학 분야의 탐구자고, 김상일이 애초에 화이트헤드의 과정철학적 관점에서 '한'사상을 구축했다는 차이로부터 야기되는 것으로 보인다. 이을호로서는 '한'사상의 과학주의적 해석에 대해 왈가왈부할 수 있는 위상으로 자신을 평가하지 않았던 것으로 보이며, 이것이 그가 '한'사상의 과학주의적 입장에 대해 별다른 언급이 없었던 주된 이유로 보이는 것이다.

6. 약점과 한계

이제 지금까지의 논의를 배경으로 이을호의 '한'사상이 갖는 약점을 정리해 보기로 하자. 가장 큰 이론적 약점은 두 가지다. 첫째, 이을호는 비록 상고사에 대한 팽창주의적 경향이나 종교주의적 '한'사상에 동의하지 않는 일종의 윤리적 합리주의를 추구한다는 점에서는 여타의 '한'사상의 주창자들과 차별이 있다는 것은 분명하다. 그럼에도 역사주의적 경향과 종교주의적 경향과 공통되는 한 가지 경향이 있다는 것은 부인할 수 없는 사실이다. 그것은 바로 '기원(起源)'에 대해 지나친 이론적 특권을 부여하려는 경향이다. 역사주의적 '한'사상은 상고사를 팽창주의적으로 해석함으로써, 종교주의적 '한'사상은 신격화를 통해서, 이을호의 '한'사상은 단군신화를 '한'사상이 발원하는 모티프로 삼음으로써 기원의 존재를 중시한다.[36] 이런 경향들은 공통적으로

---

36) 예를 들어 김상일이 '한'사상을 원형적인 것, 조형적인 것, 변형적인 것이라는 세 가지로 구별하면서 "타문화권으로부터 유입되어 비판적 논의를 거쳐 한국적이

불변하는 기원의 좋음이나 탁월함이 현실의 모든 문제에 적용 가능한 해답이 될 수 있을 것이라는 가정을 공유한다. 그러나 이러한 기원이나 원형적인 것의 불변성과 탁월성은 그 자체로 하나의 철학적 독단이기 쉽다. 기원의 탁월함으로 오늘날 우리들이 부딪치고 있는 문제들이 해결되는 것은 아니다. 왜냐하면 기원으로부터 오늘날 우리의 현실에 이르기까지의 기나긴 역사적 과정에 대한 고려가 빠져 있기 때문이다. 오늘날 우리의 문제는 과거로부터 누적되어 온 역사적 과정에 대한 탐구를 제외한다면 해결될 수 없는 성질의 것이다. 기원에 대한 몰두는 이러한 역사적 과정을 도외시하는 비역사주의적인 그래서 사실상 현실성이 결여된 공허한 이론으로 귀결될 우려가 높다.

둘째, 객관성의 결여다. 그것은 이을호 자신의 학문적 이력 그 자체로부터 기인한다. 이을호는 '한'사상의 주창자 가운데 한 사람이기에 앞서서 다산학의 전문가였다. 이것은 이을호가 단군신화와 다산학을 '한'사상이라는 일관되 구도로 해석하는 것을 가능하게 만들었다. 그러나 다산학과 단군신화가 일관된 구도로 해석되었다고 해서 한국철학사 일반이 그렇게 해석된다는 결론은 도출되지 않는다. 오히려 그것은 증명되어야 할 가정인 것이다. 다시 말해서 이을호의 '한'사상이 다산학과 정합성을 가질 수 있다면, 이런 이론적 가능성은 모든 한국철학자들에 공통적으로 적용될 수 있어야 하는지 해명되었어야 한다는 뜻이다. 이 말은 모든 한국철학자가 '한'사상의 구도와 일치하는 방식으로 해석되어야 한다는 독단을 의미하지 않는다. 정확하게 말해서 '한'사상이라는 구도에서 비춰볼 때 어떤 철학자는 정합성이 높을 것이고, 어떤 철학자는 정합성이 낮을 것이다. 바로 이 정합성의 정도가 광범위한 한국철학자들과 그들의 사상을 대상으로 비교 대조되어 종합되었을 때, 비로소 독자들은 이을호의 '한'사상의 구체적 내용뿐만 아니라, 그와

된 것"의 가치를 긍정하면서도 "원형은 조형 속에, 조형은 변형 속에 불멸한다."고 말할 때, 기원에서 기인하는 원형적인 것은 불멸하는 비역사적인 실재로 간주된다. 김상일, 『현대물리학과 한국철학』, 서울: 고려원, 1991, 13~14쪽 참조.

같은 '한'사상을 어떻게 평가할 것인지에 대해서 알게 될 것이다. 이런 점에서 이을호의 '한'사상이 다루고 있는 제약된 몇몇 인물들이 한국철학사 일반을 대표할 수 있는 대표성을 지니고 있는지에 대해 의문을 제기할 수 있다. 예를 들어 이이의 이기론이 포함하는 '이이일'이 '한'사상의 양극적 조화라는 원리와 일치한다면, 이이의 후학들 김장생, 송시열, 권상하, 한원진 등은 어째서 언급되지 않는 것인지, 그 내재적 이유도 똑같은 기준에서 설명되어야 하고, 어째서 이이의 후학들에게서 이이에게서 나타나는 경향성이 사라졌는지에 대해서도 해명해야만 한다. '한'사상의 양극적 조화는 어째서 그렇게 단속적으로 나타나는 것인가? 물론 그 이전에 이이와 그렇게 자주 비견되는 이황의 이기론적 주장들은 똑같은 원리에 의해서 평가될 때 어떤 이유에서 '한'사상을 거론하면서 언급될 이유가 없는지에 대해서도 해명해야 할 것이다. 즉, 이런 사례에 비춰볼 때 이을호의 '한'사상은 그 자신이 인정하고 있는 것처럼 추가적인 광범위하고 치밀한 연구가 없이는 '묘맥(苗脈)'으로서의 제한적 의미 이상을 갖지 못한다.

7. 맺는 말

기원에 대한 과대평가와 객관성의 결여가 이을호의 '한'사상이 갖는 약점이라는 것은 부인할 수 없는 사실이다. 이 때문에 이을호의 '한'사상이 우리가 받아들일 만한 타당성을 갖고 있는지의 여부에 대한 평가는 그 자체로 불충분하다. 기존의 '한'사상이라고 불리는 내용들과 이을호의 그것을 분리하고 차이를 지을 수 있지만, 그것 자체가 이을호의 '한'사상이 가지는 정당성을 보장해 주는 것은 아니다. 다르다는 것이 정당하다는 뜻일 수는 없기 때문이다. 이 문제를 별개로 다룰 경우, 즉 이을호의 '한'사상이 과연 그의 철학적 의도에 걸맞는 형식과 내용을 갖추고 있는가라고 묻는 경우 그 대답은 부정적이다. 『한사상의 묘맥』과 『한사상과 민족종교』를 제외하고 이을호는 진전된 어떤 내용을 제시하지도 않았다. 그리고 생애 마지막 부분에서는 이을호는 다시 '한국실학의 자생론'이라는 주제로 회귀했다. 이것이 이을호의 학문적 이력에서 '한'사상에 하나의 대안으로 고려되었다가 폐기되었다는 것인지, 아니면 그 자체로 불완성인 채로 남겨졌다는 것인지를 의미하는 것에 대해서는 확인할 수 없다. 그러나 어쨌든 폐기와 불완성 사이에서 평가가 엇갈리는 것이지, 고도의 타당성과 그에 대한 반론 사이에서 엇갈리는 것은 아니다. 이 점을 받아들인다면 이을호의 '한'사상의 현재 시점에서 최대한으로 평가해서 절반의 완성에 불과하다.

하지만, 이러한 절반의 완성이 이을호의 노력을 부정적인 이미지로 간주한다는 것을 의미하지는 않는다. 왜냐하면 이을호의 '한'사상은 바로 그 미완성으로 인해 개인적 한계와 한계 그 자체의 고유한 의미를 드러내고 있기 때문이다. 다시 말해 이을호를 '한'사상이라는 분야로 동기화시켰던 바로 그 문제의식은 지금도 여전히 문제인 것이다.

최후의 이을호가 남긴 원고를 통해 드러나는 '한국실학의 자생성'이란 논제는 사실상 '한국학의 자생성'이라는 일반화된 주제로 수렴되는 것이다. 결국 이을호는 한국학자로서 정약용에 대한 연구를 통해 한국학의 자생성이라는 원형적인 질문으로 접근해 갔던 것이다. 간명하게 표현하자면 이을호는 한 사람의 한국철학자로서 한국철학의 원형적 이미지에 사로잡혀 있었다는 직접적 표식이 그의 '한'사상이라고 할 수 있다. 이 두 가지 사례는 한국철학의 자생성에 대한 탐구가 이을호의 생애 후반기 '한'사상과 실학에 대한 접근에서 공통적이었다는 것을 의미한다. 이러한 질문에 대한 대안적 해결의 하나로서 '한'사상이란 시도는 미완의 결론에 머물고 있다는 점에서 이을호의 한계를 보여주지만, 이것은 동시에 이을호 이전과 이후를 꿰뚫는 고전적인 질문의 항구성을 보여준다. 즉 한국, 한국인, 한국철학이란 무엇인가?-이 질문은 끊이지 않는다. 한국인이란 무엇인가라는 질문은 인간이란 무엇인가라는 보편적 질문의 지극히 한국적인 한 형식이기 때문이다. 오늘날 이 한국철학의 원형적 이미지는 아직도 수많은 한국철학자들의 내면 깊은 곳에서 철학적 질문을 추동하는 중요한 요소로 작동하고 있다. 물론 여기에는 자생성이 고유성으로 이해되고, 고유성이 변경 불가능한 하나의 절대적 해답처럼 오해될 때 자생성에 대한 탐구는 '잃어버린 어떤 것'의 회복과 같은 신화적 구도 속에서 길을 잃어버리기 쉽다는 위험이 여전히 동반하고 있다는 것도 함께 기억되어야 할 것이다.

참고문헌

김상일 외, 『한철학』, 서울: 전망사, 1983.

김상일 외, 『한사상』, 서울: 온누리, 1986.

김상일 외, 『한사상의 이론과 실제』, 서울: 지식산업사, 1990.

김상일 외, 『현대 물리학과 한국철학』, 서울: 고려원, 1991.

김영두, 「한사상과 민중종교에서 본 남북상생철학」, 『원불교 사상과 종교문화』 vol. 32, 원광대 원불교사상연구원, 2006.

다산학연구원 편, 『이을호전서』 전 9책, 서울: 예문서원, 2000.

신정일, 『한사상원론』, 대구: 한사상연구소, 1982.

이을호, 『한思想의 苗脈』, 서울: 도서출판 사사연, 1986.

임균택, 『한사상과 윤리』, 서울: 형설출판사, 1994.

조한범, 『한역사 한사상』, 서울: 밀알, 1987.

최민홍, 『「한」철학과 현대사회』, 서울: 성문사, 1988.

안호상, 『국학의 기본학』, 대구: 배영출판사.

3. 현암 이을호의 호남유학 연구와 그 관점

안 동 교 조선대학교 한국고전번역센터 선임연구원

1. 머리말

대부분의 인생에는 전환점이 있게 마련이고, 그 전환점에서 어떤 생각, 어떤 결정, 어떤 행동을 하느냐에 따라 그 사람의 남은 인생에 결정적인 영향을 미치게 된다. 현암(玄庵) 이을호(李乙浩: 1910~1998)는 조선이 식민지로 전락한 바로 그해에 전남 영광군에서 태어나 현대사의 굵직한 사건을 두루 경험한 인물이다. 질곡의 시대에 태어난 만큼 이을호의 생애와 학문 역정에는 굴곡이 많았다. 널리 알려진 것처럼, 이을호는 약관 무렵엔 사상의학(四象醫學)과 약학을 전공하였으나, 20대 후반에 『여유당전서(與猶堂全書)』(1935년 간행)를 구입하면서 한국의 사상과 문화에 관심을 갖기 시작하였다. 영광 독립만세 사건을 주도했다가 형무소에 수감되어 독서에 열중하던 이을호에게 『여유당전서』의 입수는 그의 인생 항로에 결정적인 전환을 가져다주었다.

6경4서 · 1표2서 · 시문잡저 등 3부로 분류되는 『여유당전서』, 그 속에 함축된 유학의 원형과 실용의 학문에 매료된 이을호는 광복 이후에 비로소 약학도의 길을 접고 본격적으로 다산학 연구에 몰두하였다. 그 결과로 이을호는 『다산경학사상연구』 · 『다산학의 이해』 · 『다산학 제요』 · 『다산학 입문』

·『다산의 역학』 등의 저서와 역서를 출간하고, 정약용과 관련된 수많은 논문을 발표함으로써 명실공히 다산학 연구의 권위자로 평가받고 있다. 이을호의 학구열은 다산학 연구에만 그친 것이 아니다. 이을호는 다산학의 기저에 흐르는 '한'사상을 포착하고, 이를 토대로 『한국개신유학사 시론』·『한사상의 묘맥』 등을 집필하여 한국의 사상과 문화를 새로운 논리와 틀로 재구성하는 데까지 관심의 영역을 넓혀 갔다.

이을호는 뒤늦은 학구열을 다산학 연구와 한국철학사의 재조명에 쏟았다. 그런데 다산학연구원에서 편찬한 『이을호전서』(2000년 간행)를 찬찬히 살펴보면, 이을호가 호남 출신의 유학자, 예컨대 하서(河西) 김인후(金麟厚: 1501~1560), 고봉(高峰) 기대승(奇大升), 제봉(霽峰) 고경명(高敬命: 1533~1592), 수은(睡隱) 강항(姜沆), 노사(蘆沙) 기정진(奇正鎭: 1798~1879) 등의 사상과 정신에 대해서도 깊이 천착하거나 가볍게 언급했던 사실을 발견하게 된다. 이는 이을호의 유학적 사유가 사회적·지역적 성격과 무관한 공간에서 구성된 것이 아니라, 상당 부분 호남지역[1]이라는 특정한 위치에 뿌리박혀 있음을 의미한다. 이을호가 다산학에 주목한 것도 정약용이 호남지역 강진으로 유배 왔던 사실과 전혀 무관하지 않고,[2] 한국전쟁중에 『간양록(看羊錄)』을

1) 湖南에 대한 지리적 범위에 대해서는 여러 가지 학설이 존재하지만, 여기서는 요즘 학계의 일반적인 주장을 따라 '금강'을 기준으로 그 남쪽 지역 곧 전라도 지역이라는 의미로 사용한다[조성옥, 「지명 '호남(湖南)'의 형성과 지리적 범위 변화 가능성」, 199~200쪽]. 이을호는 호남이라는 지명을 백제문화권의 개념으로 파악하여 호남의 기준으로 '한강'을 추론하였으나(이을호, 「호남문화의 개관」, 『호남문화연구』 제2집, 1964년, 2쪽), 너무 포괄적이어서 따르지 않는다.

2) 이을호는 호남의 康津이 다산학의 산실이었던 만큼 정약용을 호남유학으로 포함시킬 수 있다고 주장하지만, 여기서는 포괄을 둘러싸고 논란의 여지가 있기 때문에 일단 논외로 한다. 이을호는 정약용의 일생을 3기로 나누고 "제1기는 그의 나이 40때까지로 출생하여 登科出仕한 시기로서 득의의 시절이기는 하지만 아직 학문이 완숙하게 체계화되지 않았던 시절이요, …… 제2기인 강진 謫居 시절이야말로 그의 학문의 전체적 규모인 육경사서의 수기지학과 일표이서의 치인지학이 완성된 시절로서 비록 그의 인생의 비운기라 하더라도 그의 학문적 입장에서는 오히려 황금기였다.…… 다산학의 산실로서의 강진은 호남유학의 입장에서도 중요한 의미

번역 출간한 것도 강항이 영광 출신이라는 배경이 깔려 있으며, 고봉학의 재정립에 열정을 쏟은 것도 기대승이 광주 출신인데다가 이을호 자신이 고봉학술원의 원장을 다년간 역임한 사실과 얽혀 있다.

이 글에서는 이을호의 호남유학에 대한 연구와 그 관점을 서술할 것이다. 구체적으로 말하면, 이을호는 호남 출신 유학자들 중에서 어떤 인물에 더 주목하였는지, 그들의 학문과 사상을 연구하면서 어떤 점에 더 관심을 두고 규명하려 했는지, 그리고 연구와 규명 과정에서 노출된 그의 관점이 무엇인지를 비판적으로 정리하고자 한다. 이를 통해 이을호의 호남유학 연구에 대한 가치와 의미가 밝혀질 것이며, 동시에 그의 사유체계에서 호남유학의 다양한 요소들이 한국철학과 관련되는 양상도 드러날 것이다.

2. 호남유학 탐구와 저술들

이을호는 출생 연도로 보면 이상은(李相殷: 1905~1976), 김경탁(金敬琢: 1906~1970) 등과 더불어 한국의 현대 동양철학을 개척한 학문1세대에 속한다고 볼 수 있다. 그러나 이을호는 청년 시절에 사상의학과 약학을 공부하였고, 독립만세 사건을 주도하다가 투옥되어 "옥중에서 사서삼경을 다시 읽고 일본을 통하여 소개된 서양철학을 공부하면서 유학사상과 한국철학을 연구하는 길로 방향을 전회했다."[3]고 한 만큼, 여타 학문1세대와 달리 체계적인 철학교육을 받지 못한 일종의 만학도였다. 스스로 "내 일생의 공부의 씨앗이 이때(『여유당전서』를 사 두었을 때) 뿌려졌음에 새삼 감회가 없을 수 없다."[4] 고 고백했던 것처럼, 이을호가 『여유당전서』를 만난 것은 그의 인생에서

를 갖는다."고 평가한 바 있다. 「호남유학의 특성과 인맥」, 『전서』 8, 365~366쪽 참고.

3) 오종일, 「현암 이을호 선생의 학문과 사상」, 『전서』 9, 586쪽.

4) 「여유당전서와 더불어」, 『전서』 9, 73쪽.

매우 소중한 인연이었다.

이을호는 『여유당전서』의 책 끈이 끊어지기도 하고 가장자리가 떨어져나갈 만큼 오랜 기간을 탐독하고 연구하여 다산학의 광대한 범위를 섭렵하였다. 그러나 이을호는 한평생 다산학 연구에 몰두하면서도 틈틈이 호남유학과 유학자들에 대한 탐구를 빠뜨리지 않았다. 아래에 열거한 글들이 이를 반증한다.

1) 수은 강항 관련 자료

□ 「국역 간양록」, 『이을호전서』 8
□ 「간양록의 역술을 마치고」, 『이을호전서』 9
□ 「일본에 뿌린 주자학의 씨」, 『이을호전서』 8
□ 「수은 강항의 생애와 학문」, 『이을호전서』 8

2) 고봉 기대승 관련 자료

□ 「고봉사상 연원소고」, 『이을호전서』 5
□ 「퇴계선생과 기대승」, 『이을호전서』 8
□ 「고봉의 경학사상」, 『이을호전서』 5
□ 「호남경학의 본질」, 『이을호전서』 8
□ 「고봉 후학으로서 겸재학의 삼대 과제」, 『이을호전서』 8

3) 기타 유학자 관련 자료

□ 「하서의 시대와 생애」, 『이을호전서』 8
□ 「제봉의 시대와 생애」, 『이을호전서』 8
□ 「노사선생의 생애」, 『이을호전서』 8

4) 호남유학 일반에 관한 자료

□ 「조선조 유학의 성립과 호남유학」, 『이을호전서』 ⑧

□ 「호남 유학의 특성과 인맥」, 『이을호전서』 ⑧

이상의 자료에 나타난 이을호의 호남유학 연구는 주로 강항과 기대승에게 집중되고, 기타 유학자에 대한 연구는 매우 미미한 수준이다. 그리고 호남유학 일반에 관한 연구도 치밀하기보다는 오히려 성근 느낌을 지울 수 없다.

이을호는 동향(同鄕)의 선배 유학자인 강항의 애국·충군의 정신과 일본 주자학에 미친 학문적 영향에 대해 일찍부터 주목하고, 이를 조명하기 위해서 강항의 포로 수기라 할 수 있는 『간양록』을 번역하여 학계에 소개했다. 또 기대승에 대해서는 사단칠정 논변의 유학사적 재평가를 요구하고, 논변의 과정에서 김인후에게 '수시문학(隨時問學)'했다는 일변의 주장을 비정(批正)했으며, 퇴계학(退溪學) 연구의 종속적 위치에서 취급되던 고봉사상을 독자적 입장에서 고찰해 보자고 제안함으로써, 고봉학(高峯學)의 재정립에 관심을 쏟았다. 따라서 이을호의 강항과 기대승에 대한 연구 성과는 아래에서 장을 달리하여 구체적으로 서술할 것이다.

이을호는 김인후·고경명·기정진에 대해서도 짤막한 글을 남겼으나, 거의 시대적 배경이나 삶의 역정, 사상과 정신에 대해 간단히 언급한 정도여서 특기할 만한 내용이 없다. 김인후의 학문적 배경을 지치주의적 경학, 사칠논변의 배경이 된 송학, 사장학적 시문학의 세계로 나누어 보거나, 고경명을 기묘명현의 후예로 시문학과 우국충절이 뛰어났다고 평한 정도다. 상대적으로 기정진에 대해서는 이분원융설(理分圓融說)이 한국적 묘합의 원리 곧 '한'의 원리와 일맥상통하는 것으로 보고, 그의 주리론(主理論)이 지니고 있는 독창적인 논리 전개, 실천유학의 본령인 수사학에 경도, 고질적인 당색에 초연한 학풍을 높이 평가하였다.

이을호는 「조선조 유학의 성립과 호남유학」이라는 글에서, "기묘명현들 중 죽음을 면한 사류들은 지방으로 흩어졌으니 그로 인하여 조성된 천하의 명소가 다름 아닌 무등산하 소쇄원이 아닐까. … 여기서 비로소 호남유학의 수창자로서의 기대승과 호남절의의 정수인 고경명을 배출한 것만으로도 저간의 소식을 짐작할 수 있다. … 이로써 한국유학은 절의론의 장몽(長夢)에서 깨어나 학문과 절의로 나누어지게 되었으며, 학문적 서통은 사칠논변에 의하여 개화되었고 절의는 호남의병에 의하여 우국정신으로 승화하였다."고 말했는데, 이 구절은 조선조 유학의 큰 흐름 속에서 호남유학이 성립하여 발전해 간 과정을 서술한 것이다. 포은(圃隱) 정몽주(鄭夢周: 1337~1392)에서 정암(靜庵) 조광조(趙光祖: 1482~1519)에 이르는 조선조 유학은 절의론이 대세였으나, 소쇄원에 모여든 호남사림 중에서 기대승은 성리학을 이론적으로 발전시킨 호남유학의 수창자고 고경명은 임진왜란에 순절함으로써 절의를 우국정신으로 승화시킨 정수로 표상화하였다. 다시 말하면 이을호는 기대승이 사단칠정론에서 주장한 칠포사(七包四)의 논리와 고경명이 임진국란에 발휘한 근왕정신(勤王精神)이 곧 호남유학을 학문적으로는 기호학파의 근간이 되게 하였고 절의적으로는 우국충절로 승화하여 오늘에 이르도록 했다고 역설한 것이다.

이을호는 또 「호남유학의 특성과 인맥」이라는 글에서, 한국유학의 양대 산맥 중 기호학파의 정상인 이이의 사상이 그의 선구자인 기대승에게서 연유한다는 사실을 상기시켰다. 그리고 호남의 유학을 하나는 장성권(담양·광산 포함, 김인후·梁山甫·기대승·기정진 등)의 전통 유학과 다른 하나는 강진권(해남·장흥 포함, 정약용·魏伯珪·尹斗緖 등)의 실학으로 권역을 나누고, 한국유학의 뿌리가 여기에 깊이 박혀 있으며 이 뿌리 없이 한국유학은 성립될 수 없을 정도로 호남유학은 큰 비중을 차지하고 있다고 주장하였다. 마지막으로 호남유학의 맥을 첫째 호남유학은 조광조의 지치주의에서 연원하며, 둘째 기대승의 주정설은 기호학파의 주기설의 선하를 이루며, 셋째 기정진의 주리론은 화서의 이존설과 함께 척사위정의 이론적 근거를 이루며, 넷째 다산학의 산실인 강진은 한국 개신유학의 산실이기도 하며, 다섯째 양산보의 풍류는 낙향 사유들의 멋의 일면을 보여준다고 정리하였다.

위에서 살폈듯이, 이을호는 호남유학의 일반적 특성이나 학맥, 호남유학자들의 학문 성향을 기회 있을 때마다 단편적인 글로 써서 발표한 적은 있지만, 호남유학에 대해 통사적 접근과 체계적 관점을 갖춘 논저를 남기지는 못했다. 이는 이을호 자신이 오랫동안 정약용의 실학에만 천착하다가 조선조의 주류 학문인 성리학을 공리공론으로 비판하는 실학풍에 매몰되어 학문의 다양성을 폭넓게 수용하지 못한 때문으로 보인다. 이 부분은 조금 아쉬움으로 남는다.

3. 『간양록』 번역과 수은(睡隱)에 대한 평가

이을호가 약제학을 강의하다가 철학과 교수로 부임하여 동양철학을 담당하기 전에 처음으로 번역, 출판한 책이 바로 강항의 『간양록』이다. 『간양록』은 수은(睡隱) 강항(姜沆: 1567~1618)이 임진왜란 때 왜적의 포로가 되어 "갖은 고생을 겪으면서도 조국을 잊어버리지 않고 비밀리에 인편을 통하여 선조 임금께 일본의 내정을 자세히 탐사해 보내되 그들의 지리와 관제와 병력 등을 적극적인 관심과 세밀한 관찰로 기록하였으니, 역사 연구에 큰 참고가 될 것이며 불타는 애국심의 발로는 민족의 정기(正氣)를 살피기에 넉넉한 자료"[5]다. 강항은 원래 이 책을 『건거록(巾車錄)』이라 불렀는데 '건거'란 죄인이 타는 수레로 포로가 된 자신을 죄인에 빗댄 것이다. 뒤에 제자들이 『간양록』이라 고쳤는데, 이것은 한나라의 소무(蘇武)가 흉노의 포로가 되어

5) 이을호, 「역자의 말」, 『수은 간양록』, 1980(4판), 5쪽.

양을 치는 수모를 겪었다는 데에서 따왔다. 내용은 적국에서 임금께 올린 「적중봉소(賊中封疏)」, 승정원에 나아가 여쭌 글인 「예승정원계사(詣承政院啓辭)」, 환란 생활을 적은 「섭란사적(涉亂事迹)」, 적국에서 보고 들은 것을 기록한 「적중문견록(賊中聞見錄)」, 포로들에게 알린 「고부인격(告俘人檄)」으로 구성되어 있다.

이을호는 한국전쟁이 일어나 1·4후퇴 때 목포로 피난하게 되었는데 고향의 선배인 문인(文人) 조희관을 만나서 문학 수업에 몰두한 결실로 이 책을 번역하게 되었다.[6] 이을호는 수개월의 노력 끝에 『간양록』을 번역하고 이은상의 교열과 김두헌의 서문을 받아 1952년(임진왜란 6주갑이 되는 해)에 출간하였다. 이을호는 이 책을 접하게 된 배경과 내용의 성격, 번역을 결심하게 된 동기를 다음처럼 밝힌 적이 있다.

> 선생과 나는 시대는 동떨어졌지만 같은 고을에서 났다는 것이 남다른 인연이 되어서 선생의 문집을 얻어 읽게 되었고, 따라서 이 『간양록』에 대하여 좀더 깊은 관심과 애착을 기울이게 되었다. …… 이 기록을 읽을 때마다 선생의 지극한 애국정열과 충군애족(忠君愛族)의 정에 가슴이 벅차오르고 머리가 저절로 수그려짐을 어찌하랴! 이 『간양록』은 문학적인 저술이라거나 학문적인 논술이라기보다도 적의 손에 붙들려 있으나 한시인들 어찌 고국을 잊으랴 하는 애정(哀情)에서 붓끝을 날린 글이기 때문에 … 선생의 기록에 손을 대게 된 동기는 오로지 오늘에 와서 선생의 뜻을 널리 알리고 싶은 충동에서였던 것이다.[7]

동향이라는 배경 때문에 남들보다 먼저 이 책에 관심을 갖게 되었고, 문학적인 저술이나 학문적인 논술의 성격을 지니지 않지만 애국의 정열과

---

6) 오종일, 「현암 이을호 선생의 학문과 사상」. 『전서』 9, 587쪽.
7) 「간양록의 역술을 마치고」, 『전서』 9, 131~132쪽.

충군애족의 정신에 감동을 받았다는 것이다. 그런데 번역 동기를 밝히면서 "오늘에 와서 선생의 뜻을 널리 알리고 싶은 충동을 느꼈다"고 말한 의도는 무엇일까. 전쟁이 종결되지도 않은 어수선한 상황에서 이 책의 번역을 서둘러야만 했던 이을호의 속뜻은 다른 데 있지 않았다. "임진왜란 당시의 실정과 오늘의 현실을 비교할 때 마음에 느껴지는 바가 없지 않아 이를 우리말로 번역하여 널리 애국동지들과 함께 읽어보았으면 하는 생각을 갖게 되었던 것이다."[8] 왜적의 침략으로 포로가 되었던 강항과 동족상잔의 비극으로 피난을 떠났던 이을호, 두 상황이 교차되면서 이을호는 형언할 수 없는 환란 속에서도 애국애족의 정신을 잃지 않았던 강항의 강인한 모습을 떠올렸고, 강항을 통해 민족의 갈 길을 제시하려 했던 것으로 보인다.

이을호는 『간양록』의 번역에만 그치지 않고, 포로로 끌려간 강항이 일본 사회에 미친 학문적 영향에 대해 조명한 글을 남기기도 하였다. 「일본에 뿌린 주자학의 씨」와 「수은 강항의 생애와 학문」이 그것이다. 이 두 편의 글을 통해 강항에 대한 이을호의 평가와 관점을 살펴보고, 그 평가와 관점이 내포한 몇 가지 문제점을 지적하고자 한다. 이을호는 먼저 강항이 포로 생활 중에 남긴 두 가지 사실을 언급했다. "하나는 그가 의식적인 정보 수집 활동을 감행함으로써 조국에 대해 충성을 바친 사실이요, 또 하나는 강항 자신도 예기치 않았던 문화적 유산을 일본에 남겨주었다는 사실이다."[9] 첫 번째 사실은 이미 위에서 다루었기 때문에 논외로 친다. 그렇다면 두 번째 "문화적 유산을 일본에 남겨주었다"는 주장은 무엇을 뜻할까. 이는 물론 일본 유학자들에게 퇴계류(退溪類)의 주자학을 전수해 줌으로써 이황→강항→ 후지와라 세이가(藤原惺窩)→ 야마자키 안사이(山崎闇齋)로 일본 주자학파의 서통을 잇게 했다[10]는 말이다.

---

8) 이을호, 「역자의 말」, 『수은 간양록』, 1980(4판), 6쪽.
9) 「일본에 뿌린 주자학의 씨」, 『전서』 8, 51쪽.

이을호는 자신의 두 번째 주장을 입증하기 위해 포로가 되기 이전에 강항의 학문 수수 과정이 어떠했는지를 탐구하였다. 몇 개의 구절을 인용해 본다.

> 우리가 수은을 연구함에 있어서 다소 소홀했던 점이 있다면 그것은 다름 아니라 그의 학력(學歷)에 관한 문제가 아니었던가 싶다. 그가 포로로서 일본에 전파한 유학이 퇴계학이었다고는 하나, 수은이 직접 퇴계에게 사사한 적이 없다고 한다면 어떻게 하여 퇴계학이 수은에게 전수되었을까 문제가 되지 않을 수 없다.[11]
> 그의 학문적 계통을 살펴보면 우계(牛溪) 성혼(成渾)의 문인으로 되어있다. 성혼은 널리 알려져 있는 바와 같이 이퇴계의 학설을 따른 대학자였다. 따라서 강항의 학통은 성혼을 매개체로 한 이퇴계의 직계로 볼 수 있을 것이다.[12]
> 그렇다면 어떤 관점에서 퇴계→ 우계→ 수은의 학통을 증명할 수 있을 것인가. 그것이 다름 아닌 학풍의 전승이라는 측면에서 이를 다루지 않을 수 없는 소이가 깃들어 있다. 학풍이란 과연 무엇일까. 한 마디로 말해서 퇴계야말로 철저한 주자학풍의 묵수자라는 사실이다. 사칠(四七)논변의 원점은 물론 정추만의 천명도로까지 거슬러 올라가게 된다. …… 끝내 퇴계는 그의 이기지학(理氣之學)을 이기호발설(理氣互發說)로 낙착시키면서 주자학적 이원론의 세계에서 벗어나지 못했다. … 그런 의미에서 수은 또한 우계를 중간자로 하여 퇴계학풍을 통하여 주자학풍을 체득하였으리라는 사실은 얼른 이해하기에 그리 어렵지 않으리라.[13]

이을호는 강항이 우계(牛溪) 성혼(成渾: 1535~1598)를 매개로 하여 이황의

10) 「일본에 뿌린 주자학의 씨」, 『전서』 ⑧, 51쪽.
11) 「수은 강항의 생애와 학문」, 『전서』 ⑧, 447쪽.
12) 「일본에 뿌린 주자학의 씨」, 『전서』 ⑧, 49쪽.
13) 「수은 강항의 생애와 학문」, 『전서』 ⑧, 449~450쪽.

학문을 전수 받았기 때문에 이황의 직계로 볼 수 있고, 학풍의 측면에서도 강항은 성혼을 중간자로 삼아 퇴계류의 주자학풍을 체득했을 것이라고 주장했다. 이을호의 이 주장은 액면 그대로 타당할까. 필자의 견해는 조금 다르다.

강항이 문과에 급제한 이듬해인 1594년(28세) 교서관 정자(校書館正字)로 있을 때에 경기도 파주로 성혼을 찾아가 뵙고, 기호유학의 한 맥인 우계학통(牛溪學統)을 계승한 것은 사실이다. 그런데 성혼의 사승관계는 복합적이다. 조광조의 제자였던 부친 청송(聽松) 성수침(成守琛: 1493~1564)과 휴암(休庵) 백인걸(白仁傑: 1497~1579)[14]에게 도학 교육을 깊게 받았을 뿐 아니라, 이황의 문인록인 『도산급문제현록(陶山及門諸賢錄)』에 직접 수학(受學)하거나 지견(贄見)하지는 않았지만 배알(拜謁)한 문인[15]으로 등재되어 있기 때문이다. 이황의 학문과 인품을 흠모하여 부친의 묘갈명을 이황에게 청하기도 하고, 이이와 사단칠정(四端七情)에 관한 논변을 전개할 때에도 이황의 논리를 지지하는 모습을 보여주고 있는 만큼, 성혼과 이황을 연결짓는 학통의 문제는 일면 긍정할 수 있다. 그러나 이러한 점을 반영하여 강항을 퇴계학파에 속하는 인물로 파악하는 것은 강항의 영향을 받아 발흥했다고 하는 일본 주자학이 이황의 계통이었음을 염두에 둔 견해일 뿐이다. 강항의 문집을 통하여 이황-성혼 계통의 주자학이 그에게 영향을 주었다는 단서를 찾아보기 어렵고, 또한 당시 주자학에서 논의된 주요 철학 문제에 대한 견해 표명도 거의 이루어지지 않았음을 상기할 필요가 있다. 오히려 강항은 주자학의 이론 분석보다는 도학적 의리(義理)에 근거한 실천성을 중시했기 때문에 조광조→ 성수침·백인걸→ 성혼으로 전승된 도학적 전통을 좀더 강하게 계승했다고 이해함이 옳을 것이다. 따라서 강항을 단순하게 퇴계학통에

---

14) 성혼은 1551년(17세)에 부친의 명에 따라 당시 파주에 머물고 있던 백인걸을 찾아가 『尙書』를 배웠다(成渾, 『牛溪集』, 「年譜」, 247쪽).

15) 김종석, 『퇴계학의 이해』, 228쪽.

연결시키거나, 그가 일본에 전수한 유학을 '퇴계 이황의 주자학'으로 평가해버리는 입장은 예단(豫斷)에 지나지 않는다.[16]

이을호는 나아가 근세 주자학의 개조로 불리는 후지와라 세이가(藤原惺窩: 1561~1619) 이후 일본 주자학이 정착되어 가는 과정을 다음처럼 설명하였다.

> 기록에 의하면, 등원성와(藤原惺窩)는 근세 주자학의 개조(開祖)로서 정평이 나 있으며 주자의 『연평문답(延平問答)』을 가장 존신(尊信)함으로써 사제전수의 저본으로 하여 임라산(林羅山)에게 수여한 것으로 되어있다. 이렇듯 씨앗이 뿌려진 성와(惺窩) 유학은 임라산에 의하여 다듬어졌고 임라산의 독서는 퇴율(退栗)은 물론 조선유학에 관하여 광범위한 영역으로 확대됨으로써 퇴계학의 도입에도 크게 기여하였다. 그러므로 산기암재(山崎闇齋)가 출현하자 퇴계학풍을 통한 주자학의 이해라는 새로운 학적 기반을 구축하기에 이르렀던 것이다. 따지고 보면 등원성와는 수은과의 교유에서 자신을 얻은 후 주자학풍을 조성하기에 이르렀고 그렇듯 조성된 주자학풍은 하나의 학파를 형성하기에 이르자 거유(巨儒) 산기암재에 이르러 크게 결실하여 주자학을 통한 퇴계학의 정착이라는 성과를 거두기에 이르렀던 것이다.[17]

이을호의 주장은 대부분 일본학자 아베 요시오(阿部吉雄)의 저술에 의존하고 있다.[18] 이을호는 아베 요시오의 주장처럼 후지와라 세이가(藤原惺窩)→ 하야시 라잔(林羅山)→ 야마자키 안사이(山崎闇齋)로 일본 주자학이 전수되면서 퇴계류의 주자학풍이 정착되었다고 기술하였다. 문제는 강항이 후지와

---

16) 강항이 일본에서 남긴 현존하는 기록 중에서 '퇴계 이황의 주자학'과 관련된 언급은 찾아볼 수 없고, 심지어 '퇴계(이황)'라는 단어조차 눈에 띄지 않는 실정이다. 따라서 현재까지는 일본 주자학자들이 퇴계(이황)를 교량으로 삼아 주자학에 접근하는 데 강항의 역할이 있었다는 신뢰할 만한 근거를 찾을 수 없다.

17) 「수은 강항의 생애와 학문」, 『전서』 ⑧, 457~458쪽.

18) 阿部吉雄, 『日本朱子學と朝鮮』, 東京: 東京大學出版會, 1978.

라 세이가에게 전수해준 주자학과 후지와라 세이가 이후 하야시 라잔→야마자키 안사이 시대에 와서 개화한 주자학의 내용을 명확히 구분하지 않는 데 있다.

강항이 일본에 머무르면서 직접적으로 주자학을 전수해준 사람은 후지와라 세이가와 아카마쓰 히로미치(赤松廣通: 1562~1600)다. 강항은 이 두 사람을 위해 석전제(釋奠祭)나 과거제도와 같은 의례(儀禮)를 전수하고 『사서오경왜훈본(四書五經倭訓)』, 수진본 『사서오경』, 『곡례전경(曲禮全經)』·『소학』·『근사록』·『근사속록』·『근사별록』·『통서(通書)』·『정몽(正蒙)』 등의 필사와 「오경발(五經跋)」을 지어 주자학풍을 진작시켰다. 특히 「오경발」에서 강항은 한유(漢儒)의 장구학(章句學)에서 벗어나 정주(程朱)의 전주(傳注)를 중시한 후지와라 세이가의 태도를 긍정적으로 평가하고, 송유(宋儒)의 학문에 기초하여 일본유학을 재건해야 한다는 인식을 강하게 심어주었다. 또 강항은 송유 중에서도 주자의 학문적 공헌을 가장 높게 평가하고, 후지와라와 아카마쓰가 사서오경을 새로 필사하여 송유의 주석에 따라 왜훈을 덧붙인 것도 주자학을 수용하여 확산시키려는 의도라고 이해하였다.[19] 「오경발」에서 무엇보다 주목을 끄는 곳은 강항이 후지와라와 아카마쓰에게 기대를 걸고 있는 말미 부분이다. "훗날 이 책을 본 일본의 높은 관리들이 글[文]을 통해 도리[道]를 깨달아 군주와 백성, 나라와 가정, 이웃을 위해 널리 적용하되, 한결같이 성현의 가르침을 배우면 부상(扶桑: 일본) 한 지역도 반드시 동주(東周: 문명국)로 변할 수 있을 것이다."[20] 이 기대는 곧 일본유학의 부흥과 깊이 관련되어 있으며, 더 나아가서는 강항이 조선의 유학자로서 이들을 위해 무엇을 지원해야 할 것인지를 암시하고 있다. 강항은 아카마쓰와 후지와라와의 고투(苦鬪)의 산물인 『사서오경왜훈』이 널리 읽혀서 유학의 도(道)와

19) 『藤原惺窩集』 上卷, 「五經跋」, 298~300쪽.
20) 『藤原惺窩集』 上卷, 「五經跋」, 298~300쪽.

성현의 교훈이 일본 사회를 이끄는 최고의 이념과 규범이 되기를 염원한 것이다.

막부시대의 일본유학은 주자학 · 양명학 · 고학(古學) · 개명(開明)사상 · 국학(國學) 등으로 분파되어 서로 학문체계와 방법을 달리했으나, 그 중에서도 주자학은 관학으로 존중되어 학문과 사상 분야에서 항상 주류의 위치를 잃은 적이 없었다. 미나모토 료엔(源了圓)도 "주자학파에 속한 유학자들은 도쿠가와 시대 전체에 걸쳐 상당수에 이르고, 특히 「간세이(寬政) 이학 금령」을 통해 쇼헤이코(昌平黌) 및 각 번(藩)에서 주자학이 정통 학문으로 된 이후 각급 학교에서 주자학을 배우거나 가르친 유명 무명의 사람들은 숫자를 헤아리기 어려울 정도"[21]라고 말하고 있는데, 이는 바로 강항 · 후지와라 · 아카마쓰 등이 막부 초기에 주자학의 초석을 튼실하게 다져 놓았기 때문이다. 따라서 이을호의 주장처럼 강항이 후지와라에게 전수한 유학을 단순히 퇴계류의 주자학으로 평가하는 경향은 지양되어야 한다. 강항의 역할은 오히려 한유의 장구학이 유행하던 시대에 주자의 경전 주석을 통해 일본유학을 재건하고 일본 사회를 개선하도록 각성시킨 데서 찾을 수 있다. 그리고 하야시 라잔과 야마자키 안사이가 이황의 주자학을 정착시켜 나가는 과정은 조선에서 전래된 이황의 저술들, 예컨대 『성학십도』 · 『주자서절요』 · 『자성록(自省錄)』 등을 통해 이황의 학문적 업적을 흠모하고 계승한 데서 비롯되었다고 해야 할 것이다.

4. 고봉학(高峯學) 재정립의 문제

이을호가 호남유학 연구에서 가장 많은 시간을 들여 다각도로 탐색한 부분은 아마도 고봉(高峯) 기대승(奇大升: 1527~1572)의 유학사상일 것이다.

---

21) 源了圓, 『도쿠가와 시대의 철학사상』, 43쪽.

이을호는 고봉사상이 유학사에서 올바른 평가를 받지 못해 그 본질과 위상이 제대로 부각되지 않은 점을 늘 안타까워했다. 따라서 직접 수차례 논문을 써서 기대승의 학문과 사상을 알리는 데 힘썼을 뿐 아니라, 고봉학술원이 창립되자 원장으로 취임해 기대승에 관한 연구 논문을 모아 『전통과 현실』이라는 논문집으로 간행하기까지 하였다.

이을호는 다방면에서 고봉사상의 본질과 위상을 부각시키고자 접근하였으나 그 중에서도 가장 눈길을 끄는 부분은 기대승이 이황과 사단칠정 논변을 진행하면서 김인후에게 질문한 적이 있는가, 아니면 없는가 하는 문제를 탐색한 곳이다. 이을호는 기대승의 7대손 겸재(謙齋) 기학경(奇學敬: 1750~1831)의 변론서에 근거를 두고 이 문제를 다음처럼 비정했다.

> 이러한 시비는 하서를 위해서나 고봉을 위해서나 그리 달갑지 않은 일이기에 누구나 이러한 시비총중에 뛰어들기를 꺼려하겠지만, 어쨌든 400년 후의 후학들에게는 숨김없이 분명히 해둘 문제임에는 틀림이 없다. 고봉이 사칠론을 하서에게 물었다고 해서 고봉이 격하되고 하서가 높여질 리도 없으려니와 하서에게 물은 사실이 없는데도 불구하고 고봉에게 이를 강요할 아무런 이유도 없는 것이다. 어쨌든 이러한 시비는 현석(玄石) 이전으로 돌릴 때는 '문우하서(問于河西)'는 사실 무근이요, 현석 이후에야 비로소 '문우하서'가 철안화(鐵案化)한 셈이다. 그러나 현석이 만일 겸재(謙齋)의 변에 대답이 없다면 후학의 입장에서는 현석 이전으로 돌아갈 수밖에 없을 것이다.[22]

기학경은 이기(理氣) 관계의 해석을 둘러싸고 일재(一齋) 이항(李恒: 1499~1576), 기대승, 김인후가 논변을 벌인 바는 있지만, 사단칠정 논변은 이황과 기대승 간에 벌어진 것으로 김인후는 개입할 시간이 없었으며, 더군다나

22) 「고봉사상 연원소고」, 『전서』 5, 470쪽.

『하서집』에는 사칠론에 관한 글이 없고 『고봉집』에도 김인후와 더불어 논란한 글이 없는 점, 김인후의 사위 양자징(梁子澂)이 찬술한 「하서가장(河西家狀)」에도 사칠설이 보이지 않는 점, 「하서부록」에 나오는 많은 글 중에도 사칠설은 보이지 않는 점, 김인후 사후 오랜 시간이 지난 뒤에 비로소 현석이 지은 「하서행장」에 등장하는 점을 들어 후인이 의도적으로 첨입(添入)했을 것[23]이라고 의심하였다. 실제로 현석(玄石) 박세채(朴世采: 1631~1695)는 이 민감한 문제에 대해 "퇴계 선생이 사단칠정의 이기호발론을 제기하자 기대승이 이를 깊이 의심하고 늘 하서 선생을 찾아가 가장 요긴한 대목을 질문하여 인증(印證)을 받은 뒤에 확연히 자신하였고, 하서 선생이 세상을 뜨자 기대승은 비로소 서신을 보내 왕복 논변을 벌이면서 대부분 하서 선생의 설명을 인용했다."[24]고 기술하였다. 이 진술대로라면 기대승은 독자적으로 이황과 사칠논변을 진행한 것이 아니라 김인후의 설명에 상당 부분 의존했다고 보아야 하기 때문에 고봉사상의 독자성을 구축하는 데 큰 영향을 미치게 된다. 그러나 김인후가 1560년 1월 16일에 타계하고 논변은 1559년 1월에 이황이 먼저 사단칠정을 논한 편지를 보내자 두 달 뒤인 3월에 기대승이 답장을 보내면서 8년간에 걸쳐 왕복된 만큼, 논변 초기에 기대승이 김인후에게 질문하고 김인후의 설명이 답장에 반영되었을 개연성은 충분하다. 도암(韜庵) 오희길(吳希吉: 1559~1625)이 "고봉이 이황과 사칠이기(四七理氣)의 논변을 벌일 때 늘 선생에게 나아가 논란하고 정밀히 궁구하여 서신을 주고받았다."[25]고 기록한 것도 이를 뒷받침해 준다. 다만 기학경의 주장대로, 기대승은 1558년에 문과에 급제하여 논변이 시작될 무렵에는 한양에서 승문원 부정자,

---

23) 「고봉사상 연원소고」, 『전서』 [5], 469~470쪽 재인용.

24) 박세채, 「行狀」, 『하서전집』 부록 권1, 272a쪽.

25) 오희길, 「敍述」, 『하서전집』 부록 권2, 283c쪽. 현석 박세채의 기록은 오희길의 이 구절에 근거를 둔 것으로 보인다. 참고로 오희길은 호가 韜庵이고 奇孝諫(김인후의 제자)의 문인이며, 「河西金先生遺事略」(『도암선생문집』 권2)을 남겼다.

예문관 검열 등을 역임중이었고 김인후는 장성에서 오랜 낙향 생활을 할 때였으므로, 김인후에게 나아가 의견을 물어 이를 전술(傳述)할 시간이 없었다는 지적도 가능하다. 어쨌든 당시 정황을 일목요연하게 들여다볼 수 있는 자료가 대부분 일실되어 쉽사리 단안을 내릴 수 없는데도, 이을호는 기대승의 후손 기학경의 변론 내용에 더 무게를 두고 사칠논변은 기대승이 독자적으로 이황과 왕복 변론한 것으로 매듭을 지었다.[26]

이을호는 여러 가지 가능성을 배제하고 기대승의 후손 기학경의 논거에 의존하여 퇴고 논변을 기대승이 독자적으로 수행했다고 보았다. 이는 고봉사상의 본질을 되살리고 호남유학 또는 한국철학사에서 기대승의 위상을 부각시키려는 의도와 연관되어 있다. 이 점과 연계된 이을호의 구체적인 설명을 살펴본다.

> 고봉은 고려말 삼은(三隱) 이후 정통 이학(理學)의 맥락을 따라 독학으로 우뚝 흘립(屹立)하기에 이르렀기 때문에 그는 어느 누구의 직제자도 아닌 독창적 창의로 그의 사상체계를 확립한 것이다. 그가 정주학의 신봉자임에는 의심의 여지가 없지만 결코 비판 없이 받아들이지 않았다는 데에 그의 독자성이 있으니, 이는 율곡이 이른바 그의 분명직절한 창의성의 소치라 해야 할 것이다.[27]

> 고봉사상의 복권은 곧 그것이 바로 호남유학의 위상을 올바로 정립하는 문제와도 직결하고 있다. 왜냐하면 사실상 고봉사상은 퇴계의 그늘에 묻혀 제자리를 찾지 못하고 있을 뿐 아니라 후일 그의 후배인 율곡에게도 그의 올바른 지위를 빼앗기고 있었기 때문이다.[28]

---

26) 이을호는 "退高 사칠논변의 이론적 전개는 경신년(1560) 정월 河西 서거 후의 일이니 문자 해도 물을 길 없는 시기였다"(『전서』 8, 389쪽)라고 단언한다.
27) 「고봉사상 연원소고」, 『전서』 5, 471쪽.
28) 「호남경학의 본질」, 『전서』 8, 465쪽.

이을호는 기대승이 이황과 사칠논변을 거치면서 자신의 학설을 정립하였지만 그에게 일정한 스승이 있었다고 볼 수 있는 아무런 근거나 시사도 없기 때문에, 이황조차도 속수(束脩)의 예를 갖춘 사제간이라기보다는 차라리 학덕을 경모하는 입장에서 스승으로 보는 편이 낫다고 하였다. 물론 그의 주변에는 이황 외에도 이항・김인후・소재(穌齋) 노수신(盧守愼: 1515~1590) 등이 맴돌고 있었으나 기대승 자신의 학문은 독학 또는 독창적 창의로 구축되었다[29]는 것이다. 같은 맥락에서 이을호는 지금까지 "이황 절에서 부수적으로 다루어지거나 아니면 퇴계학 연구의 종속적 위치에서 문제 삼던 고봉사상을 그의 독자적 입장에서 고찰해야 한다."[30]고 주장하기도 했다. 이을호는 퇴계 이황을 정점으로 한 영남유학과 율곡 이이를 주축으로 한 기호유학의 대립 구도에서 기대승이 소외되거나 이방인처럼 취급 받는 현실을 개탄했다. 이을호는 오히려 기대승의 정발이동기감설(情發理動氣感說) 곧 주정설(主情說)은 이황의 이기호발설(理氣互發說) 곧 주리설(主理說)과의 관계에서 한국 유학사의 쌍봉을 이루기에 조금도 손색이 없는 창의적인 인성론으로 평가했다. 따라서 사칠논변의 결과를 일방적인 기대승의 승복으로 매듭지어 버린다든지 논변의 마지막 서한을 기대승이 이황에게 보낸 논변의 항서(降書)로 간주하려는 경향을 배격했다. 상대적으로 이이는 기대승의 전면적 부정과는 달리 이황의 호발설 중에서 이발은 부정하되 기발만은 수용하는 어정쩡한 태도를 취하면서 주기철학을 정립했는데 그것은 곧 기대승의 주정설의 주기설적 수용이라고 보았다.[31] 다시 말하면 이이는 기대승의

29) 「고봉사상 연원소고」, 『전서』 [5], 468~469쪽.

30) 「고봉사상 연원소고」, 『전서』 [5], 428쪽.

31) 「호남경학의 본질」, 『전서』 [8], 464~467쪽. 이을호의 주장과는 달리 황준연은 사단과 칠정의 유래하는 바[所從來]에 있어서, 이이와 기대승과 같은 견해를 표시하여 "사단과 칠정이 오직 한 본성에서 나타난다[四七出於一性]"는 입장을 지지하지만, 理發과 氣發의 문제를 놓고 볼 때 율곡은 理의 동태적인 운동 성향을 철저히 부정하기 때문에 이황의 '이기호발'은 말할 것도 없고 기대승의 '이기공발'도 부정될

주정론(主情論)을 주기론(主氣論)으로 바꾸어 놓은 인물인데, 기대승은 정발(情發)을 주장하고 이이는 기발(氣發)을 역설했다[32]는 점에서 공통된 사상적 근사치를 지닌다고 본 것이다.

그렇다면 이을호는 기대승의 학문과 사상을 전체적으로 어떤 관점에서 이해하였을까. 결론적으로 말하면, 이을호는 기대승의 학문과 사상을 순정유학(醇正儒學)의 입장에서 논의하고 있다.

> 순정유학의 입장에서 새롭게 인성을 직시한 고봉의 심상(心象)에는 칠대사(七對四)라는 이원적 구조는 구조적 형식에 지나지 않을 뿐 아니라 거기에는 인간의 생동적 감성이 깃들어 있음이 똑똑히 비치기 시작하였다.[33]

> 소위 순정유학의 본령은 결국 경학과 경세학이 그 표리본말을 형성하고 있는 데에서 찾아볼 수 있는 것이다. 그런 의미에서 고봉학의 본령을 정립하자면 수기지학(修己之學)으로서의 사칠논변에 국한하지 않고 그의 지치주의적 실천학으로서의 그의 경세학에도 깊은 관심을 기울여야 한다.[34]

이을호는 순정유학의 관점에서 고봉학의 재정립을 시도하려고 했다. 이을호가 최초로 사용한 '수사학적 순정유학'이란 송대 성리학에도 물들지 않았을 뿐 아니라 한대의 재이설(災異說)에도 젖지 않은 순수한 공맹유학의 진수를 의미하는 것이었다.[35] 이을호가 기대승의 학문과 사상을 수사학적 순정유학으로 평가할 때, 그 의미는 문헌학적 경학이 아니라 사상적·이념적 경학의 측면을 가리킨다. 다시 말하면 기대승이 송대 성리학에 영향을 받은 것은

수밖에 없다(『율곡철학의 이해』, 110~111쪽)고 봄으로써, 이이의 사상이 전적으로 기대승에게서 연유했다는 설에 동의하지 않는다.

32) 「고봉사상 연원소고」, 『전서』 5, 474~475쪽.

33) 「고봉사상 연원소고」, 『전서』 5, 485쪽.

34) 「고봉사상 연원소고」, 『전서』 5, 489~490쪽.

35) 「고봉사상 연원소고」, 『전서』 5, 481쪽.

사실이지만 그의 성리학 이론은 사상적·이념적 측면에서 오히려 선진유학(특히 맹자)의 순정성을 보유하고 있기 때문에 경학적 성격이 짙다는 것이다.

이러한 관점에서 이을호는 사칠논변에 담긴 몇 가지 문제를 대비하여 이황과 기대승 간의 사상적 차별화를 시도했다. 첫째 성리설(性理說)과 성정설(性情說)의 대결이다. 이황은 사단칠정을 이기(理氣)의 발현으로 보아 송학의 성리설을 기초에 깔고 있지만, 기대승은 사단칠정을 모두 정(情)으로 이해하여 이기(理氣)는 제2차적 지위로 밀려났다. 둘째 기대승의 성(性)은 이론적으로 존재하는 선험적 존재일 따름이요 인성론적 입장에서는 일상적 존재로서의 정(情)일 따름이다(이는 정약용의 활성론적 배경과도 일맥상통하는 것임). 셋째 주정설적 고봉설은 맹자의 성정론(性情論)과도 일치한다. 넷째 기대승의 정발설(情發說) 안에는 이발(理發)·기발(氣發)이 이이일(二而一)의 형태로 융섭되어 있다. 따라서 이을호는 선진유학의 순정성을 보유한 기대승의 인성론은 감성적인 동시에 생명론적이라는 점에서 정약용의 그것과 같이 생(生)의 철학에 가깝다고 보았다. 또한 수기지학으로서의 인성론에만 머물지 않고 『논사록(論思錄)』에 보이는 것처럼 당대의 정치와 시무에 민감한 관심을 기울인 것도 결코 그의 실천철학과 무관하지 않다[36]고 평가하였다.

5. 맺음말

이을호의 호남유학 연구는 다산학이나 한국철학사 탐구처럼 체계적이고 깊이 있게 다루어지지 못했다. 이을호는 호남유학의 일반적 특성이나 호남유학자들의 학문 성향에 대해 단편적인 글을 남긴 적은 있지만, 통사적 접근과 체계적 관점을 갖춘 기획력이 돋보이는 저술을 남기지 않았다. 몇몇 호남유학

36) 「고봉사상 연원소고」, 『전서』 5, 488~489쪽.

자들에 대한 연구도 거의 강항·기대승과 같은 인물 연구에 집중되어 있어, 호남유학에 대한 이을호의 특별한 관점을 잡아내기란 무척 어렵다.

위에서 다룬 것처럼, 이을호는 강항에 대해서는 『간양록』 번역을 통해 애국애족하는 정신을 부각시키고 일본의 주자학이 정착하는 데 크게 기여했음을 알리려 하였다. 그러나 일본학자의 저술에 의존한 나머지 강항이 전수한 주자학의 성격을 제대로 설명하지 못했을 뿐 아니라, 강항이 일본학자들에게 일깨워 주고자 했던 학문적 메시지를 밝히는 데까지 밀고나가지 못했다.

기대승에 대해서는 사승관계나 사칠논변 과정을 파헤쳐 독자적으로 창의적 학문을 구축해 간 측면을 부각시키고, 동시에 그의 성정론이 이이의 선하가 되었다는 점을 강조함으로써 호남유학의 위상을 올바로 자리매김하려 했다. 나아가 기대승의 경학과 경세학을 '순정유학'이라는 관점으로 포괄하고, 기대승의 인성론에 내재된 선진유학의 순정성을 감성적·생명론적으로 이해함으로써, 기대승의 학문이 일반 주자학자와 달리 관념성과 공소성에서 벗어나 있음을 표방하였다.

이을호는 역사적으로 올바른 평가를 받지 못한 호남 출신의 유학자 강항과 기대승의 위상을 복권시키는 데 많은 노력을 기울였다. 특히 고봉사상을 언급한 곳에서는 간혹 논리적 비약이 포착되기도 하지만, '순정유학'이라는 관점으로 재조명을 시도하여 독특한 결실을 맺었다고 생각된다. 확장해서 볼 때 '순정유학'으로 기대승을 바라본 시각은 결국 호남유학 전체를 조망하는 이을호의 틀이었다고 보아도 무방할 듯하다.

참고문헌

『睡隱集』(『韓國文集叢刊』 73), 서울: 민족문화추진회, 1991.
『高峰集』(『韓國文集叢刊』 40), 서울: 민족문화추진회, 1990.
『河西全集』(『韓國文集叢刊』 33), 서울: 민족문화추진회, 1990.
『藤原惺窩集』 上卷, 東京: 日本圖書センター, 1979.
『牛溪集』(『韓國文集叢刊』 43), 서울: 민족문화추진회, 1990.

다산학연구원 편, 『이을호전서』 전 9책, 예문서원, 2000.
김종석, 『퇴계학의 이해』, 서울: 일송미디어, 2001.
阿部吉雄, 『日本朱子學と朝鮮』, 東京: 東京大學出版會, 1978.
源了圓, 『도쿠가와 시대의 철학사상』, 서울: 예문서원, 2000.
황준연, 『율곡철학의 이해』, 서울: 서광사, 1995.

조성옥, 「지명 '호남(湖南)'의 형성과 지리적 범위 변화 가능성」, 『한국지역지리학회지』 제14권 제3호, 2008.

4. 이을호의 '신토불이' 생명론과 생태적 함의

한 면 희 전북대학교 쌀·삶·문명연구원 HK교수

1. 머리말

인간은 진화 과정에서 정신의 능력을 신장시켰고, 이를 활용하여 자신의 생존에 유리하도록 문화(culture)를 구축하였다. 초기에 형성된 인간의 문화적 행위는 거의 대부분 자연의 생명부양 체계(life-supporting system) 안에서 이루어짐으로써 환경문제를 초래하지 않았다. 물론 고대문명에서도 자연의 부양 여력을 넘어설 정도로 도시화를 지나치게 확장함으로써 환경문제를 초래한 경우가 있지만,[1] 다분히 예외적인 사례로서 우연적이라고 할 수 있다.

환경재난이 본격적으로 발생하기 시작한 시기는 고도의 산업화가 진행되던 20세기 초반에서 중반으로 이어지던 무렵이다. 먼저 영국과 미국, 일본 등 산업 선진국에서 빈발했다. 1만 2천 명을 사망에 이르게 한 영국의 런던 스모그 사건은 1952년에 발생했다. 일본의 경우 4대 공해병으로 알려진 미나마타 및 니가타의 수은 중독병, 요카이치의 공해성 천식병, 그리고 카드뮴 중독으로 인한 이타이이타이병 등이 1950년대에서 1960년대로 이어

1) 이에 대해서는 다음을 참조할 것. 도날드 휴즈, 표정훈 옮김, 『고대 문명의 환경사』, 사이언스북스, 1998.

지던 시기에 집중적으로 발생했다. 바로 이즈음 선진국 시민은 환경문제로 인해 지구가 위험하다는 인식을 갖기 시작했고, 그 우려는 1970년 4월 뉴욕 맨해튼 등 대도시로 몰려나와 첫 번째로 지구의 날 행사를 치르는 양태로 나타났다. 그럼에도 불구하고 선진국의 산업 설비 가운데 공해 다발성 시설은 후진국으로 수출되거나 현지 공장을 두는 형태로 이전되었다. 세월이 흐르면서 개발도상국가에서도 환경문제는 나타났고, 마침내 지구촌 전체의 문제로 비화하기 시작했다.

환경재난의 빈발과 확산을 문제로 인식하고 이를 해결하기 위한 접근이 이루어졌는데, 대체로 둘로 분화되는 경향을 보였다. 하나는 산업문명과 자본주의 체제에서 누리는 물질적 풍요를 그대로 유지하면서 환경문제를 해결하자는 접근이다. 이 접근은 현재의 체제를 유지하면서 정책에 변화를 주는 형태로 문제에 다가가기 때문에 보수적 성격의 환경주의(environmentalism)라고 할 수 있다. 또 다른 하나는 환경문제의 뿌리를 추적하여 원천적으로 해결하고자 하는 것인데, 산업문명 자체가 실질적 원인이라고 진단한다. 이 접근은 산업문명의 생활양식과 체제를 넘어서서 새로운 사회를 추구하기 때문에 진보적인 생태주의(ecology)라고 부른다.

환경문제에 다가가는 접근이 둘로 분화되는 경향을 나타내고 있는데, 어떤 해법을 취하느냐에 따라 실질적 해결에 도달하거나 그렇지 못할 수 있다. 신자유주의 기조의 산업적 세계화가 지구 전역으로 광범위하게 퍼지고 있는 오늘날 가장 손쉬운 선택은 보수적으로 다가가는 환경주의 해법일 것이다. 산업사회의 현대인이 물질적 성장과 그에 따른 풍요의 혜택을 거부하는 것이 결코 쉽지 않기 때문이다. 실제로 환경문제로 곤욕을 치르게 된 선진국과 국제사회는 1970년대부터 환경을 법과 제도로 관리하는 환경주의 정책을 펼쳐 왔다. 그러나 그것은 그다지 실효를 거두지 못했다. 오히려 이 과정에서 문제는 더욱 증폭되었고, 이로 인해 21세기에 환경재난은 위기로 고조되고 있다고 보아야 한다. 사태가 이 지경이 된 데는 기존의 환경주의 해법이 본질적인 것이 못 된다는 데서 찾을 수 있다.

환경주의는 산업문명의 사회제도와 생활양식, 그리고 이런 것의 토대를 이루는 서양 전통의 세계관과 가치관을 그대로 존속시키는 형태이기 때문에 문제 해결에 원천적 한계를 갖고 있다고 여겨진다. 서양 전통의 방식을 활용하여 환경문제 해결에 임할 경우, 불가피하게 인류는 위험사회로 미끄럼을 타게 될 것으로 판단된다. 이에 패러다임의 전환을 이루는 새로운 접근이 모색되어야 한다. 새로운 접근이 생태주의인데, 산업문명을 넘어 초록문명의 사회를 지향한다. 생태주의는 새 문명의 비전을 제시하고 있다. 다만 그것은 아직 이상에 불과할 뿐 현실에 뿌리내릴 수 있을 정도로 구체화된 상을 마련하고 있지는 못하다. 향후 사상적 색채의 명료화와 제도의 구체화 과정을 거쳐야 한다. 필자는 현암(玄庵) 이을호(李乙浩)의 생명론과 거기에 깃든 우리 고유의 사상이 생태주의의 완성을 향해 나아가는 길목에서 의미 있는 기여를 할 수 있다고 본다.

본 글에서 먼저 서양의 전통 세계관을 간직한 보수적 환경주의가 위험사회의 진입을 차단할 수 없고, 그에 따라 생태주의의 도래가 불가피함을 드러낼 것이다. 필자는 환경문제에 대한 이을호의 입장을 신토불이 생명론으로 규정하면서, 그것이 갖는 특성을 그가 선호하는 우리의 전통사상과 결부지어 논의할 것이다. 그리고 이을호의 철학과 생명론이 서양의 환경주의 세계관과 다름을 드러내면서 또한 서양의 생태주의와 큰 흐름에서 일치하고 있고, 더 나아가 생태주의 사상이 새로운 사회를 지향하면서 갖추어야 할 중요한 요소를 그 안에 갖추고 있음도 함께 제시할 것이다.

2. 산업화 확장과 위험사회

지구촌 사회는 1960년대에 접어들면서 환경문제에 대해 깊이 있는 고민을 하게 되는데, 이것에 영향을 끼친 여러 환경 명저가 나타나게 된다. 그 가운데 가장 대표적인 것으로 1962년에 여성 생물학자 카슨(R. Carson)이 쓴 『침묵의 봄』(*Silent Spring*)이라는 저서를 들 수 있다. 이 책은 현대인이 문화적 편리와 경제적 풍요를 위해 각종 화학약품을 사용하면서 자연 생태계를 죽이고 인간마저 병들게 하는 지경으로 몰아 가고 있음을 고발하고 있다. 예컨대 DDT와 같은 농약을 다량으로 유포시키면서 봄은 왔지만 새조차 우짖지 않는 침묵의 계절을 향해 치닫고 있는데, 이 과정에서 인간은 과거에 별로 걸려 본 적이 없는 암과 같은 질환에 급격히 노출되고 있음을 밝히고 있다.[2)] 이 책은 출간과 동시에 미국 사회를 충격으로 몰아넣었고, 마침 환경문제가 지속적으로 발생하고 있던 터라 정책의 변화에도 결정적인 영향을 끼쳤다. 결국 1970년 새해 첫날 당시 미국의 닉슨 대통령은 '연방환경법(NEPA)'에 서명을 하게 되고, 그에 따라 법과 정책을 관리할 환경청(EPA)이 들어서게 된다.[3)] 그리고 미국에서 일어난 이런 정책의 변화는 유럽에도 전해지면서 서유럽의 변화를 함께 촉진했다.

미국과 서유럽이 보수적 환경주의에 의거하여 환경과 관련된 각종 정책을 펼치기 시작했고, 이런 경향은 국제사회로도 확산되었다. 1972년 스웨덴 스톡홀름에서 개최된 UN인간환경회의를 시작으로 최근에 이르기까지 UN이 주도하는 국제적 차원의 접근이 다양하면서 광범위하게 이루어졌다. 그런데 환경문제는 해결될 기미를 보이기보다 오히려 심화되는 양상으로 전개되고

---

2) Rachel Carson, *Silent Spring*, New York: Ballantine, 1962.

3) M. E. Kraft, "U.S. Environmental Policy and Politics: From the 1960s to the 1990s," O. L. Graham Jr., ed., *Environmental Politics and Policy, 1960s-1990s*, University Park, PA.: The Pennsylvania State University Press, 2000, p.21, 24.

있다. 이런 와중에 고도의 산업사회는 필연적으로 위험사회(risk society)로 진입하고 있다는 인식이 고개를 들기 시작했다. 이런 담론은 제3의 길을 개척하던 서유럽의 울리히 벡(Ulrich Beck)과 같은 학자들에 의해 주창되면서 20세기 말부터 의미 있게 받아들여지기 시작했다.

오늘날 지구촌 환경재난은 일반적인 몇 가지 유형으로 나타나고 있다. 산업화와 도시화 확장으로 인해 생물종의 다양성이 약화되고 있고, 열대림의 파괴도 지속적으로 이루어지고 있으며, 사막화 지역은 더욱 늘어나고 있다. 산성비로 인해 삼림의 수목 성장이 지장을 받고 있고, 오존층 파괴는 인간에게 피부암과 백내장 환자 수를 늘리고 있다. 그런데 위험사회를 예고하는 징후는 더욱 증폭되고 있다. 이런 것의 대표적 유형으로 지구온난화와 바이러스 창궐 가능성, 그리고 환경호르몬으로 인한 재앙의 도래 등을 들 수 있다.

현재 국제사회가 우려의 눈으로 바라보는 초미의 화두는 지구온난화에 따른 기상이변의 사태를 들 수 있다. 지구온난화 연구로 노벨상을 수상한 기후변화정부간위원회(IPCC)는 2007년에 내놓은 보고서에서 지구 평균온도가 지난 100년간 0.74℃ 상승했는데, 지금 추세를 유지하면 금세기 말에 최대 6.4℃ 상승할 수 있다고 보았다. 평균기온이 1.5~2.5℃ 상승하는 것만으로도 전 세계 생물종의 20~30%가 멸종될 것이라고 전망했는데, 이런 사태 속에서 인류가 입는 피해도 상상을 초월할 것으로 여겨진다. 혹자는 인류가 20세기에 겪은 두 차례의 세계대전을 능가하는 기후와의 대전쟁을 치르게 될 것으로 예측하고 있다.

바이러스 창궐도 위험사회를 예고하는 주요 징후의 하나다. 산업사회에서 가축은 자원으로서 오직 돈을 벌기 위한 수단으로 간주되고 있고, 심지어 컨베이어시스템의 한 부품으로 다뤄지게 된다. 공장에서 집단으로 사육되는 닭과 돼지, 소 등 가축의 환경은 열악하기 그지없다. 병충해에 노출되지 않도록 일상으로 항생제가 투입되고, 이를 섭취하는 사람 역시 간접적으로 높은 항생제 내성률 상태에 놓이게 된다. 그리고 이런 항생제 내성의 바이러스가 출현하여 동물에게만이 아니라 인간에게도 습격하게 됨으로써 사태는 점차 악화된다. 2009년에 지구촌 사회를 극도의 긴장으로 몰아넣은 신종 인플루엔자 사태가 그런 것의 전조에 해당한다. 이렇게 바이러스는 현재와 같은 산업사회의 구조에서 언제든 치명적 형태로 출현할 수 있다는 데 문제의 심각성이 있다.

보이는 위험과 더불어 보이지 않는 위험이 현대인을 서서히 침몰시키는 양상으로 다가오고 있다. 고혈압과 심장병, 당뇨병 등 각종 성인병이 현대인을 위협하고 있다는 것은 잘 알려져 있다. 그런데 이런 것보다 훨씬 심각한 양태로 우리에게 조용히 스며드는 것이 있다. 화학물질이 홍수를 이루는 현대사회에서 그런 것은 생활과 식탁으로 찾아오고 있고 또 자연으로 흘러들어간 후 먹이사슬 체계를 거쳐 우리에게 우회적으로 다가오고 있다. 햄과 소시지에 들어간 식품첨가물 아질산나트륨은 위산과 결합하여 발암성의 니트로소아민으로 바뀐다. 폴리카보네이트 재질의 유아용 젖병과 화학물질 코팅이 된 캔용기에서 비스페놀A, 컵라면에서 프탈레이트, 그리고 비닐랩과 접촉하면서 배달되는 중국집 짬뽕에서 노닐페놀 등이 검출된다. 모두 암 발병과 관련이 있다. 온갖 화학물질이 강과 바다로 흘러드는데, 그 일부가 어패류에 들어가 호르몬의 일종인 에스트로겐 역할을 수행한다. 1990년대 이후 조사에 따르면, 미국 플로리다 수컷악어 다수에게서 생식기 이상이 나타났고, 일본에서 가자미 수컷의 암컷화, 영국에서 암수 동체의 잉어가 다량으로 발견되었다. 이것은 인간에게도 침투되어 여성호르몬의 역할을 하고 있다. 그래서 여아의 조기 성숙, 젊은 여성의 유방암 발병, 그리고 남성의 생식기 이상 증세로 나타나고 있다. 문제는 이와 같은 환경호르몬이 지구촌 산업사회 경제의 확산과 더불어 꾸준히 축적되면서 함께 심화되고 있다는 점이다. 따라서 현대인은 산업화로 인해 물질적 부를 보다 많이 향유하게 되었지만, 그로 인해 온갖 환경성 질환에 노출되는 등 점차 위험사회로 미끄럼을 타고 있다고 할 수 있다.

3. 서양 주류 사상의 환경적 한계와 생태주의의 등장

현대인이 환경적 위험에 구조적으로 노출되는 위험사회로 진입하고 있다면, 현대인의 생활 기반인 산업문명의 체제에 대한 성찰이 불가피하다. 그리고 환경문제를 해결하고자 시도된 보수적 환경 관리주의에 대한 비판적 평가도 하지 않을 수 없다. 미래세대 인류가 건강하고 쾌적한 자연에서 문화적 삶을 영위하도록 배려하려면, 문제의 원인을 분별하고 보수적 해결책의 한계를 직시하면서 그 대안을 찾는 것이 필연적이다.

산업사회의 현대인은 콘크리트 숲으로 둘러싸인 도시에서 거주하면서 산업공단에서 만든 각종 문명의 이기를 한껏 향유하고 있고 또한 전 세계의 산하와 해양, 경작지에서 산출한 풍부한 식량자원을 마음껏 즐기고 있는데, 이 과정에서 자연의 생명부양 체계를 허물어뜨리고 있다. 자연의 생명력을 취약하게 만들 정도로 인간 제국의 영역을 확장하고 있고 몹시 해로운 환경성 유해요인을 지구촌 곳곳에 전가하고 있다. 비유컨대 이것은 앞에서 누리는 인간의 산업화 풍요가 뒤로 버려지면서 지뢰와 부비트랩의 지속적 매설로 나타나는 양상이라고 할 수 있다. 현재도 누군가가 그것을 밟거나 건드리게 되면 질병을 얻거나 목숨을 잃게 되는데, 미래로 갈수록 매설 위험 요인의 수와 위력이 증폭되는 탓에 우리의 후손은 더욱 위험하고 심각한 양상에 놓이게 될 것이다.

산업화의 생활양식은 서양 전통의 지배적 세계관과 가치관에서 비롯된 것임을 알 수 있다. 산업주의 세계관은 인간과 자연의 이원론적 사유를 짙게 반영하고 있다. 근세의 합리론 철학자 데카르트(R. Descartes)는 정신과

물질의 이원론을 주창하여 근대화에 커다란 영향을 끼쳤고, 경험론 철학자 베이컨(F. Bacon)은 우월한 인간이 열등한 자연을 정복하여 자연에 인간의 제국을 건설하는 과학적 지식이 필요함을 역설하였다. 이런 사상적 배경에서 자연은 인간의 목적 달성을 위한 수단, 즉 자원(resources)에 불과한 것으로 간주되었다.[4] 자연을 물질적 자산인 자원으로 규정하는 산업문명은 그 체제가 자본주의든 아니면 마르크스적 사회주의든 시장경제나 계획경제에 의해 자유로운 개인이나 인민 일반이 생산성 증진을 위해 이용해야 할 도구로 파악할 뿐이다. 정도의 차이는 있지만 두 체제에서 환경재난이 계속 빈발해 왔음은 이것을 입증하고 있다고 보인다.

그렇다면 환경문제를 해결하고자 수행된 보수적 환경주의와 관리적 정책은 왜 성공적이지 못했을까? 근본 이유는 환경위기의 뿌리를 보지 못한 채 바깥으로 드러난 현상의 외형적 치료에 머물렀기 때문이다. 일시적으로 사태는 해결되는 듯이 보이지만, 안으로 곪게 된 문제는 시간의 경과 속에 더욱 깊게 그 치부를 드러내게 마련이다. 자연을 인간의 돈벌이와 풍요를 위한 수단으로만 간주하는 지배적 세계관과 도구적 가치관을 그대로 견지한 채 겉으로 드러난 환경재난만을 해결하겠다는 접근은 태생적 한계에 봉착할 수밖에 없다.

환경주의의 해결책은 마치 아토피 피부염을 치료하는 서양의학의 접근과 흡사한 것으로 보인다. 초기에 서양의학의 치료는 연고와 양약 복용이었다. 이렇게 하면 분명히 외형적인 차도를 보였다. 그러나 양약을 끊으면 피부병은 그대로 재현되었다. 사태가 이렇게 전개된 데는 서양의학이 환경성 질환에 관한 한 거의 대부분 원인을 제거하지 못한 채 밖으로 드러난 현상 치료에 머무르고 있었기 때문이다. 양약 복용이 일시적으로 급한 고통을 완화하는

4) A. McLaughlin, *Regarding Nature*, Albany, N.Y.: State University of New York Press, 1993, p.67.

효과는 있지만, 양약의 지속적 복용은 화학약품 특유의 부작용 때문에 몸의 면역체계와 저항력을 약하게 만드는 요인이 된다. 환경주의 정책 역시 마찬가지다. 환경문제를 현상적으로 해결하는 데는 일시적 도움을 주지만 그 원인에 따른 지속적 발병과 확산을 실질적으로 제거하고 차단하기에는 역부족일 수밖에 없다. 이것은 두 가지 의미를 함축한다. 현상적 치료에 머무는 환경주의는 근원적 해결책이 못 된다는 것이 하나고, 그런 해결책의 토대를 이루고 있는 서양 전통의 이원론적 자연관과 도구적 가치관을 더 이상 유지해야 할 이유가 없다는 것이 또 다른 하나다.

아토피 피부질환이라는 현대병을 만든 직접적 원인은 작물을 경작할 때 생산성과 수확량, 돈을 가장 우선시하면서 기꺼이 농약을 치고, 심지어 먹는 음식에도 색감과 방부성, 항균성 등을 위해 화학물질을 사용하는 서양식 생활양식을 거론할 수 있다. 물론 거기에는 서양 전통사상에 깃든 우승열패의 이원론적 세계관과 가치관이 근원적 뿌리임을 알 수 있다. 반면 아토피 질환에 대한 근원적 치유가 가능한데, 이런 것에는 인간과 생활여건, 그리고 먹는 음식이 서로 밀접한 생명적 상호관계에 놓여 있음을 반영하는 아시아 전통의 생활양식과 천지인합일(天地人合一)의 세계관이 깃들어 있다고 해야 할 것이다. 그렇다면 대안적 세계의 상은 어렴풋이 떠오르게 된다.

환경위기를 근원적으로 극복하기 위해서 찾아야 할 새로운 상은 이원론적 세계관과 도구적 가치관을 넘어서는 것이다. 마침 인간과 자연의 이원론을 넘어설 자연 설명이 새롭게 조성되고 있었다. 생태학(ecology)이 바로 그것이다. 뉴턴 등 근대 물리학에 배인 이원론적 세계관에 의거하여 생명체를 기술하는 방식이 근대의 생물학이었는데, 그것이 한계에 봉착하자 19세기 말에서 20세기 중반을 거쳐 오늘에 이르기까지 자연을 관계적으로 기술하고 설명하려는 생태학의 시도가 전개되었다. 이렇게 출현한 생태학은 동물이나 식물, 또는 그 종이 다른 동식물이나 종, 그리고 주위 물리적 여건과 상호작용

을 하는 방식으로 생명을 유지하게 됨을 연구하는 분야다.[5)]

생태학의 자연 기술은 세상을 다르게 보는 매우 유용한 통찰을 제공해주고 있다. 다만 그것은 생태사회로 나아가는 과정에서 필요한 것일지언정 충분한 것은 못 된다. 자연과학의 생태학은 동식물 등 자연적 존재 사이에 이루어지는 유기적 연계성을 드러내는 것일 뿐이기 때문이다. 우리는 인간 사회가 자연과 교섭하면서 초래한 환경문제를 근원적으로 해결할 수 있는 해법을 찾아야 한다. 이것은 세계관과 가치관을 포함하는 것이다. 이에 생태학의 기술을 넘어 가치까지 포함된 형이상학적 세계관으로 발전시킬 필요가 있다.[6)] 이런 흐름 속에서 서양에서 생태주의가 출현했다.

서양의 생태주의는 환경문제에 대한 인식이 위기감으로 표출되던 1970년대 초반에 발아했다. 먼저 생태주의의 사상이 트로이카로 등장했다.[7)] 하나는 심층 생태주의(Deep Ecology)인데, 환경위기의 원인으로 인간 중심의 자연 지배적 세계관을 꼽으면서 생태 중심성의 회복에서 그 해법을 찾고 있다. 다른 하나는 사회 생태주의(Social Ecology)인데, 위기의 뿌리로서 인간 사회의 서열화 요인을 제시하고 있다. 특히 이 입장은 변증법적 자연주의를 방법으로 채택하여 인간 사회에서 자유가 구가되면서 사회적 연대가 이루어지고, 그런 사회가 자연과 상생하는 제3의 자연이 도래하기를 희구한다. 또 다른 하나는 생태 여성주의(Eco-feminism)인데, 가부장제 의식과 구조가 사회를 넘어 자연으로도 확장되어 환경문제가 나타났다고 인식하고 있고, 이에 남성에 의한 여성 억압과 인간에 의한 자연 억압을 함께 청산하는 형태로 문제를 풀고자 한다.

---

5) 로버트 매킨토시, 김지홍 옮김, 『생태학의 배경: 개념과 이론』, 아르케, 1999, 23쪽 참조.

6) A. Naess, D. Rothenberg tr. & rev., *Ecology, Community and Lifestyle*, Cambridge: Cambridge University Press, 1989, p.36.

7) 이것에 대한 세부적 논의에 대해서는 다음을 볼 것. 한면희, 『초록문명론』, 동녘, 2004, 4부 6·7·8장.

1970년대에 등장한 생태주의의 트로이카는 모두 급진적인(radical) 것으로 분류되는데, 그 이유로 두 가지를 지적할 수 있다.[8] 첫째, 환경위기의 뿌리를 찾되, 인간 사회가 자연에 대해 갖는 개념과 태도, 또는 사회적 기원을 분별하고 있다. 둘째, 지구 행성을 구하기 위해서는 혁명이나 문화 패러다임의 전환이 요청됨을 밝히고 있다. 서양의 생태주의는 오늘의 환경위기가 서양 전통의 주류적 세계관이나 사회제도, 의식에서 비롯된 것임을 밝히면서 새로운 문화의 패러다임이나 사회제도를 추구하는 형세다. 바로 이런 시각에서 볼 때 보수적 환경주의 해법은 문제가 되고 있는 바로 그 서구적 세계관과 가치관을 유지하면서 해결하자는 것이므로 본원적인 한계에 봉착할 수밖에 없을 것이다. 이에 대안을 찾는 다수의 생태주의자는 새로운 문화적 패러다임에 부응할 단서나 내용과 관련해서 비서구적 전통에 시선을 돌리고 있는데, 이을호의 생명론은 그런 기대에 부응하는 내용을 담고 있다고 볼 수 있다.

4. 이을호의 철학과 신토불이 생명론

이을호는 일제 치하에서 태어난 탓에 조국의 독립을 위해 민족정신을 일깨우는 계몽운동에 나섰고, 이로 인해 옥고를 치르기도 했다. 평소 우리 민족이 식민지 근성을 떨쳐버려야 한다고 여겼고, 이런 태도는 사대주의를 청산하는 것에서 시작해야 한다고 보았다. 그는 우리 민족이 유구한 역사와 정신문화를 갖고 있음에도 불구하고 식민지 국가로 전락하게 된 연유는 사대주의에 지나치게 매몰된 탓이었고, 그 대표적 원흉은 주자학(朱子學)이라고 판단했다. 이에 이을호는 한편으로 민족의 주체성을 확립하면서 또 다른 한편으로 시대적 변화에 바르게 부응할 필요가 있는데, 이런 길을

8) M. E. Zimmerman, "General Introduction," M. E. Zimmerman et al. eds., *Environmental Philosophy*, Englewood Cliffs, N.J.: Prentice Hall, 1993, p. vii.

개척한 대표적 인물로서 다산(茶山) 정약용(丁若鏞)을 꼽아서 그에 대한 연구를 본격화했다.

실학의 완성자 정약용에 대한 연구에서 시작한 민족의 정체성 찾기 여정은 시간의 흐름을 거슬러 올라가면서 조선의 이이와 기대승, 통일신라의 고승 원효, 신라의 화랑도, 민족정신의 출처 홍익인간에 대한 관심으로도 이어졌다. 우리 민족이 간직하거나 펼쳐내었던 일련의 사상에 대한 탐구를 통해 그 독창성을 적극 발현시키는 데 이르렀고, 이 과정에서 고유사상을 '한'사상이라고 일컫기도 했다. 그리고 이을호는 만년에 지구촌 환경문제에 접하면서 특징적인 입장을 제시하고 있는데, 필자는 이 견해를 신토불이(身土不二) 생명론으로 부르고자 한다. 따라서 그의 신토불이 생명론은 넓게는 동아시아 전통사상을 품고 있고, 좁게는 우리 고유사상의 맥을 잇는 선에서 전개되었다고 볼 수 있다.

우리 근대의 학문적 풍토를 지배했던 사조는 주자학이었다. 그것은 선진유학의 내용을 잇고 있다는 점에서 유학의 본류를 형성하고 있었지만, 지나치게 사변적이어서 공리공론에 그칠 소지가 있고 또한 현실 개혁에 도움이 되지 않는 소모적 논쟁을 초래하는 빌미가 되기도 했다. 이런 이유로 실학이 발흥하게 되는데, 정약용의 사상은 주자학의 폐해를 극복하는 데 중요한 역할을 할 수 있다는 것이 이을호의 판단이었다.

조선 주자학의 원형인 정주학(程朱學)은 모든 사물에는 마음[心]을 갖고 있는 것과 무관하게 그것에 특징적인 본성이 구비되어 있다고 보았다. 즉, 사물의 본성에는 나름의 이치가 있다는 것이니, 곧 성즉리(性卽理)인 것이다. 이때 이치는 보이는 사물에 속해 있지만, 사물의 출현에 선행한다고 여겼다. 이런 경우 사물은 기(氣)의 이합집산으로 이루어지는 만큼 이는 기에 앞서 존재하는 것으로 간주되고, 그래서 이기이원론(理氣二元論)이 등장했으며, 이것은 조선에서 퇴계 이황(李滉)에 의해서 그대로 견지되었다. 이황은 인의

예지의 사단(四端)이 이에서 발생하고 희로애구애오욕의 칠정(七情)이 기에서 발생한다는 입장을 취함으로써 이기호발설(理氣互發說)을 내세웠다. 이에 기대승(奇大升)이 지나치게 이원론적임을 비판하자, 양자 사이의 논쟁을 거쳐 다소 완화된 입장으로 정리했다. 이에 반해 이이(李珥)는 태극의 음과 양이 각기 다른 역할을 하면서도 둘로 분화되지 않고 하나로 이어져 있는 것처럼, 이와 기도 분화되지 않고 이어져 있다는 기발이승설(氣發理乘說), 즉 기가 발생하고 이는 올라탄다는 견해를 피력했다.[9]

이을호는 정약용이 이이의 입장에 더 다가가 있는 것으로 파악하고 있다. 정주학은 성(性)을 천지에 구현되는 이치로 본 반면, 정약용은 성을 마음[心]에서 출현하는 기호(嗜好)로 여겼다. 식사 후에 커피를 즐기는 사람이 있는가 하면 홍차나 전통차를 찾는 사람이 있다. 이런 차이는 각자의 기호가 다르기 때문에 나타난다. 정약용은 천지자연에서 각 동식물 종의 성, 인간의 성이 기호처럼 다를 수 있다고 본 것이다. 해바라기는 햇빛을 좋아하고, 독수리는 높이 날기를 좋아하며, 공자와 같은 성인은 덕을 베풀기를 좋아한다. 성은 기호로서 다를 수 있다고 본 것이다. 다만 정약용은 인간의 경우 그 기호를 둘로 분별했다. 하나는 형구(形軀)의 기호로서 기질(氣質)의 성이고 다른 하나는 영지(靈知)의 기호로서 도의(道義)의 성이다. 동물은 기질의 성만 갖고 있는 데 비해 인간은 도의의 성도 함께 구비하고 있어서 장차 선과 악을 판별하여 도덕적인 행보를 취할 수 있다고 보았다. 기호를 둘로 분별하고 있다는 데 초점을 맞추면, 정약용의 견해가 정주학이나 이황의 그것과 다르지 않은 것으로 비춰지지만, 두 기호가 모두 하나의 마음에서 표출되는 것이기 때문에 근원적으로는 이이의 견해에 부합된다고 볼 수 있다. 이때 이을호가 유독 중시하는 것은 정약용이 성을 기호로 보는 성기호설(性嗜好說)을 내세움으로써 인성을 이성적으로 보기보다는 오히려 감성적으로 드러내고 있다는

9) 『다산경학사상연구』, 『전서』 ①, 101~102쪽 참조.

점이다.[10] 주자학이 지나치게 이성 중심적인 데 반해 정약용은 장차 이성으로 드러날 가능성을 배제하지 않지만 출발선에서는 감성적인 것에 초점을 맞추어 인성을 규명하고 있음에 주목하고 있는 것이다.

우리의 전통사상은 대체로 중국의 그것과 흡사한 편이다. 중국의 앞선 사상과 문화를 받아들이는 데 주저하지 않았기 때문이다. 그러나 우리는 그것을 주체적으로 수용하는 편이었고 또 그것에 앞서 우리 고유의 내용도 간직하고 있었다. 통일신라의 사상가 최치원은 한 화랑의 비문에 쓴 글 「난랑비서(鸞郎碑序)」에서 우리 고유의 전통사상을 '풍류(風流)'라고 하여 다음과 같이 전하고 있다.

> 우리나라에 현묘한 도(道)가 있는데, 이것을 일러 풍류라고 한다. 가르침의 근원은 선사(仙史)에 상세하게 담겨 있는데, 실은 유불도 삼교의 핵심 사상을 이미 포함하고 있어서, 많은 중생과 접촉하여 교화하였다. 예컨대 집에 들어가서는 부모에게 효도하고, 밖으로 나아가서는 나라에 충성하니, 이것은 공자가 전하고자 한 뜻이다. 자연의 이치에 맞춰 일을 처리하고, 이름 지을 수 없는 도의 가르침을 행하니, 이것은 노자가 핵심으로 전하고자 한 바다. 일체 악을 짓지 않고, 제반 선을 받들어 행동에 옮기니, 이것은 석가모니가 교화하고자 한 것이다.[11]

최치원은 우리 민족 고유의 사상이 풍류인데, 그것은 지극히 현묘한 도로서 그 안에 유불도 삼교의 핵심 정신을 이미 구비하고 있어서 바깥에서 들어온 것을 주체적으로 수용할 수 있었다고 밝히고 있다. 그 자세한 것은 문헌으로

---

10) 「개신유학의 경학사상적 특징」, 『전서』 ④, 96쪽.

11) 『三國史記』「新羅本紀」, "國有玄妙之道, 日風流. 設教之源, 備詳仙史, 實乃包含三教, 接化群生. 且如入則孝於家, 出則忠於國, 魯司寇之旨也. 處無爲之事, 行不言之教, 周柱史之宗也. 諸惡莫作, 諸善奉行, 竺乾太子之化也."

전하지 않아서 파악할 길은 없으나 신라의 화랑도와 원효(元曉)의 사상 등에 반영되어 있어서 이를 미루어 알 수는 있다. 대표적으로 원효는 불가에서 숱하게 제기되는 각 교설에 대해 가장 대비적인 것 둘을 취하여 한편으로 분별하여 깨뜨리고 또 다른 한편으로 세워서 수용하는 화쟁(和諍)이란 특징적 방법을 개척했다. 이것은 이문(二門)을 통해 다양하게 제기된 견해를 분별하여 깨뜨리면서 받아들이되, 이를 광대무변의 한 뜻인 일심(一心)으로 귀결시켰던 것이다.

우리의 전통사상은 중국의 것과 같으면서 다르다. 이을호는 그 다름에 우리의 고유의 정신이 담겨 있으며, 그것이 매우 아름답고 소중한 것임을 적극 밝혀내고 있다. 유학의 원류에 해당하는 공자의 인 사상은 맹자에게서 인과 의의 사상으로 분화되어 발전했고, 공자의 덕 사상은 맹자의 오륜(五倫) 사상으로 전개되는 데 기여했다. 그래서 부자의 친(親)과 군신의 의(義), 부부의 별(別), 장유의 서(序), 붕우의 신(信)이 평등하고 호혜적이며 쌍무적인 관계로 설정되었다. 그러나 한나라 동중서(董仲舒)의 등장 이후 충(忠)과 효(孝), 열(烈)이라는 삼강(三綱)이 보태졌고, 거기에 존귀와 비천이 결부되어 마침내 종속적이고 수직적인 삼강오륜의 윤리로 변질되었다. 이렇게 되면 일방적으로 신하는 임금을 하늘로 여겨 섬기기만 할 뿐이어서 군주의 패도(覇道)가 나타날 수 있고, 자식은 부모를 떠받들게만 됨으로써 자칫 부모의 권위적 명령만 전달되어 자식의 마음을 아프게 할 수 있으며, 그리고 아내는 남편을 일부종사로 섬기게 되어 가부장적 권위가 여성을 지치고 힘들게 하며 또한 여성은 젊을 때 남편이 죽더라도 재가조차 할 수 없게 된다. 이렇게 중국에서는 공맹의 사상이 후세로 내려오면서 변질되어 권위적 형태를 띠게 되었다.

이에 반해 우리 고유 정신의 원류에 해당하는 홍익인간(弘益人間) 사상은 전혀 다른 모습을 보여주고 있다.

『고기(古記)』에 이르기를 옛날 환인의 서자 환웅이 있어 자주 하늘 아래에 뜻을 두고 인간 세상을 바랐는데, 그 아버지가 아들의 뜻을 알고 삼위·태백을 내려다보니 "널리 인간들을 이롭게 할 만한지라[弘益人間]." 이에 천부인 세 개를 주어 보내어 이를 다스리게 하였다. 환웅은 무리 3000명을 거느리고 태백산 꼭대기 신단수 아래 내려오니 이를 신시(神市)라 이르고 그를 환웅천왕이라 하였다. 그는 풍백·우사·운사를 거느렸고, 농사·생명·질병·형벌·선악을 주관하는 등 무릇 인간의 360여 가지 일을 주관하여 "세상에 살면서 정치와 교화를 베풀었다[在世理化]."

그때 곰 한 마리와 범 한 마리가 있어 같은 굴에 살면서 항상 신웅(神雄)에게 사람이 되게 해달라고 빌었다. 이때에 신은 영험 있는 쑥 한 타래와 마늘 스무 개를 주면서 말하기를 너희들이 이것을 먹고 100일 동안 햇빛을 보지 않으면 곧 사람의 형체를 얻으리라고 하였다. 곰과 범은 이것을 얻어먹고 3·7일 동안 금기를 하여 곰은 여자의 몸이 되고 범은 금기를 못해서 사람의 몸이 되지 못했다.

웅녀는 혼인할 상대가 없었으므로 매양 신단수 아래에서 어린애를 갖게 해달라고 빌었다. 환웅은 잠시 사람으로 화하여 그와 혼인하여 아들을 낳으니 이름을 단군왕검이라 하였다.

단군왕검은 당요(唐堯) 즉위 50년 경인(庚寅)에 평양성에 도읍하고 처음으로 조선이라 칭했다. 또 도읍을 백악산 아사달로 옮겼는데, 이곳을 일명 궁홀산이라고도 하며 또 금미달이라고도 하니, 1500년 동안 나라를 다스렸다. 주(周)나라 무왕(武王)이 즉위한 기묘년에 기자를 조선에 봉하니 단군은 이에 장당경으로 옮겼다가 뒤에 돌아와 아사달에 숨어 산신이 되었으니 수(壽)가 1908세였다.[12)]

이을호는 『삼국유사』에 실린 홍익인간의 사상에서 전래의 삼강오륜과 다른 점을 특징적으로 발굴하여 제시하고 있다. 이를 구체화하면 다음과

12) 『三國遺事』 紀異 第1 古朝鮮. 원문 해석은 다음에서 재인용한 것이다. 권성아, 『홍익인간사상과 통일교육』, 집문당, 1999, 34~35쪽.

같이 셋으로 드러낼 수 있다. 첫째, 부신(父神) 환인이 자신(子神) 환웅의 생각과 그 뜻을 미리 헤아려 하늘에서 땅으로 내려가도록 배려하는데, 여기에는 아버지의 자애로움이 가득 담겨 있다. 자식의 일방적 효도를 요구하는 삼강오륜과 달리, 부모는 자식의 자유로운 의사를 존중하는 형태로 자애로움을 베풀고 자식은 효성으로 모시는 부자자효(父慈子孝)의 이상적인 오묘한 결합이 이루어지고 있는 것이다. 둘째, 환웅이 바람과 비, 구름을 다스리는 신하 풍백(風伯)과 우사(雨師), 운사(雲師)를 거느리고 인간의 온갖 일을 풀어나가는데, 신하의 충성을 일방적으로 요구하는 것이 아니라 공동의 책임으로 함께 도모하고 있다는 점이다. 셋째, 환웅이 일정한 조건을 갖춘 곰을 웅녀로 변하게 하고 기꺼이 혼인을 함으로써 단군왕검을 낳으니, 여기서 남편이 아내에게 박애와 사랑을 베풀고 있다는 점이다. 따라서 홍익인간의 이념에서 우리 민족은 자유와 평등, 박애를 구현하고 있는 셈이다. 따라서 이을호는 이것이 중국의 수직적이면서 하향적인 삼강오륜과 다르면서 또한 그보다 더욱 바람직한 상을 제시하고 있다고 보았다.[13)]

이을호는 한편으로 동아시아에 구현된 자연관을 존중하고 또 다른 한편으로 우리 고유의 사상을 드러내면서, 그 기반 위에서 자신의 생명론을 소박한 형태로나마 밝히고 있다. 그는 인간이 소우주로서 대우주인 자연과 하나의 뿌리로 연결되어 있다는 신토불이(身土不二)를 적극 구체화하고 있다. 물론 이 용어 자체는 일본인 사쿠라자와(櫻澤如一)가 불교 문헌에서 글자를 따와 사용한 것에서 비롯되었다. 불교에서는 의정불이(依正不二)란 표현을 쓰고 있는데, 중생이 생명을 의지하는 국토(國土)를 의라 하고 스스로 거처하는 심신(心身)을 정이라고 한다. 이때 의정불이라는 말은 인간의 심신이 그 생명을 유지토록 하는 국토와 둘로 분리되어 있지 않다는 것을 의미하는데, 여기서 이를 보다 쉽게 표현하기 위해서 신토불이란 용어를 취한 것이다.[14)]

---

13) 「단군신화의 철학적 분석」, 『전서』 ④, 300~302쪽 참조.

이을호가 조망하는 신토불이는 식량을 필요로 하는 인간의 신체와 식량 에너지를 제공하는 땅이 하나라는 일반적 의미를 넘어서 있다. 그에게 신(身)은 생물학적 특성을 띤 존재이면서 동시에 철학적 의미를 함축한 소우주를 나타낸다. 이때 심신이 어우러진 인간 생명체를 움직이는 힘, 곧 생기(生氣)는 토(土)에서 생성되는 것이다.[15] 물론 양자 결합의 연원이 매우 오랜 된 것임도 밝히고 있다. 지구는 46억 년 전에 탄생하여 생명의 조건을 갖추게 되었고, 35억 년 전에 최초의 원생생물이 나타났으며, 기나긴 여정 속에 마침내 인류가 탄생하였으니 인류는 최후의 승리를 거머쥔 마라톤 주자와 같다. 비록 인류가 마지막에 출현했다고 하더라도 그 생명의 뿌리를 추적하면, 인류 생명의 연원은 35억 년에 이른다고 볼 수 있다. 우리가 각자의 어머니로부터 태어났지만, 하나로 이어진 뿌리의 출처를 거슬러 올라가면 생명을 태어나게 해준 "지구는 우리 어머니나 진배없이 고마운 존재가 아닐 수 없다."고 밝히고 있다.[16]

중국 전국시대의 순자(荀子)는 자연에서 발전적 경로를 거쳐 인간이 태어났음을 밝히고 있다.

> 물과 불은 기(氣)만 있지 생(生)은 없고, 풀과 나무는 생만 있지 지(知)는 없다. 금수(禽獸)는 지는 있지만 의(義)가 없고, 사람에게는 기도 있고 생도 있고 지도 있고 의도 있다.[17]

인간은 다른 자연적 존재와 뿌리를 같이하지만 그렇다고 해서 다른 바가

---

14) 이을호, 『사람과 자연은 하나다: 신토불이 이야기』, 지식산업사, 1993, 175~178쪽 참조.

15) 이을호, 『사람과 자연은 하나다: 신토불이 이야기』, 18쪽.

16) 이을호, 『사람과 자연은 하나다: 신토불이 이야기』, 115쪽.

17) 『荀子』「王制」篇, "水火有氣而無生, 草木有生而無知, 禽獸有知而無義. 人有氣有生有知, 亦且有義."

없는 것은 아니다. 인간은 순자의 언급처럼 살아 있으면서 지각을 하고, 더 나아가 도의적 도심(道心)을 갖고 있는 윤리적 존재라는 특성을 갖고 있다. 인간은 자연에 우뚝 선 문화적 존재인 것이다. 그러나 인간이 문화를 구비하고 있다고 하더라도, 그 생명의 뿌리가 자연인 것 또한 자명하다. 이에 인간은 신토불이의 섭리를 자각함으로써 자신의 생명과 상호의존적 관계에 있는 자연의 천지만물이 함께 자라도록 배려하는 지혜를 가져야 한다고 보았다.[18]

이을호는 현대인이 과학기술의 발전에 따른 산업문명을 구축하고 있고, 그 기반 위에서 지나치게 물질에 대한 탐욕을 갖게 되어 한 공해 등 환경문제를 일으키고 있다고 보고 있다. 그는 인간과 자연 생태계의 공생의 원리를 담고 있는 신토불이의 섭리에 반하는 역행을 지속한다면, 인류 문명이 마침내 멸망의 길로 들어설 수 있음을 경고하고 있다. 그러면서 공해를 초래한 것도 인간이므로 공해를 비롯한 환경문제를 해결할 책임도 인간에게 있음을 함께 제시하고 있다.

5. 이을호 생명론의 생태적 함의

이을호의 신토불이 생명론은 동아시아인이 취할 수 있는 일반적 입장을 대변하는 것으로 볼 수 있다. 그러나 자세히 들여다보면, 거기에 적지 않은 보화가 담겨 있음도 확인할 수 있다. 다시 말해서 그의 생명론과 그것에 담긴 철학에서 아름다운 구슬을 적지 않게 찾아낼 수 있다는 점이다. 이런 것을 잘 꿰기만 하면 보화와 같이 훌륭한 생명론으로 발전시키는 것이 가능하다. 필자는 이을호의 신토불이 생명론과 철학에서 소중한 생태철학적 함의를 찾아내는 것이 가능하다고 본다.

---

18) 이을호, 『사람과 자연은 하나다: 신토불이 이야기』, 75~76 · 119쪽.

서양의 주류 문화가 형성한 이원론적 자연관과 도구적 가치관은 과학기술의 융성과 산업화 사회를 일으켜서 인류에게 풍요를 누리도록 조성했다. 그러나 그것은 자연의 희생을 대가로 치르는 것이었고, 그로 인해 환경재난이 점차 위기로 증폭되고 있다. 이로 인해 서구에서 자연과 상생을 도모하는 여러 생태주의 사상이 출현했다. 심층 생태주의는 서양 주류의 인간 중심주의를 비판하면서 그 대안으로 인간 사회도 생태계 법칙에 따르도록 하는 생태 중심주의를 표방하고 있다. 그 방안은 인간과 자연을 하나로 연결시키는 자기실현과 생명 중심의 평등을 핵심 규범으로 채택하는 것이다.[19] 이로써 심층 생태주의는 서구 사회가 이성만을 강조하면서 잃어버렸거나 폄하시킨 감성과 영성을 다시 회복하는 데 중요한 기여를 하고 있다. 이 사조에 영향을 받은 문화적 생태 여성주의 역시 도구적 이성을 격하시키면서 여성 고유의 감성을 적극 발현시키는 문화를 조성하고 있고 또한 자연 영성을 부활하는 데 주력함으로써 서구 문화를 생태 친화적인 것으로 전환토록 하는 데 앞장서고 있다.

심층 생태주의와 문화적 생태 여성주의가 서구인의 가치관을 생태적으로 바꾸고 또 대안 문화를 조성하는 데 획기적으로 기여하고 있기는 하지만, 약간의 한계에 봉착해 있는 것도 분명하다. 심층 생태주의는 인간과 자연의 합일을 주창하면서 생태 중심성을 선명하게 표상하는 과정에서 인간의 삶을 자연에 편입시키게 되고, 그에 따라 종종 반인도주의(anti-humanism)에 빠지고 있다는 비판을 받고 있다. 실제로 이것을 이념으로 채택한 환경운동단체 어스퍼스트(Earth First!)는 기아의 도탄에 빠진 아프리카 일부 부족에게 서양이 식량을 공급해줄 필요가 없다고 주장함으로써 커다란 반향을 초래한 바 있다. 이것은 인간도 냉엄한 생태계 법칙에 따르도록 하자는 입장을 견지했기 때문에 나타난 모습이다. 또한 문화적 생태 여성주의는 자녀를 낳는 여성이 생명을 낳고 부양하는 지구와 동형적이기 때문에 지구를 구하는

19) B. Devall & G. Sessions, *Deep Ecology*, Salt Lake City: Gibbs Smith, 1985, p.66.

데 여성이 남성보다 더 적합하다고 내세움으로써 전도된 가부장제의 주장을 펴는 한계를 노출하고 있다.

이을호의 신토불이 생명론과 철학은 심층 생태주의와 문화적 생태 여성주의가 갖고 있는 장점을 구비하고 있다. 그러면서 또한 그런 사조가 보이는 한계를 극복할 수 있는 요소도 적지 않게 함축하고 있다. 이것을 자세히 살펴보자. 첫째, 이을호의 생명론은 '한'사상이 갖추고 있는 이이일(二而一)이나 회삼귀일(會三歸一)의 묘합의 논리를 갖추고 있기 때문에 문제 발생을 최소화하면서 인간과 자연의 실질적 상생을 가능하게 할 수 있다. 그는 대비적 쟁점인 이문(二門)을 일심(一心)으로 해소하는 원효의 화쟁론, 이황의 이기이원론의 둘을 기발이승설의 하나로 정리한 이이, 그리고 음양의 둘이 꼬리를 물고 하나의 태극으로 이어지는 전통사상 등에서 둘이 하나로 회귀하는 묘합을 찾아낸다. 그리고 신과 인간, 자연의 관계를 가장 잘 보여주고 있는 단군신화에서 셋이 조화를 이루어 하나로 통일되는 묘합의 논리를 찾아낸다.[20] 이것은 인간과 자연이 분리되어 있는 것이 아니라 유기적으로 하나로 이어져 있음을 드러내고 있다. 이런 유기적 세계관은 생태주의가 구현하고자 하는 것이다.

그런데 이을호의 생명론과 우리 고유의 전통사상은 여럿을 하나로 연결해서 귀결시키는 유기적 세계관을 드러내는 데서 그치지 않는다는 점이다. 즉, 통일된 하나로 획일화하지 않는다는 데 주목할 필요가 있다. 하나만 부각될 경우, 심층 생태주의에서 나타나듯이 우주 자연에 우선적 비중을 두게 됨으로써 문화적 인간을 도외시하는 폐해가 나타날 수 있다. 이것은 군신관계를 충(忠)이라는 하나에만 주안점을 둘 경우, 수직적인 패도의 해가 초래될 수 있는 것과 같은 이치다. 이을호는 이점도 의식하고 있는 듯이

---

20) 「한사상 형성의 배경, 『전서』 4, 360쪽 ; 「한사상론—민족종교를 중심으로」, 『전서』 4, 370~379쪽 참조.

"불이(不二)란 곧 둘이면서 둘이 아니다는 뜻으로서, 신과 토는 둘로 나누어진 개체지만 그 본질을 따지면 둘이 아니라는 뜻"임을 밝힘으로써 둘이나 셋, 또는 여럿이 다르기도 하지만 그 본질에서는 하나로 연결된다는 점을 드러내고 있다.[21] 하나로 연결되어 같은 특성을 띠지만, 다름이라는 고유성도 외면하지 않고 있다. 인간은 자연과 둘이 아니지만 또한 "인간은 다른 생물과 달리 문화적 생명을 간직하고" 있으므로 "신토불이의 신을 생물학적 육체로서 뿐만 아니라 심성론적 신체, 나아가서는 문화사적 전통을 간직한 한 인간으로 이해하지 않으면 안 된다"는 것을 강조하고 있다.[22] 뿐만 아니라 이성만을 중시하지도 않는다. 이을호가 적극 예찬하고자 한 정약용은 천(天)을 중국의 경우처럼 이법(理法)의 하늘로 본 것이 아니라 인격적 천으로 보았고 또 성을 감성적 성격의 기호로 보았는데,[23] 이것을 신토불이 생명론에 결합시키게 되면 이성과 더불어 감성, 영성을 셋으로 분별하면서 또 하나로 귀일시키는 것이 가능하게 된다. 따라서 이을호의 신토불이 생명론은 반인도주의로 미끄럼을 타지 않으면서 자연과 상생하는 사회를 구축하는 생태주의 이념에 적지 않게 부합하는 요인을 함축하고 있다고 볼 수 있다.

서양에서 생태주의를 형성하는 또 다른 큰 흐름은 사회 생태주의다. 이 입장은 인간 사회 안에 내재해 있는 수직적 서열화 의식이 사회 계급화로 나타나고, 이어서 자연으로도 확장되어 인간에 의한 자연 수탈이 조성되었다고 본다.[24] 그래서 사회부터 서열화를 청산하여 일체의 강제적 권력이 사라진 자유로운 사회를 구축하고, 그런 사회가 변증법적 자연주의에 따라 자연에 다가가면 환경위기도 해소할 수 있다고 주장한다. 이것에 영향을 받은 사회적

21) 이을호, 『사람과 자연은 하나다: 신토불이 이야기』, 179쪽.
22) 이을호, 『사람과 자연은 하나다: 신토불이 이야기』, 194쪽.
23) 『다산의 생애와 사상』, 『전서 ② 다산학총론』, 45~51쪽 ; 『다산학 입문』, 『전서』 ②, 215쪽 참조.
24) M. Bookchin, *The Ecology of Freedom*, Montreal: Black Rose Books, 1991, pp.36~37.

생태 여성주의는 가부장제를 청산하되, 여성이 남성과 마찬가지로 한편으로 문화적 존재이고 다른 한편으로 자연적 존재이므로 차별이 사라진 사회제도로 변혁하면서 자연에 대해 배려와 존중으로 다가갈 것을 역설하고 있다.[25] 이을호의 철학과 생명론에는 생태주의에서 요구되는 건전하고 평화로운 사회제도의 구축에 필요한 내용을 함축하고 있다고 볼 수 있다. 그는 우리 민족 고유의 홍익인간 사상에서 하향식 수직관계가 아닌 호혜적 수평관계를 찾아내고 있고 또한 사랑과 존중을 통해 자유와 평등, 박애를 강조하고 있으므로 이런 특성을 사회제도에 반영하는 방도를 모색한다면 생태주의로 발전시키는 것이 가능할 수 있다고 판단된다. 특히 서양의 혁신적 견해가 통상 변증법에 의존하는 경향이 강한데, 이 방법은 문제를 대립적 시각에서 비판을 하기에 용이하지만 반목과 갈등을 원천적으로 해소하기에는 미흡한 것이다. 이에 이을호는 이원론적 음양론이나 변증법에 의거하기보다 태일지상(太一之象)의 음양론(陰陽論)으로 다가가야 한다고 보았다.[26] 이것은 단군신화에서 아버지 환인과 아들 환웅의 부자윤리에서 가장 분명하게 나타나는 것처럼 서로 친화적이어서 둘이 하나로 조화를 이루게 되는 방법이다. 이 방법으로 볼 때 태극의 음과 양은 서로 달라서 대비되지만, 그 특성이 지속적 대립으로 이어지는 것이 아니라 근원적인 조화로 귀결되게 된다.

이에 반해 음양이 조화와 통일성을 잃게 될 경우 사회가 이지러질 뿐만 아니라 인간도 각종 질병에 노출되고 마침내 죽음도 맞이할 수 있다. 서양의학은 인체를 기계론적으로 이해하는 탓에 인간과 땅을 분리해서 생각한다. 그래서 생산량을 늘리기 위해 비료는 물론 농약 뿌리는 것도 서슴지 않고 저지른다. 그러나 땅이 병들면 그것과 연결된 인체에 병마가 찾아들게 된다. 신토불이의 음양론적 조화 관계를 깨뜨림으로써 나타나는 현상이다. 자연을

---

25) V. Plumwood, "Feminism and Ecofeminism," *The Ecologist* 22, 1992, p.10.
26) 「개신유학과 다산경학」, 『전서』 4, 117~119쪽 참조.

정복하려는 서양의 산업사회가 환경문제를 초래하고 있는 것과 마찬가지로 서양의학도 질병 치료에 한계를 보일 수밖에 없다. 이에 이을호는 서양의학을 대신하는 종합의학이 필요하다고 보고 있다. 물론 종합의학의 핵심은 동양의학이고, 이제마의 사상의학(四象醫學)은 그것의 구체화에 적지 않게 기여할 수 있다고 판단하고 있다. 이때 종합의학은 서양의 분석의학에 상대적인 접근이다. 분석의학은 현미경 요법에 의거하여 신체를 세부적으로 관찰하고 해결하는 장점을 갖추게 되지만, 맹인 코끼리 이해하듯이 전체와 관계성을 이해하지 못하는 결함도 드러내게 된다. 이에 반해 인간을 비롯한 생명은 전체와 부분의 관계 속에서 온전하게 파악해야 하는데, 이것을 가능하게 하는 것이 종합의학이다.[27)]

서양의 이원론과 기계론, 분석주의 등은 방법론적 개체론(individualism)의 소산이다. 이것은 위력적이고 때때로 구체적이어서 자세한 지식을 획득하게 해준다. 그러나 여기에 지배적 가치관이 결합되면, 자연 이용이 수탈로 진행되어 스스로 화를 잉태하게 된다. 환경위기가 이런 맥락에서 발생한 것이다. 또한 사회적으로는 고립적 개인주의로 치달아 공동체성을 저해하고, 의학적으로는 아토피 피부질환 치료에서 보듯이 관계성을 무시하는 탓에 현상치료에 머물 뿐 근원적 치유에 이르지 못하는 경우가 빈번하게 발생한다. 이원론적 세계관과 지배적 가치관, 개체론적 방법에 의거하는 한 인류 문명은 생태적으로 지속 가능할 수 없다. 서양의 산업문명이 위험사회를 자초하고 있고 환경 관리주의가 이를 해결하지 못하는 것처럼, 같은 패러다임에 근거하는 서양의학도 한계에 봉착해 있다. 비근한 예로 서양의학의 아토피 치료 수준에서 이를 확인할 수 있다. 바로 이런 연유로 서양에서 이미 대체의학의 흐름이 조성되었다. 대체의학은 관계성을 중시하는 전체론(holism)의 특성을 띠고 있다. 그것은 마음을 신체와 분리하지 않고, 건강상 문제가 있는 신체

27) 「종합의학 수립의 전개」, 『전서 [7] 사상의학과 생명의학론』, 450~452쪽 참조.

부위에 다가갈 때 그 장기에만 초점을 맞추는 것이 아니라 그것과 연관된 전체성을 살피면서 다가가며, 그리고 질병 치료보다 예방을 중시한다.[28] 이을호의 종합의학은 관계성을 중시하는 동양의학으로 주축을 삼는 것이다. 그런데 그것과 같은 패러다임의 의학이 서양에서 대체의학으로 부상하고 있다는 점은 이을호의 의학적 구도가 바른 것임을 나타낸다고 할 수 있다.

환경위기 극복을 위해 새로운 사상으로서 생태주의가 출현하였다. 이런 사조는 새로운 문명의 생태사회를 지향하고 있다. 그런데 이을호의 철학과 신토불이 생명론은 이런 흐름에 일조를 할 수 있다고 볼 수 있다. 필자는 그것이 갖고 있는 생태철학의 함의 가운데 핵심적인 것 다섯 가지를 거론할 수 있다고 본다. 첫째, 신토불이 생명론에서 잘 드러나듯이 인간과 자연을 연결해서 조망하는 유기적 세계관을 간직하고 있다. 둘째, 자연을 자원으로만 보는 것이 아니라 뭇 생명에 이어 인간의 생명까지 탄생시킨 생명의 출처로 보고 있다. 셋째, 인간을 자연적 존재로 보면서 또한 특징적인 문화를 구비한 존재로 보는 까닭에 인간을 황량한 자연세계로 내몰지 않음으로써 반인도주의에 빠질 수 있는 여지를 차단하고 있다. 넷째, 자연과 상생하는 인간 문화 안에서 대립과 갈등보다 조화가 이루어지는 자유와 평등의 가치가 구현되는 사회를 희구하고 있다. 다섯째, 의학적으로 종합의학을 지향함으로써 인간의 질병 치료와 예방을 관계적으로 접근하고 있고, 이로써 서양의 대체의학과 협력할 수 있는 여지를 제공하고 있다. 필자는 동아시아 문명의 전통사상을 생태주의에 부합하도록 발전시킨다면 장차 인류가 새로운 문명사회를 개척하는 데 중추적 역할을 할 수 있다고 내다보았다.[29] 이을호의 철학과 신토불이 생명론은 그럴 수 있는 가능성을 더욱 높이면서 실질적으로

---

28) 아사도르 로젠펠드, 박은숙 · 박용우 옮김, 『대체의학』, 김영사, 1998, 8쪽 참조.
29) 이에 대해서는 한면희, 『동아시아 문명과 한국의 생태주의』, 철학과현실사, 2009 참조.

도 기여하는 바가 있을 것으로 평가할 수 있다.

6. 맺음말

산업사회의 현대인은 과거와 비교할 수 없을 정도로 물질적 부를 누리고 있다. 그러나 과도하게 조성되는 풍요는 자연에 대한 희생을 매개로 이루어지고 있다. 지구 생물권의 생명부양 체계는 일정한 여력을 갖고 있을 뿐인데, 인간의 탐욕은 끝이 없어서 무한한 경제성장을 지속하고 있다. 결국 지금과 같은 추세가 지속된다면, 자연자원 이용에 혈안이 된 산업문명은 욕망이라는 이름의 전차가 벼랑으로 떨어지듯이 파국에 직면할 수밖에 없다.

1970년대 이후 환경재난이 위기로 증폭되는 현실에서 환경을 체계적으로 관리하는 환경주의가 등장하여 정책으로 반영되고 있지만, 문제를 현상적으로만 처리할 뿐 근원적 해결에 이르지 못하고 있다. 오히려 이런 와중에 문제는 구조적으로 가중되어 사태가 악화되고 있다. 최근에는 현대 산업사회가 위험사회로 미끄럼을 타고 있다는 지적이 더욱 현실감 넘치게 다가오고 있다. 이런 전반적 형세는 서양의 주류 패러다임이 궁극적 한계에 봉착한 것으로 간주할 수 있다. 즉, 서양에서 주류를 이루고 있는 이원론적 세계관과 자연 지배의 가치관, 그리고 이런 것에 기반을 두고 태동한 산업문명의 사회제도가 마침내 한계에 이른 것으로 볼 수 있다.

현세대 인류는 스스로를 위험에 빠뜨리지 않고 또한 미래세대를 밝고 안전하게 살아갈 수 있도록 하려면, 문명의 패러다임을 전환하는 결단을 내리지 않을 수 없다. 이미 서양 일각에서는 자연에 대해 새로운 이해를 바탕으로 생태주의 사조가 발아하고 있다. 생태주의의 트로이카가 출현했는데, 급진적인 것으로 간주될 정도다. 왜냐하면 서양 전통의 제도와 가치관, 문화의 혁신을 꾀하기 때문이다. 그런데 이런 사조의 상당 부분은 서구의 비주류 사상이나 또는 비서구적 전통으로부터 영향을 받아 생성된 것이다.

필자는 새로운 생태주의 흐름에 이을호의 철학과 신토불이 생명론이 의미 있는 기여를 할 수 있다고 본다. 그의 신토불이 생명론은 동아시아의 자연관을 반영하고 있는 것으로서 인간 사회와 자연이 둘로 나뉘어 있는 것이 아니라 하나로 이어져 있다는 통찰을 반영하고 있다. 자연에 대한 유기적 세계관은 생태주의를 구성하는 핵심적 요인 가운데 하나다. 그리고 그가 애써 발굴하고자 한 우리 고유의 민족사상은 인간 사회가 자연을 대하는 새로운 가치관을 조성해 주고 있다. 홍익인간의 이념에서 시작해서 전통의 풍류, 원효의 화쟁론, 이이의 이기론, 태극의 음양 조화론, 그리고 정약용의 실학과 천(天) 개념, 성기호론에 이르기까지 우리 전통사상은 한편으로 인간 사회가 자연에 대해 상생적 가치관으로 다가갈 수 있도록 조성하고 있고, 또 다른 한편으로 인간 사회가 호혜와 배려, 박애 속에서 공동체 구성원과 더불어 자유를 누리고 평등을 향유할 수 있는 풍성한 여지를 제공하고 있다. 뿐만 아니라 이을호는 서양의학의 한계를 인식하면서 그 대안으로 동양의학을 주축으로 하는 종합의학의 상을 제시하고 있다. 그런데 이것은 현대 서양의학의 한계 속에서 태동한 대체의학과 패러다임을 같이하는 것이다. 이을호의 종합의학은 환경성 질환이 더욱 짙어질 수밖에 없는 현실 속에서 새로운 의학이 나가야 할 방향을 밝힌 것으로 볼 수 있다.

이을호의 철학과 신토불이 생명론이 향후 새롭게 전개될 생태주의 사상에 적지 않은 기여를 할 수 있다고 해도 현 단계에서 그것은 어디까지나 가능성에 불과할 뿐이다. 이을호의 신토불이 생명론은 생태위기를 극복할 수 있는 대안으로서 구체적 상을 제시하는 단계에까지 이르고 있지는 못하기 때문이다. 우리 고유의 전통사상을 결합시키더라도 그것 역시 옛것일 뿐이다. 이에 향후 전개될 새로운 생태사회의 비전에 맞춰 재구성하고 또 창의적으로 발전시키는 것이 불가피하다고 여겨진다. 이런 차원에서 조망하면 이을호의 생명론과 그가 복원하고자 애를 쓴 우리의 전통사상은 여기저기 흩어져 있는 일종의 아름다운 구슬이다. 이런 것을 문명사적 흐름에 맞춰 맑고 고운 실로 꿸 때 비로소 아름다운 보화로 탄생할 수 있을 것이다.

참고문헌

『三國史記』.『荀子』.
다산학연구원 편,『이을호전서』 전 9책, 예문서원, 2000.

권성아,『홍익인간사상과 통일교육』, 집문당, 1999.
도날드 휴즈, 표정훈 옮김,『고대 문명의 환경사』, 사이언스북스, 1998.
로버트 매킨토시, 김지홍 옮김,『생태학의 배경: 개념과 이론』, 아르케, 1999.
이사도르 로젠펠드, 박은숙·박용우 옮김,『대체의학』, 김영사, 1998.
이을호,『사람과 자연은 하나다: 신토불이 이야기』, 지식산업사, 1993.
한면희,『초록문명론』, 동녘, 2004.
한면희,『동아시아 문명과 한국의 생태주의』, 철학과현실사, 2009.

Bookchin, M., The Ecology of Freedom, Montreal: Black Rose Books, 1991.
Carson, R., *Silent Spring*, New York: Ballantine, 1962.
Devall, B. & G. Sessions, *Deep Ecology*, Salt Lake City: Gibbs Smith, 1985.
Kraft, M. E., "U.S. Environmental Policy and Politics: From the 1960s to the 1990s," O. L. Graham Jr., ed., *Environmental Politics and Policy, 1960s-1990s, U*niversity Park, PA: The Pennsylvania State University Press, 2000.
McLaughlin, A., Regarding Nature, Albany, N.Y.: State University of New York Press, 1993.
Naess, A., D. Rothenberg tr. & rev., *Ecology, Community and Lifestyle*, Cambridge: Cambridge University Press, 1989.
Plumwood. V., "Feminism and Ecofeminism," *The Ecologist* 22, 1992.
Zimmerman, M. E., "General Introduction," M. E. Zimmerman et al. eds., *Environmental Philosophy*, Englewood Cliffs, N.J.: Prentice Hall, 1993.

부 록

현암 이을호 선생 연보

玄庵 李乙浩 先生 年譜

1. 세계(世系)

선생은 휘(諱) 을호(乙浩), 관향은 전주(全州)이며 호는 현암(玄庵)이다. 배위(配位)는 창녕조씨(昌寧曺氏) 희열(喜烈)의 따님으로 효순(孝淳)이다. 고(考)의 휘는 갑영(甲榮), 비(妣)는 창녕조씨, 조고(祖考)의 휘는 흥린(興麟), 조비(祖妣)는 진주정씨(晉州鄭氏), 증조(曾祖)의 휘는 순삼(淳三), 고조(高祖)의 휘는 정흠(廷欽)이다.

전주이씨의 시조는 신라의 사공(司空)을 지냈다고 하는데, 선생은 여말(麗末) 완풍대군(完豊大君) 휘 원계(元桂)의 후손이다. 완풍대군 원계는 추왕(追王) 환조(桓祖)의 장자(長子)다. 완풍대군의 차자(次子) 휘 천우(天祐)는 개국원종공신(開國原從功臣)으로 봉해지고 완산부원군(完山府院君)으로 봉(封)해졌으며, 시호가 양도(襄度)이므로 양도공파(襄度公派)의 종조(宗祖)가 되었다.

선생은 양도공의 22세손인데, 양도공의 장자 여양군(驪陽君) 휘 굉(宏)이 일찍 죽자, 정부인(貞夫人) 경주김씨(慶州金氏)가 4형제를 데리고 전라도 담양(潭陽)으로 낙남(落南)하였다. 그 4형제 가운데 셋째가 월산군(月山君) 휘 경인(敬仁)으로서 선생의 18대 조(祖)다. 월산군의 손자 휘 세문(世文)의 삼남(三男)인 휘 영석(永碩)이 무장(茂長)으로 이거(移居)한 이래, 그의 후손이 영광(靈光)에서 세거(世居)하였다.

2. 생애(生涯)와 사실(事實)

선생은 1910년 10월 15일 전라남도 영광군 영광읍 백학리(白鶴里)에서 태어났다. 향리에서 중등과정을 마치고 서울 중앙고등보통학교에 입학하여 학업을 닦은 후, 동무(東武) 이제마(李濟馬)의 문인 해초(海初) 최승달(崔承達)에게 사상의학(四

象醫學)을 전수받았다. 그 영향으로 서울 약학전문학교에 입학, 졸업 후에는 고향에 돌아와 약국을 경영하면서 한의학에 관한 논문을 발표하고 한의학 부흥에 노력하는 한편 항일운동을 전개하여 민족의식을 고취시키다가, 일경(日警)에 체포되어 형무소에 복역하던 중에 동양철학으로 전환하였다.

광복 이후 사재(私財)를 희사하여 영광에 민립 남녀중학교를 세우고 초대 교장이 되었다가, 1948년 광주의과대학 부속병원 약국장에 취임하였다. 이때부터 동양철학(東洋哲學) 연구에 진력, 강항의 『간양록(看羊錄)』을 국역하고 유교경전(儒教經典)의 한글화에 힘쓰다가, 전남대학교 문리과대학 철학과 교수로 부임하면서 다산(茶山) 정약용(丁若鏞) 연구에 치력(致力)하여 다산학(茶山學)을 체계화시켰다.

선생은 다산학을 통하여 조선조의 실학사상을 재발견하였다. 특히 실학정신이 우리 민족의 고유한 사고에 그 연원을 두고 있다는 것을 깨닫고 오로지 우리 민족의 사고로서 형성된 의식과 사상으로서 한국철학을 재구성하였다.

정년퇴임 이후, 국립광주박물관장에 취임하여 호남의 유물・유적을 발굴하고 우리의 사상과 문화를 정립하는 데 힘쓰면서, 다산학연구원을 설립하여 실학의 정신을 고취시켰다. 만년에는 '신토불이' 생명론을 전개하여 생명과 환경의 중요성을 일깨웠다. 1998년 3월 13일 영면하셨는데 선생이 남긴 많은 저서와 수백편의 논문을 가려 뽑은 『이을호전서(李乙浩全書)』 9책이 전한다.

서세(逝世) 이후 선생을 기리기 위하여 2006년 5월 영광에 '현암길'이 지정되었으며 2008년 11월 전남대학교에 '이을호 기념강의실'이 개소되었다.

1세(1910년)

6세(1915년)

・향리 서당에서 한문수업.

9세(1918년)

・영광공립보통학교 입학하여 1923년까지 5년간의 과정을 수료.

14세(1923년)

- 영광학원 중등과에 입학하여 1925년까지 2년간의 과정을 수료.

16세(1925년)

- 경성 중앙고등보통학교 2년 편입.

20세(1929년)

- 3월 중앙고등보통학교 졸업(20회).
- 동무(東武) 이제마(李濟馬)의 문인(門人) 해초(海初) 최승달(崔承達) 선생의 문하에서 『동의수세보원(東醫壽世保元)』을 수업.

21세(1930년)

- 해초 선생의 지도에 따라 한의학의 개선을 위한 기초지식을 터득할 목적으로 경성 약학전문학교에 진학, 3년과정을 졸업.

22세(1931년)

- 11월 17일, 연희전문학교학생기독청년회(延禧專門學校學生基督靑年會) 집회에 경성약전 대표로서 제2의 발표자로 참여하고 항일운동을 고취하는 글을 발표하여 일경(日警)의 감시를 받음.

24세(1933년)

- 영광에서 호연당약국(浩然堂藥局)을 개업하여 1945년까지 주민들의 건강을 도모하는 한편 선각자들과 함께 민족자강운동을 일으키고 임시정부를 지원함.
- 9월 □일, 향리(鄕里) 조희열(曺喜烈) 공의 장녀 조효순(曺孝淳) 여사와 결혼.

25세(1934년)

- 경성 약학전문학교 졸업(4회).

- 3월 15일, 「綜合醫學樹立의 前提: 한방의학부흥에 대하여」(『조선일보』) 발표(총 14회 연재). 이 논문이 계기가 되어 동양의학회(東洋醫學會)가 조직되고 조헌영(趙憲泳)이 『동양의약(東洋醫藥)』 잡지를 창간하기로 하자 이에 협찬하여 의학 발전을 도모함.
- 4월 □일, 영광에서 닐스-북 도시체조의 보급 및 체육단을 통해 민족의식과 독립운동 전개.

26세(1935년)

- 1월 1일, 「漢方藥을 原料로 한 新製劑 一覽」·「醫學概念에 對한 吾人의 態度」·「漢方醫學의 輪廓」 3편 게재(『동양의약』 제1호 창간호, 동양의학회, 동양의약사 발행. 본 잡지는 1934년 12월에 인쇄). 선생은 동양의학회 편집부원으로 1936년까지 활약.
- 2월 1일, 「現代醫學의 苦悶」·「四象醫學論」 2편(『동양의약』 제2호, 동양의학회, 동양의약사 발행).
- 5월 1일, 「四象醫學의 研究」(『동양의약』 제3호, 동양의약회, 동양의학사 발행).
- 10월 □일, '한방의좌담회'에 참여.

27세(1936년)

- 4월 21일, 「四象醫學說 批判－그 理論과 實際에 관하여－」(『조선일보』 연재). 본 글은 1964~65년 『대한한의학회보(大韓漢醫學會報)』, 13·14·15집에 재수록.

28세(1937년)

- 9월 □일, 영광 갑술구락부 및 체육단(민족운동청년단체) 사건으로 일본 경찰에 피체, 7개월 동안 조사를 받음.

29세(1938년)

· 4월 5일, 목포지청 검사분국으로 이양되어 목포형무소에 수감. 1년 반 수감중 유가경전(儒家經典)을 정독(精讀), 동양철학에 입문할 것을 결의.

30세(1939년)

· 2월 8일, 예심면소처분으로 석방.

33세(1942년)

· 선생이 이전 『조선일보』에 발표한 「綜合醫學樹立의 前提: 한방의학부흥에 대하여」와 『동양의약』 제1호에 게재한 「醫學概念에 대한 吾人의 態度」는 박계조가 한의학 부흥에 관계된 14편의 글을 수집하여 『韓醫學의 批判과 解說(全)』(전주: 全北韓醫藥組合)을 편찬할 때 수록. 그 후 이 책은 1957년 행림서원(杏林書院: 서울)에서 출간되었고, 1997년 10월 10일일 조합공동체 소나무(서울)에서 정근식 해설 · 박석준 보론(1) · 최종덕 보론(2)을 추가하여 출간.

36세(1945년)

· 9월 □일, 영광에서 정주연학회(靜州硏學會) 조직(정주는 영광의 옛이름), 영광중학교 설립에 사재 기부와 아울러 위원회 발족.

· 10월 15일, 영광민립중학교 개교되자 1947년까지 초대교장 역임.

39세(1948년)

· 광주의과대학 부속병원 약국장에 취임하여 1951년까지 역임.

43세(1952년)

· 광주의과대학 강사로 약제학을 강의하기 시작하여 1956년까지 활동.

· 11월 25일, 역서 『(壬亂實話) 睡隱看羊錄』(이은상 감수, 서울: 民族文化社) 출간. 이 역서는 선생이 처음으로 번역한 것. 이 책 3쪽에는 "조국과 민족을 위하여, 청춘도 영광도 버리고, 고귀한 생명을 바치신, 모든 순국선열의

제단 앞에, 삼가 이 책을 바칩니다"라는 선생의 애국적 결의를 적음. 이 책은 1962년 10월 15일 형설출판사에서 『睡隱看羊錄』으로 재출간되고, 1984년 '睡隱 姜沆先生 年譜'와 '睡隱 看羊錄 原文'을 추가하여 양영각(養英閣)에서 『수은간양록』으로 다시 출간.

45세(1954년)

- 6월 1일, 「東洋醫學에의 序說」(『전남대학신문』).
- 7월 15일, 「의약분리의 시비」(『행림』).
- 7월 23일, 「돋보기」(『호남신문』).
- 9월 15일, 「도서관」(『전남대학신문』).
- 10월 1일, 「고서」(『전남대학신문』).
- 10월 15일, 「맹자와 플라톤」(『전남대학신문』).
- 11월 15일, 「호독서」(『전남대학신문』).
- 12월 1일, 「墨冠儒服」(『전남대학신문).

46세(1955년)

- 1월 15일, 「栗谷先生의 天道策」(『전남대학신문』) 이 글은 필명 '浩'로 투고).
- 3월 15일, 「學窓餘墨－六藝一」(『전남대학신문』).
- 4월 15일, 「修己治人－우리는 무엇을 배워야 하는가?－」(『전남대학신문』).
- 7월 15일, 「學窓餘墨 2－樂山樂水－」(『전남대학신문』).
- 9월 2일, 「學園漫步－新涼入郊墟－」(『전남대학신문』).
- 11월, 전남대학교 인문과학대학 전임강사 취임, 동양철학 및 다산학 강의 담당.
- 12월 15일, 「燕巖 朴趾源 先生 百十周忌－實學派의 巨擘이며 李朝文學의 最－」(『전남대학신문』). 이 글은 필명 '호(浩)'로 투고.

48세(1957년)

- 정다산유적보존회의 중심 일원으로 참여.

· 4월 29일, 「경전의 대중화」(『전남대학보』).
· 5월 4일, 「宜爾子孫」(『전남대학보』).
· 9월 1일, 「경애하는 Gregory Henderson님께－보내주신 「丁茶山論」을 읽고」(『전남대학보』).

49세(1958년)

· 전남대학교 인문과학대학 조교수.
· 2월 15일, 역서 『한글 孟子』(광주: 전남대출판부). 이 책은 1963년 형설출판사에서 출간되었다가 10여 년이 지나 주해(註解)를 보완하여 1974년 11월 25일 박영사(서울)에서 『한글 孟子』(博英文庫 42호)로 출간.
· 2월 15일, 「무등예찬」(『전남대학보』).
· 5월 10일, 「김경탁 교수의 『한글맹자』에 대한 서평을 읽고」(『고대신 문』).
· 7월 20일, 「丁茶山의 易理에 관하여」(『논문집』 제2집, 광주: 전남대학교). 본 논문은 '다산학'과 관련한 첫 논문임.
· 7월 □일, 「小論」 발표(본 글은 '中庸書'만을 다룬 것으로, 한국철학회 모임에서 발표한 것. 내용은 파악할 수 없으나, 1960년 6월 1일에 발표한 「中庸思想展開의 方向」을 보면 그 내용을 가늠할 수 있다. 1958년 한국철학회 '철학회일지'가 없어 정확한 제목과 날짜는 알 수 없다).
· 9월 1일, 「孟子의 民主精神과 現代知性」(『思潮』 1권 4호, 서울: 사조사).
· 9월 14일, 「孤高의 일생－少靑 조희관님은 가셨는가－」(『호남신문』).
· 11월 13일, 「五十而學 한글－우리 할머니의 유산－」(『호남신문』).

50세(1959년)

· 전남대학교 출판부 초대부장으로 1960년까지 활동.
· 5월 5일, 「丁抹体操와 더불어－日人들의 북새 속에서 지고 샌 시절－」(『전남대학신문』 제55호) 수록.
· 7월 15일, 역서 『論語』(서울: 新楊社, 敎養新書 47호). 이 책은 주해(註解)가 보완되어 1974년 11월 20일 박영사(서울)에서 『한글 論語』로 출간됨(博英文

庫 32호).

- 7월 25일, 「儒佛相交의 面에서 본 정다산」(『(白性郁博士頌壽紀念) 佛敎學論文集』, 白性郁博士頌壽紀念記念事業委員會, 서울: 동국대학교). 본 논문은 '다산학'과 '불교' 교류에 관한 첫 번째 글임.

51세(1960년)

- 3월 20일, 「南人과 開의 方向」(『論文集』 제5집, 광주: 전남대학교). 이 글의 마지막 줄에 집필완료일, 즉 1960년 3월 25일이 있음.
- 전남대학교 문리과대학 철학과장을 1961년까지 역임.

52세(1961년)

- 5월 7일, 「서재유감」(『전남대학보).
- 7월 10일, 「고교판 전남대학－栽者培之論」(『고교판 전남대학』).

53세(1962년)

- 10월 15일, 역서 『壬亂 捕虜의 手記』(서울: 형설출판사).
- 10월 25일, 「학생 연구활동의 조성책이 시급히 요청된다－논문집 제7집의 간행을 보고－」(『전남대학보』).
- 11월 22일, 「낙엽」(*The Chonnam University Press*).

54세(1963년)

- 전남대학교 박물관장을 1966년까지 역임.
- 광주시 교육회장을 1967년까지 역임.
- 전남대학교 호남문화연구소 초대소장을 1970년까지 역임.
- 1월 1일, 「全南 康津에 남긴 茶信契節目考」(『湖南文化研究』 1집, 광주: 전남대학교 호남문화연구소).
- 1월 1일, 「丁茶山의 經學思想 研究」(『東方學志』 6집, 연세대학교 국학연구원, 서울: 연세대학교 출판부). 본 논문은 1960년 백낙준(白樂濬) 박사 연세대학

교 재임 당시 동방학연구소(東方學硏究所)의 위촉에 의하여 집필한 내용 가운데 요점만을 추린 것임.

- 2월 26일, 「익명천자－형설지공－」(『전남대학보』).
- 4월 18일, 「儒教 倫理의 宗教的 基盤」(『전남대학보』).
- 7월 26일, 「東洋人의 禮」(『전남대학보』).
- 8월 17일, 「설악산 기행－가을 散策－」(『전남일보』).

55세(1964년)

- 8월 14일, 「巨文島 降仙臺」(『전남대학보』).
- 8월 18일, 「고려청자」(『전남매일』).
- 9월 1일, 「丁茶山의 洙泗學的 人間像의 問題」(『金斗憲博士華甲紀念論文集』, 서울: 衲東金斗憲博士華甲記念論文集刊行委員會, 서울: 語文閣). 이 글의 마지막 줄에 집필완료일 즉 1963년 10월 30일이 있음.
- 9월 4일, 「南海 島嶼를 다룬 意義」(『전남대학보』).
- 9월 30일, 「湖南文化의 槪觀」(『湖南文化硏究』 2집, 광주: 전남대학교 호남문화연구소). 이 논문은 동년 5월 9일 전남대학교 부설 호남문화연구소에서 강연한 내용임.
- 10월 1일, 「四象醫學說批判(上): 그 理論과 實際에 關하여」(『大韓漢醫學會報』 제13호 10월호, 서울: 대한한의학회).

56세(1965년)

- 1월 1일, 「四象醫學說批判(中): 그 理論과 實際에 關하여」(『大韓漢醫學會報』 제14호 1월호, 서울: 대한한의학회).
- 1월 1일, 「永遠한 記憶－나를 꼬집의시던 어머니－」(『思想界』 제142호(13권 1호), 서울: 思想界社).
- 3월 1일, 「四象醫學說批判(下): 그 理論과 實際에 關하여」(『大韓漢醫學會報』 재15호 3월호, 서울: 대한한의학회).
- 3월 12일, 「'호랑이' 愛稱으로 불리우던 그이」(전남대학학보).

- 4월 5일, 「眞理探求의 길」(『人物韓國史』 Ⅳ, 人物韓國史編纂會, 서울: 博友社).
- 5월 1일, 「日本에 뿌린 朱子學의 씨－姜沆」. 이 글은 「강항=일본에 가르친 주자학」이란 제목으로 수정하여 1974년 4월 15일 『朝鮮의 儒學者 8人』으로 발행 당시 수록(新丘文庫 15호).
- 5월 14일, 「五月有情」(전남대학학보).
- 5월 30일, 「北學議에 심은 經綸－朴齊家」(『(韓國傳記全集) 韓國의 人間像』, 서울: 新丘文化社). 이 글은 신구문화사에서 1974년 5월 1일 『朝鮮實學의 再開拓者 10人』으로 발행할 때 수록(新丘文庫 16호).
- 6월 1일, 「茶山實學의 洙泗學的 構造」(『亞細亞硏究』 8권 2호 통권18호, 서울: 고려대학교 아세아문제연구소). 이 논문은 1974년 12월 10일 현암사(서울)의 『實學思想의 探究』에 재수록.
- 8월 27일, 「내가 보낸 한 여름－靑山島点描」(전남대학학보).
- 10월 15일, 「나의 독서벽－장례식 행렬의 가마 속에서도－」(『전남대학보』).
- 12월 10일, 「歷程 五十년」(『나의 靑春 나의 理想: 60人士의 人生歷程』, 정종 편, 서울: 실학사).
- 전라남도 교육위원회 교육위원을 1966년까지 역임.

57세(1966년)

- 2월 26일, 「인문학도 K군에게」(『전남대학보』).
- 3월 1일, 「看羊錄解題」(『국회도서관보』 3권 2호, 서울: 대한민국 국회도서관).
- 3월 30일, 저서 『茶山經學思想硏究』(서울: 乙酉文化社, 韓國文化叢書 第19輯).
- 7월 19일, 전남대학교 문리과대학 부교수.
- 7월 27일, 「내가 찾아 본 여름 철 강산」(전남대학학보).
- 9월 27일, 「길을 닦자」(전남대학학보).
- 9월 28일, 「개와 아리랑」(전남대학학보).

- 10월 26일, 「새로운 倫理觀의 모색」(전남대학학보).
- 12월 7일, 「서평: 朴鍾鴻 著 『韓國思想史－古代篇』」(전남대학학보).

58세(1967년)

- 2월 1일, 「만물병육」(『전남대학보』).
- 2월 17일, 서울대학교 대학원에서 「茶山經學思想硏究」로 철학박사학위 취득.
- 2월 26일, 「봄 뜻」(『전남매일』).
- 3월 7일, 「대지」(『전남매일』).
- 3월 8일, 「본대로 느낀대로－造花滿庭－」(『전남대학보』).
- 4월 19일, 「본대로 느낀대로－연구하는 대학－」(『전남대학보』).
- 6월 1일, 「茶山 丁若鏞 著 『論語古今註』」(『동서춘추』 1권 2호, 서울: 희망출판사).
- 7월 30일, 「禮槪念의 變遷過程: 특히 茶山禮論의 立場에서」(『大東文化硏究』 제4집, 서울: 성균관대학교 대동문화연구원).
- 8월 7일, 「韓國儒敎의 問題點」(『전남대학보』).
- 10월, □일, 「호남문화의 개황」(『전남매일』).
- 10월 25일, 「茶山經學의 陸王學的 斷面」 게재(『東方學志』 8집, 서울: 연세대학교 동방학연구소).
- 11월 6일, 「웨딩 드레스」(『(대표작 에세이 55인선) 생각하는 실타래』 강원룡 등 저, 서울: 동아일보사).
- 11월 14일, 한국철학회 연구발표회에서 「韓國儒敎와 茶山學」 발표.

59세(1968년)

- 1월 20일, 「배움의 길」(『옥당』 창간호).
- 3월 12일, 「경칩절」(『전남매일』).
- 6월 9일, 「대학은 문화 창조다」(*The Chonnam University Press*).
- 9월 11일, 「實學槪念構成의 諸要因」(『實學講座』 제2권 제2호, 서울: 연세대학

교 실학강좌위원회). 『실학강좌』는 별쇄본. 이 글은 선생 사후 2003년 3월 21일 연세대학교 국학연구원이 혜안(서울)에서 『연세실학강좌(Ⅰ)－실학공재강좌(1)』에 수록(연세국학총서 30호).

· 10월, 전라남도 문화상 심사위원.
· 10월 5일, 「書舍餘話: 개땅쇠」(『동아일보』 5면).
· 10월 19일, 「書舍餘話: 風前細柳」(『동아일보』 5면).
· 11월 12일, 「書舍餘話: 孔子의 걸음마」(『동아일보』 5면).
· 11월 23일, 「書舍餘話: 스카이 웨이」(『동아일보』 5면).
· 12월 5일, 「書舍餘話: 판소리」(『동아일보』 5면).
· 12월 21일, 「書舍餘話: 一而二」(『동아일보』 5면).

60세(1969년)

· 3월 13일, 「三綱五倫의 逆理」(『金載元博士回甲紀念論叢』, 김재원박사회갑기념논총편찬위원회, 서울: 을유문화사). 이 글을 「삼강오륜 론」으로 바꾸고 내용을 수정하여 1976년 12월 10일 『茶山學』(서울: 玄岩社)에 수록(韓國思想全書 3호).
· 9월 15일, 「土亭秘訣」·「五倫行實圖」(『韓國의 名著』 2, 玄岩社).
· 11월 1일, 「論語古今註의 洙泗學的 考察」(『哲學』 제3집, 한국철학회).
· 11월 20일, 「丁茶山의 敎育思想」(『哲學硏究』 4집, 철학연구회).
· 12월 11일, 「이순」(『전남대학보』).
· 12월 □일, 전라남도문화상 수상.

61세(1970년)

· 5월 1일, 「地域社會開發의 文化的 戰略」(『地域開發硏究』 1호, 광주: 전남대학교 지역개발연구소).
· 10월 16일, 「나그네」(『전북대신문』).

62세(1971년)

- 1월 1일, 「海南尹孤山舊第 所藏 古圖書」(『문화재』 5호, 서울: 한국문화재관리국).

63세(1972년)

- 1월 1일, 「여성의 사회 참여」(『샘』 제20호, 광주: 전남여자고등학교).
- 3월 1일, 한국철학연구회장 취임.
- 5월 17일, 「두 제자」(『전남매일』).
- 5월 25일, 「구공탄」(『전남매일』).
- 6월 5일, 「退溪先生과 奇高峰」(『退溪學硏究: 退溪先生四百周忌紀念論文集』, 退溪先生四百周忌紀念事業會).
- 6월 27일, 「原始反終」(『전남매일』).
- 8월 1일, 「湖南文化의 開發育成」(『龍鳳』 3집, 광주: 전남대학교 총학생회).
- 8월 □일, 「오복설」(『호우』).
- 9월 10일, 역서 『牧民心書』(서울: 玄岩社, 玄岩新書 3).
- 10월 15일, 역서 『海東諸國記』(申叔舟 著 『韓國名著大全集』 15, 서울: 대양서적).
- 11월 14일, 「고봉 선생의 생애와 사상」(본 논문은 고봉 기대승 선생 4백주기를 맞아 '性理學과 고봉선생사상'이란 주제로 한 세미나에서 발표한 것).
- 11월 20일, 「李東武 四象說 論考」(『哲學硏究』 7輯, 철학연구회). 이 글은 제목을 「東武四象說」로 바꾸고 내용을 수정하여 1976년 12월 10일 『茶山學』(서울: 玄岩社)에 수록(韓國思想全書 3호).
- 체형사상학회에서 『동의수세보원』을 강의.

64세(1973년)

- 3월 한국철학회 부회장.
- 3월 30일, 「高峰思想淵源小考」(『亞細亞硏究』 16권 1호, 서울: 고려대학교 아세아문제연구소).
- 4월 25일, 「한국유도의 새로운 방향」(『유림월보』).

· 5월 1일, 「大學經義의 反程朱學的 考察」(『韓國哲學研究』 제3집, 해동철학회).
· 6월 25일, 「효도교육의 현대적 의의」(『教育全南』 제16호, 광주: 전라남도교육위원회).
· 6월 30일, 「丁酉避亂記 解題」(『호남문화연구』 5집, 광주: 전남대학교 호남문화연구소).
· 9월 1일, 「改新儒學의 經學思想本質」(『다리』 4권 9호, 서울: 계간 다리사) 발표(본 논문은 동년 5월 30일 고려대학교 아세아문제연구소가 주최하는 제2회 실학사상연구발표에서 발표).
· 10월 15일, 공역술서(共譯述書) 『四象醫學原論』(원서명: 『東醫壽世保元』, 서울: 壽文社).

65세(1974년)

· 전남대학교 문리과대학장 취임.
· 2월 1일, 「새물결 운동과 노장의 사상」(『새물결』 1·2월호, 제9권 1호 통권62호, 서울: 자유평론사).
· 2월 25일, 「(특집: 馬韓·百濟文化의 再檢討) 百濟文化의 特異性」(『晧園』 2호, 익산: 원광대학교 문리과대학 학생회). 이 글은 원광대학교 문리과대학이 1973년 11월 24일과 25일 '馬韓·百濟文化의 再檢討'라는 주제로 주최한 학술대회에서 발표한 것.
· 3월 10일, 역서 『정다산의 대학공의』(원서명: 『대학공의』, 서울: 한국자유교육협회, 世界古典全集 12).
· 5월 18일, 왕인박사현창협회가 주최하는 왕인박사유적연구발표회에서 '왕인'에 대하여 발표.
· 5월 25일, 「李朝後期 改新儒學의 經學思想史的 研究」(『哲學』 제8집, 한국철학회). 이 글은 제목을 「改新儒學으로서의 實學의 本質」로 바꾸고 수정하여 1976년 12월 10일 『茶山學』(서울: 玄岩社)에 수록(韓國思想全書 3호).
· 9월 1일, 「高校國語와 語文教育의 診斷: 高等學校 國語教育 批判」(『한국문학』

2권 9호(11호), 서울: 한국문학사).

- 9월 28일, 「孝의 價値觀」(본 글은 孔子誕降紀念講論會에서 발표한 것).
- 10월 19일, 한국철학회가 '현대사회(現代社會)와 인간(人間)의 문제(問題)'를 주제로 하여 개최한 추계발표회에서 논문 「東洋에 있어서의 傳統的 人間像」(미게재).
- 12월 28일, 이을호 박사 정년(停年)을 기념하는 논총준비위원회에서 박종홍・이우성・이을호・천관우 등을 모시고 '실학의 개념'에 대한 좌담회를 마련하였는바, 본 좌담회에서 의견을 제시. 이에 대한 내용은 「實學의 槪念－座談을 통한 접근－」이라는 글로 『(李乙浩 博士 停年紀念) 實學論叢』(1975년 12월 20일)에 수록.
- 12월 □일, 자유중국 및 일본 교육시찰.

66세(1975년)

- 2월 15일, 「東洋思想을 통해 본 韓國的 世界觀: 民族史觀의 探索」(『比斯伐』 2집, 광주: 전남대학고 총학생회).
- 4월 10일, 저서 『茶山學의 理解』(서울: 玄岩社, 玄岩新書 25호). 이 책은 동년 10월 7일 문공부추천도서로 선정.
- 5월 7일, 「본교의 앞날을 위한 관건」(『전남대학보).
- 7월 1일, 「道德敎育의 實踐課題」(『敎育評論』 통권201호, 서울: 교육평론사). 이 논문은 동년 6월 19일 대한교육연합회가 '사회변천과 도덕교육'이란 주제로 한 '교육논단'에서 발표한 것.
- 9월 15일, 역서 『茶山學提要(上)』(서울: 大洋書籍).
- 9월 30일, 「茶山 丁若鏞」(공저 『韓國의 思想家 12人』, 서울: 玄岩社, 玄岩新書 26호).
- 11월 1일, 「奉仕活動의 韓國的 背景」(『The lion in Korean』 통권23호, 서울: 국제라이온스협회).
- 12월 15일, 「實學思想의 哲學的 側面」(『韓國思想-韓國思想史의 主流』 제13집, 서울: 한국사상연구회 韓國思想叢書 5호).

- 12월 20일, 「韓國實學의 發展史的 硏究」(『(李乙浩 博士 停年紀念) 實學論叢』, 광주: 전남대학교 출판부. 1983년 재판할 당시 「재판에 즈음하여」라는 글을 씀).
- 12월 ○일, 「跋文」. 이 글은 정약용에 대한 추가자료를 발굴하여 경인문화사에서 1975년 12월 25일 그 자료를 영인(『與猶堂全書補遺』 1~5) 발행할 때 쓴 것.

67세(1976년)

- 2월 28일, 전남대학교에서 정년퇴임.
- 5월 1일, 「學問의 흰자위와 노른자위－외도론의 변명－」(『(월간)讀書生活』 통권6호, 서울: 삼성출판사).
- 6월 30일, 「燕行日記 解題」(『호남문화연구』 8집, 광주: 전남대학교 호남문화연구소).
- 7월 5일, 역서 『중용・대학』(서울: 博英社, 博英文庫 118호).
- 8월 3~8일, 멕시코에 열린 제30차 동양학대회에 한국대표단의 일원으로 참가함.
- 8월 4일, 「旅程萬里 1－멕시코에 첫 발」(『전남매일』).
- 8월 21일, 「旅程萬里 2－시카고 機上에서」(『전남매일』).
- 9월 1일, 「歷史的 人物是非: 朴世堂은 先知的 實學者였나－實學豫示한 現實論 者」(『(월간)중앙』 통권102호, 서울: 중앙일보사).
- 12월 1일, 「李東武 四象說 論考」(『黃帝醫學』 Vol.1, No.2, 대구: 대구한의대학교 濟韓東醫學術院).
- 12월 1일, 「儒敎文化의 肯定的 理解」(『기러기』 제140호, 서울: 흥사단).
- 12월 1일, 「南道文化의 性格問題」(『龍鳳』 7집, 광주: 전남대학교 총학생회).
- 12월 10일, 저서 『茶山學』(서울: 玄岩社, 韓國思想全書 3호).

68세(1977년)

- 1월 1일, 「實學에서 본 人本思想」(『圓佛敎思想』 2집, 익산: 원광대학교 원불

교사상연구원).

- 1월 1일, 「受驗生의 座標: 泰山의 한 줌 흙」(『大學入試』 1977 1월호, 서울: 용문출판사).
- 3월 5일, 「東武四象說의 經學的 基調」(『韓國學報』 제6집 3권 1호, 서울: 일지사).
- 3월 5일, 「誠實 一貫의 道」(『(朴鍾鴻 博士를 回想한다) 스승의 길』 崔禎鎬 編, 서울: 일지사). 이 책은 1998년 2월 9일 열암기념사업회(洌巖紀念事業會)에 의해 천지(天池)에서 재출간.
- 4월 1일, 「김충렬 교수의 「삼국시대의 유교사상」을 읽고」(『韓國哲學研究』 중권, 한국철학회, 서울: 동명사).
- 4월 10일, '다산 정약용 선생 유적비문' 근찬.
- 5월 5일, 「全身을 던지는 실천적 태도」(『죽음의 신들을 위하여: 젊은이여 인생을 이야기하자－신앙』, 서울: 동화출판공사 출간). 이 글은 동화출판공사에서 1986년 10월 30일 『그 크나큰 순결의 불꽃』으로 출간할 당시 수록.
- 5월 30일, 「서구사상의 수용태도－茶山經學思想의 한 課題로서－」(『韓國哲學研究』 제7집, 해동철학회).
- 8월 1일, 「玉笏調査報告書」(『艸溪崔氏大同譜』, 艸溪崔氏大宗會 編纂, 광주: 최씨대동보편찬위원회).
- 9월 1일, 「忠孝倫理의 古典的 意義」(『敎育』 2호, 서울: 중앙교육연구원). 본 논문은 동년 4월 28일 단국대학교에서 충효사상앙양(忠孝思想昻揚)을 위한 심포지엄에서 발표한 것.
- 9월 10일, 「茶山의 孝弟觀」(『韓國思想－한국사상사의 주류』 제15집, 서울: 한국사상연구회. 韓國思想叢書 15).
- 9월, 17일, 「白湖全書」(『국회도서관보』 14권 5호(125호), 서울: 대한민국 국회도서관).
- 10월 1일, 「現代社會에 있어서의 忠孝思想」(『국민윤리연구』 6호, 국민윤리학회, 서울: 국민윤리학회).
- 10월 1일, 「隨想」(『退溪學報』 제15집, 서울: 퇴계학연구원).

- 11월 30일, 「白湖尹鑴人性論硏究」(『學術院論文集』 제16집, 인문사회과학편, 서울: 대한민국학술원).
- 12월 1일, 「東武 四象說의 經學的 基調」(『黃帝醫學』 Vol.2, No.2, 대구: 대구한의대학교 濟韓東醫學術院). 본 논문은 『한국학보』 Vol.3, No.1(서울: 일지사)에 수록.
- 12월 23일, 「율곡선생의 윤리관과 오늘의 한국」(본 논문은 율곡사상연구원이 '율곡선생과 오늘의 한국'이란 주제로 제2차 강연한 것).
- 12월 31일, 「解題: 經世遺表」 게재(『민족문화』 제3집, 서울: 민족문화추진회).

69세(1978년)

- 1월 1일, 「자연과 인간: 老莊思想에 나타난 自然觀」(『西江』 8호, 서울: 서강대학교 학도호국단).
- 3월 28일, 「韓國傳統思想의 현대적 이해」(『경향신문』 5면).
- 4월 1일, 「韓國傳統思想之現代的理解」(『韓中文化』 통권42호, 서울: 韓中文化編集委員會).
- 5월 5일, 「韓國傳統思想の現代的 理解」(『アジア公論』 68호 제7권 5호, 한국국제문화협호, 서울: 한국홍보협회)
- 6월 15일, 「茶山學 序說」(『茶山學報』 제1집, 다산학연구원, 광주: 다산학보간행위원회).
- 6월 28일, 「霽峯 선생의 선비사상」(이 논문은 高敬命先生事業會에서 주최한 『正氣錄』 국역 출판 기념강연회에서 발표한 것).
- 9월 1일, 「朝鮮朝 前期의 儒教哲學」·「反朱子學的 思想의 擡頭」·「丁若鏞의 哲學」 3편(공저 『韓國哲學硏究』 중권, 한국철학회, 서울: 동명사).
- 10월 10일, 「향약과 우리민족의 공동의식」(『새마을금고』 1권 2호, 서울: 마을금고연합회).
- 10월 14일, 「추사와 고증학」(『한국학』 18집, 서울: 영신아카데미한국학연구소).
- 11월 1일, 「『북학의』에 나타난 과학정신」(『밀물』 통권11호, 서울: 해외건설

협회).

· 12월 1일, 「北學의 선구자 洪大容」(『밀물』 통권12호, 서울: 해외건설협회).

· 12월 1일, 「李朝後期 實學派와 平和主義」(『평화연구』 4집, 대구: 경북대학교 평화문제연구소).

· 12월 6일, 국립광주박물관 초대 관장에 취임하여 1987년 7월 30일까지 역임.

70세(1979년)

· 1월 1일, 「우리나라 실학파와 그들의 공헌」(『밀물』 통권13호, 서울: 해외건설협회).

· 2월 1일, 「우리나라 실학파와 그들의 공헌」(『밀물』 통권14호, 서울: 해외건설협회).

· 3월 1일, 「우리나라 실학파와 그들의 공헌」(『밀물』 통권15호, 서울: 해외건설협회).

· 4월 1일, 「우리나라 실학파와 그들의 공헌」(『밀물』 통권16호, 서울: 해외건설협회).

· 5월 1일, 「우리나라 실학파와 그들의 공헌」(『밀물』 통권17호, 서울: 해외건설협회).

· 5월 10일, 「한사상의 전통성」(본 논문은 '한'사상연구소가 주최한 제1회 한사상연구발표회에서 발표한 것).

· 7월 30일, 「韓國文化의 本質과 湖南文化」(『中等敎育』 8월호 통권37호, 서울: 한국중등교육협의회).

· 10월 10일, 저서 『丁茶山의 生涯와 思想』(서울: 博英社, 博英文庫 210).

· 10월 24일, 「蘆沙선생의 생애와 업적」(이 논문은 향토문화개발협의회가 노사 선생의 1백주기 기념사업으로 주최한 학술강연회에서 발표한 것).

· 11월 5일, 「새마음 교육의 본질」(『敎育全南』 제41호, 광주: 전라남도교육위원회).

· 12월 7일, 국립광주박물관 '개관 1주년기념 학술대회'에 「韓國傳統文化와 湖南-歷史的 照明」 발표.

- 12월 25일, 「實學槪念論辨의 是非」(『茶山學報』 제2집, 다산학연구원, 광주: 전남대학교 다산학보간행위원회).

71세(1980년)

- 1월 30일, 저서 『韓國改新儒學史試論』(서울: 博英社).
- 3월 1일, 「偉大한 常識」(『한국문학』 8권 3호, 서울: 한국문학사).
- 3월 5일, 「(서평) 茶山學의 새로운 면모: 丁茶山서한집 『流配地에서 보낸 편지』」(『創作과批評』 15권 1호, 서울: 창작과비평사).
- 3월 12일, 「금관」(『전남일보』).
- 3월 24일, 「전일춘추－梅谷洞－」(『전남일보』).
- 3월 31일, 「韓國哲學의 傳統的 基調」(『歷史的 脈絡에서 본 現代韓國文化의 方向』, 성남: 한국정신문화연구원〈한국정신문화연구원 학술대회보고노총 2〉). 이 논문은 한국정신문화연구원이 1979년 11월 16-17일 '역사적 맥락에서 본 현대 한국문화의 방향'이라는 주제로 주최한 79년도 학술대회에서 발표한 것.
- 4월 22일, 「나무 박물관」(『전남일보』).
- 6월 8일, '元曉寺 大雄殿址 發掘調査'에 발굴단장으로 7월 2일까지 활약함.
- 8월 1일, 「老妻의 鬪病」(『여성동아』 통권154호, 서울: 동아일보사).
- 10월 1일, 「日本人의 두 개의 얼굴」(『隨筆文學』 통권96호, 서울: 隨筆文學社).
- 12월 1일, 「아직도 못다한 일: 평생의 업, '다산' 연구」(『밀물』 통권36호, 서울: 해외건설협회).
- 12월 2일, 「丹齋史學에 있어서 檀君의 문제」(『丹齋 申采浩와 民族史觀－丹齋 申采浩 先生 誕辰 100周年 論文集』, 서울: 단재 신채호선생기념사업회).
- 12월 20일, 「推薦辭」(『한글소학』 주자 원저/한영호 편역/이을호 감수, 광주: 세종출판사).
- 12월 26일, 국립광주박물관 '개관 2주년기념 학술대회'에 「韓國傳統文化와 湖南-敎育的 照明」 발표.
- 12월 31일, 「現代實學의 課題－新文化運動의 前提로서－」(『茶山學報』 제3

집, 다산학연구원, 광주: 전남대학교 다산학보간행위원회).

72세(1981년)

· 2월 20일, 「『三一神誥』 해제」(『한국의 민속 · 종교 사상』, 서울: 삼성출판사).
· 2월 20일, 「한국의 실학사상의 개설」(『한국의 실학사상』, 서울: 삼성출판사).
· 4월 4일, 「倫理的 側面에서 본 檀君神話」(『玄潭柳正東博士華甲紀念論叢』, 헌담유정동박사기념논총간행위원회, 서울: 檀君精神宣揚會). 이 논문은 1980년 6월 7일 단군정신선양회의 제1회 학술회의에서 발표한 것을 재정리한 것.
· 6월 8일, 「改新儒學과 茶山經學」(『韓國學』 24집, 서울: 영신아카데미 한국학연구소).
· 9월 1일, 「일화로 엮은 歷史의 선각자들」(『밀물』 통권36호, 서울: 해외건설협회).
· 9월 25일, '靈岩 萬樹里 甕棺墓 發掘調査'에 발굴단장으로 10월 3일까지 활약함.

73세(1982년)

· 3월 20일, 「동강난 문화－새文化創造가 찬물 마시듯 쉬우랴－」(『광주일보』).
· 5월 1일, 「檀君說話의 基本課題」(『韓國宗教』 7집, 익산: 원광대학교 종교문제연구소).
· 5월 21일, '靈岩 萬樹里 土壙墓 發掘調査'에 발굴단장으로 5월 29일까지 활약함.
· 5월 30일, 「'한'思想의 哲學的 課題」(『한국철학연구』 12집, 해동철학회).
· 7월 31일, 「茶山學의 內實과 外延」 · 「茶山學의 研究院 趣旨文」(『茶山學報』 제4집, 다산학연구원, 광주: 전남대학교 다산학보간행위원회).
· 8월 30일, 「'한'思想의 構造的 性格과 歷史的 脈絡」(『圓佛教思想의 全開(上)』, 서울: 教文社: 한국종교연구 12호).
· 10월 □일, 정진백과 인생역정에 대한 대화를 나눔. 정지백은 대담을 토대로

「지성 탐방－이을호 박사」(『남풍』 10월호)를 씀.

- 11월 5일, 「'尹白湖의 倫理思想'의 論評」(『한국학연구의 성과 그 성찰』, 성남: 한국정신문화연구원).
- 11월 11~14일, 「茶山經學 성립의 배경과 성격」(이 논문은 대우문화재단이 주최한 다산학 학술회의에서 발표한 것).
- 11월 13일, 부인 조효순 여사 별세.
- 11월 15일, 「看羊錄의 인연」(『(민족시인) 노산의 문학과 인간』 노산문학회 편찬위원회 편, 서울: 횃불사).
- 11월 23일, '康津 永福里 支石墓 發掘調査'에 발굴단장으로 12월 17일까지 활약.
- 12월 27일, 「倫理的 側面에서 본 檀君思想」(『國祖檀君』 서울: 檀君精神宣揚會). 이 논문은 1980년 6월 7일 단군정신선양회의 제1회 학술회의에서 발표한 것.
- 12월 □일, 최계원은 '인생역정과 신문화'에 대한 대화를 나눔. 최계원은 대담을 토대로 「광주 신문화 운동의 기수, 이을호」(『마당』 12월호, 서울: 마당사)를 씀.

74세(1983년)

- 1월 □일, 「韓國文化의 本質」(『錦湖文化』 제1집 창간호, 광주: 금호문화재단).
- 4월 1일, 「철쭉이 피는 계절」(『(월간) 一洋』 4권 4호, 서울: 一洋藥品工業).
- 4월 1일, 「부귀란 뜬 구름 같애」(『경향잡지』 75권 4호, 서울: 한국천주교중앙협의회).
- 7월 15일, 「檀君神話의 哲學的 分析」(공저 『韓國思想의 深層研究』, 서울: 우석, 한국학시리즈 1호).
- 7월 20일, 저서 『茶山學 入門』(서울: 중앙일보사, 中央新書 108호).
- 10월 10일, 「改新儒學으로서의 實學의 本質」(『淡水』 12집, 대구: 담수회).
- 11월 1일, 「'한' 民族信仰의 正統性」(『甑山思想研究』 9집, 서울: 증산사상연구회).

· 11월 16일, 「高峰 奇大升의 사상」(『동아일보』 9면).

· 11월 30일, 「茶山學의 傳統性과 近代意識」 게재 및 「茶山詩帖」 의역 수록(『茶山學報』 제5집, 다산학연구원, 광주: 전남대학교 다산학보간행위원회). 「다산시첩」은 정약용이 직접 쓴 시첩을 의역(意譯)한 것.

· 12월 1일, 「한국 교육의 새 좌표」(『과학과 교육』 제20권 12호, 서울: 시청각교육사).

75세(1984년)

· 1월 1일, 「圓佛教 教理上의 實學的 課題」·「韓國宗教의 近代化 方向: 儒教的 立場에서」 2편(『圓佛教思想』 8집, 익산: 원광대학교 원불교사상연구원). 전자의 논문은 1983년 12월 22일 원불교사상연구원이 제5회 '실학사상과 원불교'란 주제로 한 학술회의에 발표한 것으로, 1987년 6월 1일 『韓國知性이 본 圓佛教』에 재수록 출간. 후자의 논문은 숭산 박길진 박사 고희기념(崇山 朴吉眞 博士 古稀紀念) 학술강연회에서 강연한 것.

· 1월 15일, 금호문화재단에서 '호남학정립(湖南學定立) 무엇이 문제인가'라는 주제로 좌담회를 개최한 자리에서 사회자로 진행. 좌담회에 참여한 인사는 김동수(金東洙), 김웅배(金雄培), 변동현(卞東炫), 오종일(吳鍾逸), 최덕원(崔德源) 등. 이에 대한 글은 동년 2월 1일 발행한 『금호문화』 통권7호에 실려 있음.

· 4월 20일, 「한국의 실학사상과 미국의 프래그머티즘」(공저 『韓國 속의 世界像』, 세계평화교수협의회 편, 서울: 일념).

· 5월 6일, 「好賢樂善」(『柳鏡』 통권203, 서울: 유한양행).

· 5월 ○일, 「『귤은재문집』 譯刊本 序文」(『(국역)橘隱齋文集』 전남: 橘隱齋集成刊委員會, 1984년 5월 15일).

· 6월 20일, 「延年益壽」(『문예중앙』 7권 2호, 서울: 랜덤하우스중앙).

· 7월 20일, 「『광주박물관연보』 발간사」(『광주박물관연보』, 광주: 광주박물관, 국립광주박물관, 1984년 11월 30일).

· 9월 20일, 「述齋遺集 序文」(『述齋遺集』, 광주: 술재유집간행위원회, 1984년

10월 5일).

- 9월 29일, 「내 고향 영광」(『광주일보』).
- 10월 30일, 「近代儒學의 斥邪衛正思想」(『(崇山朴吉眞博士古稀紀念) 韓國近代宗敎思想史』, 숭산박길진박사고희기념사업회, 익산: 원광대학교출판부).
- 11월 25일, 「韓國儒學史上 崔沖의 位置」(『崔沖硏究論叢』 경희대학교 전통문화연구소 편, 서울: 문헌공최충기념사업회).
- 12월 1일, 「청춘찬가」(『신동아』 27권 12호, 서울: 동아일보사).
- 12월 30일, 「韓國의 實學思想」·「茶山詩帖」 의역 수록(『茶山學報』 제6집, 다산학연구원, 광주: 전남대학교 다산학보간행위원회).
- 12월 □일, 「星湖 李瀷」·「茶山 丁若鏞」(『民族文化를 빛낸 先賢-조사보고서-』 문화공보부 편, 서울: 문화공보부).
- 광주 남구 칠석동 고싸움놀이 제1회 축제 개최년 보존회 설립 이사장 역임.

76세(1985년)

- 1월 1일, 「丁茶山의 對日觀」(『茶山學報』 제7집, 다산학연구원, 광주: 전남대학교 다산학보간행위원회).
- 1월 1일, 「韓國儒學史上 高峯先生의 位置」(『全國文化院』 3호, 서울: 한국문화원연합회).
- 1월 1일, 「茶山經學과 時代性」(『嶺大文化』 18집, 대구: 영남대학교 총학생회).
- 1월 1일, 「명사가 보는 호남」(『海星文化』 16집, 목포: 木浦海洋專門大學).
- 2월 1일, 「湖南 儒學의 特性과 人脈」(『錦湖文化』 1·2월호, 광주: 금호문화재단).
- 2월 1일, 「시급한 古代文化의 발굴·정리: 王仁博士考」(『(월간)藝鄕』 통권5, 광주: 광주일보사).
- 2월 1일, 「傳統倫理 위에 새 價値觀 定立」(『원광』 통권126, 익산: 원불교원광사).
- 6월 1일, 「유교: 죽고 사는 것은 天命」(『원광』 통권130, 익산: 원불교원광사).
- 9월 1일, 「茶山學 講論: "第5講 經濟論"」(『全南開發』 7집, 광주: 全南地域開發

協議會).

- 9월 15일, 공저 『丁茶山研究의 現況』(서울: 민음사, 대우학술총서, 다산학연구 1). 이 책에 수록된 글은 1982년 11월 11~14일 대우문화재단이 주최한 다산학 학술회의에서 발표한 「茶山經學 성립의 배경과 성격」이다.
- 9월 25일, 「서양의 변증법 논리 극복할 '한'사상」(『廣場』 146호〈1985년 10월〉, 서울: 세계평화교수아카데미사무국).
- 10월 12~13일, 제15회 동양학 학술회의에서 '한국근세문화의 특성-조선왕주후기(1)에 대한 강연과 좌담을 가진바, 그 강연회초와 좌담회초가 『동양학』 16권 1호 부록(단국대학교 동양학연구소)에 실려 있다.
- 10월 28일, 「지방문화: 지방문화의 발전을 위하여」(「대학신문」 4면, 서울: 서울대학교).
- 12월 1일, 「儒教의 觀点에서 본 人間의 救援」(『神學展望』 제71호, 광주: 광주가톨릭대학전망편집부).
- 12월 1일, 「박물관 법 제정에 즈음하여: 문화의 용광로에 불을 지피자」(『전통문화』 통권150호, 서울: 월간문화재사).
- 12월 1일, 「나의 서재」(『(월간)예향』 통권15, 광주: 광주일보사).
- 12월 20일, 「孔子思想과 茶山 經學」(『(南村 朴世英 博士 古稀記念 論文集) 孔子思想과 現代』, 한국공자학회 엮음, 서울: 사사연).
- 12월 26일, 「茶山學 講論: "第6講 經濟論(2)"」(『全南開發』 8집, 광주: 全南地域開發協議會).

77세(1986년)

- 1월 1일, 「王人研究의 現況」(『聖墓洞』 창간호, 서울: 王人博士顯彰協會).
- 1월 1일, 「정다산의 목민지도」(『仁齋』 5집, 부산: 인재대학).
- 2월 1일, 「日本儒學과 韓國」(『錦湖文化』 1·2월호, 광주: 금호문화재단).
- 2월 5일, 「한국풍류의 멋」(『조선일보』).
- 2월 12일, 「제3의 豊臣秀吉」(『조선일보』).
- 2월 19일, 「영산강 문화」(『조선일보』).

- 2월 23일, 「전남지방의 사상적 고찰」(이 논문은 '전남고문화' 본격 재조명에서 발표한 것).
- 3월 1일, 「다산철학의 현대적 의의」(『철학』 제25집, 한국철학회).
- 3월 1일, 「茶山學 講論: "第7講 經濟論(3)"」(『全南開發』 9집, 광주: 全南地域開發協議會).
- 3월 26일, 「버려진 탑들」(『조선일보』).
- 4월 1일, 「삶을 생각하며: 기록 갱신」(『교보문고』 통권28, 서울: 교보문고).
- 4월 15일, 「韓國儒學史上 崔沖의 位置」(『海州崔氏宗誌』 창간호, 서울: 海州崔氏大宗會).
- 6월 1일, 「茶山學 講論: "第8講 經濟論(4)"」(『全南開發』 10집, 광주: 全南地域開發協議會).
- 7월 1일, 「실로 반가운 고향소식」(『영광병원』 통권1, 영광군: 영광종합병원).
- 7월 10일, 저서 『한 思想의 苗脈』(서울: 思社研).
- 8월 1일, 「茶山서거 1백 50주기를 맞아」(『오' 설록』 86년 8월호, 서울: 태명양).
- 9월 1일, 「茶山學 講論: "第9講 政經論"」(『全南開發』 11집, 광주: 全南地域開發協議會).
- 9월 39일, 「韓國實學概觀」(『동양학』 제16집, 서울: 단국대학교 동양학연구소). 이 글은 강연한 것을 초록한 것으로 1988년 『조선후기문화: 실학부분』(단국대학교 동양학연구소 편)으로 발간되기도 함(동양학학술회의총서 5).
- 10월 20일, 수필집 『사다리꼴 인생』(서울: 思社研).
- 11월 1일, 「韓民族固有思想 한思想」(『民族知性』 통권9호, 서울: 대한교과서).
- 12월 1일, 「茶山學 講論: "第10講 易理論"」(『全南開發』 12집, 광주: 全南地域開發協議會).
- 12월 15일, 「(서평) 張東熙 著 『丁若鏞의 行政思想』」(『韓國學報』 45집, 서울: 일지사).
- 12월 30일, 「茶山 康津 十八年」(『茶山學報』 제8집, 다산학연구원, 광주: 전남대학교 다산학보간행위원회).
- 12월 30일, 「日本 國學과 姜沆」·「향토문화 개발을 위하여(내고장 文化의

얼)」(『玉堂골 靈光文化』 제1호, 영광군: 영광문화원).

78세(1987년)

· 3월 1일, 「봄, 봄－다시 봄이 오는 섭리」(『(월간) 안녕하십니까』 통권103, 서울: 한일약품공업).
· 4월 1일, 「茶山學講座: "現代人을 위한 牧民心書"」(『全南開發』 13집, 광주: 全南地域開發協議會).
· 5월 2일, 「강진유배시의 정다산」(본 논문은 향토문화개발협회가 주최한 '향토문화개발 학술심포지엄'에서 발표한 것).
· 5월 15일, 공저 『韓國哲學史』(上卷) · 『韓國哲學史』(下卷), 한국철학회, 서울: 동명사. 상권에 수록된 글은 '제2편 三國時代의 哲學思想'이고, 하권에 수록된 글은 '제6장 李濟馬의 四象哲學'이다.
· 5월 □일, 사단법인 광록회(光綠會) 회장.
· 7월 5일, 「茶山學講座: "現代人을 위한 牧民心書(2)"」(『全南開發』 14집, 광주: 全南地域開發協議會).
· 7월 15일, 「한국철학과 유학」(『한배움』 통권제4호, 서울: 청년유도회 중앙회).
· 7월 ○일, 「『日休堂實記』 譯刊序」(『海州崔氏日休堂集六義錄』, 광주: 일휴당실기육의록발간추진위원회, 1987년 9월 15일).
· 8월 1일, 「우리민족의 부활절」(『예술계』 통권27, 서울: 한국예술문화단체총연합회).
· 8월 1일, 「일본, 善隣인가 宿敵인가」(『한국인』 6권 8호, 서울: 한국발전연구소).
· 8월 10일, 「정약용: '人民에 의한 王 추대' 역설한 민권사상가」(『한국인의 원형을 찾아서』, 서울: 일념. 교수아카데미총서 11).
· 9월 15일, 「茶山學講座: "現代人을 위한 牧民心書(3)"」(『全南開發』 15집, 광주: 全南地域開發協議會).
· 9월 19일, 「芸菴 『明善論』 考－그의 儒學史的 意義－」(『(斗溪李丙燾博士九旬

紀念) 韓國史學論叢』, 서울: 지식산업사).

- 9월 26일, 왕인박사(王仁博士)에 대한 '정화기념비문(靜化紀念碑文)' 근찬.
- 9월 30일, 「단군조선의 현재적 의미」(개천철 '민족 뿌리찾기' 학술모임에서 발표한 것).
- 10월 1일, 「우리 단군은 지금 어디 계실까」(『한배달』 통권4, 서울: 한배달).
- 10월 1일, 「한사상은 삼일원리이다: 단군을 어떻게 볼 것인가」(『광장』 170집, 서울: 세계평화교수협의회).
- 10월 1일, 「한국을 생각한다: 지구촌을 누비는 우리동포들」(『밀물』 통권118호, 서울: 해외건설협회).
- 10월 16일, 「다산학의 연구동향」(본 논문은 '다산강좌' 기념강의에서 발표한 것이다).
- 11월 1일, 「축간사」(『甑山思想硏究』 13집, 서울: 증산사상연구회).
- 12월 20일, 「茶山學講座: "現代人을 위한 牧民心書(4)"」(『全南開發』 16집, 광주: 全南地域開發協議會).
- 12월 20일, 「閔鼎重 燕行日記 解題」(『長興文化』 10호, 장흥군: 장흥문화원).

79세(1988년)

- 2월 6일, 「사람아 … 어디로 갔느냐」(『조선일보』).
- 2월 21일, 「축간사」(『향맥』 창간호, 영광군: 영광향토문화연구회).
- 3월 1일, 「茶山學講座: "現代人을 위한 牧民心書(5)"」(『全南開發』 17집, 광주: 全南地域開發協議會).
- 3월 10일, 「글과 술과 不屈의 意志」(『南鳳 金南中: 바삐 살다 간 사람』 광주일보사내남봉기념사업회, 광주: 광주일보사출판부).
- 4월 1일, 「民族統一의 思想的 基調: 민족통일의 정치사상」(『民族知性』 통권 26호, 서울: 대한교과서).
- 4월 20일, 「牛溪의 實學精神」(『成牛溪思想硏究論叢』 파구준: 우계문화재단).
- 5월 1일, 「유배지에 심은 얼: 다산 정약용과 강진 18년간의 고난 속에서 다져진 다산학」(『한국인』 7권 5호, 서울: 한국발전연구소).

- 8월 1일, 「진정 사람다운 삶은 가정에」(『엠디』 통권143, 서울: 종근당).
- 8월 23일, 「地方문화의 활성화」(『동아일보』 5면 東亞時論).
- 9월 1일, 「曺雲씨와 나 : 주위에 사람 구름처럼 모이게 하던 '長者'」(『(월간)藝鄕』 통권48, 광주: 광주일보사).
- 9월 5일, 「나의 인생 나의 건강」(『정식품』 통권52, 서울: 정식품).
- 10월 1일, 「서두르지 말자」(『밀물』 통권130호, 서울: 해외건설협회).
- 11월 1일, 「멋을 가꾸는 마음: 순수한데다가 감칠맛이 있어야」(『가든』 1988년 11월, 광주: 가든백화점).
- 11월 1일, 「성현의 말씀을 두려워하라」(『法輪』 통권237, 서울: 법륜사).

80세(1989년)

- 1월 1일, 「茶山思想의 理論과 實薦」(『汎韓哲學』 4집, 광주: 범한철학회).
- 1월 1일, 「나의 茶論」(『오' 설록』 89년 1월호, 서울: 태평양).
- 4월 25일, 「『論語古今註』 考」(공저 『丁茶山의 經學』, 서울: 民音社. 출간〈대우학술총서: 茶山學硏究 3〉).
- 9월 30일, 「茶山學 定立을 위한 管見」(『동양학』 19집, 서울: 단국대학교 동양학연구소).
- 9월 30일, 「南道文化의 綜合的 考察」(『龜岩李敬洙博士 古稀紀念論 叢』, 광주: 龜岩李敬洙博士華甲紀念論叢刊行委員會).
- 12월 1일, 「호남 經學의 본질」(『錦湖文化』 12월호 통권54호, 광주: 금호문화재단).
- 12월 6일, 「이 지역의 원로들의 회고록」(『전남일보).
- 12월 30일, 「茶山學의 位相」(『茶山學報』 제11집, 다산학연구원, 광주: 전남대학교 다산학보간행위원회).

81세(1990년)

- 1월 1일, 「90년대의 문턱에서」(『(월간)한사랑』 2권 1호, 서울: 자즐보).
- 5월 3일, 「'한' 사상과 민족종교 학술회의 축사」(『한사상과 민족종교』 서울:

일지사).

· 5월 ○일, 「서문」(『(光山李氏)門中史談集』 李栽洙 編, 광주: 半島, 1990년 5월 15일).

· 5월 16일, 「권두논단-5·18에 있어서 解寃相生의 길은 무엇인가-」(『전교학신문』) 수록.

· 6월 1일, 「睡隱 姜沆의 生涯와 學問」(『全南開發』 22집, 광주: 全南地域開發協議會).

· 6월 6일, 「敬菴兄 추모사」.

· 6월 25일, 「韓錫池(芸庵)의 儒敎思想」(『孔子思想과 現代(2)』, 한국공자학회 엮음, 서울: 사사연).

· 여름, 「『조운문학전집』 책머리에」(『曺雲文學全集』, 광주: 남풍, 1990년 9월 17일).

· 7월 5일, 저서 『茶山의 牧民思想과 公職者의 倫理』(서울: KBS 한국방송사업단).

· 7월 20일, 「한思想論」(공저 『한사상과 민족종교』, 서울: 일지사. 출간).

· 9월 25일, 「一圓相의 象數學的 理解」(『(如山柳炳德博士華甲紀念) 韓國哲學宗敎思想史』, 如山柳炳德博士華甲紀念論文集刊行委員會, 이리, 원광대학교 종교문제연구소).

· 10월 10일, 「약학도의 철학입문」(『중외약보』 통권10, 서울: 중외제약).

· 11월 1일, 「축사」(『甑山思想研究』 16집, 서울: 증산사상연구회).

· 11월 23일, 「茶山의 茶와 禪」(『(次山安晉吾博士回甲紀念論文集) 東洋學論叢』, 次山安晉吾博士回甲記念論文集刊行委員會, 광주: 차산안진오박사회갑기념논문집간행위원회).

· 11월 30일, 공저 『한사상의 이론과 실제』 서울: 지식산업사, 출간. 이 책에 수록된 글은 『圓佛敎思想의 全開(上)』에 수록된 「'한' 사상의 구조적 성격과 역사적 맥락」과 대우문화재단이 주최한 다산학 학술회의에서 발표한 「다산경학 성립의 배경과 성격」.

· 12월 1일, 「무등산 약수터 행렬」(『錦湖文化』 통권66호, 광주: 금호문화재단).

· □월 □일, 「丁茶山の學問と思想(1)」(『韓國文化』 12-11, 일본 동경: 한국문화원).

82세(1991년)

· 3월, ○일, 「序文」(『(釋山韓鍾萬博士華甲紀念) 韓國哲學史』, 익산: 석산한종만박사화갑기념논문집간행위원회, 1991년 6월 19일).
· 4월 28일, 「韓國固有思想과 少太山思想」(『(少太山大宗師誕生百周年記念論文集) 人類文明과 圓佛敎思想』, 少太山大宗師誕生百周年記念論文集編纂委員會, 이리: 원불교출판사).
· 11월 1일, 「자연과 함께하는 삶」(『(월간) 사람사는 이야기』 2호, 무등문화, 광주: 사람사람들).
· 11월 30일, 「高峰의 經學思想」(『(鄕土文化의 探究 朝鮮名賢研究Ⅱ) 高峰의 哲學과 思想』Ⅱ, 광주직할시, 鄕土文化開發協議會).
· 12월 1일, 「한줄기 밝은 햇살을 찾아서」(『(월간) 사람사는 이야기』 3호, 무등문화, 광주: 사람사람들).
· 12월 30일, 「發刊辭」, 「高峯學 序說」·「『傳統과 現實』 좌담회(이을호 외 5인)」(『전통과 현실』 창간호, 광주: 고봉학술원).

83세(1992년)

· 1월 1일, 「朝鮮朝 儒學의 成立과 湖南儒學」(『全南文化』 5호, 광주: 한국문화원연합회 전라남도지부).
· 1월 25일, 「睡隱 姜沆先生의 生涯와 學問」·「靈光얼의 近世史的 背景」 2편(『玉堂골 靈光文化』 제6호, 영광군: 영광문화원).
· 2월 1일, 「만남의 철학」(『(월간) 사람사는이야기』 5호, 무등문화, 광주: 사람사람들).
· 2월 □일, 다신계문화교실 대표
· 3월 1일, 「늘 봄이어라」(『사람사는이야기』 6호, 무등문화, 광주: 사람사람들).
· 3월 □일, 「씀씀이가 더 어렵다」(『광주 · 전남경영계』).

· 6월 1일, 「姜甑山의 人間論」(『甑山道思想研究』 제2집, 서울: 증산도교수신도회).
· 6월 1일, 「하늘의 뜻을 두려워하자」(『사람사는이야기』 9호, 무등문화, 광주: 사람사람들)
· 11월 1일, 「명저해설: 토정비결」(『遞信』 통권406호, 서울: 체성회).
· 12월 30일, 「霽峰의 時代와 生涯」(『(향토문화의 탐구 조선명현연구Ⅲ) 霽峰의 思想과 救國精神』, 鄕土文化開發協議會, 광주직할시).
· 12월 30일, 「발간사」(『茶山學報』 제13집, 다산연구원, 전라남도 · 광주지역개발협의회).
· 12월 30일, 「高峰後學으로서의 謙齋學의 三大 課題」(『전통과 현실』 2호, 광주: 고봉학술원).

84세(1993년)

· 1월 1일, 「鄕土紀行: 瀟灑園」(『全南文化』 6호, 광주: 한국문화원연합회 전라남도지부).
· 2월 15일, 저서 『茶山의 易學』(서울: 민음사, 대우학술총서·인문사회과학 69).
· 4월 8일, 「'茶山思想'으로 도덕회복: '茶信契'」(『뉴스피플=News &people』 2권 13호, 서울: 대한매일신보사).
· 7월 2일, 「자연의 섭리에 순응하는 생존법칙」(『농민신문』).
· 10월 1일, 수필집 『사람과 자연은 하나다: 身土不二 이야기』(서울: 지식산업사).
· 10월 29일, 「儒學思想과 오늘의 韓國問題」(『儒學思想과 오늘의 韓國問題－光州圈 儒學의 義理精神을 중심으로－』, 韓國孔子學會). 이 논문은 1993년 한국공자학회 제27회 추계학술대회에서 기조 발표한 것.
· 10월 □일, 다산학연구원 명예원장.
· 12월 20일, 「총설」(『호남임진왜란사료집』(Ⅰ) 관변자료 편, 전라남도임란사료편찬위원회, 광주: 전라남도).

- 12월 30일, 「霽峰의 時代와 生涯」(『韓國思想史學』 4·5집, 한국사상사학회, 서울: 사사연).
- 12월 30일, 「다산사상의 현대적 수용」(『茶山學報』 제14집, 다산학연구원, 광주: 전남대학교 다산학보간행위원회).

85세(1994년)

- 5월 1일, 「전통윤리의 현대적 의의」(『현대인의 생활과 윤리』, 서울: 학문사).
- 9월 15일, 「눈을 뜨라! 출구가 있다」(『(계간)철학과 현실』 통권22, 서울: 철학문화연구소).
- 10월 □일, 『새농민』 편집부와 '우리의 생명산업인 농업'에 대한 대화를 나누다. 편집부는 대담을 토대로 「생명운동 펼치는 광록회 이을호 회장」(『새농민』 통권396, 1994년 10월 1일)을 씀.
- 12월 3일, 「民族宗敎 會通論: 世界宗敎에로의 길」(『圓佛敎思想』 17·18집, 익산: 원광대학교 원불교사상연구원).
- 12월 10일 『茶山의 易學』에 대한 연구업적으로 제13회 열암학술상 수상.
- 12월 20일, 「身土不二와 農漁村 文化」(『全南文化』 7호, 광주: 한국문화원연합회 전라남도지부).

86세(1995년)

- 2월 1일, 「마음의 양식: 自彊不息」(『신용경제』 통권136, 서울: 한국산업경제연구원).
- 3월 25일, 「지구의 운명 '나'에게 달렸다」(『시민신문』).
- 5월 1일, 「서문」(『晉州鄭氏三世三綱實錄』, 함평군: 진주정씨삼세삼강실록편찬회, 1995년 8월 15일).
- 5월 10일, 「河西의 生涯와 時代的 背景」(『(향토문화의 탐구 조선명현연구V) 河西 金麟厚의 道學과 文學思想』, 鄕土文化開發協議會, 광주광역시).
- 6월 10일, 중앙고교우회는 이을호 교우를 제8회 '자랑스런 중앙인'으로 선정.
- 6월 30일, 「茶山의 牧者像과 現代 公職者像」(『茶山學報』 제15집, 다산학연구

원, 광주: 전남대학교 다산학보간행위원회).
- 10월 8일, 「발간사: 韓國哲學史를 수놓아 준 學問的 資産」(『傳統과 現實』 제6호, 광주: 고봉학술원).
- 10월 19일, 현곡학회 제27차 월례연구모임에서 「사상의학의 철학적 배경」 발표.

87세(1996년)
- 1월 1일, 「흙은 살아 있다=Earth is Alive」(『건축문화』 통권176, 서울: 월간 건축문화).
- 1월 1일, 「추억의 사진 한 장」(『(월간)藝鄕』 Vol 136, 광주: 광주일보사).
- 3월 1일, 「다섯권의 저술과 만학도의 삶」(『錦湖文化』 통권129호, 광주: 금호문화재단).
- 3월 25일, 「발간사: 高峯學 硏究의 時代的 使命을 自覺하자」(『傳統과 現實』 제7호, 광주: 고봉학술원).
- 4월 □일, 광록회 명예회장.
- 10월 1일, 「축사」(『智異山과 蟾津江』 통권1호, 서울: 지리산과 섬진강).

88세(1997년)
- 1월 1일, 「창간특집: 왜 생명인가 환경문제를 생명운동으로 푼다」(『(늘푸른)생명』 제1호, 서울: 광록회).
- 3월 1일, 「생명칼럼: 만수무강하소서」(『(늘푸른)생명』 제3호, 서울: 광록회).

89세(1998년)
- 1월 □일, 「한국실학 自生論」 발표. 이 글은 선생의 마지막 논문으로, 영남대학교 개교 50주년을 기념한 것. 선생 사후, 영남대학교 민족문화연구소에서는 2000년 8월 31일 『한국문화사상대계(Ⅱ)』에 수록하여 영남대학교출판부에서 출간.
- 3월 13일, 광주광역시 북구 문흥동 금호아파트 105동 503호. 자택에서 06시에

영면(永眠). 동광주 병원 영안실에 빈소 설치. 3월 15일 광주광역시 동광주 병원에서 영결식을 갖고 발인. 광주 박물관에서 노제(路祭)를 모시고, 선영인 영광군(靈光郡) 불갑면(佛甲面) 봉동(鳳洞) 후록(後麓) 유(酉) 좌지원(坐之原)에 안장.

· 12월 30일, 「한국실학 自生論」(『茶山學報』 제16집, 다산학연구원, 광주: 전남대학교 다산학보간행위원회). 이 논문은 영남대학교 민족문화연구소에서 2000년 발간하기 전, 다산학연구원에서 '현암 이을호 선생 추모 특집'으로 게재한 것.

3. 출처 미확인의 글, 『이을호전서』에 등재*

◦ 『이을호전서』 2 다산학 총론

「사상가로서의 다산」(590쪽)

◦ 『이을호전서』 4 실학사상과 한사상

「성호의 사상과 유적」(218쪽), 「다산의 사상과 유적」(245쪽), 「단군설화의 현대적 의의」(271쪽), 「현실적 존재로서의 단군」(279쪽), 「한사상 형성의 배경」(355쪽), 「'한'의 '無生於有'에 대하여」(398쪽), 「한국풍류도의 정맥」(435쪽), 「신라 원효사상의 도맥」(445쪽), 「유가의 묘합의 원리」(479쪽), 「전통과 외래사조의 교류」(498쪽), 「인내천의 묘리」(570쪽)

◦ 『이을호전서』 5 개신유학으로 본 한국철학사

「화랑의 풍류도」(132쪽), 「고려의 유가철학」(145쪽), 「일이이의 구조적 성격」(501쪽), 「박세당의 경학」(581쪽), 「공재 윤두서 행장」(673쪽), 「명선록」(707쪽)

---

* 현암 선생의 글이 『이을호전서』에 등재되어 있으나, 그 글의 원출처를 확인할 수 없는 것은 글 제목을 그대로 수록하고 아울러 그 쪽수를 밝힌다.

◦ 『이을호전서』 7 사상의학과 생명의학론
「사상의학의 전망」(496쪽)

◦『이을호전서』 8 한국문화의 인식 · 국역간양록
「한국의 전통사상」(11쪽), 「한국문화의 소지와 형태」(25쪽), 「진리탐구의 선각자들」(32쪽), 「토정과 토정비결」(51쪽), 「사림의 가치관과 위정척사사상」(92쪽), 「유학사상의 현대적 가치」(102쪽), 「효의 윤리와 가정교육」(127쪽), 「전통문화와 교육」(161쪽), 「현대사회와 윤리」(181쪽), 「교원 문화와 윤리 의식」(190쪽), 「새로운 시대의 국가관의 모색」(193쪽), 「새시대의 한일관계」(202쪽), 「8 · 15의 의미와 36기념관」(214쪽), 「한일간의 상호 이해」(220쪽), 「한국 전통문화와 호남」(322쪽), 「호남의 위상」(332쪽), 「전남지방의 '풍류도'」(335쪽), 「왕인의 이해」(340쪽), 「하서의 시대와 생애」(370쪽), 「동학사상」(479쪽), 「동학의 사상적 구조」(488쪽), 「전남 향토 문화 개발의 방향」(497쪽), 「호남학은 가능한가」(509쪽), 「남도문화의 특성」(513쪽)

◦ 『이을호전서』 9 잡록 · 수상록 · 부록
「실학과 다산 정약용의 사상 세계」(15쪽), 「다산 정약용의 경제사상」(21쪽), 「전남지역에 남긴 정다산의 발자취」(33쪽), 「다산이 묵고간 옛터」(36쪽), 「행운의 귀양길」(39쪽), 「다산선생의 초당」(41쪽), 「다신계를 남긴 뜻은」(44쪽), 「다산 강진 18년」(49쪽), 「올라올 때 이른 차잎을 따서 말려놓고 왔느냐」(68쪽), 「『여유당전서』와 더불어」(73쪽), 「민주주의의 토착화」(83쪽), 「民族中興論」, 「한문화의 뿌리」(97쪽), 「대학인의 자세」(109쪽), 「왕양명의 사상」(116쪽), 「동양이 의미하는 것」(122쪽), 「『간양록』의 역술을 마치고」(131쪽), 「기해예송의 반론」(142쪽), 「책은 읽을수록 맛이 달다－『논어』 · 『맹자』 · 『중용』 · 『대학』 등－」(250쪽), 「배운다는 것의 즐거움」(257쪽), 「안빈낙도」(261쪽), 「현실과 이상의 相距에서 고뇌하는 지성」(278쪽), 「젊은이여 인생을 이야기하자」(297쪽), 「온 겨레의 歡呼속에서 맞는 공휴일이 그립다」

(312쪽), 「아침논단 1」(324쪽), 「아침논단 2」(327쪽), 「學窓餘墨 1」(332쪽), 「港都片信」(403쪽), 「遊歌漫筆」(410쪽), 「선생은 시대의 귀감이셨습니다」(446쪽), 「덮혀진 차는 끊고 山僮은 잠들고」(458쪽)

4. 선생 서세 이후 사실

1999년 4월 30일

· 장자 이원태 후원 문인 안진오 주관으로 문집 간행 작업 시작.

1999년 8월 15일

· 대한민국 정부에서 광복에 이바지한 공로로 국민훈장 광복장 수여.

2000년 1월 21일

· 한국사상체질학회에서 선생의 사상의학 연구에 공헌한 공로로 사상의학학술상 수여.

2000년 10월 11일

· 배위(配位) 창녕조씨(昌寧曺氏)를 선생의 유댁(幽宅)으로 천장(遷葬)하고 석물(石物) 등을 설치.

2000년 11월 10일

· 도서출판 예문서원에서 『이을호전서』 전 9책을 간행. 같은 날 광주 무등파크호텔에서 출판기념회 개최.

2001년 10월

· 영광 우산공원에 현암 이을호 선생 사적비를 세움. 오종일이 전면의 비문을 짓고 연보를 정리하여 후면에 기록. 추진위원장은 정종, 명예위원장은 영광군수 김봉열.

2003년 10월

· 영광문화원 주최로 '현암 선생 서거 5주기를 기념하는 추모 강연' 개최. 장소는 영광군청 회의실, 강사는 정종과 오종일. 정종의 강연주제는 '현암 이을호선생과 나', 오종일의 강연주제는 '현암 이을호 선생의 학문과 사상'. 이 추모 강연의 자리에서 선생을 기념하기 위한 현암로의 제정과 기념공원을 조성하기로 함.

2004년 10월

· 2003년 10월의 결의에 따라서 '현암로 제정 추진위원회'를 결성하고, 호연당 약국 4거리에서 종합고등학교에 이르는 길을 '현암로'로 제정하여줄 것을 건의하기로 함.

2004년 10월 20일

· 오종일은 『우리 고장을 빛낸 인물－현암 이을호 선생』(영광문화원)을 발간하여 배부.

2006년 5월

· 행정자치부의 도로 명칭 제정 추진사업과 '현암로 제정추진위원회'의 건의에 따라서 현암로가 제정.

2006년 10월

· 선생의 생가에 표석을 세우고 사적을 기록.

2007년 6월

· 현암길 표지판 부착.

2007년 6월 10일

· 광주시내 4개 대학(광주대 · 전남대 · 조선대 · 호남대)에 재직중인 인문학

교수 200여 명의 발의로 '광주시 문화예술상'에 이을호학술상을 제정하여줄 것을 청원.

2007년 8월 15일

· 문인 오종일은 현암 이을호의 평전을 지어 『현암 이을호』(한국문화연합회 전라남도지회)를 발행.

2010년 10월 23일

· 국립광주박물관(관장 이원복) 주최 현암 이을호 선생 탄신 100주년 기념강연회 개최. 주제 : '현암 이을호 선생의 생애와 학문' 강사 오종일이 기념강연.

2010년 11월 19일

· 현암 이을호 선생의 유저(遺著)를 11월 20일까지 전남대학교 이을호 기념강의실에서 전시.

2010년 11월 20일

· 한국공자학회 주최로 '현암 이을호 선생 탄신 100주년 기념 학술대회' 개최. 장소는 '이을호 기념강의실', 주관은 전남대학교 철학연구센터. 발표자와 발표주제는 오종일의 「현암 이을호의 삶과 그 학문」, 윤사순의 「현암 이을호의 다산연구」, 최영성의 「한국철학 연구사에서 본 이을호의 업적과 그 학문적 가치」.

5. 유족

선생의 유족으로는 장남 이원태(李元泰), 차남 이성윤(李成胤), 장녀 이아영(李雅英), 차녀 이정선(李貞善), 삼녀 이현영(李賢英), 사녀 이정미(李貞美), 오녀 이여란(李如蘭) 등 2남 5녀가 있다.

1) 장남 이원태 가계

장부: 김정화(金貞華)

장손자: 이정헌(李政憲), 장손부: 황수진(黃秀眞)

증손녀: 이기은(李基溵)·이기영(李基榮)

손　자: 이정준(李政俊), 손부: 황진경(黃進景)

증손자: 이기문(李基聞)

손　자: 이정석(李政錫), 손부: 김아란(金雅蘭)

증손자: 이기범(李基氾)

2) 차남 이성윤 가계

차부: 유미진(柳美眞)

손　자: 이정필(李政弼)·이혜연(李惠娟)

3) 장녀 이아영 가계

사위: 차영식(車永植)

4) 차녀 이정선 가계

사위: 전창훈(全昌勳)

외　손: 전재호(全宰鎬)

외손녀: 전승희(全丞熙)·전희진

5) 삼녀 이현영 가계

사위: 차용석(車龍錫)

외　손: 차영모(車泳模)·차영주(車泳周)

외손녀: 차유미(車有美)·차유선(車有善)

6) 사녀 이정미 가계

사위: 한윤호(韓允昊)

외　손: 한승기(韓昇圻)・한충기(韓忠圻)

외손녀: 한수경(韓秀庚)

7) 오녀 이여란 가계

사위: 홍윤표(洪允杓)

외손녀: 홍현승(洪賢丞)

2010년 10월 31일

찬자(撰者): 이형성(李炯性)

본 연보는 『(李乙浩博士 停年紀念) 實學論叢』에 수록된 약력 및 기타 사항을 참고하고, 다산연구원에서 편찬한 『李乙浩全書』에 수록된 글, 그리고 전서에 수록되지 않은 글을 일일이 검색하여 재구성한 것이다. 연보체제는 최대한 연월일까지 밝히는 것을 원칙으로 하였지만 밝힐 수 없는 것은 □으로 표시하였고, ○표는 서문 또는 발문에서 '年'과 '月'을 썼으나 '日'을 쓰지 않았을 때 표기한 것이다. 자료 검색은 국립중앙도서관・국회도서관 이하 20여 개의 대학교 도서관을 이용하였다. 유족 사항은 장남 이원태 님의 도움을 받았다.

집필진 | 집필순

윤사순(尹絲淳)

고려대학교 철학과 및 동대학원 철학과 졸업

현재 고려대학교 명예교수

저서 :『퇴계철학의 연구』,『한국유학논구』,『한국의 성리학과 실학』,『자료와 해설: 한국의 철학사상』,『유학의 현대적 가용성 탐구』,『실학의 철학적 특성』 외

이희재(李曦載)

동국대학교 불교학과 졸업, 고려대학교 교육대학원 졸업, 원광대학교 대학원 철학과 졸업

현재 광주대학교 중국어학과 교수

저서 :『(탈주학자적 실학사상의 선구자) 박세당』,『한국의 전통의례』,『동양문화론』,『전통사상과 환경』(공저),『율곡학과 한국유학』(공저) 외

이정미(李貞美)

현암 이을호의 넷째 딸

숙명여자대학교 국문학과 졸업

현재 작가 겸 시인, 숙대·카톨릭 문인회 회원

저서 :『꽃이 오는 소리』(시집) 외

오종일(吳鍾逸)

전남대학교 철학과 졸업, 성균관대학교 대학원 동양철학과 졸업

현재 전주대학교 명예교수

저서 :『중국 사상과 역사의 근원을 찾아서』,『율곡학과 한국유학』(공저) 외

역서 :『중국철학사』

최영성(崔英成)

성균관대학교 한국철학과 및 동대학원 동양철학과 졸업
현재 국립 한국전통문화학교 교양학부 교수
저서 : 『한국유학통사』(전3권), 『최치원의 철학사상』, 『고운사상의 맥』, 『한국의 학술연구』(공저) 외
역서 : 『(역주) 최치원 전집』(전2권), 『(역주) 매죽헌문집』 외

정근식(鄭根埴)

서울대학교 사회학과 및 동대학원 졸업
현재 서울대학교 사회학과 교수
저서 : 『근대주체와 식민지 규율권력』, 『식민지의 일상－지배와 균열』, 『경계의 섬 오키나와』 외

최대우(崔大羽)

전남대학교 철학과 및 동대학원 졸업, 충남대학교 대학원 철학과 졸업
현재 전남대학교 철학과 교수
저서 : 『이제마의 철학』, 『정다산의 경학』(공저) 외
역서 : 『주자대전』(공역) 외

한정훈(韓定勳)

전남대학교 국어국문학과 및 동대학원 박사과정 수료
현재 전남대학교 호남학연구원 HK연구원 겸 국어국문학과 외래교수

노평규(魯平奎)

성균관대학교 유학과 및 동대학원 동양철학과 졸업
현재 전북대학교 국민윤리교육과 외래교수
저서 : 『노중련 평전』, 『고운 최치원의 철학·종교 사상』(공저), 『한국사상사』(공저)
역서 : 『(역주) 사단칠정논쟁』(공역), 『이 마지막 사람에게까지』 외

이형성(李炯性)

전주대학교 한문교육과 졸업, 성균관대학교 대학원 동양철학과 졸업
현재 전주대학교 한문교육학과 외래교수
저서 :『한주 이진상의 철학사상』, 『한국실학사상사』(공저) 외
역서 :『(현상윤의) 조선유학사』, 『다카하시 도루의 조선유학사』 외

이영호(李昤昊)

성균관대학교 한문교육학과 및 동대학원 졸업
현재 성균관대학교 동아시아학술원 HK교수 겸 한문학과 외래교수
저서 :『조선중기경학사상연구』
역서 :『이탁오의 논어평』

황병기(黃昞起)

연세대학교 철학과 및 동대학원 졸업
현재 연세대학교 강진다산실학연구원 연구교수
저서 :『조선의 주자학과 실학』(공저), 『동양철학의 세계』(공저), 『길위의 인문학』(공저) 외
역서 :『주자봉사』(공역) 외

장복동(張福童)

전남대학교 철학과 및 동대학원 졸업
현재 전남대학교 철학연구교육센타 전임연구원 겸 철학과 외래교수
저서 :『다산의 실학적 인간학』, 『한국유학과 유교문화』
역서 :『주자대전』(공역)

조성을(趙誠乙)

서울대학교 동양사학과 졸업, 연세대학교 대학원 사학과 졸업
현재 아주대학교 사학과 교수
저서 :『여유당집의 문헌학적 연구』, 『조선후기사학사연구』 외

역서 :『중국사상사』,『중국종교사』,『중국사상개설』외

안재순(安在淳)

성균관대학교 유학과 및 동대학원 동양철학과 졸업
현재 강원대학교 한문교육과 교수
저서 :『조선후기실학의 비조 유형원』,『현대인의 유교읽기』,『세종문화사대계(4)』(공저),『한국사상가의 새로운 발견』(공저) 외

김인규(金仁圭)

성균관대학교 유학과 및 동대학원 동양철학과 졸업
현재 영산대학교 행정학과 교수
저서 :『홍대용－조선시대 최고의 과학사상가』,『한국철학사상사』(공저),『한국실학사상사』(공저) 외
역서 :『유학 제3기 발전에 관한 전망』(공역)

김형찬(金炯瓚)

고려대학교 철학과 및 동대학원 졸업
현재 고려대학교 철학과 교수
저서 :『차이와 갈등에 대한 철학적 성찰』,『오래된 꿈』,『도설로 보는 한국철학』(공저),『조선 유학의 자연철학』(공저),『물질과 생명』(역서) 외

이향준(李向俊)

전남대학교 철학과 및 동대학원 졸업
현재 전남대학교 철학연구교육센타 전임연구원 겸 철학과 외래교수
역서 :『주자대전』(공역)

안동교(安東敎)

전남대학교 철학과 및 동대학원 졸업
현재 조선대학교 한국고전번역센타 선임연구원 겸 전남대학교 철학과 외래교수

저서 : 『규남 하백원 실학사상연구』(공저), 『기축옥사 재조명』(공저) 외
역서 : 『(국역) 은봉전서』, 『(국역) 죽천집』 외

한면희(韓勉熙)
성균관대학교 중문학과 졸업(철학 부전공) 및 동대학원 철학과 졸업
전 녹색대학 녹색문화학과 교수와 대표 역임
현재 전북대학교 쌀·삶·문명연구원 HK교수
저서 : 『환경윤리』, 『초록문명론』, 『미래세대와 생태윤리』, 『동아시아 문명과 한국의 생태주의』, 『현대사회와 윤리』(공저) 외

후 기

이 책을 펴내게 되니 남다른 감회가 없지 않다. 선생이 서세하신 때가 1998년 3월 13일이었고, 11월 20일(음력 10월 15일)이 탄신 100년이 되는 날이니, 세월은 참으로 빠르기도 하다.

선생을 다산학(茶山學) 연구의 선구자라고 말하는 것은 선생의 일면을 이해하는 데 불과하다. 선생의 일생은 한순간도 쉬지 않고 우리 민족에게 긍지와 자부심을 북돋아 후세들에게 밝은 앞날을 열어 주고자 하였으니, 그것이 우리 문화에 대한 재인식을 통하여 한국사상의 새로운 정립을 이룬 일이다.

선생의 학문은 일제치하에서 민족의 독립을 위하여 영어(囹圄)의 몸이 되면서부터 출발되었다. 그때 간행된 조선의 역사와 사상에 대한 서적들은 큰 힘이 되었으며, 다산서세 100주년 기념행사는 많은 영향을 주었고 또한 그 행사와 함께 간행된 『여유당전서』는 선생의 학문적 입지를 확고히 하는 계기가 되었다.

선생은 이로부터 다산 정약용을 통하여 실학을 발견하고, 실학사상에서 한국적 사유를 찾아, 그 사고의 원형이 우리 민족의 고유한 정신에 있었음을 알게 된 것이다. 이에 한국사상을 다시 정립하여 미래에 전개될 새로운 세계에 그 지혜를 드리우는 등불을 켜게 되었으니, 이 책의 부제를 '한국사상 연구의 현대적 기반'이라 한 것은 이와 같은 뜻에서 붙인 것이다.

책의 내용을 5부로 나눈 것은 선생의 사상을 삶의 자취에 따라 이해하고, 그 학문적 특징을 쉽게 알 수 있도록 하기 위함이었으며, 제5부의 '다산학을 넘어서 현대화로'는 선생의 학문이 과거에 머물지 않고 현대적 가치로서 어떤 의미를 지니고 있는가 하는 것을 밝힌 것이다.

지금은 선생의 고향에 사적비가 세워지고, 살고 계셨던 고택의 앞길도 '현암길'이 되었으며, 전남대학교에는 '이을호 기념강의실'이 생겼다. 그러나 선생이 진정 원하시는 것은 어찌 이런 것이겠는가? 이제 비로소 후학들의 책임이 더욱 소중함을 느낀다.

이 책이 간행될 때까지 여러 연구가들의 노력이 많았다. 집필자들은 물론, 윤사순 교수님은 간행위원장으로서 많은 지도를 베풀어 주셨고, 편집 실무를 맡은 최영성 교수와 이형성 박사는 희생적 노력을 아끼지 않았다. 또한 출판사의 노력 역시 피나는 것이었다. 이에 감사를 드린다.

2010년 10월 20일

門人 吳鍾逸 謹識